中国资产证券化系列

中国资产证券化操作手册（上）

[第二版]

林　华◎主编

中信出版集团 · CHINA CITIC PRESS · 北京

图书在版编目（CIP）数据

中国资产证券化操作手册／林华主编；许余洁等编著．—2版．—北京：中信出版社，2016.6（2020.3重印）

（中国资产证券化系列）

ISBN 978－7－5086－6058－5

Ⅰ．①中…　Ⅱ．①林…②许…　Ⅲ．①资产证券化－中国－手册　Ⅳ．①F832．51－62

中国版本图书馆CIP数据核字（2016）第065637号

中国资产证券化操作手册（第二版）

主　　编：林　华

编 著 者：许余洁　等

策划推广：中信出版社（China CITIC Press）

出版发行：中信出版集团股份有限公司

（北京市朝阳区惠新东街甲4号富盛大厦2座　邮编　100029）

（CITIC Publishing Group）

承 印 者：北京诚信伟业印刷有限公司

开　　本：787mm×1092mm　1/16　　印　　张：52.25　　字　　数：650千字

版　　次：2016年6月第2版　　印　　次：2020年3月第10次印刷

广告经营许可证：京朝工商广字第8087号

书　　号：ISBN 978－7－5086－6058－5

定　　价：152.00元（上下册）

中国资产证券化操作手册（第二版）

主　编　林　华

副主编　许余洁

作　者　黄长清　罗桂连　李耀光
常丽娟　周　琼　刘洪光
洪　浩　任　远　万华伟
王　冠　张　武　彭　琨
葛乾达　张连娜

总目

上册

下册

序一

蔡鄂生

资产证券化被称为美国金融市场30多年来重大的金融创新，对于促进资本市场的发达、居民消费的繁荣和经济结构的优化起到了很大作用。资产证券化是联结实体经济、信贷市场、保险市场和资本市场的一种金融工具，如果使用得当，将会优化金融资源配置，更好地支持实体经济发展。美国资产证券化产品的发行量长期以来与美国国债不相伯仲，2009 年之前曾一度超过美国国债，次贷危机后虽有所缩减但目前仍占据重要市场地位；2014 年美国资产证券化产品（MBS 和 ABS）的发行量为14 890 亿美元，仅次于美国国债。

中国资产证券化市场正式起步于2005 年，截至目前已发展了 10 年时间，目前主要分为信贷资产证券化、企业资产证券化和准 REIT 这 3 类产品。经过前期的制度建设、市场培育和创新实践，资产证券化市场目前已具备良好的发展基础。

从政策层面来看，资产证券化获得了政府和各监管机构的大力支持。2013 年 6 月，国务院常务会议提出要优化金融资源配置，用好增量、盘活存量，更有力地支持经济转型升级。2014 年 3 月，国务院常务会议提出了关于进一步促进资本市场健康发展的六项举措，支持资产证券化等产品的发展。2014 年年底，中国证监会和银监会分别就企业资产证券化业务和信贷资产证券化业务发布了备案制管理办法，进一步简化行政审批权，激发市场活力，促进资产证券化市场的发展。

从市场需求来看，无论是银行机构、非银行金融机构还是非金融机构，作为发起人，对于资产证券化均具有较强的潜在需求。资产证券化不单是一种融资工具，更是一种金融机制和创新路径，可以降低债务杠杆，改变传统盈利模式，提高综合化经营业务收入，实现经营模式创新和促进产业升级。另外，资产证券化通过标准化产品缩短融资链条、降低社会融资成本，也为中小企业融资开辟了一条新的路径，同时，资产证券化通过与互联网金融有效结合，促进了其规范运营和可持续发展。总之，资产证券化对于中国的金融市场和实体经济发展具有全局性的重要意义。

关于资产证券化的理论、业务模式和意义，本书作者在《金融新格局：资产证券化的突破与创新》一书中进行过翔实的讨论和分析。本书则从中国资产证券化市场的实务操作入手，借鉴国外成熟市场的有益经验，结合中国资产证券化市场现状，对各种类型资产证券化产品的操作流程、法律要点、会计和税务处理要点、信用评级、登记结算、投资与交易等一系列关键环节进行了具体而深入的介绍与分析，既有系统的流程介绍，也有详尽的案例解析。此外，本书也对市场各参与机构（包括发起人、交易协调人、受托机构、律师、会计师、评级机构等）的工作职责和业务流程要点进行了具体介绍。投资能力的提升将决定我国资产证券化市场未来发展的深度，本书花了很大篇幅介绍资产证券化市场的投资者群体特征、投资与交易要点，并对投资者市场制度建设提出了有价值的政策建议。

随着人民币国际化和利率市场化改革的深入推进，我国资产证券化将迎来良好的发展机遇，有利于促进直接融资比重的提升和多层次资本市场体系的建设。通过有效配置金融资源，可以更好地支持我国实体经济的发展和经济结构的转型。

我国资产证券化市场的发展需要周密的市场基础设施的顶层设计，还需要市场各参与机构的成长和竞争力的不断提升。作为一本系统而务实的工作手册，本书对于资产证券化市场的从业人员、监管机构人员及理论研究人员具有很好的参考价值。

中国银行业监督管理委员会原副主席

序二

金中夏

在利率市场化稳步推进的大背景下，资产证券化有利于有效盘活经济存量、拓宽企业融资途径、提高经济整体运行效率，是我国新常态下缓解经济增速下滑、缓释金融机构与企业财务风险、提高直接融资占比和构建多层次资本市场的有效工具。

除此之外，在人民币国际化的背景下，资产证券化也是中国资本迈出国门的重要渠道。中国目前正在大力推进“一带一路”战略规划，大力推动亚投行的建设，这些举措都有望使人民币跨境结算额度大幅提升，使人民币作为国际储备货币的基础越来越坚实。资产证券化产品作为一项主要的投资标的，资产证券化业务的发展有利于为境外人民币配置充足的投资产品，从而进一步推进人民币的国际化。

刚刚过去的2014年，资产证券化市场规模快速增长，全年发行规模超过3 000亿元，在资产证券化发展历史上具有里程碑式的意义。2014年年底，证监会与银监会相继发布了资产证券化备案制改革方案，为中国资产证券化更好、更快地发展提供了更好的环境。

目前，我国资产证券化尚处于发展初期，一方面，多数金融机构、企业和中介机构对资产证券化的理解还不够深入，尚缺执行资产证券化项目的知识储备和操作能力；另一方面，国内资产支持证券二级市场交易清淡、投资者群体单一、市场定价能力缺失，众多机构投资者对此类创新产品仍处观望阶段，尚未实现投融资供需两旺的局面。为了我国资产证券化市场能够真正实现可持续发展，并为我国经济发展和深化改革做出贡献，必须大力普及资产证券化业务的实务技能，培育多层次、差异化的机构投资者群体。

这本书是林华继《金融新格局：资产证券化的突破与创新》之后的一个非常有意义的尝试，前者全面介绍了资产证券化的理论和产品类别，并从会计、税收、法律和评级等方面介绍了相关的“软环境”建设问题。这本书则更侧重操作性，用大量的篇幅阐述了我国资产证券化业务中各个环节的操作实务，用专业、易懂的方式介绍了包括政策研究、产品设计、申报备案、发行销售、法律实务、会计与税务处理、评级方法、资产管理、登记托管在内的完整流程，并对各个流程中存在的挑战提出了可行的建议。同时，这本书也通过大量的案例，对我国资产证券化业务的发展和创新进行了梳理。这本书既能为相关领域的专业人士提供可以借鉴的意见和经验，也可供政策制定部门参考和研究。

从美国经验看，利率市场化过程中规模不断壮大的投资者群体，是资产证券化大规模发展的基础。我国利率市场化进程正稳步推进，将为市场提供持续的资金动力；多层次的市场不断发展，将使市场参与者快速增加。在这个背景下，加强并普及投资者教育，可以使我国资产证券化市场更快成熟起来。本书是第一本讲解本土资产证券化产品投资分析实务的书籍，既介绍了国际成熟市场资产证券化产品投资分析的方式与方法，也介绍了国内市场的投资模式和投资分析方法，可供国内机构参考与探讨。

衷心希望这本手册可以帮助我国资产证券化的从业者、学习者、监管部门和研究工作者更深入地了解并推进资产证券化，最终共同推进中国金融市场发展。

金中夏

国际货币基金组织执行董事

序三

洪磊

财富管理是一个既古老又具有鲜明时代性的行业。现代意义上的财富管理，主要是为个人、家庭、机构乃至国家的财富提供保全、增值和传承的综合解决方案。在新形势下，我国财富管理行业迎来创新发展的最佳机遇期。我国社会财富迅猛增长，2014 年年末，中国 GDP 总量达到 63.65 万亿元人民币，人均 GDP 达到 7 500 美元；利率市场化改革逐步推进，经济步入新常态，长期利率走低，公众储蓄账户资金正在向投资账户转移，财富管理需求提升，传统投资账户在互联网格局下正在开启新一轮的竞争；公务员职业年金推出，养老体系更为丰富，需要财富管理行业提供跨生命周期和经济周期的解决方案。在上述背景下，大力发展我国财富管理行业意义深远，空间巨大。

总体而言，在成熟的财富管理框架下，基础资产、投资工具、理财服务 3 个层次应构成良性发展生态链，但我国财富管理行业在各个层次均存在一定不足。就基础资产端而言，其应当为投资工具提供适应“春、夏、秋、冬”不同周期的投资标的，而当前各个市场均不完善，投资品种不足，公募基金缺乏丰富的投资标的，严重影响了投资工具端个性化、工具化产品的发展，进而难以满足理财服务机构为不同投资者提供大类资产配置的需求，难以提供跨20~40年长生命周期的资产配置服务。基础资产端不完善的重要表现之一，即资本市场证券化水平低，“非标”产品比重过大，交易不活跃，定价不合理，产品流动性差。在如此形势下，资产证券化作为资产管理行业的一项创新工具，承担着将“非标”产品标准化，为财富管理行业提供具有稳定现金流收益的投资品种的使命，在财富管理体系中处于不可或缺的地位。资产证券化业务的发展将为投资工具的发展及化解非系统性风险提供有利条件，为整个财富管理体系的发展奠定良好基础。

我国相关机构在2000年前后就开始对资产证券化开展了系统性的研究，并在2005年发行了第一单企业资产证券化产品“中国联通CDMA网络租赁费收益计划”，标志着资产证券化作为一种全新的直接融资商业模式正式登陆交易所市场。2014年，按照“简政放权、宽进严管”的要求，证监会取消了资产证券化业务行政许可，实行基金业协会事后备案和基础资产负面清单管理，基金业协会制定了备案管理办法、负面清单指引、风险控制指引等一系列指引和办法，在风险可控的前提下，将创新和发展动力还给了市场主体。在备案工作启动的短短几个月时间里，即有数十单相关的产品在协会备案，市场对资产证券化的欢迎程度可见一斑。协会将继续支持资产管理机构及其专业子公司开展基于证券资产、信贷资产、债权资产、股权资产等各类基础资产支持的证券化业务，积极研发有稳定现金流收益的投资品种，盘活存量资源，同时将围绕忠诚义务和专业义务“八条底线”，不断细化负面清单，提升资产证券化业务的合规水平。

交易所市场发行的资产证券化业务，与银行间市场发行的同类业务相比，具有基础资产种类更多、交易结构更复杂的特点，这对于从业人员而言是一个不小的挑战。林华教授的《中国资产证券化操作手册》出版正当其时，这本书令我印象最深的一点是对信息披露的强调，尤其是基于全球次贷危机的反思，美国资产证券化新规中对资产层面信息披露提出了新要求，对于我国资产证券化健康常规化发展、未来由私募走向公募具有深刻的借鉴意义，这也符合资产证券化业务监管中“强化重点环节监管，制定信息披露、尽职调查配套规则，强化对基础资产的真实性要求，以加强投资者保护”的理念。完善的信息披露体系对于财富管理行业的发展至关重要，以公募基金行业为例，其在信息披露制度体系建设方面一直走在金融领域前沿，在证监会基金部的多年任职期间，我负责或者参与制定了多项关于公募基金的信息披露规则，于2008年启动基金电子化信息披露建设，通过应用XBRL技术实现基金信息的电子化自动交换和智能识别分析，令基金信息披露更加透明，便于计算机处理，易于市场监督。完善的信息披露体系与XBRL商业语言的运用，对公募基金规范发展、透明运作起到了极大的促进作用。在此，我和这本书作者一样，希望未来中国的资产证券化能和美国等发达国家一样，市场力量和各个行业的发展演进会逐步把对应贷款和各类非标资产推向标准化，将各类资产信息数据化、电子表格化。

本书对资产证券化的整个流程进行了分解，从不同参与机构的角度出发，详细介绍了资产证券化的发起和协调、会计、法律、评级、载体、托管、发行、管理，以及资产证券化产品的投资过程。除了对工作流程进行详尽的叙述之外，本书还辅以大量实例，对不同基础资产、不同交易结构进行深入剖析，对交易的设计原理、交易结构中的注意事项进行分析。最后，本书还对当前阶段资产证券化业务所遇到的问题和挑战进行讨论，并从行业的角度提出了可行的解决办法。对于从事资产证券化业务的参与机构和从业人员，强烈推荐本书作为参考工具书，也希望读者能从书中获得有价值的信息，共同推进资产证券化业务的可持续发展。

洪磊

中国基金业协会党委书记、会长

第二版前言

2015年是我国资产证券化发展最为快速也最有意义的一年。在备案制、注册制、试点规模扩容等利好政策的推动下，市场发展提速明显，业务渐趋常态化，创新迭出，基础资产类型持续丰富，并形成大类基础资产产品，市场参与主体类型更加多样，产品结构设计更加丰富。据相关统计，2015年全年资产证券化发行总金额达5 930.39亿元，同比增长79%。自业务开展以来，截至2015年12月末，包括资产支持票据在内，资产证券化共募集资金10 873.4亿元，正式进入万亿元的新时代。

在和朋友们一起合作编写上一版《中国资产证券化手册》时，中国的资产证券化市场正处在上述蓬勃发展的浪潮中，我们的作品得到了很多领导和朋友们的热情关注，我们作为参与者和见证者，深感荣幸。我意识到，尽管近年来我国资产证券化市场成长迅速，但与欧美等成熟市场相比，依然处于起步阶段。由于市场参与主体与监管主体众多，在实际推进中，市场发展依然存在诸多困难和障碍。资产证券化市场的健康发展需要有更多专业的机构和组织积极参与。基于以上考虑，我提出成立资产证券化研究院的倡议，后来在金融时报社、兴业金融租赁有限责任公司、联合信用评级等机构的大力支持下，中国资产证券化研究院成立大会于2015年年底得以在北京成功举办，再次感谢资产证券化行业专家及业界精英500余人的现场支持。

在中国资产证券化研究院的成立大会上，行业专家和业界精英也表达过对《中国资产证券化操作手册》的肯定，并提出过一些修订意见。我们也充分意识到，第一版中中选取的案例等相关资料不能紧跟市场及时满足读者们的需要，我与写作团队成员正式商议后，决定尽快启动《中国资产证券化操作手册》的再版。在第二版中，我们进行了重要的结构调整、案例与数据内容更新。最重要的变化在于，考虑到近年来保险业进入更高水平的快速发展通道，作为保险业自主拓展的资产管理产品体系中的重要组成部分，资产支持计划日益受到业内的广泛重视，我们单独增加了一章保险业资产支持计划的内容（由罗桂连主笔，作为第二版的第七章），专门针对我国保监会口径下的资产证券化业务背景与现实状况做了详细介绍；考虑到之前介绍SPV时仅仅侧重了信贷资产证券化的工作与内容，我们还重写了第五章，以全面介绍资产证券化中的受托机构；在第十章中增加了报价系统的发行、登记、托管、结算相关流程与工作内容。最后还新增了一个附录，用实例介绍了资产证券化的数据分析与模型构建。

感谢读者们对《中国资产证券化操作手册》的厚爱与支持，愿中国的资产证券化市场能够取得更大的进步，实现健康长远发展。

林华（于北京）

第一版前言

2013 年 7 月，我和朋友们在中信出版社出版了《金融新格局：资产证券化的突破与创新》一书，赶上了资产证券化市场发展的浪潮，市场反应良好。通过资产证券化理论与实践的交流，我结识了很多老师和朋友，进一步深化了自己对这项金融创新在我国发展的多方面认识。例如，我逐步认识到，由于种种原因和现实障碍，被人们寄予厚望的“盘活存量”的资产证券化业务，所获得的声誉已经远远超过了它所发挥的功能。在与业内监管及各中介机构的专业人士交流的过程中，我深切地体会到资产证券化业务在操作层面，每一家机构主体都有自己的视角，各位专家都有深刻的见解，但也有略显片面的地方，我觉得需要从整体上来统筹考虑，才能更好地增进对彼此的了解，从而加强合作，确保业务的健康发展。如果资产证券化涉及的主体太多，对业务发展形成障碍的话，写一本真正落地的实战书籍来总结过往的案例经验，介绍能够满足各方需求的流程，以推动资产证券化业务在我国的发展，不失为一件有利于市场的事情。

基于以上想法，我在多次演讲课程及论坛讨论中，结识了一群愿意一起把这件事情做起来的老师与朋友们。

我们志同道合，可以说几乎是一拍即合。我们从实务操作的角度，对我国信贷资产证券化、企业资产证券化及其他证券化产品的政策研究、产品设计、申报备案、发行销售、法律实务、会计与税务处理、评级方法、资产管理、登记托管等各个环节进行了细致的讲解，并辅以大量的案例分析。我们旨在为资产证券化业务提供操作指南，为未来市场发展中各个参与主体提供可供参考的指导与规范，尤其是与行业资产相关的商业性契约方面的规范。所以从整体而言，本书呈现在读者面前的，是资产证券化资深人士对具体业务过程的实践总结和经验思考。

本书共十二章，前六章侧重于资产证券化发行的工作流程及案例，后六章侧重于资产证券化会计等与交易、登记结算、投资管理等相关的内容。具体的写作分工如下：

第一章“资产证券化概述”，由许余洁主笔；第二章“资产证券化操作流程”，由黄长清主笔；第三章“资产证券化发起人”，由周琼女士、黄长清、彭琨主笔；第四章“资产证券化交易协调人（券商）”，由黄长清主笔；第五章“资产证券化受托机构”，由洪浩主笔；第六章“资产证券化业务法律操作实务”，由刘洪光主笔；第七章“资产证券化信用评级”，由常丽娟、万华伟以及张连娜主笔；第八章“资产证券化会计与税务”，由张武（会计部分）和葛乾达（税务部分）主笔；第九章“资产支持证券的发行登记、托管、结算与支付”，由王冠和李耀光主笔；第十章“中国资产支持证券投资管理”，由李耀光主笔；第十一章“美国资产支持证券投资管理”，由任远主笔；第十二章“资产证券化未来展望”，由许余洁主笔。我作为主编统筹了全书最初的整体规划与写作安排，并统一校对了全书初稿，对整本书做出两次修改，许余洁博士也参与了全书审阅，并提出了许多宝贵的修订意见。

在全书的写作过程中，大家的通力合作让我非常感动，尤其是在农历新年长假，作者们能够抽出时间，多次通过电话会议讨论章节之间相互关联和互为补充的各个细节问题，深化了各方对整体业务的认识。由于作者自身水平有限，以及资产证券化业务本身的复杂性，书中难免存在纰漏，甚至会有很多不足之处，还请读者多多批评指正，通过本书加强资产证券化理论以及业务实践方面的交流。我们相信，未来不同的重点行业都可以编制更为细致的资产证券化业务操作指南，指导、规范与行业资产相关的商业性契约，比如市场力量和各个行业的发展演进会将对应贷款和资产推向标准化，为资产证券化所需标准化信息与数据创造条件。

感谢在本书写作过程中给予我们关心和关注的各位领导和朋友们，他们除了给予精神鼓励与支持外，还为我们的写作提供了许多相关素材。最后，特别感谢中信出版社编辑老师的耐心与支持，使得该书的出版成为可能，这本书的顺利出版也凝聚了编辑老师的大量心血。

林华（于北京）

第一章
资产证券化概述

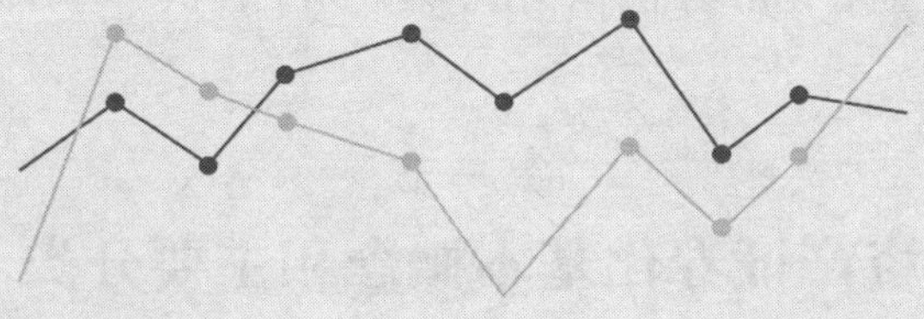

资产证券化发源于20世纪70年代的美国，初期主要用来描述通过发行证券替换银行存量贷款，从而实现为银行融资的过程。由于当时发达国家证券市场功能日益凸显，同时银行的媒介作用趋于萎缩，高效的证券市场逐步替代了效率较低、资金成本较高的金融中介，经济学家将资产证券化的融资过程称为“金融脱媒”现象。本章在简要分析资产证券化的基本概念和主要分类后，介绍了资产证券化中各个参与主体以及资产证券化整体业务流程，为本书具体业务章节提供基本的理论基础与框架。在讨论了我国资产证券化的演变过程及基本现状后，还总结了美国市场的主要发展要素和具体经验，希望能够为我国的资产证券化市场主体，在整体规划上提供一些方向性的参考。

第一节
资产证券化基本概念和主要分类

一、基本概念

资产证券化（Asset-Backed Securitization，简称ABS）是指这样一种融资技术，它将缺乏流动性，但具有未来现金收入流的资产打包收集起来，建立资产池，并通过结构性重组方式，将其转变成可以在金融市场上出售和流通的证券。对应的，资产支持证券（Asset-Backed Securities，简称ABS）就是由上述具有自动清偿能力的资产组成的资产池支持的证券。

根据定义，可以总结出资产支持证券主要有以下3点关键特征：

（1）它是一种生息证券，可供投资者在二级市场进行交易。

（2）资产支持证券的信用基础是一个由多项资产组成的资产池，而不是发起人的整体信用。

（3）通过风险隔离技术，使资产池免受发起人破产风险的影响。

上述3点特征，也是判断一项金融创新是否进行了资产证券化或是否是资产支持证券的标准。

二、主要分类

目前，美国惯用的分类方式是按照基础资产类型划分，通常将基于房地产抵押贷款的资产证券化称为不动产抵押贷款支持证券化（Mortgage Backed Securitization，简称 MBS），可以进一步细分为个人住房抵押贷款证券化（RMBS）和商业地产抵押贷款证券化（CMBS）；其余的则称为资产支持证券，ABS 又分为狭义的 ABS 和 CDO（担保债务凭证）。狭义的 ABS 即除去了 CDO 后的 ABS，汽车贷款、信用卡应收款和学生贷款是 3 种最重要的 ABS 标的资产。

我国分类方式则不同。资产证券化在我国仅有 8 年的发展历史，却演变出中国人民银行（简称央行）和中国银行业监督管理委员会（简称银监会）主管的信贷资产证券化、中国证券业监督管理委员会（简称证监会）主管的企业资产证券化（也称资产支持专项计划）、中国银行间市场交易商协会（简称交易商协会）主管的资产支持票据（Asset-Backed Notes，简称 ABN）和中国保险监督管理委员会（简称保监会）主管的项目资产支持计划 4 种模式，详见表 1.1。本章第三节将会进一步描述这 4 种模式。

表 1.1　我国 4 种资产证券化模式对比

	信贷资产证券化	资产支持专项计划	资产支持票据	资产支持计划
主管部门	央行、银监会	证监会	交易商协会	保监会

（续表）

	信贷资产证券化	资产支持专项计划	资产支持票据	资产支持计划
审核方式	央行注册制 + 银监会备案制	事后备案制	注册制	初次申报核准，同类产品事后报告
SPV	特殊目的信托	证券公司/基金子公司资产支持专项计划	不强制要求设立 SPV，可以使用特殊目的账户隔离的资产支持形式，也可以引入其他形式的 SPV	保险资管公司的资产支持计划
发起人	银行业金融机构（商业银行、政策性银行、邮政储蓄银行、财务公司、信用社、汽车金融公司、金融资产管理公司等）	未明确规定	非金融企业	未明确规定
发行方式	公开发行或非公开发行	目前为非公开发行（未来可能引入公开发行方式）	目前为非公开发行（未来可能引入公开发行方式）	目前为非公开发行
投资者类型	银行间债券市场机构投资者（银行、财务公司、保险公司、基金、券商等）	合格投资者，且合计不超过 200 人	公开发行面向银行间债券市场所有机构投资者；非公开发行面向特定机构投资者	保险机构以及其他具有风险识别和承受能力的合格投资者

（续表）

	信贷资产证券化	资产支持专项计划	资产支持票据	资产支持计划
基础资产	信贷资产	实行负面清单制。要求符合法律法规规定，权属明确，可以产生独立、可预测的现金流且可特定化的财产或财产权利，可以是单项财产权利或者财产，也可以是多项财产权利或者财产构成的资产组合。可以是企业应收款、租赁债权、信贷资产、信托受益权、基础设施、商业物业等不动产财产或不动产收益权	符合法律法规规定，权属明确，能够产生可预测现金流的财产、财产权利或财产和财产权利的组合	实施动态负面清单管理。要求基础资产是符合法律法规规定，能够直接产生独立、可持续现金流的财产、财产权利或者财产与财产权利构成的资产组合。基础资产依据穿透原则确定
受托机构	信托公司	证券公司、基金管理公司子公司	目前无受托机构（下一步可能引入信托公司）	保险资产管理公司
信用评级	需要双评级，并且鼓励探索采取多元化信用评级方式，支持对资产支持证券采用投资者付费模式进行信用评级；定向发行可免于信用评级	取得中国证监会核准的证券市场资信评级业务资格的资信评级机构，对专项计划资产支持证券进行初始评级和跟踪评级	公开发行需要双评级，并且鼓励投资者付费等多元化的信用评级方式；定向发行，则由发行人与定向投资人协商确定，并在《定向发行协议》中明确约定	受托人应当聘请符合监管要求的信用评级机构对受益凭证进行初始评级和跟踪评级

（续表）

	信贷资产证券化	资产支持专项计划	资产支持票据	资产支持计划
交易场所	银行间债券市场	证券交易所、全国中小企业股份转让系统、机构间私募产品报价与服务系统、证券公司柜台市场	银行间债券市场	保险资产登记交易平台
登记托管机构	中央国债登记结算有限责任公司	中国证券登记结算有限责任公司或中证机构间报价系统股份有限公司	银行间市场清算所股份有限公司	保险资产登记交易平台
主要规章及依据	《信贷资产证券化试点管理办法》、《关于信贷资产证券化备案登记工作流程的通知》、《中国人民银行公告〔2015〕第7号》	《证券公司及基金管理公司子公司资产证券化业务管理规定》、《资产支持专项计划备案管理办法》及配套规则	《银行间债券市场非金融企业资产支持票据指引》	《资产支持计划业务管理暂行办法》

第二节
资产证券化基本操作流程

一、资产证券化操作的参与者

图1.1是一个资产证券化交易的典型交易结构图。我们从图中可以看到，

资产证券化操作中涉及的主体包括融资方（原始权益人）、资产管理机构、信用增级机构、资产评估机构、信用评级机构、证券承销机构、资金托管机构、投资人等。

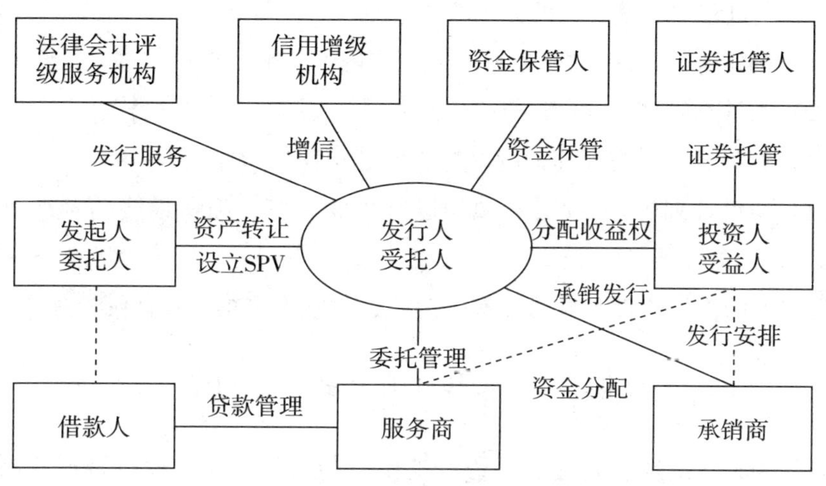

图1.1 资产证券化交易结构图

（一）借款人（Borrower）

借款人，与贷款方相对，是指贷款或收益权等基础资产原始权益人的债务人。资产证券化主要是贷款发起人用既有或新发放的贷款作为基础资产去融资。从借款人角度看，贷款方的资产就是借款人的负债。在贷款证券化中，通常涉及对债务人的通知、债务人抵消权和抗辩权的保护等问题。

（二）发起人（Originator or Sponsor）

发起人指的是出售资产用于证券化的人，既可以是资产的原始权益人（Originator），如贷款银行、租赁公司，也可以是从原始权益人处购买应收款汇集成一个资产池，并再次出售的人（Sponsor），如投资银行。目前，不少商业银行、储蓄机构金融公司、设备租赁公司、工业企业、保险公司和证券公司都曾做过发起人，进行过证券化。一般而言，发起人要保证对应收款具有合法的权利，并保存有较完整的债权债务合同和较为详细的有关合同履行状况的资料。

证券化过程中，发起人的关键职责包括：

（1）确定计划管理人/财务顾问，完成内部核准、审批程序。

（2）在计划管理人/财务顾问的帮助下，选择其他中介机构。

（3）积极寻找资产证券化的第三方保证担保的担保人。

（4）协助计划管理人/财务顾问进行尽职调查，确认最终的资产证券化方案。

发起人的工作流程及具体案例等内容，将在本书第三章详细论述。

（三）发行人（Issuer）和特殊目的载体（SPV）

发行人是指从发起人处购买资产池中打包资产，借以发行资产支持证券的人。为了将资产信用和发起人整体信用分开，发起人一般不作为直接的发行主体，而是专门为资产证券化运作设立一个进行破产隔离的特殊目的载体（SPV），作为单独设立的一个发行主体，SPV 介于发起人与投资者之间，是实质上的证券发行人。

一般而言，为了实现资产证券化的资产信用融资，避免发起人和 SPV 的破产风险危及资产，确保投资者的合法权益，SPV 应以“真实出售”（True Sale）的方式从发起人处购买资产，同时，SPV 自身构建“破产隔离”（Bankruptcy-remote Entity）载体。在法律形式上，出于破产、税收、会计和证券法等方面的考虑，SPV 常常采取公司、合伙或信托等形式。资产证券化的一个重要的创新或特征就在于风险隔离，通过利用 SPV 把资产的风险转移出来并实现和发起人本身风险的隔离，以此发行的证券仅依赖资产的信用而非发起人的信用。

发行人和 SPV 的工作流程及具体案例等内容，将在本书第二章至第五章详细论述。

（四）服务商（Servicer）

服务商是证券化资产的管理者，肩负着资产证券化交易从证券开始发行到资产全部处置完毕整个期间的管理。服务商的主要工作是收取基础资产产生的本金和利息现金流，负责相应的监理、保管，将收取的这些资产到期本息交给受托人，对过期欠账进行催收，确保资金及时、足额到位，向受托人和投资人提供有关出售或者作为抵押的特定资产组合的定期财务报告（包括收支资金来源、应支付费用、纳税情况等必要信息）。由于发起人拥有现成的资产信息等系统以及相应的客户关系，负责证券化资产出售后继续管理资产的服务商，通常由发起人担任，或者由其附属公司担当。

有关服务商的进一步讨论，可以参见本书第三章。

（五）受托人（Trustee）

受托人是现金流的管理者，负责托管基础资产及与之相关的一切权益，它是服务商与投资人的中介，也是信用增级机构与投资人的中介。受托人的职责包括：作为 SPV 的代表，从发起人处购买资产；将服务人存入 SPV 账户中的现金流转给投资人，或对没有立即转付的款项予以运营来取得收益，即再投资；监督参与证券化的各方，定期审查有关资产组合的相关信息，确定服务商为投资人提供的各种报告的真实性与充分性，并向投资人披露这些报告；公布违约事宜，并采取相应法律保护措施以维护投资人利益；当服务商取消或不能履行其职责时，取代服务商担当其职责，在 SPV 缺位时购买证券化资产，并向投资人发行受益凭证。受托人一般由金融机构，如证券公司承担。

受托人的工作流程及具体案例等内容，将在本书第四章详细论述。

（六）承销商（Underwriter）

在资产支持证券发行中，投资银行一般作为包销商或者代理人来促销证券，保证证券发行成功。通常投资银行会充任财务顾问，以设计发行方案来确保发行机构符合法律、规章、财会、税务的要求，还要与信用增级机构、信用评级机构以及受托管理人进行合作。

证券化过程中，主承销商的关键职责包括：

（1）确定入池标准，协助选择入池资产；牵头协调尽职调查工作。

（2）现金流测算，设计发行方案。

（3）完成风险报酬转移测试模型。

（4）协调各方按计划推进工作。

（5）申报文件撰写与制作。

（6）协调安排监管沟通。

（7）组建承销团。

（8）组织推介和销售，安排路演。

（9）安排信息披露和发行。

（10）完成存续期内各项后续工作。

承销商的工作流程及具体案例等内容，将在本书第四章详细论述。

（七）信用评级机构（Credit Rating Agency）

信用评级机构负责对所发行的证券进行信用等级评定和信用质量提高。信用评级是对信用风险的一种评估，评级方法如同公司债券一样。除了发行之前的初始评级之外，还包括后续的追踪评级，以及时发现任何潜在的新风险因素。目前全球闻名的三大评级机构——惠誉、穆迪和标准普尔，权威性极高。我国比较有名的三大评级机构是中诚信国际信用评级有限公司、大公国际资信评估有限公司和联合资信评估有限公司。

评级机构的工作流程及具体案例等内容，将在本书第八章详细论述。

（八）信用增级机构（Credit Enhancement Provider）

信用增级是资产证券化的一项重要技术，通过对 SPV 发行的证券提供额外信用支持来提高证券化资产的信用质量，增强发行定价和上市的能力，减少证券发行的整体风险。信用增级的手段主要分为内部信用增级和外部信用增级，内部信用增级主要由资产证券化交易结构的自身设计来完成，外部信用增级主要由第三方提供信用支持。信用增级机构一般由发行人或者独立第三方担当。

信用增级的相关内容，在本书第八章中会有详细论述，在本书中有关现金流结构的部分章节都做了进一步讨论。

（九）投资人（Investor）

投资人是SPV发行资产支持证券的购买者与持有人，一般分为公众投资人和机构投资人。投资人不是对发起人的资产直接投资，而是对发行的证券所代表的基础资产所产生的权益（即预期现金流）进行投资。本书第九章和第十章将分别从美国和我国两个角度对资产证券化的投资管埋进行详细论述。

二、资产证券化操作的基本流程

（一）整体流程

为了更深入地理解资产证券化的内涵，我们必须首先了解资产证券化的基本流程。一般地，一个完整的资产证券化交易可以概括为如下3步（见图1.2）：

（1）由发起人成立SPV，并将需要证券化的资产转移给SPV，该转移一般需要构成“真实出售”。

（2）SPV通过对资产池的现金流进行重组、分层和信用增级，并以此为基础发行有价证券，出售证券所得作为SPV从发起人处购买资产的资金。

（3）服务商负责资产池资金的回收和分配，主要用以归还投资人的本金和利息，剩余部分则作为发起人的收益。

（二）流程中的关键要点

在整个流程中，有几个关键点需要注意：

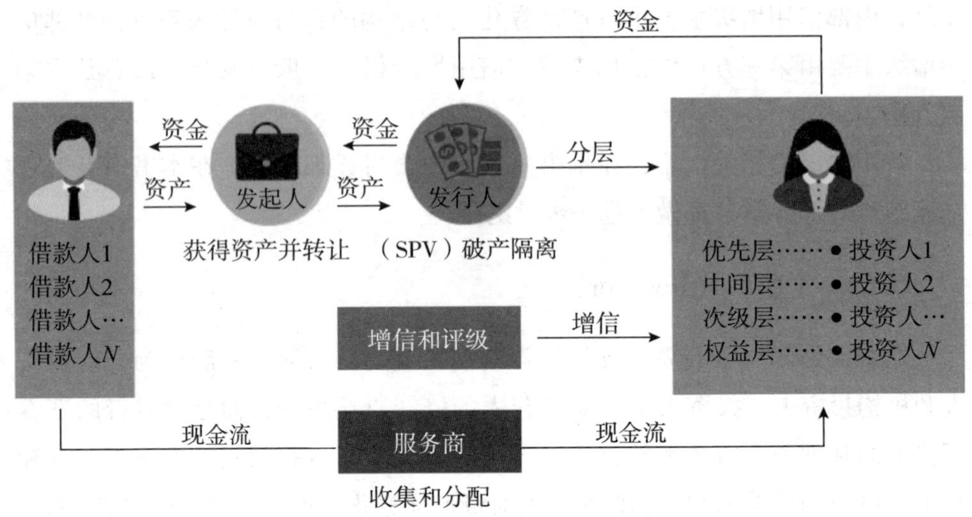

图 1.2　资产证券化流程图

（1）基础资产的现金流分析是资产证券化的核心技术。具体来讲，是以未来具有稳定现金流的资产为支持，发行证券进行融资。只要有合适的项目、稳定的现金流，公司就具备了发行相关产品的条件。

（2）任何一项成功的资产证券化必须要对基础资产进行成功的重组进而组成资产池，并实现资产池和其他资产的风险隔离，同时还必须对资产池进行信用增级，所以资产重组、信用增级、破产风险隔离是资产证券化的三大基本原理。

（3）分层与增信也是资产证券化的一个重要特征，通过分层与增信，资产的信用可以得到进一步提升，所以发行人可以借此获得比发起人本身信用级别更高的评级，从而获得更高的流通性、售价或更低的融资成本。

（三）具体操作步骤

具体业务中，资产证券化操作包括如下步骤：

1. 确定证券化资产并组建资产池

资产证券化的发起人会根据自身的融资要求、资产情况和市场条件（包括证券需求、定价和其他融资工具选择等），对资产证券化资产的目标资产和规模进行规划，通过发起程序，按照一定的资产条件确定用来进行证券化的资产，构建一个在种类、信用质量、利率、期限、到期日等方面具有同质性的资产池。必要时，发起人还会雇用第三方机构对资产池进行审核。

2. 设立 SPV

资产证券化可以根据资产特征、目标配置和配套环境的不同，采用不同的操作模式。以证券化资产是否移出发起机构的资产负债表为标准，可分为表内模式和表外模式。一般而言，表外模式更具有规范化、普通性和长期性，并可为各类发起人所采用。表外模式中的发起人或第三方通常会组建 SPV，保证其以经营资产证券化为唯一目的，在法律上形成“破产隔离”载体。以 SPV 的形态为标准，表外模式可再分为特殊目的信托（SPT）和 SPC 模式。前者指发起人在证券化资产上设定 SPT，借助信托财产独立性原理隔离资产风险，并运用证券载体形式发售信托产品；后者指发起机构将拟证券化的资产转让给具有空壳性的 SPC，由其以这些资产为担保发行资产支持证券。

3. 转让资产，实现“真实出售”

确保将资产有效地从原始权益人手中剥离，转移到 SPV 中，这是资产证券化中核心的一步。这个环节会涉及很多法律、税收和会计处理的具体问题。

4. 信用增级和信用评级

为了吸引投资人，根据市场条件和信用评级机构意见，SPV 常通过发起人或第三方进行信用增级，对资产池及其现金流进行预测分析和结构重组，实现最优化的分割和证券设计。信用评级机构一般会在交易的一开始就参与规划与设计，在资产证券化的整个设计和发行过程中提供意见和反馈，并在证券发行后一直跟踪报告资产的表现。

5. 销售交易

SPV 与证券承销商签订证券承销协议，由承销商将证券销售给投资人，承销商按照公募或者私募的方式向投资人募集资金。SPV 则从承销商处获得证券发行收入，按照约定的价格向发起人偿付购买基础资产的资金，同时 SPV 还会根据需要确定证券权益受托人，为投资人利益管理所发行的证券。

6. 后期服务与管理

前述几大步骤一般都是在几个月或几个星期内（有的甚至是几天内）完成的。但是，资产证券化交易的具体工作并没有因为证券的出售而全部完成，后续还有资产池管理、清偿证券、定期报告等工作。因此，SPV 还需要聘请专门的服务商或管理人对资产进行管理。具体来讲，这些管理和服务工作包括资产现金流的收集、账户的管理、债务的偿付以及交易的监督和报告等。当全部证券被偿付完毕或资产池里的资产全部被处理后，资产证券化的交易才算真正结束。

第三节
我国资产证券化的发展现状

一、我国资产证券化发展现状

与美国、欧洲等非常成熟的市场相比，我国的资产证券化市场处于起步阶段。正规的资产证券化开始应该是从 2005 年，而实际我国着手准备做资产证券化是在 2000 年左右，建设银行、工商银行、国家开发银行等，都在研究创新如何在中国推出资产证券化产品，不少银行还报过具体的方案。但针对用什么样的 SPV 来做等基础性问题，还是出现了一定的讨论。这些问题在当时是很重大的障碍，因为 SPV 在法律上难以实施，《公司法》有限制，根据现实情况，我们选择了用信托来做，也就是下文及本书第四章、第五章将要详细论述的 SPT。

自 2005 年资产证券化业务开始操作以来，我国已陆续出现不少资产证券化的成功案例。试点有条不紊地推进，在制度法规、基础建设、各部门协调配合等涉及的主要问题方面，为该项业务发展与成熟做出了积极有益的尝试。2008 年前后，由于美国次贷危机的爆发及全球经济危机的蔓延，引发了人们对资产证券化的质疑，导致业务试点中断了3年多。2011年5月，国务院决定重启资产证券化，经过对过往政策制度的梳理和确认，在补充完善如信用风险自留规则与双评级机制等新规定后，2013年9月，信贷资产证券化正式重启。

国务院文件则多次提及“盘活存量”，如2013年6月19日，国务院会议研究部署金融支持经济结构调整和转型升级的政策措施，明确提出要优化金融资源配置，用好增量、盘活存量。中央及一行三会[①]都明确表态要“扩大中小企业信贷资产证券化”、“开展涉农资产证券化试点”，以拓宽“三农”企业、小微企业的融资渠道，以期能够改变以往通过增加银行信贷、新增发债的刺激模式。当商业银行把一部分信贷资产证券化后，就可以腾挪出更多的信贷空间，在保证资本充足率的情况下，给更多的企业特别是小微企业、“三农”企业更好的金融支持。2014年8月14日，为落实国务院第49次、第57次常务会议精神，国务院办公厅下发《关于多措并举着力缓解企业融资成本高问题的指导意见》（国办发〔2014〕39号），其中第二条“抑制金融机构筹资成本不合理上升”中明确指出：大力推进信贷资产证券化，盘活存量，加快资金周转速度。

自资产证券化开展以来，截至2015年年底，包括资产支持票据在内，资产证券化募集资金10 873.4亿元。

（一）信贷资产证券化

2012年6月初，央行、银监会、财政部联合下发《关于进一步扩大信贷资产证券化试点有关事项的通知》，为停滞4年多的资产证券化业务的重启吹响了号角。2013年7月初，国务院印发《关于金融支持经济结构调整和转型升级的指导意见》（国办发〔2013〕67号），明确要求信贷资产证券化常规化发展，盘活资金支持小微企业发展和经济结构调整。2013年8月底，国务院会议决定，在实行总量控制的前提下，扩大信贷

① 一行三会，指中国人民银行和证监会、银监会、保监会。

资产证券化试点规模，提出优质信贷资产证券化产品可在交易所上市交易，风险大的资产不纳入试点范围，不做再证券化，信贷资产证券化实行统一的发行、登记托管。这次会议明确了在加快银行资金周转的同时，为投资者提供更多选择，明确了未来需积极推动信贷资产证券化常态化发展。

在完成500亿元试点额度后，2013年10月初进一步扩大试点，明确新增试点规模3 000亿元，国家重大基础设施项目贷款、棚户区改造、涉农贷款、小微企业贷款、经清理合规的地方政府融资平台公司贷款等均在鼓励之列，而上一轮试点的标的资产多数集中在大型企业贷款和住房抵押贷款。2013年12月31日，央行、银监会就关于规范信贷资产证券化发起人风险自留比例联合发布公告，明确自留规则由次级5%转向每一级别自留5%，为常态化扩容提供了新的风险防控标准。2014年11月，银监会发布《关于信贷资产证券化备案工作流程的通知》，信贷资产证券化正式由审批制改为备案制。

截至2015年年底，信贷资产证券化总发行规模为7 894. 32亿元。其中，2015年全年发行规模为4 056. 33亿元。具体统计情况见图1. 3。

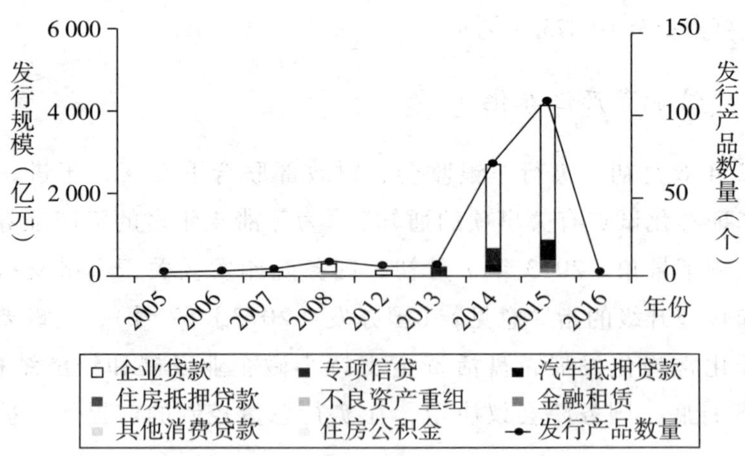

图1. 3　信贷资产证券化产品发行统计（截至2015年年末）

（二）企业资产证券化

2013年3月15日，证监会正式发布《证券公司资产证券化业务管理规定》，较之于2010年的旧指引趋于完善与放松。2014年2月，为贯彻国务院简政放权、宽进严管的政府职能转变要求，证监会公告取消了证券公司专项投资业务，资产证券化业务行政审批也相应取消。2014年3月7日，证监会表示，将全面推动资产证券化业务深入发展，大力发展应收账款证券化等企业资产证券化业务，借鉴成熟市场经验，加强立法研究和立法建议。2014年8月1日，证监会主席表示，国务院7月23日会议对激发实体企业，尤其是中小微企业的活力有重要意义。证监会出台十条措施落实国务院会议精神，其中第十条明确：发展信贷资产证券化，支持棚户区改造，重大设备租赁融资，积极支持符合条件的资产证券化产品到交易所市场上市。

鉴于资产证券化业务的监管方式需相应转型，证监会对《证券公司资产证券化业务管理规定》进行了修订。2014年9月26日，证监会就《证券公司及基金管理公司子公司资产证券化业务管理规定（修订稿）》以及配套的《证券公司及基金管理公司子公司资产证券化业务信息披露指引（征求意见稿）》、《证券公司及基金管理公司子公司资产证券化业务尽职调查工作指引（征求意见稿）》公开征求意见。

对于服务于“高大上企业”的传统信贷市场和债券市场覆盖不到的金融体系，企业资产证券化市场的发展意义重大，它不但能够分散风险，还能够支持以真实资产为基础的直接融资行为。在当前债券市场不够发达、矛盾突出，而银行体系盛行理财、非标等表外业务、债务风险引起担忧的形势下，企业资产证券化业务对于“非标转标”、“降低中小企业融资成本”的战略目标，具有重要意义。

截至2015年年底，资产支持计划总发行规模为2 749.88亿元，其中2015年全年发行规模为1 965.47亿元。具体统计情况见图1.4。

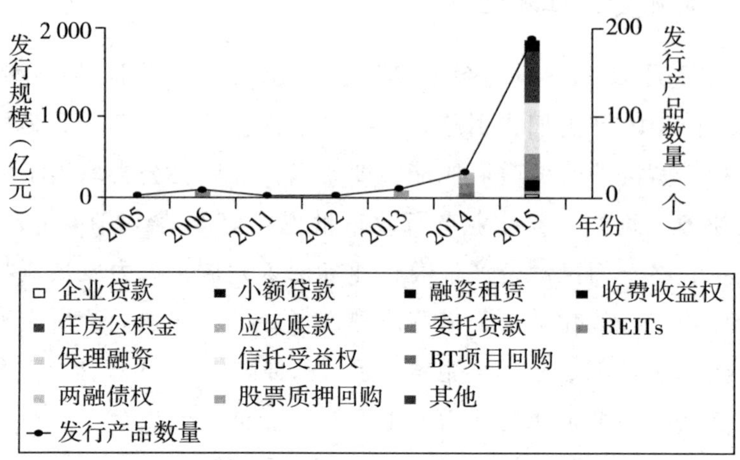

图 1.4　企业资产证券化产品发行统计（截至 2015 年年末）

（三）资产支持票据

资产支持票据简称 ABN，是指非金融企业在银行间债券市场发行的，由基础资产所产生的现金流作为还款支持的，约定在一定期限内还本付息的债务融资工具。资产支持票据目前由交易商协会负责注册，主要法规依据为《银行间债券市场非金融企业债务融资工具管理办法》和《银行间债券市场非金融企业资产支持票据指引》（以下简称《资产支持票据指引》）。《资产支持票据指引》要求发行人须为非金融企业，对基础资产的要求为“基础资产是指符合法律法规规定，权属明确，能够产生可预测现金流的财产、财产权利或财产和财产权利的组合。基础资产不得附带抵押、质押等担保负担或其他权利限制”，资产支持票据与资产支持专项计划对基础资产的要求基本相同，基础资产类型均主要分为债权资产和收益权资产两种。资产支持票据的产品要素详见表 1.2。

首批发行企业为宁波城建投资控股有限公司、南京公用控股（集团）有限公司和上海浦东路桥建设股份有限公司。自资产支持票据推出至 2015 年年底，我国资产支持票据发行规模合计为 229.2 亿元，其中 2015 年全年发行规模为35亿元。发行方主要是城投公司或市政收费企业，基础资产类型主要包括市政收费权、租金收益权和BT应收款。

表1.2 资产支持票据的产品要素

注册机构	中国银行间市场交易商协会
发行人	非金融企业
发行规模	不受企业净资产规模40%的限制，取决于基础资产未来现金流
发行期限	无强制要求
发行方式	可公开发行也可定向发行（目前已发行产品均采取定向发行方式）
募集资金用途	无强制规定，但变更用途须提前披露
流通市场	银行间债券市场
投资人	公开发行面向银行间债券市场所有投资人，非公开发行面向合格投资人
信用评级	公开发行需两家具有资质的评级公司进行评级
登记结算机构	银行间市场清算所股份有限公司（简称“上海清算所”）
信息披露	1. 满足一般债务融资工具信息披露的要求，定向发行的产品披露对象仅为合格投资人 2. 发行时披露基础资产交易结构和基础资产信息、相关机构出具的现金流评估预测报告及现金流评估预测偏差可能导致的投资风险 3. 在产品存续期还须定期披露基础资产的运营报告

（四）项目资产支持计划

2014年7月28日，保监会向各保险资管公司和长江养老保险公司下发《项目资产支持计划试点业务监管口径》（保监资金〔2014〕197号，简称《监管口径》），这是继保监会2013年2月4日《关于保险资产管理公司开展资产管理产品业务试点有关问题的通知》（保监资金〔2013〕124号）后，就保险资管开展资管产品业务下发的又一新文件。一是明确其适用范围，即保险资产管理公司等专业管理机构作为项目资产支持计划受托人，按照约定从原始权益人受让或者以其他方式获取基础资产，以基础资产产生的现金流为偿付支持，发行收益凭证的业务活动；二是受托人应按照要求备案，并提交申请资料；三是基础资产应当权属明确，能够产生独立、可持续现金流，无附带抵质押；四是交易结构应当简单明晰，建立资产隔离机制、独立的现金流归集机制、托管机制、基础资产管理机制等；五是及时报送定期和不定期报告，提供基础资产运行情况、业务参与人员履约情况、支持计划账户资金收支情况、会计师审计意见等管理报告的相关信息。业内人士认为，这意味着保险资管项目资产支持计划的正式开闸，项目资产支持计划业务最有望成为保险资管公司资产证券化的业务平台。2015 年 8 月 25 日，保监会印发了《资产支持计划业务管理暂行办法》（保监发〔2015〕85 号），推动业务由试点转为常规化发展。有关保险资管项目资产支持计划方面更深入的内容，可以参见本书第七章的专门论述。

二、我国资产证券化市场环境

（一）市场基础条件较以前有了显著进步

从前文所述的历史演进及监管现状可以看出，监管层采取多种措施，锐意推进金融创新，使得我国的资产证券化市场规模小、投资人群体单一、流动性差等诸多问题都小有改观。虽然发展中面临许多障碍，但是随着资产证券化成功案例的不断增多、市场规模不断增大，近些年来的试点和实践为业务发展与成熟所必需的制度法规、基础建设、各监管部门的协调配合，做出了积极有益的尝试。

虽然重启后资产证券化业务依旧面临多头监管，但与 9 年前开始的试点相比，监管层在多方面一致地进行了较大力度的放松和改革，体现了监管层推进金融创新的意图。通过设立具有破产隔离功能的 SPV 发行资产支持证券，债务的利息与本金的偿付将全部依赖于基础资产的现金流，而不是转让这些资产的银行、企业和地方政府平台。资产证券化的重启，并且将已清理的平台贷款纳入基础资产池的做法，正是传达了政府意图进行存量杠杆的转移置换，解决资产负债期限结构不相匹配的问题，实现分散风险和金融稳定的职能。

经过这些年来的试点后，资产证券化主要的进步具体表现在：资产证券化业务在报批、发行、托管、交易、结算等环节都有所改观，监管部门也为市场发展做出了努力，尤其是在提高审批速度（本书第二章将对审批流程进行详细描述），鼓励跨市场托管交易（见本书第四章2014年我国内地首单在交易所发行的信贷资产证券化项目——平安银行消费贷款ABS案例），扩大投资人范围（本书第十二章将详细讨论我国的资产证券化投资人群体），发展做市商制度，发展交易所证券化市场让银行信贷资产转出银行体系，提升资产证券化的流动性，实现真正的直接融资，起到盘活存量的目的。

（二）市场利率条件与形势日益趋好

1. 货币市场利率整体上趋于下行

近一两年来，我国货币市场利率整体波动相对频繁，尤其是年末利率常态性走高，比如2013年6月出现钱荒时，6个月票据直贴利率曾由一般情况下的3.8%，一度飙升到9.5%以上。图1.5显示出2014年年底处于短期利率高水平阶段，但在之后的时间段里，除年底外，这两年的货币市场利率整体处于下行态势，尤其是在2015年3月底过后，货币市场利率下行趋势比较明显，R001从3月初的3.25%左右下降到5月份的1.3%左右，维持在1.8%上下的利率水平，6个月票据直贴利率已经从3月初的4.4%下降到5月份的2.54%，整个四季度也维持在2.6%左右的水平，下降了近200bp。票据利率是私人部门和中小企业融资的边际成本，市场利率的下行是好事，也和中央下达的“降低企业融资成本”任务有关系。对于资产证券化市场的常态化发展，我们看好未来的利率形势。

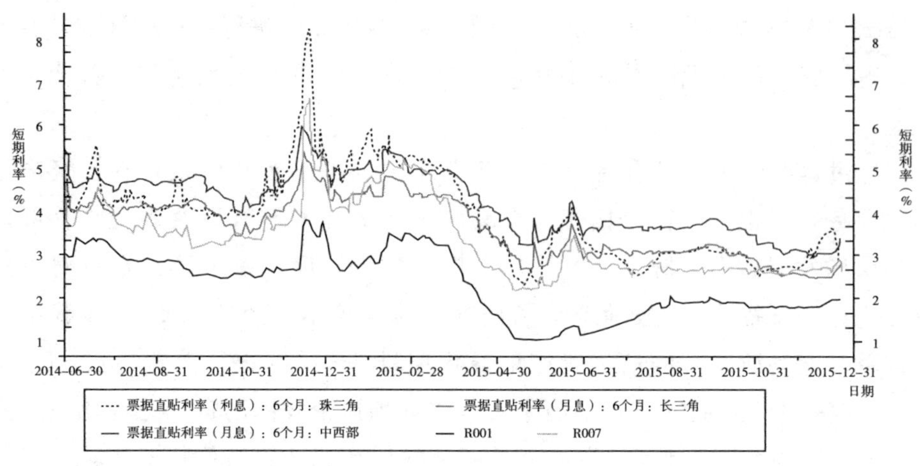

图 1.5　短期利率有波动但整体趋于下行

资料来源：万得资讯

2. 债券市场利率整体呈下行趋势

我们再来看一下债券市场和资产证券化产品市场利率的情况，可以看到，2014 年 7 月至 2015 年年底，国债、国开债、企业债、中票和资产证券化的收益率变化趋势高度一致。就当前市场形势而言，除了年末资金面影响使得收益率有所上行外，其他时期大部分处于整体下行态势。其中，2015 年 3 月中旬开始的下行尤其惹人注意。图 1.6 显示，所有产品的收益率都下行了 150bp 以上。

3. 资产证券化收益率溢价明显，存在投资价值

图 1.6、图 1.7 和图 1.8 都显示出，资产证券化相对于企业的其他融资产品而言，有明显的溢价性（相对于同期限、同资质的企业债和中票，资产证券化收益率要高许多）。以 5 年期为例，资产支持证券（AAA 级）的利率超过 5 年期中票（AA +），在 2014 年 8 月中旬过后超过了 5 年期中票（AA）的利率，反映了投资人宁愿买低评级的中票，也不愿接受最高评级的资产支持证券。从另一个角度来说，利率纷纷下行后，相同评级或者相同期限的产品中，资产证券化产品有了明显的高收益特征。图 1.7 和图 1.8 分别显示，信贷资产证券化（AAA）与同评级债券相比存在 50bp ~ 100bp 左右的溢价，企业资产证券化溢价更为突出。

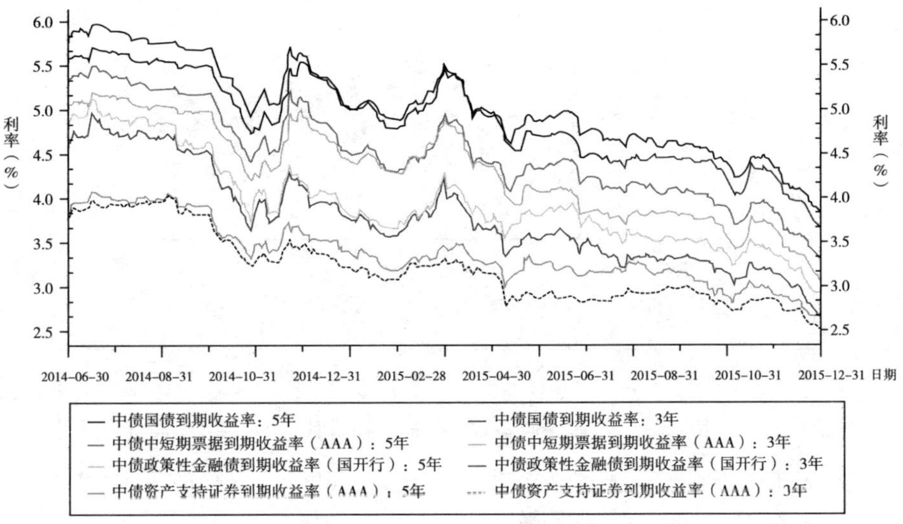

图 1.6　债券市场及资产证券化产品利率整体下行

资料来源：万得资讯

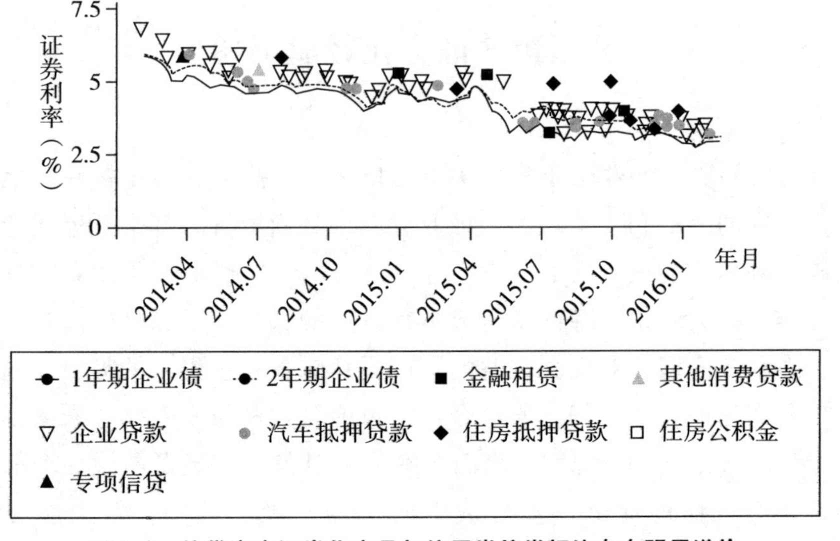

图 1.7　信贷资产证券化产品与信用类债券相比存在明显溢价

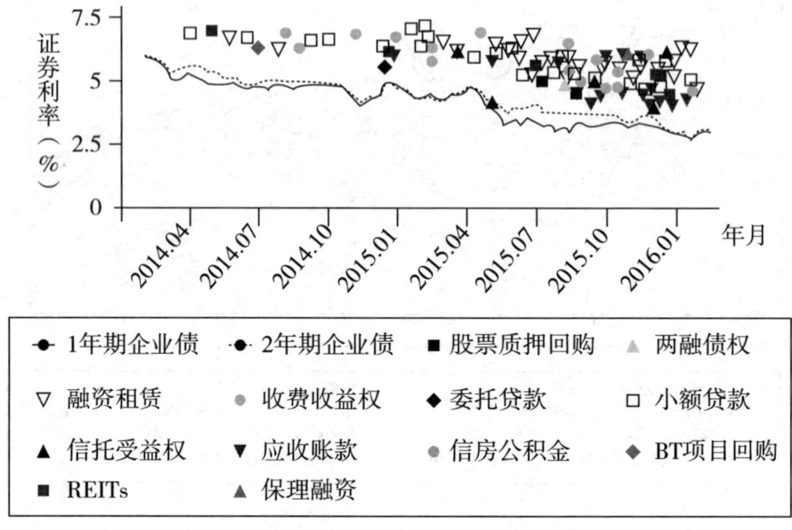

图 1.8 企业资产证券化产品与信用类债券相比存在更高的溢价

第四节

美国资产证券化经验借鉴

重启后的资产证券化业务与 9 年前相比，在监管层面比较一致地进行了较大力度的放松和改革。如，证监会允许券商资管、基金开展证券化业务的破产隔离功能的业务；通过设立具有破产隔离功能的 SPV 发行资产支持证券，提高效率、降低发行成本，其中的法律问题和障碍需要进一步突破；高利率的债务对应高收益的资产，意味着对投资人的吸引，随着未来市场利率的进一步下行，通过合适的风险管理和技术安排，未来都是资产证券化的好基础和好原料。我们在本节中对美国市场发展做一个简要的总结，并尝试性地提出一些可资中国市场发展的经验，希望能够少走弯路。

一、美国资产证券化的发展情况

（一）美国资产证券化的发展历史

资产证券化在美国的发展经历较为典型，资产证券化已成为美国资本市场最重要的融资工具之一，对美国经济和金融市场产生了巨大的积极影响。资产证券化起源于20世纪70年代末的美国，当时主要用于住宅按揭。自1970年美国政府国民抵押协会首次发行以抵押贷款组合为基础资产的抵押支持证券完成首笔资产证券化交易以来，资产证券化逐渐成为一种被广泛采用的金融工具而得到迅猛发展。

美国资产证券化发展的相关研究和表1.3中显示的演变路径都表明，在资产证券化初期，基础资产主要限于住房抵押贷款一类信用特征简单、还款条件明确、期限相对较长的资产。资产证券化的基本概念就是，它可以完美地应用到任何有一定可发现价值或产生可预测未来现金流的资产。随着资产证券化技术的不断发展、市场挖掘能力的增强以及市场规模的不断扩大，基础资产的种类也在不断增多，即使是那些还款现金流不易确定、期限较短的资产，如贸易应收账款、商业贷款、无担保消费者贷款、公用事业租赁等众多产生现金流的债权，也被纳入证券化范围，而且其品种不断丰富，市场规模也越来越大。

表1.3 美国ABS资产池的演变路径（不包括私募交易）

资产池种类	首次发行时间	本金总金额（百万美元）
计算机租赁	1985年3月	1 847.8
零售汽车贷款	1985年5月	76 363.6
轻型货车贷款	1986年7月	187.4
信用卡应收款	1987年1月	80 238.4
标准货车贷款	1987年6月	478.6

（续表）

资产池种类	首次发行时间	本金总金额（百万美元）
商业应收款	1987 年 9 月	311.5
汽车租赁	1987 年 10 月	470.0
消费者贷款	1987 年 11 月	1 092.5
船舶贷款	1988 年 9 月	1 202.5
成品住房贷款	1988 年 9 月	7 653.7
设备租赁	1988 年 10 月	214.6
批发商机动车贷款	1990 年 8 月	5 900.0
批发商货车贷款	1990 年 12 月	300.0
小企业贷款	1992 年 1 月	349.8
农业设备贷款	1992 年 9 月	1 052.4

资料来源：弗兰克·J·法博齐，弗朗哥·莫迪利亚尼．资本市场机构与工具［M］．北京：中国人民大学出版社，2004

1．起步阶段：1968～1980 年

1968 年，美国信贷资产证券化启动，最初只为缓解美国购房融资的资金短缺问题。婴儿潮一代成年引发住房贷款需求急剧上升，促使银行转向资本市场，通过资产证券化转嫁利率风险，获得更多的资金来源。1968 年，美国推出了最早的住房抵押贷款证券（MBS）。

2．发展阶段：1981～2007 年

1981 年起，住房抵押贷款证券化速度大幅加快，主要目的从应对资金短缺转变为帮助各类储蓄机构管理风险和改善财务困境。1980 年开始的利率市场化改革，导致美国银行业负债成本急剧上升，存贷款期限不匹配等问题严重威胁储蓄机构的生存。美国政府的三家信用机构——联邦国民抵押贷款协会（Fannie Mae，即房利美）、联邦住宅贷款抵押公司（Freddie Mac，即房地美）、政府国民抵押贷款协会（Ginnie Mae，即吉利美），纷纷收购银行住房抵押贷款进行重组并发行证券，来帮助储蓄机构盘活低流动性资产。随着 MBS 逐步完善并初具市场规模，1983 年出现了对资产池现金流进行分层组合

的新型 MBS——抵押担保债券（CMO）；1985 年之后，基于信用卡、汽车贷款、学生贷款、厂房设备贷款、房屋权益贷款等其他各类贷款的 ABS 不断涌现；1993 年又出现了以 MBS 和 ABS 现金流为抵押品的再证券化产品——担保债务凭证（CDO）。

3. 调整阶段：2008 年至今

2008 年始于次级贷款证券化的金融危机，沉重打击了高速发展的资产证券化市场，MBS 规模扩张趋缓乃至停滞，ABS 市场余额出现大幅下滑。截至 2007 年年底，MBS 和 ABS 余额为 11 万亿美元，约占美国债券市场总额的 34%，为资本市场的第一大产品。但到 2011 年年底，这一比例下降到 28%；同期美国政府债券份额从 25% 上升到 37%，跃升为第一大债券品种。市场重心从竞争与金融产品创新转向对资产证券化不良操作带来的巨大风险隐患的反思和防范。截至 2014 年年底，美国证券化市场存量 10 万亿美元，占同期债券总存量比例超过 25%。2000 年至 2014 年，美国资产证券化市场发行量平均为每年 2.26 万亿美元。最近 10 年，美国资产证券化存量规模与 GDP 的比值连续超过 50%。从 2004 年至 2014 年近 10 年全美债券市场发行情况的数据看，2008 年金融危机之前，MBS 发行量最大；受 2008 年金融危机影响，MBS 当年发行量显著降低，2009 年发行量回复到 20 000 亿美元以上，2014 年 MBS 发行量逐渐降低到 1 266 亿美元。详见表 1.4。

表 1.4　美国债券市场发行情况　　单位：10 亿美元

年份	市政债券	国债	MBS	公司债券	联邦机构证券	ABS	总计
2004	358.1	853.3	2 341.7	780.7	877.8	222.7	5 434.3
2005	407.2	746.2	2 691.5	752.8	635.0	289.1	5 521.8
2006	386.0	788.5	2 593.3	1 058.9	691.8	268.2	5 786.7
2007	429.2	752.3	2 419.1	1 127.5	831.2	289.0	5 848.3
2008	389.3	1 037.3	1 436.4	707.2	984.9	268.6	4 823.7
2009	409.6	2 074.9	2 103.3	901.8	1 086.7	151.8	6 728.1

（续表）

年份	市政债券	国债	MBS	公司债券	联邦机构证券	ABS	总计
2010	433.1	2 304.0	1 978.1	1 062.7	1 203.7	106.6	7 088.2
2011	295.2	2 103.1	1 700.2	1 012.1	838.4	124.1	6 035.5
2012	382.4	2 304.5	2 157.2	1 364.9	720.7	201.1	7 130.9
2013	334.9	2 140.0	2 087.8	1 413.8	419.5	188.9	6 585.0
2014	337.5	2 215.4	1 347.7	1 440.9	377.4	225.4	5 944.3
2015	398.4	2 122.5	1 715.8	1 488.8	513.5	193.2	6 432.2

资料来源：证券业与金融市场协会（SIFMA）

（二）美国资产证券化基础资产及利率情况简析

从美国资产证券化的资产种类来看，主要是MBS和ABS，MBS在整个证券化市场占比为80%，而ABS主要以汽车和信用卡贷款证券化为主，其中，不动产抵押相关贷款证券化占比约为85%。除不动产抵押贷款证券化产品外，其余证券化产品，则以全球担保债务凭证（CDO）、汽车贷款证券化、信用卡贷款证券化和非机构商业房地产抵押贷款支持证券（CMBS）为主，详见表1.5。美国形成该证券化产品基础资产结构的主要原因之一，即美国政府大力扶持MBS业务发展，从基本政策的支持、疏导，到成立“房地美”和“房利美”（简称两房）两大专业协会进行住房抵押贷款汇集、打包、发售等业务支撑，再到2008年金融危机美国政府采取的收购“两房”以平息信贷市场波澜等举措，都反映了政府对于证券化业务市场格局的重要影响。

另外，从美国信贷资产历史利率进行分析，住房抵押贷款利率（见表1.6）明显高于工商类贷款利率，美国工商贷款利率为联邦基金利率加上一定的息差。同时，与汽车贷款相比，利率上的差距并非很大。从操作难度上看，个人住房贷款不涉及像信用卡贷款类的动态资产池，从而为证券化渠道再融资奠定了基础。

表 1.5　剔除 MBS 后美国 2015 年证券化发行不同基础资产情况

	美国证券化基础资产规模（亿美元）	基础资产占比（%）
汽车贷款	974	35
信用卡	241	9
机械设备	134	5
房地产相关贷款	184	7
学生助学贷款	135	5
全球 CDO	862	31
其他	264	9
总计	2 793	100

资料来源：证券业与金融市场协会（SIFMA）

表 1.6　2010～2015 年美国个人住房抵押贷款利率情况　　（单位:%）

指标	2010 年	2011 年	2012 年	2013 年	2014 年	2015 年
30 年期固定抵押贷款利率	4. 69	4. 45	3. 66	3. 98	4. 17	3. 85
5 年期可调利率抵押贷款利率	3. 82	3. 31	2. 78	2. 88	3. 02	2. 94
1 年期可调利率抵押贷款利率	3. 78	3. 03	2. 69	2. 62	2. 44	2. 53
10 年期固定期限国债收益率	3. 22	2. 78	1. 80	2. 35	2. 54	2. 14
1 年期固定期限国债收益率	0. 32	0. 18	0. 17	0. 13	0. 12	0. 32

资料来源：美国房地美网站（freddiemac. com），万得资讯

具体的发起人分类、目标资产类型及证券化动机可以参考表 1. 7。

表 1.7　发起人分类、目标资产类型及证券发行动机

发起人	资产类型	动机
银行	抵押贷款（住宅和商用），贷款（消费者和公司），债券和信用衍生品组合，租赁	风险转移，资本效率，新业务，流动性，支付风险转移

（续表）

发起人	资产类型	动机
专门抵押发起人	抵押贷款	流动性，新业务，风险转移，资本效率，支付风险转移
消费金融公司	信用卡贷款，汽车融资贷款，个人贷款，租赁	流动性，新业务，风险转移，资本效率，支付风险转移
公司	专家，应收款，存货，租赁	资本效率，流动性
休闲和零售业主	旅店应收款，剧院现金流，零售业现金流，特许经营收入	新业务和流动性，资本效率，利润
不动产开发商	办公场所的债务融资，酒店，大型购物超市，养老院（Care Home）	资本效率，流动性期限与成本
市政当局	社会保险费（Social Security Contribution），税收，特定资产	资本与平衡表效率，流动性，期限与成本
政府	私有化债务（英国的 PFI），出口信贷	资本与平衡表效率，流动性，期限与成本
公用设施	应收款，不动产	资本效率，流动性，期限和成本
项目	完工后现金流	资本效率，流动性，期限和成本
资产管理人	债券、信用衍生品和贷款组合	风险转移，资本效率，新业务，流动性
对冲基金和替代性投资工具	债券、信用衍生品和贷款组合，基金结构基金，结构性产品	新业务和流动性，资本效率，利润
房屋协会	不动产组合和综合现金流	资本效率，流动性，期限和成本
卫生保健机构	不动产组合和综合现金流	资本效率，流动性，期限和成本

资料来源：德银证券研究报告

二、美国资产证券化的经验借鉴

鉴于美国是资产证券化发展的起源地，又是该项金融创新最为成功的国家，我们希望总结一些发展经验与教训，以为我国的资产证券化操作提供借鉴。我们先介绍一些基本要素，再仔细阐述美国资产证券化市场的主要特点。在考虑了国际经验和我国实际情况后，本书第十三章，我们将单独针对我国资产证券化市场与业务发展中的问题，提出相应的发展建议与对策。

（一）美国资产证券化成功发展的九大要素

标准普尔公司中国区总裁扈企平（Joseph Hu）在总结美国资产证券化市场的发展经验时，提出资产证券化市场成功所需的九大要素如下：

1. 合理的基础资产发起过程

对于市场的健康发展来说，首要的要求自然是一个基础资产（典型的如金融机构贷款）发起时质量良好的初级市场。一个好的流程包括一些关键步骤。首先，基础资产的承销标准需要在不同发起人之间保持一致，这保证了不同发起人发起的基础资产质量保持稳定；其次，贷款文件也需要标准化，以便使资产入池高效稳定。

2. 相辅相成的法律架构

最为重要的是，当发起人处于破产境地时，法律应该保护投资人对证券的基础性资产的追讨权。因此，设立一个资信良好且破产隔离的特殊目的实体至关重要。此外，法律必须明确规定发行人、信托人、贷款管理人以及服务商的责任和义务。

3. 完整的现金流分析

在证券化开始时，发行人在分析未来现金流时需要进行许多假设，除了贴现率假定，还需要对现金流本身的情况做出假设。只有在深入分析大量基础性贷款现金流的历史数据之后，现金流的各种假设才更有现实意义。深度分析能够保证现金流的完整性，以便做出定价。

4. 清晰定义的会计准则

资产证券化中，有两个重要的会计问题需要清晰界定。一个是投资人保护，基础资产定期产生的现金流的本金和利息，都应该有清楚的会计核算；另一个关键的会计问题是，所有的现金流都必须经过会计之手，以确保完整的现金流分析。

5. 审慎的信用风险评估

信用评级是资产证券化的一个重要组成部分，信用评级机构的核心任务则是为投资人提供高质量的证券评级结果，信用评级机构审慎评估贷款和证券内在风险形成的专业技能能够获得投资人的信赖。目前，美国资产证券化市场主要有 3 家评级机构：惠誉、穆迪和标准普尔。

6. 全面周到的投资银行服务

在整个资产证券化交易过程中，投资银行扮演了重要的角色。投资银行负责协调并帮助发行机构处理法律、会计、税收以及现金流分析的任务。除此之外，投资银行还扮演经销商的角色，即为证券定价和发行证券，在二级市场上充当做市商等。

7. 成熟的政府债券市场

由于国债具有无信用风险的特征，国债收益率曲线的基准作用尤其突出。国债利率变动表现和决定了投融资效率，在工业化国家尤其如此。结合利率走势，可以看出一个国家金融市场特别是资本市场的发达程度，更可以看出国家未来的兴衰。因此，可以说一个国家的利率曲线是该国金融市场的“心电图”。从定价的作用看，国债收益率曲线在债券市场甚至整个金融市场中起到标杆的作用，因为它可以为所有不同期限、不同风险状态的固定收益证券在一级市场和二级市场提供定价基准，对新发行的和二级市场上交易的资产证券化产品进行定价都尤为必要。

8. 有活力的二级市场

一个成功的证券发行市场，必须依赖于活跃的二级市场支持，因为二级市场为即将发行的证券提供了相似证券的定价信息。另外，证券发行后，投资人需要一个活跃的二级市场来提供证券的流动性，以便可以在不受非利率因素影响、波动不大的价格区间内买入和卖出。

9. 广泛的投资者群体

运用资产证券化技术，可以在不同市场环境下，设计发行不同期限、不同风险等级的产品，通过分层设计保留次级档的方式放大杠杆撬动资金，创新盈利模式，满足不同风险偏好的投资者需求。证券化初期，投资者通常为收益导向型，即他们最关心资金成本和投资收益之间的差额。随着信用市场与分级技术的发展，信用导向型的投资者和期限导向型的投资者加入，投资者群体会不断扩大。

（二）美国资产证券化优势的进一步分析

上述内容相对理论抽象，接下来我们简要总结金融危机后美国资产证券化业务新规主旨，进一步具体阐述美国资产证券化市场有哪些发展优势，这些内容和本书业务操作密切相关，以期读者结合自身工作和学习，进行思考。

金融危机后，美国针对资产证券化业务的发展与监管做出了相应的反思，他们认识到，由于市场主体对资产证券化的不当利用以及监管的缺位，证券化过程放大了金融风险。这些反思主要体现在政府部门出台的相关法案、法规和监管新措施中，尤其是美国证券交易委员会对于资产证券化专项法规——Regulation AB 进行了重大修订。新版的 Regulation AB II 旨在通过全面规范资产证券化产品注册发行及存续期间信息披露及报告要求，对储架标准做出了最新规定，通过减少不确定性与风险来增强投资者信心和强化投资者保护，同时激励投资者不过度依赖评级。

美国的相关法律和税收制度对中国均有借鉴意义，特别是在“真实出售”的实质性认定、信息披露制度、信用评级增级制度和 SPV 免税体的设计等方面。我们认为，美国资产证券化发展值得借鉴的内容有如下几点：

1. 多元化的运作模式

从 2005 年启动商业银行信贷资产证券化至今，我国资产证券化与美国一致，均采取表外业务的单一模式，运作流程也大致相同。美国模式，又称表外业务模式，即在银行外部设立 SPV，用以收购银行资产，实现资产的真实出售。但是两者又存在很大不同，不同点主要体现在SPV的组织结构和对资产的处理上。受托机构以SPV为标准形态，又可细分为SPC（特殊目的公司）和SPT（特殊目的信托）。前者的核心是基础资产“出售”给受托机构，后者的关键是基础资产被信托给受托机构，二者都实现了所有权的转移和风险的隔离，是实质上的“真实出售”。美国同时采取SPC和SPT两种形式，我国因受现行《公司法》和会计税收制度限制，暂时只能采取SPT形式。

我国的SPT模式几乎参考美国，SPC或类公司型SPT是未来发展趋势。现行SPT模式只适用于简单资产证券化，在发展更高级阶段必然会出现对不同种类来源的资产合并、更复杂的现金流分拆、合成化和再证券化产品的需求，只能依靠SPC或对现行SPT的运作模式进行调整来实现。而这又必须建立在修改《公司法》和会计税收等相关法律的基础上，是一个长期的完善过程。

2. 成熟的制度安排

依据资产证券化过程，主要在资产转让、SPV设立和证券发行三方面存在法律环境约束。美国法律体系相对健全：美国在资产证券化之前就有以《证券法》为基础的完善的证券市场法律体系；信贷资产证券化的发展过程中，政府又相继出台了《抵押证券税收法案》、《证券投资者保护法》、《证券法房地产投资信托法》、《金融资产证券化投资信托法》和《金融机构改革复兴和强化法案》等一系列法律并对旧有法律进行修订，为资产证券化的发展提供了必要规范和简化推动。

相比之下，我国在明确风险隔离、简化SPV设立和证券发行条件、改善信用评级、增级体系以及放开投资人限制等相关法律上仍有较大差距。目前，专门针对信贷资产证券化的法规依然只有《信贷资产证券化试点管理办法》及部分监管机构通知，同时适用于《担保法》、《合同法》、《信托法》等现行法律体系。

3. 完善的信息披露要求与标准

资产证券化要发挥优势，就好比现代社会大超市的发展，不但因为标准化、规模化、公开化和集中交易化降低了产品价格，更重要的是减少了信息不对称，减少欺诈等行为。我国目前对资产证券化产品信息披露要求仅仅在于，监管部门制定的规章“披露规则”或者“公告”内容中要求定期披露受托机构报告或者年报，与金融危机之前美国资产证券化业务的报告及表格体系比较，都相差很远。

金融危机后，美国资产证券化新规对信息披露要求进一步严格和明确，直接落实到基础资产层面信息，对可能存在的风险因素揭示到资产池内部，提升了资产证券化市场的信息透明度及时效性，同时全面规范资产证券化产品注册发行及存续期间信息报告披露要求，为投资者及其他市场参与者提供充分有效的决策信息。

4. 完善的税收优惠安排

税收优惠是资产证券化开展的前提，否则在整个证券化过程中多处存在重复征税的环节。美国税收优惠体制相对成熟：资产证券化之初，美国税法规定，信托型 SPV 只要符合一定的条件即不用纳税，由所有人纳税。之后美国政府陆续通过《1986 年税收改革法》创设住房抵押投资载体（REMIC），通过《1996 年小企业就业保护法》创设金融资产证券化投资信托（FASIT），这两种专门的证券化交易载体安排适用于任何性质的 SPV 和资产证券化操作，真正豁免了 SPV 层次上的所得税；在资产转入、转出的税收设计上，也避免向 SPV 转移资产时的重复征税。

我国直接规定资产证券化相关税收政策的文件为财政部、国家税务总局《关于信贷资产证券化有关税收政策问题的通知》（以下简称《通知》）。《通知》豁免了 SPV 在资产转移过程中所签订的各类合同的印花税义务，并规定仅对未分配给投资者的收益报缴企业所得税。但在资产转移环节仍有所得税义务；在营业税方面，对产品转让、服务机构报酬以及机构投资者取得的收益均没有优惠。

5. 丰富的信用增级方式

信用增级是资产证券化产品的重要特征。美国常见的信用增级方法有内部信用增级、债券保险、母公司信用担保、备用信用证等，部分 MBS 拥有房地美、房利美等提供的类政府信用担保，其中，母公司信用担保及备用信用证很少使用。美国金融担保保险协会会员名单详见表1.8。

债券保险专门为债券可能发生的损失提供保险。当基础抵押贷款现金流不足以支付利息从而造成债券违约时，债券保险可提供损失补偿。通常，债券保险人会对非机构担保债券提出一些要求，如建立准备金账户、安排超额抵押等。债券保险公司多具有AAA信用评级，经其保险的资产证券化产品也获得同样级别的信用评级。

政府支持企业担保是美国信贷资产证券化的一大特色。对于RMBS产品，还有特殊的信用增级方式：由房地美、房利美和吉利美提供担保。其中，由吉利美担保的产品具有与政府相同的信用，由房地美和房利美担保的产品，信用等级与美国政府非常接近。另外，美联储为支持美国住房市场，自2009年1月开始在公开市场上购买由房利美和房地美发行的MBS，到2010年3月31日，美联储正式结束1.25万亿美元的MBS购买计划。2010年11月3日，美联储政策例会上宣布采取第二轮量化宽松措施，目标是在2011年第二季度结束前购买总计6 000亿美元的中长期美国国债。2012年9月14日，美联储在政策会议上推出第三轮量化宽松，每月购买400亿美元机构MBS，并对购债总规模不设上限。2012年12月13日，美联储启动第四轮量化宽松，每月采购450亿美元国债，并维持第三轮量化宽松时每月400亿美元的MBS宽松额度。2014年10月29日，美联储宣布将退出量化宽松，结束额外购买MBS的计划。美联储将继续遵守所持有债券到期再投资买入的滚动投资原则，即在市场用1.7万亿美元MBS到期本金再投资到MBS。截至2015年12月底，美联储仍保持对MBS的再投资政策。美联储账面MBS余额详见图1.9。我国目前所有资产支持证券不由政府担保，不能成为公开市场操作工具。

表1.8　美国金融担保保险协会会员名单

序号	公司名称
1	ACA金融担保公司（ACA）
2	AMBAC保险公司（AMBAC）
3	美国海外再保险有限公司（ACRC）

（续表）

序号	公司名称
4	美国信用担保保险公司（AGC）
5	美国市政信用担保保险（AGM）
6	CIFG 金融担保保险及再保险集团（CIFG）
7	金融担保保险公司（FGIC）
8	MBIA 保险公司（MBIA）
9	国家公共财政担保公司（NPFC）
10	Radian 资产保险公司（RAIC）
11	Syncora 担保公司（SG）

资料来源：金融担保保险协会（AFGI）网站

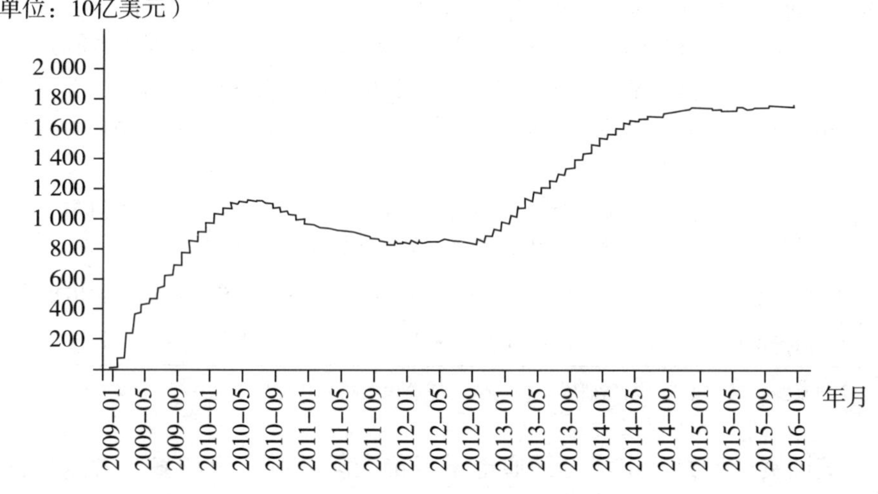

图 1.9　美联储账面 MBS 余额

资料来源：万得资讯

6. 多元化的交易系统和完善的做市商机制

在美国，构成 ABS 和 MBS 产品交易市场的是，众多的固定收益证券交易系统。具有 ABS 和 MBS 产品交易功能的系统在固定收益证券交易系统中的比例在 20% ~30% 之间。固定收益证券交易系统的功能是为证券经纪商和机构投资者提供交易服务。由于产品和交易者需求的多样性，交易系统采取多种交易服务形式。主要的交易服务模式有以下几种：发行竞价模式（Auction）、价格配对模式（Cross-Matching）、经纪人交易模式（Interdealer）、集中交易模式（Multi-Dealer）和经纪选择模式（Single-Dealer）。详见表 1.9。

在固定收益证券交易市场的发展过程中，交易系统为投资者交易服务的功能有了明显改善，提高了固定收益证券经纪商和机构投资者的交易能力。固定收益证券交易系统的客户遍及欧美各地，交易系统的网络是系统运行的支柱。

表 1.9　美国资产证券化市场不同交易服务模式特点比较

交易服务模式	主要特点
发行竞价模式	主要用于会员间的发行竞价，通常发行人将证券的发行条件向会员公布，会员报价申购，最高价格或最低收益率为最优价，即成交价。有些系统上使用申购者的实名，有些系统不公开有关申购者的信息
价格配对模式	交易系统的网络将经纪商和机构投资者联系起来，证券买卖的报价通过系统实时或定时向会员发布，在买卖双方报价配对时，自动形成交易
经纪人交易模式	交易系统执行经纪商的“经纪人”功能，交易系统通过电子“经纪人”自动执行经纪商之间无记名的委托交易
集中交易模式	交易系统集中买卖报价，显示经纪人的最高买入和最低卖出报价
经纪选择模式	交易系统允许投资者与选定的经纪商直接进行交易

资料来源：深圳证券交易所研究报告《资产证券化产品及其交易研究》

美国资产证券化市场已开通电子报价交易系统，市场参与者除投资人外主要由做市商组成。做市商是具备足够资金的货币经纪人，它将担负起为资产证券化产品买卖寻找下家并维持成交公平的责任，为买卖双方提供双边报价，有效提升产品的流动性。图 1.10 为美国 MBS 市场的日均成交情况，可以看出二级市场非常活跃，产品流动性较高。

7. 大力培育次级投资者，设计独特的次级产品竞标机制

目前我国资产证券化优先档的投资人已初具规模并逐步多元化，但市场化

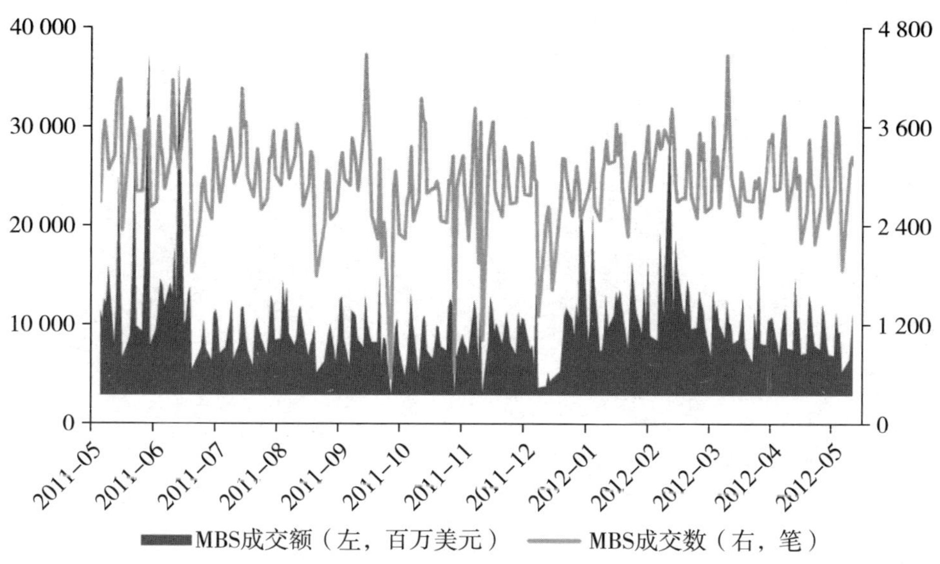

图 1.10　美国 MBS 日均成交情况

资料来源：美国证券业与金融市场协会

的次级档投资人需要具备更高的风险识别能力和风险承受能力，而次级档如果缺乏适当的市场机构投资者，发行人尤其是银行等资本金管理机构就没有办法实现出表需求；而企业应收账款等资产循环出表能否实现，关键也在于能否实现风险的卖断和期限匹配，其根本在于能否找到购买次级档的投资人。所以，我们建议大力培育有风险识别和风险定价能力的市场投资人（如美国对冲基金的专门机构），来购买资产证券化产品中高风险高收益的次级档。

美国的资产证券化的次级证券（通常是非投资级，评级在 BBB 以下），通常由专业的机构投资者购买。在发行产品之前，发行人需要邀请一些合格机构投资者对资产池做详细的尽职调查。机构投资者会对产品的结构设计和资产池的质量形成自己的独立意见，并出具竞标书。一方面，次级投资人能够就资产池的质量对发行人形成制约，成为优先级投资人的“守门人”；另一方面，通过竞标的方式折价出售次级证券，可以实现真正的风险转移和市场化定价。因此，设计次级证券的竞标机制有助于完善多层次资产证券化投资人的构成。

第二章

资产证券化操作流程

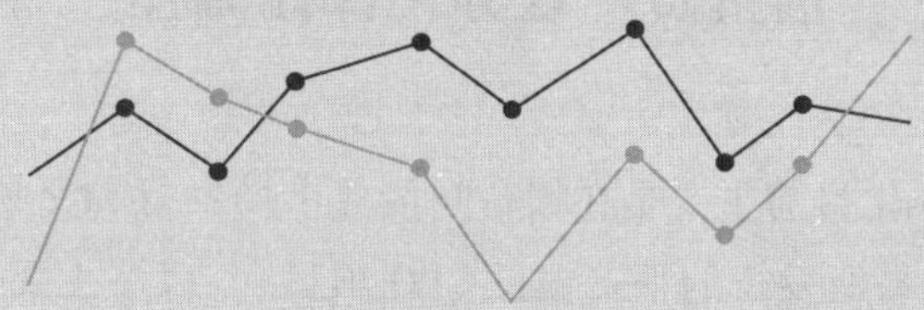

在正式介绍资产证券化各个业务主体的工作流程之前，本章从整体业务流程角度，分别详细地分析四大类资产证券化（信贷资产证券化、资产支持专项计划、资产支持票据和REIT）的具体操作流程，希望有助于参与其中的各个专业机构对资产证券化业务操作流程有一个全景的认识与把握。不同于第一章中所简述的业务流程，本章的操作流程更有针对性、更加全面，也更加细致。

第一节 信贷资产证券化操作流程

信贷资产证券化目前主要是在银行间债券市场发行和交易（除了2014年6月在上海证券交易所发行的平安银行CLO项目）。以下主要介绍银行间债券市场信贷资产证券化操作流程，并以平安银行案例为例介绍交易所市场信贷资产证券化操作流程。

一、监管审核流程

（一）银行间债券市场

信贷资产证券化业务目前采取的银监会备案和央行注册的管理流程，审核周期相比之前有了较大缩短，图2.1所示为最新政策环境下在银行间市场发行的监管机构审核流程。

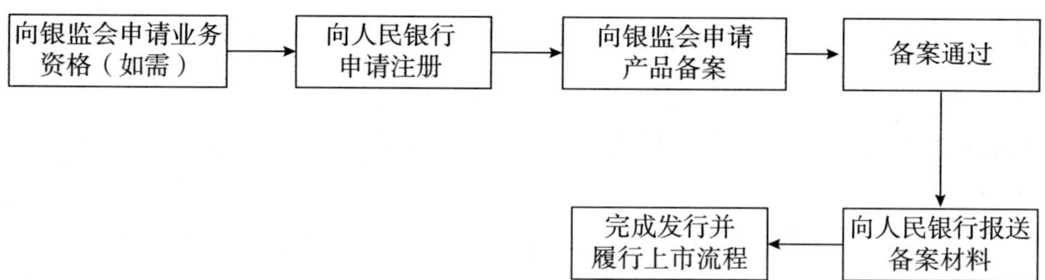

图 2.1　信贷资产证券化在银行间市场发行的审核流程

1. 银监会备案流程

2014 年 11 月 20 日，中国银监会下发了《关于信贷资产证券化备案登记工作流程的通知》，标志着信贷资产证券化业务迈入备案制。该通知表示，本着简政放权原则，银监会不再针对证券化产品发行进行逐笔审批，银行业金融机构应在申请取得业务资格后开展业务，在发行证券化产品前应进行备案登记。具体流程详见表 2.1。

表 2.1　信贷资产证券化业务资格申请和产品备案流程

业务资格审批	• 银行业金融机构开展信贷资产证券化业务应向银监会申请相关业务资格，报送各机构监管部并会签创新部 • 对已发行过信贷资产支持证券的银行业金融机构豁免资格审批，但须履行相应手续
产品备案登记	• 获得业务资格后，金融机构在发行证券化产品前需进行备案登记。产品备案由创新部受理、核实、登记，并转送各机构监管部实施备案统计 • 已备案的产品须在 3 个月内发行
过渡期安排	• 目前发行审批通道内的证券化产品仍按照原审批制下工作流程继续推进 • 已发行信贷资产支持证券的银行业金融机构被视为已具备相关业务资格，可按照上述新工作流程开展报备登记，并应补充完成业务资格审批手续等

2. 央行注册流程

中国人民银行于 2015 年 3 月 26 日发布了《资产支持证券注册发行有关

事宜的公告》（以下简称《注册公告》）及信息披露配套规则的征求意见稿，标志着信贷资产支持证券在银行间债券市场的发行管理将由审批制转变为注册制，有效缩短了信贷资产证券化业务的操作周期。《注册公告》的要点如下：

（1）已经取得监管部门相关业务资格、发行过信贷资产支持证券且能够按规定披露信息的受托机构和发起机构可以向中国人民银行申请注册，并在注册有效期内自主分期发行信贷资产支持证券。申请注册发行的证券化信贷资产应具有较高的同质性。

（2）受托机构和发起机构应提交注册申请报告、与交易框架相关的标准化合同文本、评级安排等文件。注册申请报告应包括以下内容：

①信贷资产支持证券名称。

②证券化的信贷资产类型。

③信贷资产支持证券注册额度和分期发行安排。

④证券化的信贷资产发放程序、审核标准、担保形式、管理方法、过往表现、违约贷款处置程序及方法。

⑤交易结构及各当事方的主要权利与义务。

⑥贷款服务机构管理证券化信贷资产的方法、标准。

⑦拟披露信息的主要内容、时间及取得方式。

⑧拟采用簿记建档发行信贷资产证券化产品的，应说明采用簿记建档发行的必要性，定价、配售的具体原则和方式，以及防范操作风险和不正当利益输送的措施。

（3）中国人民银行接受注册后，在注册有效期内，受托机构和发起机构可自主选择信贷资产支持证券发行时机，在按有关规定进行产品发行信息披露前5个工作日，将最终的发行说明书、评级报告及所有最终的相关法律文件和《信贷资产支持证券发行登记表》送中国人民银行备案。

（4）按照投资者适当性原则，由市场和发行人双向选择信贷资产支持证券交易场所。

（5）受托机构、发起机构可与主承销商或其他机构通过协议约定信贷资产支持证券的做市安排。

（6）中国人民银行在其官方网站（www. pbc. gov. cn）“银行间债券市场”栏目下实时公开信贷资产支持证券发行管理信息。

（7）受托机构和发起机构在信贷资产支持证券发行前和存续期间，应切实履行信息披露职责，并承担主体责任。采用注册方式分期发行的，可在注册后即披露产品交易结构等信息，每期产品发行前披露基础资产池相关信息。受托机构、承销机构、信用评级机构、会计师事务所、律师事务所等中介机构要按合同约定切实履行尽职调查责任，依法披露信息。

（8）中国银行间市场交易商协会应组织市场成员起草并发布信贷资产支持证券相关标准合同范本和信息披露指引，定期跟踪市场成员对信贷资产证券化信息披露情况的评价，对不能按相关规定进行信息披露的，应及时报告中国人民银行。

3. 信息披露指引

作为一种结构化融资工具，资产证券化以资产信用为基础，对基础资产的信息披露有很高的要求，既是投资者决策的基础，也是市场定价的主要依据。美国在次贷危机后对其资产证券化的监管进行了反思和修订，在相关修正案中不仅对所有资产的信息披露进行了一般规定，针对不同基础资产性质的产品亦做了不同的规则要求。

伴随着资产证券化注册制的实施，监管部门在助力市场发展的同时，也强化业务监管。对于风险防范，信息披露和信用评级是两个重要的市场约束机制，经中国人民银行同意，交易商协会陆续发布了《个人汽车贷款资产支持证券信息披露指引（试行）》、《个人住房抵押贷款资产支持证券信息披露指引（试行）》、《棚户区改造项目贷款资产支持证券信息披露指引（试行）》及《个人消费贷款资产支持证券信息披露指引（试行）》，进一步规范资产支持证券信息披露行为。

这是我国首次针对资产证券化发布专门的信息披露指引，目的是规范发起机构、受托机构等资产支持证券信息披露义务主体在注册、发行和存续期间的信息披露行为，提高信息披露的质量、加强市场风险防范、切实保护投资人利益，构建市场化的激励约束机制。

（二）交易所市场

平安银行于2014年6月25日在上海证券交易所发行26.31亿元的个人消费贷款信贷资产支持证券，登记结算机构为中央国债登记结算有限责任公司。中国人民银行于2015年3月26日发布的《资产支持证券注册发行有关事宜的公告》中第四条提到“按照投资者适当性原则，由市场和发行人双向选择信贷资产支持证券交易场所”，即允许信贷资产支持证券在交易所市场发行，但需事先取得中国人民银行的同意。

在证券交易所发行信贷资产支持证券，与在银行间债券市场发行的监管审核流程基本相同，不同之处在于获得银监会备案和人民银行注册后还需要与交易所进行沟通，获得上市无异议函。在交易所市场发行信贷资产支持证券的监管审核流程预计如图2.2所示。

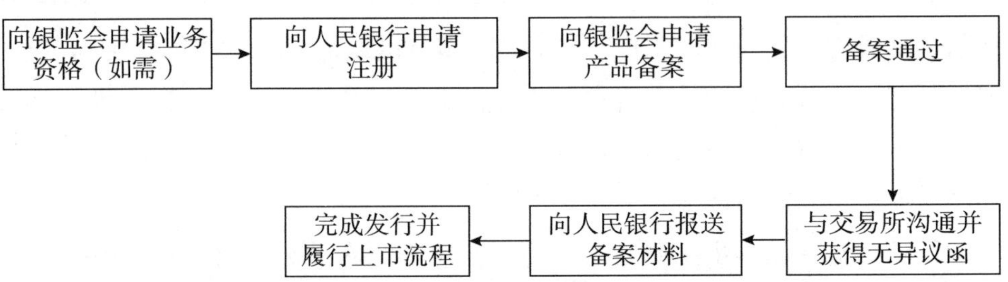

图2.2 信贷资产证券化在交易所市场发行的审核流程

二、具体操作流程

对于开展信贷资产证券化业务的金融机构来讲，不同的入池基础资产，决定不同的资产包现金流表现，也进一步产生差异化的产品结构设计需求，进而形成中介机构针对该资产包的尽职调查工作、法律关系确认、交易文件安排设计方式、路演发售安排等各个方面的工作差异。对于不同的入池基础资产，尽管具体工作细节千差万别，然而，总体的资产证券化工作流程具备一定的相似性，总体来讲，分为四个阶段：准备阶段、执行阶段、发行阶段和后续管理阶段。详见图2.3。

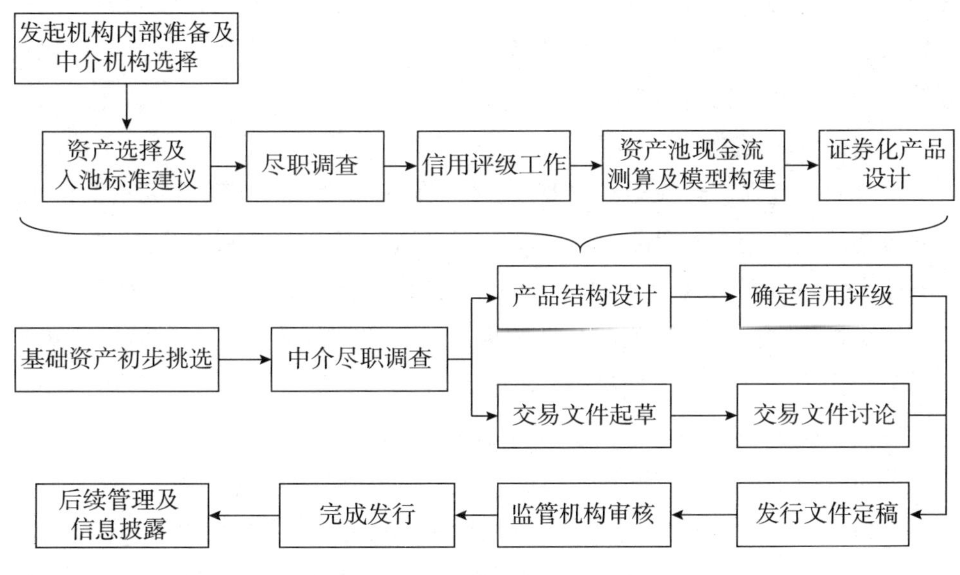

图2.3 信贷资产证券化业务的操作流程

（一）准备阶段

1. 制定资产证券化目标和管理办法

发起机构在开展信贷资产证券化前需要制定基本目标，即是实现会计出表、调整资产结构，还是推动业务转型等，另外结合央行注册制的要求，近远期结合确定资产支持证券开展计划，注册金额为具有较高同质性资产的两年额度。在发起机构确定信贷资产证券化业务的基本目标后，各总部（部门）或各分支机构（如分行）可根据自身实际业务发展和经营管理需要，自行分析判断是否存在资产证券化需求。若存在需求，则将按照公司的内部规定申请项目立项。立项通过后，由公司确定牵头部门组织项目落实，目前牵头组织资产证券化的内部部门多为投资银行部，也有资产负债部、计划财务部、金融市场部、投行与资产管理部等部门。

为系统开展信贷资产证券化业务，发起机构需要在主承销商的协助下制定《信贷资产证券化业务管理办法》、《信贷资产证券化业务操作规程》等内部办法，对于初次开展信贷资产证券化业务的发起机构来说，可能需要在项目执行过程中对前述办法进行更新和完善，但需要在正式启动资产证券化业务前有一个框架性的内部管理制度。

2. 中介机构选择

选择专业性强、经验丰富的中介机构，对于项目成功发行起到重要作用。中介机构的选择要着重从业务资质、市场占比、费用、沟通合作能力、综合服务能力多方面整体考虑。目前，中介机构主要包括信托公司、证券公司、信用评级机构、律师事务所、会计师事务所、资产托管机构等。信托公司重点需关注作为发行人的信托经验；在央行注册制的要求下，信托公司需要在注册额度上报时一并确认。原则上，在额度有效期内，若无重大合理理由，信托公司一般不再调整；证券公司重点需关注整体协调能力、资产结构设计、承销能力，以及市场预期判断力；信用评级机构重点需关注既往评级经验、市场评价及评级模型的适用性等；律师事务所重点需关注法律评价经验、创新支撑作用、法律研究能力；会计师事务所重点需关注对银行内总体财务会计状况的熟悉程度、尽职调查处理效率；资产托管机构重点需关注流程效率。目前，资产证券化还处于试点起步阶段，参与服务的中介机构跃跃欲试，由于资产证券化项目设计中间环节较多、参与机构较广，在合作过程中，需要加强与发起人、协调牵头人的合作，加快处理效率。

3. 分支行动员及培训

对于银行来说，由于资产分散度的要求，基础资产往往分布在多个分支行，若要顺利推进资产证券化业务，需要在正式启动前对分支行进行动员及培训，以提高其积极性和配合度。动员主要是从资产证券化的意义、对分支行的好处、内部绩效考核、利益分配机制等方面进行讲解，培训主要是从资产证券化的基础知识、操作流程、尽职调查过程和注意事项、后续贷款服务等方面开展。

（二）执行阶段

1. 资产池筛选

信贷资产证券化项目中资产池筛选可以说是最重要的一环。正所谓“巧妇难为无米之炊”，不具备优质入池资产的证券化产品，兑付风险不言而喻；入池资产不具备良好的收益及稳健可控的现金流表现，则证券端的产品表现也将十分不稳定，随时可能面临降级风险。对于商业银行来讲，基础资产选择最初应该参照市场的发行经验、资产提供部门的额度需求、存量资产的收益情况、风险资本的调整需要，以及对未来市场资金价格和贷款投放价格的判断等方面内容综合考虑，其筛选标准来自监管机构的基本要求、投资人可能认可和接受的资产风险程度。不同的合格资产具备不同的标准，对于住房抵押贷款，须满足贷款人年龄、贷款账龄、贷款剩余期限、贷款五级分类、抵质押物情况等要求；对于工商企业贷款，须满足信贷资产所属的行业限制、集中度限制、贷款账龄及剩余期限、信用担保情况、初始抵质押率等要求；对于汽车贷款，须满足贷款分散度、资产风险分类、贷款金额分布、账龄、期限、抵押率等要求。同时，鉴于投资人对于资产的穿透分析考虑，入池时会着重考虑具备较高影子评级的资产。2013 年以来，行业内各类资产证券化业务均已有尝试，工商企业贷款、个人住房贷款、小额贷款、小企业贷款、租赁资产、汽车贷款、信用卡等，可以参考各类入池资产产品发行说明书中的合格标准进行筛选。

从 2015 年银行间市场发行的资产证券化产品来看，工商企业贷款仍然是最主要的基础资产类型，全年发行 75 期，规模为 3 113. 08 亿元，占银行间市场全年发行总规模的 76%，除工商企业贷款外，基础资产为汽车贷款和个人住房抵押贷款的资产证券化产品发行规模也较大，分别发行了 327. 15 亿元和 259. 80 亿元，这 3 类基础资产已成为常规性的业务类型。2015 年还出现了公积金贷款、个人消费贷款、工程机械贷款等较新的基础资产类型，基础资产种类日益丰富。

2. 资产证券化系统改造

资产证券化系统是有效保障业务运行的重要手段。其中，CLO 由于入池资产中贷款笔数较少，部分商业银行采用人工操作、人工核算的方式进行管理，短期来看可行，但规范运作还需建立系统开展工作。对于笔数较多的中小企业贷款、小微贷款，尤其是个人住房抵押贷款、汽车贷款、信用卡、个人消费贷款等基础资产，由于笔数多、资产分散度高，其工作量巨大，必须利用信息化管理系统进行资产筛选、业务操作、会计核算、后续管理等工作。中国邮政储蓄银行发行的“邮元 2014 第一期个人住房贷款证券化产品”涉及资产笔数 2.36 万笔，系统支撑必不可少。

资产证券化系统作为这项业务发展、存续的重要支撑工具，不同商业银行的设置有所区别，目前来看，大多数国有银行及股份制银行仅在现有系统中进行了资产证券化模块化功能的改造，部分专业化机构建立了独立的资产证券化系统，但系统可应用的入池贷款并未覆盖所有类型，随着业务的进一步开展，其资产证券化系统仍在逐步开发完善过程中。尤其是像个人住房抵押贷款等零售类资产，则对系统改造要求较高。目前，市场上个人住房贷款证券化产品相对较少，也与系统改造的实施难度有一定关系。总的来讲，资产证券化系统改造基本需要实现以下几项功能：资产的筛选（筛入、剔除、清空）、封包（选中的资产打包、打标记）、交割（出表核算、对标记贷款进行注释）、赎回（交割后不合格贷款或者发生权利完善事件需要赎回的贷款处理）与清仓回购（未偿本金余额小于一定规模后的清仓回购操作、入表核算、对价支付等）、后续贷款管理服务（月度服务报告的提供、资产池信息统计等），系统需要配合资产提供部门的线下贷款服务，包括贷款回款的归集，统计正常还款、提前回收、逾期、严重拖欠、处置等信息，并定期向信托公司报告。另外，系统的改造和优化，可以避免基础资产的重复证券化，同时，有利于后期贷款服务机构开展基础资产的服务管理工作。

另外，除了共性的部分，信贷资产证券化系统还涉及许多变化的细节，需要根据不同资产的特点进行设计调整，例如，涉及的贷款基础信息表需要表现出差异化的设置，根据贷款抵质押情况的不同，也需要对贷款的交割等功能进行调整。

3. 中介机构尽职调查

尽职调查在整个业务流程中耗用的时间相对较长。尽职调查需要发起人、会计师事务所、律师事务所等机构进行紧密配合。若资产池笔数不多，则通常采取全部尽调方式；若资产池笔数众多（如个人住房抵押贷款、汽车贷款等资产类型），则将采取抽样尽调方式，样本会根据所选资产的不同有所区别，抽样比例通常由评级机构根据不同项目的情况进行建议。由于资产往往在分支机构，其沟通、协调和调阅资产信息都会在一定程度上影响效率。在目前的交易结构设计下，主承销商、信托公司、双评级机构、会计师事务所和律师事务所均会从不同方面对资产池的质量、法律完备性、静态动态池数据等进行尽职调查分析，并撰写相关材料。尽职调查工作周期一般在 2 ~4 周左右，因不同项目的材料完备性而有所差异。

4. 产品结构设计

如果说所选的入池资产决定了资产支持证券所能达到的最优表现，那么，产品结构设计就可以使资产池的特性得以最佳呈现，优秀的产品设计甚至可以一定程度上弥补资产池的不足，同时，也是有效的产品增信措施，能够实现产品本息兑付更加稳健、增强投资者信心以及保障产品评级的作用。信贷资产支持证券的产品结构设计包括分层设计、现金流偿付顺序以及信用触发机制等方面，而产品结构设计又以信用评级机构的信用评级为基础。

2015 年以来，产品结构设计不断创新，例如尝试次级档公开发行，由国开行发起的“2015 年第一期开元信贷资产支持证券”是国内第一只次级档采用公开方式发行的 ABS 产品。次级档产品的公开发行表明了投资者识别风险能力的不断提高，以及对 ABS 产品认购热情的提高。另外循环结构设计得到更广泛应用，宁波银行“永盈 2015 年第一期消费信贷资产支持证券”在银行间市场公开招标发行，这是继“2014 年平安银行 1 号小额消费贷款证券化信托资产支持证券”后第二只个人消费贷款信贷 ABS，是银行间市场发行的首单循环购买型 ABS 产品，通过在信托存续期内不断地向资产池注入新的消费贷款来保持资产池的稳定。一直以来，信贷 ABS 的基础资产以对公贷款为主，循环结构设计能够有效解决个人消费贷款因数额小、周期短、早偿风险高而较难进行证券化的问题。

（1）信用增级措施。

产品分层设计的前提是在一定合理的早偿率、违约率、损失率、回收率的假设前提下，对资产池现金流进行初步模拟，并根据违约率、回收率等假设前提的分布进行动态现金流预测。现金流安排初步确定后，进行产品分层设计。适当的细化分层有利于满足不同投资者的需求，方便后期的产品发售。然而，过多的分层也会降低产品的流动性，又因受到单一机构投资同档证券不超过20%的限制，也可能会影响销售发行，故在产品分层设计中需要找到一个平衡点。从目前已发行的产品来看，所发行的大部分产品均采用了优先/次级分层以及超额利差的内部增信措施，但不同类型的产品，次级证券对优先证券的信用支持力度有所不同。对于工商企业贷款和租赁资产支持证券，次级证券为优先级证券提供的信用增级量跨度比较大，而RMBS、汽车抵押贷款证券化等产品次级档的支持比例却相对较低，这主要也是基于基础资产的分散度和违约率来考虑的。同时，为了保障投资者权益，在目前已发行的产品中，均采用了本金账户与收益账户金额互转机制，用以缓释证券支付中的流动性风险。

（2）证券的偿付方式。

产品现金流偿付顺序的安排，须结合资产池加权平均期限、利差高低、增信措施多寡，对贷款服务机构费用、次级档兑付本息、利息回补本息等要素进行安排，以使得具备跳动现金流表现的资产池实际兑付现金流趋于平滑，具备稳健现金流表现的资产池能够弥补自身利差不足等缺陷。证券的偿付方式分为摊还型和过手型，基于匹配基础资产现金流的角度，各单产品、各档证券会选择相匹配的证券偿付方式，但过手型证券的使用更多。从目前已发行的情况来看，各产品中证券支付类型的设计主要是基于与基础资产现金流相匹配的考虑，过手型证券的发行金额是摊还型证券发行金额的2倍左右，即在实践中因与基础资产现金流的匹配程度更高，过手型证券的使用频率更高。

从 2015 年资产证券化产品统计来看，各档证券全部采用过手型证券的产品有 51 单，发行金额为 1 418. 97 亿元，占比 47. 77%，发行金额较 2014 年增加了 139. 82 亿元；既有摊还型证券又有过手型证券的产品共有 40 单，发行金额为 1 551. 26 亿元，占比 52. 23%，相较 2014 年，摊还型和过手型偿还方式并用的规模逐渐增加。

（3）证券的信用触发机制。

在信用事件触发机制的设置上，绝大部分产品都设置了加速清偿与违约事件触发机制。在加速清偿事件中，累计违约率是重要的量化触发条件之一，累计违约率设置的高低，会影响交易结构的安全性。作为重要触发条件的累计违约率在各产品中的设置差别较大，对于 CLO 产品、租赁资产证券化产品，根据基础资产信用质量的差异，会设置不同的加速清偿累计违约率触发条件，相对来说会比个人贷款产品高，但也不会过高；如果过高，则不利于尽早识别基础资产信用质量恶化的风险。对于 RMBS、汽车贷款资产证券化产品、消费贷款 ABS 产品一般采用逐年递增的累计违约率触发机制。这种设置比单一门槛更加严格，因为个人贷款管理能力普遍弱于工商企业，但由于其资产池分散度高、单户借款人金额占比低，不会由于个别贷款的违约而触发加速清偿事件。

5. 申报材料制作

申报材料制作需要加强与银监会、人民银行的沟通，2014 年 12 月之前采用的审批制，需要监管部门对发起人资质、资产结构和底层资产情况进行规范性审查。在保障资产规范的同时，也对整体产品运作时间有一定程度的影响。2014 年银监会备案制和 2015 年央行注册制的推出，有利于简化流程，提高产品处理效率，推动业务稳健发展。同时，有利于指导发起机构科学制定信贷资产支持证券的发展规划，引导投资者参与投资，规范信息披露。

（三）发行阶段

1. 产品定价

资产证券化产品的定价原理与固定收益证券相似，理论基础均为现金流定价模型，产品价格的确定与其未来产生的现金流的折现值有关。ABS的定价原理与MBS相似，然而MBS的定价要比ABS复杂。经典的MBS定价方法主要涉及两个部分，一是确定提前清偿等假设，二是定价模型选取。从中国资产证券化市场来讲，目前资产证券化产品还存在较高的信用风险溢价和流动性溢价，且行业内并未形成产品估值曲线，也没有做市商报价制度，产品定价无有效参考，故很难通过成熟的现金流估值定价方法进行定价。多数情况下，投资机构认同的是在同期限、同评级的信用债价格基础上加上一定的流动性溢价进行定价。

从2015年前11个月发行的资产支持证券价格比较来看，资产支持证券受到央行降息、“资产荒”形势到来等因素的影响，价格呈下降趋势。优先A档证券最高发行利率为5.78%，最低发行利率为2.9%，平均发行利率为3.98%；优先B档证券最高发行利率为6.70%，最低发行利率为3.20%，平均发行利率为4.97%，优先B档证券比优先A档证券的发行利率平均高出99bp。

2. 路演工作

当尽职调查工作完成，形成完备的证券化产品申报材料，并通过监管部门审批得到正式批复后，可以开始着手进行产品发行销售的路演工作。路演发售的工作主要是主承销商、发起人、发行人等机构通过初步接洽、电话沟通、现场路演、路演后流程审批等，联络投资机构、询价，发行前安排预簿记，并确保投资量等。

（四）后续管理阶段

1. 后续贷款管理

当信贷资产证券化产品发行成功后，信贷资产证券化产品的后续管理由贷款服务机构和信托公司共同完成，贷款服务机构一般由证券化发起机构担任。后续管理过程指资产支持证券发行结束、相关利益主体的利益实现过程中，各个责任主体根据已签订的协议履行责任而进行的管理活动，主要包括资金流和信息流的建立。

（1）资金流的建立包括中介机构费用的支付、信托利润的分配等。其中，最主要的是资产池回收款的转付。贷款服务机构将回收款交给受托人，受托人再将本息拨付给投资者。企业贷款证券化产品的回收款转付一般按季度进行，个人住房抵押贷款证券化一般按月份进行。

（2）信息流的建立包括建立完善的信息披露制度。贷款服务机构需要根据资产池信息编写月度服务报告，服务报告内容包含资产池基本信息、本息收付信息、提前偿付信息、逾期及违约信息等。受托人收到贷款服务报告后，可以编写受托机构报告，向投资者公布，以保证充分履行信息披露的义务。我国信贷资产证券化业务要求受托机构在中债信息网上进行披露。后续管理过程同时包括违约贷款的处理，资产池若出现违约贷款，贷款服务机构需要依法进行催讨处理。

发行成功后的后续管理过程中，信用评级机构每年根据资产池情况进行跟踪评级，发布评级报告；信托公司每年需要根据一年内的服务情况，发布年度服务报告；会计师事务所每年需对证券化信托项目进行年度审计，信托公司及发起机构需要根据会计师事务所的要求提供财务报表、应缴税费明细、资产明细、利润分配数据，会计师事务所出具审计报告。

2. 信息披露

为规范资产支持证券信息披露行为，维护投资者的合法权益，保证资产支持证券试点的顺利进行，中国人民银行制定了《资产支持证券信息披露规则》并于2005年6月13日公布执行。该规则主要内容如下：

总体要求：资产支持证券受托机构的信息披露应通过中国货币网、中国债券信息网以及中国人民银行规定的其他方式进行。受托机构应保证信息披露真实、准确和完整，不得有虚假记载、误导性陈述和重大遗漏。发起机构和接受受托机构委托为证券化提供服务的机构应按照信托合同和服务合同的约定，及时向受托机构提供有关信息报告，并保证所提供信息真实、准确和完整。相关知情人在信息披露前不得泄露拟披露的信息。

发行环节信息披露：受托机构应在资产支持证券发行前的第5个工作日，

向投资者披露发行说明书、评级报告、募集办法和承销团成员名单。分期发行资产支持证券的，其第 1 期的信息披露按本条第一款的有关规定执行；自第 2 期起，受托机构只在每期资产支持证券发行前第 5 个工作日披露补充发行说明书。受托机构应在发行说明书中说明资产支持证券的清偿顺序和投资风险。受托机构应在每期资产支持证券发行结束的当日或次一工作日公布资产支持证券的发行情况。

存续期信息披露：资产支持证券存续期内，受托机构应在每期资产支持证券本息兑付日的 3 个工作日前公布受托机构报告，反映当期资产支持证券对应的资产池状况和各档次资产支持证券对应的本息兑付信息；每年 4 月 30 日前公布经注册会计师审计的上年度受托机构报告。

受托机构应与信用评级机构就资产支持证券跟踪评级的有关安排做出约定，并应于资产支持证券存续期内每年的 7 月 31 日前向投资者披露上年度的跟踪评级报告。发生可能对资产支持证券投资价值有实质性影响的临时性重大事件时，受托机构应在事发后的 3 个工作日内向同业中心和中央结算公司提交信息披露材料，并向中国人民银行报告。

中国银行间市场交易商协会（以下简称“交易商协会”）组织市场成员于 2015 年 5 ~ 9 月先后制定并经中国人民银行批复同意，公布施行了《个人住房抵押贷款资产支持证券信息披露指引（试行）》、《个人汽车贷款资产支持证券信息披露指引（试行）》、《棚户区改造项目贷款资产支持证券信息披露指引（试行）》以及《个人消费贷款资产支持证券信息披露指引（试行）》。以上 4 个指引内容概况如下：

（1）相同点。

①结构布局一致。4 个指引均由总则、资产支持证券发行各环节（注册、发行、存续）的信息披露，存续期重大事件信息披露，以及信息披露评价、反馈与违规处理机制构成。

②基本规定一致。4 个指引均在总则部分明确了不同基础资产类别的资产证券化产品定义；适用范围均为以注册方式发行的资产支持证券，以其他方式发行的参照本指引执行；交易商协会对资产支持证券信息披露工作开展自

律管理；明确了受托机构和发起机构应切实履行信息披露责任，中介服务机构应按合同约定切实履行尽职调查责任，同时明确信息披露渠道、信息保密义务、信息披露豁免等内容。

③信息披露要求一致。

a. 注册环节信息披露，要求受托机构、发起机构应在资产支持证券接受注册后10个工作日内，披露注册申请报告等文件，并对注册申请报告的内容做了详细规定。同时要求受托机构应尽风险提示、风险披露之义务并应披露历史数据信息及投资者保护机制等内容。可遵循信息披露精简原则，对已披露的内容，未发生变化的在后续环节中可免于披露。

b. 发行环节信息披露，要求受托机构和发起机构应至少于发行日前5个工作日，披露信托公告、发行说明书、评级报告、募集办法和承销团成员名单等发行文件。除要进行风险提示、风险披露外，对交易结构信息、基础资产总体信息、分布信息以及发行结果、发行环节信息披露查阅途径的披露应做详尽规定。

c. 存续期定期信息披露，要进行跟踪评级。在每期资产支持证券本息兑付日的3个工作日前披露受托机构报告；每年4月30日前披露经具有从事证券期货相关业务资格的会计师审计的上年度受托机构报告，并明确了受托机构报告内容；同时存续期内的每年7月31日前向投资者披露上年度的跟踪评级报告。

d. 存续期重大事件信息披露，对重大事件信息披露做了相关规定，并建立了重大事件进展持续披露机制，对持有人大会信息披露也进行了明确。同时建立了信息披露反馈与评价及违规处理机制，强化事中、事后管理，构建信息披露市场化激励约束机制。

（2）不同点。

①针对的基础资产类别不同。以上4个指引分别针对不同类别的基础资产，进而对证券化产品定义不同。

②《个人消费贷款资产支持证券信息披露指引（试行）》对如下内容做了特别规定.

对持续购买、循环资产进行了明确规定。所称“持续购买”，是指受托机构在信托设立后的存续期间内，将本金回收款（可以包括超额收益）根据交易合同规定的标准再次或多次购买新的合格基础资产纳入资产池，不包括基础资产本身为循环资产的情形。以个人汽车贷款、个人住房抵押贷款为基础资产的资产支持证券，如涉及持续购买基础资产的有关安排，而相关信息披露规则对持续购买基础资产的信息披露无特殊规定的，参照本指引的相关规定执行。

所称“循环资产”，是指基于特定账户、授信合同或类似授信安排项下可循环使用的信用额度所产生的信贷资产，根据基础资产入池标准或安排，该特定账户、授信合同或类似授信安排一旦被确定，其项下现存及未来产生的信贷资产将在其产生后被自动纳入资产池；但持续购买该账户、授信合同或授信安排项下已经产生的特定信贷资产的，仍应适用本指引关于持续购买基础资产的相关规定。交易商协会将根据需要另行制定适用于循环资产证券化交易的信息披露规则。

此外，对自律管理方面，交易商协会、债券登记托管结算机构和全国银行间同业拆借中心应当按照中国人民银行有关规定建立信息和数据交流机制，共同做好数据互换、信息共享、市场监测等工作。

第二节
资产支持专项计划操作流程

一、监管审核流程

资产支持专项计划业务监管分工包括证监会公司债券监管部（以下简称证监会债券部）、证监会派出机构、基金业协会、证券交易场所。其中，证监会债券部负责总体业务规则的起草和修订、审核自律组织规则、组织现场检查、协调自律组织的关系等；证监会派出机构负责日常监管和重大事项报告；基金业协会负责资产证券化产品的备案管理和日常监测，以及负面清单的制定和定期修改，并关注产品销售环节的合规情况；证券交易场所负责挂牌转让、对产品交易结构设计和风控措施的总体把握等。从已发行的资产支持专项计划情况来看，证券交易场所目前主要为上海证券交易所、深圳证券交易所和机构间私募产品报价与服务系统（以下简称“报价系统”）。

资产支持专项计划业务的基本流程（见图2.4）为：（1）证券交易场所事前审查；（2）取得证券交易场所无异议函后发起设立资产支持专项计划；（3）专项计划成立后5个工作日内向基金业协会申请备案；（4）管理人持备案证明办理证券交易场所挂牌转让；（5）专项计划存续期间进行日常报告；（6）专项计划终止后向基金业协会报告。

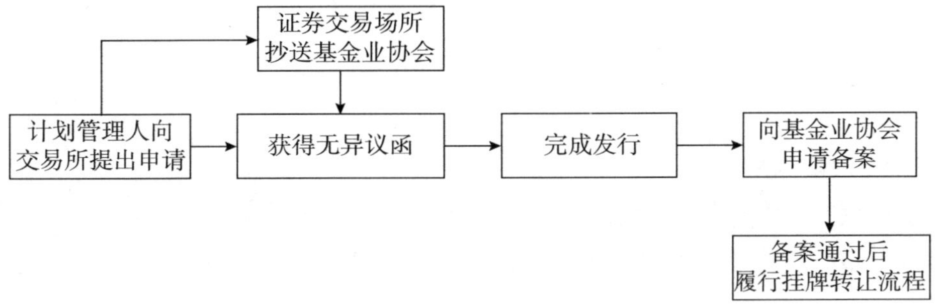

图2.4　资产支持专项计划的监管审核流程（若在证券交易场所上市）

资产支持专项计划所涉及的主要法规及指引，见表2.2。

表2.2　资产支持专项计划主要法规及指引

发布方	名称
证监会	《证券公司及基金管理公司子公司资产证券化业务管理规定》、《证券公司及基金管理公司子公司资产证券化业务尽职调查工作指引》、《证券公司及基金管理公司子公司资产证券化业务信息披露指引》

（续表）

发布方	名称
基金业协会	《资产支持专项计划备案管理办法》、《资产证券化业务基础资产负面清单指引》、《资产证券化业务风险控制指引》、《资产支持专项计划说明书内容与格式指引（试行）》、《资产支持证券认购协议与风险揭示书（适用个人投资者）》、《资产支持证券认购协议与风险揭示书（适用机构投资者）》
证券交易场所	《上海证券交易所资产证券化业务指引》、《深圳证券交易所资产证券化业务指引》、《机构间私募产品报价与服务系统资产证券化业务指引》

二、具体操作流程

（一）准备阶段

1. 内部决策

原始权益人对开展资产证券化的必要性、可行性和基本方案进行内部讨论，并报公司管理层进行决策，通过后方可正式实施。必要性即开展资产证券化的动机和目标，可行性包括政策可行性、市场可行性和操作可行性 3 个方面，基本方案包括关键融资要素（规模、期限、成本等）、增信措施、项目时间表等重要问题。

2. 原始权益人和基础资产选择

原始权益人即直接拥有基础资产的主体，原始权益人可以是股份有限公司、有限责任公司、全民所有制企业或事业单位。对于债权类资产，若原始权益人过于分散而数量较多，建议通过内部债权转让方式将基础资产集中于少数原始权益人，以提高执行效率。

基础资产选择是资产证券化业务最重要的工作，不同类型基础资产选择的关注点有所不同，如表 2. 3 所示。

表 2.3 资产支持专项计划业务不同类型基础资产的关注点

基础资产类型	主要关注点
租赁债权	基础资产的承租人类型与资质、分散性（行业、地区、个体）、租赁设备的类型（通用型设备/专用型设备）、历史逾期情况、早偿情况、现金流瀑布的均匀性和平稳性
保理债权	基础资产对应的应收账款的卖方和买方类型与资质、分散性（行业、地区、个体）、对卖方是否有追索权、明保理/暗保理、历史逾期情况、早偿情况、现金流瀑布的均匀性和平稳性
贸易应收账款	基础资产的类型（销售款/工程款）、债务人类型与资质、委托贷款还款来源情况（底层资产）、分散性（行业、地区、个体）、历史逾期情况、现金流瀑布的均匀性和平稳性
小额贷款	基础资产的地区与行业分布、债务人类型与资质、信托还款来源（底层资产）、分散性（行业、地区、个体）、历史逾期情况、早偿情况、现金流瀑布的均匀性和平稳性
委托贷款	基础资产的债务人类型与资质、委托贷款还款来源情况（底层资产）、分散性（行业、地区、个体）、历史逾期情况、现金流瀑布的均匀性和平稳性
信托受益权	基础资产的债务人类型与资质、信托还款来源（底层资产）、分散性（行业、地区、个体）、历史逾期情况、现金流瀑布的均匀性和平稳性
市政收费权	基础资产的法律属性界定、特许经营权情况、抵质押情况、可转让情况、历史运营记录、未来现金流预测情况
不动产财产/不动产收益权	基础资产的法律属性界定、物业位置及所有权、抵质押情况、租约情况、可转让情况、历史运营记录、物业评估价值、未来租金现金流预测情况
票款收益权	基础资产的类型（门票、航空客票或其他）、法律属性界定、抵质押情况、可转让情况、历史运营记录、未来现金流预测情况
PPP 项目收益权	基础资产的法律属性界定、公私合作方式、特许经营权情况、财政补贴情况、抵质押情况、可转让情况、历史运营记录、未来现金流预测情况

3. 中介机构选择

资产支持专项计划业务的中介机构选择，需要重点考虑两个基本方面：（1）中介机构的专业性与重视程度；（2）中介机构的收费水平。

一方面，由于资产证券化项目相对传统债券而言比较复杂，因此中介机构的专业性与配合度是首要考虑的因素，需要中介机构及其执行团队有较为丰富的资产证券化运作经验；另外，需要考察中介机构的重视程度，可以从项目团队经验、人员配置等方面来进行判断。

另一方面，中介机构的收费水平会影响到项目的综合融资成本，建议遵循市场化收费原则。过高或过低的中介机构收费水平都不利于项目开展，中介机构收费水平建议综合市场平均费率水平、项目资质、操作复杂度、融资规模与期限等因素进行考量。

4. 基本融资要素确定

中介机构基本确定后，原始权益人需与管理人、律师、评级机构等中介机构就基本融资要素进行深入讨论，对内部决策阶段的基本方案进行细化和完善，确定交易结构、产品方案增信措施、现金流归集与分配方案等基本融资要素，为下一步正式执行奠定基础。

（二）执行阶段

1. 中介机构尽职调查

资产支持专项计划业务的尽职调查主要依据《证券公司及基金管理公司子公司资产证券化业务尽职调查工作指引》，原始权益人通常兼任资产服务机构。尽职调查主要关注因素见表2.4。

2. 交易文件起草及讨论

对于不同类型基础资产来说，资产支持专项计划业务的交易文件框架和内容基本相同，主要差别在于其“标准条款”和“服务协议”两个交易文件，主要交易文件如表2.5所示。

表 2.4　资产支持专项计划业务尽职调查主要关注因素

基本方面	主要关注因素
特定原始权益人	1. 基本情况：特定原始权益人的设立、存续情况，股权结构、组织架构及治理结构 2. 主营业务情况及财务状况：特定原始权益人所在行业的相关情况；行业竞争地位比较分析；最近 3 年各项业务情况、财务报表及主要财务指标分析、资本市场公开融资情况及历史信用表现；主要债务情况、授信使用状况及对外担保情况；对于设立未满 3 年的，提供自设立起的相关情况 3. 与基础资产相关的业务情况：特定原始权益人与基础资产相关的业务情况，相关业务管理制度及风险控制制度等
资产服务机构	1. 基本情况：资产服务机构设立、存续情况，最近 1 年经营情况及财务状况，资信情况等 2. 与基础资产管理相关的业务情况：资产服务机构提供基础资产管理服务的相关业务资质以及法律法规依据，资产服务机构提供基础资产管理服务的相关制度、业务流程、风险控制措施，基础资产管理服务业务的开展情况，基础资产与资产服务机构自有资产或其他受托资产相独立的保障措施
基础资产	1. 对基础资产的尽职调查包括基础资产的法律权属、转让的合法性、基础资产的运营情况或现金流历史记录，同时应当对基础资产未来的现金流情况进行合理预测和分析 2. 对基础资产合法性的尽职调查应当包括但不限于以下内容：基础资产形成和存续的真实性和合法性，基础资产权属、涉诉、权利限制和负担等情况，基础资产可特定化情况，基础资产的完整性等 3. 对基础资产转让合法性的尽职调查应当包括但不限于以下内容：基础资产是否存在法定或约定禁止或者不得转让的情形，基础资产（包括附属权益）转让须履行的批准、登记、通知等程序及相关法律效果，基础资产转让的完整性等 4. 管理人应当根据不同基础资产的类别特性对基础资产的现金流状况进行尽职调查，应当包括但不限于以下内容：基础资产质量状况，基础资产现金流的稳定性和历史记录，基础资产未来现金流的合理预测和分析

资料来源：《证券公司及基金管理公司子公司资产证券化业务尽职调查工作指引》

表 2.5　资产支持专项计划业务主要交易文件

	交易文件名称	签署方
涉及原始权益人	《基础资产买卖协议》	原始权益人、管理人
	《服务协议》	原始权益人、管理人
	《认购协议》（若原始权益人作为次级投资人）	原始权益人（作为次级投资人）、管理人
	《监管协议》（如有）	原始权益人、管理人、监管银行
	《差额支付承诺函》（如有）	原始权益人
	《担保协议》（如有）	原始权益人、管理人、担保人
	《回售与赎回承诺函》（如有）	原始权益人、担保人（如有）
不涉及原始权益人	《标准条款》*	管理人
	《托管协议》	管理人、托管人
	《代理销售协议》	管理人、代理销售机构
	《认购协议》	销售机构（或代理销售机构）、投资人

* 由于《标准条款》是纲领性、全局性的交易文件，虽然原始权益人不用签署，但也需要进行审阅和对主要内容进行确认。

3. 履行内部流程

原始权益人需要履行的内部流程主要包括：（1）内部有权机构同意公司开展资产证券化的决议；（2）内部有权机构同意公司提供差额支付承诺（或其他增信方式）的决议（如需）。这两个决议可以合在一起出具，内部有权机构一般为董事会或股东会，具体需根据公司章程而定。

4. 信息系统搭建或改进

对于分散性债权资产来说，原始权益人需要对信息系统进行搭建或改进，以满足后续资产服务管理和循环购买（如需）的需求。原始权益人需逐步建立覆盖证券化业务全流程的信息管理系统，实现基础资产选择、项目测算与方案设计、存续期资产管理和服务等环节的系统管理。通过系统化手段取代手工开展业务的方式，在提高工作效率的同时加强系统监测，防范业务办理中出现操作性错误，提升业务风险防控水平。信息系统举例见表2.6。

表2.6　资产支持专项计划项目信息系统特点示例

项目名称	信息系统特点
京东白条应收账款债权资产支持专项计划	1. 就每一次后续购买基础资产而言，原始权益人应通过其IT系统自动筛选符合合格标准的京东白条应收账款债权资产并向计划管理人发送该次拟购买京东白条应收账款债权资产的清单；计划管理人有权向资产服务机构发出后续购买指令，列明允许购买的京东白条应收账款债权资产清单，并授权资产服务机构在该清单范围内执行后续购买。对于后续购买的京东白条应收账款债权资产，由资产服务机构按照约定继续进行保管和催收等管理工作 2. 原始权益人向计划管理人开放资产监控平台端口，计划管理人可通过资产转让审批系统对资产质量进行监控。系统每日会更新前日的基础资产不良率、未还本息金额、不良明细等信息，计划管理人及资产服务机构可依据基础资产表现以及专项计划文件的约定进行对应的管理和操作
中和农信公益小额贷款资产支持专项计划	中和农信的产品比较单一，在操作上也实行流程化的规范操作，对农户选择、信息传递、贷款发放、资金回收、风险检测等所有流程都有明确规定，且这些标准都是全国统一的，都纳入到中和农信的信息系统中。专项计划约定在循环期内资产服务机构每日一次将基础科目中的资金用于购买该等小额信贷资产，计划管理人有权对该等小额信贷资产的购买提出建议，截至当日24：00之前（含24：00）计划管理人未作出建议的，视为同意购买
阿里巴巴1号专项资产管理计划	阿里小贷的“大数据”信息系统非常发达。阿里小贷依靠阿里巴巴集团的互联网技术、资源以及客户优势，针对国内小微企业数量众多、融资需求频率高、需求额度小的实际特点，投入大量资源开创、完善以“网络、数据”为核心的新型微贷技术，采用大数定律理念，通过对信贷技术的持续不断创新，进一步完善信贷流水线，建立起真正的信贷工厂，使得大批量为小微企业服务成为可能

资料来源：各项目计划说明书

（三）发行阶段

发行阶段的工作主要是路演推介和产品定价，路演推介主要是讲述投资故事，两类基础资产投资故事的关注点有所不同：对于债权资产类型来说，由于资产证券化产品的信用表现与基础资产的资质关系更密切，因此更关注原始权益人的目标客户定位和风险管理能力；对于收益权资产类型来说，由于资产证券化产品的信用表现与原始权益人自身的运营关系更密切，因此需要更多挖掘原始权益人自身的经营优势和发展规划。路演推介举例见表 2.7。

表 2.7　资产支持专项计划项目的投资故事示例

项目名称	投资故事概述
宝信租赁一期资产支持专项计划	原始权益人股东背景强大，目前是陕西省资产规模最大的融资租赁公司。原始权益人采取以供应商模式为主导，直接客户模式为有效补充的混合型业务模式，和供应商形成“风险共担”与“渠道共享”的战略合作伙伴关系，有效降低了资产风险
中和农信公益小额贷款资产支持专项计划	资产池高度分散，单笔基础资产平均本金余额仅为 0.45 万元。原始权益人是由中国扶贫基金会组建和管理的，专注于小额信贷扶贫项目的管理和拓展，其成立及运营历史较长，风险识别与控制能力较强，整体资产不良率较低
汇元一期专项资产管理计划	资产池高度分散，单笔基础资产平均本金余额仅为 4.87 万元。担保人广汇汽车主体评级 AA，担保人和原始权益人（广汇租赁）在汽车销售和融资租赁服务领域市场地位突出，影响力广泛
淮北矿业铁路专用线运输服务费收益权专项资产管理计划	原始权益人为国有重点大型煤炭企业，资质优良，核心竞争力显著。基础资产现金流稳定，可提前归集经营现金流为应偿付本息的 200% 以上
广州长隆主题公园入园凭证专项资产管理计划	广州长隆旅游度假区是国家 5A 景区，知名度日益提高，打造世界级民族旅游品牌。专项计划基础资产现金流稳定、可预期，最低现金流覆盖率为 1.42 倍

资料来源：各项目计划说明书及推介材料

（四）后续管理阶段

1. 资产服务管理

对于债权资产和收益权资产来说，原始权益人提供资产服务管理的工作内容有较大不同，相比而言债权资产的服务管理工作内容更多。以融资租赁债权和供热收费权为例分别代表债权资产和收益权资产，则原始权益人的资产服务内容比较如表2.8所示。

表2.8 资产支持专项计划项目资产服务内容比较示例

资产类型	资产服务内容
融资租赁债权 （代表债权资产）	1. 承租人的关系维护 2. 回收租金的资金管理 3. 租赁项目的跟踪评估 4. 租金回收情况的查询和报告 5. 租赁合同的变更管理 6. 基础资产项目预警管理 7. 基础资产项目出险管理 8. 基础资产合同期满（租赁期结束）的法律手续处理 9. 资料保管
供热收费权 （代表收益权资产）	1. 供热用户的关系维护 2. 现金流回款的资金管理 3. 供热收费及其相关供热补贴回收情况的查询和报告 4. 供热合同的变更管理 5. 资料保管

资料来源：恒泰证券整理

2. 循环购买

循环购买结构只存在于债权资产证券化项目中，对于租赁债权、小额贷款、贸易应收账款等基础资产来说，循环购买结构经常被运用。这类项目的专项计划存续期间分为循环期和分配期两个阶段：在循环期内，基础资产回收款除了支付专项计划费用和期间产品利息外，并不用于向投资者分配本金，而是按照既定的合格标准持续向原始权益人购买新增基础资产；进入分配期后，基础资产回收款将定期（通常按月或按季）向投资者支付本息。根据已发行的项目案例，循环购买的频率主要包括：每天、每周、每月、每季或每半年。若要高效实现循环购买，需要原始权益人具备比较完善的信息系统进行资产的后续管理。

3. 信息披露工作

按照《证券公司及基金管理公司子公司资产证券化业务信息披露指引》，原始权益人需配合管理人和评级机构等中介机构履行信息披露工作，并定期向管理人提供财务报表、运营数据、《资产服务报告》等资料。信息披露的工作要点如表2.9所示。

表2.9 资产支持专项计划业务信息披露工作要点

报告名称	信息披露工作要点
年度资产管理报告	基础资产运行情况，原始权益人、管理人和托管人等资产证券化业务参与人的履约情况，特定原始权益人的经营情况，专项计划账户资金收支情况，各档次资产支持证券的本息兑付情况，管理人以自有资金或者其管理的资产管理计划、其他客户资产、证券投资基金等认购资产支持证券的情况，需要对资产支持证券持有人报告的其他事项
年度托管报告	专项计划资产托管情况，包括托管资产变动及状态、托管人履责情况等；对管理人的监督情况，包括管理人的管理指令遵守《计划说明书》或者《托管协议》约定的情况以及对《资产管理报告》有关数据的真实性、准确性、完整性的复核情况等；需要对资产支持证券持有人报告的其他事项
定期跟踪评级报告	评级意见及参考因素、基础资产（池）的变动概况、专项计划交易结构摘要、当期资产支持证券的还本付息情况、基础资产现金流运行情况、现金流压力测试结果、基础资产（池）信用质量分析、特定原始权益人的信用分析、资产证券化交易结构相关各方情况分析和评级结论、循环购买机制有效性的分析（如有）等

资料来源：《证券公司及基金管理公司子公司资产证券化业务信息披露指引》

第三节
资产支持票据操作流程

一、资产支持票据与资产支持专项计划的比较

由于目前已发行的资产支持票据均未设置 SPV，主要依靠资金监管和基础资产质押来进行风险隔离，因此从法律形态上看，资产支持票据属于一种“抵押债券”，未来资产支持票据可能会引入信托作为 SPV；资产支持专项计划目前设置了 SPV，破产隔离的效果要强于资产支持票据。两种产品的主要特点比较见表 2.10。

表 2.10　资产支持票据与资产支持专项计划产品特点比较

	资产支持票据	资产支持专项计划
主管机关	交易商协会	基金业协会、证券交易场所
交易场所	银行间债券市场	上交所/深交所、机构间私募产品报价与服务系统、新三板市场等
登记机构	银行间市场清算所股份有限公司	中国证券登记结算有限责任公司、中证机构间报价系统服务有限公司或中国证监会认可的其他机构
审核方式	事前注册制	事后备案制
发行规模	不受净资产 40% 的限制	不受净资产 40% 的限制
是否有 SPV	目前没有，主要采取资金监管和基础资产质押方式进行风险隔离	资产支持专项计划或中国证监会认可的其他特殊目的载体
募集资金用途	只需符合国家产业政策，无明确规定	只需符合国家产业政策，无明确规定
主要投资者	以商业银行和银行自营资金为主	银行理财、银行自营资金、券商资管、公募基金、私募基金等

二、监管审核流程

资产支持票据目前的主要法规依据为《银行间债券市场非金融企业债务融资工具管理办法》和《银行间债券市场非金融企业资产支持票据指引》(以下简称《资产支持票据指引》)，审核方式为注册制，注册发行工作流程与债务融资工具相似，如图 2. 5 所示。

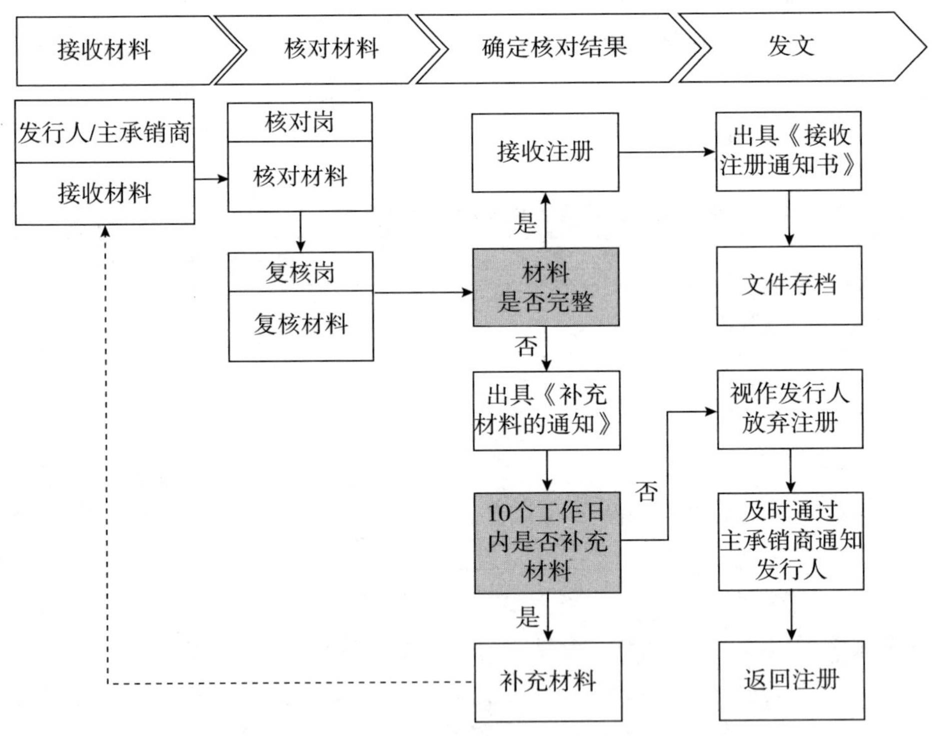

图 2. 5　债务融资工具注册发行工作流程

资料来源：根据交易商协会资料整理

资产支持票据注册制的特点为：

（1）非实质性判断，仅对提供的文件进行形式审核，不会审查其实质是否符合要求。

（2）发行人充分披露信息和中介机构尽职履责，其要求发行人要真实、准确、完整、及时地披露信息，并且中介机构要利用其专业优势，尽职履责。

（3）投资者风险自担，这也是基于非实质性审核的基础上得出的结论，投资人必须自行独立判断。

（4）市场自律管理，该制度的核心在于信息披露，而交易商协会仅仅对企业发行资产支持票据进行形式评议与自律管理，而且注册存在时效，有效期为2年，企业在注册有效期内可一次或分期发行资产支持票据。

定向发起方案下资产支持票据的注册材料清单比较简单，如表2.11所示。

表2.11　定向发起方案下资产支持票据的注册材料清单

序号	责任人	名称
1	主承销商	非公开定向发行注册信息表
2	发行人	非公开定向发行注册材料报送函
3	发行人	内部有权机构决议
4	发行人	企业法人营业执照（副本）复印件或同等效力文件
5	主承销商	非公开定向发行注册推荐函
6	发行人	最近1年经审计的财务报表
7	发行人和投资人及其他相关方	定向发行协议
8	律师事务所	非公开定向发行法律意见书
9	资产评估机构或会计师事务所等	现金流分析报告
10	会计师事务所、律师事务所及其他中介机构	相关机构及从业人员资质证明
11	投资人	定向工具投资人确认函

资料来源：《银行间债券市场非金融企业资产支持票据指引》

三、具体操作流程

针对债权资产和收益权资产两类资产，资产支持票据业务的操作流程差异不大。从选定主承销商开始，至产品获准注册发行，资产支持票据业务的操作周期一般在1~1.5个月左右。操作流程如图2.6所示。

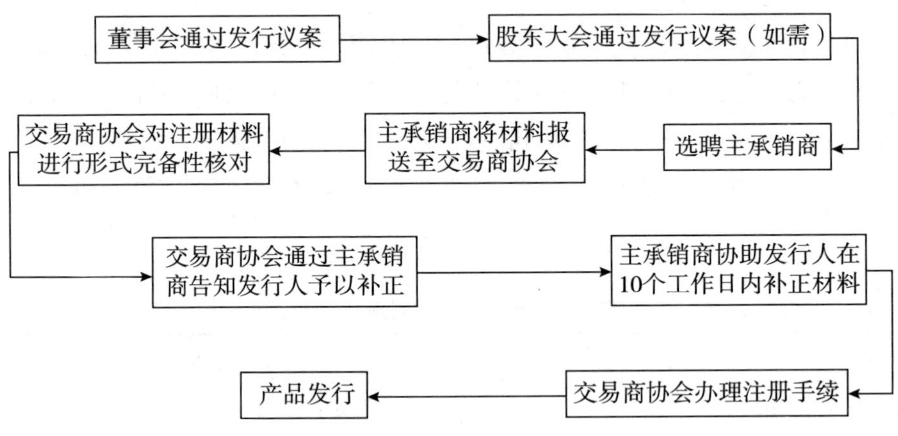

图2.6　资产支持票据项目操作流程

资料来源：中信证券

（一）准备阶段

资产支持票据业务准备阶段的主要工作包括：内部融资决策、中介机构选择、发行人和基础资产选择、基本融资要素确定。与资产支持专项计划业务比较相似，具体工作内容请参考上一节内容。有一点重要的区别在于，资产支持票据选择发行人与资产支持专项计划选择原始权益人的角度不同：资产支持票据的发行人既可以选择直接拥有基础资产的企业，也可以选择间接控制基础资产的企业（即前者的母公司），具体可根据企业内部的融资需求和资金安排而定，且发行人必须为企业法人，不能是事业单位；资产支持专项计划的原始权益人只能选择直接拥有基础资产的主体，原始权益人既可以是企业法人，也可以是事业单位。资产支持票据项目发行人的选择示例见表2.12。

表2.12　资产支持票据项目发行人的选择示例

项目名称	直接拥有基础资产的主体（直接持有人）	发行人（直接持有人的母公司）
宁波城建投资控股有限公司2012年度第一期资产支持票据	宁波兴光燃气集团公司	宁波城建投资控股有限公司
南京公用控股（集团）有限公司2012年度第一期资产支持票据	南京市自来水总公司	南京公用控股（集团）有限公司
扬州市城建国有资产控股（集团）有限责任公司2012年度第一期资产支持票据	扬州自来水有限责任公司、扬州市洁源排水有限公司、扬州市公共交通总公司	扬州市城建国有资产控股（集团）有限责任公司

资料来源：恒泰证券整理

（二）执行阶段

资产支持票据业务执行阶段的重要工作内容包括：中介机构尽职调查、交易结构设计、注册文件撰写等。其中，交易结构设计是关键，目前已发行的资产支持票据设置资金监管专户，并设定归集期，用于归集基础资产产生的现金流。质押方式包括基础资产质押（如应收账款、供电收费权、高速公路收费权）和账户内资金的质押；增信措施主要包括：优先/次级分层、现金流超额覆盖、发行人差额支付承诺、外部担保等。典型交易结构如图2.7所示。

资产支持票据的基本交易步骤如下：

（1）发行人向投资者定向发行ABN，并与主承销商签署《应收账款质押合同》等交易文件。

（2）发行人以其合法享有的基础资产产生的回收款作为第一还款来源，并定期归集到资金监管账户。

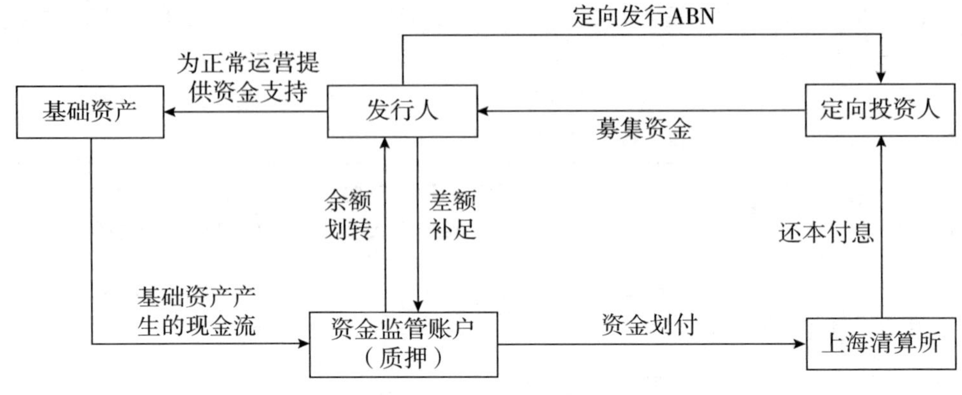

图 2.7　资产支持票据典型交易结构

（3）发行人对基础资产产生的回收款与 ABN 应付本息差额部分负有补足义务。

（4）在 ABN 本息兑付日前，监管银行将当期应付票据本息划转至上海清算所的账户。

（5）上海清算所将前述资金及时分配给 ABN 持有人。

根据“交易商协会有关负责人就发布《银行间债券市场非金融企业资产支持票据指引》答记者问”，《资产支持票据指引》起草时充分考虑了当前推进资产证券化面临的实际法律环境和监管环境，在基础资产类型、交易结构设计等方面进行了包容性规范，为后续创新预留空间。《资产支持票据指引》规定“企业发行资产支持票据应设置合理的交易结构，不得损害股东、债权人利益”。上述规定不强制要求设立 SPC，既可以涵盖特殊目的账户隔离的资产支持形式，也为未来持续创新、引入其他形式的 SPV 预留了空间。

在基础资产类型方面，《资产支持票据指引》规定，“基础资产是指符合法律法规规定，权属明确，能够产生可预测现金流的财产、财产权利或财产和财产权利的组合。”这样既可以涵盖收益类资产，例如租金收入、高速公路收费权、地铁票款收入等，也可以涵盖应收账款类资产，比如承兑汇票、货物应收款、建设转移合同债权（BT 合同）等。为今后在《资产支持票据指引》框架下根据不同类型的资产设计不同类型的创新产品预留了空间。

（三）发行阶段

资产支持票据项目在向交易商协会申请注册前需确定意向投资人，并提交《定向发行协议》和《定向工具投资人确认函》，在获得注册通知书后将启动正式发行工作，主承销商将进行产品询价和配售工作，确定最终投资人。

（四）后续管理阶段

资产支持票据与中期票据不同，前者的第一还款来源是基础资产产生的现金流，因此资产支持票据发行完成后，发行人或发行人的子公司（即直接拥有基础资产现金流的主体）须履行后续管理工作，主要工作内容包括：管理和运营基础资产、现金流归集和划转、信息披露工作等。

第四节
房地产投资信托基金操作流程

一、房地产投资信托基金产品简介

（一）基本概念与发展现状

房地产投资信托基金（Real Estate Investment Trusts，简称 REIT）是一种以发行收益凭证的方式汇集特定多数投资者的资金，由专门投资机构进行房地产投资经营管理，并将投资综合收益按比例分配给投资者的一种信托基金。从本质上看，REIT 属于资产证券化的一种方式，需要基础资产未来有持续稳定的现金流。

从国际来看，房地产投资信托基金作为一种创新的投融资手段，首先产生于 20 世纪 60 年代的美国。截至 2015 年年底，全球共有超过 408 只上市

REITs，其中，美国共有244只上市REITs，总市值约9 342亿美元；澳大利亚共有47只上市REITs，总市值约888亿美元；英国共有25只上市REITs，总市值约683亿美元；新加坡共有33只上市REITs，总市值约484亿美元；中国香港共有10只上市REITs，总市值约265亿美元。

REIT在我国的起步则相对较晚，直到2003年才开始进入我国香港房地产市场运作。2005年11月，领汇房地产投资信托基金在中国香港上市，成为中国香港的第一只REIT基金。从内地来看，2005年11月，商务部明确提出“开放国内REIT融资渠道”的建议；2006年，证监会与深交所启动推出国内交易所REIT产品的工作；2009年，央行联合银监会、证监会等部门成立“REIT试点管理协调小组”，明确信托基金投向已经使用且具有稳定现金流的房地产物业；2014年11月，根据住建部和有关部门的部署和要求，北京、上海、广州、深圳4个特大型城市将先行开展REIT发行和交易试点工作；2015年1月，住建部发布《关于加快培育和发展住房租赁市场的指导意见》，提出要积极培育经营住房租赁的机构，积极推进房地产投资信托基金试点。但由于存在一些制度障碍，REIT在我国的推进一直较为缓慢，目前国内还没有一款境外市场上的标准化REIT产品。

（二）主要模式

广义的REIT分为3种模式：公募REIT、私募REIT和准REIT。

1 公募REIT。这类产品是国际资本市场不动产金融产品的主流形式，与股票一样具有高流动性，可以上市交易，国内目前尚未发行过标准化的公募REIT产品。

2 私募REIT。这类产品占比较小，在中国已出现“专项计划 + Pre - REIT”的特殊产品形态，在发行时是一种私募债务融资产品，后续主要通过公募REIT方式退出。

3 准REIT。这类产品是指前两种模式之外的产品类型，在国内主要包括：租金收益权类REIT产品、互联网REIT产品、准公募REIT产品。

（1）租金收益权类REIT产品。在发行时以资产支持专项计划或资产支持票据的产品载体出现，对于投资者来说实质上是一种以租金收益作为质押担保的资产证券化产品，典型案例为海印股份信托受益权专项资产管理计划、天津房信集团资产支持票据。

（2）互联网 REIT 产品。是指以互联网平台作为销售渠道，通过股权众筹等方式募集资金构造项目公司股权，未来通过标准化公募 REIT 上市或相关方回购方式实现退出，典型案例为万达商业地产与快钱合作的“稳赚 1 号”万达广场众筹项目（即“万达准房地产信托基金”）。

（3）准公募 REIT 产品。是指以公募证券投资基金为载体但产品结构或投资标的尚不完全具备国际市场上标准化公募 REIT 核心特点的 REIT 产品，典型案例为鹏华前海万科 REIT 封闭式混合型证券投资基金（基础资产为 50% 投资于万科前海企业公馆股权，以获取商业物业稳定的租金收益，另外 50% 为公开流通的有价证券）。

（三）主要交易结构

从国际经验来看，REIT 主要分为公司型和契约型两种交易结构。

1. 公司型

公司型 REIT 是由一批具有共同投资理念的投资者依法组成投资于特定对象的、以盈利为目的的股份制投资公司，该类公司通过发行股票的方式募集资金，是具有独立法人资格的经济实体。详见图 2.8。在美国、比利时、法国、德国、日本、韩国、土耳其、英国等国家和地区，REIT 的典型结构是公司型。

2. 契约型

契约型 REIT 是指投资者与投资公司或 REIT 管理人签订信托契约，后者又与基金托管人订立信托契约，通过发行收益凭证而组建的投资信托基金。详见图 2.9。在澳大利亚、加拿大、马来西亚、新加坡、中国香港和台湾等国家和地区，REIT 的典型结构是契约型。

（四）产品特点

国外成熟市场标准化的 REIT（通常是指公募 REIT）具有如下主要特征：

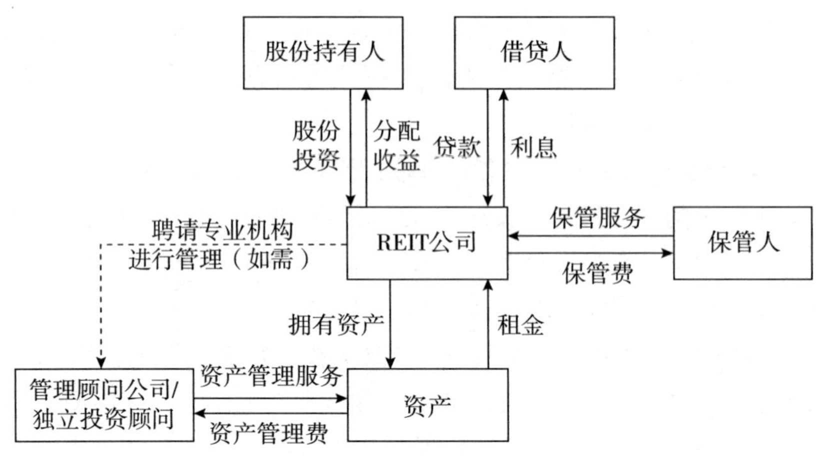

图 2.8　公司型 REIT 的组织结构

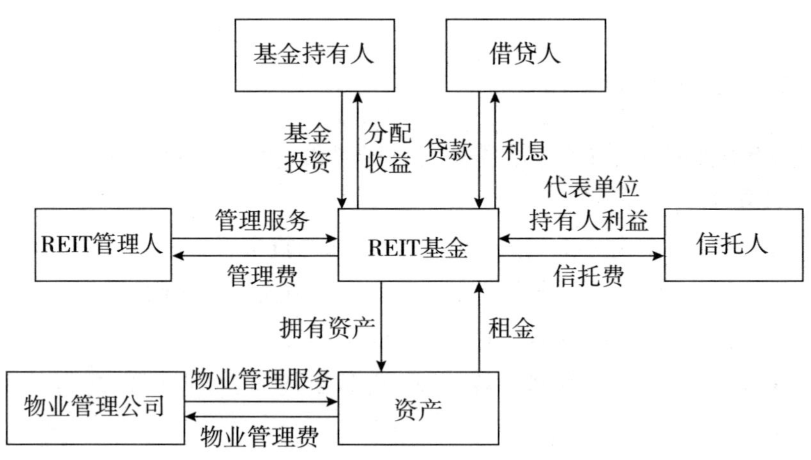

图 2.9　契约型 REIT 的组织结构

1. 流动性

REIT 将完整物业资产分成相对较小的单位，并可以在公开市场上市/流通，降低投资者门槛，并拓宽了地产投资退出机制。

2. 资产组合

REIT 大部分资金用于购买并持有能产生稳定现金流的物业资产，如写字楼、商业零售、酒店、公寓、工业地产等。

3. 税收中性

REIT 不因本身的结构带来新的税收负担，某些国家或地区给予 REIT 产品一定的税收优惠。

4. 积极的管理、完善的公司治理结构

公开交易的 REIT，大多为主动管理型公司，积极参与物业的经营全过程；同时，和上市公司一样拥有完整的公司治理结构。

5. 派息政策

REIT 一般将绝大部分收益（通常为 90% 以上）分配给投资者。

6. 低杠杆

同房地产上市公司一样，REIT 同样是杠杆经营，但 REIT 杠杆较为适中，美国的 REIT 资产负债率长期低于 55%。

（五）REIT 与房地产上市公司的比较

REIT 与房地产上市公司有较大不同，主要不同在于，REIT 以底层物业作为基础资产，业务类型比较单一，运作比较稳健，分红率极高，杠杆率较低；房地产上市公司的资金主要用于房地产开发，业务外延较广，经营风险较高，分红率不确定且通常较低，杠杆率普遍较高。二者的主要区别如表 2.13 所示。

表 2.13　REIT 与房地产上市公司的主要区别

	REIT	房地产上市公司
收益确定性	REIT 资金以投资于具有稳定租金收入的物业为主，收益来源稳定，经营风险较低	资金主要用于房地产开发，未来收益不确定性高，经营风险较高
分红政策	收益稳定，90% 以上可分配利润用于分红	不稳定，随意性大，通常少于 50% 的净利润用于分红
举债限制	有较严格的举债上限，使用较低的杠杆比率，使得投资人承担风险相对有限，如中国香港规定借贷比例的上限为资产总值的 45%，新加坡规定为 35%（无信用评级）	一般高度使用财务杠杆，举债比例普遍较高

（续表）

	REIT	房地产上市公司
投资人保护	资产信息透明公开，定期受到审查与公告，通过受托人与物业管理人的相互合作与监督，以及双方定期的相互报告制度，建立了较一般上市公司更为完善的管理架构	按上市公司的一般要求披露信息
风险因素	基本为不动产市场风险，属资产驱动投资	除了不动产市场风险，还有财务风险和战略风险，属管理驱动投资

资料来源：中金公司

二、监管审核流程

我国内地目前尚未推出公募 REIT，据悉 REIT 一级市场将由住建部负责监管，二级市场由人民银行（若在银行间市场发行）或证监会（若在交易所市场发行）负责监管。

由于我国内地私募 REIT 目前以资产支持专项计划作为通道，因此监管审核流程与资产支持专项计划相同，非公开契约型基金的设立目前不需要监管机构审批，只需要发行后去基金业协会备案即可。

三、具体操作流程

（一）公募 REIT

1. 中国香港公募 REIT

（1）发展概况。

中国香港于 2003 年 7 月正式公布《房地产投资信托基金守则》，但境外资金无法进入发行 REIT。《房地产投资信托基金守则》对 REIT 的设立条件、组织结构、从业人员资格、投资范围、利润分配等方面做出了明确的规定。中国香港在很大程度上借鉴了美国 REIT 的结构，以信托计划（或房地产公司）为投资实体，由房地产管理公司和信托管理人提供专业服务。

2005 年 6 月，中国香港特区证监会正式宣布修订后的《房地产投资信托基金守则》生效，撤销了中国香港 REIT 投资海外房地产的限制，有关改动：一是允许内地的商业地产项目以 REIT 形式到中国香港上市融资；二是放宽 REIT 的负债比率至资产总价的 45%，而修改前的《房地产信托投资基金守则》禁止 REIT 投资内地和海外物业。修改后的《房地产信托投资基金守则》由于撤销了 REIT 投资海外物业的限制，从而为内地的房地产企业在中国香港发行 REIT 打开了大门。

最早在中国香港 REIT 市场发行的三只房地产信托基金具有鲜明的代表性：领汇 REIT 代表的是中国香港特区政府房委会资产的一种私有化融资工具，泓富 REIT 代表了大型中国香港房地产商将其持有中国香港地区物业高位套现，而越秀 REIT 则是第一家以中国内地为主题的房地产投资信托基金。截至 2015 年 4 月 11 日，获中国香港证监会认可的房地产基金的总市值约为 273 亿美元。

（2）运行模式。

中国香港 REIT 运作模式的主要特点为：

组织形式：采用基金管理机构、托管机构高度独立的契约型模式。

资金运作：对投资标的、资产结构、持有年限及负债比率均有严格要求。

交易方式：按照基金持有人不得赎回的封闭型模式运作。

股息分配：实行高比例的收益分配政策。

（3）设立条件规定。

中国香港 REIT 设立的基本条件，详见表 2. 14。

（4）操作流程。

中国香港 REIT 的上市流程主要分为 4 个阶段：准备阶段、审批阶段、推介阶段和发行阶段，如图 2. 10 所示。

表 2.14　中国香港 REIT 设立的基本条件

组织结构	1. 必须以信托的形式组成，不能以公司形式组成 2. 必须任命一个 1 000 万元资本以上、能代表信托单位持有者利益的独立第三方担任受托人 3. 必须任命一个经证券与期货委员会批准的管理公司对信托资产进行管理 4. 必须任命一个独立的资产评估师 5. 除经信托持有者同意外，持有不动产时间必须不少于两年 6. 必须在中国香港股票交易所挂牌上市公开交易 7. 可以通过全资专用载体购买和拥有不动产 8. REIT 每年进行一次价值评估
资产要求	1. 只可以投资于房地产项目 2. 可以购入空置及没有产生收入或正在进行大规模发展、重建或修缮的建筑物的未完成单位，但这些项目的累计合约价值不得超过总资产净值的 10% 3. 除了修缮、翻新、改造外，不能投资于空置土地或参与物业开发活动 4. 允许通过特别子公司投资于旅馆或游乐园 5. 不能对外贷款、为任何债务提供短期担保或不经受托人事先书面同意用信托资产设担保 6. 不能投资获得任何须承担无限责任的资产
收入要求	1. 必须以获取连续稳定租金收入为目的专注投资于房地产 2. 收入主要应来自房地产租金收益 3. 持有不能产生收益的房地产资产不能超过 REIT 净资产总额的 10%
长期负债要求	债务比例上限为资产总值的 45%

中国香港 REIT 的具体操作流程如下：

①确认首次公开发行 REIT 的目标物业（资产），建立资产池：首次发行 REIT 的目标资产宜锁定在房地产产业链中相对成熟的收租型商业物业，然后挑选理想物业进行组合，建立资产池，资产池的大小据实际情况而定。

②对物业进行审计及资产评估：在此过程中，宜与国外知名投行紧密合作，并与审计师事务所、律师事务所、评估机构等共同对物业状况、财务、税务和法律等方面进行尽职调查，出具相应报告。

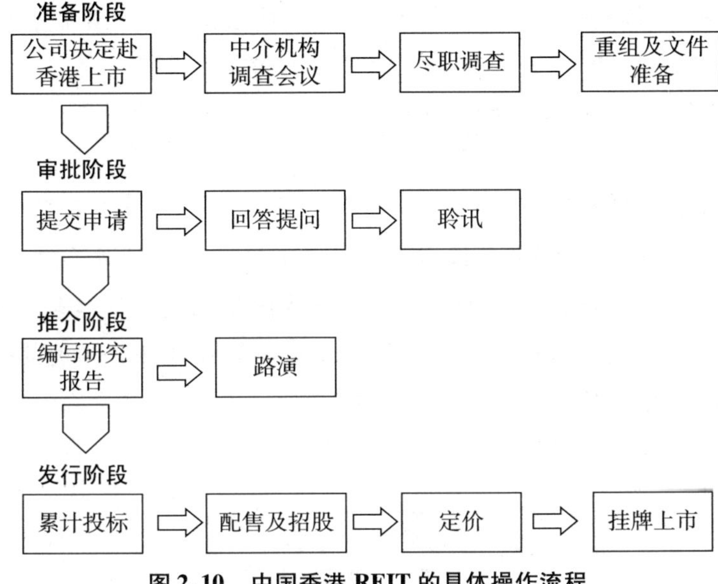

图 2.10　中国香港 REIT 的具体操作流程

资料来源：刘李胜，高翔．REIT 运作与管理：房地产企业融资上市图景［M］．北京：中国时代经济出版社，2009

③上市前融资安排：根据实际情况，为内地资产设计过桥融资方案，安排上市前融资。

④实施资产重组：在方案操作过程中，为了获得上市融资最大化效果，将根据物业的基本特征（所在的城市、具体地段、出租率、物业业态、建筑年代等）以及整个资产池的总体特征，建议对交易结构进行微调，大致包括以下 4 个方面：设立 BVI 公司的具体方案；REIT 的融资比率；REIT 基金单位的定价，对不同的机构投资者的优惠认购价；承销商上市路演的具体方案。在做出上述可能的微调之后，将确定 REIT 上市的最终交易结构。

⑤成立相关公司、与信托公司签订信托服务协议：设立 BVI 公司，将资产转移至 BVI 公司；设立资产管理公司；与信托公司签订信托服务协议。

⑥发行地当局审核：这是 REIT 上市前的重要环节，必须把准备好的所有材料报送拟上市地中国香港当局审核，主要内容包括上市条件、资产管理人和受托人的资格、信息披露等方面。

⑦向公众发售基金单位：设立 REIT 的申请获得当局批准后，REIT 海外上市业务就进入发售环节——向公众发售基金单位，同时，发起人将认购一定比例的基金单位。除了一般公众以外，基金单位认购者还包括机构投资者和战略投资者。

2. 内地公募 REIT

根据国际经验及近年来内地主管机关和市场机构的研讨情况，内地公募 REIT 分为权益型和抵押型两种类型，根据我国目前的法律环境，未来采取“契约型结构”的可能性较大，下面介绍内地公募 REIT 未来可能的操作流程。

（1）权益型 REIT。

权益型 REIT 交易结构如图 2.11 所示。

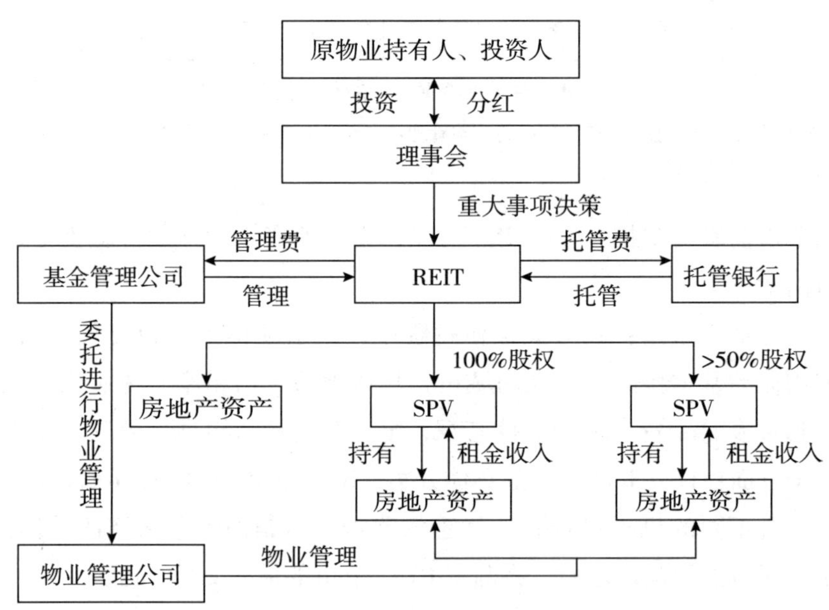

图 2.11　权益型 REIT 交易结构

资料来源：中信证券整理

内地交易所市场权益型 REIT 的操作流程为：

①签订信托契约：投资者作为委托人，与基金管理人签订信托契约，将

资金委托给基金管理人设立 REIT 基金，成为基金份额持有人。

②投资标的资产：REIT 基金向原物业持有人购买其持有的具有稳定现金流的物业资产的公司股权或物业资产。

③选聘托管人和物业管理人：基金管理人与基金托管人签订托管协议，由托管人对基金财产进行托管，基金财产与基金管理人和托管人均实现风险隔离，不属于二者的破产财产。同时基金管理人与物业管理人签订协议，委托其对物业进行管理。

④收益分配：基金管理人将期末经审计的可分配净利润的 90% 以上金额以派息的形式分派给投资者，每年至少派息一次。

⑤投资退出：REIT 上市后，基金份额持有人可通过二级市场转让证券实现退出。

（2）抵押型 REIT。

抵押型 REIT 交易结构如图 2. 12 所示。

内地银行间市场抵押型 REIT 的操作流程为：

①设立财产信托：企业作为委托人，将其持有的房地产物业委托给受托管理人设立财产信托，并获得全部信托受益权。

②转让优先级受益权：委托人将其持有的优先级受益权通过受托管理人发行房地产信托受益券（以下简称受益券）的方式向银行间债券市场的投资人转让。在受益券存续期间，委托人不得将其持有的次级受益权转让，但委托人破产的情形例外。

③收益分配：受托管理人根据信托合同的约定，将物业资产每期的租金收入在扣除相关税费后，按照先后顺序分别向优先级受益券投资人和委托人分配收益。在受益券存续期间，委托人或第三方承诺对受益券的收益水平提供流动性支持（如需）。

④受益券赎回：在受益券到期时，委托人或第三方应当按照合同约定的价格收购优先级受益券，当委托人或第三方不能按合同约定进行回购时，受托人有权处分信托财产。

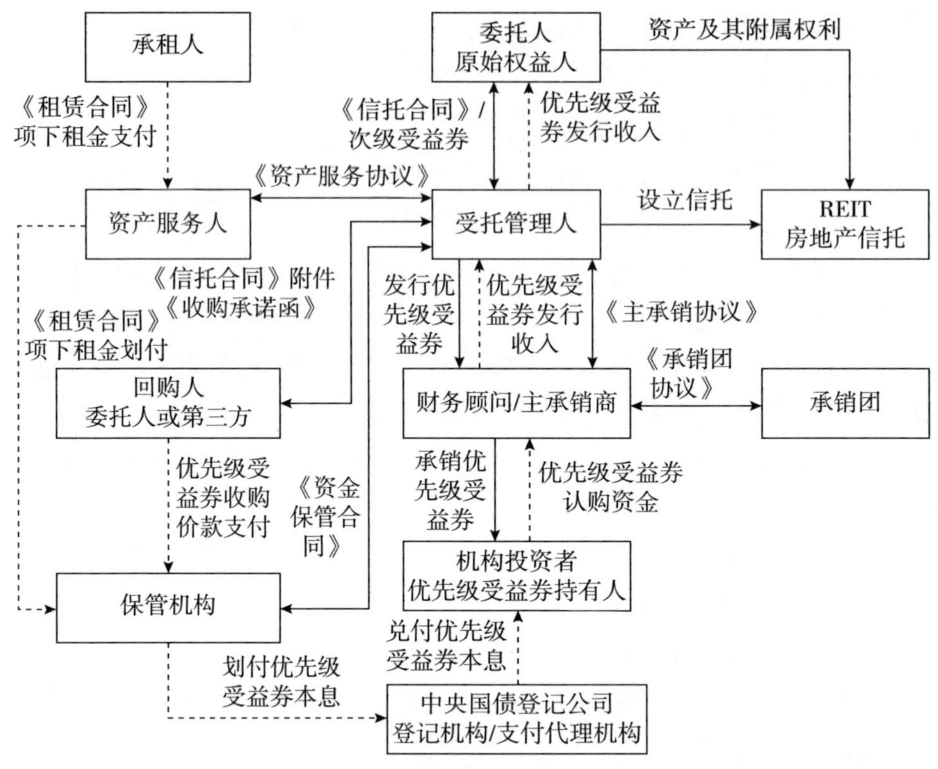

图 2.12　抵押型 REIT 交易结构

资料来源：中信证券整理

（二）私募 REIT

我国私募 REIT 是指以资产支持专项计划作为载体的 Pre-REIT 业务，即先设立以不动产物业非公募基金份额作为基础资产的资产支持专项计划，产品到期时以公募 REIT 作为主要退出渠道（若届时公募 REIT 已推出）。目前国内共发行了 6 单私募 REIT 产品，即中信启航专项资产管理计划和中信华夏苏宁云创资产支持专项计划（一期与二期）、恒泰浩睿—海航浦发大厦资产支持专项计划、恒泰浩睿—彩云之南酒店资产支持专项计划和招商创融—天虹商场（一期）资产支持专项计划。

私募 REIT 交易结构如图 2.13 所示。

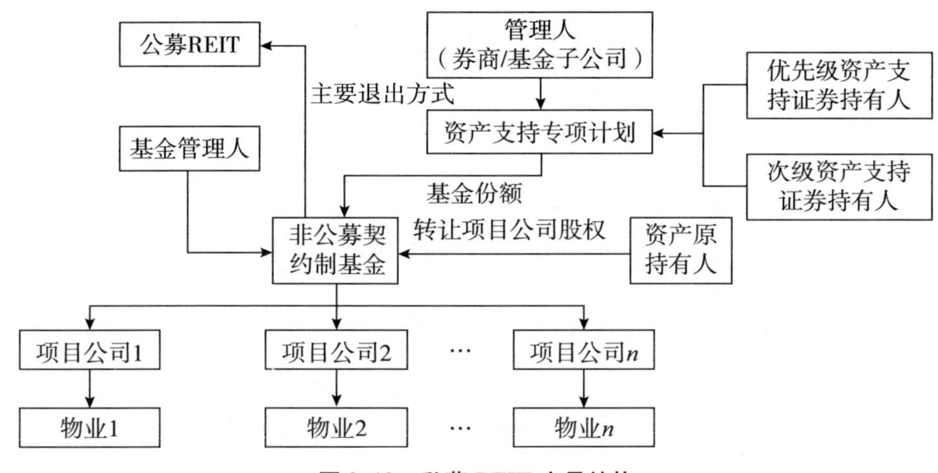

图 2.13　私募 REIT 交易结构

我国私募 REIT 的操作流程通常为：

（1）专项计划设立：投资者与管理人签订《认购协议》，将认购资金以专项资产管理的方式委托管理人管理，管理人设立并管理资产支持专项计划，投资者成为资产支持证券持有人。

（2）非公募基金设立：基金管理人非公开募集资金设立契约型基金，管理人根据专项计划文件的约定，以自己的名义，为专项计划资产支持证券持有人的利益，向非公募基金出资，认购非公募基金的全部基金份额。

（3）收购项目公司股权：非公募基金设立后，按照专项计划文件约定的方式，向原始权益人（即资产原持有人）收购其持有的项目公司全部股权，同时向项目公司发放委托贷款（如有）。

（4）现金流归集分配：专项计划存续期间，非公募基金层面的租金现金流先分配给优先级投资者，后分配给次级投资者。

（5）退出安排：该类产品以公募 REIT 作为主要退出方式。在退出时点，非公募基金将所持物业 100% 的权益出售给由基金管理人发起的上市 REIT；若届时公募 REIT 未推出，则非公募基金还可以通过以市场价格出售给第三方、相关方回购等方式实现退出。

第三章

资产证券化发起人

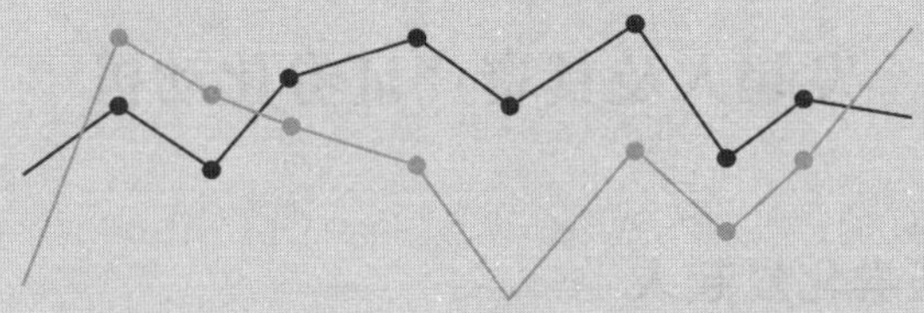

发起人是出售资产用于证券化的机构，是资产证券化业务的源头。本章将对发起人进行详细介绍，主要包括四节，第一节分别介绍按照中国实际情况分类的资产证券化（信贷资产证券化和企业资产证券化）的两大发起人及其动机；第二节对于3种不同的大类基础资产（信贷资产、企业资产和不动产资产）分别介绍发起人对应的工作流程；第三节介绍发起人与投资人沟通，以及选择、管理中介机构的策略；第四节将进一步结合案例分析资产证券化操作流程和具体细节。

第一节 发起人及其资产证券化动机

一、信贷资产证券化发起人

根据《信贷资产证券化试点管理办法》第二章的规定，通过设立特殊目的信托转让信贷资产的金融机构为信贷资产证券化发起机构。目前开展信贷资产证券化业务的主要金融机构包括：在中国境内依法设立的商业银行、政策性银行、信托公司、财务公司、城市信用社、农村信用社以及中国银监会依法监督管理的其他金融机构。

金融机构开展资产证券化的主要动机有：

（一）实现资本节约，提高资本充足率

随着国际资本监管要求的加强，资本和流动性对银行贷款的约束越来越

强。银行业机构应当按照自留的资产证券化各档次所对应的风险权重计提监管资本。目前，信贷资产证券化可以分为水平自留和垂直自留两种方式，无论采取何种方式，按照新资本管理办法，对于发行后高于发行前的监管资本部分，可以进行调整扣减。根据资本充足率计算公式，作为分母的风险加权资产减少，资本充足率将提高，或者理解为作为分子的资本得以节约。银行可用节约的资金来放贷或配置其他资产，银行也将有更多的积极性来做信贷资产证券化，从而盘活存量。因此，发起人可以通过资产证券化业务适当降低资本耗用。

具体而言，根据《商业银行资本管理办法（试行)》附件09《资产证券化风险加权资产计量规则》，不同风险资产在银行资产负债表上的风险权重是不同的。同样是信贷资产，企业信贷的风险权重为100%；个人住房贷款的风险权重则为50%；如果是债券资产，B+及以下包括未评级债券的风险权重为1 250%，而AAA到AA-的风险权重仅为20%。具体情况如表3.1所示。

表3.1　银行持有不同等级债券的风险权重

长期信用评级	AAA到AA-	A+到A-	BBB+到BBB-	BB+到BB-	B+及B+以下或者未评级
风险权重	20%	50%	100%	350%	1 250%

注：长期评级在BB+（含BB+）到BB-（含BB-）之间的，发起机构不适用表中的350%风险权重，而适用1 250%的风险权重。

考虑到各类资产的风险权重不同，银行将贷款资产证券化后售出，如果BBB+级（100%风险权重资产）以下的产品占比较少或通过资本市场转移证券化产品，将能够大幅降低银行风险资本要求。这样，银行能够通过信贷资产证券化获得巨大的资本优势。2013年12月31日，人民银行和银监会公告，将发起人的自留方式改为可以垂直持有，即信贷资产证券化发起机构需保留不低于5%的基础资产信用风险，持有最低档次资产支持证券的比例不得低于该档次资产支持证券发行规模的5%。这更加有利于资本节约的实现。按照目前市场上发行量最大的工商企业贷款证券化产品，在水平持有的方式下，发起银行发行后的资本耗用相当于发行前的62.5%。若采用垂直持有方式，发起银行发行后的资本耗用将不超过发行前的20%。

（二）改变传统盈利模式，提高综合化经营业务收入

20世纪80年代以来，中间业务已成为西方国家商业银行的主要业务品种和收入来源，在总收入中的占比达到40%～50%，有的甚至超过70%。而我国商业银行中间业务起步较晚，主要部分是手续费和佣金净收入，2012年占营业总收入的比重为20.1%，跟发达国家相比相差甚远。随着国内资本市场的快速发展和利率市场化进程的进一步加快，以利差收入为主的传统商业银行业务将受到进一步冲击。信贷资产证券化则与传统的信贷业务盈利模式存在根本的差异，它是一种“发起—销售”模式，即银行在发起贷款后不长期持有等待借款人还贷，而是直接将贷款通过资产证券化销售给不同风险偏好的投资者。在这种新型金融服务运营模式下，银行将期限长、利润薄的信贷资产提前兑现，从而加快信贷资产周转速度，提高资产的收益率。同时，银行作为信用媒介的职能和相应的盈利模式都发生了变化，信用风险可以转移出银行的资产负债表，通过资本市场分散到整个金融体系之中。这个过程中，银行实现了将风险资产的利差收入转换为无风险的服务收费收入，赚取的是中间业务收入（贷款收入扣除证券化成本后），虽然低于存贷款利差，但这是一种稳定而无风险的收入。此外，发起人在出售基础资产的同时，还可以作为贷款服务机构继续为基础资产提供管理，并有机会开拓证券化操作的结算、资金托管、财务顾问、担保等中间业务，提高银行非利差收入来源。

（三）有利于优化资产负债结构，降低流动性风险

随着国内金融和投资理财市场的发展，银行负债波动性加大。而贷款一般期限较长，流动性较差，使得银行普遍面临“短存长贷”（银行的资产为长期贷款，而负债大部分为短期存款）的挑战，这种资产负债期限结构不匹配的模式对应高度的流动性风险。同时，传统的贷款没有二级市场，其风险需待贷款到期时才能按市价真正度量出来，因此银行资产的当期实际价格往往

不能像证券那样在市场上得到真实、及时的反映。信贷资产证券化将单纯由银行与客户参与的信贷市场与资金配置效率更高的资本市场相连接，可以将原本在银行资产负债表上缺乏流动性的贷款作为基础资产投放到资本市场，通过发行资产支持证券获得流动资金，改善发起人的资产负债期限不匹配状况，降低流动性风险。通过资产证券化，可以将信贷资产变成具有流动性的可交易证券出售，获取对应的现金，有助于银行解决原有资产负债期限结构不匹配的问题，让银行资金转动起来投入实体经济，同时还可降低银行营运中的资产与突发事件风险。

（四）有利于在降低融资成本的同时加强信贷风险管理

证券化作为创新性的融资手段，可以为发起人提供一个优化资金结构的平台。一方面，由于采用了分层等信用增级技术，使得资产支持证券综合融资成本较低；另一方面，资产证券化提供了一种全新的融资手段，可以进一步丰富发起人的融资结构，拓展融资渠道。发起人在信贷资产证券化实践中遵循国家政策导向，积极投向政策支持方向，并在资产选择和筛选过程中，适当分散贷款集中度和行业集中度。同时，在资产支持证券存续期间，作为贷款服务机构，发起人需要按照信息披露的有关要求对证券化资产的违约、提前清偿以及违约回收等情况，进行定期监控管理和公布报告（通过受托机构），这有利于发起人进一步提高信贷风险管理水平，优化信贷资产结构，分散信贷风险。

（五）改善资产负债表状况，提高资本回报率

银行可以通过资产证券化提高资本回报率。根据公式：资本回报率 = 存贷息差 × 资产周转率 × 杠杆率。利率市场化改革中，存贷息差下降，而《巴塞尔资本协议Ⅲ》提高了银行业资本充足率要求，限制了杠杆率水平，这些都使得要想提高资本回报率，只能依靠通过资产证券化加快资产周转率来实现。在银行负债端进行融资，会扩张资产负债表规模，降低银行的资产周转率。与之不同的是，在银行资产端，通过资产证券化形式进行结构化融资，会提高资产周转率，减少银行发起人经济资本的占用，可以实现真正意义上

的“盘活存量”，至少在单个银行的意义上是如此。

（六）有利于规范投资种类，降低投资风险

资产证券化可实现收益与风险的重新分配、破产隔离和资产支撑证券的信用增进，可以增强银行的风险抵御能力、推动银行业务规范化和标准化运作。将贷款资产证券化后，银行作为发起机构，将信贷资产的收益和风险转移出自身的资产负债表，不再承担贷款风险。对于住房抵押贷款和基础设施贷款，银行也希望有一种金融创新工具和相应的资本市场，使它们能够进行长、短期资产的转换，在必要时对冲头寸敞口和规避利率风险，以更好地与负债进行匹配，进行资产负债管理以规避风险。

近年来，监管机构对非标资产的整顿和规范不断加强；同时，不断鼓励加强证券化等标准化产品的发行和投资。信贷资产证券化业务由于资产优质、增信到位、评级规范、交易透明等特点，目前已成为市场上较为优质的投资品种，2014 年下半年，投资认购倍数普遍在 2 倍以上，最高达到 4 倍以上，投资人的需求也在一定程度上促进了发起人的积极性，监管机构对非标投资的规范，也提升了资产证券化作为标准化债券的广阔发展空间。

总之，信贷资产证券化的主要作用在于商业银行可以盘活存量资产，转变单纯赚取存贷利差的传统盈利模式，在利率市场化改革中创造利润，提升资本回报率，调整资产负债表，降低、分散并转移资产风险。尤其是，在当前互联网金融兴起、存款分流的压力下，银行增资扩股的融资需求直接对股市资金形成压力，股东权益摊薄以及股价下跌压力都使得银行很难通过股权市场的方式来满足资本金和流动性要求。银行还可以通过资产证券化调整信贷结构，投向国家政策支持的行业和中小微企业，降低银行体系资产和负债的期限错配风险。

二、企业资产证券化发起人

根据《证券公司及基金管理公司子公司资产证券化业务管理规定》的规定，

原始权益人是指按照该规定及约定向专项计划转移其合法拥有的基础资产以获得资金的主体。其中，基础资产是指符合法律法规规定、权属明确，可以产生独立、可预测的现金流且可特定化的财产权利或者财产。基础资产可以是单项财产权利或者财产，也可以是多项财产权利或者财产构成的资产组合，可以是企业应收款、租赁债权、信贷资产、信托受益权等财产权利、基础设施、商业物业等不动产财产或不动产收益权，以及中国证监会认可的其他财产或财产权利。

目前开展企业资产证券化业务的主要是银监会监管的金融机构之外的其他机构，主要包括：商务部融资租赁公司、商业保理公司、城投公司、产业类公司、小贷公司等（这些机构以下统称为“非银行机构”）。非银行机构开展企业资产证券化的主要动机为：

（一）实现低成本融资

银行借款受国家信贷政策的影响较大，中期票据、企业债等信用债券的存量余额不能超过发行人净资产规模的40%，资产证券化的发行规模主要取决于基础资产的现金流规模，不受净资产规模的限制，可以为企业开辟一条新的直接融资渠道。另外，由于资产证券化属于标准化产品，且可以通过内部增信提升产品评级，因此有利于降低融资成本、优化负债结构。

（二）优化财务报表

资产证券化可以将未来的现金流提前变现，并在满足相关条件下实现会计出表，对于一些应收账款较多的企业来说，通过资产证券化可以有效降低应收账款占比、改善现金流量指标，并间接降低资产负债率；另外，企业可通过私募 REIT 将不动产物业盘活，大幅增加当期利润，比如中信启航专项计划和苏宁云商专项计划使得中信证券和苏宁云商 2014 年的税后净利润增加值分别超过了 16 亿元和 13 亿元。

（三）实现有效套利

从国外成熟市场经验来看，交易型金融机构（如投资银行、对冲基金等）

可以通过资产证券化实现套利。这种模式下资产池一般为动态池，交易的投资管理机构会根据资产池的质量情况和收益率水平变化对基础资产进行持续动态管理。发起机构一般通过从市场购买高收益贷款、高收益债券或其他债权资产并通过打包、分割，在市场发行平均收益较低的证券，获取利差收益。次级产品投资人意在利用优先级产品投资人提供的资金杠杆博取高收益。据 SIFMA 统计，2015 年，全球 CDO（担保债务凭证）产品的发行规模为 861.58 亿美元，其中套利型 CDO 的发行规模为 847.11 亿美元，占比高达 98.32%；资产负债表型 CDO 的发行规模为 14.47 亿美元，占比为 1.68%。套利型 CDO 已成为国际资本市场中 CDO 产品的主要类型。详见图 3.1。

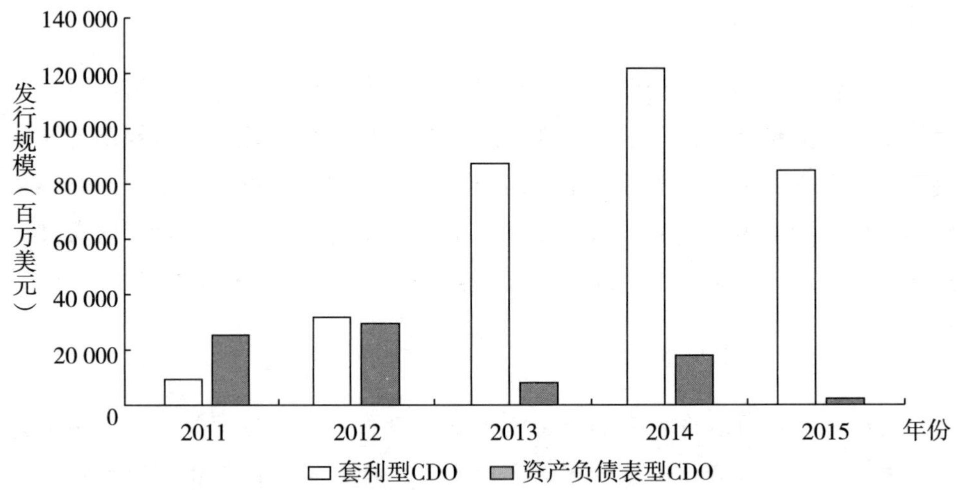

图 3.1　全球套利型和资产负债表型 CDO 发行规模比较

资料来源：美国证券业和金融市场协会

随着国内资产证券化市场的快速发展，下一步券商、信托公司、私募基金等交易型金融机构有望利用自身的专业实力和资源整合能力，发行套利型资产证券化产品，通过资产证券化开展做市、套利、过桥融资、自有资金投资等资本中介业务，突破牌照限制，开辟新的盈利模式。

（四）实现经营模式创新

对于商务部融资租赁公司和保理公司来说，可以通过资产证券化打造“形成资产——资产证券化——资产出表”的“通道金融”盈利模式，实现“轻资产”运营；针对表内不动产资产（如商业物业等），REIT/Pre-REIT 等形式的资产证券化可以做到物业表外持有，将重资产自持型经营转为轻资产表外型运营，减少资产折旧及维护造成的盈利压力，改变企业商业模式。

以亚洲最大的跨国房地产公司凯德集团（CapitaLand）为例，其确立了轻资产战略：由私募基金（PE）去培育和发展物业，成熟后输送给 REIT，REIT 为 PE 提供退出渠道，彼此间相互支持。详见图 3.2。

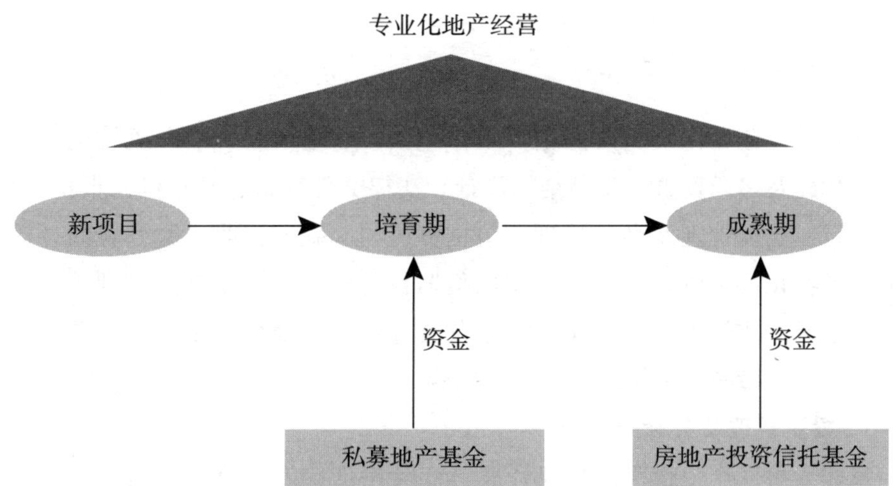

图 3.2　凯德集团 PE + REIT 金融价值链

第二节
不同资产类别发起人的工作内容

资产证券化的基础资产分为信贷资产、企业资产和不动产资产三大类，信贷资产是指银行业金融机构持有的债权资产，企业资产是指非银行机构持有的债权资产和收益权资产，不动产资产是指企业持有的不动产物业资产。

一、信贷资产

发起人在开展信贷资产证券化时，通常会制定《信贷资产证券化业务管理办法》和《信贷资产证券化业务操作规程》，发起人的整体工作内容主要参照前述两个办法，后续资产服务主要参照《信贷资产证券化贷款服务管理办法》和《贷款服务手册》，会计核算主要参照《信贷资产证券化业务会计核算规程》。

（一）主要工作内容

信贷资产证券化发起人的主要工作包括：需求发起、中介机构选聘、基础资产构建及尽职调查、交易结构设计、法律文件准备、监管机构报批工作、定价发行、投资管理及会计处理、信贷资产回收款的回收、服务费的计算及收取、证券化信贷资产质量管理、风险监督与管理、贷款合同管理等。接下来，以示意形式具体介绍“投资管理及会计处理”及后续工作内容要点，其他工作项目请参考本书第二章的相关内容。

1. 投资管理及会计处理

发起人可以作为投资人合规开展资产支持证券的投资。根据《关于进一步扩大信贷资产证券化试点有关事项的通知》（银发〔2012〕127 号文），“信贷资产证券化各发起机构应持有由其发起的每一单资产证券化中的最低档次资产支持证券的一定比例，该比例原则上不得低于每一单全部资产支持证券发行规模的5%”。

发起人将依据《信贷资产证券化业务会计核算规程》，对所投资资产支持证券进行相应的账务处理。

2. 信贷资产回收款的回收

信贷资产证券化项下信贷资产回收款（包括贷款本金、利息、罚息、复利、违约金、补偿金、损害赔偿金等属于信贷资产项下应回收的资金）的回收，是指发起人接受受托机构的委托作为贷款服务机构，按借款合同约定回收信贷资产回收款后，根据《贷款服务合同》、《信托合同》的要求，将信贷资产回收款划入资金保管机构负责保管的信托账户的过程。

信贷资产证券化项下信贷资产回收款的回收工作目标为：督促借款人按时还本付息；及时划转回收信贷资产回收款；实现单独设账，单独管理；完整记录和保存会计凭证。

3. 服务费的计算及收取

信贷资产证券化服务费的计算及收取工作目标为：确保服务费测算准确，确保服务费按时、足额收取。

信贷资产证券化服务费的计算及收取工作流程为：

（1）发起人总行相关部门测算当季服务费。

（2）受托机构确认并支付服务费。

（3）总行集中收取后，分配并下划给分行。

（4）分行进行账务处理。

4. 证券化信贷资产质量管理

证券化信贷资产质量分类标准、分类操作与管理，参照发起人内部制定的《信贷资产风险分类实施办法》、《信贷资产风险分类实施标准》等规定执行。

证券化信贷资产质量预测标准和方法，参照发起人内部制定的《全面风险管理报告办法》和《重大突发信用风险事件应急处置预案》（如有）等相关规定执行，并与表内信贷资产质量预测一同报告内部相关部门。

5. 风险监督与管理

信贷资产证券化风险监督与管理是指银行信贷资产实施证券化后，银行作为贷款服务机构对证券化信贷资产进行的风险监督与管理。主要任务是依据《信托合同》、《贷款服务合同》、《借款合同》、《担保合同》、《客户信用评审报告》及《贷款评审报告》，对借款人、贷款项目和担保等进行跟踪监督与分析，及早识别并处理信贷风险，确保信贷合同顺利执行。分行对证券化信贷资产要视同表内贷款严格进行信贷风险监督与管理。

监管借款是指结合借款人信用等级，综合运用客户访淡、财务分析、信息采集等方式，及时掌握借款人的经营管理状况及债务偿还能力，维护和发展客户关系；同时，按照监管要点和监管频度要求，重点关注借款人风险控制点，切实防范长期性信贷风险。

6. 贷款合同管理

作为贷款服务机构，发起人不能随意变更已订立的借款合同及担保合同有关条款。

如借款人提出调整分期还款计划的书面申请，分行应于收到书面申请当日将有关情况和处置意见填写《合同变更审批表》报送总行，总行在规定的时间内就此与受托机构沟通。总行根据受托机构的意见指导分行进行相应处置。

如借款人提出提前还款书面申请，分行应于收到书面申请当日填写《合同变更审批表》报告总行，总行在规定的时间内，书面告知受托机构。分行按照借款合同约定办理提前还款的相关手续，如借款合同中规定贷款人有权向提前还款的借款人收取补偿金和/或违约金，分行应按照合同约定方式计算金额，并按照本息回收流程处理向借款人收取有关款项并划付至受托机构的过程。

如人民银行调整基准利率，分行应根据人民银行规定和借款合同约定相应调整贷款利率，并在调整当日填写《资产池项目利率调整表》报送总行，由总行在规定时间内告知受托机构。除上款规定之外，借款人提出的其他变更借款利率要求应予以拒绝。

（二）后续资产服务

1. 贷款服务的基本概念

“信贷资产证券化贷款服务”是指发起人接受受托机构委托，作为资产证券化贷款服务机构，自信托生效日起，对证券化信贷资产进行不低于发起人自有贷款管理水平的管理服务。自发起人账上证券化贷款移除，并转为代理管理的信托财产交付日起，发起人由债权人转变成代理贷款管理服务机构，代理受托机构管理证券化贷款，按照发起人与受托机构签署的《贷款服务合同》，收取证券化贷款的本金、利息和其他收入以及一切后续授信业务管理及服务，代为保管借款合同、保证合同、有关的借据、还款凭证等以实物形式或电子形式存在的必要的文档、表单、凭证和其他任何性质的协议，并按季或根据《贷款服务合同》约定的期间出具服务机构报告给受托机构。

2. 贷款服务的主要内容

贷款服务的主要内容包括：对证券化信贷资产进行本息回收；对相关业务操作系统信息及授信管理系统信息、授信档案、会计凭证的维护管理；根据资产证券化信托合同、服务合同等法律文件约定对认定的违约贷款进行处置，及时、准确、完整地向信托账户转付证券化信贷资产的各项回收款；根据证券化业务的监管规定及贷款服务合同约定向有关外部机构提供必要的报告与信息等。报告模板见表3.2。

3. 证券化贷款资料的特定化标注

证券化贷款的有关资料随证券化信贷资产的交付归受托机构所有，发起人对证券化贷款资料进行特定化标注后，根据发起人相关规定履行代理保管职责。在发生证券化交易合同文件约定的贷款服务机构服务职能终止或证券化信贷资产回购的情况下，除合同另有约定须将证券化贷款资料移交后备贷款服务机构之外，证券化贷款资料的交付应进行相反手续操作。

证券化贷款资料的特定化标注包括：对证券化贷款单独设账管理，与发起人自有信贷资产分账管理，不同信贷资产证券化业务项下的证券化信贷资产也应当分别记账、分别管理；在证券化贷款的信贷档案上注明“资产证券化”，并与发起人自有信贷资产可识别区分；在业务或管理系统中使证券化贷款信息能与发起人自有贷款信息相区别或可供识别。

发起人需根据贷款服务合同的约定，与外部机构保持沟通，并定期向外部机构提供《贷款服务机构报告》及其他有关信息，在必要时向受托机构、评级机构及其他相关当事人发送通知。

表 3.2　信贷资产证券化信托贷款服务机构报告（模板）

（20××年×月~20××年×月）

序号	报告内容	页码
1	个别通知事件	
2	贷款服务机构解任事件	
3	加速清偿事件	
4	资产池信息	
5	收款信息	
6	划款信息	
7	本收款期间资产池贷款状态特征	
8	不合格资产的赎回	
9	违约信息	
10	违约贷款在本收款期所处的处置状态及抵消权风险监控	
11	当期损失贷款信息	
12	当期违约贷款处置执行费用和执行情况	

说明：

（1）本报告内容根据贷款服务机构与受托人相关合同内容编制。

（2）本报告金额单位均以人民币元计。

（3）收款期间为：20××年×月×日至20××年×月×日。

二、企业资产

企业资产分为债权资产和收益权资产两大类，债权资产主要包括：租赁债权、保理债权、贸易应收账款、小额贷款、委托贷款、信托受益权等，对于债权资产可以设计“循环购买”结构；收益权资产主要包括：市政收费权、租金收益权、票款收益权、PPP 项目收益权等。两类基础资产的证券化项目中原始权益人的工作内容基本相同。

原始权益人不得侵占、损害专项计划资产，并应当履行下列职责：

（1）依照法律、行政法规、公司章程和相关协议的规定或者约定移交基础资产。

（2）配合并支持管理人、托管人以及其他为资产证券化业务提供服务的机构履行职责。

（3）专项计划法律文件约定的其他职责。

业务经营可能对专项计划以及资产支持证券投资者的利益产生重大影响的原始权益人称为“特定原始权益人”。在专项计划存续期间，特定原始权益人应当维持正常的生产经营活动或者提供合理的支持，为基础资产产生预期现金流提供必要的保障。发生重大事项可能损害资产支持证券投资者利益的，应当及时书面告知管理人。

企业资产证券化业务中原始权益人的主要工作内容请参考本书第二章第二节“资产支持专项计划操作流程”中的相关内容。

三、不动产资产

不动产资产主要包括：商业地产、工业地产、保障房、养老地产和医疗地产。不动产资产主要是发行 REIT 产品，目前国内已推出 6 单私募 REIT 产品，下一步公募 REIT 有望推出。本部分主要介绍私募 REIT 业务中发起人的工作流程（见表 3.3）。

表 3.3　私募 REIT 业务中发起人的基本工作流程要点

准备阶段	执行阶段	发行阶段	后续管理阶段	上市退出
内部决策 原始权益人和基础资产选择 中介机构选择 基本融资要素确定	配合尽职调查 审阅交易文件 履行内部流程 税收筹划 售后返租	参与路演推介 提供投资故事 配合上市登记	资产服务管理 配合信息披露 流动性支持（如有） 行使优先收购权（如有）	配合主承销商完成公募上市退出（如条件成熟）

由于私募REIT目前是以资产支持专项计划作为通道，因此私募REIT业务中发起人的工作流程与资产支持专项计划有很多相同之处，不同之处在于发起人还需要履行如下几项工作：

（1）税收筹划。

税收筹划是指在法律规定许可的范围内，通过对经营、投资、理财活动的事先筹划和安排，尽可能取得节税的经济利益。私募REIT主要涉及所得税、土地增值税、契税、营业税和印花税这几类税种。

（2）售后返租。

为了不失去物业的使用权，私募REIT业务中发起人或其关联企业在将物业所属项目公司股权转让给非公募基金的同时，会与物业所在项目公司签署长期（通常为20年）的不可撤销租约，租金价格遵循市场水平，以保障投资者利益。

（3）流动性支持。

有些私募REIT项目（比如苏宁云商项目）中，为了保障优先级资产支持证券（或A类证券）的收益/本金兑付或应对开放期投资者的回售，专项计划存续期间发起人将为优先级资产支持证券（或A类证券）提供流动性支持，根据《流动性支持协议》的要求履行流动性支持义务。

（4）行使优先收购权。

有些私募REIT项目（比如苏宁云商项目）中，设置了发起人或其关联企业对于次级资产支持证券（或B类证券）的优先收购权，从条款的设计来看，发起人或其关联企业行使优先收购权的概率非常高。

（5）配合主承销商完成公募上市退出。

私募REIT产品的主要退出渠道为公募REIT上市，在条件成熟时发起人将配合主承销商（通常为私募REIT的管理人）完成公募REIT发行准备工作。退出时点，非公募基金将所持物业100%的权益出售给由基金管理人发起的公募REIT。

第三节
与投资人沟通以及管理中介机构的策略

一、与投资人沟通的策略

资产证券化的价格、信用和流动性在很大程度上影响着投资人的选择。总的来看，资产支持证券的发行价格受市场利率环境的影响较大。同时，随着发行量的增加，市场对资产支持证券的认识愈加成熟。目前，对于短期限的优先 A 档证券认可度较高，这主要是由于优先 A 档证券大部分为国内评级为 AAA 级别，期限较短、信用保障最高。相比之下，优先 B 档证券的发行利率则相差较大，这其中主要基于信用风险溢价、期限溢价、流动性风险溢价，以及再投资风险溢价、个别事件溢价（如转换、赎回事件）等因素的共同影响。从已发行的资产支持证券的投资人认购统计来看，商业银行是绝对的主力，商业银行占比接近 70%，其中国有大型银行接近 50%，其后是股份制银行、城商行和农商行，另外还包括基金、券商、保险、境外投资机构等。

（一）国有大行、股份制银行

在国有大行和股份制银行中，信贷资产支持证券和资产支持票据的购买方主要分为自营投资和理财投资两种渠道，资产支持专项计划的购买方目前只有理财投资一种渠道。这两种渠道由于资金来源不同，对证券的结构偏好也有所差异。银行自有资金和理财资金投资 ABS 时，关心收益、期限和风控问题。

收益方面：理财资金成本较高，以及考虑到作为表外业务，银行理财投 ABS 并未实现对应于表内的资本节约，制约了理财对 ABS 的投资。随着金融市场整体收益率和理财收益率的下行，未来可能有更多的 ABS 能满足理财投资收益要求。自有资金投资 ABS 的一个重要考虑因素是高评级 ABS 的资本节约优势（AAA 到 AA－占 20% 风险权重，A＋到 A－占 50% 风险权重），因此可以接受略低的收益率。所以自营更适合投评级高的优先 A 级，非保本理财更适合投评级略低的优先 B 级。

期限方面：ABS 由于基础资产的不同，期限差别很大，CLO 期限较短，RMBS 不同档级的期限差别很大。由于理财产品的短期化，以及现阶段 ABS 的市场流动性不足，理财投资长期限有一定困难。但理财产品过于短期化的业务模式是有问题的，未来应该重点发展长存续期产品，也需要配置一部分长期限的投资。RMBS 也需要挖掘保险、养老金等长期限偏好的投资者需求。ABS 能通过分层设计满足不同风险、收益、期限偏好的投资需求，这正是其优势所在。

风控方面：银监会《关于加强商业银行债券投资风险管理的通知》（银监办发〔2009〕129 号）要求“商业银行不应完全依赖于外部机构评级报告，应将债券投资信用评级纳入信用风险内部评级管理体系或者建立独立的债券投资评级管理体系”。信用债各行自己内部评级技术成熟，但 ABS 各行内部评级方式尚不统一。美国在次贷危机后对机构投资者是直接参照评级投资还是要加强自评也有争论。若仅参考评级，风险判断过度依赖评级机构，但若所有投资者都要进行尽职调查又成本太高、投资效率难以保证，这是资产证券化风控的两难。商业银行应发挥专业化分工作用，以参考外部评级为主，建立行内审批标准，培养 ABS 的专业审批投资人员。

1. 自营投资

在利率市场化的背景下，商业银行面临较大的流动性压力和收益压力，目前商业银行多采取杠铃型投资策略，即：一方面保留较高比例的高流动性资产比如现金储备，以规避流动性风险；另一方面投资向高收益的非标资产倾斜，以提高投资收益。但同时，在市场资金面较为宽裕的时候，资产证券化产品也受到银行自有资金的青睐。目前，自营投资对基础资产质量要求较高，对资产支持证券评级通常要求 AAA，对短期限的优先 A 档产品比较关注。这是因为如表 3.1 所示，按银监会的《资产证券化风险加权资产计量规则》的规定，AAA 到 AA－评级的产品占 20% 的风险权重，A＋

至 A－评级的产品按 50% 的风险权重计入，而对于 A－以下评级产品风险权重为 100% 甚至更高，也使得银行更倾向于投资风险权重低的高评级产品。

2. 理财投资

商业银行受到银监会“8 号文”的限制，理财资金在非标产品方面的投资逐渐规范。目前来看，信贷资产证券化产品优先 A 档产品相对收益率较低，而 B 档和次级产品收益合适，但存在内部审批和风控要求较高的问题，因此银行理财对于收益较高、评级相对较高（AA 或 AA +）的证券化产品比较关注，部分银行也对收益率较高、加权平均期限在 2 年以内的 B 档产品具有一定需求。这是因为银监会对银行理财投资债券尚未按评级有不同的风险资本计提的要求。

银行理财也在逐渐增加对 ABS 的投资，这对理财业务的发展和资产证券化的发展都有积极作用。一是有利于促进资产证券化业务的发展。成熟国外金融市场中，资产管理机构是证券化市场的重要参与者。理财资金积极参与资产证券化市场，对于活跃市场交易、优化产品定价机制、降低信用溢价、优化信贷资源配置、支持实体经济，都具有积极的作用。二是有助于促进理财业务规范、透明的发展。目前监管部门倡导将不公开、不透明、不可交易、不好估值的“非标”（非标准化债权资产）转化为公开、透明、可交易、可估值的“标”（标准化资产），资产证券化是重要工具。

（二）城商行、农商行及农信社

我国自 2005 年开展信贷资产证券化试点工作以来，前期参与资产证券化的发起机构多为大型国有银行、股份制银行和资产管理公司。中小金融机构参与资产证券化业务的程度不高。目前，大型国有银行及股份制银行是信贷资产证券化产品的主要投资者，其投资占信贷资产证券化产品规模的 75% 以上。城商行和农商行在债券方面的投资需求与大型商业银行有一定区别，这两类机构由于贷款规模有限，对债券投资收益较为关注，少数银行对于较高收益的 B 档产品有一定需求。然而，从 2014 年 8 月顺德农商行开启第一单农商行发起的信贷资产支持证券后，农商行和农信社开始关注资产支持证券，多数城商行开始有 CLO 产品发行计划，在同业合作方面会有一定需求。

（三）保险公司

2013 年保监会放开保险资金的投资限制，保险公司在另类投资（比如长期股权、债权计划、不动产投资计划等）方面的规模大幅增加。同时，保费增速放缓、保单成本提高等因素，也迫使保险资金更倾向于参与高收益率的产品。此外，出于资产和负债久期匹配，保险公司更倾向于投资久期相对较长的品种。由于信贷资产证券化产品的期限大多较短且收益率偏低，保险公司参与投资的规模非常有限。保险公司更倾向于参与收益率相对较高的信贷资产证券化夹层档证券，或者资质良好、期限较长的企业资产证券化优先级证券，但同时却可能面临难以通过信用风险评估的问题。

（四）证券公司

证券公司的资产管理计划对于收益率要求较高，同时具有一定风险承受能力，是夹层档和次级档产品的潜在投资者，但资产管理计划也同时面临投资范围受限的问题，部分资产管理计划产品的投资范围未包括资产支持证券。

（五）信托公司、基金公司等其他机构

信托产品对于投资标的的收益率要求很高，对信贷资产证券化产品基本没有主动投资需求。此类产品大部分作为通道投资于 B 档和次级档产品。基金公司的货币型基金和债券型基金对产品流动性和收益率要求较高，一方面，对于摊还类型和利率类型有一定要求，通常倾向于年内到期、高评级、固定摊还和固定利率品种；另一方面，由于中债登以资产支持证券品种的法定到期日进行估值，基金面临投资后出现浮亏的情况，因此对于收益率要求较高。四大资产管理公司对于资产支持证券的投资较少，部分资产管理公司在准备

资产支持证券发行项目，在互持上具有一定需求。

另外，企业年金、养老金、社保基金、住房公积金等机构对投资种类的要求比较高。同时，由于投资范围的限制而尚未投资证券化产品，随着资产证券化产品规模的日益扩大，该类机构也将会逐步考虑。

总体来看，国有大行及股份制银行自营投资比较关注优先 A 档，银行理财投资、农商行和城商行比较关注 B 档，基金、券商关注 B 档偏多，货币型基金更偏向短久期的 A 档，次级档大多由发起人自行消化。商业银行对期限一般偏好在 1 年以内，基金尤其是货币型基金偏好短久期产品，多关注半年以内，券商及资产管理公司相对较为灵活。商业银行自营一般投资 AAA 级，许多银行要求投资级别必须在 AA + 及以上①。

二、管理中介机构的策略

信贷资产证券化业务的中介机构主要包括：券商、信托公司、评级机构、律师事务所、会计师事务所和资金保管银行；企业资产证券化业务的中介机构主要包括：券商、评级机构、律师事务所、会计师事务所、评估机构（如有）、监管银行（如有）和托管人。

（一）中介机构的主要工作内容

在信贷资产证券化业务中，券商作为主承销商，牵头负责整个项目的运作；信托公司作为受托机构和发行人，主要负责搭建 SPV、监管报批、信息披露和收益分配等工作；评级机构主要负责产品的初始评级和跟踪评级（分为定期跟踪评级和不定期跟踪评级），信贷资产证券化目前实行双评级机制；律师事务所主要负责法律尽职调查、出具法律意见等工作；会计师事务所主要负责财务尽职调查、出具会计处理和税务处理意见等工作；资金保管银行主要负责信托账户托管、后续资金划转等工作。

---

① 资料来源：中债资信《我国信贷资产证券化市场运行情况回顾及 2016 年展望》。

在企业资产证券化业务中，券商（或基金子公司）作为计划管理人和销售机构，牵头负责整个项目的运作，同时负责搭建 SPV（相当于承担了信贷资产证券化业务中信托公司的角色），其他中介机构的工作内容与信贷资产证券化基本相同。只是企业资产证券化业务中可能会聘请评估公司出具现金流预测报告（对于债权资产可以由会计师事务所兼任这一工作），信贷资产证券化业务中的“资金保管银行”在企业资产证券化业务中被称为“托管人”，托管人通常也兼任监管银行的角色。

信贷资产证券化和企业资产证券化业务中各中介机构的工作内容具体如表 3.4 和表 3.5 所示。

表 3.4　信贷资产证券化业务中介机构的主要工作内容

中介机构类别	主要工作内容
券商	1. 作为主承销商牵头项目推进，设计交易结构与产品方案 2. 协调与组织各中介机构的工作，完成备案文件的制作 3. 协助发起机构与银监会和人民银行沟通 4. 负责组织路演推介，完成产品发行与上市 5. 证券存续期间，提供必要的后续技术支持
信托公司	1. 负责信托设立、信托财产管理、信息披露、信托利益分配等事宜 2. 协助发起机构及主承销商完成项目的报批、备案事宜
评级机构	1. 对资产池信贷资产进行评估和影子评级（如需） 2. 出具产品评级报告及跟踪评级安排的说明 3. 证券存续期内的跟踪评级
律师事务所	1. 执行法律尽职调查 2. 为交易方案的设计提供法律咨询意见 3. 起草并修改交易文件 4. 出具法律意见书
会计师事务所	1. 对拟信托的信贷资产状况进行尽职审计 2. 出具会计处理意见书和税务处理意见书（如需） 3. 出具资产证券化募集资金的验资报告 4. 证券存续期内，对受托机构、服务机构等机构发生的需要由信托承担的费用和受托机构报告等进行审计

（续表）

中介机构类别	主要工作内容
资金保管银行	1. 安全保管信托财产资金 2. 以信贷资产证券化特殊目的信托名义开设信托财产的资金账户 3. 依照资金保管合同约定方式，向资产支持证券持有人支付投资收益 4. 依照资金保管合同约定方式和受托机构指令，管理特殊目的信托账户资金 5. 按照资金保管合同约定，定期向受托机构提供资金保管报告，报告资金管理情况和资产支持证券收益支付情况

表 3.5　企业资产证券化业务中介机构的主要工作内容

中介机构类别	主要工作内容
券商/基金子公司	1. 作为计划管理人牵头项目推进，设计交易结构与产品方案 2. 协调与组织各中介机构的工作，完成备案文件的制作 3. 协助原始权益人与交易所和基金业协会沟通 4. 负责组织路演推介，完成产品发行、备案与上市 5. 负责专项计划资产管理、信息披露、利益分配等事宜，定期出具《资产管理报告》等文件 6. 证券存续期间，提供必要的后续技术支持
评级机构	1. 对基础资产进行评估和影子评级（如需） 2. 出具产品评级报告及跟踪评级安排的说明 3. 证券存续期内的跟踪评级
律师事务所	1. 执行法律尽职调查 2. 为交易方案的设计提供法律咨询意见 3. 起草并修改交易文件 4. 出具法律意见书
会计师事务所	1. 对基础资产状况进行尽职审计并出具基础资产专项审计报告 2. 出具会计处理意见书和税务处理意见书（如需） 3. 出具资产证券化募集资金的验资报告 4. 证券存续期间，对计划管理人、资产服务机构等机构发生的需要由专项计划承担的费用和计划管理人报告等进行审计，并每年出具一份专项计划的《审计报告》

（续表）

中介机构类别	主要工作内容
评估机构	出具基础资产现金流预测报告
监管银行	为专项计划开立监管账户，对基础资产现金流进行归集和划转
托管人	1. 为专项计划开立专项计划账户，监督、核查计划管理人对计划资产的管理和运用 2. 按照计划管理人的划款指令进行合格投资、兑付兑息和支付专项计划费用 3. 定期出具《托管报告》

（二）管理中介机构的策略

发起人在资产证券化业务中需与各中介机构进行有效沟通并管理中介机构的工作进度。管理中介机构的策略可以总结为“统筹安排、提高效率、保证进度”，对应主要内容如下：

1. 统筹安排

发起人成立公司层面的资产证券化公司领导小组和工作执行小组；发起人与作为牵头方的主承销商（或计划管理人）就项目整体进度安排、工作时间表和工作方式沟通并达成一致；由主承销商（计划管理人）协调并组织各中介机构开展工作，发起人予以配合和支持；发起人在主承销商（计划管理人）的协助下制定关于资产证券化的内部管理办法、会计核算办法等制度文件，明确工作流程、部门分工、会计核算等重要工作。

2. 提高效率

公司主管领导进行一定的授权，除重大问题外，具体方案设计和工作安排可由指定项目负责人进行统筹和推进；发起人安排专人与各中介机构进行对接，确保对接人员有相应的专业度和比较充足的精力投入；制定约定权责利的内部办法，提高相应部门或分子公司开展证券化业务的积极性。

3. 保证进度

及时提供各中介机构开展尽职调查和备案文件制作所需资料和信息；由主承销商（计划管理人）组织各中介机构每周召开工作例会（如需），并不定期召开讨论关键问题的专题会议，会议形式灵活，除现场会议外，也可采取电话会议或微信形式；若因一些原因工作时间表确实需要调整，则及时研究解决方案并采取应对措施。

第四节
资产证券化发起人案例分析

一、个人住房抵押贷款证券化案例——邮储银行

（一）交易结构

在图3.3所示的交易结构中，中国邮政储蓄银行（简称邮储银行）承担发起机构角色，将信贷资产信托给受托机构交银国际信托有限公司（简称交银国信），交银国信以该资产设立特殊目的信托，聘请中信证券承担主承销商并组织承销团进行产品的发行承销工作，聘请中债资信评估有限责任公司（简称中债资信）及中诚信国际信用评级有限责任公司（简称中诚信）对产品进行评级，聘请律师事务所及会计师事务所对资产池进行尽职调查，聘请中信银行作为资金保管行保管特殊目的信托资金的划转等工作。机构投资者通过银行间市场认购该资产支持证券，并通过主承销商缴纳认购资金，在中央国债登记结算有限责任公司（简称中央结算公司，即中债登）登记结算。本单业务在分层结构信用增级、加速清偿事件以及违约触发事件等方面设置了相关措施，并在抵质押权变更登记操作上首次尝试不变更登记的操作模式，促进了抵押贷款证券化业务在我国的发展。

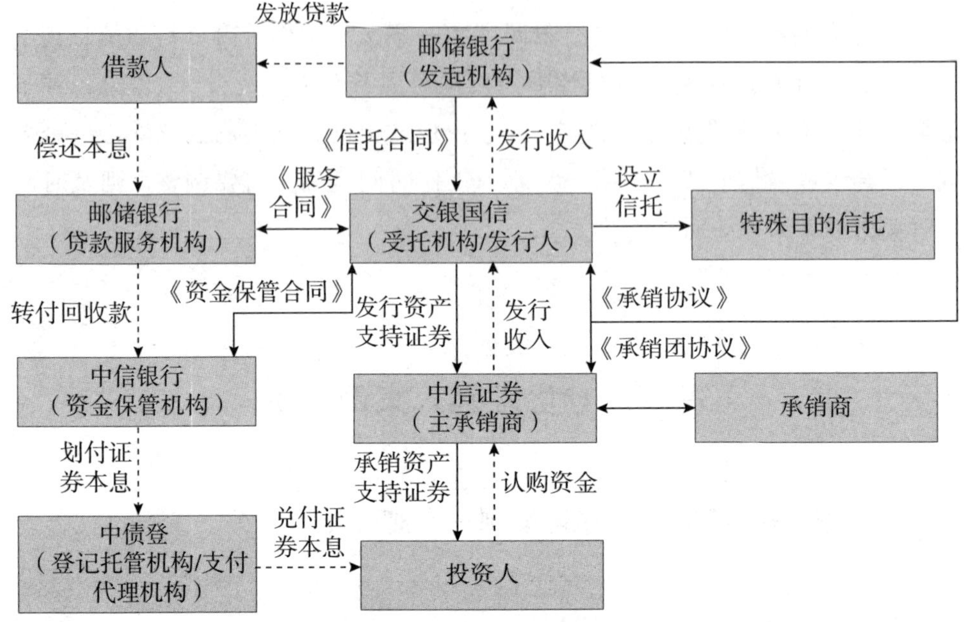

图 3.3　邮元 2014 年第一单个人住房贷款支持证券交易结构图

（二）基础资产与资产池情况

1. 资产合格标准

邮储银行对于入池资产的合格标准主要分为借款人、抵押贷款和抵押房产及区域筛选。

第一，借款人的标准包括：贷款发放时年满 18 周岁，不超过 60 周岁，并且年龄与剩余期限之和不超过 65 年。

第二，抵押贷款的标准包括：初始抵押率不超过 70%，且初始抵押率的计算中，评估价值取购房合同约定价格与房产评估价值两者孰低；抵押贷款未偿本金余额不低于 10 万元且不超过 300 万元；抵押贷款剩余期限不超过 30 年且不低于 1 年。

第三，关于抵押房产：抵押贷款已由房产抵押担保，且已办理抵押登记手续；抵押房产不属于自建房屋，均属于商品房。

第四，区域筛选。入池资产最初筛选自15个省、市、自治区、直辖市，经过分析，将区域划定在12个城市内，一方面保证资产所在区域房地产行业的相对稳定性，另一方面确保资产池较好的分散性。

2. 资产池情况

从基础资产池情况来看，资产池包含2.36万笔个人住房贷款，加权平均贷款利率5.88%，加权平均剩余期限为15.16年，单笔贷款平均本金余额为28.78万元。从贷款质量来看，贷款不良率不足千分之一，贷款优质，风险可控。从借款人情况来看，平均年龄37.3岁，多处于职业和财富的上升期，且基本属于刚需购房客户，一定程度上对贷款的偿还起到支撑作用。从抵押资产来看，抵押完备可靠，且抵押物发行时市值平均达到贷款余额的1倍以上，抗风险能力强。从资产集中度来看，资产分散在10个省市区，单一城市集中度不超过15%，有效实现了风险分散。详见表3.6。

表3.6　邮元2014年第一期个人住房贷款证券化项目基本要素

资产池未偿本金余额总额（元）	6 814 237 677.14
借款人数量（位）	23 680.00
贷款笔数（笔）	23 680.00
单笔贷款最高本金余额（元）	2 841 288.88
单笔贷款平均本金余额（元）	287 762.42
合同总金额（元）	8 047 449 400.00
单笔贷款最高合同金额（元）	3 000 000.00
单笔贷款平均合同金额（元）	339 841.61
加权平均贷款年利率（%）	5.88
单笔贷款最高年利率（%）	6.98
加权平均贷款合同期限（年）	17.78
加权平均贷款剩余期限（年）	15.16
加权平均贷款账龄（年）	2.62
加权平均初始抵押率（%）	60.96
加权平均借款人年龄（岁）	37.30

资料来源：《邮元2014年第一期个人住房贷款支持证券发行说明书》

（三）产品结构

邮元2014年第一期个人住房贷款证券化项目产品总规模为68.14亿元，其中优先级20.40亿元，在全国银行间债券市场招标发行，优先A档规模59.96亿元，占比88%，评级AAA；优先B档规模4.77亿元，占比7%，评级为A（中债资信）/A－（中诚信）；次级2.41亿元，无评级，由发起机构自持。其中，优先A档发行利率5.8%，优先B档发行利率6.79%。详见表3.7。

表3.7　邮元2014年第一期个人住房抵押贷款支持证券要素

发行总额	6 814 237 677.14元		
初始起算日	2014年4月16日		
法定到期日	2039年12月31日		
证券分档	优先A级资产支持证券	优先B级资产支持证券	次级资产支持证券
金额	5 996 000 000元	477 000 000元	341 237 677.14元
规模占比	88%	7%	5%
信用等级	AAA（中债资信）/ AAA（中诚信）	A（中债资信）/ A－（中诚信）	无评级
利率类型	浮动利率	浮动利率	—
票面利率	基准利率＋基本利差		无票面利率
基准利率	1年期定期存款利率，并在央行调整该利率生效日后的次年1月1日调整		不适用
基本利差	根据公开招标结果确定		不适用
还本付息频率	按月支付	按月支付	不适用
还本方式	过手摊还	过手摊还	不适用

（四）信用增级措施

1. 优先/次级分层

该项目通过较低档次的证券本息受偿顺序劣后于较高档次的证券，起到对较高档次证券的信用支撑作用，次级资产支持证券由邮储银行持有，即承担资产池的第一损失；优先A级资产支持证券获得来自优先B级资产支持证券和次级资产支持证券合计12%的信用提升；优先B级资产支持证券则获得来自次级资产支持证券5%的信用提升，资产池损失将首先由次级资产支持证券承担。

2. 信用触发机制安排

该项目设置了信用触发机制，在发生不利于优先级证券本息兑付的信用事件时，采用正常支付顺序之外的现金流偿付顺序，提高对优先级证券的保护。

（1）加快转付频率。

当评级机构给予贷款服务机构的评级低于必备评级等级（A），或当贷款服务机构被解任时，贷款服务机构向信托账户转付回收款的频率将加快，由“计算日”之后的第6个工作日调整为收到每笔回收款后的第3个工作日。加快转付频率可在一定程度上缓解贷款服务机构评级降低带来的资金混同风险。当发生“违约事件”时，现金流分配顺序将发生变化，不再区分收入分账户及本金分账户，按优先A级资产支持证券利息与本金、优先B级资产支持证券利息与本金、次级资产支持证券本金的顺序依次偿付证券本息。

（2）违约事件。

在证券存续期内，若产品最优先级别证券能够做到按时兑付，并未触发“违约事件”，则产品按照正常的现金流分配顺序进行，如图3.4所示。

在证券存续期内，当发生尚未清偿的最优先级别证券未能按时付息等情形时，将触发“违约事件”。违约事件发生前后的现金流偿付顺序发生改变，如图3.5所示。

（3）资产赎回。

证券存续期间，受托机构有权要求邮储银行作为信托委托人赎回不符合“合格标准”的贷款，并承担所有与赎回不合格资产有关的费用。需要特别指

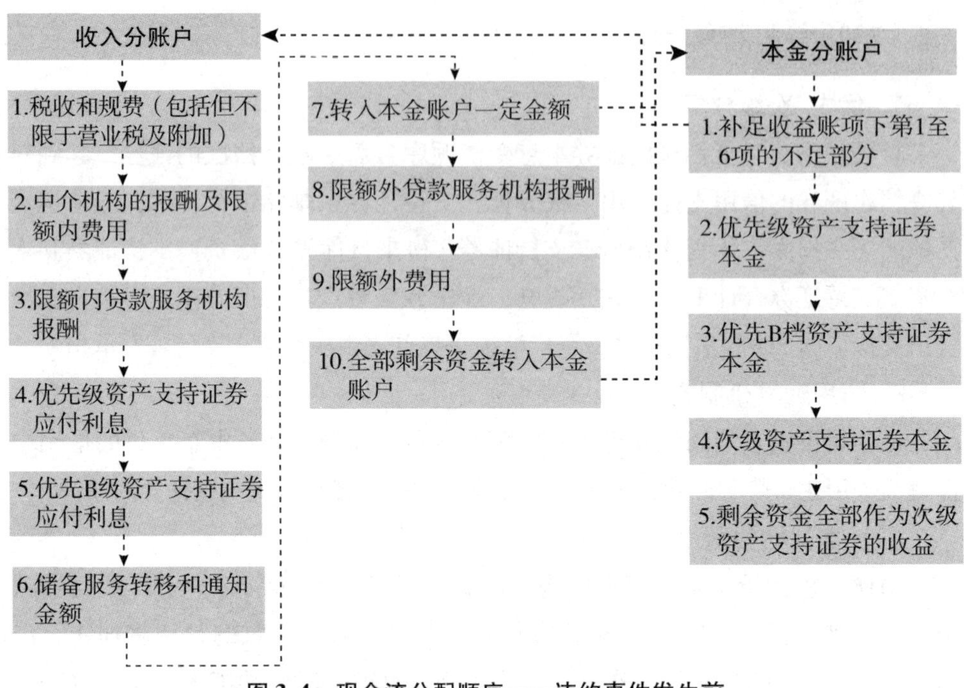

图 3.4　现金流分配顺序——违约事件发生前

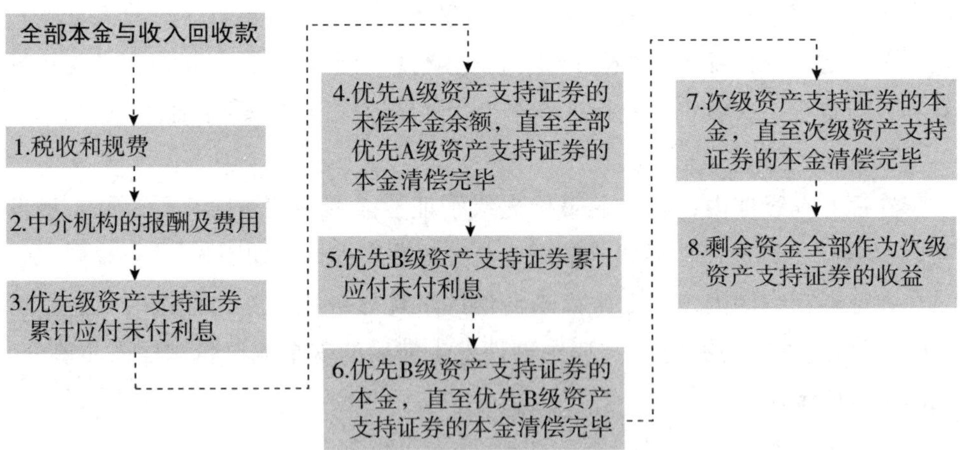

图 3.5　现金流分配顺序——违约事件发生后

出的是，因不办理抵押变更登记而导致无法对抗善意第三人的资产亦属于不合格资产，在此情况下，邮储银行同样有义务进行资产赎回。

（4）清仓回购设置。

资产池本金余额下降至初始起算日余额的10%或以下后，邮储银行可对剩余资产池执行清仓回购；清仓回购价格不低于A+B之和，A为优先级证券未偿本金余额，B为以下a和b之孰高值：a的数值为0，b的数值为次级证券未偿本金余额减去累计净损失的差值；邮储银行执行清仓回购，将使得优先级证券的未偿本金余额及剩余应付利息得到一次性清偿。

（五）信托储备账户设置

该项目设置了信托（服务转移和通知）储备账户和信托（税收）储备账户，分别用于支付因更换贷款服务机构和/或发送“权利完善通知”而发生的特定费用以及信托的相关税收。

当邮储银行具备必备评级等级时，信托（服务转移和通知）储备账户中的储备金额为零；当邮储银行不具备必备评级等级时，则应在付清违约事件发生前的回收款分配——收入分账户第1至5项后，从该现金流中向上述储备账户中储备资金，直至储备账户中的资金达到其必备储备金额。信托（税收）储备账户应根据税务顾问的意见每期向该账户中储备资金。

（六）关键问题解决对策

该项目通过交易条款设计，解决如下3个重要问题：

1. 抵押变更登记

该项目房屋抵押登记采用延迟变更的操作，即在不发生“权利完善事件”时房屋抵押权随同债权转移但不办理登记变更，发生“权利完善事件”时再办理抵押变更。该处理方法在法理、判例和实操中得到支撑，也为抵押类贷款证券化操作探索了一条新的途径。

据了解，该项目中邮储银行安排分行对12个重点城市的住房管理机构进行了实地调研，发现随着时间推移，发生业务较少等因素的影响，各地住建部门对2005年下发的批量变更抵押登记的法规还存在认识的偏差。具体来看，在调研的13个城市中只有2个表示可以批量办理抵押权变更登记，其余区县房管部门对办理个人住房贷款抵押权批量变更登记均表示有难度。因此，批量办理变更登记面临着登记系统限制或当地配合不顺的现实情况，对实际操作带来很大困难。另外，每笔80元的登记费用，也增加了发行的成本。基于此，在律师事务所的法律支撑下，发起机构发现，不论是在法理上还是在实际发生的判例中，以及最高人民法院讲话意见中，对抵押权变更登记与主债权的关系都有了新的变化，可以采用在发生“权利完善事件”后延后办理的方式，并且配合在交易文件和信息披露上采取一些必要的风险补偿措施进行处理。从而大大简化了操作流程，提高了项目处理效率。

2. 会计出表

次级产品的持有方案将对会计出表结果产生较大影响。该项目在考虑垂直持有还是水平持有次级产品时，也进行了深入思考和分析：为了更好地节约资本，垂直持有当然更好，但次级如何销售？投资者对于次级档的投资受制于内部投资流程、评级约束和内部资本约束，能够投资次级档的机构有限，使得次级档较难卖出，从而使得垂直自持较难实现，同时市场上长期限产品价格贴近入池资产价格，利差较薄的现实制约，也给次级销售带来很大困难。该项目最终选择了水平持有的次级自持方案。

该项目中邮储银行持有全部发行的次级资产支持证券，按照全部次级档证券约2.68亿元规模全部自持计算，邮储银行应计提的风险资本规模没有减少，但通过本次信贷资产证券化交易，邮储银行可以实现90%的证券化资产出表，对邮储银行更好地盘活信贷资产存量、优化信贷资产结构起到促进作用。因此，通过相应的资产选择和结构设计，即使发起机构自持全部次级产品，也可以实现大部分出表。

3. 结构安排

首先，在结构分层上，该项目的分层相对简单，发起机构在研究实际资产后，发现期限在5年内的贷款数量很少，绝大多数集中在10年以上；同时，回款的不集中、不可测也使得细致分层意义不大；另外，过于复杂的分层结构可能也会带来投资者认识的问题。最终发起机构选择优先 A 档 88%、优先 B 档 7%、次级档 5%这种比较简单的分层方式。

其次，次级比例是按 5%还是适当增厚，以助于提高 B 档评级？发起机构也讨论多次，最后选择了按次级 5%，并且采用收入不回补利息的方式，以确保投资者本金的安全，这种最为保守的模式，却保障了投资者的利益，实现了出表、风险、销售和资本等方面的统一。

二、汽车贷款证券化案例——上汽通用汽车金融

（一）交易结构

2014 年上汽通用汽车金融 ABS 项目的交易流程如图 3.6 所示。

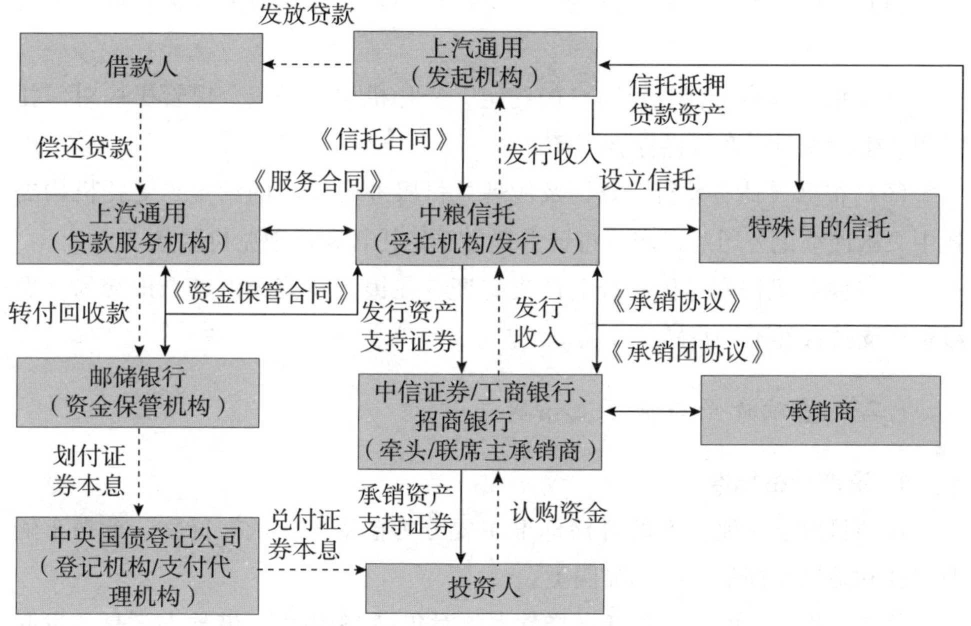

图 3.6　2014 年上汽通用汽车金融 ABS 交易结构图

（1）根据《信托合同》约定，上汽通用作为发起机构将相关抵押贷款、

抵押权及附属担保权益委托给作为受托机构的中粮信托，由中粮信托设立信托。受托机构将发行以信托财产为支持的资产支持证券，所得认购金额扣除承销报酬和交易文件约定的其他费用后的净额支付给发起机构。

（2）受托机构向投资者发行资产支持证券，并以信托财产所产生的现金为限支付相应税收、信托费用及该期资产支持证券的本金和收益。该期资产支持证券分为优先级资产支持证券和次级资产支持证券，其中优先级资产支持证券包括 A 级资产支持证券和 B 级资产支持证券。

（3）根据《承销协议》和《承销团协议》的约定，资产支持证券由受托机构委托牵头主承销商和联席主承销商承销，并组建承销团来完成承销工作。其中，次级资产支持证券由受托机构向发起机构定向发行。发起机构持有次级资产支持证券规模不低于该期资产支持证券发行规模的 5%，持有次级资产支持证券的期限不低于次级资产支持证券的存续期限。

（4）根据《服务合同》的约定，受托机构委托贷款服务机构对资产池的日常回收进行管理和服务。

（5）根据《资金保管合同》的约定，受托机构委托资金保管机构对信托财产产生的现金资产提供保管服务。

（6）根据《债券发行、登记及代理兑付服务协议》的约定，受托机构委托中央国债登记公司对资产支持证券提供登记托管和代理兑付服务。

（7）受托机构安排优先级资产支持证券在银行间债券市场上市交易，次级资产支持证券不进行转让交易。

（二）基础资产与资产池情况

1. 资产合格标准

该项目对于入池资产的合格标准主要分为借款人、抵押贷款、抵押车辆及发放和筛选抵押贷款的标准四类。

第一，借款人的标准包括：贷款发放时年满 18 周岁，借款人不是与发起机构签订劳动合同的雇员，借款人年龄与剩余期限之和小于 55 年。

第二，抵押贷款的标准包括：全部为正常类贷款，借款人延迟支付抵押贷款合同项下到期应付的金额未超过30天，抵押贷款的到期日均不晚于资产支持证券的法定到期日前24个月，抵押贷款发放时的本金金额不低于2万元且不超过50万元，抵押贷款发放时的初始抵押率不超过80%（若本金金额不超过25万元）或抵押率不超过60%（若本金金额超过25万元）；抵押贷款的初始贷款期限为1年（不含）至5年（含）之间，于初始起算日时的剩余期限不超过5年，抵押贷款需每月还本付息。

第三，关于抵押车辆：抵押车辆于初始起算日已在中国相关的登记机关办理完第一顺位抵押登记手续，登记的第一顺位抵押权人为上汽通用汽车金融有限责任公司；抵押车辆已根据行业通用标准投保。

第四，发放和筛选抵押贷款的标准。中国法律、抵押贷款合同或相关抵押权均禁止或限制相关借款人在未经发起机构同意时转让其在该抵押贷款合同中的义务或相关抵押车辆；发起机构和/或借款人为签署、交付或履行相关抵押贷款合同所需的政府机构的重要同意、许可、批准、授权或登记，均已依法办理并完成。

2. 资产池情况

从基础资产池情况来看，资产池包含了5.85万笔个人住房贷款，加权平均贷款利率13.89%，加权平均剩余期限为27.90月，单笔贷款平均本金余额为5.13万元。从贷款质量来看，2013年年底发起机构的贷款不良率仅为0.36%，贷款优质，风险可控。从借款人情况来看，平均年龄33.09岁，多处于职业和财富的上升期，一定程度上对贷款的偿还起到支撑作用。从抵押资产来看，抵押完备可靠，加权平均贷款初始抵押率为67.17%，抗风险能力强。从资产集中度来看，资产分散在31个省市区，单一城市集中度不超过15%，有效实现了风险分散。详见表3.8。

表3.8 通元2014年第一期个人汽车抵押贷款证券化项目基本要素

本金余额（万元）	300 000.00
贷款笔数（笔）	58 460
单笔贷款最高本金余额（万元）	37.29

（续表）

单笔贷款最低本金余额（万元）	1.58
单笔贷款平均本金余额（万元）	5.13
合同金额（万元）	471 189.49
单笔贷款最高合同金额（万元）	50.00
单笔贷款最低合同金额（万元）	2.37
单笔贷款平均合同金额（万元）	8.06
加权平均贷款年利率（%）	13.89
加权平均贷款合同期限（月）	46.75
加权平均贷款剩余期限（月）	27.90
加权平均贷款账龄（月）	18.85
加权平均贷款初始抵押率（%）	67.17
加权平均借款人年龄（岁）	33.09

（三）产品结构

通元2014年第一期个人汽车抵押贷款支持证券产品总规模为30.00亿元，其中优先级28.50亿元，在全国银行间债券市场招标发行，优先A级规模26.39亿元，占比87.97%，评级AAA；优先B级规模2.11亿元，占比7.03%，评级为AA+；次级规模1.50亿元，占比5.00%，无评级，由发起机构自持。其中，优先A档发行利率4.8%，优先B档发行利率5.7%。详见表3.9。

表3.9 通元2014年第一期个人汽车抵押贷款支持证券要素

发行总额	30.00亿元		
初始起算日	2014年7月31日		
起息日	2014年10月29日		
法定到期日	2020年9月26日		
证券分档	A级资产支持证券	B级资产支持证券	次级资产支持证券

（续表）

金额	26.39 亿元	2.11 亿元	1.50 亿元
规模占比	87.97%	7.03%	5.00%
信用等级（联合资信/中信资信）	AAA	AA+	无评级
预期到期日	2016 年 7 月 26 日	2016 年 11 月 26 日	—
预期加权平均期限	0.78 年	1.88 年	—
定价方式	基准利率+基本利差	基准利率+基本利差	—
票面利率（发行时）	4.8%（基准利率 3%，利差为 1.8%）	5.7%（基准利率 3%，利差为 2.7%）	无票面利率
基准利率	1 年期定期存款利率，基准利率调整日为人民银行调整该利率生效日后第 3 个自然月的对应日		不适用
还本付息频率	按月支付	按月支付	—
还本方式	过手摊还	过手摊还	过手摊还

（四）信用增级措施

1. 优先/次级分层

该期资产支持证券分为优先级资产支持证券（包括 A 级资产支持证券和 B 级资产支持证券）和次级资产支持证券，发行规模和占比分别为：A 级资产支持证券，2 639 000 000 元，87.97%；B 级资产支持证券，210 990 000 元，7.03%；次级资产支持证券，150 009 997 元，5.00%。

次级资产支持证券的本金和收益的支付劣后于优先级资产支持证券的本金和收益的支付，从而形成对优先级资产支持证券（包括 A 级资产支持证券和 B 级资产支持证券）的信用支持，达到信用增级的目的；次级资产支持证券和 B 级资产支持证券的本金和收益支付劣后于 A 级资产支持证券的本金和收益的支付，从而形成对 A 级资产支持证券的信用支持，达到信用增级的目的。

2. 储备账户设置

该交易中，设置了如下储备账户以增强对资产支持证券的本金和收益支付的保护：

（1）信托（流动性）储备账户。

该账户为信托账户下设的一级分账户，账户中的余额将用于填补支付“违约事件”发生前收入分账户现金流支付顺序下的根据《通元2014年第一期个人汽车抵押贷款证券化信托资产支持证券发行说明书》的第（i）至（v）项支付的不足金额。

该账户资金来源于信托财产，约定的“必备（流动性）储备金额”为：①当上汽通用具备必备评级等级时，为零；②当上汽通用不具备任何必备评级等级之一时，为当期“违约事件”发生前收入分账户现金流支付顺序下的根据《通元2014年第一期个人汽车抵押贷款证券化信托资产支持证券发行说明书》的第（i）至（v）项支付的不足金额之总和的3倍。

（2）信托（混同和抵消）储备账户。

该账户为信托账户下设的一级分账户，账户中的金额将用于弥补因贷款服务机构或发起机构发生“丧失清偿能力事件”而形成的混同或抵消风险。

该账户资金来源于信托财产，约定的“必备（混同和抵消）储备金额”为：①当上汽通用具备必备评级等级时，为零；②当上汽通用不具备任何必备评级等级之一时，为混同储备金额与抵消储备金额之和。

（3）信托（服务转移和通知）储备账户。

该账户为信托账户下设的一级分账户，账户中的余额将用于支付因更换贷款服务机构而发生的特定费用。

该账户资金来源于信托财产，约定的必备（服务转移和通知）储备金额为：①当上汽通用具备必备评级等级时，为零；②当上汽通用不具备任何必备评级等级之一时，为预计转移费用与预计通知费用之和；③在支付转移费用后，预计转移费用应为零，在支付通知费用后，预计通知费用应为零。

3. 偿付结构安排

“违约事件”发生前收入分账户现金流支付顺序中的根据《通元2014年第一期个人汽车抵押贷款证券化信托资产支持证券发行说明书》的第（vii）项约定，超出该支付顺序中的根据《通元2014年第一期个人汽车抵押贷款证券化信托资产支持证券发行说明书》的第（i）至（vi）项支付后的收入分账户的金额，将优先用于偿还以往从本金分账户划入收入分账户的金额和弥补资产池中抵押贷款成为违约抵押贷款可能造成的本金损失，实际上是将次级资产支持证券的收益作为对优先级资产支持证券本金偿还的一种保护。

4. 触发机制安排

在贷款服务机构评级下降至一定程度或“加速清偿事件”、“违约事件”等事件发生时，设置触发机制，加快回收款从贷款服务机构向资金保管机构的转付，加速对优先级资产支持证券本金和收益的支付，从而减少这些事件对资产支持证券或优先级资产支持证券的本金和收益的支付可能造成的影响。这些触发机制主要包括：

（1）回收款转付日的调整安排。

该交易对贷款服务机构向资金保管机构转付回收款的“回收款转付日”做了如下安排：①当评级机构给予贷款服务机构的主体长期信用等级评级高于或等于A级，“回收款转付日”为每个计算日后的第6个工作日；②当任一评级机构给予贷款服务机构的主体长期信用等级评级低于A级，“回收款转付日”为贷款服务机构收到每笔回收款后的第3个工作日。

当贷款服务机构的评级降低到一定程度时，将回收款从贷款服务机构转付至资金保管机构的时间提前，减少回收款在贷款服务机构停留的时间，降低因贷款服务机构评级下降可能造成的影响。

（2）加速清偿事件。

当发生“加速清偿事件”时，收入分账户现金流支付顺序将发生变更，超出该支付顺序中的根据《通元2014年第一期个人汽车抵押贷款证券化信托资产支持证券发行说明书》的第（i）至（ix）项后的收入分账户的金额，将全部转入本金分账户用于资产支持证券本金的支付，而不再作为收益支付给次级资产支持证券。

（3）违约事件。

当发生“违约事件”时，将不再区分本金分账户和收入分账户，同时变更现金流支付顺序：在A级资产支持证券的收益和本金尚未支付完毕前，不支付 B 级资产支持证券的收益和本金；在优先级资产支持证券的收益和本金尚未支付完毕前，不支付次级资产支持证券的收益和本金。从而加速 A 级资产支持证券和 B 级资产支持证券的本金和收益的回收，实现对 A 级资产支持证券和 B 级资产支持证券的信用增级。

（五）关键问题解决对策

该项目通过交易条款设计，解决了如下 3 个重要问题：

1. 债权转让通知

该项目通过设置“权利完善通知”机制来解决这一问题。根据《合同法》，该项目之交易文件一经项目各方合法有效地签署和交付，上汽通用对该拟证券化的个人汽车抵押贷款债权的转让即在上汽通用和受托机构之间发生法律效力。如果发生个别通知事件，在上汽通用根据《信托合同》以权利完善通知的形式将债权转让的事实通知给借款人后，该债权的转让即对借款人发生法律效力。

2. 抵押变更登记

该项目通过设置“发起机构回购义务”机制来解决这一问题。《物权法》第一百八十八条规定，以车辆抵押的，抵押权自抵押合同生效之日起设立，未经登记，不得对抗善意第三人，《物权法》自 2007 年 10 月 1 日起施行。该项目法律顾问认为，抵押权转让发生于《物权法》生效之后，应适用《物权法》的相关规定，抵押权随主债权转移至受托机构，即使没有办理抵押权变更登记，受托机构对抵押车辆仍享有抵押权，但不能对抗善意第三人。为控制上述风险，发起机构和受托机构在《信托合同》中约定，因资产池中某笔抵押贷款未办理抵押变更登记，出现善意第三人对抵押车辆主张抵押权，而受托机构所持抵押权无法对抗善意第三人的，发起机构应按照《信托合同》的规定向受托机构赎回相应资产。

3. 产品评级

为了实现会计出表，目前信贷资产证券化项目基本上使用的都是内部增信措施，对于中小型金融机构来说，产品评级可能达不到预期目标，投资者的认可度可能存在差异。该项目最终获得了很好的信用评级结果，优先A级（评级AAA）、优先B级（评级AA+）和次级资产支持证券（无评级）的规模占比分别为87.97%、7.03%和5.00%，优先B级获得了已发行信贷资产证券化项目中的最高评级结果，整体评级效果要好于绝大多数金融机构的已发行信贷资产证券化项目，主要原因在于：（1）资产池高度分散，这是能够获得高评级的最重要的原因。该项目的贷款笔数为58 460笔，单笔贷款平均本金余额仅为5.13万元。另外，该项目的基础资产分散在31个省市区，单一城市集中度不超过15%，有效实现了风险分散。（2）信用增级方式比较丰富。该项目设置了优先/次级分层、储备账户设置、偿付结构安排和触发机制安排等信用增级方式，有效降低了优先级产品的风险。这个项目充分体现了资产证券化产品“资产支持”优先于“主体资质”的本质原理，通过选择高度分散的资产池并设计严密的内部增信措施，可以获得比较理想的评级结果。

三、融资租赁资产证券化案例——远东租赁

（一）交易结构

远东三期专项资产管理计划的交易流程如下（见图3.7）：

（1）认购人通过与计划管理人签订《认购协议》，将认购资金以专项资产管理方式委托计划管理人管理，计划管理人设立并管理专项计划，认购人取得资产支持证券，成为资产支持证券持有人。

（2）计划管理人根据与原始权益人（远东租赁）签订的《资产买卖协议》的约定，将专项计划资金用于向原始权益人购买基础资产，即原始权益人在专项计划设立日转让给计划管理人的、原始权益人依据租赁合同对承租人享有的租金请求权和其他权利及其附属担保权益。

（3）资产服务机构根据《服务协议》的约定，负责基础资产对应的应收租金的回收和催收，以及违约资产处置等基础资产管理工作。

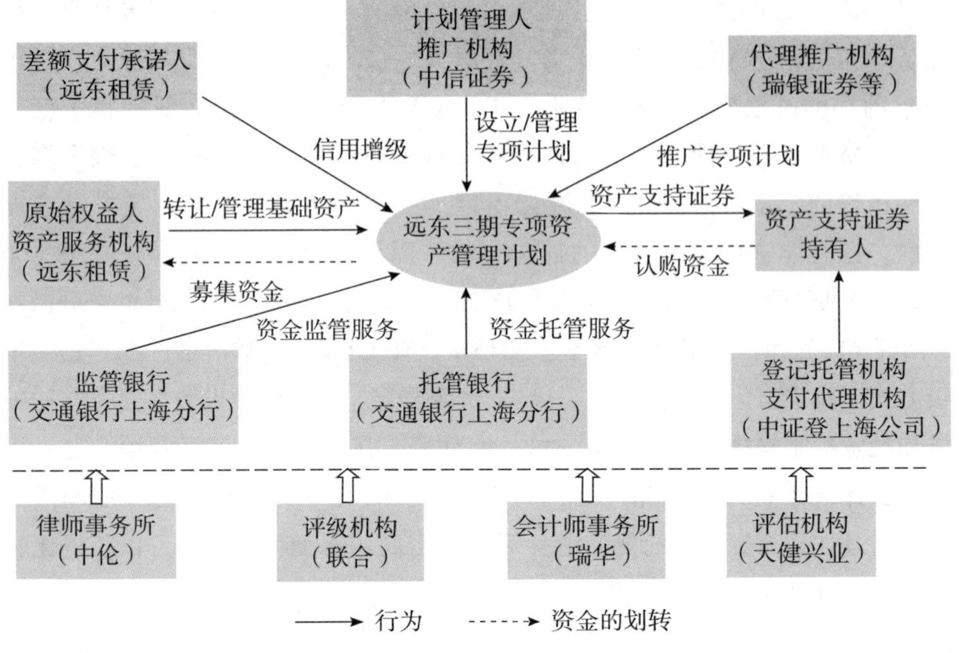

图 3.7　远东三期专项资产管理计划交易结构图

（4）监管银行根据《监管协议》的约定，在回收款转付日依照资产服务机构的指令将基础资产产生的现金划入专项计划账户，由托管银行根据《托管协议》对专项计划资产进行托管。

（5）当发生任一差额支付启动事件时，差额支付承诺人根据《差额支付承诺函》将差额资金划入专项计划账户。

（6）在循环期内，计划管理人根据《资产买卖协议》的约定向托管银行发出付款指令，指示托管银行将专项计划账户内资金划拨至原始权益人指定的账户，用于购买基础资产。

（7）计划管理人根据《计划说明书》及相关文件的约定，向托管银行发出分配指令，托管银行根据分配指令，将相应资金划拨至登记结算机构的指定账户用于支付资产支持证券本金和预期收益。

（二）基础资产与资产池情况

1. 资产合格标准

该专项计划基础资产的选择遵循一定的筛选标准。在筛选基础资产时，未使用任何会对计划管理人受让基础资产产生重大不利影响的筛选程序，基础资产的质量在重大方面不低于远东租赁在其一般融资租赁业务过程中同类资产的平均水平，且在基准日、专项计划设立日和循环购买日：

（1）基础资产对应的全部租赁合同适用法律为中国法律，且在中国法律项下均合法有效，并构成相关承租人合法、有效和有约束力的义务，原始权益人可根据其条款向承租人主张权利。

（2）原始权益人已经履行并遵守了基础资产所对应的任一份租赁合同。

（3）同一租赁合同项下剩余未偿的租赁本金、利息及其他款项全部入池。

（4）基础资产为原始权益人正常、关注、次级、可疑、损失五级分类体系中的正常类。

（5）租赁合同中的承租人系依据中国法律在中国境内设立且合法存续的企业法人、事业单位法人或其他组织。

（6）原始权益人合法拥有基础资产，且基础资产上未设定抵押权、质权或其他担保物权。

（7）基础资产可以进行合法有效的转让，且无须取得承租人或其他主体的同意。

（8）基础资产所对应的任一份租赁合同项下的到期租金均已按时（含 7 天宽限期）足额支付，无违约情况。

（9）原始权益人对租赁物件享有合法的所有权，是租赁物件的唯一合法所有权人。

（10）原始权益人已按照租赁合同约定的条件和方式支付了租赁合同项下的租赁物件购买价款（原始权益人有权保留的保证金、应由承租人承担的部分、购买价款支付义务未到期或付款条件未满足的除外）。

（11）租赁物件上未被设定抵押权、质权或其他担保物权。

（12）除以保证金冲抵租赁合同项下应付租金外，承租人在租赁合同项下不享有任何主张扣减或减免应付款项的权利。

（13）基础资产或租赁物件不涉及国防、军工或其他国家机密。

（14）基础资产或租赁物件不涉及诉讼、仲裁、执行或破产程序。

（15）担保人均系依据中国法律在中国境内设立且合法存续的企业法人。

（16）根据租赁合同，相关租赁物件均已按照租赁合同的约定交付给承租人并已起租。

2. 资产池情况

初始资产池涉及原始权益人与 199 个承租人签署的 263 笔租赁合同。截至初始基准日（2013 年 12 月 24 日），初始资产池的未收租金总额约为 27.86 亿元，其中未收本金总额约为 25.03 亿元。该期初始入池资产地区分布相对分散，主要分布于山东、江苏、河南、陕西、四川、广东等 25 个地区，其中排名前三位的地区为：江苏省、山东省和河南省，分别占资产池余额的 11.83%、10.56% 和 10.09%。入池资产主要涵盖医疗、教育、建设和印刷行业等 9 个行业，分布较为分散，其中排名前三位的行业为：医疗、教育和建设，分别占资产池余额的 24.09%、23.75% 和 18.68%。初始资产池统计信息如表 3.10 所示。

表 3.10　远东三期专项资产管理计划初始资产池信息

资产池未偿租金余额（万元）	278 598.37
资产池合同租金总额（万元）	479 282.10
承租人数量（位）	199
租赁合同笔数（笔）	263
单笔租赁合同最高租金余额（万元）	13 392.84
单笔租赁合同平均租金余额（万元）	1 059.31
单笔租赁合同最高租金总额（万元）	21 701.66
单笔租赁合同平均租金总额（万元）	1 822.37
租金余额最高的前 5 名承租人集中度（%）	19.10

（续表）

租金余额最高的前3个行业集中度（%）	66.52
加权平均租赁合同期限（月）	53.32
加权平均租赁合同剩余期限（月）	34.53
单笔租赁合同最长剩余期限（月）	64.40
单笔租赁合同最短剩余期限（月）	2.33

（三）产品结构

远东三期专项资产管理计划项目产品总规模为24.19亿元，其中优先级64.73亿元，优先级又分为三档产品：优先级01规模2.30亿元，占比9.51%，评级AAA；优先级02规模11.30亿元，占比46.72%，评级为AAA；优先级03规模6.80亿元，占比28.11%，评级为AAA。次级3.79亿元，占比15.66%，无评级，由原始权益人自持。其中，优先01－03的发行利率分别为5.3%、6.4%和7.0%。详见表3.11。

表3.11　远东三期专项资产管理计划产品要素

发行总额	241 891.50万元			
初始基准日	2013年12月24日			
起息日	2014年7月23日			
法定到期日	2021年6月30日			
证券分档	优先级			次级
	优先级01	优先级02	优先级03	次级档
金额	23 000万元	113 000万元	68 000万元	37 891.50万元
规模占比	9.51%	46.72%	28.11%	15.66%
信用等级	AAA	AAA	AAA	无评级
期限	0.36年	2.37年	4.37年	4.37年
利率类型	固定利率	固定利率	固定利率	—

（续表）

本息支付方式	按年付息，到期一次还本	期间不分配，最后一次获得剩余收益

（四）信用增级措施

1. 优先/次级分层

该专项计划对资产支持证券进行了优先/次级分层，优先级资产支持证券享有优先受偿权，待其预期收益、本金全部清偿完毕后，剩余专项计划资产再分配给次级资产支持证券持有人即远东租赁。

该期资产支持证券通过优先级/次级的偿付次序安排，实现了资产池现金流对优先级资产支持证券本金和预期收益的超额覆盖，从而降低了优先级资产支持证券的信用风险。

2. 现金流超额覆盖

该期初始入池基础资产未偿本金共计 250 285.43 万元，资产支持证券（优先级资产支持证券及次级资产支持证券）发行规模共计 241 891.50 万元。

基础资产计划回收现金流本金合计是该期发行证券规模的 1.03 倍，超出的 8 393.93 万元本金对资产支持证券的偿付形成一定超额覆盖，从而进一步降低了优先级资产支持证券的信用风险。

3. 差额支付承诺

远东租赁作为差额支付承诺人，将按照《差额支付承诺函》的条款与条件，对优先级资产支持证券的各期预期收益和全部未偿本金余额的差额部分承担不可撤销及无条件的补足义务。

远东租赁资产规模较大，盈利能力较强，主体信用状况（AAA）良好，其提供的差额支付承诺形成了较强的信用支持。

4. 保证金支持

远东租赁与承租人签署租赁合同时一般会要求承租人缴付一定的保证金。该期资产池内入池资产剩余保证金共计 40 315.89 万元，占入池资产未偿本金余额的 16.11%。

当评级机构给予远东租赁的主体长期信用等级低于 AA + 级时，远东租赁应将其届时持有的承租人或第三方缴付的全部保证金转付至专项计划账户，并由托管银行记入保证金科目。保证金可用于抵扣租赁合同项下承租人的应付款项，从而对优先级资产支持证券形成一定的信用支持，且随着入池资产本金的偿还，保证金的支持程度将逐步提高。

（五）关键问题解决对策

该项目通过交易条款设计，解决了如下 3 个重要问题：

1. 租赁物件所有权

远东租赁在将基础资产池的租金请求权和其他权利及其附属担保权益转让给该专项计划的同时，还将继续持有租赁物件的所有权。虽然按照融资租赁企业会计处理方式，租赁物件并不在远东租赁的资产负债表中体现，且随着租金请求权和其他权利及其附属担保权益的转移，租赁物件所有权已经成为经济利益近乎零的名义所有权，但在专项计划存续期间，如果远东租赁进入破产程序，在租赁物件是否会被列入破产财产上还存在着司法不确定性。这也是目前所有融资租赁资产证券化项目面临的一个共同的法律问题。

为缓解前述风险，该专项计划文件规定，在发生任一“权利完善事件”后，远东租赁应将基础资产有关的租赁物件的所有权转让给计划管理人，并且向承租人、担保人和保险人发出权利完善通知，将租赁物件、基础资产转让的情况通知有关各方；在远东租赁的长期信用等级下调后，回收款转付期间将依据其级别下调的具体情况进行不同程度的缩短，从而缩短了回收款在远东收款账户的保存时间；当评级机构给予远东租赁的主体长期信用评级低于 A + 级时，远东租赁应指示相关方将租金、担保物变现价款、保险金或其他应属于专项计划资产的款项直接支付至专项计划账户，不再支付至远东收款账户。

2. 租赁债权回款分散

该项目通过设置“循环购买结构”来解决这一问题。由于该项目租赁债权付款周期为 1 个月（含）的租金余额占比达到 49.62%，现金流回款非常分散，对于原始权益人来说实际融资期限较短且现金流管理压力较大，对于投资者来说面临再投资风险及会计核算难等问题。为此，该项目设置了每半年一次的“循环购买机制”，“循环期”系指计划管理人以专项计划资金向原始权益人循环购买新的基础资产的期间，循环期届满后，计划管理人不再向原始权益人购买新的基础资产。循环期自初始基准日起（不含该日）至下述较早日期止（含该日）：（1）2018 年 5 月 29 日（即优先级资产支持证券 03 的预计到期日前 6 个月的对应日，如果当月无对应日则为该月的最后一日）；（2）任一权利完善事件发生之日。

3. 发行期限组合

该项目通过设置“品种间回拨选择权”来解决这一问题。由于 2014 年上半年债券市场环境仍处于调整期，投资者比较偏好于期限较短的证券化产品，而原始权益人远东租赁比较偏好于发行期限较长的证券化产品，但若产品期限长的话，发行利率可能较高，会超过原始权益人的成本承受范围。为此，该项目设置了“品种间回拨选择权”条款，即：计划管理人有权在优先级资产支持证券 01（预期期限 1 年）、优先级资产支持证券 02（预期期限 3 年）和优先级资产支持证券 03（预期期限 5 年）的初始发售规模之间进行全额回拨，即减少其中一个或两个优先级资产支持证券品种的发行规模，同时对其他优先级资产支持证券品种的发行规模增加相同金额。各品种优先级资产支持证券的具体期限、规模以计划管理人届时披露的专项计划设立公告为准。

四、应收账款资产证券化案例——五矿发展

（一）交易结构

五矿发展应收账款资产支持专项计划的交易流程如下（见图 3.8）：

（1）认购人通过与管理人签订《认购协议》，将认购资金以专项资产管理方式委托管理人管理，管理人设立并管理专项计划，认购人取得资产支持

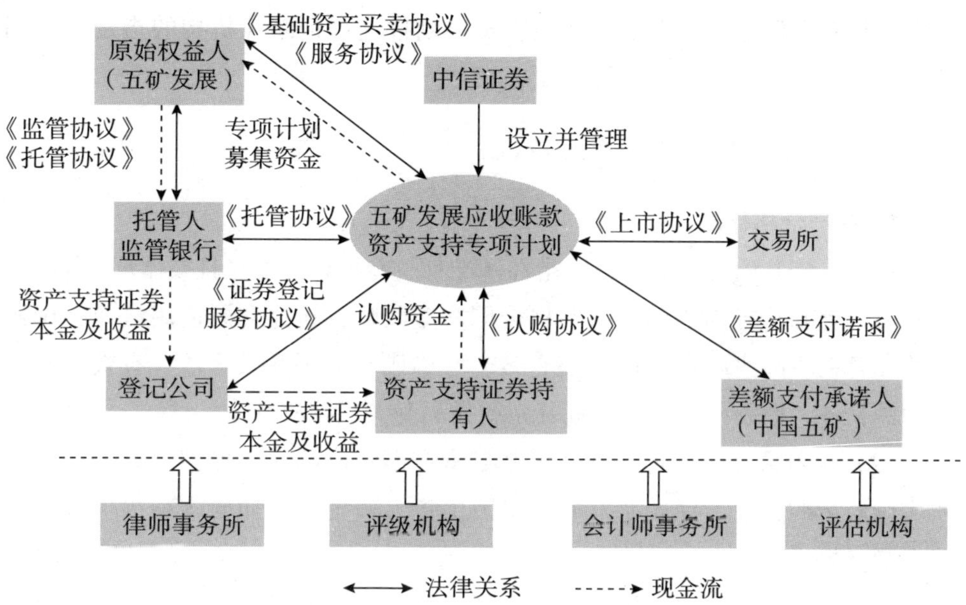

图 3.8　五矿发展应收账款资产支持专项计划交易结构图

证券，成为资产支持证券持有人。

（2）管理人根据与原始权益人签订的《基础资产买卖协议》的约定，将专项计划资金用于向原始权益人购买基础资产，即基础资产清单所列的由原始权益人在专项计划设立日、循环购买日转让给管理人的、原始权益人依据销售合同及应收账款转让合同对买受人享有的应收账款及其附属担保权益。

（3）资产服务机构根据《服务协议》的约定，负责与基础资产及其回收有关的管理服务及其他服务。

（4）监管银行根据《监管协议》的约定，监督资产服务机构在回收款转付日将基础资产产生的现金划入专项计划账户，由托管人根据《托管协议》对专项计划资产进行托管。

（5）当发生任一差额支付启动事件时，差额支付承诺人根据《差额支付承诺函》将差额资金划入专项计划账户。

（6）管理人根据《计划说明书》及相关文件的约定，向托管人发出分配指令，托管人根据分配指令，将相应资金划拨至登记结算机构的指定账户用于支付资产支持证券本金和预期收益。

（二）基础资产与资产池情况

1. 资产合格标准

就每一笔基础资产而言，系指在基准日、专项计划设立日或循环购买日：

（1）基础资产对应的全部销售合同和应收账款转让合同适用法律为中国法律，且在中国法律项下均合法有效，并构成相关买受人合法、有效和有约束力的义务，原始权益人可根据其条款向买受人主张权利。

（2）供货人已经履行并遵守了基础资产所对应的任一份销售合同项下其所应当履行的义务，且买受人未提出因供货人瑕疵履行而要求减少应收账款或者换货等主张。

（3）原始权益人已经履行并遵守了基础资产所对应的任一份应收账款转让合同项下其所应当履行的义务。

（4）基础资产不属于违约基础资产。

（5）销售合同中的买受人系依据中国法律在中国境内设立且合法存续的企业法人、事业单位法人或其他组织，不应为政府或地方政府投融资平台。

（6）销售合同中的买受人与五矿发展及供货人无正在进行的或将要进行的诉讼、仲裁或其他纠纷。

（7）基础资产分布于单个省级行政区域的占比不应当超过 20%，单个买受人占比不应当超过 15%。

（8）原始权益人合法拥有基础资产，且基础资产上未设定抵押权、质权或其他担保物权。

（9）基础资产可以进行合法有效的转让，且在销售合同和应收账款转让合同对基础资产的转让有特别约定的情况下，应收账款转让已经满足了所约定的条件。

（10）基础资产对应应收账款的预期付款日不得晚于循环期最后一个分配基准日后的 90 个自然日。

（11）基础资产不涉及国防、军工或其他国家机密。

（12）基础资产不涉及诉讼、仲裁、执行或破产程序。

2. 资产池情况

初始资产池涉及原始权益人对192个买受人的11 172笔应收账款。截至初始基准日（2014年6月30日），初始资产池的应收账款余额为29.44亿元。从应收账款债务人的行业分布来看，涉及建筑业的占整个资产规模的一半以上，为71.53%；第二大集中行业为批发和零售业，占比14.50%；第三大集中行业为制造业，占比12.42%。从债务人所在区域分布情况来看，北京、四川、河南三地债务人的应收账款占比分列前三位，分别占13.75%、9.37%及7.98%。整体上，债务人地区分布较为分散，共涉及全国30个省级单位。初始资产池统计信息如表3.12所示。

表3.12 五矿发展应收账款资产支持专项计划初始资产池信息

未偿应收账款余额（万元）	294 370.31
应收账款笔数（笔）	11 172
债务人户数（户）	192
合同份数（份）	307
单个债务人平均未偿应收账款余额（万元）	1 532.18
单个债务人最高未偿应收账款余额（万元）	33 042.30
加权平均赊销期限（月）	2.36
加权平均剩余赊销期限（月）	1.90
前五大债务人未偿应收账款余额占比（%）	31.42
前十大债务人未偿应收账款余额占比（%）	41.31
中信保保险的债务人数量占比（%）	85.42
中信保保险额度覆盖率（%）	78.77

（三）产品结构

五矿发展应收账款资产支持专项计划项目产品总规模为29.41亿元，其中优先级26.47亿元，占比90%，评级AAA，发行利率为6%；次级2.94亿元，占比10%，无评级，由五矿集团持有。详见表3.13。

表3.13　五矿发展应收账款资产支持专项计划产品要素

发行总额	294 100.00万元	
初始基准日	2014年6月30日	
起息日	2014年12月24日	
法定到期日	2019年12月21日	
证券分档	优先级	次级
金额	264 700.00万元	29 400.00万元
规模占比	90.00%	10.00%
信用评级	AAA	—
预期到期日	2017年12月21日	—
产品期限	约3年	—
利率类型	固定利率	无票面利率
还本付息方式	2015~2017年每年6月及12月付息，到期一次还本	在支付完毕优先级产品的本息后，剩余资金及其他专项计划剩余资产分配给次级持有人

（四）信用增级措施

1. 优先/次级分层

该专项计划对资产支持证券进行优先级/次级分层，次级资产支持证券占比10%，能够为优先级资产支持证券提供信用支持。

2. 差额支付承诺

五矿集团作为差额支付承诺人，对专项计划资金不足以支付优先级资产支持证券的各期预期收益和全部未偿本金余额的差额部分承担补足义务。

3. 加速清偿和权利完善事件

如果发生与原始权益人有关的丧失清偿能力事件，或评级机构给予原始权益人或资产服务机构的主体长期信用等级低于A－级等加速清偿事件，则触发加速清偿事件，产品循环期结束，不再进行循环购买，专项计划资金支付优先级资产支持证券的本金，直至优先级资产支持证券的本金支付完毕。

如果发生资产服务机构解任事件，导致资产服务机构被解任，或评级机构给予资产服务机构的主体长期信用等级低于A－级等权利完善事件，则触发权利完善事件，原始权益人和管理人将向买受人、保险人、担保人和其他相关方（如需）发送通知。

4. 回收款转付频率调整机制

该项目设置了调整回收款转付频率的安排，在发生资产服务机构评级严重下调或发生需经宣布生效的加速清偿事件时，回收款转付频率可能提高至3个月或1个月，可有效降低回收款转付风险。

（五）关键问题解决对策

该项目通过交易条款设计，解决了如下3个重要问题：

1. 会计出表

该项目通过引入“母公司担保并认购次级”来解决这一问题。对于企业间应收账款来说可能存在债务人拖欠现象（不同项目情况不一样），因此一般需要提供担保增信，该项目若由原始权益人五矿发展提供差额支付承诺则无法实现会计出表，另外由于国内次级投资者基础薄弱，次级产品销售难度较大，若由原始权益人自持也会影响出表。考虑到这些因素，该项目由原始权益人的母公司五矿集团为该项目提供差额支付承诺并认购次级产品，从而使得五矿发展层面实现了会计出表（虽然五矿集团合并报表层面无法出表）。

2. 原始权益人及基础资产过于分散

该项目通过“应收账款内部转让”来解决这一问题。该项目的基础资产（应收账款）原来分布在五矿发展下属全资子公司五矿钢铁有限责任公司及其15家分销公司、中国五矿深圳进出口有限责任公司（以下统称“初始债权人”）17家主体下面，原始权益人众多，开展尽职调查、现金流管理的难度较大。为此，该项目进行了“应收账款内部转让”，即通过签署《应收账款转让合同》将初始债权人持有的应收账款全部转让到五矿发展名下，使得五矿发展成为新的唯一的原始权益人。

3. 债务人逾期问题

对于贸易应收账款来说，出现债务人短期非恶意逾期的情形比较普遍，但债务人基本上最终都会还款（除非出现实质违约）。如何对债务人的违约进行界定及防范债务人逾期风险，成为应收账款类资产证券化项目面临的一个重要问题。

该专项计划对“违约基础资产”的定义如下：

在无重复计算的情况下，系指出现以下任何一种情况的基础资产：

（1）对于最终控制人为各级履行国有资产监督管理职能的政府部门的买受人，在销售合同中约定的预期付款日后超过 180 个自然日未偿还且被提起诉讼或仲裁要求支付应收账款的基础资产。

（2）除上述第（1）款外，对于其他买受人，在销售合同中约定的预期付款日后超过 90 个自然日未偿还且被提起诉讼或仲裁要求支付应收账款的基础资产。

（3）予以重组、重新确定还款计划或展期的基础资产。

基础资产在被认定为违约基础资产后，即使买受人或担保人又正常还款或结清该笔基础资产，该笔基础资产仍应属于违约基础资产。

该专项计划对于债务人逾期风险的防范措施包括：

（1）除前三次循环购买外，后续循环购买的时间间隔为 6 个月，如果部分入池应收账款出现短期逾期，也不会影响当期分配。

（2）基础资产池的行业和地区分布较广，一定程度上能够分散风险。

（3）应收账款购买价格的计算公式采用了较为保守的计算思路，因此其与应收账款账面原值的差价中预留了部分差价，以应对逾期带来的资金收益损失。

（4）次级资产支持证券能够吸收部分应收账款逾期的风险，从而保证优先级资产支持证券持有人的本金和收益。

五、小额贷款资产证券化案例——镇江优选小贷

（一）交易结构

镇江优选小贷1号资产支持专项计划的交易流程如下（见图3.9）：

（1）认购人通过与计划管理人签订《认购协议》，将认购资金以专项资产管理方式委托计划管理人管理，计划管理人设立并管理专项计划，认购人取得资产支持证券，成为资产支持证券持有人。

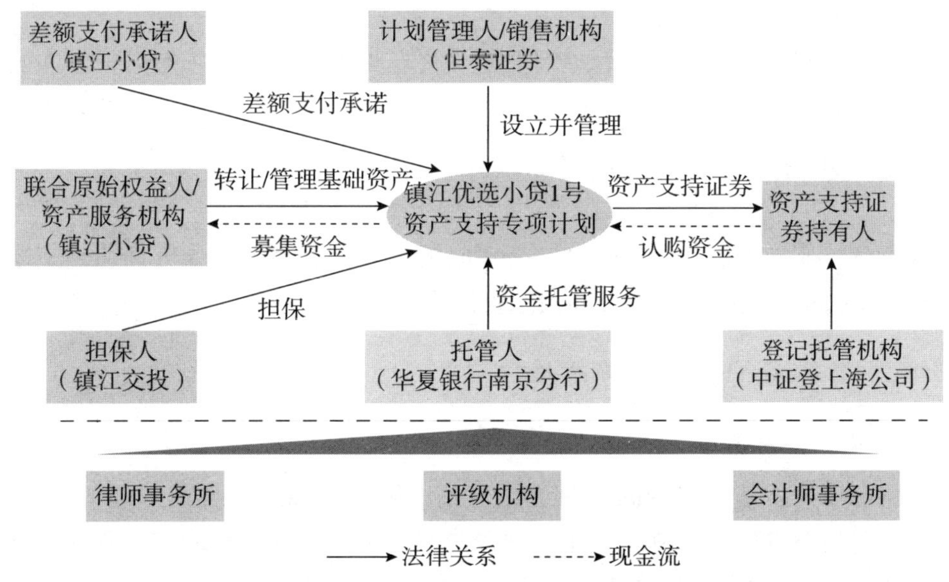

图3.9　镇江优选小贷1号资产支持专项计划交易结构图

（2）计划管理人根据与联合原始权益人签订的《资产买卖协议》的约定，将专项计划资金用于向联合原始权益人购买基础资产，即联合原始权益人于专项计划设立日或循环购买日转让给计划管理人的、联合原始权益人依据借款合同对借款人所形成的全部债权以及与前述债权相对应的全部附属担保权益。

（3）计划管理人委托联合原始权益人作为资产服务机构，对基础资产进行管理，包括但不限于基础资产回收款转付、对借款人应还款项进行催收、违约贷款处理（如有）等。

（4）资产服务机构根据《服务协议》的约定在每个回收款转付日将基础资产产生的现金划入专项计划账户，由托管人根据《托管协议》对专项计划资产进行托管。

（5）当发生任一差额支付启动事件时，差额支付承诺人根据《差额支付承诺函》的约定将差额资金划入专项计划账户。

（6）当发生任一担保责任启动事件时，担保人根据《担保协议》的约定将差额资金划入专项计划账户。

（7）在循环期内，计划管理人根据《资产买卖协议》的约定向托管人发出付款指令，指示托管人将专项计划账户内资金划拨至联合原始权益人指定的账户，用于购买基础资产。

（8）计划管理人根据《计划说明书》及相关文件的约定，向托管人发出分配指令，托管人根据分配指令，将相应资金划拨至登记结算机构的指定账户用于支付资产支持证券本金和预期收益。

（二）基础资产与资产池情况

1. 资产合格标准

该专项计划基础资产的选择遵循一定的筛选标准。在筛选基础资产时，未使用任何会对计划管理人受让基础资产产生重大不利影响的筛选程序，基础资产的质量在重大方面不低于联合原始权益人在其一般小额贷款业务过程中同类资产的平均水平。且在初始基准日、专项计划设立日和循环购买日：

（1）基础资产对应的全部借款合同适用法律为中国法律，且在中国法律项下均合法有效。

（2）同一借款合同（不包括额度借款合同）项下的小额贷款均已全部发放完毕。

（3）全部小额贷款系联合原始权益人自行发放的贷款，并非从其他方收购的贷款。

（4）联合原始权益人合法拥有基础资产，且基础资产上未设定抵押权、质权或其他担保物权。

（5）同一借款合同项下于初始基准日前已发放的小额贷款的未偿款项（包括但不限于本金和利息）全部入池。

（6）基础资产项下各笔小额贷款的基础资产担保人（如有）的担保责任，不会因小额贷款转让而被全部或部分免除。

（7）基础资产项下各笔小额贷款的担保方式（如有）为保证/最高额保证担保方式或抵押/最高额抵押担保方式，不包含涉及质押/最高额质押担保的小额贷款（但如果小额贷款的担保方式中既有保证/最高额保证担保方式又有抵押/最高额抵押担保方式，同时又附带质押/最高额质押担保方式的情况除外）。

（8）基础资产项下任一笔小额贷款的担保类型若为抵押/最高额抵押担保方式，则抵押权依据中国法律已设立并生效，抵押权办理变更、转移登记手续不存在实质障碍。自专项计划设立日、循环购买日起30个工作日内，抵押权如无法在登记主管部门办理完毕变更、转移登记手续，则视同该笔基础资产于专项计划设立日或循环购买日不符合合格标准。

（9）基础资产项下任一笔小额贷款的担保类型若为最高额抵押担保方式，且最高额抵押担保项下的主债权发生期限尚未届满的，则相关联合原始权益人已与抵押人签订最高额抵押的补充协议，约定主债权发生期间于初始基准日或循环购买日之前提前到期，并据此确定最高额抵押担保的主债权（本金）金额。最高额抵押担保范围内的小额贷款全部入池。

（10）初始基础资产清单、新增基础资产清单列明的各笔小额贷款所对应的担保合同（如有）适用法律为中国法律，且在中国法律项下均合法有效。

（11）借款人、基础资产担保人（如有）如为法人或其他组织，均系依据中国法律在中国成立，且合法有效存续；借款人、基础资产担保人（如有）如为自然人，均具有民事权利能力和完全民事行为能力。

（12）借款人在借款合同项下不享有任何主张扣减或减免应付款项的权利（法定抵消权除外）。

（13）基础资产不涉及国防、军工或其他国家机密。

（14）基础资产所包含的全部小额贷款不包含向地方政府或地方政府融资平台公司发放的贷款。

（15）基础资产所包含的全部小额贷款之前的到期本息已按时足额偿还，无逾期偿还情形（逾期未超过7个自然日除外），且无其他违约情形；基础资产项下的借款人在对应的联合原始权益人处不存在不良贷款记录。

（16）基础资产不涉及诉讼、仲裁、执行或破产程序。

（17）联合原始权益人已经履行并遵守了基础资产所对应的任一份借款合同。

（18）基础资产可以进行合法有效的转让，且无须取得借款人、基础资产担保人（如有）或其他主体的同意。

（19）基础资产为联合原始权益人正常、关注、次级、可疑、损失五级分类体系中的正常类。

（20）基础资产对应的任一笔小额贷款的到期日均不晚于专项计划的最后一个计算日。

（21）任一联合原始权益人转让予专项计划的单笔小额贷款的基准日本金余额不超过800万元。

（22）任一联合原始权益人转让予专项计划的全部小额贷款的加权平均年利率均不低于12%。

2. 资产池情况

初始资产池涉及联合原始权益人380笔借据。截至初始基准日（2014年11月1日），资产池未偿本金余额为55 369.16万元。初始资产池统计信息如表3.14所示。

表3.14 镇江优选小贷1号资产支持专项计划初始资产池信息

资产池本金余额（万元）	55 369.16
借款人数量（位）	297
入池借据笔数（笔）	380

（续表）

资产池贷款本金总额（万元）	56 298.00
单笔借据最高本金余额（万元）	500.00
单笔借据平均本金余额（万元）	145.71
单笔借据最高本金总额（万元）	500.00
单笔借据平均本金总额（万元）	148.15
单笔借据最高贷款利率（%）	18.00
单笔借据最低贷款利率（%）	6.00
单笔借据加权平均贷款利率（%）	14.41
加权平均贷款合同期限（月）	10.06
加权平均贷款剩余期限（月）	6.21

（三）产品结构

镇江优选小贷1号资产支持专项计划项目产品总规模为5.52亿元，其中优先级3.75亿元，分为两档：优先A档规模2.81亿元，占比69.02%，评级AAA；优先B档规模0.94亿元，占比17.03%，评级为AA；次级档0.77亿元，无评级，由联合原始权益人自持。其中，优先A档发行利率7.2%，优先B档发行利率8.7%。详见表3.15。

表3.15　镇江优选小贷1号资产支持专项计划产品要素

发行总额	5.52亿元		
初始基准日	2014年11月1日		
起息日	2015年2月2日		
法定到期日	2019年2月2日		
证券分档	优先级		次级
	优先A档	优先B档	次级档
本金规模	2.81亿元	0.94亿元	0.77亿元
本金规模占比	69.02%	17.03%	12.95%

（续表）

信用等级	AAA	AA	N/A
预期期限	2 年	2 年	2 年
利率类型	固定利率		无票面利率
发行利率	7.20%	8.70%	无票面利率
还本付息方式	每年付息、到期一次性还本（但若当期循环购买资产不足而有多余本金现金流则提前分配给投资者）		期间收益不超过 5%/年，到期获得所有剩余收益

（四）信用增级措施

1. 优先/次级分层

该专项计划对资产支持证券进行了优先/次级分层，次级资产支持证券占所有资产支持证券本金总额的比例为 13.95%。次级资产支持证券将全部由联合原始权益人认购，可有效防范联合原始权益人的道德风险。

2. 超额利差

资产池现行加权平均利率与优先级资产支持证券预计平均票面利率之间存在一定的超额利差，为优先级资产支持证券提供了一定的信用支持。

3. 联合原始权益人差额支付承诺

在每个托管人报告日（T－11 日），托管人对专项计划账户进行核算，若专项计划账户当期从任一联合原始权益人收到的基础资产现金流不足预期金额，则计划管理人将在差额支付启动日（T－10 日）向相应的联合原始权益人发出差额支付指令，该联合原始权益人应按约定在差额支付划款日（T－8 日）予以补足。

4. 镇江交投担保

托管人在差额支付划款日（T－8 日）进行核算，并向计划管理人提交核算报告。根据该报告，若专项计划账户当期收到的款项仍不足以支付优先级资产支持证券的当期预期收益和/或应付本金，则计划管理人将于担保责任启动日（T－7 日）向担保人发出履行担保责任指令，担保人应于担保人划款日（T－5 日）根据要求将相应款项划入专项计划账户。

5. 现金流转付机制

循环购买期结束前，自产品设立起每个月由各家小贷公司将入池贷款的回收款直接转付到专项计划账户（划转时点为每个循环购买日前的第 8 个工作日）；循环购买期结束后，每周由各家小贷公司将入池贷款的回收款直接转付到专项计划账户（划转时点为每星期的星期五，如该日不是工作日的，则顺延至下一工作日，最后一个回收款转付日为 T－13 日）。其中循环购买期是指，自专项计划设立日起（不含该日）至下述较早日期止（含该日）：（1）优先 B 档资产支持证券的预期到期日前 3 个月的对应日，如果当月无对应日则为该月的最后一日；（2）违约事件发生之日；（3）加速清偿事件发生之日。由于回收款转付的频率较高，可以在一定程度上起到风险隔离的目的。

6. 信用触发机制

该专项计划设置了两类信用触发机制：同参与机构履约能力、资产池违约率相关的加速清偿事件，以及同资产支持证券兑付相关的违约事件，信用事件一旦触发将引致基础资产现金流支付机制的重新安排，对优先级资产支持证券形成信用保护。加速清偿事件或违约事件发生后，将停止循环购买，专项计划账户内的资金将在相应的加速兑付日提前进行分配。

（五）关键问题解决对策

镇江优选小贷 1 号资产支持专项计划通过交易条款设计，解决了如下两个重要问题：

1. 单个小贷公司融资效率不高

该项目通过引入“集合发行机制”来解决这一问题。该专项计划的联合原始权益人由镇江市的 6 家农村小额贷款公司组成，分别为京口区农联小贷、丹徒区文广世民小贷、丹阳市诚鑫小贷、句容市华源小贷、句容市禾信小贷、润州区明润小贷，集合后资产池对应的借款人共 297 个，借据笔数为 380 笔，单笔借据平均本金余额为 145. 71 万元，不仅原始权益人实现了分散，基础资产也实现了分散。另外，通过优先/次级分层、联合原始权益人差额支付承诺、镇江交投担保等增信措施，使得优先A档和优先B档资产支持证券的评级分别达到AAA和AA，降低了销售难度。由于单个小贷公司的融资规模较小，集合发行在分散风险的同时有效提升了融资效率，在小贷公司标准化资产证券化领域开创先河。

2. 抵押变更登记

该项目通过“金融办协调会议方式”来解决这一问题。根据镇江市金融办、国土资源局、地方税务局、住房和城乡建设局及相关机构出具的《镇江小贷资产证券化项目抵押权转移登记及税务处理相关问题的会议纪要》（镇江市人民政府办公室专题会议纪要第15号）以及《资产买卖协议》的约定，基础资产项下任一笔小额贷款的担保类型若为抵押/最高额抵押，则自专项计划设立日或循环购买日起30个工作日内，联合原始权益人应与计划管理人于抵押权登记主管部门办理完毕抵押权变更、转移登记手续。否则，该基础资产将会被视为不合格基础资产，应由相应的联合原始权益人无条件赎回。

第四章

资产证券化交易协调人（券商）

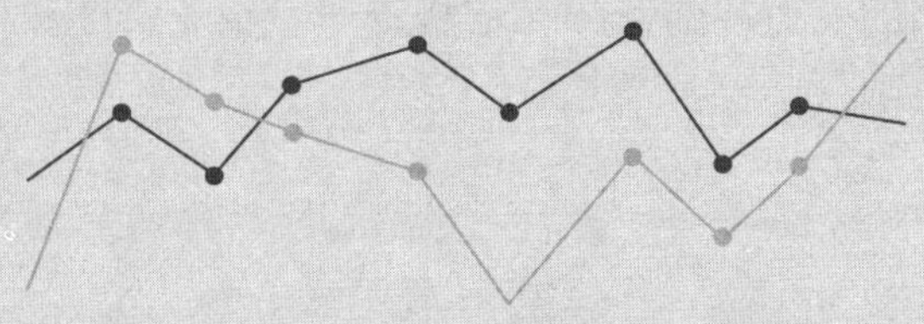

在中国，资产证券化市场通常由证券公司（以下简称“券商”）担任交易协调人的重要角色，交易协调人是资产证券化交易和市场之间的枢纽，在整个业务流程中起主导作用。交易协调人除了提供市场信息、联络投资人、安排证券发行外，往往还担任整个资产证券化的财务顾问，负责协调律师、会计师、评级机构和评估机构（如有）等多方关系，并在交易的产品设计和证券定价过程中扮演关键角色。本章主要针对券商作为交易协调人及财务顾问等工作职责与流程进行详细介绍，包括三节内容，前两节主要从产品设计、销售与发行和流动性安排三方面对券商的作用和责任作了基本论述，最后一节我们从三种不同的大类基础资产（信贷资产、企业资产和不动产资产）给出了一些详细的案例。

第一节 券商的作用和责任

无论是信贷资产证券化还是企业资产证券化业务，券商的作用和责任均可以总结为产品设计、销售与发行和流动性安排三大方面，具体介绍如下：

一、产品设计

目前国内信贷资产证券化和企业资产证券化业务均已实现备案制，市场规模将会越来越大，资产证券化的发展方向将由“融资导向型”逐步向“投资导向型”转变，产品设计能力成为券商的核心竞争力之一。若要实现顺利发行、低成本融资，需根据投资者的需求和偏好，设计更加前置化、专业化和精细化的证券化产品。

（一）基础资产选择

资产证券化的基础资产主要分为债权资产和收益权资产两大类，前者更加标准化、法律结构比较清晰，是国外成熟市场资产证券化的主要资产类型；后者比较个性化、法律结构较为复杂。两者比较见表4.1。

表4.1　资产证券化两类基础资产选择的基本原则和关注要点

	债权资产	收益权资产
主要种类	信贷资产[①]、租赁债权、小额贷款、委托贷款、贸易应收账款、信托受益权	市政收费权[②]、门票收益权、租金收益权、PPP项目收益权、合同未来债权
基本原则	基础资产无法律瑕疵，可转让、可特定化、可预测，现金流比较稳定	
关注要点	基础资产的信用资质、分散性、现金流规模、收益率、期限分布、历史违约率、早偿率、担保措施等	基础资产的运营方实力、现金流稳定性、抵质押状况、现金流规模、现金流历史记录、行业前景等

①信贷资产是指银行业金融机构拥有的贷款债权，包括对公贷款（普通工商企业贷款、商业物业抵押贷款、不良贷款）和个人类贷款（汽车抵押贷款、信用卡贷款、个人住房抵押贷款、个人经营贷款和其他消费信贷）。

②市政收费权主要包括高速公路（桥梁、隧道）收费权、供电收费权、有轨电车收费权、铁路运输收费权、港口（渡口）收费权、机场收费权、有线电视收费权、供热收费权、自来水收费权、燃气收费权、公交收费权、地铁收费权、垃圾处理收费权等。

（二）交易结构设计

交易结构设计是资产证券化项目的全局性工作，主要包括如下要素：信用增级措施、信用触发机制、账户设置、现金流划转流程、循环购买结构（如有）等。交易结构设计更多体现为法律条款的设计，表4.2对交易结构的具体内容进行了简单总结。券商作为交易协调人，需与发起人、法律顾问就交易结构设计进行多次沟通。关于法律方面的具体内容请参考本书第六章的相关内容。

表 4.2 资产证券化交易结构设计的具体内容

交易结构要素	具体内容
信用增级措施	包括内部增信措施和外部增信措施，前者主要包括：结构化分层、超额抵押、利差和利差账户、差额支付承诺、偿付加速机制等；后者主要包括：第三方保证担保、现金储备账户、债券保险等
信用触发机制	与发起人或资产服务机构主体信用等级或运营状况相挂钩的机制，例如：现金流划转机制、权利完善事件、加速清偿事件、违约事件、提前终止循环购买事件、提前终止事件等
账户设置	包括募集资金账户、托管账户（即信托账户或专项计划账户）、监管账户、保证金账户、回售与赎回准备金账户等，以及托管账户的二级分账户（如收入科目、本金科目、保证金科目等）
现金流划转流程	包括现金流归集与划转频率、现金流划转路径、现金流分配顺序等
循环购买结构	包括循环购买频率、循环购买标准、循环购买期、循环购买终止机制等

（三）现金流建模

资产证券化的参与主体很多，需要一套全面的金融模型来满足在发行、评级、投资和监管等方面的要求，这是资产证券化的硬技术所在。对于笔数较多的债权资产来说，在产品方案定型前需要建立比较严密的现金流模型，对基础资产的现金流、产品分层、风险收益特性等进行测算分析。

图 4.1 所示的是证券化之前发起人各个部门和第三方共同合作建模的一个简化的基本流程，包括基础资产分析、损失评估和结构优化三个建模过程。其中，结构优化建模还包括组合优化建模和定价建模两个步骤。对于国内资产证券化市场，目前现金流建模工作通常由券商牵头完成，发起人、信用评级机构和会计师等也会参与进来，各自对交易进行建模和分析，并对券商的

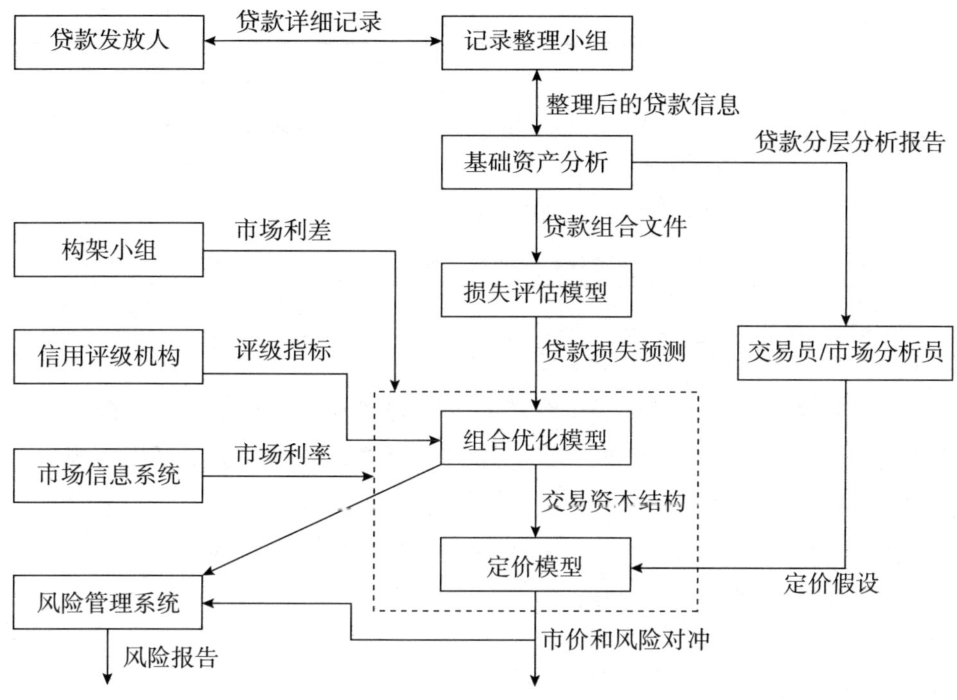

图 4.1　信贷资产证券化建模流程图

建模结果进行评估和认证。

（四）产品方案设计

产品方案设计是指在基础资产选择、交易结构设计和现金流建模等工作完成后，资产证券化进入发行阶段前的重要工作，主要方面包括：分层结构、发行规模与期限、本息支付方式、利率方式、含权结构（如有）等，详见表 4.3。

表 4.3　资产证券化产品方案设计具体内容

产品方案要点	具体内容
分层结构	优先级、中间级（如有）和次级，优先级或中间级可以进行细分
发行规模与期限	通常与基础资产的现金流规模和期限结构相匹配

（续表）

产品方案要点	具体内容
本息支付方式	包括本金支付方式和本息支付频率，本金支付方式分为固定还本型和过手支付型
利率方式	固定利率、浮动利率
含权结构	包括回售选择权、赎回选择权、回拨选择权和票面利率调整权等

（五）出表方案设计

对于收益权资产来说，由于在产品发行时并未形成存量资产，因此无法实现会计出表；对于债权资产来说，在满足相关条件的前提下可以实现会计出表。有些发起人具有会计出表需求，券商作为交易协调人，需与会计师就会计出表方案进行沟通，协助发起人设计会计计量模型、证券自持方案、次级销售方案等。关于会计出表的具体内容请参考本书第八章相关内容。

二、销售与发行

销售与发行是资产证券化产品走向资本市场的最关键一步，信贷资产证券化和企业资产证券化业务销售与发行的流程基本相同，如图 4.2 所示。

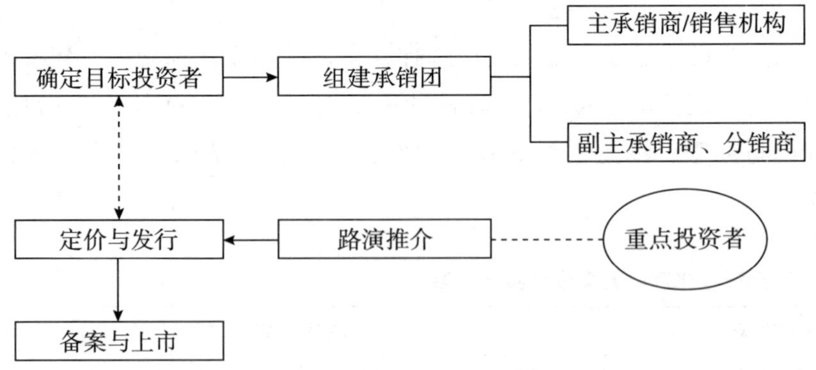

图 4.2　资产证券化发行阶段流程图

（一）确定目标投资者

目前国内资产证券化的交易市场尚未统一，信贷资产证券化主要在银行间债券市场发行与交易（除了 2014 年 6 月发行的平安银行 CLO 项目），企业资产证券化主要在证券交易场所（上海证券交易所、深圳证券交易所或机构私募报价系统）发行与交易。国内标准化 REIT 尚未推出，按照国际经验主要分为权益型 REIT、抵押型 REIT 和混合型 REIT 三种类型。权益型 REIT 类似于股票，预计国内推出后将在交易所市场发行与交易；抵押型 REIT 类似于债券，预计将在银行间债券市场或交易所市场发行与交易，两个市场的比较，见表 4. 4。

表 4. 4　银行间债券市场和交易所市场的投资者群体和市场特点比较

	投资者群体	市场特点
银行间债券市场	银行、信用社、保险公司、公募基金、券商、信托公司、财务公司、企业法人	机构投资者市场 银行、农信社和保险公司是银行间债券市场的主要投资机构，银行居于主导地位
交易所市场	上市银行、银行理财、保险公司、券商、公募基金、私募基金、信托公司、财务公司、企业法人	以非银行投资为主、个人投资者为辅 保险公司、基金是交易所市场的主要投资机构，很多资金（如券商资管、私募基金）间接来自银行

根据目前投资者对不同类型证券化产品的投资准入条件和投资偏好，不同类型证券化产品的主要投资者群体如表 4. 5 所示。整体来看，各种类型证券化产品的主要投资者群体没有太大差异，主要区别在于交易场所的不同将带来投资者群体的一定差异；另外，商业银行自营资金目前按照法规要求不能投资于权益型产品（权益型 REIT 属于其中之一）。若在银行间债券市场发行，则商业银行是最主要的投资者群体；若在交易所市场发行，则商业银行理财及非银行机构投资者是最主要的投资者群体。

表4.5　中国不同类型证券化产品的主要投资者群体

产品类型	主要投资者群体
信贷资产证券化	银行自营资金及理财计划、公募基金、保险公司、财务公司、券商资管、信托计划、私募基金、境外投资者（含QFII、RQFII）
企业资产证券化	银行自营资金及理财计划、公募基金、保险公司、券商资管、信托计划、私募基金、境外投资者（含QFII、RQFII）
权益型REITs	保险公司、公募基金、社保基金、银行理财计划、券商资管、境外投资者（含QFII、RQFII）
抵押型REITs	银行自营资金及理财计划、公募基金、保险公司、券商资管、私募基金、信托计划、境外投资者（含QFII、RQFII）

（二）组建承销团

确定了目标投资者范围后，对于规模较大的资产证券化项目，券商的一个重要工作是组建承销团。由于商业银行是资产证券化产品的主要投资者，因此承销团的主体将是银行类机构，其中多次参与资产证券化产品的各大银行等机构原则上为承销团的主要邀请对象。在此基础上，综合考虑机构投资资产证券化产品及债券产品的情况、初步需求摸底的情况，以及近期是否有证券化产品发行计划等因素，确定其他新增邀请对象，要点如下：

（1）金融机构参加承销团的资质要求相对宽松，包括国有商业银行、城市商业银行及农村商业银行等在内的各种类型的银行类金融机构，基本均符合参团条件，只要其具有投资需求和参团意愿，均可邀请入团。

（2）根据保监会最新意见，鼓励并允许保险资金投资符合条件的资产支持证券，但考虑险资机构需求分散且有一定的不确定性，建议暂不入团，后续由主承销商及其他承销团成员进行销售覆盖。

（3）证券公司作为分销机构，其自身缺乏配置需求，且客户具有同质性，不是组团的重点邀请对象。因此，原则上仅选择分销能力较强的，且和主承销商关系密切的参团即可。

信贷资产证券化项目的承销团举例，见表4.6。

表 4.6 信贷资产证券化项目的承销团成员名单示例

项目名称	发起机构	承销团成员名单
中银 2014 年第二期信贷资产证券化信托资产支持证券	中国银行	交通银行、兴业银行、北京银行、民生银行、成都银行、中信证券、中银国际证券、中信建投证券、招商证券、第一创业证券、申银万国证券
深农商 2015 年第一期信通小贷资产支持证券	深圳农商行	顺德农商行、常熟农商行、第一创业证券、一创摩根证券
工银海天 2015 年第一期租赁资产支持证券	工银租赁	招商银行、中信证券、中信建投证券、招商证券、东海证券、第一创业证券、国信证券

资料来源：中国债券信息网

（三）路演推介

对于规模较大的资产证券化项目，为增强推介效果，券商可针对重点投资者制订路演推介方案，这对于基础资产类型比较创新或产品结构比较复杂的证券化产品很有必要。路演推介方案通常分为路演准备、“一对一”和“一对多”路演推介以及锁定投资者需求 3 个阶段。具体内容详见表 4.7。

表 4.7 路演推介不同阶段工作重点和预期目标

阶段	工作重点	预期目标
路演准备	1. 与投资者进行广泛沟通，确定针对每家核心投资者的具体销售推介方案，包括是否安排管理层路演等 2. 与发起人讨论路演总体安排，包括形式、时间、人员、路演对象等	1. 通过销售摸底反馈，初步锁定资产支持证券的主要投资者 2. 结合路演对象有针对性地准备路演材料

（续表）

阶段	工作重点	预期目标
“一对一”和“一对多”路演推介	1. 陪同发起人对核心投资者进行“一对一”路演，推介发起人及资产证券化产品的投资价值，了解投资者对发起人案的反馈，了解核心投资者的潜在需求及要求收益率 2. 每天制作路演日报，总结与投资者沟通内容，方便下一步投资者跟进工作 3. 路演对象主要是具备一定实力和投资意愿的商业银行或其他类型投资者，视需要与需求较为分散的投资者安排“一对多”推介	1. 近距离与投资者沟通，详细介绍发起人案，打消投资者顾虑 2. 充分挖掘市场需求 3. 体现发起人市场地位，维护良好的市场形象，营造热烈的发行氛围
锁定投资者需求	1. 与核心投资者保持密切沟通，最大范围挖掘潜在投资需求，以确保发行成功 2. 对于没有进行路演推介覆盖的投资者，如有任何疑问或沟通需要，将通过安排电话会或拜访形式进行	进一步明确投资者对收益率的要求，推动投资者内部决策流程，锁定投资者认购意愿

（四）定价与发行

1. 定价方法

（1）定价的基本原理。

从广义角度讲，资产证券化产品与其他所有金融资产一样，都是一个或有要求权（contingent claim）或者是若干或有要求权的组合，如最基础的，公司的股票代表了对公司剩余收益/资产的要求权，最优先级债券代表了对公司所有收益/资产在不超过一定限度的要求权，次级债券则代表了对公司所有收益/资产在扣除了最优先级债券要求权之后的不超过一定限度的要求权，期权则代表了在一定时间/时期按事先约定规则执行某项金融资产的交易的要求权等，其他任何更高级或复杂的金融资产均为最基础的金融资产的组合。之所以说该要求权是或有的，是因为公司的价值受到了很多复杂因素影响而会产生波动，从而使得所有这些要求权在失效之前能/会被选择或不能/不会被选择执行。

资产证券化产品也不例外，同样可以用一个或若干个简单或有要求权的组合来表达，其定价同样也可以用或有要求权的分析方法（Contingent Claim Analysis，简称 CCA）来实现。不同之处在于，如果把公司股票和债券等看作"一次"或"基本"或有要求权，则资产证券化产品是一种"二次（多次）"/"衍生"或有要求权或者其组合。因此，对资产证券化产品的定价就必须分解成若干步来完成，即：首先，对基础资产池定价；其次，对各类别资产支持证券定价。

完成对基础资产池的定价即相当于确定了资产池未来现金流的分布，这包括现金流入的时间、规模以及对应的概率分布等。根据发行证券化产品契约的约定，各分层证券的现金流入就可以根据资产池定价的结果确定出来（忽略利息支付对本金支付的影响），根据一定的贴现规则，该层证券化产品的定价就可以计算出来。

（2）实务中的定价方法。

由于我国资产证券化市场尚处于初期阶段，上述量化定价原理在我国尚未得到太多运用。我国目前资产证券化产品的定价思路相对比较简单，最常用的为可比定价法，即在可比债券收益率的基础上加上相应的溢价补偿，基本定价方法为：资产证券化产品的收益率 = 无风险债券收益率 + 税收补偿 + 信用风险补偿 + 流动性风险补偿。见图 4. 3。

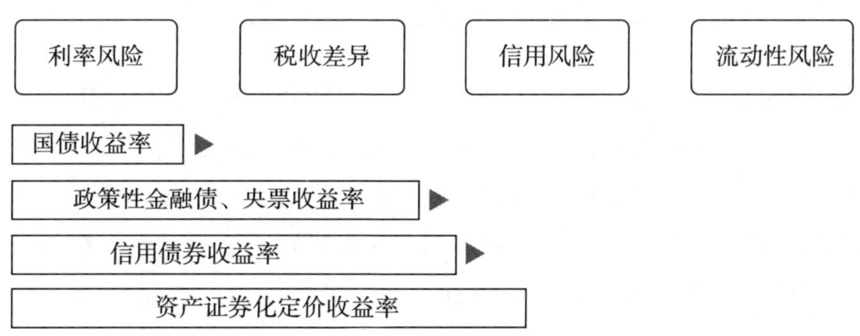

图 4. 3　我国资产证券化产品的定价思路

由于证券化产品标准化程度较低，可比产品相对较少，市场交易数据很少，因此一般采用其他固定收益品种 + 风险利差补偿的定价方法，一般参照品种是评级和期限相近的中期票据或短期融资券，在此基础上再加上流动性利差等风险补偿。利差从近期发行的其他类似资产证券化产品与当时市场参照品种的对比情况计算得到。根据近期发行经验，评级为 AAA 的信贷资产支持证券一般在可比品种收益率的基础上上浮 20 ~ 60bp 作为定价中枢；B 级证券与 A 级证券之间大约存在 100 ~ 160bp 左右的利差。此外，定价时还需要进一步考虑证券现金流的转付结构、加权平均期限等因素进行微调。

2. 定价过程

资产证券化产品的询价、定价过程大致可以分为如下阶段（见图 4. 4）：

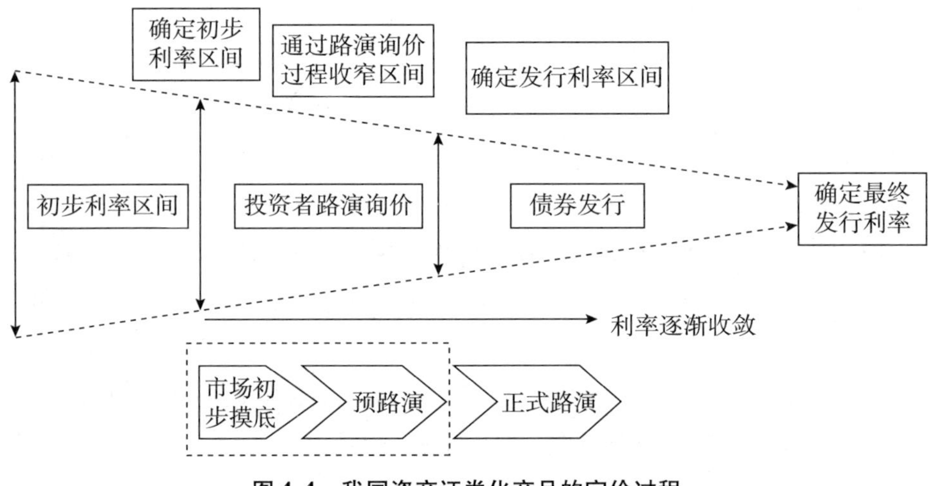

图 4. 4　我国资产证券化产品的定价过程

第一步，采用合理的定价理论与方法，并结合市场实际情况确定初步的利率区间，作为进行市场摸底和投资者询价的基本出发点。

第二步，针对潜在投资者进行广泛的销售摸底工作，收集投资者对于投资意向和定价方面的反馈信息，并对利率区间进行必要的调整。在必要的情况下，可能会对重点投资者进行路演拜访，可就定价问题进行更为深入的交流。

第三步，根据前期销售摸底的情况，并结合市场环境的变化，确定最终的发行时点及发行时的利率区间。

第四步，根据发行时的投资认购情况，在发行利率区间的范围内确定最终发行利率。

3. 发行方式

目前，我国固定收益产品的发行方式主要包括招标发行和簿记建档两种。前者主要应用于国债、央票、政策性金融债和部分大型信用债券，后者主要应用于其他信用债券，如公司债、企业债、中期票据、短期融资券等。

公开招标发行是指发行人通过招标方式向有资格的承销商发标，投标者中标后，视同投资购买性质，可按一定价格向社会再行出售。招标发行可以使债券的发行人与投资者直接见面沟通，减少了中间环节。簿记建档是指簿记管理人（在国际市场上一般是全球协调人）通过前期路演、询价以及后期的簿记投资需求、确定价格、组织配售等安排进行债券发行的行为。在表 4.8 中，我们对招标发行与簿记建档两种类型的基本流程和各自的优劣势进行了简单比较。

表 4.8　招标发行与簿记建档发行方式比较

	基本流程	优势与劣势
招标发行	发行人将拟发行债券的信息公告投资者，然后由投资者发出标书提出自己希望认购的债券数量和价格，最后发行人根据投标人出价情况，决定债券发行价格和投标人中标数量，即招标发行按照投资人与发行人之间的协调和博弈后确定债券价格	优势：招标发行是通过发行系统进行的，这个系统是一个完全中立的物理系统。在发行过程中，这个系统按照设定的规则运行，对谁的报价都按同样的原则处理，不存在任何偏袒 劣势：招标发行过程中，投资人拥有更大的定价话语权，对处于弱势地位的发行人而言，将无法控制自身发行债券的财务成本，不利于为更多类型企业提供服务

（续表）

	基本流程	优势与劣势
簿记建档	首先进行预路演，根据反馈信息并参照市场状况，簿记建档人和发行人共同确定申购价格区间；然后进行路演，与投资人进行一对一的沟通；最后开始簿记建档工作，由权威的公证机关全程监督。簿记建档人一旦接受申购订单，公证机构即刻核验原始凭证，并统一编号，确保订单的有效性和完整性。簿记建档人将每一个价位上的累计申购金额录入电子系统，形成价格需求曲线，并与发行人最终确定发行价格	优势：发行人、承销商、投资人共同参与其中，定价分销时同样考虑债券供需情况、资金充裕程度和当时的利率水平，也是一种市场化的发行机制。而且为了保证簿记过程中定价和配售的公平性和公正性，其程序和操作过程还常常由律师见证或公证 劣势：簿记建档人（一般由主承销商承担）在债券发行和分销过程中发挥了重要作用，而主承销商行为决策更具有个性，这就使得簿记建档发行方式在“自由”程度和透明度上略逊于招标发行方式

对于信贷资产证券化来说，2013 年 8 月之前，信贷资产证券化采取的都是簿记建档发行方式，之后已发行的信贷资产支持证券均采取招标发行方式，相比此前的簿记建档发行，招标方式提高了发行透明度，但须在 1 小时内完成全部招标工作，对招标操作效率的要求很高。人民银行已发布的《中国人民银行公告〔2015〕第 7 号》中第二条第八项提到，“拟采用簿记建档发行信贷资产证券化产品的，应说明采用簿记建档发行的必要性，定价、配售的具体原则和方式，以及防范操作风险和不正当利益输送的措施”，为信贷资产证券化采取簿记建档发行方式留出了空间。

对于企业资产证券化来说，目前主要采取簿记建档发行方式，有些规模较小的项目采取的是协议定价发行方式（即直接由发行人和计划管理人协商确定发行价格，不履行严格的簿记建档流程）。

（五）备案与上市

目前信贷资产证券化和企业资产证券化业务均已实现备案制，不同之处在于信贷资产证券化为事前备案，即先备案，然后发行并上市；企业资产证券化为事后备案，即先发行，然后备案并上市。两类产品备案与上市流程比较如表 4.9 所示。

表 4.9　两种资产证券化备案与上市流程比较

	信贷资产证券化	企业资产证券化
备案流程	事前备案制。备案申请由银监会创新部统一受理、核实、登记，转送各机构监管部门实施备案统计，备案后由创新部统一出口。备案后 3 个月内完成发行 中国人民银行接受注册后，在注册有效期内，受托机构和发起机构可自主选择信贷资产支持证券发行时机，在按有关规定进行产品发行信息披露前 5 个工作日，将最终的发行说明书、评级报告及所有最终的相关法律文件和信贷资产支持证券发行登记表送中国人民银行备案	事后备案制。发行后 5 个工作日内向基金业协会申请备案
上市流程	资产支持证券在银行间债券市场发行结束后 2 个月内，受托机构可申请在银行间债券市场交易资产支持证券	在申请备案前需取得证券交易所的无异议函，完成备案后向证券交易所申请挂牌转让
相关办法	《信贷资产证券化试点管理办法》、《关于信贷资产证券化备案登记工作流程的通知》、《中国人民银行公告〔2015〕第 7 号》	《证券公司及基金管理公司子公司资产证券化业务管理规定》、《资产支持专项计划备案管理办法》、《上海证券交易所资产证券化业务指引》、《深圳证券交易所资产证券化业务指引》、《机构间私募产品报价与服务系统资产证券化业务指引》

三、流动性安排

我国资产证券化二级市场流动性弱的问题，一直是制约资产证券化市场发展的重要因素，通过相应的流动性安排有利于提升产品流动性、降低发行利率、带动一级市场的快速发展，券商在流动性安排方面可以发挥重要作用。

（一）质押回购融资

目前信贷资产证券化和企业资产证券化产品均可以进行质押式协议回购，质押回购可以为投资者提供融资杠杆，有利于提升产品的流动性。

2007年9月30日，中国人民银行发布了《资产支持证券在全国银行间债券市场进行质押式回购交易的有关事项》，经人民银行批准在银行间债券市场交易流通的资产支持证券可用于质押式回购交易；2015年2月16日，上海证券交易所发布了《上海证券交易所债券质押式协议回购交易暂行办法》和《上海证券交易所债券质押式协议回购交易业务指引》，允许资产证券化产品和债券产品进行质押式协议回购。2015年8月21日，深圳证券交易所发布了《深圳证券交易所债券质押式协议回购交易暂行办法》，资产支持证券被纳入协议回购的质押券范围。2016年1月8日，机构间私募产品报价与服务系统发布了《机构间私募产品报价与服务系统私募产品质押式回购交易业务指引（试行）》，以资产支持证券为质押品的质押式回购适用该指引。不同交易场所资产证券化质押式协议回购制度要点比较如表4.10所示。

表4.10　不同交易场所资产证券化质押式协议回购交易制度要点比较

	银行间债券市场	上海证券交易所	深圳证券交易所	机构间报价系统
法规依据	《全国银行间债券市场债券交易管理办法》、《资产支持证券在全国银行间债券市场进行质押式回购交易的有关事项》、《中国银行间市场债券回购交易主协议》（2013年版）、《中央国债登记结算有限责任公司质押券管理服务指引》	《上海证券交易所债券质押式协议回购交易暂行办法》、《上海证券交易所债券质押式协议回购交易业务指引》、《债券质押式协议回购登记结算业务实施细则》	《深圳证券交易所债券质押式协议回购交易暂行办法》、《深圳证券交易所债券质押式协议回购交易主协议》	《机构间私募产品报价与服务系统私募产品质押式回购交易业务指引（试行）》

（续表）

	银行间债券市场	上海证券交易所	深圳证券交易所	机构间报价系统
投资者适当性管理	协议回购的参与者应为符合规定的合格投资者，进入全国银行间债券市场，应签署债券回购主协议。参与机构包括：（1）在中国境内具有法人资格的商业银行及其授权分支机构；（2）在中国境内具有法人资格的非银行金融机构和非金融机构；（3）经中国人民银行批准经营人民币业务的外国银行分行	协议回购的参与者应为符合规定的合格投资者，在参与业务前应当签署回购主协议，证券公司经纪客户还需签署风险揭示书。业务初期，融资方暂限于金融机构及其发行的理财产品，其他符合条件的投资者仅可融出资金，后续根据业务开展情况再行调整融资方范围	协议回购实行投资者适当性管理制度。投资者应当根据本办法规定的条件及自身的风险承受能力，审慎决定是否参与协议回购，并自行承担风险	参与质押式回购的投资者应当为合格投资者，具有相应的风险识别、判断、承受能力，并自行承担交易风险。合格投资者的适当性标准不得低于质押品的投资者适当性标准
交易时间	协议回购申报的时间为每个交易日的9∶00至12∶00，13∶30至16∶30	协议回购申报的时间为每个交易日的9∶30至11∶30，13∶00至15∶15	协议回购申报的时间为每个交易日的9∶15至11∶30，13∶00至15∶30	质押式回购意向报价，全天均可交易。回购竞价交易的竞买时间应为同一交易日内的连续时间段
交易结算方式	回购的质押券种、折算比例，回购期限、利率等交易要素方式由交易双方自主协商确定，但回购期限不得超过365天。协议回购成交后，由中债登提供实时逐笔非担保交收服务	回购的质押券种、折算比例，回购期限、利率等交易要素方式由交易双方自主协商确定，但回购期限不得超过365天。协议回购成交后，由中	回购的质押券种、折算比例，回购期限、利率等交易要素方式由交易双方自主协商确定，但回购期限不得超过365天，且不得超过质押券的存	交易双方可以协商确定质押品的折算比例。质押品为固定收益类产品的，其折算比例不得超过100%。交易双方可以协商确定质押式回购交易的期限，但不得超过12

（续表）

	银行间债券市场	上海证券交易所	深圳证券交易所	机构间报价系统
		证登提供实时逐笔非担保交收服务	续期间。协议回购成交后，由中证登提供实时逐笔非担保交收服务	个月。报价系统依据成交数据对当日达成的质押式回购进行逐笔全额清算
质押券管理	中债登开发运行了质押券管理服务系统，为质押券管理提供质押券盯市、风险敞口核算、质押券调整、替换、质押券范围设置、质押顺序设置、质押率设置、质押券到期置换等自动化服务	中证登根据交易双方向交易所申报并经交易所确认的相关数据办理协议回购的质押登记或变更质押登记。违约发生后交易双方对违约处理协商一致的，可向交易所申报解除质押登记或办理质押证券处置过户，中证登将依据交易所发送的指令办理解除质押登记	证券公司接受客户委托达成交易的，回购存续期间，证券公司应当对相应质押券进行监控，质押券发生司法冻结、违约等情形的，证券公司应当及时通知客户。证券公司应当对客户协议回购交易行为进行有效监控，并及时向交易所报告客户的异常交易行为、风险事件	参与人可以选择中证报价认可的机构提供质押品盯市管理。提供质押品估值服务的机构应当在报价系统对参与人选择的质押品进行盯市管理。根据质押品盯市管理的情况，在质押比例超过交易达成确定的质押比例时，融出方可以要求融入方追加质押品
存续期及到期管理	回购存续期间，按照协议约定可提前终止。回购业务项下的质押券经双方协商可替换，并可根据债券估值情况（盯市）进行质押券调整。回购到期应按照合同约定全额返还回购项下的	协议回购提供变更质押券和到期续做功能。回购存续期间，经双方协商一致，可以变更质押券或提前终止。回购到期，正回购方可选择到期结	协议回购交易确认成交后，在协议回购交易存续期间，经交易双方协商一致，可以对协议回购采取提前购回或延期购回等调整。提前购回或延期	在回购存续期间，交易双方可以在协商一致后变更质押品。融入方与融出方协商一致进行展期的，按一笔新的质押式回购交易办理，并可申请对逐笔交易进行净额结

（续表）

	银行间债券市场	上海证券交易所	深圳证券交易所	机构间报价系统
	资金，并解除质押关系，不得以任何方式展期	算，也可选择到期续做。选择到期续做的，正回购方的续做应收资金和到期应付资金可以轧差结算，提高资金使用效率	购回执行购回交易申报指令。回购双方可以就协议回购相关事宜签订补充协议	算。在回购期间，根据协议约定达成提前终止条件的或者经交易双方协商一致的，可以提前终止质押式回购交易。在回购期间，经双方协商一致或者根据业务协议约定的，交易双方可以进行部分返款和部分质押品解除质押
风险控制与违约处置	如果回购期间出现质押券不足额情况，逆回购方可要求正回购方追加或置换质押券。如果正回购方未能在本金兑付日前追加或置换质押券，逆回购方可要求代理兑付机构扣留质押券应兑付的本金	协议回购的违约处置方式主要由市场自主协商解决。交易双方对质押券处置达成一致的，中国结算所提供快速处置渠道，可采取解除质押登记或非交易过户至守约方的方式处置质押券。上交所将加强对恶意违约行为的自律监管	回购双方中任何一方发生违约，守约方有权要求违约方继续履行回购协议，也有权终止回购协议，并可要求违约方根据《暂行办法》、本协议、成交数据以及补充协议等，采取收取补息、罚息等方式进行赔偿	质押式回购发生违约的，交易双方应当根据其约定进行协商解决。交易双方经协商无法达成一致的，可以采取仲裁、诉讼等方式处理纠纷，并于接到仲裁或诉讼生效结果的下一交易日 12:00 之前，将生效结果书面告知中证报价。中证报价在接到生效结果的当日在报价系统参与人范围内予以通告。若交易双方在违约事实和责任明确后的 3 个交易日内对违约处理不能达成协议，守约方可以向违约方收取违约金

为促进一、二级市场联动，券商在产品发行后可以为质押回购融资提供便利条件，利用自身的资源和优势提供信息服务、资金支持或技术支持。

（1）信息服务：券商可以利用自己掌握的市场信息和投资者网络信息为有意向通过资产证券化产品进行质押融资的投资者提供对手方信息，降低其一对一寻找的难度和成本。

（2）资金支持：资金实力较强的券商可以向投资者融出资金，以资产证券化产品作为质押标的。

（3）技术支持：券商可以为投资者提供质押标的信用分析、质押率测算、融资利率分析等技术咨询服务。

（二）债券借贷

债券借贷是指债券融入方以一定数量的债券为质物，从债券融出方借入标的债券，同时约定在未来某一日期归还所借入标的债券，并由债券融出方返还相应质物的债券融通行为。通过债券借贷业务，借出债券方可以增加收益，提高资产的流动性；借入方可以调整短期债券头寸，实现借券或者卖空的目的。

2006年11月2日，人民银行发布《全国银行间债券市场债券借贷业务管理暂行规定》，允许银行间市场推出债券借贷业务。2013年7月2日，中国人民银行公告〔2013〕第8号规定，凡是在同业拆借中心交易系统上已达成的交易一律不允许撤销和变更。随之，线下交易被取消，债券交易日益规范化，因此市场借券的需求也大幅上升。此外，自2013年下半年以来，债券市场经历了罕见的巨幅调整，债券的波动性也大幅增加，债券（尤其是利率债）的交易空间由此进一步打开，机构做空动力增强，债券的借券需求也有所上升。

据悉，交易所正在研究推出针对资产证券化产品的债券借贷制度，下一步券商可以积极参与到这一债券借贷业务中，可以作为债券融入方或融出方，或者为债券借贷双方提供信息咨询服务或交易撮合服务，以提升资产证券化产品的流动性。

（三）做市商机制

债券做市商一般是指经市场主管部门认定的，在债券市场上连续报出债券现券买、卖双边价格，并按其报价与其他投资者达成交易，承担维持市场流动性义务且享有相应权利的金融机构。从国际债券市场的发展经验来看，在债券交易市场中做市商居于核心位置，发挥着活跃市场、稳定市场的重要作用。做市商制度公开、有序、竞争性的报价驱动机制，是保障债券交易效率、提高市场流动性和稳定市场运行的有效手段。

关于债券产品，目前我国银行间债券市场已实施做市商制度，对市场流动性的提升起到了很大作用。2007 年 1 月 9 日，人民银行发布《全国银行间债券市场做市商管理规定》，进一步完善银行间债券市场做市商制度。2008 年 4 月 23 日，交易商协会发布《银行间债券市场做市商工作指引》，对银行间债券市场做市商机制的工作流程进行了细化。2014 年 6 月 11 日，全国银行间同业拆借中心（即外汇交易中心）发布《银行间债券市场尝试做市业务规程》，以规范银行间债市尝试做市业务，这项《规程》也是监管部门首次发布的银行间债市尝试做市的业务规范，同时发布的还有做市机构扩容名单。2015 年 12 月 1 日，兴业银行发行的“兴银 2015 年第四期信贷资产支持证券”首次实现做市成交，成为银行间债券市场第一个资产证券化产品做市成功案例。

目前上海证券交易所和深圳证券交易所尚未出台关于债券做市商机制的专门办法，但均已推出了双边报价机制，为做市商机制的正式推出提供了较好基础。

关于资产证券化产品，2014 年 11 月 19 日，中国证监会公布《证券公司及基金管理公司子公司资产证券化业务管理规定》，允许管理人为资产支持证券转让提供双边报价服务。2015 年 4 月 3 日，人民银行发布《中国人民银行公告〔2015〕第 7 号》，提出受托机构、发起机构可与主承销商或其他机构通过协议约定信贷资产支持证券的做市安排。为有效提升证券化产品的流动性，建议出台关于资产证券化业务做市商机制的具体法规和工作指引，以形成合理的价格发现机制和产品流通机制。券商在资产证券化做市商业务中有两种业务模式：一是动用自有资金，提供市场的双向报价服务功能；二是不动用自有资金，为二级市场投资者提供一对一的转让撮合交易服务。

案例介绍：兴业银行信贷资产支持证券做市成交被视作“里程碑”

2015年12月1日，兴业银行此前在银行间债券市场成功发行的“兴银2015年第四期信贷资产支持证券”首次实现做市成交，成为银行间债券市场第一个资产证券化产品做市成功案例。

该期信贷资产支持证券，优先A1档发行利率为3.1%，优先A2档发行利率为3.3%，优先A3档发行利率为3.4%，优先A4档发行利率为3.4%，优先A5档发行利率为3.53%，优先B档发行利率为3.79%。从债券可上市交易开始，中信建投证券作为尝试做市商和该期证券的主承销商，在全国银行间本币交易系统对“15兴元4A1”证券连续进行双边报价。在连续报价多日后，于12月1日首次实现做市成交。

“引入做市商制度势在必行，对资产证券化业务的长期发展也意义重大。”兴业银行投行部负责人表示，做市商制度能够提高证券化产品的流动性，增强市场吸引力，且由于资产证券化产品的定价体系尚不完整，引入做市商制度有利于证券化产品的价格发现，此外，通过引入做市商制度，还可以拓展投资者范围、建立多元化的投资者结构。

（四）流动性安排

券商可以为资产证券化产品提供流动性支持，解决长期限产品销售难的问题，即通过定期开放赎回的方式提升产品的流动性，获得流动性支持后的产品可以以较低利率对外销售，券商可以获得融资客户接受的总成本与发行利率之间的利差，实现期限套利。

表4.11为某券商资产证券化流动性安排示例。

表 4.11　某融资租赁公司之券商资产证券化流动性支持方案

产品名称	××租赁信托受益权资产管理计划
发行方式	向机构合格投资者发行
集合资产管理计划存续期限	2.75 年
集合资产管理计划开放期安排	每季度开放一次
流动性管理服务	券商资金财务管理总部对本集合资产管理计划做流动性管理服务，即对每季度开放参与低于开放赎回的金额差额部分提供流动性支持
发行规模	7.56 亿元人民币
年预计收益率	固定利率，6.3%～6.8%
基础资产	教育行业的融资租赁应收款
资产管理计划的资产配置	本集合计划聘请券商作为投资顾问，主要投资于××租赁集合资金信托计划的优先级，并辅以债券、货币基金等固定收益及现金类资产，追求稳健增值的同时兼顾组合的流动性
××租赁集合资金信托计划设置	根据不同的风险、收益特征，本项目发行的资产支持证券分为优先级信托份额和次级信托份额。优先级信托份额和次级信托份额的比例为 90%∶10%。××租赁以及其他机构投资者全额认购次级信托份额并持有到期

（五）投资者回售管理

投资者回售选择权是债券产品的一种比较常见的含权条款，可以平衡发行人与投资者之间对于产品期限的诉求。从历史经验来看，投资者实际回售的概率不高，发行人可以以相对较短期限的发行利率获得较长期限的融资效果，实现成本节约。投资者回售选择权条款目前在企业资产证券化产品中的应用越来越多，有利于解决长期限产品销售难的问题。目前设计了投资者回售选择权条款的典型项目如：南京公控污水处理收费权专项资产管理计划、华侨城欢乐谷入园凭证专项资产管理计划、吉林水务供水收费权资产支持专项计划、海南航空二期 BSP 票款债权资产支持专项计划等项目。

但若资产证券化产品发生投资者回售，则会对发起人带来资金压力。券商可以为发起人设计减少投资者回售的方案，解决发起人的流动性问题，这在债券产品中已有过运用，也可以引入资产证券化产品中来。以下为某券商为××债券提供的投资者回售过桥方案：2009 年发行的采取 3 + n 年（如 3 + 3 年）期限结构的债券，在 2012 年陆续进入投资者回售期，当时规定的利率上调的上限已不足以阻止投资者回售债券。

某券商充分发挥其在资金实力、客户资源、专业知识和流动性管理方面的优势，为发行人在债券回售到期前提供量身定制的流动性支持方案，并提供相关的交易安排、债券展期等相关服务，在解决客户问题的同时获取合理利润，案例如下：09××债，2012 年 M 月回售期，券商 1～2 月份合计买入×亿元，愿意承诺不进行回售，但同时需要发行人为券商承担的市场风险进行补偿从而支付一笔财务顾问费，另外在回售期过后全部减持完毕后又获得一笔交易收益。

第二节
资产证券化交易协调人案例分析

一、信贷资产证券化

（一）国内首单信用卡应收款资产证券化项目——2014 年招商银行 CLO 项目

2014 年 3 月，招商银行（简称招行）作为发起机构在银行间债券市场发行了两期信贷资产支持证券，发行总额合计 152.89 亿元。其中，第一期的基础资产为信用卡分期应收款，第二期的基础资产为对公贷款。

招行一期发行材料显示，其资产主要是招行个人信用卡下面的汽车分期信贷资产。该期资产支持证券的发行总规模约 81.09 亿元，分为优先 A 档、优先 B 档和高收益档三档资产支持证券。

招行一期 ABS 项目是基于招商银行信用卡中心推出的“车购易”信用卡分期业务，是我国信用卡资产证券化公开发行的第一次试水。该业务是招商银行根据信用卡持卡人的资信状况给予专用购车额度，以满足持卡人在指定经销商分期购买指定品牌汽车的需求，持卡人按月分期偿还购车款项及手续费。与传统汽车抵押贷款相比，招商银行“车购易”汽车分期业务利用银行的物理网点及大数据优势，客户准入标准高，风险识别能力及监控措施完善。汽车分期贷款本身具有单笔金额小而分散、现金流分布均匀且稳定等特点，是非常适合证券化的优质资产。以下介绍招行一期项目的具体情况，资料主要来源于《招商银行 2014 年第一期信贷资产证券化信托资产支持证券发行说明书》。

1. 交易结构

招商银行 CLO 项目的交易流程为（见图 4.5）：

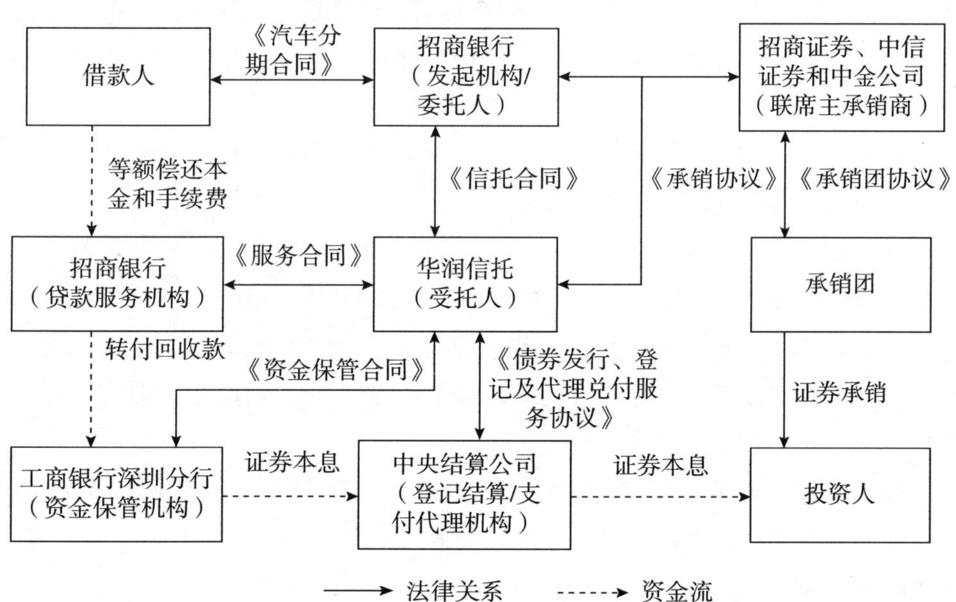

图 4.5　招商银行 CLO 项目交易结构图

（1）根据《信托合同》约定，招商银行作为发起机构将相关资产委托给作为受托机构的华润信托，设立招商银行2014年第一期信贷资产证券化信托。受托机构将发行以信托财产为支持的资产支持证券，所得认购金额扣除发行费用的净额支付给发起机构。

（2）受托机构向投资人发行资产支持证券，并以信托财产所产生的现金为限支付相应税收、费用支出、信托应承担的报酬及该期资产支持证券的本金和收益。该期资产支持证券分为优先级资产支持证券和高收益档资产支持证券，其中优先级资产支持证券包括优先A档资产支持证券和优先B档资产支持证券。

（3）发行人与发起机构、联席主承销商签署《承销协议》，联席主承销商再与承销商签署《承销团协议》，组建承销团对优先级资产支持证券和高收益档资产支持证券（向发起机构定向发行的资产支持证券除外）进行销售。

（4）招商银行作为发起机构将严格按照《中国人民银行中国银行业监督管理委员会公告〔2013〕第21号》规定持有各档次资产支持证券。招商银行计划持有该期各档次资产支持证券比例均为相应各档次资产支持证券发行规模的5%。

（5）根据《服务合同》的约定，受托机构委托招商银行作为贷款服务机构对资产的日常回收进行管理和服务。

（6）根据《资金保管合同》的约定，受托机构委托中国工商银行股份有限公司深圳市分行对信托财产产生的现金资产提供保管服务。

（7）根据《债券发行、登记及代理兑付服务协议》的约定，受托机构委托中央国债登记结算有限责任公司对资产支持证券提供登记托管和代理兑付服务。

（8）受托机构拟安排优先级资产支持证券在银行间债券市场上市交易，高收益档资产支持证券将按照人民银行规定的方式进行流通转让。

2. 主要参与机构

招商银行CLO项目的主要参与机构见表4.12。

表4.12　招商银行CLO项目主要参与机构

发起机构/贷款服务机构	招商银行股份有限公司
受托机构/发行人	华润深国投信托有限公司
联席主承销商	招商证券股份有限公司、中信证券股份有限公司、中国国际金融有限公司
资金保管机构	工商银行深圳分行
登记机构/支付代理机构	中央国债登记结算有限责任公司
评级机构	联合资信评估有限公司、中债资信评估有限责任公司
法律顾问	北京市中伦律师事务所
会计顾问	毕马威华振会计师事务所（特殊普通合伙）

3. 产品结构

招商银行CLO项目的产品要素见表4.13。

表4.13　招商银行CLO项目产品结构

发行总额	81.09亿元		
初始起算日	2014年2月1日		
起息日	2014年3月25日		
法定到期日	2019年1月26日		
证券分档	优先A档	优先B档	高收益档
金额	65.68亿元	8.92亿元	6.49亿元
占比	81.00%	11.00%	8.00%
评级（联合资信/中债资信）	AAA/AAA	AA/AA+	未评级
预期到期日	2016年1月26日	2016年5月26日	2017年1月26日
预期加权平均期限	0.88年	1.96年	2.26年
利率方式	浮动利率	浮动利率	无票面利率
票面利率（发行时）	6%（基准利率+基本利差）	6.69%（基准利率+基本利差）	无票面利率

（续表）

基准利率	人民银行公布的1年期定期存款利率		—
调息频率	人民银行调整1年期定期存款利率生效日后第12个自然月的对应日		—
还本付息频率	按月支付	按月支付	按月支付
还本方式	过手摊还	过手摊还	过手摊还

4. 资产池统计

该期资产支持证券的资产池涉及93 741个借款人、93 741笔资产，截至初始起算日（2014年2月1日），全部未偿贷款本金总额为810 910万元。资产池统计信息如表4.14所示。

表4.14　招商银行CLO项目资产池统计信息

本金余额总额（万元）	810 910
资产笔数（笔）	93 741
借款人数量（位）	93 741
单笔资产最高本金余额（万元）	96.21
单笔资产平均本金余额（万元）	8.65
合同总金额（万元）	1 053 007
单笔资产最高合同金额（万元）	122.70
单笔资产平均合同金额（万元）	11.23
加权平均资产年化手续费率（%）	9.61
单笔资产最高手续费率（%）	19.00
加权平均资产合同期限（月）	35.41
加权平均资产剩余期限（月）	27.97
加权平均资产账龄（月）	7.44
加权平均资产初始抵押覆盖率（%）	42.47
加权平均借款人年龄（岁）	35.40

5. 项目特点小结

（1）该项目是国内首次采取“一次申请、两期产品同时发行”模式的资产证券化项目，两期对应不同类型的基础资产，第一期的基础资产为信用卡分期应收款，第二期的基础资产为对公贷款。既提高了审批、运作效率，也有效扩大了发行规模。

（2）第一期总规模约 81.09 亿元，是我国 2005 年信贷资产证券化试点以来单次发行的最大规模，也是我国内地第一单基于信用卡应收账款的资产证券化产品。

（二）国内首单在交易所发行的信贷资产证券化项目——2014年平安银行消费贷款 ABS 项目

2014 年 6 月 25 日，平安银行在上海证券交易所发行了总额为 26.31 亿元的信贷资产支持证券，基础资产为平安银行向境内居民发放的小额消费贷款，标志着信贷资产证券化产品首次登陆交易所市场。

发行材料显示，平安银行 1 号小额消费贷款资产支持证券总规模为 26.31 亿元，由华能贵诚信托担任发行人和受托机构。产品分为 A 级 01 档、A 级 02 档和 B 级三档，前两档评级均为 AAA 级，B 级证券未评级，采取簿记建档的方式发行。以下介绍平安银行消费贷款 ABS 项目的具体情况，资料主要来源于《平安银行 1 号小额消费贷款证券化信托资产支持证券发行说明书》。

1. 交易结构

平安银行消费贷款 ABS 项目的交易流程为（见图 4.6）：

（1）根据《信托合同》规定，平安银行作为发起机构，以部分小额消费贷款资产作为信托财产委托给受托机构华能贵诚信托有限公司设立一个 SPT。

（2）受托机构作为发行人，在上海证券交易所发行资产支持证券，以信托财产所产生的现金流支付资产支持证券的本金和收益。发起机构和发行人聘请国泰君安证券股份有限公司作为主承销商，协助该期资产支持证券资产筛选和结构设计，并负责路演推介、簿记建档等发行工作。

（3）信托有效期内，受托机构委托贷款服务机构对信托财产的日常回收进行管理和服务。

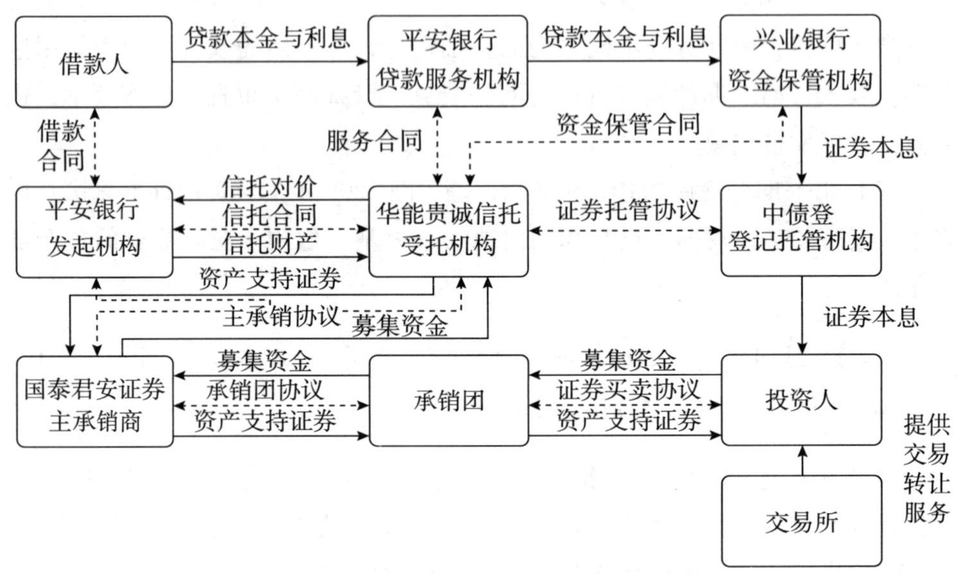

图 4.6　平安银行消费贷款 ABS 项目交易结构图

（4）对于信托财产所产生的现金流，受托机构委托资金保管机构提供资金保管服务。该期资产支持证券中，A 级资产支持证券（包括 A 级 01 档、A 级 02 档）以及 B 级资产支持证券均在上海证券交易所上市交易。中央国债登记结算有限责任公司（即中债登）作为该期证券的证券登记托管机构，负责对资产支持证券进行登记托管，并向投资人转付到期应付的本金和收益。

2. 主要参与机构

平安银行消费贷款 ABS 项目的主要参与机构见表 4.15。

表 4.15　平安银行消费贷款 ABS 项目主要参与机构

发起机构/贷款服务机构	平安银行股份有限公司
受托机构/发行人	华能贵诚信托有限公司
财务顾问/主承销商	国泰君安证券股份有限公司
资金保管机构	兴业银行股份有限公司

（续表）

登记机构/支付代理机构	中央国债登记结算有限责任公司
评级机构	联合信用评级有限公司
法律顾问	北京市中伦律师事务所
会计顾问	普华永道中天会计师事务所（特殊普通合伙）

3. 产品结构

平安银行消费贷款 ABS 项目的产品结构见表 4.16。

表 4.16　平安银行消费贷款 ABS 项目产品结构

发行总额	26.31 亿元		
初始起算日	2014 年 5 月 1 日		
起息日	2014 年 6 月 25 日		
法定到期日	2019 年 6 月 26 日		
证券分档	A 级 01 档	A 级 02 档	B 级
金额	12.10 亿元	13.41 亿元	0.80 亿元
占比	45.99%	50.97%	3.04%
评级（联合评级）	AAA	AAA	未评级
预期到期日	2015 年 5 月 26 日	2016 年 11 月 26 日	2017 年 6 月 26 日
预期加权平均期限	0.43 年	1.54 年	2.43 年
利率方式	固定利率	浮动利率	无票面利率
票面利率（发行时）	5.30%	5.60% （基准利率＋基本利差）	无票面利率
基准利率	—	人民银行公布的 1 年期定期存款利率	—
调息频率	—	人民银行调整 1 年期定期存款利率生效日后的第 3 个支付日	—
还本付息频率	按月支付	按月支付	按月支付
还本方式	过手摊还	过手摊还	过手摊还

4. 资产池统计

该期资产支持证券的资产池全部信贷资产涉及93 021名借款人计96 187笔贷款，全部信贷资产均为浮动计息、按月付息。截至初始起算日（2014年5月1日），全部未偿债权本金总额为263 085.52万元，资产池统计信息如表4.17所示。

表4.17 平安银行消费贷款ABS项目资产池统计信息

资产池未偿本金金额（万元）	263 085.52
贷款笔数（笔）	96 187
借款人户数（户）	93 021
单笔贷款最高本金余额（万元）	15.00
单笔贷款平均本金余额（万元）	2.74
合同总金额（万元）	397 151.20
单笔贷款最高合同金额（万元）	15.00
单笔贷款平均合同金额（万元）	4.13
加权平均贷款年利率（%）	8.61
当前执行单笔贷款最高年利率（%）	17.22
加权平均贷款合同期限（年）	2.98
加权平均贷款剩余期限（年）	2.12
加权平均贷款账龄（年）	0.86
加权平均借款人年龄（岁）	36.60

5. 项目特点小结

（1）在发行审批模式上，该期信贷资产支持证券突破了原先的双审批制度，改由银监会按现行监管规定审批后，直接到上交所上市交易，大大提高了信贷资产证券化的发行审批效率。

（2）在交易结算安排上，按照国务院深化债券市场互联互通的要求，监管部门确定该期信贷资产支持证券在上交所市场发行交易，由中央国债登记结算公司登记、托管和结算，创新了我国债券市场的运行模式，促进了信贷资产支持证券跨市场顺畅流转，方便各类投资者参与交易。

（3）与原来更多涉及工商企业贷款不同，从平安银行信贷资产支持证券的基础资产来看，入池资产为平安银行向境内居民发放的小额消费贷款，是信贷资产证券化试点中的一个创新基础资产类型。

（4）该期资产支持证券设置了“流动性储备金账”以增强对资产支持证券的本金和收益支付的保护。根据交易文件约定及相关安排，信托计划账户下设“流动性储备金账”，当某一个收款期间结束时资产池的累计违约率超过1.5%时，在分配A级资产支持证券当期预期收益及本金之前，须以相当于税收规费、优先支出上限内的各服务机构固定费用、A级资产支持证券的当期利息之和的金额提存流动性储备资金。提存下一期流动性储备金的设置能较为有效地缓解资产池现金流入同A级证券利息兑付之间的流动性错配风险。

二、资产支持专项计划

（一）备案制后首单挂牌上市的资产证券化项目——宝信租赁一期资产支持专项计划

作为资产证券化备案制新规发布以来首只挂牌转让的资产支持证券，由恒泰证券担任计划管理人的“宝信租赁一期资产支持专项计划资产支持证券”于2014年1月14日在上海证券交易所挂牌转让。

该资产支持证券发行规模4.05亿元，其中优先级2.61亿元，分为优先A－1级、优先A－2级和优先B级三个品种，优先A级的信用评级为AAA，优先A－1级和优先A－2级的发行利率分别为6.15%和6.20%，面向合格机构投资者发行。次级档0.44亿元，由宝信租赁全额认购。以下介绍宝信租赁一期资产支持专项计划的具体情况，资料主要来源于《宝信租赁一期资产支持专项计划说明书》。

1. 交易结构

宝信租赁一期资产支持专项计划的交易流程为（见图4.7）：

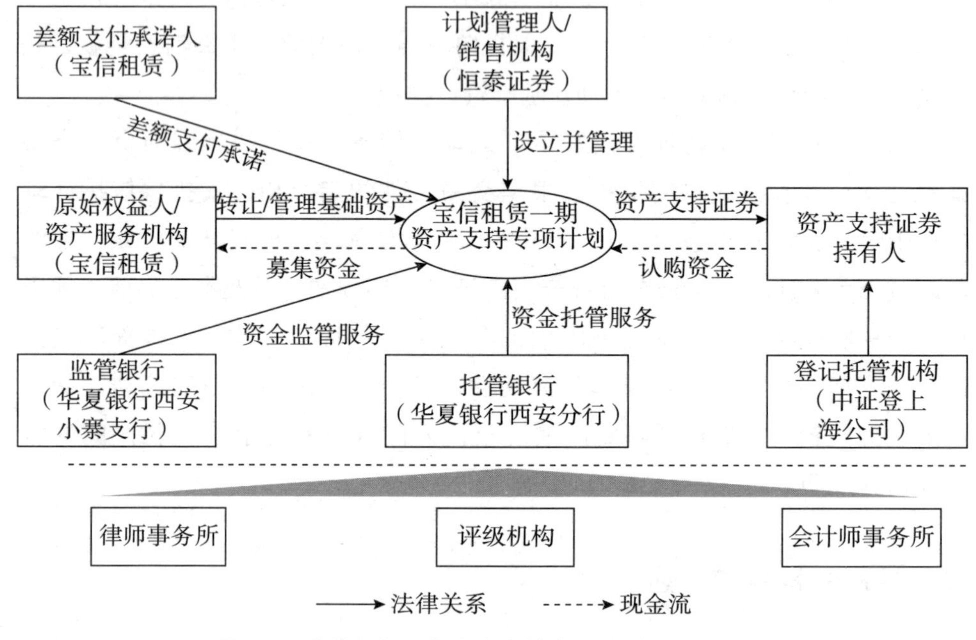

图4.7　宝信租赁一期资产支持专项计划交易结构图

（1）认购人通过与计划管理人签订《认购协议》，将认购资金以专项资产管理方式委托计划管理人管理，计划管理人设立并管理专项计划，认购人取得资产支持证券，成为资产支持证券持有人。

（2）计划管理人根据与原始权益人签订的《资产买卖协议》的约定，将专项计划资金用于向原始权益人购买基础资产，即基础资产清单所列的由原始权益人在专项计划设立日转让给计划管理人的、原始权益人依据租赁合同自基准日（含该日）起对承租人享有的租金请求权和其他权利及其附属担保权益。

（3）资产服务机构根据《服务协议》的约定，负责基础资产对应的应收租金的回收和催收，以及违约资产处置等基础资产管理工作。资产服务机构在收入归集日将基础资产产生的现金流划入监管账户。

（4）监管银行根据《监管协议》的约定，在回收款转付日依照资产服务机构的指令将基础资产产生的现金流划入专项计划账户，由托管银行根据《托管协议》对专项计划资产进行托管。

（5）当发生任一差额支付启动事件时，差额支付承诺人根据《差额支付承诺函》将差额资金划入专项计划账户。

（6）计划管理人根据《计划说明书》及相关文件的约定，向托管银行发出分配指令，托管银行根据分配指令，将相应资金划拨至登记托管机构的指定账户用于支付资产支持证券本金和预期收益。

2. 主要参与机构

宝信租赁一期资产支持专项计划的主要参与机构见表4.18。

表4.18　宝信租赁一期资产支持专项计划主要参与机构

原始权益人/资产服务机构	宝信国际融资租赁有限公司
差额支付承诺人	宝信国际融资租赁有限公司
管理人/销售机构	恒泰证券股份有限公司
托管银行/监管银行	华夏银行股份有限公司
法律顾问	北京市金杜律师事务所
信用评级机构	大公国际资信评估有限公司
会计师事务所	立信会计师事务所（特殊普通合伙）
登记结算机构	中国证券登记结算有限责任公司上海分公司

3. 产品结构

宝信租赁一期资产支持专项计划的产品结构见表4.19。

表4.19　宝信租赁一期资产支持专项计划产品结构

发行总额	4.05亿元
起息日	2014年12月26日
首个支付日	2015年1月23日
法定到期日	2020年7月23日

（续表）

证券分档	优先级			次级
	优先 A－1 级	优先 A－2 级	优先 B 级	次级档
金额	1.06 万元	2.39 万元	0.16 万元	0.44 万元
占比	26.18%	59.03%	2.95%	10.83%
信用评级	AAA	AAA	AA	—
预期到期日	2016 年 4 月 23 日	2016 年 7 月 23 日	2016 年 10 月 23 日	2016 年 10 月 23 日
加权平均期限	0.88 年	0.95 年	1.82 年	2.07 年
利率类型	固定利率			—
发行利率	6.15%	6.20%	7.80%	—
证券类型	固定还本型	过手还本型	过手还本型	—
还本付息安排	按季还本付息			到期获得所有剩余收益

4. 基础资产与资产池情况

（1）资产合格标准。

该专项计划基础资产的选择遵循一定的筛选标准。在筛选基础资产时，未使用任何会对计划管理人受让基础资产产生重大不利影响的筛选程序，基础资产的质量在重大方面不低于宝信租赁在其一般融资租赁业务过程中同类资产的平均水平，且在基准日和专项计划设立日。

①基础资产对应的全部租赁合同适用法律为中国法律，且在中国法律项下均合法有效，并构成相关承租人合法、有效和有约束力的义务，宝信租赁可根据其条款向承租人主张权利。

②宝信租赁已经履行并遵守了基础资产所对应的任一份租赁合同。

③同一租赁合同项下承租人尚未支付的所有租金（包括未偿本金部分以及利息部分）及其他应付款项须全部入池。

④基础资产为根据宝信租赁内部标准分类的正常、关注、次级、可疑、损失五级分类体系中的正常类。

⑤租赁合同中的承租人系依据中国法律在中国境内设立且合法存续的企业法人、事业单位法人或其他组织，且未发生申请停业整顿、申请解散、申请破产、停产、歇业、注销登记、被吊销营业执照或涉及重大诉讼或仲裁。

⑥宝信租赁合法拥有基础资产，且基础资产上未设定抵押权、质权或其他担保物权。

⑦基础资产可以进行合法有效的转让，且无须取得承租人或其他主体的同意。

⑧基础资产所对应的任一份租赁合同项下的到期租金均已按时（含7天宽限期）足额支付，并且不存在其他实质性的重大违约情况。

⑨宝信租赁对租赁物件享有合法的所有权，是租赁物件的唯一合法所有权人。

⑩宝信租赁已按照租赁合同约定的条件和方式支付了租赁合同项下的租赁物件购买价款（但宝信租赁有权保留的保证金、应由承租人承担的购买价款以及购买价款支付义务未到期或付款条件未满足的除外）。

⑪除以宝信租赁为权利人设立的担保物权外，租赁物件上未被设定抵押权、质权或其他担保物权。

⑫除以保证金冲抵租赁合同项下应付租金外，承租人在租赁合同项下不享有任何主张扣减或减免应付款项的权利。

⑬基础资产或租赁物件不涉及国防、军工或其他国家机密。

⑭基础资产对应的承租人不包括地方政府或其融资平台。

⑮基础资产或租赁物件不涉及诉讼、仲裁、执行或破产程序。

⑯租赁合同的担保人系为年满18周岁的自然人或依据中国法律在中国境内设立且合法存续的企业法人，且未发生申请停业整顿、申请解散、申请破产、停产、歇业、注销登记、被吊销营业执照或涉及重大诉讼或仲裁。

⑰根据租赁合同，相关租赁物件均已按照租赁合同的约定交付给承租人且宝信租赁已有权向承租人收取租金（包括预付租金）。

（2）资产池情况。

资产池涉及原始权益人与33个承租人签署的41笔租赁合同。截至基准日（2014 年 9 月 17 日），资产池的应收租金总额约为 5.65 亿元，其中应收本金总额约为 4.73 亿元。资产池统计信息如表 4.20 所示。

表 4.20　宝信租赁一期资产支持专项计划资产池统计信息

资产池本金余额（万元）	47 348.06
承租人数量（位）	33
租赁合同笔数（笔）	41
单笔租赁合同最高本金余额（万元）	13 724.32
单笔租赁合同平均本金余额（万元）	1 154.83
合同本金总额（万元）	55 394.54
单笔租赁合同最高本金总额（万元）	14 875.00
单笔租赁合同平均本金总额（万元）	1 351.09
本金余额最高的前 5 名承租人集中度（%）	52.28
本金余额最高的前 3 个行业集中度（%）	70.09
正常类资产占比（%）	100
加权平均租赁合同期限（月）	37.42
加权平均租赁合同剩余期限（月）	34.78
单笔租赁合同最长剩余期限（月）	48.63
单笔租赁合同最短剩余期限（月）	5.67

5. 信用增级措施

（1）初始超额抵押。

该专项计划的基础资产整体转让给了计划管理人，所对应租赁合同剩余期限内回收款均归属于专项计划；截至 2014 年 9 月 17 日，资产池剩余本金余额为 47 348 万元，相比资产支持证券票面金额（即优先级和次级产品本金之和）多出 6 862 万元，初始超额抵押覆盖倍数为 116.95%，有较强的信用增级作用。

（2）超额利差。

资产池现行加权平均利率与优先级资产支持证券预计平均票面利率之间存在一定的超额利差，为优先级资产支持证券提供了一定的信用支持。

（3）优先/次级分层。

该专项计划对资产支持证券进行了优先/次级分层，次级产品占资产池本金余额的比例为9.26%。次级产品将全部由宝信租赁认购，从而可以有效防范原始权益人的道德风险。初始超额抵押与次级产品一起，为优先级产品提供了资产池的23.76%的信用支持。

（4）宝信租赁差额支付承诺。

在每个托管银行报告日（T－8日），托管银行对专项计划账户进行核算，若专项计划账户当期收到的款项不足以支付该期优先级产品本息，则计划管理人将在差额支付启动日（T－8日）向宝信租赁发出差额支付指令，宝信租赁应按约定在差额支付划款日（T－6日）予以补足。

（5）现金流转付机制。

①回收款转付机制。

当评级机构给予资产服务机构的长期主体信用评级高于或等于A＋级时，回收款于每个租金回收计算日后的第3个工作日向专项计划账户进行转付；当评级机构给予资产服务机构的长期主体信用评级等于A级时，回收款于每个自然月结束后的第3个工作日向专项计划账户进行转付；当评级机构给予资产服务机构的长期主体信用评级低于A级时，资产服务机构［或后备资产服务机构（如有）］或计划管理人（视情况而定）将通知承租人、担保人将其应支付的款项直接支付至专项计划账户。

②保证金转付机制。

当评级机构给予宝信租赁的主体长期信用等级低于A级时，宝信租赁应将其届时持有的承租人或第三方交付的全部保证金转付至专项计划账户，并由托管银行记入保证金科目。

（6）信用触发机制。

该期产品设置了两类信用触发机制：同参与机构履约能力、资产池违约率相关的加速清偿事件，以及同资产支持证券兑付相关的违约事件，信用事件一旦触发将引致基础资产现金流支付机制的重新安排，对优先级资产支持证券形成信用保护。两类信用触发机制中，加速清偿事件会先触发。

如果加速清偿事件被触发，则收入科目的资金将不再用于：限额以外的其他专项计划费用及次级资产支持证券期间收益的支付，而是将剩余资金全部转入本金科目用于优先级资产支持证券本金的兑付。

如果违约事件被触发，则专项计划账户内资金不再区分收入回收款和本金回收款，而是将二者混同并在支付有关的税费、报酬以后用于顺序偿付优先A级资产支持证券的预期收益和本金、优先B级资产支持证券的预期收益和本金，剩余资金及其他专项计划剩余资产原状分配给次级资产支持证券持有人。

6. 项目特点小结

（1）精选优质资产，信用基础坚实。恒泰证券与宝信租赁协商建立了一套严格的资产筛选标准，精选了信用水平较高、无历史违约的承租人的租赁资产，所有的租赁资产均为正常类。资产池中租赁合同共计41份，涉及承租人33个，单笔租赁合同平均本金余额为1 154.83万元。承租人主要分布在广东、山东和江苏等经济发达的省市，行业上主要分布在有色金属冶炼加工、纺织业和陶瓷制品行业。在较高的信用水平以外，该期入池资产有着可预期的高回收率。

（2）设计了多重增信措施，为该期产品的平稳运行提供保障。信用增级措施包括：初始超额抵押、优先/次级分层、超额利差、差额支付承诺、信用触发机制和现金流转付机制。其中初始超额抵押是指资产支持证券发行金额比资产池剩余本金余额少14.49%，这部分差额将优先吸收资产池的损失，这是国内融资租赁资产证券化项目中首次运用本金超额覆盖的增信措施。

（二）国内首单互联网消费金融ABS项目——京东白条应收账款债权资产支持专项计划

2015年9月15日，“京东白条应收账款债权资产支持专项计划”一期项目成功发行，由华泰证券（上海）资产管理有限公司担任计划管理人。该期专项计划募集规模为8亿元。其中，优先级资产支持证券6亿元，次优级资产支持证券1.04亿元，次级资产支持证券0.96亿元。

该期资产证券化的原始权益人为北京京东世纪贸易有限公司，基础资产为互联网赊销债权，是国内首单互联网消费金融 ABS 项目。以下介绍京东白条 ABS 项目的具体情况，资料主要来源于《京东白条应收账款债权资产支持专项计划说明书》。

1. 交易结构

京东白条应收账款债权资产支持专项计划的交易流程为（见图 4.8）：

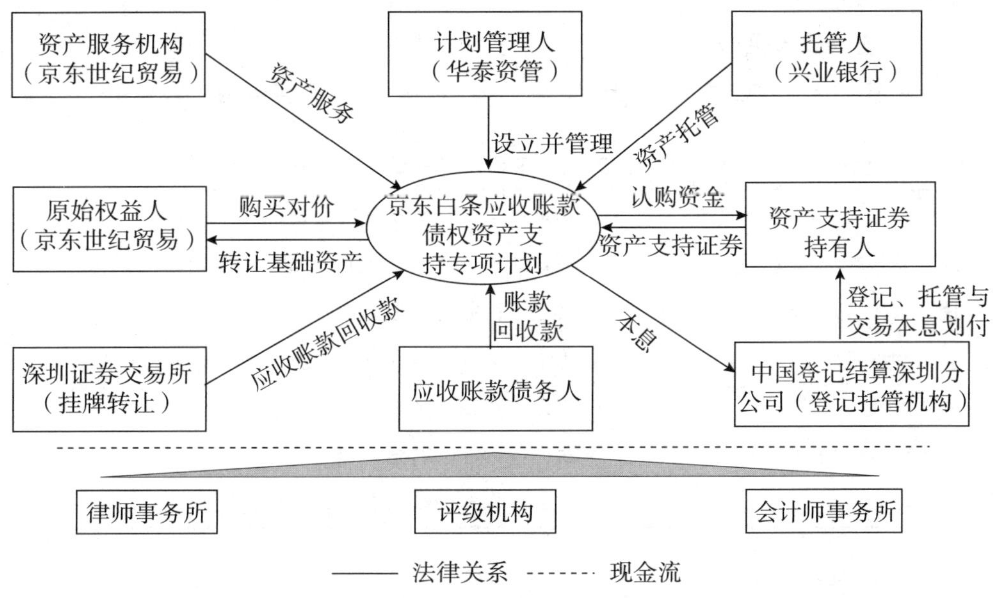

图 4.8　京东白条应收账款债权资产支持专项计划交易结构图

（1）认购人通过与计划管理人签订《认购协议》并缴付认购资金，计划管理人设立并管理专项计划，认购人取得资产支持证券，成为资产支持证券持有人。

（2）计划管理人运用专项计划资金购买原始权益人（资产转让方）应收账款债权资产，即原始权益人（资产转让方）在专项计划设立日转让给专项计划的、原始权益人对借款人的本金及利息的请求权和其他附属权利。专项计划仅与北京京东世纪贸易有限公司进行资产转让交易。

（3）计划管理人委托基础资产转让方作为资产服务机构，对基础资产进行管理，包括但不限于基础资产资料保管、对借款人应还款项进行催收、运用前期基础资产回收款滚动投资后续资产包等。

（4）托管人依据《托管协议》的约定，管理专项计划账户，执行计划管理人的划款指令，负责办理专项计划名下的相关资金往来。

（5）计划管理人按照合同的约定将基础资产的收益分配给专项计划资产支持证券持有人。

2. 主要参与机构

京东白条应收账款债权资产支持专项计划的主要参与机构见表4.21。

表4.21　京东白条应收账款债权资产支持专项计划主要参与机构

原始权益人/资产服务机构	北京京东世纪贸易有限公司
计划管理人/销售机构	华泰证券（上海）资产管理有限公司
托管人	兴业银行股份有限公司
会计师事务所	普华永道中天会计师事务所（特殊普通合伙）
法律顾问	北京市奋迅律师事务所
信用评级机构	联合信用评级有限公司
登记托管机构	中国证券登记结算有限责任公司深圳分公司

3. 产品结构

京东白条应收账款债权资产支持专项计划的产品结构见表4.22。

表4.22　京东白条应收账款债权资产支持专项计划产品结构

<table>
<tr><td>发行总额</td><td colspan="3">8.00亿元</td></tr>
<tr><td>专项计划设立日</td><td colspan="3">2015年9月15日</td></tr>
<tr><td>法定到期日</td><td colspan="3">自专项计划设立日起48个月届满之日之后的第6个工作日</td></tr>
<tr><td>证券分档</td><td>优先级</td><td>次优级</td><td>次级</td></tr>
<tr><td>本金规模</td><td>6.00亿元</td><td>1.04亿元</td><td>0.96亿元</td></tr>
</table>

（续表）

本金规模占比	75%	13%	12%
信用等级	AAA	AA－	无评级
预期到期日	2017年9月15日		
期限	2年	2年	2年
发行利率	5.1%	7.3%	无预期收益率
还本付息安排	循环购买期：每3个月支付一次利息，不支付本金；摊还期：每月还本付息		到期获得全部剩余资产

4. 基础资产与资产池情况

（1）资产合格标准。

就每一笔基础资产而言，是指在计划管理人购买基础资产的买卖交割之时：

①基础资产仅限原始权益人提供京东白条服务所产生的应收账款资产。

②原始权益人真实、合法、有效拥有基础资产，且基础资产上未设定抵押权、质权或任何第三方的其他有效的权利主张。

③基础资产对应的买卖合同合法有效。

④用户发起使用相应京东白条已满14天，且在此期间内用户未取消购物订单并且未提出因原始权益人瑕疵履行买卖合同义务而要求减少应付款项或退货等主张。

⑤该基础资产的用户在专项计划项下的应付货款余额（包括该基础资产项下的“应付货款”余额在内）合计不超过2万元。

⑥该基础资产的用户在平台的历史逾期还款天数合计不超过25个自然日，历史逾期还款次数不超过3次。

⑦该基础资产对应的最后一期还款日不晚于自专项计划设立日起第24个月届满之日。

⑧该基础资产上无限制转让规定。

⑨该基础资产不涉及诉讼、仲裁。

（2）基础资产情况。

该期专项计划的基础资产是指原始权益人在首次和后续购买的基础资产交割时，依据《京东白条服务协议》于相关基础资产转让交割完成日（含该日）存在的要求用户按期支付应付货款及服务费的债权及其他依据《京东白条服务协议》应由用户向原始权益人支付的款项（含购买前该等基础资产已计提但尚未支付的服务费）。

该期专项计划为动态资产池，基础资产尚未逐笔确定。基础资产的合格标准可反映出基础资产池的主要特征。

由于基础资产是从京东白条应收账款债权资产中随机循环购买满足合格标准的京东白条应收账款，因此京东世纪贸易现有京东白条应收账款债权资产分布可在一定程度上反映该期专项计划资产池的资产分布特点。

截至2015年6月末，京东世纪贸易京东白条应收账款债权资产余额共计389 966.40万元，客户数共计3 019 269户。户均单笔金额为1 291.6元，金额较低。

从应收账款的标的商品（按照销售的产品类别划分）分布看，截至2015年5月末，京东世纪贸易的京东白条应收账款的标的商品以3C数码为主，其次是家居产品，二者交易额占比合计75%左右，服饰、母婴、美容和其他商品应收账款余额和客户相对较分散，占比大多在5%以下。由于其他类中含有多个细分行业，资产行业分散度仍较高。

从单笔京东白条应收账款的平均金额来看，平均单笔金额集中在1万元以下，占所有笔数的75.71%。出现逾期或不良的情形较少。具体情况见表4.23。

表4.23　京东白条应收账款笔数分布情况

应收账款余额区间	笔数占比（%）	交易额占比（%）	逾期率（%）	不良率（%）
5 000元以下	15.38	12.12	0.164	0.069
5 000元~1万元	60.33	62.25	0.371	0.167
1万元~5万元	24.29	25.63	0.065	0.032
5万元~10万元	0.00	0.00	0.000	0.000
10万元以上	0.00	0.00	0.000	0.000

5. 循环购买安排

自专项计划设立日起，至以下两者中较早发生之前：（1）循环期届满，或（2）加速清偿事件发生之日，计划管理人可利用专项计划资金以循环的方式购买符合合格标准的京东白条应收账款债权资产。循环购买按照与首次购买相同的入池标准进行。

就每一次后续购买基础资产而言，原始权益人应通过其 IT 系统自动筛选符合合格标准的京东白条应收账款债权资产并向计划管理人发送该次拟购买京东白条应收账款债权资产的清单；计划管理人有权向资产服务机构发出后续购买指令，列明允许购买的京东白条应收账款债权资产清单，并授权资产服务机构在该清单范围内执行后续购买。对于后续购买的京东白条应收账款债权资产，由资产服务机构按照约定继续进行保管和催收等管理工作。

循环期内，资产服务机构应于每一循环期转付日从证券化服务账户中将费用储备账户及收益储备账户内记录的金额所对应的资金全额划入专项计划账户；专项计划收款账户内记录的剩余资金应记入基础账户用于循环购买符合标准的京东白条应收账款债权资产。如记入基础账户内的资金连续十个自然日超过专项计划募集资金的 20%，计划管理人有权从证券化服务账户中将基础账户内记录的全部或部分金额所对应的资金划付至专项计划账户。对专项计划账户内的资金，计划管理人有权按《标准条款》的约定后续购买基础资产，或按《标准条款》的约定进行合格投资。

6. 信用增级措施

（1）优先/次优先/次级安排。

优先/次优先/次级安排是证券化项目中最常见的内部信用增级安排。根据项目安排的各档级证券本金/利息的受偿前后，劣后受偿档级的投资者为优先档级投资者提供信用增级。该期专项计划的结构设计中设定了优先/次优/次级的分层结构，比例分别为 75%、13% 和 12%。

从资产池回收的资金将会按照事先约定的现金流支付顺序支付，排序在现金流支付顺序最后面的证券档将承担最初的损失。所以在现金流支付顺序中，排名在后的证券档为高一级别的证券档提供了信用增级。就该期专项计划而言，次优级资产支持证券为优先级资产支持证券提供了信用增级，次级资产支持证券为优先级、次优级资产支持证券提供了信用增级。

（2）信用触发机制。

该期专项计划设置了信用触发机制，即同原始权益人和参与机构履约能力相关的加速清偿事件。信用事件一旦触发将引致基础资产现金流支付机制的重新安排。

如果加速清偿事件被触发，基础账户内记录的资金不再用于购买原始权益人符合合格标准的资产，证券化服务账户现有全部资金划转至专项计划账户；资产服务机构需将后续收到的回收款转至专项计划账户，计划管理人将每月对专项计划资产进行分配。在分配顺序上，在偿付相关税费后，优先清偿优先级、次优级的预期收益，再清偿优先级、次优级本金，最后再对次级进行分配。

7. 项目特点小结

（1）国内首单互联网消费金融资产证券化项目。该期专项计划的基础资产为原始权益人依据《京东白条服务协议》要求用户按期支付应付货款及服务费的债权及其他款项。

（2）采用动态资产池，且基础资产小额分散。该期专项计划为动态资产池，基础资产尚未逐笔确定，而是从京东白条应收账款债权资产中随机循环购买满足合格标准的京东白条应收账款，因此京东世纪贸易现有京东白条应收账款债权资产分布可在一定程度上反映该期专项计划资产池的资产分布特点；京东白条应收账款户均单笔金额为1 291.6元，分散性很高。

（3）在证券化服务账户直接开展循环购买，有效降低了工作量。该期专项计划专门设置了证券化服务账户，是指计划管理人依照网银在线公司相关服务规则为专项计划专门开立的账户，主要用于归集专项计划资产现金流，向专项计划账户转付回收款，同时循环购买应收账款资产，这相比在专项计划账户中开展循环购买的效率更高，不需要每次循环购买时向托管银行发送划款指令。

（三）国内首单“非标转标”的ABS产品——海印股份信托受益权专项资产管理计划

2014年8月14日，海印股份信托受益权专项资产管理计划成功设立，原始权益人为浦发银行广州分行。该期专项计划的总规模为15亿元，其中优先级资产支持证券14亿元，分为1～5年五档产品，产品评级均为AA+；次级资产支持证券1亿元，由海印股份全额认购。

该期专项计划的基础资产系指计划管理人根据法律规定和协定享有的特定期间的海印资金信托的信托受益权。该信托受益权收益基于信托贷款的质押物，即海印股份及其旗下运营管理的14家商业物业未来的租金及其他相关收入。该期专项计划是国内首单以信托受益权作为基础资产的企业资产证券化产品，是通过资产证券化实现“非标转标”的典型样本。以下介绍海印股份资产证券化项目的具体情况，资料主要来源于《海印股份信托受益权专项资产管理计划之计划说明书》。

1. 交易结构

海印股份信托受益权专项资产管理计划的交易流程为（见图4.9）：

（1）浦发银行将15亿元货币资金委托给大业信托设立大业—海印股份信托贷款单一资金信托，从而拥有大业—海印股份信托贷款单一资金信托的信托受益权。

浦发银行根据《信托保管协议》履行对海印资金信托的保管责任。

（2）大业信托与海印股份签订《信托贷款合同》，向海印股份发放信托贷款。该信托贷款的贷款总额为15亿元，年利率为9.1%，采用一次性放款，按年计算需偿还的本息，分月支付的方式。该信托贷款在该专项计划设立后的持续期间为5年，依次每年偿还的本金分别为2.20亿元、2.60亿元、3.10亿元、3.40亿元、3.70亿元。

海印股份以旗下运营管理的14个商业物业整租合同项下的商业物业特定期间经营收益应收账款质押给海印资金信托，并承诺以14家商业物业的租金及其他收入作为信托贷款的还款来源。

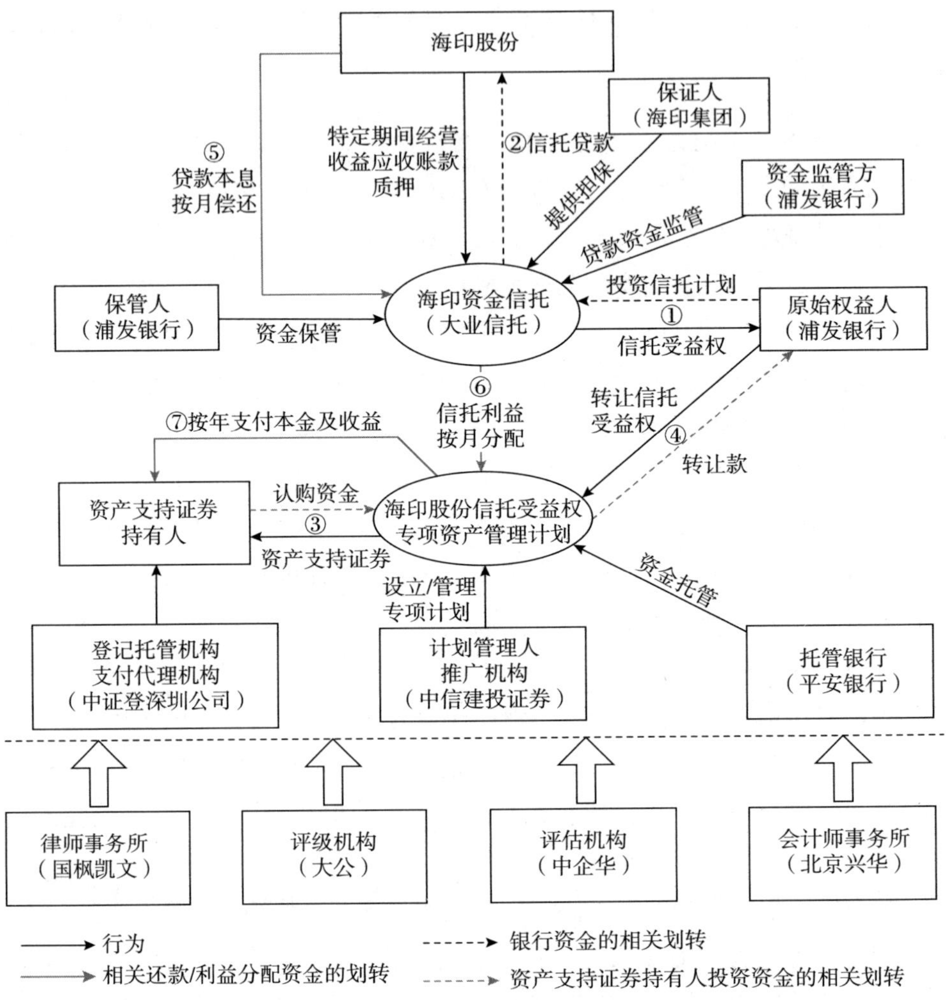

图 4.9　海印股份信托受益权专项资产管理计划交易结构图

海印股份的控股股东海印集团为海印股份与大业信托的海印资金信托贷款提供连带责任保证。

浦发银行根据《信托贷款监管协议》对上述信托贷款的还款监管账户实施监管，定期向大业信托和计划管理人提供监管账户每月的银行流水信息。

（3）计划管理人设立海印股份信托受益权专项资产管理计划，以募集资金购买浦发银行持有的海印资金信托的信托受益权。资产支持证券投资人认购专项计划，将认购资金以专项资产管理方式委托计划管理人管理。计划管理人成功设立专项计划后，专项计划取得海印资金信托的信托受益权，专项计划认购人取得资产支持证券，成为资产支持证券持有人。

（4）计划管理人根据与浦发银行签订的《信托受益权转让协议》，用专项计划资金向浦发银行购买其持有的海印资金信托的信托受益权。交易完成后，专项计划承接浦发银行与大业信托的合同关系，获得海印资金信托的信托受益权。

（5）专项计划存续期间，海印股份根据信托贷款合同的约定在每月的15日前（含当日）支付当月需偿还的信托贷款本息。

（6）专项计划存续期间，海印资金信托在每月收到海印股份支付的贷款本息后（不含该日）的第一个工作日，将当月收到海印股份偿还的信托贷款本息扣除当期必要的费用后全部分配给信托受益人，即专项计划。

（7）计划管理人根据《计划说明书》及相关文件的约定，向托管银行发出分配指令，托管银行根据分配指令，将相应资金划拨至登记托管机构的指定账户用于支付资产支持证券本金和预期收益。在每个兑付日，在支付完毕专项计划应纳税负、当期管理费、托管费和其他专项计划费用以及当期优先级资产支持证券预期收益和本金后，将剩余资金的50%支付给次级资产支持证券持有人。

2. 主要参与机构

海印股份信托受益权专项资产管理计划的主要参与机构见表4.24。

表4.24　海印股份信托受益权专项资产管理计划主要参与机构

原始权益人/信托贷款监管银行	上海浦东发展银行股份有限公司广州分行
计划管理人/销售机构	中信建投证券股份有限公司
专项计划资金托管人	平安银行股份有限公司
资金信托信托公司	大业信托有限责任公司
资金信托借款人	广东海印集团股份有限公司

（续表）

信托贷款保证人	广州海印实业集团有限公司
法律顾问	北京国枫凯文律师事务所
信用评级机构	大公国际资信评估有限公司
会计师事务所	北京兴华会计师事务所
评估机构	北京中企华资产评估有限责任公司
登记结算机构	中国证券登记结算有限责任公司深圳分公司

3. 产品结构

海印股份信托受益权专项资产管理计划的产品结构见表4.25。

表4.25 海印股份信托受益权专项资产管理计划产品结构

发行总额	15.00亿元					
起息日	2014年8月14日					
法定到期日	2020年8月13日					
证券分档	优先级					次级
	海印1	海印2	海印3	海印4	海印5	次级
规模	2.20亿元	2.50亿元	2.90亿元	2.10亿元	2.30亿元	1.00亿元
占比	14.67%	16.67%	19.33%	20.67%	22.00%	6.67%
信用评级	AA+	AA+	AA+	AA+	AA+	无评级
期限	1年	2年	3年	4年	5年	5年
利率类型	固定利率					无票面利率
付息频率	按年付息					按年分配剩余专项计划资产的50%
本金偿还方式	到期还本					到期分配全部剩余专项计划资产

4. 信用增级措施

（1）优先/次级分层。该专项计划对资产支持证券进行了优先/次级分层，按照本金比例计算次级资产支持证券能够为整个资产支持证券提供6.67%的信用支持。次级资产支持证券将全部由海印股份认购。

（2）利差支持。信托贷款的利率与优先级资产支持证券预计票面利率之间存在一定的利差，超额利差为优先级资产支持证券提供了一定的信用支持。

（3）严格的资金管控措施。该专项资管计划对基础资产的还款资金来源进行了系统性的监控保证，信托收益还款来源——商业物业经营收入优先用于偿付信托贷款，以保证基础资产的收益。

（4）剩余资金沉淀。该专项资产管理计划对每一期优先级资产支持证券和预期收益偿付完毕后，如有剩余专项计划资产至50%将分配给次级资产支持证券持有人，当期未分配资产将滚存入下一期专项计划资产。剩余资金沉淀有利于保障该专项计划按期、足额偿付。

（5）连带责任担保。海印集团作为海印股份的控股股东，向资金信托承担连带担保责任。海印集团资产规模较大、盈利水平良好，对于资金信托有较强的保障能力，为该专项计划的偿付提供了有力支持。

5. 项目特点小结

（1）国内首次将信托受益权作为企业资产证券化的基础资产。由于海印股份对商业物业不拥有所有权，因此直接以物业租金收益权作为基础资产存在法律上的问题。通过浦发银行广州分行提供过桥资金，将基础资产转化为债权资产（信托受益权），很好地解决了法律问题，实现了“非标转标”的效果。

（2）增信措施丰富，产品评级（AA+）相比主体评级（AA-）有了较大提升。该项目的增信措施主要包括：优先/次级分层、超额利差、剩余资金沉淀、14项物业租金应收款的质押、海印股份差额补足、海印集团连带责任担保责任。

（3）现金流归集方式比较严密：物业租金每月进平安银行租金收入账户；每月10日全部进入浦发银行租金监管账户；每月15日将信托兑付收益进入浦发银行信托保管账户，超出部分归海印股份；每月16日资金进入平安银行专项计划账户，沉淀；每年2月末兑付，剩余资金50%留存下期，50%归海印股份。

（四）国内首单酒店会展行业资产证券化项目——汇富河西嘉实1号资产支持专项计划

2015年10月12日，汇富河西嘉实1号资产支持专项计划成功设立。该期专项计划的总规模为8.5亿元，其中优先级资产支持证券8亿元，分为汇富河西优先01～优先10共10个品种，其评级均为AA+；次级资产支持证券0.5亿元。

该期专项计划的原始权益人为南京市河西新城区国有资产经营控股（集团）有限责任公司（以下简称“河西新城区国资公司”），基础资产为原始权益人对借款人享有的委托贷款债权及附属权益，委托贷款债权的主要还款来源为借款人所享有的未来10年金陵江滨酒店产生的客房、餐饮、会务等收入、博览中心酒店产生的客房收入、金陵会议中心产生的餐饮收入。以下介绍汇富河西资产证券化项目的具体情况，资料主要来源于《汇富河西嘉实1号资产支持专项计划之计划说明书》。

1. 交易结构

汇富河西嘉实1号资产支持专项计划的交易流程为（见图4.10）：

（1）认购人通过与计划管理人签订《认购协议》，将认购资金通过专项计划委托计划管理人管理，计划管理人设立并管理专项计划，认购人取得资产支持证券，成为资产支持证券持有人。

（2）计划管理人根据与原始权益人签订的《资产买卖协议》的约定，将专项计划资金用于向原始权益人购买基础资产，即原始权益人在专项计划设立日转让给计划管理人的、原始权益人对借款人享有的委托贷款债权及附属权益。

（3）借款人按照《监管协议》的约定分别将金陵江滨酒店产生的客房、餐饮、会务等收入、博览中心酒店产生的客房收入、金陵会议中心产生的餐饮收入款项归集至各自指定的监管账户，并于每个委托贷款还款日按照《委托贷款借款合同》约定偿还当期应还本金和/或利息及其他应付款项。

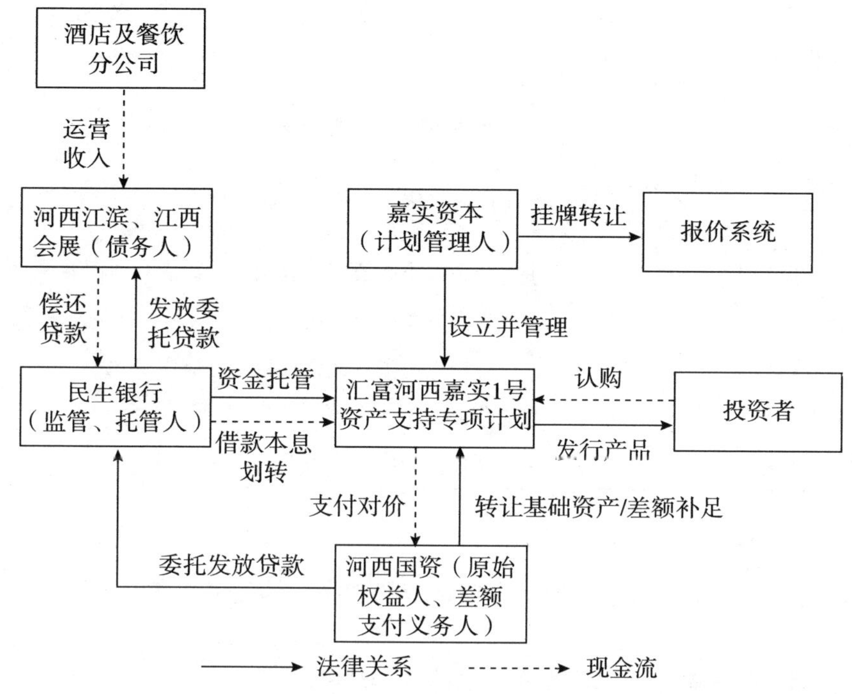

图 4.10　汇富河西嘉实 1 号资产支持专项计划交易结构图

（4）在每个回收款转付日，受托人将借款人偿还的全部委托贷款本金、利息或其他应付款项划转至专项计划账户。

（5）差额支付承诺人根据《差额支付承诺函》的约定，在计划管理人向差额支付承诺人发出履行差额支付义务的通知后，向本计划支付差额资金，以满足兑付日应由专项计划财产承担的专项计划税费、专项计划费用及相关资产支持证券的应分配的本金和预期收益。

（6）计划管理人根据《托管协议》及相关文件的约定，向托管人发出分配指令，托管人根据分配指令，将相应资金划拨至登记托管机构的指定账户用于支付资产支持证券本金和预期收益。

2. 主要参与机构

汇富河西嘉实 1 号资产支持专项计划的主要参与机构见表 4.26。

表 4.26 汇富河西嘉实 1 号资产支持专项计划主要参与机构

原始权益人/差额支付承诺人	南京市河西新城区国有资产经营控股（集团）有限责任公司
管理人	嘉实资本管理有限公司
委托贷款受托人/托管人/监管银行	中国民生银行股份有限公司
委托贷款借款人	江滨会议中心公司、金陵江滨酒店和河西会展公司
法律顾问	北京大成律师事务所
信用评级机构	上海新世纪资信评估投资服务有限公司
会计师事务所	江苏公证天业会计师事务所
登记托管机构	中证机构间报价系统股份有限公司

3. 产品结构

汇富河西嘉实 1 号资产支持专项计划的产品结构见表 4.27。

表 4.27 汇富河西嘉实 1 号资产支持专项计划产品结构

发行总额（亿元）	8.5										
专项计划设立日	2015 年 10 月 12 日										
法定到期日	2027 年 10 月 12 日										
证券分档	优先级										次级
	01	02	03	04	05	06	07	08	09	10	次级
目标募集规模（万元）	5 900	6 300	6 700	7 100	7 400	7 900	8 500	9 300	10 200	10 700	5 000
规模占比（%）	6.94	7.41	7.88	8.35	8.71	9.29	10.00	10.94	12.00	12.59	5.88
预期年收益率（%）	4.90	5.13	5.17	5.33	5.33	5.33	5.33	5.33	5.33	5.33	无预期收益率
可能调整的预期年收益率（%）*	–	–	–	–	–	8.33	8.33	8.33	8.33	8.33	无预期收益率

（续表）

信用评级	AA +	AA +	AA +	AA +	AA +	AA +	AA +	AA +	AA +	AA +	无评级
预期到期日	2016/10/12	2017/10/12	2018/10/12	2019/10/12	2020/10/12	2021/10/12	2022/10/12	2023/10/12	2024/10/12	2025/10/12	2025/10/12
可能调整的预期到期日 **	–	–	–	–	–	2020/10/12	2020/10/12	2020/10/12	2020/10/12	2020/10/12	2025/10/12
利率类型	固定利率										无预期收益率
付息频率	按季付息										–
本金偿还方式	到期一次性还本										–

*：专项计划存续期间内，如河西新城区国资公司未在原始权益人回购期间向计划管理人通知回购届时基础资产剩余权益，自原始权益人回购期间届满之日所在的当个预期收益计算期间首日起，汇富河西优先 06 ~ 10 预期收益率将调整。

**：《委托贷款借款合同》项下的借款人均于委托贷款满 5 年之日提前偿还全部剩余委托贷款本金、利息及其他应付款项的，汇富河西优先 06 ~ 10 提前到期，均以专项计划设立日满 5 年之对应日为预期到期日。

4. 基础资产情况

该期专项计划的基础资产为原始权益人在专项计划设立日转让给计划管理人的、原始权益人对借款人享有的委托贷款债权及附属权益。委托贷款为原始权益人及中国民生银行南京分行与借款人签署的《委托贷款借款合同》，原始权益人委托受托人向借款人发放委托贷款，并由借款人分别以未来 10 年金陵江滨酒店产生的客房、餐饮、会务等收入、博览中心酒店产生的客房收入、金陵会议中心产生的餐饮收入作为主要还款来源。委托贷款的借款人为江滨会议中心公司、金陵江滨酒店和河西会展公司，江滨会议中心公司、河西会展公司均为河西新城区国资公司全资子公司，金陵江滨酒店为江滨会议中心公司分公司。委托贷款的还款来源为江滨会议中心公司拥有的金陵江滨酒店、河西会展公司拥有的博览中心酒店及金陵会议中心（仅提供餐饮服务）未来 10 年产生的客房、餐饮、会务等收入。因此，金陵江滨酒店、博览中心酒店和金陵会议中心的日常运营将对基础资产现金流的回笼产生较大影响。

在运营模式上，金陵江滨酒店、博览中心酒店、金陵会议中心均委托南京金陵酒店管理公司运营管理，由河西新城区国资公司每年向南京金陵酒店管理公司支付管理费。

基础资产现金流来自两家子公司向河西新城区国资公司偿还的委贷本金和利息。两家子公司以其旗下的金陵会议中心、博览中心酒店和金陵江滨酒店的住宿、餐饮收入作为委托贷款的还款来源，为该笔资产证券化项目的最底层资产。原始权益人据此享有特定期间内实现的相应销售收入的收益权，基础资产真实、合法，基础资产在专项计划设立之前归属于原始权益人，基础资产于专项计划设立日转让给计划管理人。根据对基础资产相关文件的查阅，基础资产之上不存在任何质押等第三方权利负担的情形。

5. 信用增级措施

（1）优先/次级分层。该期专项计划通过设定优先级/次级的分层结构来实现内部信用提升。根据交易安排，计划存续期内，优先级资产支持证券享有优先受偿权，计划终止日待优先级的预期本金和收益全部清偿完毕后，剩余资产再分配给次级证券持有人。基础资产回收的资金按照上述约定的现金流偿付机制顺序支付，劣后档次的资产支持证券为较高档次的资产支持证券提供信用损失保护。具体来说，该期专项计划次级资产支持证券为优先级资产支持证券提供的信用支持为5.88%。

（2）现金流超额覆盖。该期专项计划通过优先级/次级的偿付次序安排实现了资产池现金流对优先档资产支持证券本金和预期收益的超额覆盖，从而降低了优先级资产支持证券的信用风险。

（3）原始权益人差额支付承诺。河西新城区国资公司按照《差额支付承诺函》的条款和条件，对专项计划分配资金不足以支付应由专项计划财产承担的专项计划费用，以及优先级资产支持证券的各期预期收益和未偿本金的差额部分承担补足义务。

6. 项目特点小结

（1）国内首单酒店会展行业资产证券化项目。河西新城区国资公司以其对子公司的委托贷款为基础资产，主要还款来源为子公司所持有的酒店、会展中心的客房、餐饮、会务收入。

（2）优先级证券的预期到期日和预期收益率依据委贷合同还款情况而调整。若《委托贷款借款合同》项下的借款人均于委托贷款满5年之日提前偿还全部剩余委托贷款本金、利息及其他应付款项，则汇富河西优先06～10提前到期。若河西新城区国资公司未在原始权益人回购期间向计划管理人通知回购届时基础资产剩余权益，则自原始权益人回购期间届满之日所在的当个预期收益计算期间首日起，汇富河西优先06～10预期收益率均将从5.33%提高至8.33%。

三、资产支持票据

（一）国内首批收费权资产支持票据项目——南京公用控股（集团）有限公司资产支持票据

2012年8月7日，南京公用控股（集团）有限公司（以下简称“南京公用控股”）发行了2012年度第一期资产支持票据。该期资产支持票据的总规模为10亿元，期限为5年，利率为5.85%，为非公开定向发行。发行人的主体评级为AA+，评级展望为稳定。

该期资产支持票据的基础资产为发行人的全资子公司——南京市自来水总公司拥有的未来5年的自来水收费权。以下介绍该期资产支持票据的具体情况，资料主要来源于《南京公用控股（集团）有限公司2012年度第一期资产支持票据定向发行协议》。

1. 交易结构

南京公用控股（集团）有限公司资产支持票据项目的交易结构说明如下（见图4.11）：

（1）水费汇总账户的设立。

目前，南京市自来水总公司对居民类用户每两个月抄表一次确认收入，对工业用户每月抄表确认收入。南京市自来水总公司在当地十余家商业银行

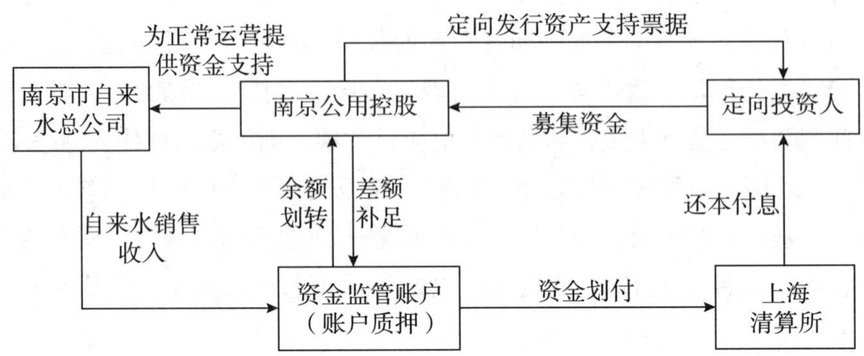

图 4.11　南京公用控股（集团）有限公司资产支持票据交易结构图

开立了收费账户，委托各商业银行代为收取自来水费。根据南京公用控股（集团）有限公司、南京市自来水总公司和中国工商银行股份有限公司签订的《南京公用控股（集团）有限公司 2012 年度第一期资产支持票据资金监管协议》（以下简称《监管协议》），南京市自来水总公司在工商银行开立水费汇总账户，在该期资产支持票据存续期内，每月 10 日前（如遇法定节假日或休息日，则顺延至其后的第 1 个工作日）从各商业银行收费账户中将自来水销售收入全额划至水费汇总账户。

在该期资产支持票据偿付资金归集期内，汇总账户内的资金在保证按照《定向发行协议》和《监管协议》约定按时足额划付至资金归集专户的前提下，南京市自来水总公司可将汇总账户内的资金划出。其他期限内，监管银行仅负责对汇总账户现金流的监测。

（2）资金归集专户的设立。

根据《监管协议》，南京公用控股（集团）有限公司将在工商银行开立该期资产支持票据的资金归集专户，南京市自来水总公司按照该期资产支持票据的资金归集安排定期将自来水销售收入从公司水费汇总账户划付至资金归集专户。

除兑付该期资产支持票据本息以外，发行人不得从资金归集专户划出资金，由监管银行对该账户进行监管。每年还本付息之后，在取得监管银行和定向投资人代表同意的前提下，发行人可将资金归集专户中剩余的资金划出。

发行人可在资金监管银行的监管下从事以保值、增值为原则的投资（如定期存款、通知存款等），相关收益归发行人所有。

（3）资金归集的安排。

根据《评估报告》中对南京市自来水总公司2012~2017年自来水销售收入的预测，考虑到南京公用控股信用资质优良，且自来水销售收入年度内较为稳定，特制定以下资金归集安排：

该期资产支持票据每年还本付息日前（不计还本付息日当月）第6个月至第1个月为基础资产产生的现金流的归集期，即每年基础资产产生的现金流的归集期均为还本付息日前（不计还本付息日当月）的6个月，现金流每3个月由南京市自来水总公司的水费汇总账户划转至该期资产支持票据的资金归集专户。若该期资产支持票据每年的还本付息日为：

①某月5日（含5日）前，则资金在每年还本付息日前（不计还本付息日当月）第4个月及第1个月的15日（如遇法定节假日则提前至前一工作日）划付。

②某月5日（不含5日）后，15日（含15日）前，则资金在每年还本付息日前（不计还本付息日当月）第4个月月末和第1个月月末最后一个工作日划付。

③某月20日后，则资金在每年还本付息日前（不计还本付息日当月）第3个月及还本付息日当月的15日（如遇法定节假日则提前至前一工作日）划付。

南京市自来水总公司承诺在上述资金划付日将自来水销售收入划付至资金归集专户，在支付当年的本息前，不得从资金归集专户划出资金。

为降低发行人资金沉淀成本，南京市自来水总公司采用现金流差额的方式进行资金划付，根据该期资产支持票据最终每年还本付息日时点的不同，在每年还本付息日前（不计还本付息日当月）第4个月15日（如遇法定节假日则提前至前一工作日）；或每年还本付息日前（不计还本付息日当月）第4个月月末最后一个工作日；或每年还本付息日前（不计还本付息日当月）第3个月15日（如遇法定节假日则提前至前一工作日），以当年应还本付息的总金额，乘以105%的保障倍数（由于自来水现金流非常稳定，因而保障倍数设置较低），扣减后3个月的平均自来水销售收入（以《评估报告》中的年度评估值确定）的差额，即为当年度第一次应划转的销售收入。而在每年还本付息日前（不计还本付息日当月）第1个月15日（如遇法定节假日则提前至前一工作日）；或每年还本付息日前（不计还本付息日当月）第1个月月末最后一个工作日；或每年还本付息日当月15日（如遇法定节假日则提前至前一工作日），以当年应还本付息的总金额扣减已划转的销售收入后的差额，即当年度第二次应划转的销售收入。

该期资产支持票据每年第二次资金划转后的第一个工作日，监管银行应对资金归集专户进行核查，若资金归集专户如不足以支付及偿还当年利息和本金，则由监管银行通知发行人，发行人需用自身经营性收入或筹集资金补充资金归集专户，确保资金归集专户内资金足以支付当年度还本付息总金额。

（4）资金归集专户项下资金的质押。

南京公用控股（集团）有限公司、中国工商银行股份有限公司签订了《南京公用控股（集团）有限公司2012年度第一期资产支持票据资金归集专户项下资金质押协议》，南京公用控股（集团）有限公司同意将其在监管银行开立的资金归集专户项下的资金质押给定向投资人，设立质押，作为该期资产支持票据定向投资人在《南京公用控股（集团）有限公司2012年度第一期资产支持票据非公开定向发行协议》项下债权的担保，优先兑付该期资产支持票据本息。全体定向投资人同意并授权，由中国工商银行股份有限公司作为全部定向投资人委托的质权代理人，代理该期资产支持票据的定向投资人行使质权。

南京公用控股（集团）有限公司同意并承诺，其应在水费汇总账户内的资金划转至资金归集专户后的第一个工作日，将资金归集专户项下的质押资金转存为定期存款，并将定期存单质押给全体定向投资人，作为定向投资人在该期资产支持票据项下债权的担保。

2. 主要参与机构

南京公用控股（集团）有限公司资产支持票据项目主要参与机构见表4.28。

表4.28 南京公用控股资产支持票据主要参与机构

发行人	南京公用控股（集团）有限公司
主承销商/簿记管理人	中信证券股份有限公司
联席承销商	中国工商银行股份有限公司
信用评级机构	中诚信国际资信评估有限公司
会计师事务所	上海众华沪银会计师事务所
评估机构	上海立信资产评估有限公司江苏分公司
资金监管银行	中国工商银行股份有限公司
登记结算机构	中国证券登记结算有限责任公司深圳分公司

3. 产品结构

南京公用控股（集团）有限公司资产支持票据项目产品结构见表4.29。

表4.29 南京公用控股资产支持票据产品结构

发行总额	10亿元
起息日	2012年8月7日
证券名称	12宁公用ABN001
信用评级	AA+
期限	5年
利率类型	固定利率
本息支付方式	该期资产支持票据每年付息一次，分次还本，在该期资产支持票据存续期的第1、2、3、4、5年年末分别按照发行总额15%、20%、20%、20%、25%的比例偿还该期资产支持票据的本金

4. 项目特点小结

（1）资金归集方式严密且考虑了资金沉淀问题。

该期资产支持票据每年还本付息日前（不计还本付息日当月）第6个月

至第1个月为基础资产产生的现金流的归集期，即每年基础资产产生的现金流的归集期均为还本付息日前（不计还本付息日当月）的6个月，现金流每3个月由南京市自来水总公司的水费汇总账户划转至该期资产支持票据的资金归集专户（若启动预警机制，则划转频率将加速为每个月划转一次）。为降低发行人资金沉淀成本，南京市自来水总公司采用现金流差额的方式进行资金划付，根据该期资产支持票据最终每年还本付息日时点的不同，以当年应还本付息的总金额，乘以105%的保障倍数（由于自来水现金流非常稳定，因而保障倍数设置较低），扣减后3个月的平均自来水销售收入（以《评估报告》中的年度评估值确定）的差额，即当年度第一次应划转的销售收入，并以当年应还本付息的总金额扣减已划转的销售收入后的差额为当年度第二次应划转的销售收入。

（2）预警机制完善，有利于保护投资者权益。

为降低该期资产支持票据在存续期内可能存在的由于基础资产现金流下降或发行人信用资质下降给投资人带来的信用风险，该期资产支持票据存续期内，若发生以下事项且足以对偿还该期资产支持票据造成重大负面实质性影响，则定向投资人有权要求在资产支持票据持有人会议相关决议通过之日起，启动预警机制：

①发行人主体评级机构下调发行人主体评级至AA级以下。

②该期资产支持票据基础资产经营情况发生重大变化。

③基础资产权属发生争议。

④基础资产现金流恶化导致收益权不足以支付该期资产支持票据本息。

⑤发行人发生未能清偿到期债务的违约情况；债务种类包括但不限于短期融资券、超短期融资券、中期票据、企业债券、公司债券、可转换债券、可分离债券等公开发行债务，以及银行贷款、承兑汇票等非公开发行债务。

⑥发行人或发行人的高级管理层出现严重违法、违规案件，或已就重大经济事件接受有关部门调查，且足以影响该期资产支持票据的按时、足额兑付。

⑦发行人发生超过净资产10%以上重大损失（包括投资损失和经营性亏损），且足以影响该期资产支持票据的按时、足额兑付。

⑧发行人做出减资、合并、分立、解散及申请破产的决定。

⑨发行人受到重大行政处分、罚款或涉及重大诉讼或司法强制执行等事件，且罚款、诉讼或强制执行的标的额较大，且足以影响该期资产支持票据的按时、足额兑付。

⑩其他可能引起投资人重大损失的事件。

若启动预警机制，则监管银行对基础资产产生的现金流进行实时监控，即自预警启动之日起，南京市自来水总公司的自来水销售收入需每月由公司水费汇总账户全额划付至资金归集专户，在该期资产支持票据到期全额兑付兑息前，不得从资金归集专户划出资金，直至上述不利影响完全消除，且经该期资产支持票据持有人会议审议通过。

（二）多种基础资产集合发行的资产支持票据项目——扬州市城建国有资产控股（集团）有限责任公司资产支持票据

2013年3月22日，扬州市城建国有资产控股（集团）有限责任公司（以下简称“扬州城建控股”）发行了2013年度第一期资产支持票据。该期资产支持票据发行规模为15亿元，分为1~5年五档产品，债项评级为AA+，为非公开定向发行。

该期资产支持票据的基础资产为发行人下属全资子公司扬州自来水本部（不包含下属子公司）未来5年（2013年1月1日~2017年12月31日）的自来水供水收入、全资子公司洁源排水本部（不包含下属子公司）未来5年的污水处理费收入以及全资子公交公司本部（不包含下属子公司）未来5年的公共交通运输收入（包含公交车和出租车收入）对应的现金流。以下介绍该期资产支持票据的具体情况，资料主要来源于《扬州市城建国有资产控股（集团）有限责任公司2012年度第一期资产支持票据定向发行协议》。

1. 交易结构

扬州市城建国有资产控股（集团）有限责任公司资产支持票据项目的交

易结构（见图 4. 12）说明如下：

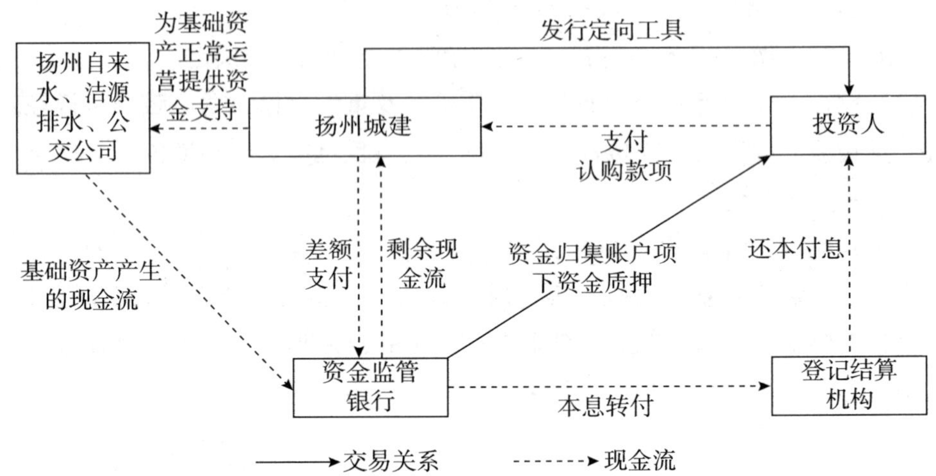

图 4. 12　扬州市城建国有资产控股（集团）有限责任公司资产支持票据交易结构图

（1）资产支持票据的划款期间。

该期资产支持票据品种一到期日之前 90 天为第一划款期间，该期资产支持票据品种二到期日之前 90 天为第二划款期间，该期资产支持票据品种三到期日之前 90 天为第三划款期间，该期资产支持票据品种四到期日之前 90 天为第四划款期间，该期资产支持票据品种五到期日之前 90 天为第五划款期间。共计 5 个划款期间。

（2）现金流储备事件。

现金流储备事件系指以下任一事件：①基础资产原始权益人违反其相关机构签署的融资租赁合同，导致出租方可能对租赁向下的租赁物采取司法措施；②扬州市财政局未按期足额支付其应拨付给洁源排水公司的污水处理费；③联合资信评估有限公司给予发行人的长期主体信用等级低于 AA 级；④其他不利于该期资产支持票据按期足额偿付的重大事件。

（3）基础资产现金流的监管。

根据基础资产原始权益人扬州自来水有限责任公司、扬州市洁源排水有限公司和扬州市公共交通总公司分别和交通银行股份有限公司扬州分行签订的《资金监管协议》，基础资产原始权益人在资金监管银行分别开立资金监管账户，该期资产支持票据存续期间基础资产所产生的现金流应在每个月末之前全部归集进入资金监管账户，资金监管银行负责将账户内的资金在划款期间内划付至发行人开立的质押账户，用于支付该期资产支持票据的本息。

在发生现金流储备事件前，资金监管账户经资金监管银行同意后，基础资产原始权益人可以使用资金监管账户中的资金。

如果发生现金流储备事件，资金监管账户归集的现金流需全额留存在账户中直至达到该期资产支持票据全部还本付息总额，包括到期的及尚未到期的本金和利息。在发生现金流储备事件后，资金监管银行有权不经基础资产原始权益人同意且在不通知基础资产原始权益人的情况下直接将资金监管账户内的所有资金划付至发行人在资金监管银行开立的质押账户。

（4）账户质押。

为保障投资人债权的实现，交通银行股份有限公司扬州分行作为质权代理人与发行人签订了《账户质押协议》。发行人根据协议规定在交通银行扬州分行开立资金存款账户并质押给该期资产支持票据的投资人，用于担保该期资产支持票据的本息偿付。

基础资产原始权益人委托交通银行扬州分行在该期资产支持票据的每个划款期间内分3期（次）将三家公司资金监管账户内的资金划付至发行人在交通银行股份有限公司扬州分行开立的质押账户，直至质押账户中的资金足以偿付到期应付的资产支持票据本金和利息。

除兑付该期资产支持票据本息以外，未经质权代理人书面同意，发行人不得从质押账户中划出资金。

质押账户中的资金，发行人可在资金监管银行的监管下从事以保值、增值为原则的投资（如定期存款、通知存款等），收益归发行人所有并用于支付到期资产支持票据的本金和利息。

（5）发行人的偿还责任。

如果质押账户内的资金在该期资产支持票据各品种还本付息前10个工作日如不足以支付及偿还到期利息和本金，则由质权代理人通知发行人，发行人需用自身经营性收入或筹集资金予以补足，确保资金归集专户内资金达到到期还本付息总金额。

2. 产品结构

扬州市城建国有资产控股（集团）有限责任公司资产支持票据项目的产品结构见表4.30。

表4.30 扬州市城建国有资产控股（集团）有限责任公司资产支持票据产品结构

发行总额	15.00亿元				
起息日	2013年3月22日				
债券品种	13扬城建ABN001A	13扬城建ABN001B	13扬城建ABN001C	13扬城建ABN001D	13扬城建ABN001E
规模	2.00亿元	2.00亿元	2.00亿元	4.50亿元	4.50亿元
占比	13.33%	13.33%	13.33%	30.00%	30.00%
期限	1年	2年	3年	4年	5年
产品评级	AA+				
利率类型	固定利率				
还本付息方式	每档产品均为按年付息，到期一次性还本				

3. 项目特点小结

（1）多种基础资产集合发行，提高了融资效率。

该期资产支持票据的基础资产为发行人下属全资子公司扬州自来水本部（不包含下属子公司）未来5年（2013年1月1日~2017年12月31日）的自来水供水收入、全资子公司洁源排水本部（不包含下属子公司）未来5年的污水处理费收入以及全资子公交公司本部（不包含下属子公司）未来5年的公共交通运输收入（包含公交车和出租车收入）对应的现金流。由于将自来水收费权、污水处理收费权和公交收费权三种基础资产集合发行，扩大了融资规模，摊薄了中介机构费用，有利于提高融资效率。

（2）资金归集方式严密且考虑了资金沉淀问题。

该期资产支持票据品种一到期日之前90天为第一划款期间，该期资产支持票据品种二到期日之前90天为第二划款期间，该期资产支持票据品种三到期日之前90天为第三划款期间，该期资产支持票据品种四到期日之前90天为第四划款期间，该期资产支持票据品种五到期日之前90天为第五划款期间。共计5个划款期间。

该期资产支持票据存续期间基础资产所产生的现金流应在每个月末之前全部归集进入资金监管账户，资金监管银行负责将账户内的资金在划款期间内划付至发行人开立的质押账户，用于支付该期资产支持票据的本息。在发生现金流储备事件前，资金监管账户经资金监管银行同意后，基础资产原始权益人可以使用资金监管账户中的资金。

（3）设置了现金流储备机制，有利于保护投资者权益。

该期资产支持票据的现金流储备事件系指以下任一事件：①基础资产原始权益人违反其相关机构签署的融资租赁合同，导致出租方可能对租赁向下的租赁物采取司法措施；②扬州市财政局未按期足额支付其应拨付给洁源排水公司的污水处理费；③联合资信评估有限公司给予发行人的长期主体信用等级低于AA级；④其他不利于该期资产支持票据按期足额偿付的重大事件。

如果发生现金流储备事件，资金监管账户归集的现金流需全额留存在账户中直至达到该期资产支持票据全部还本付息总额，包括到期的及尚未到期的本金和利息。在发生现金流储备事件后，资金监管银行有权不经基础资产原始权益人同意且在不通知基础资产原始权益人的情况下直接将资金监管账户内的所有资金划付至发行人在资金监管银行开立的质押账户。

四、房地产信托投资基金

（一）全球首个人民币计价标准化REIT项目——汇贤产业信托

2011年4月29日，汇贤产业信托在港交所上市。该产品融资规模为人民币105亿元，其中20%在中国香港公开发售，80%在国际发售。汇贤产业信托是长江实业分拆的房地产信托投资基金，汇贤房托管理有限公司为汇贤产业信托的管理人。汇贤产业信托持有的主要资产为北京东方广场等商业物业，汇贤产业信托是中国境外首只以人民币计价的股票，也是全球首只以人民币计价的房地产信托投资基金。以下介绍汇贤产业信托的具体情况，资料主要来源于中信证券的《汇贤产业信托首次公开发行案例研究》及《汇贤产业信托首次发售公告》。

1. 发行概览

汇贤产业信托发行概览见表4.31。

表4.31 汇贤产业信托发行概览

上市日期	2011年4月29日
计价货币	人民币
融资规模	人民币105亿元（16亿美元）
上市日期	2011年4月29日
发行基金单位总数	20亿（占汇贤产业信托基金单位总数的40%）
超额配售权	至多为发行基金单位总数的15%
发行价格	人民币5.24元
发行结构	20%中国香港公开发售，80%国际发售
2011年化分派收益率	4.26%

2. 交易进程

汇贤产业信托的交易进程包括讨论期、准备期、申请期和上市期四个阶段，从2010年7月开始讨论到2011年4月完成上市经历了10个月左右时间，具体交易进程如图4.13所示。

3. 发行特点小结

（1）全球首只人民币REIT。汇贤产业信托是中国境外首只以人民币计价的股票，也是全球首只以人民币计价的房地产投资信托基金。

（2）定价水平较低。汇贤产业信托的价格区间显著较窄，对应的2011年化分派收益率为4.00%～4.26%，使得汇贤产业信托能够在动荡的市场环境中实现最优定价。汇贤产业信托最终发行价对应的分派收益率为4.26%，为与其可比的中国香港和新加坡上市REIT中之最低，

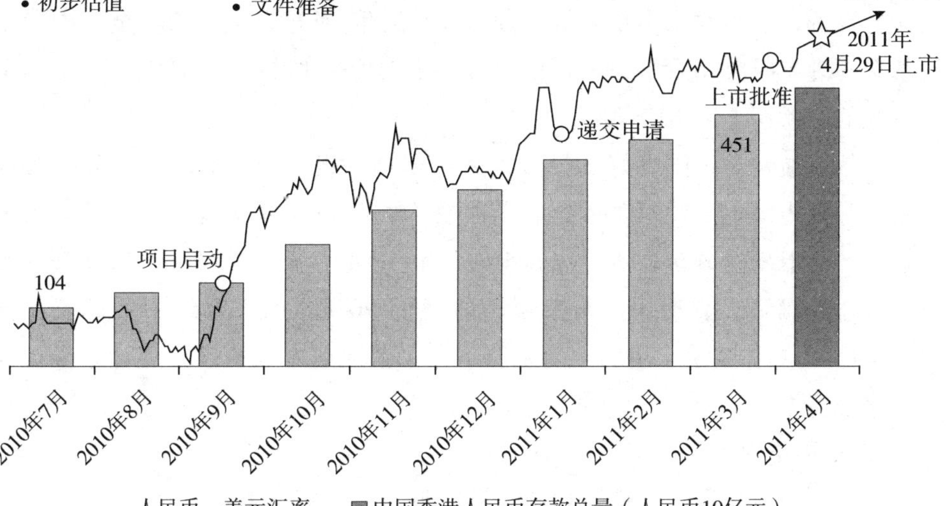

图 4.13　汇贤产业信托交易进程

其他可比 REIT 的年化分派率为 4.5% ~7.5%。确定汇贤 REIT 的 IPO 价格时，受益于市场对人民币的升值预期、有限的境外人民币产品选择和中国香港人民币市场的低利率环境。汇贤上市前期，中国香港人民币长期债券收益率为 1.75% ~3.75%，而汇贤最终发行价对应的分派收益率为 4.26%。

（3）发行结构科学。作为中国香港首个人民币证券产品，汇贤产业信托被要求分配更多发行基金单位给公众投资者，一单普通中国香港公开发行通常分配其发行单位的 10% 于中国香港公开发售，90% 于国际机构投资者发售，而为使中国香港公众人士充分参与第一只海外人民币 IPO 发行，汇贤产业信托增加中国香港公开发售发行单位至20%，另80%于国际机构投资者发售。最终，汇贤产业信托受到中国香港公众投资者认可，认购倍数达到2.19倍，国际机构投资者亦足额认购。

（二）国内首单私募REIT项目——中信启航专项资产管理计划

中信启航专项资产管理计划成立于2014年4月25日，总规模为52.10亿元，投资标的为北京中信证券大厦及深圳中信证券大厦。该基金由中信金石基金管理有限公司管理，退出时，该基金计划将所持物业出售给由中信金石发起的交易所上市REIT或第三方。

中信启航针对不同偏好的投资人采用结构性设计，产品分为优先级和次级两类。优先级主要针对类固定收益投资人，收益主要来自物业日常的租金收益，产品退出时分享增值收益的10%，优先级评级为AAA；次级部分主要针对权益类投资人，退出时分享增值收益的90%。以下介绍中信启航私募REIT项目的具体情况，资料主要来源于《中信启航专项资产管理计划受益凭证募集说明书》。

1. 交易结构

中信启航专项资产管理计划的交易流程为（见图4.14）：

（1）认购人通过与计划管理人签订《认购协议》，将认购资金以专项资产管理方式委托计划管理人管理，计划管理人设立并管理专项计划，认购人取得受益凭证，成为受益凭证持有人。

（2）基金管理人非公开募集资金设立非公募基金，计划管理人根据专项计划文件的约定，以自己的名义，为专项计划受益凭证持有人的利益，向非公募基金出资，认购非公募基金的全部基金份额。

（3）非公募基金在设立后，按照专项计划文件约定的方式，向中信证券收购其持有的项目公司全部股权，以实现持有目标资产的目的。

2. 主要参与机构

中信启航专项资产管理计划的主要参与机构见表4.32。

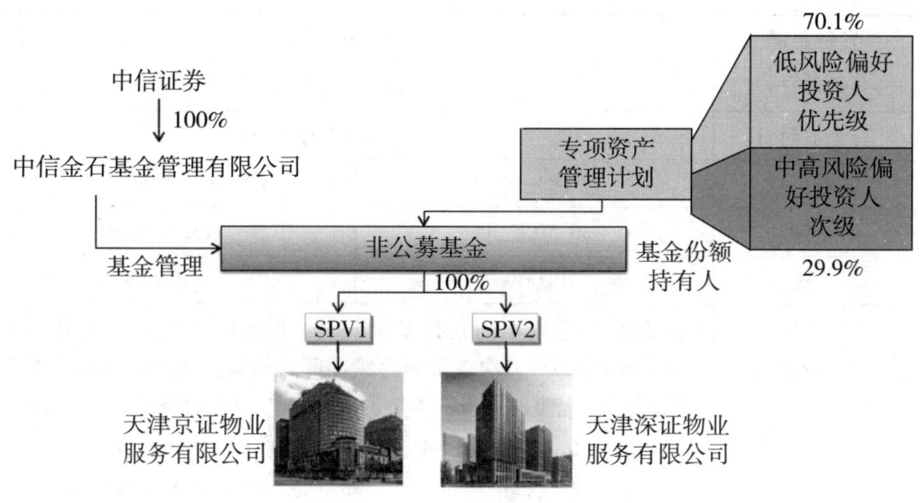

图 4.14　中信启航专项资产管理计划交易结构图

表 4.32　中信启航专项资产管理计划主要参与机构

资产原持有人	中信证券股份有限公司
计划管理人/销售机构	中信证券股份有限公司
基金管理人	中信金石基金管理有限公司
托管银行/监管银行	中信银行股份有限公司天津分行
评级机构	中诚信证券评估有限公司
法律顾问	北京市海问律师事务所
会计师事务所/税务咨询机构	普华永道中天会计师事务所（特殊普通合伙）
评估机构/市场调研机构	深圳市戴德梁行土地房地产评估有限公司
登记结算机构	中国证券登记结算有限责任公司深圳分公司

3. 产品结构

中信启航专项资产管理计划的产品结构见表 4.33。

表 4.33　中信启航专项资产管理计划产品结构

发行总额	52.10 亿元	
起息日	2014 年 4 月 25 日	
首个支付日	2014 年 12 月 31 日	
证券分档	优先级	次级
金额	36.50 亿元	15.60 亿元
占比	70.06%	29.94%
超额收益分配	优先级份额存续期间获得基础收益，退出时获得资本增值的 10%（浮动收益部分），次级份额存续期间获得满足优先级基础收益后的剩余收益，退出时获得资本增值的 90%（浮动收益部分）	
产品期限	预期 3 年，不超过 5 年（产品有权提前结束）	预期 4 年，不超过 5 年（产品有权提前结束）
评级	AAA	无评级
预期收益率（基础收益）	7%	日常收入满足优先级基础收益后的剩余收益
预期收益率（整体收益含资产增值预期）	约 7% ~9%	约 12% ~42%
基础收益分配时点	每年最后一个工作日分配，分配金额为完整年度的基础收益（首年分配金额为产品设立日到 12 月 31 日的应计利息）	

4. 退出方式

该产品以公募 REIT 方式退出。退出时点，非公募基金将所持物业 100% 的权益出售给由中信金石基金管理有限公司发起的交易所上市 REIT。根据当前沟通，对价的 75% 将以现金方式取得，剩余 25% 将以 REIT 份额的方式由该基金持有并锁定 1 年。在此安排下，优先级投资人将在 IPO 时点以全现金方式全部退出，相应次级投资人获得部分现金分配及 REIT 份额。

除公募 REIT 方式退出外，基金还可以当时市场公允价值出售给第三方实现退出。投资物业所在北京、深圳商圈的租金及售价在未来 5 年预计有较好的升值空间，出售给第三方是REIT退出方式的重要补充。详见图4.15。

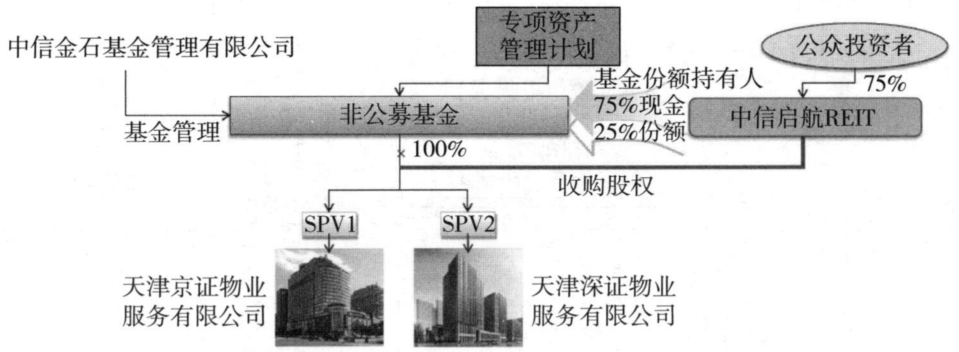

图4.15　中信启航专项资产管理计划退出方式

5. 资产管理架构

该项目设计了比较健全的资产管理架构，有利于在可控风险基础上实现稳健收益。为保证租金定价和资产估值的公允，项目团队引入独立第三方机构对交易的公允性提供充分证据以有效避免可能的不利影响。在未来物业运营和处置环节，基金管理人也将充分利用独立第三方的专业服务机构，将物业管理服务外包并聘请专业资产评估机构进行全面评估。详见图4.16。

6. 项目特点小结

（1）国内首单以物业基金份额作为基础资产的资产证券化项目。

该项目的基础资产为中信启航非公开募集证券投资基金的全部基金份额，由于非公募基金持有的是两个物业的项目公司股权，因此该项目的基础资产与之前的企业资产证券化项目有很大不同，法律属性上属于物权而非债权。

（2）优先级证券除获得基础收益外，还享受超额收益分成。

优先级资产支持证券并非纯粹的固定收益产品，由于其能为投资人分享未来物业增值部分，故其实质上为附带认股期权的夹层产品，该期权的内在价值将对其收益率提供补偿。若以目前测算来看，其退出时所获得的综合收益水平将优于同信用等级固定收益产品。

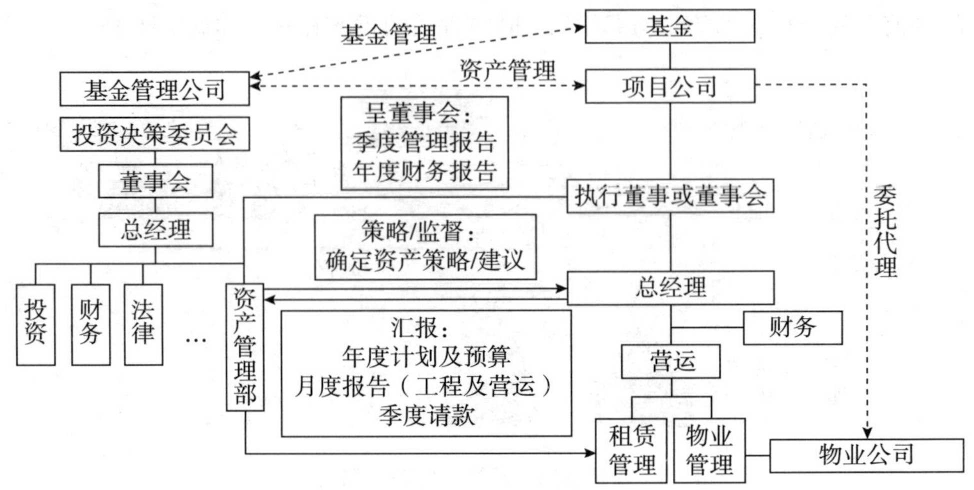

图 4.16　中信启航专项资产管理计划资产管理架构图

（3）新基金法实施后第一只非公开募集证券投资基金。

该项目的非公募基金是新基金法实施后获批的第一只非公开募集证券投资基金，与基金子公司专户适用法规有所不同。

（三）国内首单单体写字楼私募 REIT 项目——恒泰浩睿—海航浦发大厦资产支持专项计划

恒泰浩睿—海航浦发大厦资产支持专项计划成立于 2015 年 12 月 2 日，总规模为 25 亿元，投资标的为上海浦发大厦置业有限公司（以下简称“浦发置业”）所持有的位于上海浦发大厦地上 8 ~ 19 层、21 ~ 32 层和地下 1 ~ 2 层的物业资产。

该期专项计划分为 A 类资产支持证券和 B 类资产支持证券两类。A 类资产支持证券期限为 18 年，每 3 年末附票面利率调整权和投资者回售选择权；B 类资产支持证券期限为 3 年，海航资产管理集团有限公司（以下简称“海航资产”）拥有优先收购选择权，行权后可选择延期，每次延期 3 年，最长不超过 18 年。以下介绍海航浦发大厦私募 REIT 项目的具体情况，资料主要来源于《恒泰浩睿—海航浦发大厦资产支持专项计划说明书》。

1. 交易结构

恒泰浩睿—海航浦发大厦资产支持专项计划的交易流程为（见图4.17）：

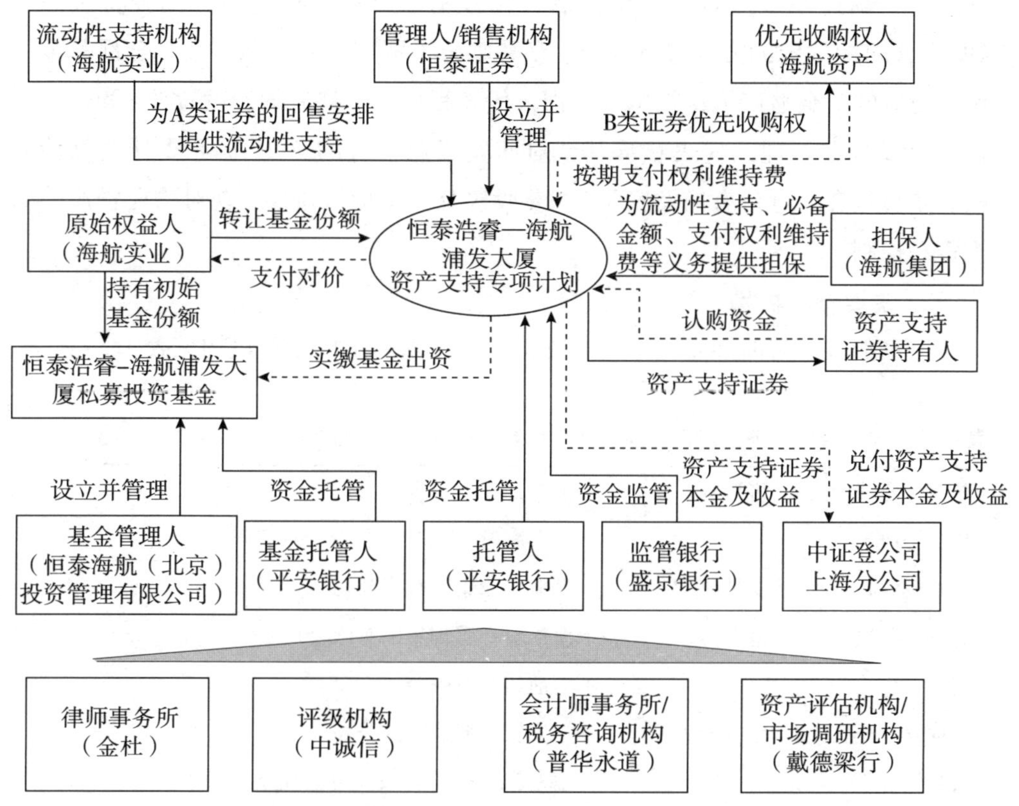

图4.17 恒泰浩睿—海航浦发大厦资产支持专项计划结构图

（1）认购人通过与计划管理人签订《认购协议》，将认购资金委托给管理人管理，管理人设立并管理专项计划，认购人取得资产支持证券，成为资产支持证券持有人。

（2）专项计划设立后，管理人应根据专项计划文件的约定，按照《基金份额转让协议》约定的支付进度，将等额于《基金份额转让协议》项下转让对价的认购资金划拨至原始权益人海航实业集团有限公司（以下简称“海航实业”）的账户，以向海航实业收购其持有的全部私募投资基金份额。同时，承继海航实业在《基金合同》及《基金份额认购书》项下实缴剩余全部基金出资的义务，并于专项计划设立日实缴剩余全部基金出资。

（3）前述基金出资实缴到位后，私募基金募集完毕。私募基金将按照《基金合同》约定的方式进行投资。私募基金投资完成后，私募基金全部基金份额对应的基金财产为：①基金管理人代表私募基金持有的浦发置业 100% 股权；及②基金管理人代表私募基金对浦发置业享有的 7.21 亿元委托贷款债权。私募基金通过持有浦发置业 100% 股权及委托贷款债权实现对物业资产的投资和控制。

2. 主要参与机构

恒泰浩睿—海航浦发大厦资产支持专项计划的主要参与机构见表 4.34。

表 4.34　恒泰浩睿—海航浦发大厦资产支持专项计划主要参与机构

专项计划管理人/销售机构	恒泰证券股份有限公司
基金管理人	恒泰海航（北京）投资管理有限公司
原始权益人/流动性支持机构	海航实业集团有限公司
优先收购权人/物业运营方	海航资产管理集团有限公司
担保人	海航集团有限公司
专项计划托管人/基金托管人	平安银行股份有限公司
监管银行	盛京银行股份有限公司上海分行
委贷银行	招商银行股份有限公司海口分行
法律顾问	北京市金杜律师事务所
信用评级机构	中诚信证券评估有限公司
会计师事务所	普华永道中天会计师事务所（特殊普通合伙）
物业顾问	戴德梁行房地产咨询（上海）有限公司
登记托管机构	中国证券登记结算有限责任公司上海分公司

3. 产品结构

恒泰浩睿—海航浦发大厦资产支持专项计划的产品结构见表 4.35。

表 4.35　恒泰浩睿—海航浦发大厦资产支持专项计划产品结构

发行总额	25 亿元	
证券分档	A 类资产支持证券	B 类资产支持证券
金额	15.31 亿元	9.69 亿元
占比	61.24%	38.76%
信用评级	AAA	AA +
产品期限	18 年（每 3 年末附票面利率调整权和投资者回售权）	3 年（附优先收购权人优先收购权，行权后可延期，每次延期 3 年，最长期限不超过 18 年）
预期收益率	5.3%	预计为 6.9%
付息频率	按年付息	按年付息
还本方式	每年还本	到期一次性还本

4. 信用增级方式

（1）物业资产抵押。

该期专项计划的物业资产为浦发大厦，根据恒泰海航、浦发置业和招商银行海口分行签署的《委托贷款合同》，浦发置业将其所有的物业资产浦发大厦抵押给委贷银行。根据戴德梁行房地产咨询（上海）有限公司出具的房地产估价报告，海航资产所持有的浦发大厦部分的估价为 25.24 亿元，是 A 类资产支持证券发行规模的 1.60 倍，可为 A 类资产支持证券提供有效增信。

（2）物业资产租金收入超额覆盖。

根据中诚信证券评估有限公司出具的《恒泰浩睿—海航浦发大厦资产支持专项计划资产支持证券信用评级报告》，该期专项计划物业资产上海浦东大厦每年的租金收入对 A 类资产支持证券每年的本息支出存在超额覆盖，在正常景况中的覆盖倍数为 1.22 ~ 1.29 之间。同时，中诚信证券评估有限公司对租金收入进行了压力测试，在租金收入分别下降 5%、10%、15% 及 21% 时，该覆盖倍数分别为 1.17、1.12、1.07 及 1.00，A 类资产支持证券的本息仍能按计划获得偿付。

（3）证券的结构化分层。

该期专项计划安排了优先/劣后的证券分层设计，其中A类资产支持证券规模为15.31亿元，B类资产支持证券的规模为9.69亿元。根据该期专项计划的安排，在实现公开发行或处分时，A类资产支持证券的预期收益和本金将优先于B类资产支持证券获得偿付，在专项计划终止后进行清算分配时也遵循A类证券优先受偿的顺序。

（4）海航实业流动性支持。

根据《流动性支持协议》，海航实业为A类资产支持证券的回售提供流动性支持。如果截至某一回售行权日，管理人从登记托管机构获取的已确认完成回售的A类资产支持证券份额与该回售行权日对应的回售登记期内确认回售的A类资产支持证券份额存在差额，海航实业应于回售行权日（R日）买入差额部分的全部份额。海航实业提供的流动性支持为A类资产支持证券的回售提供了有效增信。

（5）海航集团连带责任保证担保。

海航集团对海航实业的流动性支持提供连带责任保证担保。根据《恒泰浩睿—海航浦发大厦资产支持专项计划保证合同（一）》，如截至某一回售行权日17:00，海航实业未能足额支付流动性支持金，则恒泰证券将于行权日次1工作日（R+1）12:00前向海航集团发送支付通知，海航集团应于行权日后第2个工作日（R+2）12:00前将支付通知记载的金额支付至持有已确认回售但尚未被买入的A类资产支持证券持有人指定账户，恒泰证券予以协助。

根据浦发置业、海航资产、恒泰海航和恒泰证券四方共同签署的《上海浦发大厦运营管理协议》，海航资产承诺在其为浦发大厦提供物业运营服务期间，在每个自然年度内，物业资产实现的运营收入及其他收入，在扣除物业运营和管理支出及费用、各项税金及资金账户监管费后不低于必备金额。

在此基础上，根据《恒泰浩睿—海航浦发大厦资产支持专项计划保证合同（三）》，海航集团为海航资产的上述承诺提供连带责任保证担保，如海航资产未能实现最低税后运营收入，管理人、基金管理人或浦发置业均有权向海航集团发出支付通知，海航集团应根据支付通知所载时间及金额，将相应款项支付至浦发置业在监管银行开立的监管账户。

海航集团对海航资产支付权利维持费和B类资产支持证券收购价款提供连带责任保证担保。根据《恒泰浩睿—海航浦发大厦资产支持专项计划保证合同（二）》，如海航资产未能根据主合同约定按时并足额支付任何一笔权利维持费、或未能根据主合同约定按时并足额支付B类资产支持证券收购价款，恒泰证券有权向海航集团发出支付通知，海航集团应根据支付通知所载时间及金额，将相应款项支付至支付通知所载账户。

（6）由债项评级下调而触发的提前退出事件。

根据该期专项计划的《标准条款》，在专项计划存续期内，若A类资产支持证券评级低于AA+（不含），则在评级下调日起7个工作日内，海航实业应根据《评级下调承诺函》的承诺，向管理人支付相当于截至评级下调终止日A类资产支持证券持有人的未分配本金和预期收益的现金，由管理人于评级下调终止日向A类资产支持证券持有人进行分配。

5. 退出方式

专项计划设立日所在自然年度起第（3n+1，其中n=1，2，3，4，5）个自然年度的1月23日，管理人有权分配截至该日A类资产支持证券的未分配本金和预期收益，从而使届时A类资产支持证券持有人退出专项计划（见图4.18）；同时，若A类资产支持证券评级下调至低于AA+级（不含）时，海航实业将根据专项计划的约定向A类资产支持证券持有人偿付未分配本金及预期收益；在政策允许的情形下，该期专项计划会在恰当的市场时机选择公开发行，实现资产支持证券的退出，此等恰当的市场时机可能发生在专项计划存续期间的任何时刻；此外，根据《优先收购权协议》，海航资产可在优先收购权行权期的任一优先收购权行权日行使优先收购权，收购全部B类资产支持证券。

6. 项目特点小结

（1）国内首单单体写字楼私募REIT产品，并面向广大租户进行市场化出租。

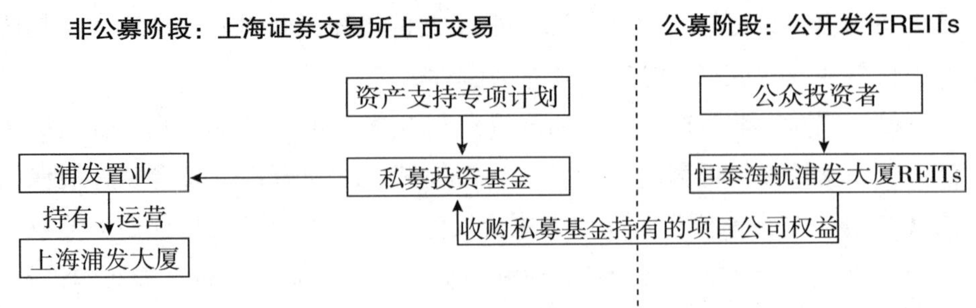

图 4.18　海航浦发大厦私募 REIT 退出方式

该期专项计划作为不动产金融和资产证券化领域的良好创新实践，于 2015 年 12 月 2 日成功设立，于上海证券交易所固定收益平台挂牌转让，是国内首单以单体写字楼物业为标的资产的私募 REIT 项目。另外，不同于之前发行的中信启航私募 REIT 项目及苏宁云商私募 REIT 项目所采取的“售后返租”模式，本次项目面向广大租户进行市场化出租。

（2）与苏宁云商项目相比，基础资产全部为基金份额所有权。

此前发行的苏宁云商私募 REIT 项目以优先债权收益权及私募投资基金的基金份额所有权为基础资产，而该期专项计划的基础资产全部为私募基金份额所有权，私募基金通过持有目标公司的股权和债权而实现对目标资产的控制。

一方面，私募基金于专项计划实缴全部基金出资后，以募集资金中的人民币 23.8 亿元向海航资产、浦发置业各发放一笔委托贷款，其中，海航资产以取得的委托贷款 16.59 亿元向银海基金、工银海航收购其持有的浦发置业股权；浦发置业以取得的委托贷款 7.21 亿元偿还存量贷款。

另一方面，海航资产成为浦发置业股东后，基金管理人应代表私募基金，以 17.39 亿元的对价向海航资产收购浦发置业全部股权，并与海航资产签署《股权转让协议》。前述股权转让的工商变更登记手续办理完毕，且海航资产偿还其对私募基金的委托贷款后，私募基金向海航资产支付股权转让对价。

上述委托贷款发放完毕和股权收购完成后，私募基金全部基金份额对应的基金财产为：①基金管理人代表私募基金持有的浦发置业 100% 股权；

及②基金管理人代表私募基金对浦发置业享有的7.21亿元委托贷款债权。

（3）A类证券设置了开放期和再销售机制。

专项计划成立后，A类证券持有人有权在每满3个计划年度之日前第44个工作日（含）至第25个工作日（含）向管理人发出回售登记申请，说明拟要求回售A类证券的份额；在回售行权日前第24日至前一日，办理回售确认手续的A类证券份额若发生交易，则该部分A类证券份额丧失回售权；在回售行权日，管理人协助回售A类资产支持证券的买卖双方办理证券过户手续。管理人将根据投资者的回售情况对拟回售的资产支持证券进行再销售。如果截至某一回售行权日，管理人从登记托管机构获取的已确认完成回售的A类资产支持证券份额与该回售行权日对应的回售登记期内确认回售的A类资产支持证券份额存在差额，海航实业应于回售行权日（R日）买入差额部分的全部份额。海航实业提供的流动性支持为A类资产支持证券的回售提供了有效增信。

第五章

资产证券化的受托机构

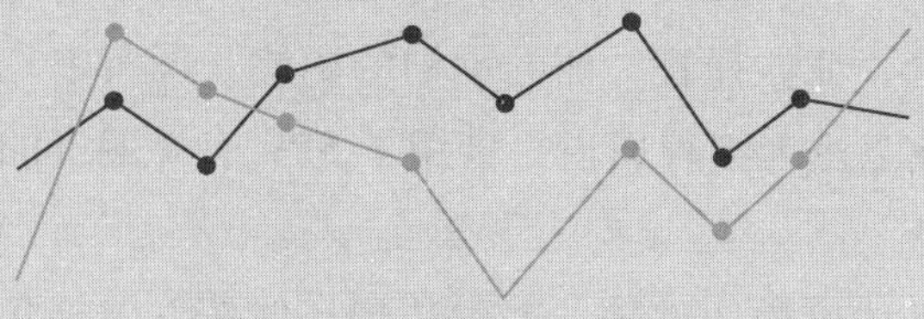

2005年，为推动资产证券化业务发展，专门设置的证券化部际协调小组涉及10个部门之多：人民银行、银监会、证监会、保监会、财政部、发改委、国税局、劳动和社会保障部、国务院法制办、建设部。对应涉及的市场机构有：发起、受托、贷款服务、资金保管、登记托管、投资机构以及信用评级、律师事务所、会计师、承销商、财务顾问、发行安排人等中介机构。作为受托机构的信托机构，处于资产证券化交易结构中的核心地位，可以说是其中实现多方共赢的“发动机”。一方面，接受发起机构的信托，运用资产证券化资产，成为SPV的运作机构；另一方面，又委托各相关机构，履行贷款管理、资金保管、证券托管、证券承销的职能。现实中，信托并没有实现这一核心职能，而是沦为银行通道，借用了SPV表外融资的形式，没有实现真正的资产证券化。

本章重点从受托机构的作用、工作流程、创新方向等几个方面叙述受托机构如何参与资产证券化的整个过程。在受托机构的流程介绍中，按照特殊目的载体设立阶段、运营管理阶段和终止清算阶段介绍了受托机构在整个项目流程中的操作，并对信息披露的最新规定展开了讨论。

之后，本章结合最新案例，讨论了SPV在作为发行载体之外的创新运用模式，例如，可以利用SPV构建基础资产，也可以利用SPV简化交易结构。最后，探讨了当前阶段受托机构如何更好地参与证券化业务，分析了目前受托机构在资产证券化业务中被边缘化的原因，并对受托机构如何改变这种现状、如何利用资产证券化这一工具实现业务转型提出了建议。

第一节
SPV 和受托机构

一、SPV 的作用

（一）破产隔离

对发起人而言，资产证券化业务具有特殊吸引力的主要原因是发起人可以突破自身主体信用的限制，以更低的成本融资，非投资级的企业也可能发行 AAA 级的债券；对投资人而言，资产支持证券具有投资价值的原因之一是其具有较好的安全性，其收益几乎不受发起人信用等级下降的影响。在资产证券化过程中，发起人将资产“真实出售”给 SPV，实现破产隔离，才使资产支持证券具有上述特性。因此，破产隔离是 SPV 在资产证券化中的最主要作用，通过设立 SPV，隔离资产出让人（发起人）和被出让资产的权利关系，即使发起人破产，证券化产品投资者的收益也不会受到影响，而且，当发起人出现财务困境时，其债务人也无权对 SPV 持有的资产进行追索，SPV 从根本上保证了资产的独立性和安全性。

（二）作为资产支持证券的发行人和基础资产的拥有人

SPV 的另一个功能是作为资产支持证券的发行人，代投资者拥有基础资产。因为发起人把资产“真实出售”给 SPV，所以 SPV 实际上拥有这些基础资产，具备发行证券的资格。在国外，SPV 只是法律上的实体，实际上不从事任何经营活动，管理和监控基础资产的任务往往交给其他中介机构负责，SPV 一旦成立，基本上可以实现“自动运行”。在国内，信贷资产证券化的 SPV 既不以信托关系的外壳进行运作、也不专设特殊目的公司来运作，而是由专门的信托机构承担受托机构的功能，发起机构把信贷资产转让给受托机构，受托机构运用这些信贷资产进行证券化活动，同时和其他中介机构签订合同，委托这些机构开展相应工作。对于企业资产证券化，一种常见的形式是通过设立资产支持专项计划进行运作，相应的证券公司对其实施管理（本书第三章中已经详细论述过）。

（三）实现税收中性

SPV 还具有税收中性的作用。在国外，投资资产证券化产品通常可以获得税收优惠，而且，由于该笔证券化业务是 SPV 的唯一业务，其基础资产的利息收入大部分都以证券利息的方式支付出去，所以 SPV 几乎不用纳税。SPV 的税收中性是促使国外资产证券化业务蓬勃发展的主要动力之一。在国内情况有所不同，根据《关于信贷资产证券化有关税收政策问题的通知》（财税〔2006〕5 号），基本上体现了税收中性的原则，但营业税还存在一定程度的重复征收，投资者投资资产证券化产品，也不享受税收优惠。关于资产证券化的税收问题，本书的其他部分进行了专门的讨论。

二、不同 SPV 的特点

在我国，资产证券化仍处于起步阶段，采取何种 SPV 开展资产证券化业务，受分业监管的影响较大。因此，发起机构的类别、基础资产的种类基本上确定了应采取何种类型的 SPV，并相应地确定了 SPV 实际运行所应遵守的规则。

目前资产证券化业务中常见的 SPV 主要有以下几类：特定目的信托（SPT，主要在银行间市场发行信贷资产为基础资产的证券），资产支持专项计划（主要在交易所发行以非金融企业的资产和非银监会管辖的金融企业的资产作为基础资产的证券）和项目资产支持计划（保监会主管的资产证券化的发行载体），后两者可统称为特殊目的实体（SPE）。上述 SPV 适用的监管规则等信息，在本书法律相关部分有详细叙述，此处不再赘述。

虽然，从资产证券化试点以来，尚未出现真正以特殊目的公司（SPC）作为载体发行资产支持证券的情况，但是在几单极具代表性的 REITs（例如

“中信苏宁资产支持专项计划”）中，还是出现了SPC的影子。因此，并不影响我们在讨论中把SPC纳入其中。

下文将结合我国的实践，对不同类型SPV在破产隔离、税收、证券发行方面的特点进行讨论和比较。

（一）破产隔离效力

1. 特定目的信托

特定目的信托是以《中华人民共和国信托法》（以下简称《信托法》）为法律基础，信托公司作为特定目的信托和资产支持专项计划的受托人，从发起机构或原始权益人处获得基础资产。在这种结构下，破产隔离的效力是《信托法》所赋予的，《信托法》第十五条规定，“信托财产与委托人未设立信托的其他财产相区别”，第十六条规定，“信托财产与属于受托人所有的财产相区别”。因此，以信托形式进行资产转让，可以实现完全的破产隔离，具有最强的破产隔离效力。

在资产证券化业务中，SPT的破产隔离体现在两个方面：SPT和受托人的破产隔离，SPT和发起人的破产隔离作用。

2. 特殊目的实体

在国内，最常见的特殊目的实体是资产支持专项计划（以下简称专项计划），此处以专项计划为例，讨论其破产隔离效力。

根据《证券公司及基金管理公司子公司资产证券化业务管理规定》（以下简称《管理规定》），“……根据《证券法》、《证券投资基金法》、《私募投资基金监督管理暂行办法》和其他相关法律法规……”，资产支持专项计划是证券公司或基金管理公司子公司为开展证券化业务专门设立的SPV（为避免混淆，下文以SPE表示），专项计划资产独立于原始权益人、管理人、托管人及其他业务参与人的固有财产。原始权益人、管理人、托管人及其他业务参与人因依法解散、被依法撤销或者宣告破产等原因进行清算的，专项计划资产不属于其清算财产”。

但是，SPE和管理人以及原始权益人的关系到底是什么样的？根据目前已发行的专项计划说明书中的法律意见，通常将其与证券持有人之间的关系定位为“一种委托理财的形式”（见《宝信租赁一期资产支持专项计划说明书》），资产支持计划与原始权益人签订“资产买卖合同”来实现资产的转移。因此，资产支持专项计划和管理人的资产隔离关系依据《管理规定》和《私募投资基金监督管理暂行办法》，和原始权益人的资产隔离关系依据“资产买卖合同”。

从《管理规定》和《私募投资基金监督管理暂行办法》的效力上看，其属于部门规章，并不是人大通过的法律。虽然这两个规章都明确指出，其上位法为《证券投资基金法》和《证券法》，而在《证券投资基金法》中，也明确了证券投资基金具有与信托类似的破产隔离效力，但在该法律制定的时候，资产证券化业务尚未大规模开展，因此，专项计划也未被纳入其中。所以，专项计划基于《管理规定》和《私募投资基金监督管理暂行办法》的破产隔离效力，存在一定的不确定性。

对于专项计划和原始权益人的破产隔离，基于“资产买卖合同”，应当是具有较好的破产隔离效力的。但由于专项计划的基础资产有的时候并不是一项确定的权利本身（例如，涉及特许经营权的时候，通常用收费权的收益权作为基础资产），这种资产买卖是否具有破产隔离效力，也存在一定的不确定性。

3. 特殊目的公司

特殊目的公司天然具有“有限责任”的特征，即公司的资产与发起公司的个人或机构的资产相互独立，因此，SPC与管理人之间也具有较好的破产隔离效力。

SPC与原始权益人或资产的出让方的破产隔离效力，一般情况下也基于“资产买卖合同”是否具有破产隔离效力，上文已进行讨论。

（二）税收中性

税收是资产证券化的核心驱动力之一。税收是否中性，需要将所有参与机构作为整体来评估。如果开展证券化业务之后，整体的税收负担比开展证券化业务之前降低了，那么享受了更低税负的参与机构就有足够的动力推动业务的开展；反之，则会失去开展业务的动力。

1. SPT 的税收

在我国，SPT 大部分时候作为信贷资产支持证券的发行载体。因此，此处以信贷资产支持证券为例，比较证券化业务开展前后，整体税负的变化。

为了方便说明，此处仅考虑营业税和企业所得税，并且在考虑企业所得税时，忽略经营成本的抵扣作用。

在资产证券化业务开展之前，银行以利息收入为基准，缴纳营业税和企业所得税。这就是整体的税务负担。

在资产证券化业务开展之后，受托机构从其受托管理的信贷资产信托项目中取得的贷款利息收入，全额征收营业税。此外，受托机构报酬、贷款服务机构报酬、其他中介机构报酬（如适用营业税）均需缴纳营业税和企业所得税，证券投资人收到的证券利息收入，需要缴纳所得税。实际上，各机构报酬和证券投资人收到的利息收入之和，等于受托机构从信托项目中取得的贷款利息收入。

因此，就现阶段的信贷资产证券化而言，与开展资产证券化业务之前相比，开展资产证券化业务之后，整体的税负是稍有升高的。当然，“营改增”全面实施之后，情况会有所改善。

2. SPE 的税收

根据我国的实际情况，仍以专项计划为例说明 SPE 的税收情况。

首先，专项计划也不是纳税主体。对于专项计划的税收，在法律法规的层面并没有明确的规定。在实际操作过程中，专项计划的管理人和税务机关有一定的协商空间，具备一定的灵活性。在很多情况下，专项计划并不处理与税收有关的问题，而是由原始权益人和投资人自行处理。并且，鉴于目前通过专项计划发行的证券所对应的基础资产总类众多，涉及的税种也有所不同，因此，很难向 SPT 那样进行比较。一般而言，由于对 SPE 的税收并没有明显的优惠政策，因此，开展证券化之后，整体税负并不会比开展业务之前更低。

3. SPC 的税收

由于 SPT 和 SPE 并不是合格的纳税主体，因此，当基础资产是固定资产时，由于折旧等产生的税收优惠并不能由 SPT 或 SPE 吸收，因此会产生较大的不经济性。此时，以 SPC 作为载体发行证券，就具有极大的优势。

前文提及的中信苏宁资产支持专项计划，就通过项目公司的形式，同时利用股权加债权的形式，较有效地处理了税收的问题（详见《中信苏宁资产支持专项计划说明书》）。当然，该项目并未以 SPC 作为载体发行证券，而是通过资产支持专项计划的形式发行，基础资产是“苏宁云创私募基金份额和优先债收益权”，私募基金控制交易结构中的 11 个项目公司的股权，而项目公司最终持有不动产物业（详见《中信苏宁资产支持专项计划说明书》）。该案例体现了以公司作为载体，在处理不动产作为基础资产的证券化业务中的税收优势。

4. SPC 的障碍

实际上，在我国现行法律体系下，采取 SPC 作为载体发行证券，存在多种障碍。目前公司法中有关注册资本、发行证券的资格和规模、治理结构和信息披露等方面的规定都是建立在传统公司运营理念之上的，而对于仅设立用于购买基础资产、收入仅来自于基础资产现金流的载体型公司则不适用。

5. 我国 SPV 税收和美国税收的对比

上文讨论了国内不同的 SPV 之间存在的税收差异，表 5.1 则简单展示了我国的 SPV 税收处理和美国的区别。

表 5.1　资产证券化对应 SPV 的税收处理情况简表

	信贷资产证券化	企业资产证券化	美国的情况
SPV	特定目的信托	资产支持计划	REMIC/FASIT
SPV 受让基础资产时	作为基础资产的受让方，SPV 不会产生任何纳税义务	作为基础资产的受让方，SPV 不会产生任何纳税义务	SPV 不会产生任何纳税义务

（续表）

	信贷资产证券化	企业资产证券化	美国的情况
SPV 就基础资产取得收益时	SPV 并非所得税、营业税/增值税的纳税主体 但根据财税〔2006〕5 号文规定，对受托机构从其受托管理的信贷资产信托项目中取得的贷款利息收入，全额征收营业税	发起人已经将基础资产转让给 SPV 的，对基础资产取得的收益并无实际权益 SPV 并非所得税、营业税/增值税的纳税主体，因此不缴纳上述税费 实践中，可参考财税〔2006〕5 号文规定，向税务部门申请由资产服务机构或受托机构就 SPV 取得的收益在单一环节征税	SPV 自身是免税的，纳税义务都直接归向投资人
SPV 向受益人分配收益时	企业所得税： 根据财税〔2006〕5 号文规定，信托项目收益在取得当年向资产支持证券的机构投资者分配时，在信托环节不征收企业所得税；在取得当年未向机构投资者分配的部分，在信托环节由受托机构按企业所得税的规定申报缴纳企业所得税 营业税： 根据财税〔2006〕5 号文规定，购买证券的机构投资者并无营业税申报缴纳要求	企业所得税： 无相关规定。实践中，SPV 端不代扣代缴企业所得税。由投资者将其购买证券取得的收益，自行并入当期应纳税所得额计算 营业税： 无相关规定。SPV 端在分配收益时不缴纳营业税；购买证券的投资人可能被税务机关要求就获得的收益申报营业税金及附加	SPV 自身是免税的，纳税义务都直接归向投资人

（三）发行证券

现阶段，各种 SPV 能发行何种证券，主要受分业监管的限制。

根据目前的实践，SPT 主要在银行间市场发行信贷资产为基础资产的证券，SPE 主要在交易所发行以非金融企业的资产和非银监会管辖的金融企业的资产作为基础资产的证券。

SPT 发行证券的流程主要依据《信贷资产证券化试点管理办法》、《金融机构信贷资产证券化试点监督管理办法》、《关于信贷资产证券化备案登记工作流程的通知—银监办便函〔2014〕1092 号》以及《中国人民银行公告〔2015〕第 7 号》。其中，《银监办便函〔2014〕1092 号》和《中国人民银行公告〔2015〕第 7 号》标志着信贷资产证券化进入常态化阶段，也极大程度地缩短了业务流程（第一次发行仍需较长的流程），并使将来的跨市场发行成为可能。发行证券的具体流程，见本章第二节。

SPE 发行证券的流程和时间主要依据《证券公司及基金管理公司子公司资产证券化业务管理规定》，主要包括交易所事前审查、上报基金业协会备案、挂牌转让等环节。

如前文所述，资产证券化试点以来，尚未真正以 SPC 作为载体发行过资产支持证券。

三、受托机构/管理人

需要明确，SPV 和 SPV 的管理人是两个不同的概念。SPV 是破产隔离的载体，而 SPV 的管理人则负责管理 SPV 的财产，并发行资产支持证券。特定目的信托计划作为发行载体时，信托公司作为受托机构履行相关义务；资产支持专项计划作为发行载体时，券商资管或基金子公司作为专项计划管理人履行相关义务；考虑到信托公司、券商资管或基金子公司实际上都担任了受托管理资产的义务，为了统一，本章将 SPV 的管理机构统称为受托机构。

按照法律法规规定，受托机构在证券化业务中的主要责任包括：

（1）与发起人签订信托合同或资产转让协议，完成资产的“真实出售”。

（2）发行资产支持证券。

（3）管理 SPV 财产。

（4）持续披露 SPV 财产情况和资产支持证券信息。

（5）分配证券收益。

第二节
信贷资产证券化中受托机构的工作流程

根据工作内容的不同，完整的资产证券化业务操作可以分为两个阶段，第一阶段是项目成立前的产品发行设立阶段，第二阶段是项目成立后的运营管理阶段（这里包括终止清算阶段）。信托公司和证券公司或基金子公司在第一阶段的工作内容存在较大差异，第二阶段的工作流程则基本相同。本节先以信托公司为例，介绍受托机构在信贷资产证券化中的整体工作流程；再以基金子公司为例，介绍其在资产支持专项计划工作流程中和信托公司的不同点。

在项目成立前，由发起人会同各个中介机构，包括财务顾问、会计师事务所、律师事务所、承销商、评级机构、受托机构等，完成基础资产筛选、评级，产品结构设计，出具项目的会计、法律意见书、执行商定程序报告，撰写交易文件，上报监管备案，完成路演、发行、登记托管等各项工作，在这一阶段，各参与主体分工明确，互相协助完成各项工作。项目成立后，大部分中介机构的责任就已经基本完成，除了评级机构对资产池进行跟踪评级之外，大部分中介机构几乎不再参与项目过程，只有受托机构、贷款服务机构、资金保管机构合作进行项目的日常运营管理。

信贷资产证券化项目设立的流程包括初始筹备、确定资产池、中介机构进场尽调、确定交易结构、进行信用评级、起草交易文件、签订各项合同、监管机构备案等过程，资产支持证券发行的流程包括签署交易文件、投资者推广、路演推介、簿记建档/招标发行、缴款等过程，资产证券化运行期间的工作则包括贷款本息回收、分配清算、期间投资、信息披露、本息兑付等过程，资产证券化项目终止时则需要进行清算，整个过程中涉及证券持有人重大利益事项时，还需召开持有人大会。

本书前面的章节对信贷资产证券化项目成立阶段进行了全面的介绍，后面的章节也将对资产证券化的发行进行专门讨论，因此本章仅简单列举信托公司在证券化项目成立、发行阶段的相关事务，而将重点放在资产证券化项目运营管理阶段，即受托机构进行受托过程管理的工作流程。其中，对于非资产证券化所特有的一般性信托业务，本章也不重点叙述，读者可参考信托公司和信托业务相关的专业著作。

一、特定目的信托设立阶段

在信托设立阶段，信托公司需要参与的工作包括尽职调查、参与编写交易文件、选任中介机构、签订信托合同、开立信托账户、编写可行性研究报告和业务计划书、编写联合项目备案报告等事项。

（一）尽职调查

受托机构作为信托财产的受让方，应该对信托财产的真实性、合法性和有效性进行尽职调查。但是在资产证券化的交易中，针对信托财产的尽职调查通常交由律师事务所、审计师，以及评级机构完成，受托机构也可独立对基础资产进行调查，但基本流程是相同的，本章不再赘述。

受托机构尽职调查的另外一个内容是对于贷款服务机构履行合同义务的能力调查，主要包括下述内容：信托财产独立性的保证、信息系统的支持、基础资产出现风险时的应对能力、资金划拨的内部流程等。对于规模较大的发起人，履行贷款服务机构的义务一般不成问题，但对于规模较小的发起人，则需要进行细致的调查和访谈，在必要的情况下，甚至需要协助其对内部流程、风险管理体系、信息系统进行适当的改良和改进。

（二）交易文件

信贷资产证券化的交易文件主要包括“主定义表”、“信托合同”、“信贷资产交割函”、“信贷资产清单”、“贷款服务合同”、“资金保管合同”、“担保合同”、“承销协议”、“发行协议” 和其他相关的协议。

证券化的交易文件由律师起草，交易结构由各中介机构协同确定。虽然经过多年发展，资产证券化的交易文件在内容、格式上已经非常成熟，但由于受托机构是大部分合同的签订主体，所以仍需对交易文件进行全面的审阅。

受托机构的业务部门负责审阅权利义务的适当性、交易结构的合理性、流程时效的可执行性、相关模型的准确性，以及各交易文件的一致性等内容，受托机构的风控合规等中台部门负责审阅交易中风险的可控性、与机构内部规章的相容性等内容。

（三）备案报告

2014 年 11 月 20 日，银监会下发《关于信贷资产证券化备案登记工作流程的通知》，将资信贷资产证券化的审批制改为备案制，获得业务资质的银行业金融机构只需向银监会和各机构监管部进行备案登记，即可开展资产证券化的发行工作。所需的备案文件包括：

（1）信贷资产证券化项目备案登记表。

（2）由发起机构和受托机构联合签署的项目备案报告，一般包括但不限于以下内容：

①发行方案申请的动因。

②发行方案的主要内容。

③方案的可行性研究。

④各相关机构的介绍和承诺保证。

⑤中介机构的意见。

（3）信贷资产证券化项目计划书。

（4）法律文件草案：

①主定义表。

②信托合同。

③贷款服务合同。

④资金保管合同。

（5）第三方机构意见：

①法律意见书草案。

②会计意见书草案。

③信用评级报告草案。

④有关持续跟踪评级安排的说明。

（6）受托机构在信托财产收益支付的间隔期内，对信托财产收益进行投资管理的原则及方式说明。

（7）发起机构信贷资产证券化业务资格的批复或相关证明文件。

（8）特定目的信托受托机构资格的批复。

（9）监管机构要求的其他文件和材料。

（四）资产支持证券的发行、交易阶段

在获得银监会的备案确认函之后，大部分工作由发行人接手完成。在证券发行阶段，发行人的工作简单总结见表5.2。

表5.2　发行阶段工作列表

时间	事项	对应部门	文件列表
交易结构确定后	属地银监局将信托计划进行备案	属地银监局信托部	信托计划事前报告表
保管协议签署后	托管银行开立募集户和托管户	托管银行	
获得银监会备案确认函之后	人民银行核准发行	人民银行金融市场司	见表5.3
获得人民银行发行许可之后	申请债券代码和简称	中央国债登记结算公司	债券代码和简称申请表
T-5之前	向人民银行进行发行备案	人民银行金融市场司	见表5.4

（续表）

时间	事项	对应部门	文件列表
T－5	发行文件挂网	中国债券信息网 中国货币信息网 北京金融资产交易所（注册制适用） 统称“信息披露渠道”	1. 发行办法 2. 发行说明书 3. 信用评级报告 4. 承销团成员名单 5. 发行公告 6. 信托公告
T－1	披露申购办法	信息披露渠道	1. 申购配售办法 2. 申购要约 3. 应急申购书
T	发行（通常为簿记建档发行）	中央国债登记结算公司（中债登）/证券公司簿记室	发行完成后向中债登提交： 1. 额度分配表 2. 国际证券识别码系统基础数据表 3. 注册要素表
T＋1	公告发行结果	中国债券信息网 中国货币信息网 北京金融资产交易所（注册制适用）	发行结果公告
缴款日	确认到账	主承销商 中央国债登记结算公司	向中债登提供：到账确认书
缴款日＋1	准备上市流通	全国银行间同业拆借中心	1. 注册要素表 2. 初始持有人列表

（续表）

时间	事项	对应部门	文件列表
缴款日 +1	支付信托财产对价，信托成立	发起人 信息披露渠道	发起人按合同约定移交资产凭证 信托公司向信息披露渠道上传信托成立公告
T+10	发行结果总结	人民银行金融市场司	发行结果总结报告

注：对于注册制产品而言，在获得注册发行许可之后，表5.2和表5.3的文件均在发行备案时提供。

表5.3　人民银行发行请示文件清单

序号	文件
0	关于发行 XXX 资产支持证券的请示
1	发起机构章程或章程性文件规定的权力机构的书面同意文件
2	信托合同、贷款服务合同、资金保管合同及其他相关法律文件草案
2-1	主定义表
2-2	信托合同
2-3	贷款服务合同
2-4	资金保管合同
3	发行说明书草案
4	承销协议
5	中国银监会的有关批准文件
6	执业律师出具的法律意见书
7	注册会计师出具的会计意见书
8	资信评级机构出具的信用评级报告草案及有关持续跟踪评级安排的说明
8-1	XXX 评级公司售前评级报告及跟踪评级安排
8-2	YYY 评级公司售前评级报告及跟踪评级安排
9	其他相关文件

（续表）

序号	文件
9－1	信贷资产法律尽职调查报告
9－2	资产清单执行商定程序的报告
9－3	注册会计师出具的税务意见书
9－4	主承销商尽职调查报告
9－5	各机构承诺函及说明函
9－6	承销团成员名单及情况介绍
9－7	资产信息清单
9－8	关于簿记建档的说明
9－9	簿记建档发行方案
9－10	发行结果公告模板

表 5.4　人民银行备案文件清单

序号	文件
1	公开披露文件目录
2	公开披露的文件
2－1	信托公告
2－2	发行公告
2－3	发行办法
2－4	发行说明书
2－5	承销团成员名单
2－6	资信评级机构出具的信用评级报告及有关持续跟踪评级安排的说明
2－7	XXX 评级公司售前评级报告及跟踪评级安排
2－8	YYY 评级公司售前评级报告及跟踪评级安排
2－9	发行承诺函
2－10	申购配售办法说明

序号	文件
2－11	申购要约
2－12	应急申购书
3	信托合同、贷款服务合同、资金保管合同及其他相关法律文件
3－1	主定义表
3－2	信托合同
3－3	贷款服务合同
3－4	资金保管合同
4	主承销协议

（五）资产支持证券发行前的信息披露

信息披露是保护投资者合法权益的一项基本措施，在资产支持证券的发行交易、存续管理期间，都需要进行持续性披露。尤其是资产证券化全面实行备案制以后，监管机构只对发起机构合规性、资料齐备性进行检查，不再对基础资产等具体发行方案进行审查，使信息披露的重要性进一步提高。

信贷资产证券化的信息披露相关法律法规主要包括：《信贷资产证券化试点管理办法》（以下简称《管理办法》）、《资产支持证券信息披露规则》（中国人民银行公告〔2005〕第14号）、《信贷资产证券化基础资产池信息披露有关事项的公告》（中国人民银行公告〔2007〕第16号）、《关于进一步扩大信贷资产证券化试点有关事项的通知（银发〔2012〕127号》和《资产支持证券信息披露指引》（按资产类别分别包括《棚户区改造项目贷款资产支持证券信息披露指引》、《个人汽车贷款资产支持证券信息披露指引》、《个人住房抵押贷款资产支持证券信息披露指引》以及《个人消费贷款资产支持证券信息披露指引》），从上述法律法规的沿革，可以看出监管部门对于资产证券化信息披露的重视程度越来越高，规则也越来越细化，以适应资产证券化业务新的发展趋势，并逐渐与成熟市场的规则接轨。《管理办法》首先规定了资产证券化信息披露的总体原则，并提供了“发行说明书”的编制规范；《中国人民银行公告〔2005〕第 14 号》则依据《管理办法》的原则，对资产证券化的信息披露设定了整体框架，规定了信息披露的主体和原则、信息披露渠道、信息披露的保密义务、发行环节信息披露安排、风险提示、存续期信息披露安排、跟踪评级安排、持有人大会决议披露事项以及重大事项信息，并提供了“受托机构报告”的编制规范；《中国人民银行公告〔2007〕第 16 号》进一步对基础资产池的信息披露做了细则要求，明确了“发行说明书”、“受托机构报告”、“信托公告”、“信用评级报告”和“跟踪信用评级报告”中关于资产池信息的最低披露要求；《资产支持证券信息披露指引》作为信贷资产证券化注册发行的配套文件，进一步强化了注册发行制度下对信息披露的要求，在前述法律法规的基础之上，调整了信息披露的要求和文件体例。

根据上述法律法规，资产支持证券受托机构是信息披露的责任主体，发起机构和其他接受受托机构委托为证券化提供服务的机构向受托机构提供有关信息报告。根据信息披露指引的要求，作为注册申请的联合申请人和信息披露的主要义务人，受托机构在注册时必须确定并且唯一，凸显了受托机构作为信息披露责任主体应当承担的义务。

在发行环节，受托机构信息披露的主要文件有：发行办法、发行公告、发行说明书、信托公告、信用评级报告、募集办法和承销团名单。对于适用注册制的产品，还需要披露注册申请报告。其中，对投资人而言，注册申请报告、发行说明书和信用评级公告是最为主要的信息披露文件。

1. 注册申请报告和发行说明书

注册申请报告和发行说明书是相互关联的文件体系：在申请注册发行时，由于具体的资产尚未确定，所以注册申请报告披露的重点更侧重于交易结构以及大类资产的历史信息，主要包括：发行基本信息、投资风险提示、参与机构信息、交易条款信息、基础资产筛选标准、历史数据信息（动态数据和静态数据信息）、信息披露安排等；发行说明书则侧重于在资产池确定之后，对注册环节无法披露的基础资产和证券的细节信息进行披露，主要包括发行基本信息、投资风险提示、交易结构信息、基础资产总体信息、基础资产分布信息、证券基础信息、中介机构意见、证券后续安排等相关内容。

《管理办法》和《资产支持证券信息披露指引》发行说明书的编制要求见表5.5。

表5.5　发行说明书的编制要求

《信贷资产证券化试点管理办法》	《资产支持证券信息披露指引》
一、发行机构（受托机构）、发起机构、贷款服务机构、资金保管机构、证券登记托管机构及其他为证券化交易提供服务的机构的名称、住所	在注册时能确定的，列于“参与机构信息”，对于注册时未确定的，列于“发行基本信息”
二、发起机构简介和财务状况概要	列于“参与机构信息”
三、发起机构、受托机构、贷款服务机构和资金保管机构在以往证券化交易中的经验及违约记录申明	在注册时能确定的，列于“参与机构信息”，对于注册时未确定的，列于“发行基本信息”
四、交易结构及当事方的主要权利与义务	并入“交易条款信息”和“交易结构信息”
五、资产支持证券持有人大会的组织形式与权力	并入“交易结构信息”
六、交易各方的关联关系申明	并入“参与结构信息”
七、信托合同、贷款服务合同和资金保管合同等相关法律文件的主要内容	并入“交易条款信息”和“交易结构信息”
八、贷款发放程序、审核标准、担保形式、管理方法、违约贷款处置程序及方法	并入“参与机构信息”
九、设立特定目的信托的信贷资产选择标准和统计信息	在注册时列于“基础资产筛选标准”
十、信托财产现金流需要支付的税费清单，各种税费支付来源和支付优先顺序	并入“证券基础信息”
十一、发行的资产支持证券的分档情况，各档次的本金数额、信用等级、票面利率、预计期限和本息偿付优先顺序	并入“证券基础信息”

（续表）

《信贷资产证券化试点管理办法》	《资产支持证券信息披露指引》
十二、资产支持证券的内外部信用提升方式	并入“交易结构信息”
十三、信用评级机构出具的资产支持证券信用评级报告概要及有关持续跟踪评级安排的说明	评级报告在发行说明书中列于“中介机构意见”，跟踪评级安排列于“证券后续安排”
十四、执业律师出具的法律意见书概要	并入“中介机构意见”
十五、选择性或强制性的赎回或终止条款，如清仓回购条款	并入“交易条款信息”和“交易结构信息”
十六、各档次资产支持证券的利率敏感度分析；在给定提前还款率下，各档次资产支持证券的收益率和加权平均期限的变化情况	并入“中介机构意见”
十七、投资风险提示	在注册时和发行时单列成节
十八、注册会计师出具的该交易的税收安排意见书	并入“中介机构意见”
十九、证券存续期内信息披露内容及取得方式	注册时列于“信息披露安排”，发行时列于“证券后续安排”
二十、中国人民银行规定载明的其他事项	

总的来看，《资产支持证券信息披露指引》的变化体现在以下几个方面：首先是区分了不同产品的特性，每一类产品对应一个《信息披露指引》，更具有针对性；二是借助表格体系将信息披露的文件结构标准化处理，为之后电子化信息披露形式奠定了基础，而且信息披露文件的结构也更加合理；三是从注册制风险把控的角度考虑，要求注册时确定并披露交易合同的主要条款，确保分期发行的证券在交易结构上具有一致性；最后，注册、发行、存续全套信息披露文件体系更为连贯，便于发行人申请及投资人查阅。

信息披露要素方面，《资产支持证券信息披露指引》借鉴了美国 Regulation AB II 的一些规定，与《管理办法》相比，新增了不少信息披露要素，例如对于 RMBS、汽车贷款、个人消费贷款而言，要求提供静态池和动态池的信息，静态池应包含拖欠、早偿、核销的明细信息，动态池中需要以 30 天为间隔披露至少 120 天内的拖欠数据，以及逾期、早偿、核销和新增金额（根据不同资产类型，动态池披露的时间长度要求有所不同，例如住房贷款为 10 年，汽车贷款为 5 年）；也增加部分定量数据的披露要求，包括现金流归集表、风险报酬转移测试结果、信用评级的参数假设和模型结果等，都有助于投资者更好地对基础资产的风险进行自主判断。从实际操作的角度，对于如此详尽的基础资产的信息披露，需要依赖发起机构或服务机构的 IT 系统支持，也可通过开放数据接口的方式，由发起机构和受托机构协作完成数据的收集和处理。

这些变化，都在逐渐与成熟市场接轨，不过离美国的 Regulation AB II 要求的信息披露依旧很远。针对所有证券化的资产类型，美国法规明确要求包括资产是否达到发起证券化所需的信用资质水平和承销标准的数据信息，不合格资产的赎回或者替换活动等有关信息，以及贷款所在区域、信用评分、就业情况、收入状况等。Regulation AB II 之后，新的标准化数据信息披露和报告还有针对不同基础资产性质而衍生出的不同规则要求，目前主要是针对住房抵押贷款（每个贷款对应 270 个数据信息点），商业抵押贷款（152 个），汽车贷款（72 个），汽车租赁（66 个），以及包括债务证券在内的再证券化（60 个）。所有资产层面的数据信息，在发行和报告时都要求以新的 ABS - EE 表格形式，且以 XML 格式在 EDGAR 系统中申报。

2. 信用评级报告

信用评级报告侧重对证券的风险进行评估。资产支持证券的信用评级基于证券化的基础资产、交易机构、法律要素以及有关参与方履约及操作风险等因素，对证券的信用风险进行评估。对于投资人而言，其必须了解资产支持证券的信用风险，但又缺乏直接了解信用风险的资料和知识，所以专业信用评级机构对证券的评级对投资人的投资决策起到非常重要的作用。《资产支持证券信息披露指引》对评级报告的要求与之前的规定基本一致，且在本书的其他相应章节有相应介绍，此处不再赘述。

需要指出的是，美国在反思2008年次贷危机的教训时，认为评级机构未尽勤勉之责，没有为投资者提供高质量的证券评级结果，比如他们对很多能够揭示房地产抵押市场和证券风险的预警信号视而不见，将抵押贷款支持证券及其衍生品误评为安全性投资。同时，投资者自身信息匮乏，专业分析能力有待提升，而美国的联邦和州立法规都要求和鼓励金融公司、机构投资者以信用评级公布的评级结果为基础进行投资，导致了部分投资者过度依赖评级机构的结果，没有进行独立而有效的分析。美国的Regulation AB II旨在通过要求资产层面的信息披露和新的储架发行标准，提高证券化市场的资产信用质量和信息透明度，通过减少不确定性与风险来增强投资者信心和强化投资者保护，同时激励投资者不过度依赖评级（证券化的公开发行中，已经取消了“证券应获得投资级评级”的这一要求，改由其他的合格标准取代）。因此，在Regulation AB II中，将基础资产、交易结构等细节，尽可能多地披露给投资者，为投资人进行独立的风险判断提供足够的信息。这样做当然会导致额外的成本，根据美国证监会计算，预计每年为新规表格内容搜寻信息所花费的时间要增加20多万个小时，以及21.6亿美元的披露成本。不过，若考虑到能够为投资人提供决策依据并降低投资人所需的收益率（对应地，降低了投资者收益，却不影响投资者可接受的风险调整后收益），让投资者能够更活跃地参与到资产证券化市场中来，最后也能够对发起人起到正向作用。

我国现在采取双评级的策略，使用两个评级机构对同一证券进行评级，这在一定程度上消除了单个评级机构可能出现错误的风险。当然，由于评级机构的评级结果受参数假设、模型的影响非常显著，因此，在评级过程中，受托机构应协调发起人和评级机构，对评级模型中涉及的变量进行充分讨论，确保评级结果的公允和可靠。

二、特定目的信托运营管理阶段

在特定目的信托运营管理阶段，参与者主要包括信托公司、发起银行、贷款服务机构、登记托管机构。这一阶段可以称之为受托过程管理，根据证券化的一般性流程，可以分为若干个期间，每一个期间的典型工作流程见表5.6。

表5.6 受托过程管理的一般性流程

日期	日期示例	工作内容	参与机构
T	2015/1/26	本息兑付	登记托管机构
T-1	2015/1/23	中债登核对、计算分配金额	登记托管机构
T-2	2015/1/22	向中债登划款	受托机构、资金保管机构
T-5	2015/1/19	受托机构报告/付息兑付通知单	受托机构
T-6	2015/1/16	信托收益分配/收益结算单	受托机构
…			
X+6	2015/1/9	资金保管机构报告日	资金保管机构
X+5	2015/1/8	回收款转付/贷款服务机构报告	贷款服务机构
X	2015/12/31	第n个计算日	
S	2015/12/20	第n个结息日	贷款服务机构、原始债务人

注：日期示例为根据节假日进行调整后的日期。

一个完整的受托管理期间，以贷款服务机构收到本息开始，在此后的规定日期内，贷款服务机构准备贷款服务机构报告并转付回收款，资金保管机构准备资金保管机构报告，至此，资产端的事务处理完毕。SPV端的工作时间以本息兑付日为基准，在本息兑付日之前的规定日期内，受托机构完成信托财产收集，撰写受托机构报告，填写付息兑付通知单，并据此向资金保管机构发送划款指令，将应付的所有费用和报酬转到登记托管机构的指定账户，由其向受益人分配。

受托管理期间具体日期的设置，一般有两方面考虑，一方面是资产池的资金归集所需的时间，贷款服务机构需要时间对贷款的回收情况进行统计分析，对各类款项进行核查，在实践中，这一步骤是耗时最长的过程，因此，从结息日到贷款服务机构报告/转付日有较长的时间间隔；在贷款服务机构完成资金转付后的第二天，资金保管机构就可以出具资金保管报告。另一方面是资产支持票据收益兑付所需的时间，这一阶段的进度安排主要根据登记托管机构的工作流程来安排，以表5.6为例，中央国债登记结算有限责任公司的《资产支持证券发行登记与托管结算业务操作规则》要求“受托机构应不迟于T-5日向中央结算公司提交……资产支持证券兑付付息通知单……《受托机构报告》”、“应于本息兑付日前一个工作日（T-1日）上午9:00前，将本息兑付资金从中央结算公司的资金账户划出”。资金保管机构报告日与信托收益分配日之间所间隔的日期，是充分考虑了节假日影响的结果。

（一）项目成立之初的准备工作

从流程上来说，一个受托管理的期间从贷款服务机构收到贷款利息开始。但是，对于受托机构而言，为了使受托过程管理更准确、更有效率，在项目设立之初就需要进行一系列的准备工作。

准备工作主要包括两方面内容，一是厘清财产回收及信托收益分配的流程，二是设计好受托过程管理中涉及的各种表格。为了叙述方便，本部分如果涉及具体数据，均以浙元2015年第一期信贷资产化项目为例（项目的发行文件和运行期数据可以通过债券信息网获得）。

信托收益分配的流程在交易文件中有明确规定，但为了避免分配过程出现错误，需要对分配流程进行梳理，明确各种触发机制。最有效的方式，是将信托合同中的支付顺序，以流程图的形式表示出来，典型的分配顺序见图5.1。

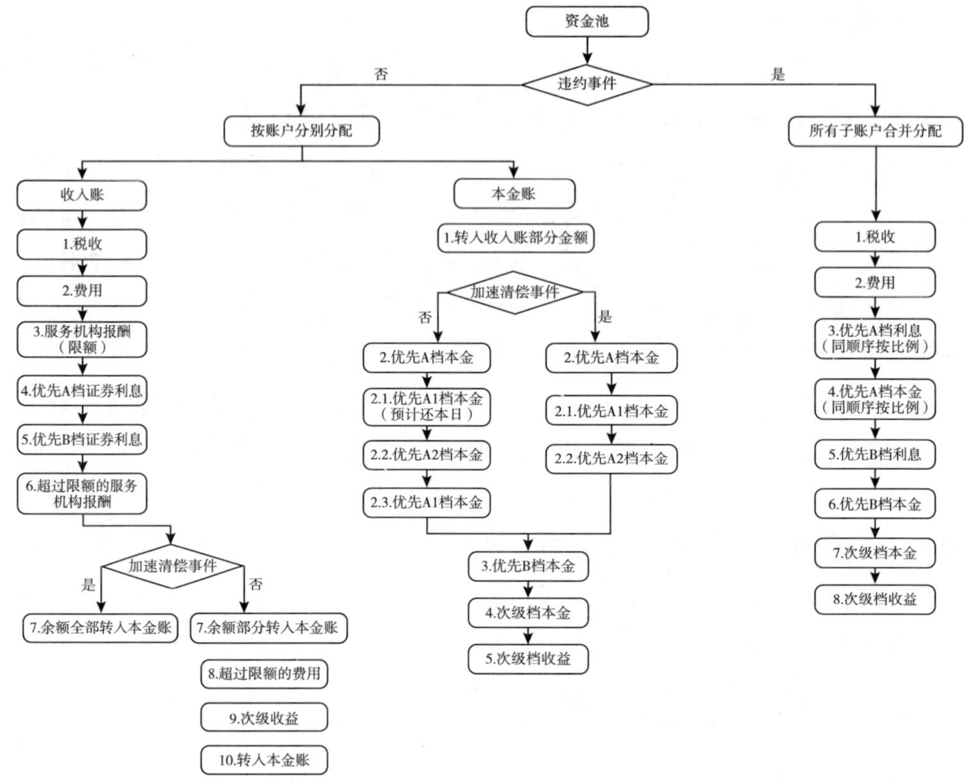

图 5.1　典型的支付顺序示意图

对于收益分配流程，最重要的几点包括：

（1）信托账户的设置。

（2）各种费用的支付顺序，包括账户不足时候的处理方式（例如，随着国内资产证券化的交易结构越来越复杂，涉及的现金流分配也越来越复杂，从顺序支付，到按比例支付等）。

（3）违约事件触发条件。

（4）加速清偿事件触发条件。

（5）涉及报酬的各种期间设置（例如，各类日期期间一头一尾的时间如何计算，“留头去尾”还是“留尾去头”，在涉及浮动利率贷款或证券时，尤其需要注意）。

（6）各种报酬的计算基准（例如，计算各中介机构报酬的基准通常是起初资产池的未偿本金余额，而计算信托收益的基准则是各档资产支持证券的未偿本金余额，如果涉及担保，担保费用的计算基准则通常是所担保优先级证券的未偿本金余额等）。

分配流程明确之后，可以在Excel中将其表达出来，这将大大减少后续的工作步骤。典型的情况下，包括下面几个表格：证券和资产池基础信息表、资产池资金流入表、投资台账、证券本息分配表。在进行受托过程管理表格设计时，涉及的公式主要包括：IF，IFERROR，SUM，SUMIF，COUNT，COUNTIF，MAX，MIN，MEDIAN（用于代替MAX/MIN的组合），DAYS360，等等。读者可以借助Excel的帮助或相关参考书籍来熟悉这些公式。

需要注意的是，受托过程管理的表格与现金流建模的表格要求有所不同，现金流建模的表格重点是预测，包括预测各个时段或时点的资金数量金额，需要借助一系列假设和曲线，包括基准利率假设、提前偿付率曲线、违约率曲线、损失率假设、回收率假设等；而受托管理过程中，利率、提前偿付、违约金额、损失金额等都由贷款服务机构提供，在表格设计过程中，重点是准确地反映资金分配的逻辑，并实时记录资金投资的情况。

以图5.1的分配逻辑为例，表5.7至表5.10为受托过程管理涉及的典型表格。需注意，不同的偿付顺序所对应的表格的结构也不同。

表5.7列出证券的基本信息和后续分配所涉及的费用清单，方便后续引用；表5.8为资产池的现金流入情况，几乎所有数据都会由贷款服务机构提供（合格投资利息等除外），但受托管理人也有必要通过计算来核实数据的准确性；表5.9为计算相关利息、费用时所涉及的重要时间和期间信息；表5.10为信托账下各项目的分配情况，为了方便读者参考，每个表格均附有相应的公式，当然，此处仅列出了未触发违约和加速清偿时的分配流程，在违约或加速清偿情况下，可以根据相同的方法，依据图5.1的流程设计分配表格。

需要指出的是，不同的交易结构，对应的分配逻辑可能存在不同，本书中的表格仅供参考。

表 5.7　证券和费用信息表

	A	B
2	期初证券基本信息	
3	A－1 档本金余额	500 000 000. 00
4	A－2 档本金余额	700 000 000. 00
5	B 档本金余额	333 000 000. 00
6	初级档本金余额	288 140 000. 00
7	A－1 档利息	3. 80%
8	A－2 档利息	4. 45%
9	B 档利息	5. 50%
10	次级利息	2%
11	初始起算日	2015/3/23
12	信托设立日	2015/7/17
13	A－1 档固定期限	TRUE
14	A－1 档预计到期日	2016/4/26
15	A－2 档固定期限	FALSE
16	B 档固定期限	FALSE
17		
18	费用信息	
19	营业税	5. 00%
20	城建税	0. 35%
21	教育费附加	0. 15%
22	地方教育费附加	0. 10%
23	费用优先支出上限	100 000. 00
24	受托机构费率	0. 12%
25	贷款服务费率	0. 50%
26	中债资信初始评级费用	530 000. 00
27	跟踪评级费用	—
28	资金保管费率	0. 01%
29	支付代理机构费用	0. 005%
30	执行费用	—

表 5.8　基础资产池资金流入表

D	E	F	H	I	J
编号	类别	金额	编号	类别	金额
1	相关的利息、收费和报酬	59 588 979.00	1	借款人归还的贷款本金	20 000 000.00
1.1	正常还款利息	59 588 979.00	2	资产赎回本金	—
1.2	提前还款利息	—	3	清仓回购本金	—
1.3	资产赎回利息	—	4	违约回收本金	—
1.4	清仓回购利息	—	5	担保人支付的金额中的本金部分	—
2	投资收益	—	6	清算回收资金中的本金部分	—
2.1	合格投资收益	—			
2.2	银行孳息	—			
2.3	其他收益				
3	违约回收利息	—			
4	担保人支付的金额中除本金以外的部分	—			
5	清算回收资金中除本金以外的部分	—			
	合计	59 588 979.00		合计	20 000 000.00

表 5.9　重要日期和期间

	O	P
1	重要日期和期间	
2	收款期间	191
3	上一计算日	2015/3/23
4	当前计算日	2015/9/30
5	计息期间	101
6	上一计息日	2015/7/17
7	当前计息日	2015/10/26

表 5.10 正常情况下收入账和本金账的分配

	R	S	T	U	V	T	U	V
1		收入账						
2	编号	类别	应付	实付	收入账余额	应付	实付	收入账余额
3	0	收入账初始余额			59, 588, 979.00			= I15
4	1	税收	3,336,982.83	3,336,982.83	56,251,996.17	= SUM(ROUND(I15 * 营业税,2),ROUND(I15 * 城建税,2),ROUND(I15 * 教育费附加,2),ROUND(I15 * 地方教育费附加,2))	= T4	= V3 - U4
5	2	费用						
6	2.1	受托机构报酬	1,143,576.13	1,143,576.13	55,108,420.04	= ROUND(资产池未偿本金余额 * 受托机构费率 * P2/365,2)	= T6	= V4 - U6
7	2.2	资金保管报酬	95,298.01	95,298.01	55,013,122.03	= ROUND(资产池未偿本金余额 * 资金保管率 * P2/365,2)	= T7	= V6 - U7
8	2.3	评级机构报酬	530,000.00	530,000.00	54,483,122.03	= 中债资信初始评级费用	= T8	= V7 - U8
9	2.4	审计费用	—	—	54,483,122.03	0	= T9	= V8 - U9
10	2.5	后备服务机构报酬	—	—	54,483,122.03	0	= T10	= V9 - U10
11	2.6	支付代理机构报酬	3,890.81	3,483.99	54,479,638.04	= ROUND((I15 + M15 - SUM(T6:T10))/(1 + 支付代理机构费用) * (5/100000),2)	3,483.99	= V10 - U11
12	2.7	不超过优先支出上限的费用	—	—	54,479,638.04	= ROUND(MIN(执行费用,费用优先支出上限),)	= T12	= V11 - U12
13	3	优先支付的贷款服务机构报酬	3,573,675.41	3,573,675.41	50,905,962.63	= 资产池未偿本金余额 * 贷款服务费率 * P2/365 * 0.75	= T13	= V12 - U13
14	4	优先 A 档证券利息						
15	4.1	A-1 档利息	5,257,534.25	5,257,534.25	45,648,428.38	= ROUND(A-1 档本金余额 * A-1 档利息 * P6/(DATE(YEAR(P7) + 1,1,1) - DATE(YEAR(P7),1,1)),2)	= T15	= V13 - U15
16	4.2	A-2 档利息	8,619,589.04	8,619,589.04	37,028,839.34	= ROUND(A-2 档本金余额 * A-2 档利息 * P6/(DATE(YEAR(P7),1,1)),2) - DATE(YEAR(P7),1,1)),2)	T16	= V15 - U16
17	5	优先 B 档证券利息	5,067,986.30	5,067,986.30	31,960,853.04	ROUND(B 档本金余额 * B 档利息 * P6/(DATE(YEAR(P7) + 1,1,1) - DATE(YEAR(P7),1,1)),2)	= T17	= V16 - U17
18	6	剩余贷款服务机构报酬	1,191,225.14	1,191,225.14	30,769,627.90	= ROUND(资产池未偿本金余额 * 贷款服务费率 * P2/365 * 0.25,2)	T18	= V17 - U18
19		本金账转入金额(负号表示转入)	-	-	30,769,627.90	= ROUND(IF(V18 < 0,V18,0),2))	= MEDIAN(AC3, - T19,0)	= V18 - U19
20	7	转入本金账部分金额	-	-	30,769,627.90	= ROUND(新增违约资产 + 上一期! R19 - 上一期! R20,2)	MEDIAN(V19, T20,0)	V19 - U20
21	8	超过优先支出上限的费用	-	-	30,769,627.90	= ROUND(执行费用 - T12,2)	= MEDIAN(V20,T21,0)	= V20 - U21
22	9	次级期间收益	1,594,637.81	1,594,637.81	29,174,990.09	= 次级档本金余额 * 次级利息 * P6/(DATE(YEAR(P7) + 1,1,1) - DATE(P7),1,1))	= MEDIAN(V21,T22,0)	= V21 - U22
23	10	剩余资金转入本金账	29,174,990.09	29,174,990.09	-	= V22	= MEDIAN(V22,T23,0)	= V22 - U23

	X	Y	Z	AA	AB	AC	AD	Z	AA	AB	AC	AD
1				本金账								
2	编号	类别	应付	可支付	信托实际支付	本金账余额	证券本金余额	应付	可支付	信托实际支付	本金账余额	证券本金余额
3	0-1	本金账初始余额				20,000,000.00					=M3	
4	0-2	本金账转出金额				-					=-U19	
5	0-3	收入账转入金额				29,174,990.09			=SUM(U23+U20)			
6	0	本金账可用余额				49,174,990.09			=AC3-AC4+AC5			
7	1	转入收益账金额	-	-	-	49,174,990.09		=U19		=MEDIAN(AC3,27,0)		=AC6-AB7
8	2	A-1档本金	-	-	-	49,174,990.09	500,000,000.00	=IF(当前计息日=A-1档预计到期日,,)*A-1档本金余额	=MEDIAN(AC7,Z8,0)	0	=AC7-AB8	=A-1档本金余额-AB8
9	3	A-2档本金	700,000,000.00	49,174,990.09	49,140,000.00	34,990.09	650,860,000.00	=(1-IF(当前计息日=A-1档预计到期日,,))*A-2档本金余额	=MEDIAN(AC9,Z10,0)	49 140 000	=AC8-AB9	=A-2档本金余额-AB9
10	4	B档本金	-	-	-	34,990.09	333,000,000.00	=AND(AD8=0,AD9=0)*B档本金余额	=MEDIAN(AC9,Z10,0)	0	=AC9-AB10	=B档本金余额-AA10
11	5	次级档本金	-	-	-	34,990.09	288,140,000.00	=AND(AD8=0,AD9=0,AD 0=0)*次级档本金余额	=MEDIAN(AC10,Z11,0)	0	=AC10-AB11	=次级档本金余额-AB11
12	6	次级档收益	-	-	-	34,990.09		=AND(AD8=0,AD=9,AD=10,AD=0)*AC11	=MEDIAN(AC11,Z12,0)	0	=AC11-AB12	

注：程序中，建立上一期数据，表格命名为“上一期”。

（二）贷款服务机构报告

资产池中的贷款由贷款服务机构进行管理，贷款服务机构的职责包括：

（1）收取贷款本金和利息。

（2）管理贷款。

（3）定期向受托机构提供服务报告，报告作为信托财产的信贷资产信息。

贷款服务机构报告是受托机构审阅资产池情况、进行信托收益分配的根本，因此，贷款服务机构报告应能全面反映资产池运行情况的信息，具体的内容与形式，受托机构和贷款服务机构可以协商商定。通常包括以下几方面的内容。

①重大事项的发生情况。

重大事项可能触发合同中约定的某些机制，受托机构的工作内容可能发生变化，这些事项主要包括：

a. 权利完善事件：主要指可使受托机构在基础资产中的全部或部分权益面临损失的风险事件，一类指贷款服务机构信用下降、解任、丧失清偿能力等，这类事件发生的概率极低；另一类涉及抵押贷款，实践中，在发起人将债权转让给受托机构时，通常不办理相关资产项下抵押权的变更登记手续，某些情况导致需对抵押人提起法律诉讼或仲裁时，受托机构需要完善其在基础资产中的部分或全部权利。在出现权利完善事件后，需要向借款人或相关主体递交权利完善通知。

b. 贷款服务机构解任事件：通常不可能发生。

c. 加速清偿事件：指与参与机构履约能力相关的一系列事件。基础资产本身可触发加速清偿的事件是违约率升高的事件，所以，贷款服务报告中应特别标注。出现加速清偿事件后，受托机构需要改变现金流的分配顺序。

②资产池信息。

信贷资产统计特征说明，包括贷款余额、贷款利率、剩余期限、资产质量5级分类统计等。

③收支款信息。

信贷资产回收信息，包括但不限于本金和利息的细项分列（含正常还款金额、提前结清金额、部分提前还款金额、处置回收金额及回购贷款金额等）的说明。

扣款信息应包含所有应由信托财产承担的费用，例如违约贷款处置所发生的执行费用。

划款信息为贷款服务机构向信托账户转付的本金回收款金额、收入回收款金额以及回收款总额的汇总信息。

④贷款状态特征。

贷款状态包括信贷资产提前还款、拖欠、违约、处置、回收及损失等情况。

⑤违约及严重拖欠信息。

违约及严重拖欠信息包括信贷资产中进入法律诉讼或仲裁程序的信贷资产情况；法律诉讼或仲裁程序进度。

受托机构应判断贷款状态是否与预期情况一致，如果出现明显偏离的趋势，应当与贷款服务机构分析原因，并对可能出现的情况商讨应对措施，并将此情况进一步反应在受托机构报告中，以利于投资人对证券进行合理评估。

⑥当期损失贷款信息。

确认损失的贷款应提供明细，由受托机构留存备查。

贷款服务机构在完成贷款服务机构报告的同时（在早期的项目中，回收款转付可发生在受托机构报告日之前，即贷款服务机构收到本息后当日或次日就完成转付），应按照服务合同的要求，将作为信托财产的信贷资产的回收资金转入资金保管机构。

上述是贷款服务机构根据贷后管理的实际情况出具服务报告的一般性工作流程。在一般情况下，受托机构并不实际参与贷款的管理，但在某些特殊情况下，例如基础资产出现违约的情况下，受托机构需要与贷款服务机构协作，对违约的贷款进行处置。

在贷款服务机构将基础资产的回收本息转入信托计划专用账户后，资金保管机构应向受托机构出具资金保管报告。

（三）资金保管报告

贷款服务机构收取贷款本金和利息后，应按照服务合同的要求，将作为信托财产的信贷资产回收资金转入资金保管机构开设的特定目的信托专用账户。本息转入后（一般是回收款转付的第二个工作日），资金保管机构向受托机构出具资金保管报告。

资金保管机构的职责主要包括如下内容：

（1）安全保管信托财产安全。

（2）以特定目的信托名义开设信托财产的资金专户。

（3）依照合同约定方式，根据受托机构指令，向资产支持证券持有人支付投资收益。

（4）依照合同约定方式，管理信托账户资金。

（5）定期向受托机构提供资金保管报告，报告资金管理情况和资产支持证券收益支付情况。

此外，受托机构还需要依据资金保管报告、贷款服务机构报告，对各项账目进行核对，确保资金台账的准确性。

（四）分配清算

分配清算的基本原则在前文已有叙述，如果在项目运行之初的准备工作足够充分，分配清算环节只需将各项流入资金填入表 5.7 至表 5.9，就可得到相应的分配结果。因此，在分配清算环节，最重要的是保证输入数据的准确性，一般来讲，可供验证的数据来源有 4 个：项目的预测现金流情况、贷款服务报告、资金保管报告和受托机构的资金台账。

（五）闲置资金投资

在资产证券化项目运营管理阶段，受托机构的另一个职责是闲置资金处理，闲置的资金主要来自于两个方面，一是回收款转付日到本息兑付日之间这段期间的资金闲置，这部分资金投资期限相对固定，在大部分的信贷资产证券化项目中，通常短于一个月；二是在信托账户分配清算后沉淀下来的资金，常见于在交易结构中含有提前封包、利差支持账户、储备账户的证券化项目，这一部份资金的投资期限较长，至少会持续一个计算周期（通常是一个季度）。

对于闲置资金投资，法律法规有相应的要求。《信贷资产证券化试点管理办法》中对于投资标的有明确要求，“将信托财产收益投资于流动性好、变现能力强的国债、政策性金融债及中国人民银行允许投资的其他金融产品”，从实践上看，闲置资金的投资范围非常局限，通常用于投资同业存款，小部分投资于货币基金。相比之下，证券投资基金业协会的《资产证券化业务风险控制指引》对于资产证券化的闲置资金投资标的的规定更为宽泛，“管理人应当关注再投资风险，确保再投资在约定范围内进行，不得投资权益类产品；投资固定收益类产品的，应当充分考虑投资标的的信用风险、市场风险和流动性风险”，为合同的约定提供了更多的空间。另外，对于需要出表的基础资产而言，《企业会计准则第23号——金融资产转移》又规定，“企业无权将现金流进行再投资，但按照合同约定在相邻两次支付间隔期内将所收到的现金流量进行现金或现金等价物投资的除外”。

实践中，受托机构在闲置资金投资时，一般需要考虑4个原则：稳健性、流动性、兼顾收益、全程监督。这是受托机构履行尽职、谨慎义务的要求，在交易合同中对于闲置资金的运用通常也会有相应规定。

由于实际上每笔资金流入都会有一定资金的闲置，因此，闲置资金的收益率对权益类证券（次级）的收益影响相当可观，以加权利率为8%的一年期证券产品为例，如果每个分配周期的平均闲置期间为20天，由于本息流入均可产生闲置，则闲置资金投资利率每变化100bp，对于整个资产池收益率的变化接近6bp（$1.08 \times 100bp \times 20/365$），反应在权益类证券（次级）的收益率上，则更为显著（如果权益类占比10%，则权益类证券的收益率变化接近60bp）。

正因为闲置资金投资对收益率有明显的影响，不同机构、不同投资类别的利率不同，因此，受托机构在做出投资决策时，需要进行广泛的询价，这是受托机构对资产进行主动管理的一个例子。当然，可投资标的的扩充，对于受托机构进行资产管理也是一个促进。

（六）信息披露

前文叙述了资产支持证券发行时的信息披露要求。在资产支持证券的存续期，信息披露同样非常重要，可以帮助投资人了解资产池的变化对资产支持证券投资价值产生的影响，有助于及时更新投资人对证券风险的判断，存续期的信息披露是资产支持证券具备流动性的根本。

存续期的信息披露所依据的法律法规与发行时的信息披露完全相同，包括《信贷资产证券化试点管理办法》、《资产支持证券信息披露规则》（中国人民银行公告〔2005〕第14号）、《信贷资产证券化基础资产池信息披露有关事项的公告》（中国人民银行公告〔2007〕第16号）、《关于进一步扩大信贷资产证券化试点有关事项的通知（银发〔2012〕127号》、《资产支持证券注册发行有关事宜的公告（征求意见稿）》和《资产支持证券信息披露指引》。

存续期的信息披露包括下列内容：受托机构报告，反映当期资产支持证券对应的资产池状况和各档次资产支持证券的本息兑付信息；跟踪评级报告则基于资产池的更新信息，进行风险评估。

受托机构报告在本质上属于发行说明书所披露信息的延续，重点应反映资产池的变化情况、资金的流向和分配情况，以及证券的本息兑付情况。《中国人民银行公告〔2005〕第14号》提供了受托机构报告的编制规范，《资产支持证券信息披露指引》对该规范进行了更新。

与《中国人民银行公告〔2005〕第14号》相比，《资产支持证券信息披露指引》变化较为显著，主要体现在以下方面：

一是受托机构报告直接延续了发行说明书的文件体例，同样包含4个方面的内容：存续基本信息、证券概况、资产池情况、基础资产存续期总体信息，这种安排使受托机构报告和发行说明书的可读性和可比性都得到明显改善。两种规范下面的文件体例变化见表5.11。

表 5.11　受托机构报告的编制要求

中国人民银行公告〔2005〕第 14 号	资产支持证券信息披露指引
一、受托机构和证券化服务机构的名称、地址	并入“存续基本信息”项下
二、各档次证券的本息兑付情况，包括各档次证券入库时点的本金金额、该期期初及期末的本金余额、证券票面利率、该期本金和利息支付情况、该期利息迟付情况、该期本金损失情况以及评级情况等	并入“证券概况”项下
三、该期资产池统计特征说明，包括贷款余额、贷款数目、加权平均贷款利率和加权平均剩余期限等	并入“资产池总体信息”项下
四、该期的资产池本金细项分列（含正常还本金额、本金提前结清金额、部分提前还本金额、处置回收本金金额及回购贷款本金金额等）和利息（含税费支出）细项分列的说明	并入“资产池情况”项下
五、资产池提前还款、拖欠、违约、处置、处置回收及损失等情况	并入“资产池情况”项下
六、资产池中进入法律诉讼程序的信托资产情况；法律诉讼程序进度	并入“资产池情况”项下
七、内外部信用增级情况说明	未要求
八、依信托合同所进行许可投资的投资收入或损失总金额等情况	并入“资产池情况”项下
九、其他情况说明	另设“重大事项报告”项

此外，《资产支持证券信息披露指引》要求对资产池进行更细致的披露，例如要求受托机构按照规范的表格体系披露现金流归集表（正常情景每个收款期间的现金流归集情况）以及资产池现金的实际流入情况，使数据的可用性更高，也方便了投资人比较或导入数据。

同时，《资产支持证券信息披露指引》增加了部分与信托财产分配有关的字段，比如各中介机构的费用支出金额等，方便投资者更好地对资产池进行监督。同样，对于不同基础资产类别，要求的披露要素也有所不同，披露的数据更有针对性。

编写受托机构报告所需的数据大部分来自于贷款服务机构报告，在证券化交易文件中应根据受托机构报告的规范来设计贷款服务机构报告的模板或贷款服务机构的 IT 系统，可以极大程度地提高项目运营期的工作效率。

除了在每个受托机构报告日出具《受托机构报告》之外，受托机构还需要在每年 4 月 30 日前出具由注册会计师审计的年度《受托机构报告》。年度受托机构报告所披露的信息也应包括上文所述的内容。在编制规范方面，年度报告与每个信托机构报告日出具的受托机构报告并无区别。

受托机构与信用评级机构约定资产支持证券跟踪评级的有关安排，并于资产支持证券存续期内每年的 7 月 31 日前向投资者披露上年度的跟踪评级报告。《跟踪评级报告》的内容包括：

（1）评级意见及参考因素。

（2）基础资产池的变动概况。截止跟踪信用评级报告日，基础资产池的借款人户数、贷款笔数、未偿本金余额及剩余期限、现行贷款利率等概况；基础资产池在资产质量、贷款性质、债务人分布、行业分布、地区分布、信用等级分布等方面的特征与发行日的变化对比情况。

（3）基础资产池信用风险分析。包括从发行日至跟踪报告日的违约率、违约回收率、逾期率、提前还款率等指标的统计情况；截至跟踪报告日资产池贷款所涉及的分类调整、信用等级调整、违约贷款及其处置、提前还款、逾期还款等具体情况的说明及分析。

（4）资产证券化交易结构相关各方情况分析和评级结论等。

关于《受托机构报告》以及《跟踪评级报告》的范本，可参考中国债券信息网上的披露文件。

（七）本息兑付

受托机构在完成《受托机构报告》等信息披露文件之后，还需要将资金分配方案以《资产支持证券付息兑付通知单》的形式上传给登记托管机构，并将分配款项从资金保管机构划出，即完成当期本息兑付。

三、特定目的信托终止与清算

（一）信托终止

通常情况下，特定目的信托在满足下列条件后，信托终止：

（1）信托目的已经无法实现。

（2）信托被法院或仲裁机构依法撤销、被认定为无效或被判决终止。

（3）银监会或相关监管部门依法命令终止信托。

（4）在优先级资产支持票据分配完毕的前提下，资产支持票据持有人会议决议提前终止信托。

（5）法定到期日届至。

（6）信托财产全部变现（即信托财产全部为现金资产）。

在实践中最常见的情况是信托项下的资产支持证券的本息全部完成兑付，信托终止。

（二）信托清算

信托终止之后，受托机构需要在一定时间内完成信托财产的清算。清算包括现金财产（包括现金、存款以及合格投资）的清算以及非现金财产（除现金、存款以及合格投资之外的财产）的清算。

典型的非现金财产包括贷款违约之后归属于信托的抵押物等，受托机构可与贷款服务机构协商，确定清算方案，可能的处置方法包括公开拍卖、变卖等。受托机构的清算方案应获得资产支持证券持有人会议的认可。在信贷资产证券化试点阶段，基础资产均为发起机构的优质资产，极少发生在信托终止后仍处于处置阶段的资产。

受托机构应在信托财产清算完毕之日后 30 个工作日内出具信托清算报告，该信托清算报告应经审计师的审计，审计师出具审计报告之后的规定时间内，受托机构需按指定方式披露（银行间市场交易的资产证券化产品，在中国债券信息网披露），并召开资产支持证券持有人大会，对清算报告进行审查和决议。在实践中，也可以采取公示的方式进行，公示一定时间后，资产支持证券持有人无异议即可视为审议通过。

清算报告的格式与受托机构报告的格式大体一致，根据实际情况可以进行部分调整。例如，证券清算时，“资产支持证券的内外部信用增级情况”就不再需要进行说明，但需要增加“剩余信托财产及返还情况”的说明。

四、资产支持证券持有人大会

根据《信贷资产证券化试点管理办法》，需要召开资产支持证券持有人大会的情况包括：

（1）提前终止信托。

（2）改变回收款分配顺序。

（3）中介机构解任和更换。

（4）审议超过限额的资金用途。

（5）决定清算方案。

（6）审议清算报告。

在实践中，召开资产支持证券持有人大会的最常见情况是审议清算报告，也有因改变《信托合同》而召开会议的情况（建元2008－1重整资产证券化信托）。

受托机构提议召开资产支持证券持有人大会时，提前30天在中国债券信息网公告会议的召开时间、地点、会议方式、出席对象、审议事项、议事程序和表决方式等。

会议方式包括现场方式和通信方式，以通信方式为主。审议事项又可分为全体同意事项（上述1、2项），特别决议事项（第3项）和普通决议事项。表决权的票数和资产支持证券的持有面额相关，可在信托合同中约定。

证券持有人大会形成的决议，应在持有人大会结束后，报中国人民银行备案，并在中国债券信息网予以公布。

第三节
资产支持专项计划中计划管理人的工作流程

资产支持专项计划中，证券公司或基金子公司作为专项计划的管理人，履行相关职责。根据《证券公司及基金管理公司子公司资产证券化业务管理规定》，计划管理人的职责包括：

（1）对相关交易主体和基础资产进行全面的尽职调查。

（2）在专项计划存续期间，督促原始权益人以及为专项计划提供服务的有关机构，履行法律规定及合同约定的义务。

（3）办理资产支持证券发行事宜。

（4）按照约定及时将募集资金支付给原始权益人。

（5）为资产支持证券投资者的利益管理专项计划资产。

（6）建立相对封闭、独立的基础资产现金流归集机制，切实防范专项计划资产与其他资产混同以及被侵占、挪用等风险。

（7）监督、检查特定原始权益人持续经营情况和基础资产现金流状况，出现重大异常情况的，管理人应当采取必要措施，维护专项计划资产安全。

（8）按照约定向资产支持证券投资者分配收益。

（9）履行信息披露义务。

（10）负责专项计划的终止清算。

上述职责对应的工作流程与受托机构在信贷资产证券化中的工作流程类似。但由于发行制度和发行市场的区别，计划管理人在证券发行阶段的工作内容与信托公司的工作流程有所不同。计划管理人发行资产支持证券并上市交易的工作流程见表5.12。

表 5.12　计划管理人在证券发行阶段的工作流程

序号	时间	工作事项
1	交易文件申报前	托管银行开立募集户、托管户和监管户 在其他中介机构协同下，完成所有申报文件准备工作
2	取得无异议函时	
3	簿记日之前	申请证券简称和代码
4	簿记日	（1）簿记建档，确定发行价格 （2）根据簿记结果，发送缴款及配售通知书
5	缴款截止日	（1）认购人在截止时间前向管理人缴纳认购资金 （2）管理人聘请会计师事务所对募集资金专户内募集资金进行验资，会计师出具询证函
6	专项计划设立日（T 日）	（1）管理人指令托管人将募集资金划拨至专项计划账户 （2）管理人宣布专项计划正式设立 （3）托管人根据管理人指令，于专项计划设立日指定时间前将专项计划募集资金净额划付至原始权益人指定账户，用于购买基础资产
7	T+5	向基金业协会备案，材料列表如下： （1）备案登记表 （2）专项计划说明书、交易结构图、发行情况报告 （3）主要交易合同文本 （4）法律意见书 （5）特定原始权益人最近 3 年经审计的财务会计报告及融资情况说明 （6）合规负责人的合规审查意见 （7）认购人资料表及所有认购协议与风险揭示书 （8）基础资产未被列入负面清单的专项说明 （9）其他：证券交易场所拟同意挂牌转让文件，相关资质文件

（续表）

序号	时间	工作事项
8	完成备案之后规定时间内	向交易场所提供挂牌材料和申请材料： （1）资产支持证券转让服务协议 （2）验资报告 （3）资产支持证券转让公告书 （4）挂牌转让承诺函 （5）其他材料 向交易场所提供证券登记材料 （1）证券登记表 （2）证券登记及服务协议，资产支持证券委托代理兑付、兑息协议 （3）担保协议 （4）债券发行承销协议复印件 （5）经具有从事证券业务资格的注册会计师签字的债券募集资金的验资报告复印件 （6）特定原始权益人最新年检的企业法人营业执照副本复印件、法定代表人对指定联络人的授权委托书 （7）持有人名册清单 （8）指定联络人身份证原件及复印件 （9）其他必要的材料
9	S－3	完成证券登记
10	S－1	转让公告书上网
11	S日	正式挂牌转让

资产支持专项计划涉及的其他业务流程，证监会、基金业协会、证券交易所起草了相关的业务指引（见表5.13），也可参考本章第二节的相关流程，本节不再赘述。

表 5.13　资产支持专项计划相关业务指引

发布主体	文件名称
证监会	《证券公司及基金管理公司子公司资产证券化业务尽职调查工作指引》、《证券公司及基金管理公司子公司资产证券化业务信息披露指引》
基金业协会	《资产支持专项计划备案管理办法》、《资产证券化业务风险控制指引》
证券交易所	《上海证券交易所资产证券化业务指引》、《深圳证券交易所资产证券化业务指引》、《资产支持专项计划说明书内容与格式指引》、《资产支持证券认购协议与风险揭示书》

第四节
SPV 的创新运用模式

一、构建基础资产

资产证券化业务试点以来，不论是信贷资产证券化还是企业资产证券化，交易的基础资产种类越来越多，交易结构越来越成熟，各机构开展证券化的需求也越来越旺盛，相应的，在项目的具体实施过程中，各机构也更经常地遇到各种挑战，比如，基础资产不能满足传统资产证券化模式的要求，或者传统模式下的效率不能满足发起机构的要求，等等。在这些情况下，各参与机构不断创新，发展了更为丰富的交易模式，有效地推动资产证券化业务的进化。

《证券公司及基金管理公司子公司资产证券化业务管理规定》规定，资产证券化的基础资产是“符合法律法规规定，权属明确，可以产生独立、可预测的现金流且可特定化的财产权利或者财产”。但是在实务中，特别是在工商企业的资产证券化业务中，基础资产很多时候达不到上述要求，此时可以通过适当的交易结构安排，构建出符合监管要求的基础资产。

构建基础资产的途径有很多，但利用信托受益权嵌套专项计划形成“双SPV”结构是实践中应用最广泛的手段。

“双SPV”结构的交易结构中，原始权益人先将基础资产设立自益信托计划，获得信托受益权，并以该受益权作为新的基础资产，设立资产支持专项计划，通过证券公司或基金管理公司子公司发行资产支持证券。

在此类交易结构中，海印股份信托受益权专项资产管理计划具有一定的代表性，下文以此为例来说明“双SPV”结构的一些基本特征，以及采用“双SPV”结构的必要性。

（一）交易结构

该交易结构如图5.2所示。

在该交易的第一层结构中，浦发银行将15亿元资金委托给大业信托，设立大业—海印股份信托贷款单一资金信托，浦发银行拥有该资金信托的信托受益权。大业信托向海印股份发放15亿元的信托贷款，海运股份以运营管理的14个商业物业整租合同项下特定期间经营收益应收款质押给海印资金信托，并以上述物业的租金及其他收入作为信托贷款的还款来源。信托合同中明确信托受益权可以转让和赠与。浦发银行作为资金保管机构保管信托财产。

在该交易的第二层结构中，专项计划管理人——中信建投证券股份有限公司设立专项计划，募集资金，用于购买浦发银行持有的信托受益权，专项计划承接浦发银行与大业信托的海印资金信托合同关系。扣除第一层交易中的信托报酬和资金机构报酬之后，专项计划受让的信托受益权的年化预期收益为9.0%。

现金流的分配顺序为：

（1）支付专项计划应承担的税收、执行费用。

（2）支付登记托管机构的资产支持证券上市、登记、资金划付等相关费用。

（3）支付计划管理人的管理费、托管银行的托管费、跟踪评级费用、审计费、召开资产支持证券持有人大会的会务费及其他专项计划费用。

（4）支付应付的优先级资产支持证券的预期收益。

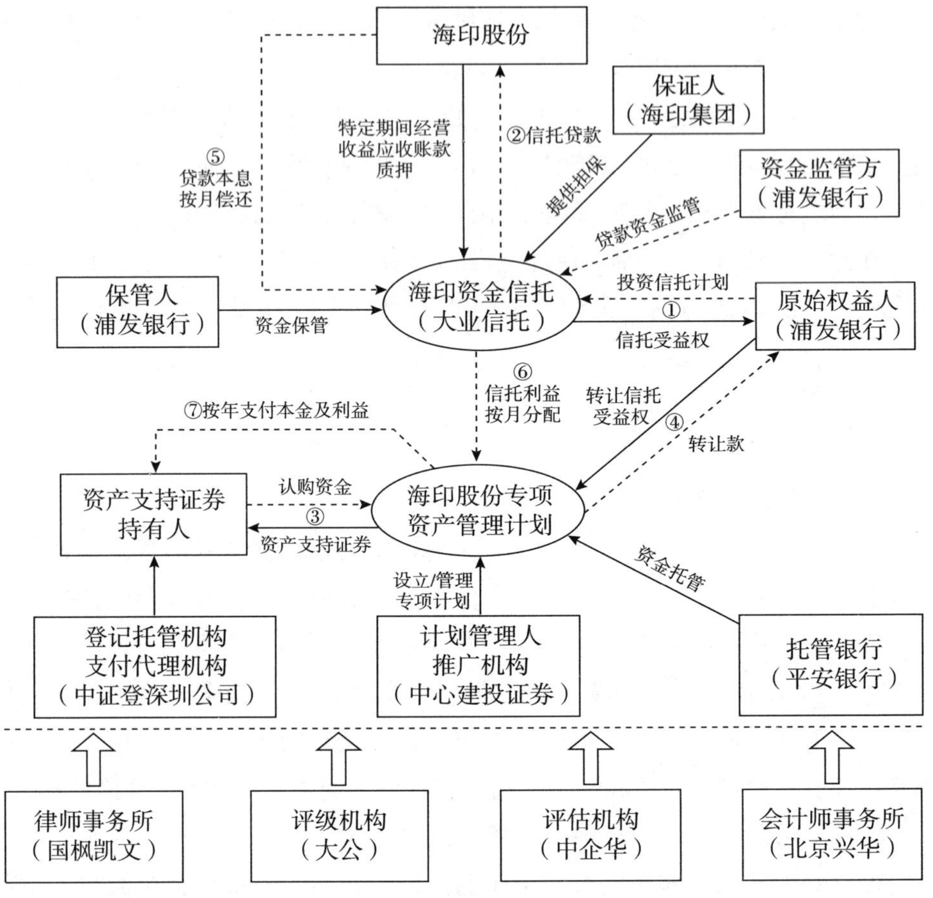

图 5.2　海印股份专项资产管理计划交易结构图

（5）支付应付的优先级资产支持证券的到期本金。

（6）每一计息期间，优先级资产支持证券当期到期本金全部偿付完毕后，剩余专项计划资产的50%作为次级资产支持证券的当期收益，支付给次级资产支持证券持有人。

（二）基础资产

该专项资管计划的基础资产是浦发银行持有的信托受益权。信托受益权的收益为信托贷款所偿还的本息，值得注意的是，为了使信托受益权产生的现金流具有充分的确定性，且足够支付资产支持证券的收益，在发放信托贷款时，采取了分段计息的策略：在信托受益权完成转让（专项计划设立）之前，信托贷款利息为7.14%，在专项计划存续期间，信托贷款利息为9.1%。

信托贷款增信措施包括质押担保和保证担保。根据信托贷款的约定，信托受益权的收益主要基于信托贷款的质押物，即海印股份及其旗下运营管理的14家商业物业未来特定期间的现金流。海印股份的商业物业经营模式主要是通过向商业物业出租方租赁获得商业物业的使用权，并对商业物业进行定位、招商管理及商业运营，获取租金及其他收入。所以，质押的现金流为上述物业产生的包括各类租金、管理费及其他相关业务收入扣除需要向商业物业出租方支付的租金费用后的金额。根据经营现金流预测，质押总金额为22.43亿元。

表5.14　海印股份信托受益权的现金流和收益率覆盖情况　　（金额单位：万元）

	第一年	第二年	第三年	第四年	第五年	合计
应还贷款本金	22 000.00	26 000.00	31 000.00	34 000.00	37 000.00	150 000.00
应还利息	13 650.00	11 648.00	9 282.00	6 461.00	3 367.00	44 408.00
每年本息应付金额	35 650.00	37 648.00	40 282.00	40 461.00	40 367.00	194 408.00
物业预测现金流	41 263.00	43 076.00	46 507.06	47 062.77	46 347.64	224 256.70
质押率（%）	0.86	0.87	0.87	0.86	0.87	0.87

海印股份的控股股东海印集团提供不可撤销的连带责任保证担保，对债务人的全部信托贷款债务进行担保。

（三）证券结构

资产支持证券的基本要素见表5.15。优先级资产支持证券根据信托贷款约定的还款顺序设置成5档，期限分别为1至5年，总面值为14亿元，票面利率为6.8%～8.38%不等。次级资产支持证券总面值为1亿元，无票面利率。优先级证券在交易所公开发行，次级证券由海印股份全额认购。

表 5.15　资产支持证券基本要素

证券分层	优先级					次级
	海印 1	海印 2	海印 3	海印 4	海印 5	次级
规模（万元）	22 000	25 000	29 000	31 000	33 000	10 000
规模占比（%）	15	17	19	21	22	7
预期年收益率（%）	6.80	7.45	7.80	8.05	8.38	无
信用评级	AA +	AA +	AA +	AA +	AA +	无
年限（年）	1	2	3	4	5	5
预期到日	2015/8/13	2016/8/13	2017/8/13	2018/8/13	2019/8/13	2019/8/13
利率类型	固定利率	固定利率	固定利率	固定利率	固定利率	无票面利率
付息频率	按年付息	按年付息	按年付息	按年付息	按年付息	按年分配剩余专项计划资产的 50%
本金偿还方式	到期还本	到期还本	到期还本	到期还本	到期还本	到期分配全部剩余专项计划资产

资料来源：《海印股份信托受益权专项资产管理计划》

专项计划分层结构中次级资产支持证券对优先级资产支持证券提供了 6.67% 的信用支持，具有一定的增信作用。另外，根据交易文件，每一期优先级资产支持证券本金和预期收益偿付完毕之后，剩余的专项计划资产的 50% 作为次级资产支持证券的当期收益，支付给次级资产支持证券持有人。由于这一支付安排在优先级证券本金偿还完毕之后启动，所以对优先级证券的信用并不产生损害。

（四）双 SPV 结构的好处和必要性

本案例除了采取双 SPV 的交易结构之外，还有其他选择，下面对不同的证券化途径进行一个简单的比较。

第一种途径，浦发银行不通过设立单一资金信托的方法发放贷款，而是直接向海印股份发放贷款，海印股份同样以 14 家商业物业未来特定期间的现金流作为抵押，股东海印集团提供担保，浦发银行以该笔贷款直接进行证券化。

上述途径的难点在于浦发银行如何将基础资产“真实出售”给中信建投证券，这一过程并没有适用的法律法规。当然，浦发银行可以将基础资产转让给信托公司，由信托公司在银行间市场发行资产支持证券，但交易所市场的收益率在某些时候会低于银行间市场的收益率，在交易所市场交易将降低发行成本。

第二种途径，海印股份直接以 14 家商业物业未来特定期间的现金流作为基础资产，由中信建投证券设立专项计划，直接在交易所市场发行。

实际上，上述交易的难点在于这 14 家商业物业未来特定期间的现金流存在一定的不确定性。根据发行说明书披露的内容，海印股份并不是这些商业物业的持有人，而只是这些商业物业的承租人，其经营模式是海印股份与物业持有人签订长期的租赁合同，再对这些物业进行招商管理和商业运行。而海印股份是否与商铺的最终承租人也签订了长期的租赁合同，不得而知。因此，海印股份在合同签订期限内具有支付租金的义务，但是否能获得稳定的租金收入则存在一定的不确定性。另外，如果在开展证券化业务时，海印股份未与商铺的最终承租人签订租赁合同，则还存在基础资产无法特定化的问题。

通过双 SPV 的交易结构，同时解决了基础资产转让和现金流难以估算所产生的问题，是该交易中的理想方案。

（五）利用SPV构建基础资产的成本

与仅含专项计划一个载体的交易结构相比，双SPV交易结构无疑会增加成本，包括信托报酬、信托账户的资金汇划成本、交易流程变长带来的资金成本、信托层面可能出现的税收成本等。在2015年4月之后，由于正式开始征收信托业保障基金，也相应增加了交易的成本（对于资金信托而言，需要缴纳信托规模1%的保障基金，虽然保障基金公司会按季度与信托公司结算本息，但仍有明显的成本增加）。

当然，采用财产权信托构建资产可以有效避免由于缴纳信托业保障基金而带来的成本升高（例如，中信□茂庸投资租金债权信托受益权资产支持专项计划就采用了财产权信托的信托受益权作为基础资产），但需要注意的是，并不是任何可利用资金信托构建的基础资产都可用财产权信托构建出来（实际上，财产权信托对信托财产的要求与资产证券化对基础资产的要求是非常相近的）。因此，业务发起人必须意识到，为了构建基础资产而产生的成本在很多时候是不可避免的。

（六）构造基础资产的其他手段

截至2015年年底，已发行的产品中，通过信托受益权构建基础资产的案例还有很多，见表5.16。

表5.16　通过信托受益权构建基础资产的案例

项目名称	信托的还款来源
海印股份信托受益权专项资产管理计划	物业租金
平银华泰大地影院信托受益权资产支持专项计划	票房收入应收账款
国君资管恒信3号资产支持专项计划	多笔信托贷款
嘉实建信信托受益权资产支持专项计划	多笔信托贷款
微贷信托受益权资产支持专项计划	多笔小微贷款
宁北发电信托受益权资产支持专项计划	电费收费权

（续表）

项目名称	信托的还款来源
国君资管恒信 2 号资产支持专项计划	多笔信托贷款
天津房信限价房信托受益权资产支持专项计划	保障房未来销售应收账款
扬州保障房信托受益权资产支持专项计划	保障房未来销售应收账款
美兰机场信托受益权资产支持专项计划	机场航空服务收入
星美国际影院信托受益权资产支持专项计划	票房收入应收账款
畅行资产支持专项计划	高速公路收费权
国君资管恒信 1 号资产支持专项计划	多笔信托贷款
中信·茂庸投资租金债权信托受益权资产支持专项计划	物业租金

除了通过信托计划这一载体之外，还有很多其他的手段可用于构建基础资产。

一种途径是通过委托贷款构造债权，这种交易结构与发放信托贷款形成信托受益权类似，由于交易结构类似，在此不赘述其具体交易细节和必要性，典型的案例包括“汇富河西嘉实 1 号资产支持专项计划”等。

另一种途径是使用融资租赁作为载体，一般的操作模式为：有融资需求的企业（承租人）将实际不直接产生现金流的设备或生产线，与融资租赁公司（出租人）进行一项售后回租交易，承租人获得设备对价，并按照合同约定向出租人定期支付租金；出租人作为原始权益人，以其持有的租赁债权作为基础资产，设立资产支持专项计划，发行资产支持证券，回笼其支付给承租人的设备对价。在此类交易中，次级证券通常由承租人持有，因此，出租人通过资产证券化，转移了租赁债权的所有风险和回报，实现了会计出表。融资租赁公司在交易中完全作为构建基础资产的“载体”而存在，将不符合“独立、可预测且可特定化”特征的经营现金流，构建成为一个符合监管要求的现金流，得以通过资产证券化进行融资。典型的交易结构见图 5. 3。

应收账款是另外一种可以构建基础资产的载体，一般的操作模式为：有融资需求的企业（融资方）与其应收账款的债权人签订应收账款的展期协议，

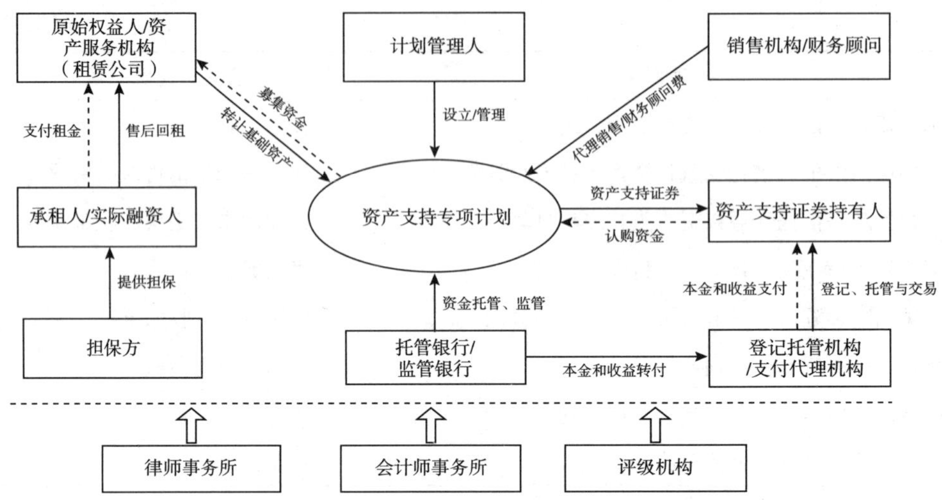

图 5.3　售后回租租赁债权资产证券化的交易结构

将原本将要到期的应收账款续期，并根据预期发行证券的期限和结构设定应收账款还款计划；债权人作为原始权益人，以其持有的应收账款债权作为基础资产，设立专项计划，发行资产支持证券。在资产证券化成功发行时，对债权人而言，相当于收回了应收账款，对融资人而言，则相当于以近似资产支持证券票面利率的成本，获得了一笔更长期限的资金。在交易中，应收账款在交易中完全作为构建基础资产的“载体”而存在，资产支持证券的实际还款来源还是企业的经营现金流。典型的交易结构见图 5.4。

除了上述各种途径外，还存在其他一些不依赖于载体的构建基础资产的手段，比如“欢乐谷主题公园入园凭证专项资产管理计划”，在该案例中，为资产支持证券提供偿付保证的实际是欢乐谷主题公园的经营收入，但由于经营收入存在一定的不确定性，也难以被特定化，通过采取买断公园入园凭证的方法对公园的经营收入进行重新构建，将不确定的未来收入转换成现时存在的财产权利，使基础资产的现金流独立、可特定化；又比如，水电气热等特许经营类企业的资产证券化，为证券提供偿付保障的实际是企业所拥有的特许经营权，但是由于特许经营权依赖特定主体而存在，本身并不能作为基础资产进行转让，并且特许经营权的未来收益也不具备“可特定化”的特点，

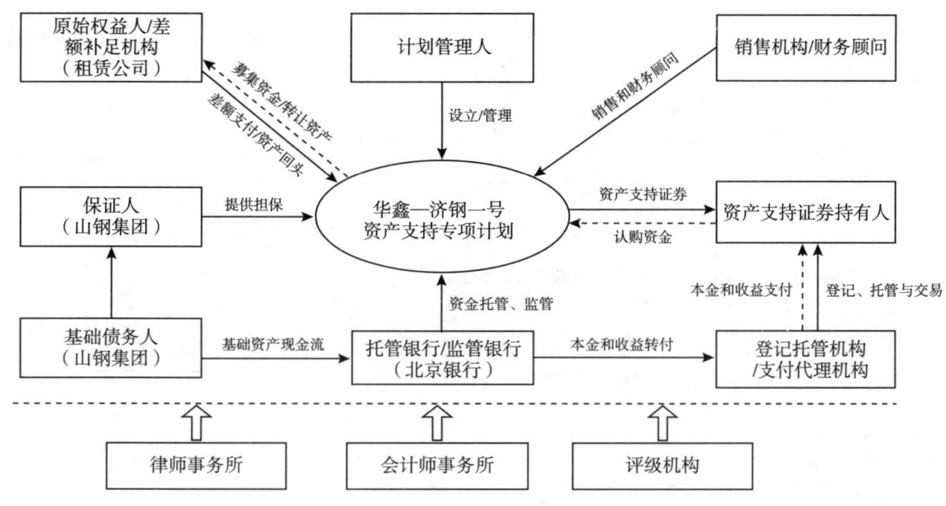

图 5.4　应收账款证券化的交易结构

因此实务中需要使用企业签订的特定期限、特定范围的合同作为基础资产（例如电力企业一定年限的购售电合同），使基础资产可转让、可特定化。这些做法本质上都体现了构建基础资产的思路。

正是各种创新的交易结构，将基础资产变不可能为可能，有力地推动了资产证券化市场的蓬勃发展。

二、简化交易结构

通过 SPV 构建基础资产，将资产证券化交易中的原始权益人从资产的实际控制人转变成信托公司，这么做还可能存在额外的好处，就是简化了交易结构——尤其是在涉及多个资产控制人的情况。其中一个典型的案例是星美国际影院信托受益权资产支持专项计划。

（一）交易结构

该交易结构如图 5.5 所示。

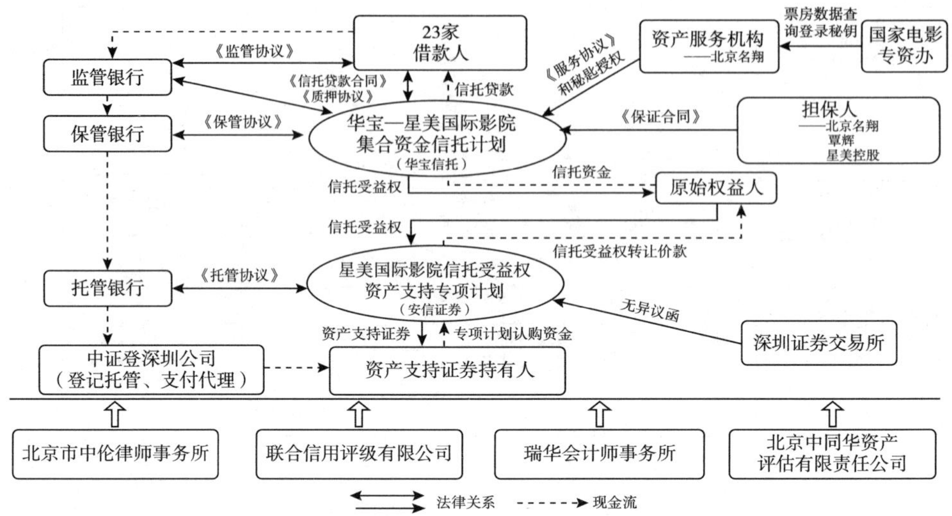

图 5.5　星美国际影院信托受益权资产支持专项计划交易结构图

在该交易的第一层结构中，华宝信托运用两个资金池信托计划（华宝信托月月增利集合资金信托计划、华宝信托现金增利集合资金信托计划，本节以下简称“资金池信托计划”）的资金设立华宝星美国际影院集合资金信托计划，向星美控股旗下的23家影院管理公司发放13.5亿元信托贷款，信托贷款的还款来源为借款人在特定期间（特定期间的约定见表5.17所示）的票房收入，票房收入应收款被质押给信托计划用于增信。信托贷款的规模和还本付息的安排根据借款人在特定期间的票房收入确定，该特定期间内，23家价款人的票房收入预测情况如表5.18所示。信托贷款由北京名翔、覃辉和星美控股为借款人信托贷款的偿付提供不可撤销的连带责任保证担保，进而为信托受益权收益提供保障。

表 5.17　票房收入应收款质押的特定期间

特定期间1	2015年6月1日至2016年1月31日
特定期间2	2016年5月1日至2016年12月31日
特定期间3	2017年5月1日至2017年12月31日
特定期间4	2018年5月1日至2018年12月31日
特定期间5	2019年5月1日至2019年12月31日

表 5.18　23 个借款人 2015～2019 年票房应收账款预测情况　　（单位：万元）

序号	公司名称	特定期间 1	特定期间 2	特定期间 3	特定期间 4	特定期间 5
1	成都戛纳星美影城管理有限公司	10 235.16	10 272.96	11 196.27	12 033.88	12 855.22
2	青岛阳光星美影院管理公司	3 005.80	2 961.03	3 227.18	3 471.22	3 716.11
3	常熟星美影院管理有限公司	3 410.13	3 444.57	3 744.98	4 017.99	4 273.42
4	沈阳大悦星美企业管理有限公司	3 361.37	3 272.91	3 567.07	3 836.84	4 101.31
5	南昌市星美影院管理有限公司	1 524.19	1 585.80	1 728.31	1 859.03	1 990.18
6	龙口星美影院管理有限公司	460.74	463.33	504.97	543.15	581.48
7	哈尔滨星美影城管理有限公司	472.54	478.91	521.95	561.41	601.03
8	昆明星美企业管理有限公司	1 247.87	1 267.50	1 381.41	1 485.89	1 585.16
9	成都双流星美影城管理有限公司	350.68	334.23	364.27	391.83	419.46
10	成都环球星美影城管理有限公司	4 507.35	4 508.05	4 913.23	5 284.82	5 657.63
11	贵阳星名翔影城管理有限公司	1 870.45	1 932.73	2 106.42	2 262.65	2 415.20
12	北京阳光星美国际影院管理有限公司	1 941.67	1 938.09	2 112.27	2 272.02	2 413.15
13	徐州世纪城星美影院管理有限公司	625.56	612.92	668.01	718.52	769.21
14	淮安星美国际影院管理有限公司	119.48	123.88	135.01	145.21	155.46
15	龙岩市名翔影院管理有限公司	644.92	621.46	677.30	728.54	779.92
16	呼和浩特市星美国际影院管理有限公司	764.76	744.93	811.87	873.28	934.86
17	南京星美文鼎影院管理有限公司	823.39	861.25	934.06	993.89	1 047.63

（续表）

序号	公司名称	特定期间1	特定期间2	特定期间3	特定期间4	特定期间5
18	苏州星美影院管理有限公司	204.55	207.04	225.65	242.71	259.83
19	苏州润运影院管理有限公司	823.70	839.72	915.18	984.40	1 053.84
20	东莞市星美影院投资有限公司	1 521.01	1 482.88	1 616.16	1 738.38	1 861.01
21	浙江金华星美影院管理有限公司	549.73	551.61	601.19	646.66	692.25
22	青岛即墨星美影院管理有限公司	481.20	470.7	513.01	551.8	590.73
23	南宁名翔影院经营有限公司	852.24	853.69	930.41	1 000.80	1 071.37
	合计	39 798.49	39 830.19	43 396.18	46 644.92	49 825.46

根据上述收入预测情况，信托贷款约定的本息偿还计划见表5.19。

表5.19　信托贷款本息偿付表　　（金额单位：万元）

	2015年	2016年	2017年	2018年	2019年
本金	15 600.00	20 000.00	24 700.00	29 700.00	45 000.00
贷款本金余额	135 000	119 400.00	99 400.00	74 700.00	45 000.00
贷款利率（%）	9.23	9.52	10.51	12.29	7.57
利息	12 458.61	11 363.14	10 447.14	9 181.09	3 405.00
总计	28 058.61	31 363.14	35 147.14	38 881.09	48 405.00

在该交易的第二层结构中，专项计划管理人——安信证券设立星美国际影院信托受益权资产支持专项计划，募集资金，用于购买原始权益人（资金池信托计划拥有华宝星美国际影院集合资金信托计划的信托受益权，而华宝信托作为资金池信托计划的受托人，有权在资金池信托计划的《信托合同》约定范围内，自由处置对应的信托财产，因此华宝信托代表两个资金池信托作为原始权益人）持有的信托受益权，专项计划承接原始权益人与23个借款人之间的资金信托合同关系。

该项目中，所发行的资产支持证券的规模、期限和信托贷款的规模一致，见表5.20。

表5.20　资产支持证券期限及预期收益率

证券名称	发行规模（万元）	预期期限（年）	预期收益率（%）
星美优先-1档	15 600.00	1	6.10
星美优先-2档	20 000.00	2	6.30
星美优先-3档	24 700.00	3	6.50
星美优先-4档	29 700.00	4	7.70
星美优先-5档	35 000.00	5	8.30
星美次级档	10 000.00	5	N/A

根据该交易中评级机构——联合评级的测算，质押财产评估价值的预期现金流对各期优先档证券本息的覆盖比例最低值达到1.42，因此，各期优先级证券的偿付都较有保障，所有优先档证券的评级均为AA+。

（二）双SPV结构的好处和必要性

与海印股份的案例一样，该交易中，采用双SPV的主要目的还是构建基础资产：影院未来票房收入在法律上并不被认可为未来债权，会计上也无法作为应收账款，因此是否可以视为合格的基础资产存在很大的争议和不确定性。但双SPV通过信托计划构造了一个合格的信托受益权资产，回避了这个问题。

该交易中利用信托受益权作为基础资产的另一个好处是极大地简化了交易结构。

实际上，该交易还可能存在其他的交易模式，例如，采取事先约定的编码规则对电影票进行编码（假定该做法被相关管理机构许可），将电影票本身进行特定化，使其成为合格的基础资产，并将特定编号的电影票转让给专项计划，也可以满足基础资产的相关要求。该方案的本质是将未来收入这种充满不确定性的权利转变成一项可转让的资产。但该方案的弊端在于23家影院在交易结构中的角色由双SPV架构中的债务人变成了原始权益人，由于影院自身的经营对票房收入可以产生重大影响，按照《证券公司及基金管理公司子公司资产证券化业务管理规定》（以下简称“管理规定”）的规定，这些原始权益人均被认定为特定原始权益人。对于特定原始权益人，管理规定对其义务和资质做了非常详尽的要求，管理规定的配套指引文件对于特定原始权益人的尽职调查、信息披露等也都做了明确和细致的规定，在实际业务操作中，将会使项目的工作量变得异常巨大；但在双SPV的交易结构中，23家影院作为债务人或重要债务人（指入池应收款的本金余额占资产池比例超过15%的债务人），首先对其资质没有任何要求；其次，尽职调查过程中，也仅需对其经营情况和财务情况进行调查，而无需参照原始权益人的尽调标准；最后，在信息披露层面，也得以节省很多和23个借款人相关的信息披露工作，在账户监管方面也更为简便。

类似的结构也可用于其他的交易，例如，在基础资产为物业费的资产证券化项目中，由于同一集团所属的物业公司通常分散在不同的区域，如果每个物业公司按照原始权益人的要求进行尽调和相应的财务监管，则工作流程和后续管理流程会相当复杂，但可以通过信托贷款的方式将其简化。

第五节 受托机构在资产证券化业务中的突破和创新

一、受托机构在资产证券化业务中面临的困境

各种类型的SPV作为相关法律、规章所规定的破产隔离载体，在资产证券化业务中的地位不可替代，是整个交易的核心。在资产证券化常态化开展初期，对于SPV的管理人——受托机构而言，这种排他性的制度安排为受托机构提供了巨大的想象空间：在传统通道业务增速放缓的背景下，在监管机构对各类影子银行业务“堵偏门、开正门”的大趋势下，资产证券化作为一

种可持续发展的业务，受托机构希望将该业务作为公司转型的抓手。但随着资产证券化业务的不断开展，随着越来越多的受托机构开始参与此类业务，随着业务流程不断趋于标准化，大部分受托机构发现，当初视为“蓝海”的资产证券化逐渐变成“红海”。

令受托机构最感无奈的事实是：受托机构作为发行资产支持证券的主体，在整个业务过程中，却通常是最无足轻重、对交易最没有控制力的一个主体。

以信贷资产证券化为例，从法律关系上来看，信托公司是最主要的参与主体之一：以受托人的名义，与发起人签订信托合同或资产转让合同，以证券发行人的名义，与主承销商签订承销协议，与贷款服务机构签订贷款服务合同，与资金报告机构签订资金保管合同，完成上报审批等工作，几乎是证券化项目每个环节的权责主体；也是少数贯穿资产证券化整个流程的机构之一：受托机构设立特定目的的信托，受让发起人的资产，并发行资产支持证券，同时，受托机构还负责项目的日常管理，负责项目终止后的清算；同时，如前文所述，信托公司也部分承担资产证券化产品的风险。

虽然有如此重要的法律地位，承担如此繁杂的职责，但实际上大部分信托公司仅仅作为通道参与业务流程（被“通道化”），业务的经济回报也不断降低。

造成这个现象的原因有很多。首先，这是由信托行业的整体经营模式决定的，信托公司普遍缺乏投行能力。信托公司以往的主要业务类型为通道型业务：通道类业务的比重，从单一资金信托占信托资产总额的比例可见一斑，根据信托业协会的统计，这一比例 2014 年年末为 63%，2013 年年末则接近 70%。通道类业务通常由资金提供方主导（包括提供项目、进行合同谈判、进行项目维护等），这种模式在一定程度上决定了信托公司很难与各市场参与方，尤其是融资方保持长期、紧密的沟通，正由于缺乏对客户潜在融资需求的了解，信托公司较少参与资产证券化的筹备（资产证券化也是一种融资工具）。常见的情况是发起人和财务顾问（通常是券商）完成项目初步筹备工作之后，才通过招标的方式引入信托公司和其他中介机构，此时，项目的时间表、拟证券化的基础资产也基本确定。同时，参与项目筹备的发起人或券商自然成为项目总体协调的最合适机构。

信托公司被“通道化”的第二个原因是信托公司普遍缺乏资产证券化所需的专业能力。资产证券化过程的关键环节包括尽职调查、现金流模型建立、交易结构设计等。目前，信托公司的尽职调查主要依赖评级机构和会计师，侧重于对资产池进行调查，对于交易的各参与方的履约能力，通常并未深入进行调查。信托公司也极少独立建立现金流模型，因此，几乎不进行现金流监测，实际上，现金流监测有利于及早发现基础资产现金流的异常变化，并及时采取相应的措施。通常情况下，信托公司对证券化的交易结构理解不够深刻，因此，很难将自身的优势体现在交易结构中，实现增值服务。很多情况下，即便有作为牵头机构的机会，也可能会因为对自身专业能力的顾虑而放弃。

信托公司被“通道化”这一现象还和资产证券化所处的特殊发展时期有关。虽然资产证券化业务在过去两年中得到快速发展，但整体来说看还处在起步阶段，所有业务都具有风险低、复杂度不高的特点，这个特点决定了参与主体都具有较高的可替代性。在证券发行阶段，有较多的参与主体，包括财务顾问、律师、会计师、评级机构在内的各种专业机构各司其职，而且产品复杂度不高，因此，信托公司必须参与的业务环节很少，不同信托公司的专业能力差异并不会从实质上影响证券的发行，可替代性很高。由于证券化的基础资产通常是发起人的优质资产，因此在证券存续期，不同信托公司的服务能力也不至于使证券面临太大的风险，这就进一步加大了信托公司的可替代性。资产证券化业务开展时间较短，绝大多数证券均未到期，这也使信托公司的受托管理业绩缺乏可比的衡量指标（例如，信托公司的再投资能力会反映在次级收益上，但次级收益需要优先级证券到期后才可获得分配，才可进行比较分析）。

市场参与主体之间的激烈竞争也是信托公司被“通道化”的原因之一。由于信托公司的服务能力并不会对项目（尤其是项目的发行）产生本质的影响，而且目前缺乏绩效判断的依据，这就降低了竞争的门槛，信托公司在短期内很难建立壁垒，结果是市场的竞争越来越剧烈，并产生恶性循环，在业务只能获得较低回报的情况下，信托公司被“通道化”的趋势越来越明显。

从上述因素着手，信托公司通过大力发展投行能力、强化专业能力、改变固有经营模式等途径，方可在资产证券化领域占有主导地位，更好的服务也将必然为交易创造更多的经济利益，据此可提高信托公司的市场竞争力。

综上，信托公司虽拥有资产证券化中最为核心的牌照，但却总是在业务中扮演最边缘的角色，原因不仅仅和自身的投行能力、专业能力有关，也和业务发展的特殊阶段有关、和市场的整体情况有关。和自身能力有关的因素，短期内可以通过引进人才、调整工作机制等得到改善；但和市场相关的因素，则需要更长的时间才可能出现转机。

当然，上述分析也适用于“通道”特征较为突出的基金子公司。基金子公司在企业资产证券化业务中的困境与信托公司在信贷资产证券化的困境极为相似。此处不单独讨论。

受托机构如果要在资产证券化市场中获得一席之地，有以下几种途径。首先，在资产证券化的服务方面，可以探索从“通道”向主协调人转型，也可以探索开展范围更广的“类资产证券化”业务。其次，资产证券化也可以作为一种转变经营模式的工具，受托机构可以探索通过资产证券化业务开展利差业务，探索往通道银行转型；此外，受托机构的本源业务为资管业务，而资产证券化正是获取资产的一个最有效手段，受托机构可以探索以此为抓手，在资管业务方面开疆拓土。

二、受托机构在资产证券化服务中的突破和创新

信托公司、基金子公司分别作为信贷资产证券化和企业资产证券化的受托机构和管理人，在业务中所扮演的角色、所起的作用都是极为类似的。本部分虽以信托公司为对象进行阐述，但其中的思路也适用于基金子公司。

（一）从SPV通道方向交易协调人方面转变

信托公司在最近两年的资产证券化业务实践中，或多或少积累了资产证

券化，尤其是信贷资产证券化方面的业务经验，对业务的整体流程和各个关键环节的相关技术有了一定的了解；同时，随着资产证券化业务的快速发展，各类证券化交易也朝着更标准化的方向发展，大幅降低了业务的开展难度；此外，很多信托公司也在长期的合作过程中，与监管机构建立了良好的沟通机制，与各类中介机构形成了良好的合作关系。所有这些，都为信托公司从SPV通道方向交易协调人方面转变提供了技术基础。

在经济增速持续减缓、利率持续下行的环境下，市场正经历着“资产荒”，信贷资产证券化的优先级证券持续成为市场热捧的投资标的，销售难度大幅降低，实践中，受托机构的协助销售比重持续升高，在没有销售团队的情况下，受托机构销售超过半数的优先级证券并不鲜见。这从根本上改变了资产证券化业务中主承销商的重要性，使信托公司在业务获取时，有可能和证券公司拥有相同的话语权。当然，作为销售机构而言，信托公司与证券公司相比，仍然存在制度方面的限制，根据《金融机构信贷资产证券化试点监督管理办法》，特定目的信托受托机构不得用所有者权益项下的资金或者信托资金投资由其发行的资产支持证券，因此，和证券公司相比，信托公司无法履行包销义务。

信托公司朝着信贷资产证券化主协调人方向转型的趋势不可避免，且部分机构也已初见成效。

关于主协调人的业务流程，本书其他章节有专门论述，此处不再重复。

（二）开展类资产证券化业务

资产证券化业务，除了大家所熟知的公募资产证券化（在交易所、银行间市场等公开市场发行的资产支持证券）之外，还有一个非常重要的业务模式，即“类资产证券化”业务，或称为“私募资产证券化”业务。

私募资产证券化在开展之初，通常以集合资金信托计划的形式开展：首先，信托公司发行集合信托计划，向信托计划的投资者募集资金，资金的投向为向银行购买信贷资产（基础资产），由基础资产产生的现金流支付信托受益权的预期收益。自2015年4月1日起，资金信托需要根据《信托业保障基金管理办法》的规定缴纳保障基金，直接增加了此类业务的成本，因此，之后的私募资产证券化业务多以财产权信托的形式开展，交易结构和公募的信贷资产证券化业务就非常接近了：银行以信贷资产（基础资产）的收益权设立财产权信托，将对应的信托受益权向投资人发售，由基础资产产生的现金流支付信托受益权的预期收益。

私募资产证券化与公募资产证券化相比，除了不公开发行，其他的交易要素都是一致的：都具有破产隔离、结构化重组、信用增级的特点，交易的参与方也都相同包括原始债务人、资产出售者、投资者、特殊目的机构（信托公司，集合资金信托计划的发行人）、增信机构、信用评级机构、资产管理机构、律师事务所等。

私募和公募证券化的简要比较见表5.21。

表5.21　私募证券化和公募证券化的对比

	公募资产证券化	私募资产证券化
发起人	银行	不适用
资产出售者	银行	银行
发行人	信托公司	信托公司
SPV	特定目的信托	信托计划
信用增级	结构化、外部流动性支持	结构化、外部流动性支持
信用评级	双评级	单评级，或视需要而定
证券销售	证券公司	信托、银行或其他融资顾问机构
资产管理机构	银行	银行
登记托管机构	中央国债登记结算有限责任公司	信托公司
法律意见书	由律师事务所出具	由律师事务所出具

与公募资产证券化相比，私募资产证券化产品的公开信息极少。因为根据《信托公司集合资金信托计划管理办法》的要求，“信托公司推介信托计划时……不得进行公开营销宣传”，而且，《管理办法》对信息披露的要求是只需要向信托受益人进行披露。因此，私募资产证券化业务仅偶见于媒体报道。

对于私募资产证券化的市场规模，很难有准确的判断，但从现有的公开信息判断，这一市场规模应该在千亿级的水平，与公募资产证券化的规模相当：外贸信托在2014年年度报告中明确提到，私募个贷资产证券化规模接近700亿元；紫金信托在2014年年度报告中提到，与兴业银行开展了信用卡应收账款证券化业务，规模为20亿元；陆金所披露，中海信托和平安银行发行了中海信托·平安银行汽车消费贷款资产收益权集合资金信托计划，规模为70亿元等；2015年，某城商行开展的私募资产证券化规模高达约400亿元。

虽然私募资产证券化的公开信息极少，但还是有部分信息可以从互联网上获得，下面以中海信托—平安银行汽车消费贷款资产收益权集合信托计划为例，叙述其设计和结构特征。该项目具备私募资产证券化的主要特点。

1. 交易结构

中海信托—平安银行汽车消费贷款资产收益权集合信托计划（下文简称“信托计划”）于2014年3月27日正式成立，该信托计划收益率为7.0%～8.2%，按照投资者的期限偏好，优先I级设置1－29个月的存续期，优先II级期限为30个月，次级期限为34个月，由此分配不同的预期收益率。该信托计划共募集资金70亿元，所募集资金用于购买平安银行的特定汽车消费信贷资产，平安银行作为该信托计划的服务机构，负责贷款资产的各项管理，包括贷款账目管理、贷款催收、划付资金、违约资产处置等工作。信托公司按季度向受益人（投资人）披露资金管理情况、资金运用情况和收益情况，基于基础资产的本息收入，向信托受益人支付报酬。信托计划存续期内，受益人可以向合格投资者转让信托受益权，信托公司为其办理相关登记备案手续，陆金所提供产品发行和收益权转让撮合平台。

上述集合信托计划的交易结构可以图5.2的形式表示，可以看到，这单集合信托计划与传统意义上的资产证券化有几乎一致的交易结构（见图5.6）。

2. 基础资产

该信托计划向平安银行购买的基础资产为汽车消费信贷资产，共涉及3.6万余名汽车消费贷款人，平均单笔金额不超过20万元人民币，加权收益率超

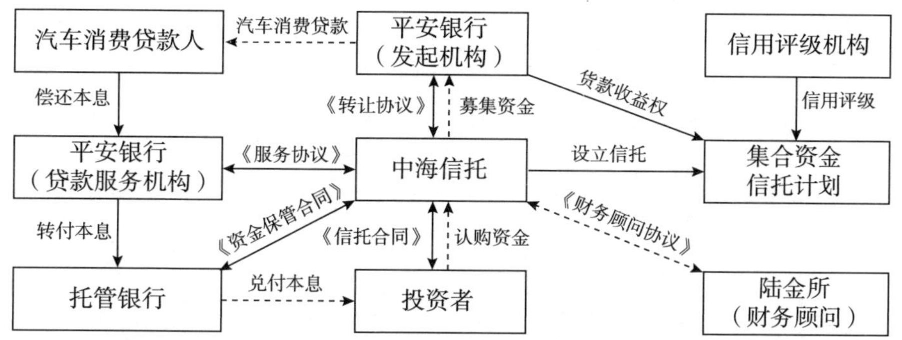

图 5.6　中海信托—平安银行汽车消费贷款资产收益权集合信托计划交易结构图（资产证券化）

过 10%，且汽车贷款具有地域、年龄、行业极度分散的特点，贷款出现集中违约的可能性较小，从而有效降低了系统性风险。根据平安银行 2013 年年度报告，平安银行汽车消费贷款市场份额第一，截至 2013 年 12 月 31 日，违约率为 0.21%，低于行业平均违约率，且以汽车为抵押，违约之后的回收率较高。

3. 现金流分配和信用增级

（1）优先/次级结构。

本集合信托计划的受益权凭证构成见表 5.22。

表 5.22　中海信托－平安银行汽车消费贷款资产收益权集合信托计划收益凭证类别

	层级	期限（月）	发行规模（亿元）	预期收益率（%）	评级
优先Ⅰ级	A1	1	1.65	7.00	AAA
	A2	2	2.40		
	A3	3	2.41		
	A4	4	2.34	7.20	
	A5	5	2.41		
	A6	6	2.31		
	A7	7	2.30	7.60	
	A8	8	2.34		
	A9	9	2.30		
	A10	10	2.36		

（续表）

	层级	期限（月）	发行规模（亿元）	预期收益率（%）	评级
优先Ⅰ级	A11	11	2. 28	7. 60	AAA
	A12	12	1. 61		
	A13	13	2. 23	7. 80	
	A14	14	2. 21		
	A15	15	2. 20		
	A16	16	2. 19		
	A17	17	2. 22		
	A18	18	2. 18		
	A19	19	2. 18		
	A20	20	2. 15		
	A21	21	2. 13		
	A22	22	2. 10		
	A23	23	2. 05		
	A24	24	1. 50		
	A25	25	2. 01	7. 90	
	A26	26	2. 00		
	A27	27	1. 99		
	A28	28	1. 97		
	A29	29	2. 02		
优先Ⅱ级	A30	30	1. 87	8. 20	AA
次级	A34	34	6. 09	–	–
合计			70. 00		

该集合信托计划采用顺序支付的方式，顺序支付 A1 ~ A30 的收益和本金，在优先级受益凭证本金支付完成之后，所有超额收益部分归次级所有。

这种支付方式有两个好处，一是通过众多的优先级受益权层级，解决了基础资产的期限问题，本集合信托计划的 A1～A30 层级，存续期限分别为 1～30 个月，对应基础资产的不同到期期限，这种安排使每一档受益权的平均寿命和到期日有较大的确定性，这种优点与计划摊还型证券（Planned Amortization Class，PAC）的优点相似，但两者的设计思路并不相同，前者是基于庞大的历史数据得到的合理推断，结合对期限的精细切分而实现的，后者是将提前偿还风险在不同期限档次的证券之间重新分配而实现的；二是由于顺序支付的安排，存续期限长的受益权可以为存续期限稍短的受益权提供一定的信用支持。

中海信托—平安银行汽车消费贷款资产收益权集合信托计划包含 6.09 亿元次级受益凭证，占总规模的 8.7%，为优先级受益权提供了充分的保护，优先 II 级的规模为 1.87 亿元，占总规模的 4.7%，为优先 I 级提供了额外的信用支持，以 0.21% 作为基础违约率，优先 I 级的信用增级规模为 11.4%，意味着实际违约率超过基础违约率的 54 倍时，优先 I 级才可能出现违约。

在次级受益权凭证中，平安银行持有的份额为 40%，可以充分确保其尽职履行贷款服务机构的职责。

（2）信用备付账户和流动性支持。

平安银行将入池资产包利息收入不低于 12% 的部分储存于信用备付账户中。为优先级、次级提供增信，一旦原始资产包出现违约，先由原始权益人的信用备付部分抵偿原始资产包的坏账损失。

此外，深圳平安汇富资产管理公司提供最高为 2 亿元的流动性支持资金。

（3）超额利差。

该交易中，基础资产的加权平均利率超过 10%，而优先 I 级和优先 II 级的预期收益只有 7.0%～8.2%，即使扣除了各项服务费用，仍然具有较为客观的利差，这部分利差可以为优先级受益权凭证提供额外的信用支持。

4. 信用评级

在该集合信托计划中，基础资产质量优良，而且交易结构中，通过优先次级分层、信用备付、外部流动性支持和超额利差等增信方式，为优先级受益权提供了充分的信用支持。因此，评级机构对优先 I 级受益权凭证的评级为

AAA，对优先Ⅱ级受益权凭证的评级为AA。

5. 证券的销售和流通

该期集合信托计划，由陆金所担任财务顾问，并在陆金所平台进行销售。在整个交易结构中，陆金所参与的模式为私募资产证券化的主导机构提供了有意义的参考。

陆金所通过财务顾问方式，参与基础资产的选择、证券结构的设计，这为陆金所发行产品的风险控制提供了基础，具体体现在以下方面：选择车贷这种风险分散的资产，即便出现坏账，也有足够的时间进行调整；通过精细的期限设置，以及合理的流动性支持，有效缓解了期限错配的问题；对证券进行评级，并进行详细披露，确保投资者诉求与产品匹配；在近期发行的产品中，陆金所还开始尝试为产品提供履约保险，进一步提高产品的安全性。良好的风控措施形成的规模效应，在一定程度上降低了发行成本。

信托计划的销售通过陆金所旗下的Lfex平台（该平台为针对机构交易者的金融资产交易平台，与另一个更为人们熟知的P2P网络借贷平台Lufax对应）进行交易，该平台是一个建立在互联网技术基础上的金融资产交易平台。Lfex平台作为第一个互联网金融对公业务的开拓者，已经积累了庞大的客户群体，这些客户群体为其进行私募资产证券化产品的销售奠定了基础。该平台对客户群体的吸引力主要体现在以下方面：首先是其提供的信息服务，Lfex通过官网、交易系统和线下服务团队，全方位地向客户推送产品信息和交易信息；二是其所提供的服务较为全面，在撮合交易的同时，还提供配套服务，包括交易前的基础信息、审计评级、项目甄别，交易中的金融资产挂牌、投资意向确定、摘牌、投资受让以及登记结算、信息披露、数据分析等环节，以及交易后的托管、风控和投后管理等；三是其提供的风控体系和平台的安全性；但最为重要的是Lfex平台为产品提供了一定的流动性，陆金所依托平安集团旗下的银行、证券、基金、保险、信托等机构，可以发挥较强的做市商能力，投资人可以在该平台上转让所持有的金融产品，而且还可以利用所持有的金融产品进行抵押融资，消除了机构投资者投资资产证券化产品最担心的流动性问题，这也在一定程度上降低了资产证券化产品的流动性溢价，降低了发行成本。

三、受托机构利用资产证券化转变经营模式

受托机构的本源业务是资产管理，资产证券化作为一种可以同时加工资产和抓取资产的工具，两者结合可以创造出全新的经营模式。作为资产的持有人，受托机构可以通过资产证券化将资产的风险和收益重新分配，从中获得利差收入；作为资产的投资人，受托机构可以利用资产证券化这一工具，获得符合特定投资目标的资产。

下面仍以信托公司为例阐述具体的策略和案例，但其中的思路也适用于基金子公司。

（一）利用资产证券化盘活信托公司存量资产，获得利差收入

信托公司的资产规模在过去几年间飞速增长，到2015年3季度末，信托资产的总规模已经超过15.5万亿元，信托公司的固有资产超过4 000亿元，其中不乏相当一部分流动性差但适合进行证券化的资产。与银行一样，信托公司也有充分的动力盘活这些资产：一方面，通过资产证券化，信托公司可以快速回笼资金，提高资金的周转率；另一方面，资产证券化作为标准化的、流动性更高的产品，与非标准化的、流动性更低的信托资产之间，存在很大的套利空间，信托公司可以借此实现可观的利差收入。

本部分以畅行资产支持专项计划为例，阐述信托公司此类业务的交易机构以及交易带来的好处。

1. 交易结构

该交易结构见图5.7。

该交易中，原始权益人（中油资管、昆仑信托的股东）通过昆仑信托为广东交通集团发放一笔信托贷款，广东交通集团以特定路段公路收费权质押，作为信托贷款的还款来源；原始权益人以信托受益权作为基础资产发行ABS产品。

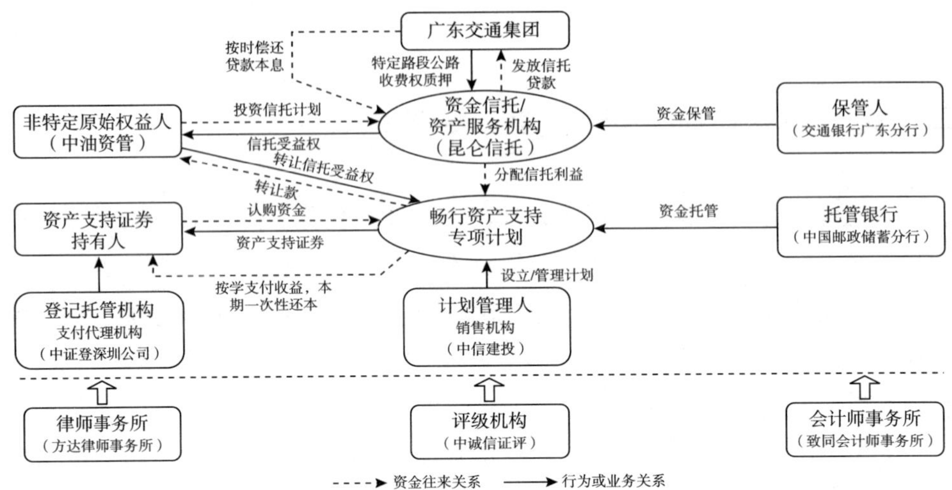

图 5.7　畅行资产支持专项计划交易结构图

基础资产的概况见表 5.23。

表 5.23　基础资产概论

基础资产类型	信托受益权
剩余本金规模	10 亿
资产剩余期限	4 年
基础资产利率	同期人民银行 5 年以上贷款利率减去 0.15%
资产付息频率	每季度付息一次
预期收益率调整周期	每年的 4 月 1 日调整
预期收益率参照基准	中国人民银行 5 年期以上贷款利率

资产支持专项计划只发行一档优先档证券（无次级档证券），资产支持证券的剩余期限与信托贷款的剩余期限相同，优先级证券的利率为信托贷款的利率减去 0.15%。

2. 交易的经济效益

考虑到原始权益人与信托计划的受托机构之间的特殊关系，该交易实质上是信托公司盘活自身的资产，信托公司通过该交易实现了如下经济利益：

首先，由于资产支持证券的利率与信托贷款利率始终保持15基点的利差，因此，通过该交易，信托公司实现了15个基点的无风险套利。

其次，通过资产证券化交易，信托公司快速回笼自有资金，提高了资金的周转速度，从而直接提高了公司的净资产回报率（ROE = 周转率 × 利润率 × 杠杆率）。

最后，由于该交易资产支持证券没有设置次级档的安排，且原始权益人未持有任何证券，因此，该交易实现了基础资产的真实出售，还可为信托公司节约风险资本。

持续开展“发放信托贷款—信托受益权证券化—收回现金—发放信托贷款……”这一业务模式，信托公司可以发展成为“通道银行”，实现业务模式的转变。

当然，信托公司不仅可以将自身持有的信托受益权证券化，也可以将受托持有的信托受益权证券化，只是两者的目的可能不同，前者的目的是套利和节省风险资本，后者的目的还包含“非标资产转标”的需求。

（二）利用资产证券化实现资产的非标转标

2014年年初发布的《中国银监会办公厅关于信托公司风险监管的指导意见》（银监办发〔2014〕99号，下文简称99号文）直接催生了信托公司对非标资产转标的需求。99号文规定，“信托公司不得开展非标准化理财资金池等具有影子银行特征的业务……各信托公司要结合自身实际，循序渐进、积极稳妥推进资金池业务清理工作”。

资产证券化可以对资产进行“加工”的特点，正是这种需求下的理想工具：一方面，信托公司可以维持已有的债权债务关系，对已有业务不会产生任何影响；另一方面，通过资产证券化交易，将已有资产加工成具有标准化属性、可交易流动的新资产，满足了监管的需求。

在众多交易案例中，具有一定代表性的案例是嘉实建信信托受益权资产支持专项计划，下文以此为例介绍此类交易结构的特点。

1. 交易结构

嘉实建信信托受益权资产支持专项计划的交易结构见图 5.8。

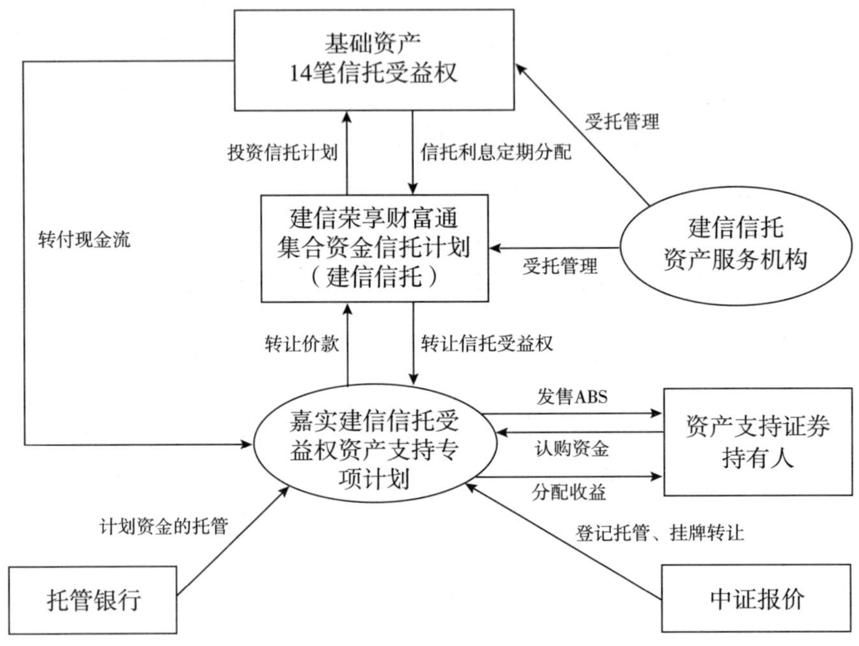

图 5.8　嘉实建信信托受益权资产支持专项计划交易结构图

在该交易中，基础资产是建信信托的一个建信荣享财富通集合资金信托计划（资金池信托）所投资的 14 笔信托受益权，涉及 9 个融资主体，信托受益权余额为 27.69 亿元。14 个信托计划的投资行业包括房地产、物流、物业管理和计算机软件等。14 笔信托贷款借款人的信用等级情况见表 5.24。

表 5.24　基础资产的信用等级

信用等级	笔数（笔）	笔数占比（%）	本金余额占比（%）
AA +	2	14.29	43.32
AA	4	28.57	25.57
AA −	3	21.43	21.04

（续表）

信用等级	笔数（笔）	笔数占比（%）	本金余额占比（%）
A＋	1	7.14	3.61
A	4	28.57	6.45
合计	14	100.00	100.00

建信信托作为资金池信托的受托人，代表该信托计划作为资产证券化交易的原始权益人，发行资产支持证券。所发行证券的基本要素见表5.25。

表5.25　证券基础信息

证券分层	优先级		次级
	优先级A档	优先级B档	次级
规模（亿元）	24.00	2.00	1.69
规模占比（%）	86.68	7.22	6.09
票面利率（%）	4.30	4.80	－
信用评级	AAA	AA＋	NR
预计到期日	2017年9月30日	2017年9月30日	2017年9月30日
预期收益率类型	固定	固定	无票面预期收益率
付息频率	按季付息	按季付息	
本金偿还方式	过手偿还	过手偿还	

2. 该交易结构的好处和必要性

（1）受托机构作为原始权益人。

和市场上大部分交易不同，该交易中的原始权益人并非是基础资产的所有人，而只是资产的受托管理人——基础资产的所有人为资金池信托计划，而该信托计划的受益权归信托计划的投资人，建信信托只是资金池信托计划的受托机构。

由受托机构作为原始权益人，代表资金池信托将基础资产转让给专项计划的依据在于：根据建信荣享财富通集合资金信托计划项目信托文件的约定，受托机构应按照恪尽职守的原则管理、运用、处分信托财产。而根据资金池信托的信托文件以及信托公司的相关业务流程，受托机构处分资金池信托的信托财产只需项目审批委员会同意即可。因此，在受托机构项目审批委员会批复与专项计划设立有关的方案之后，受托机构有权对基础资产进行转让。所以受托机构作为原始权益人在该案例中是合法合理的。

受托机构作为原始权益人这一安排的潜在好处在于，在需要通过双 SPV 构建基础资产时，可以使用资金池信托的资金作为过桥资金构建基础资产，可以较明显地降低双 SPV 的交易成本。

（2）信用增级的安排。

该交易的信用增级结构较为简单，仅采用了优先/次级的安排，以及“加速清偿事件”和“违约事件”作为内部增信的手段，并未采用外部增信。

根据上文列出的基础资产信用等级情况，资产池的加权平均信用等级为 AA－/AA，仅凭借内部信用增级手段，要实现接近 90% 的证券达到 AAA 评级并非易事。

该交易中的一个创新点是引入了原始权益人回购违约资产的安排，交易文件中规定，“（a）在特定信托项目信托文件中约定的信托利益支付日后，超过 20 个自然日（不含）仍未足额分配信托本金或预期信托收益的；或（b）特定信托项目项下融资人或担保人在特定信托项目投资文件项下发生其他任何重大违约的情形”均属于基础资产违约，原始权益人有义务在专项计划存续期间，对违约基础资产赎回。通过该安排，利用原始权益人的主体信用为该计划增信，使资产支持证券的评级大幅提升，显著降低了发行成本。

（3）基础资产打包转让。

该交易中，单独分析每笔基础资产，实际上都是以借款人的经营现金流为还款来源。如果以单笔债权进行证券化，则底层资产的现金流无法独立、无法预测、无法特定化，是缺乏“资产支持”的，从风险控制的角度看，这类交易在监管沟通层面存在极大的不确定性。但从资产包的角度看，由于基础资产在行业、区域、期限上都有足够的分散性，所以从风险控制的角度看，将其作为一般性的债权类资产来处理更为合理。当然，是否“穿透”信托受益权，在实践中需要根据实质重于形式、从风险把控的角度来分析，目前看来，并无一定的标准。

(4) 交易的好处。

该交易对于原始权益人来说，实现了以下好处：

第一，将资金池信托所投资的非标资产进行证券化，降低了资金池的非标资产规模，符合了监管的要求，但同时，并未对客户的融资产生影响。

第二，在资产证券化之前，14 笔信托贷款的资金成本等于集合信托计划的优先级收益，在证券化之后，资金成本等于优先级证券的票面利息；从发行结果看，优先 A 档证券票面利率仅为 4.30%，明显低于资金池信托计划 6.2% 以上的资金成本。资金成本中的节省部分，将成为资金池信托中劣后级的收益，或者作为浮动的受托机构费用，由受托机构享有。

第三，化解了流动性管理的难点。根据该资金池信托的文件约定，投资人每 3 个月可以选择申购或赎回，这种开放的特点决定了资金池需要进行适当的流动性管理，以应对可能出现的赎回。对于信托贷款这类非标资产，通常期限较长，与资金的期限存在错配。但通过资产证券化，可以将没有流动性的信托贷款变成流动性最高的现金。

（三）利用资产证券化作为获得资产的有力工具

受托机构作为财富管理机构，在为委托人管理资产时，最重要的工作之一就是判断委托人的风险、收益、投资期限、流动性等特征，并选择相对应的投资标的。而资产证券化作为一个资产“加工”工具，可以将资产本身的风险、收益等要素进行重新组合（通过资产证券化的技术，可以将资产本身的风险属性重组为利率风险、信用风险、现金流不确定风险、隐含期权风险、流动性风险和其他风险等，每种风险都会获得相应的溢价补偿，并可以与投资人的风险偏好相适应）。当然，资产证券化也可以将资产现金流的期限自由切割，并提高资产的流动性。毫无疑问，资产证券化使受托机构即使在大类资产资源较少的情况下，也可以制造出大量特征迥异的资产。

至于针对不同的投资人，需要通过资产证券化构造何种类型的证券，可参考本书和资产证券化投资相关的章节，本章不再赘述。

第六章

资产证券化业务法律操作实务

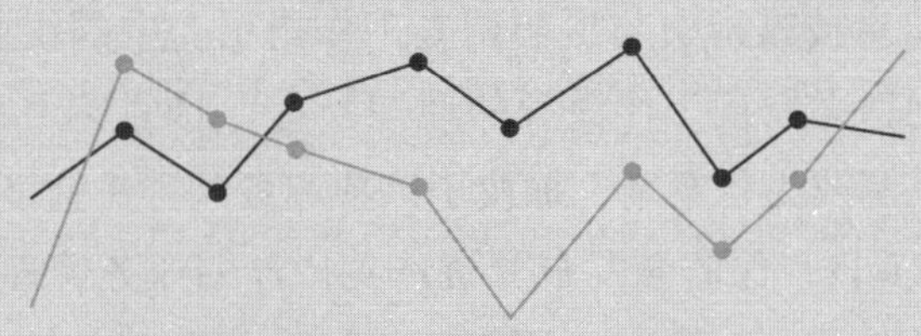

为了推进资产证券化发展，自从资产证券化试点工作开始以来，各部门为配合资产证券化试点工作，制定了一系列部门规章，自2005年4月开始，中国人民银行和中国银监会联合发布了《信贷资产证券化管理办法》，后续中国人民银行、银监会、证监会、国家税务总局、证券交易所等陆续颁布有关会计核算、信息披露、税务处理等相关规定，使得我国的资产证券化业务得以迅速开展。

自2014年以来，资产证券化业务各项规则更加明确与具体。2014年11月，中国证监会颁布了《证券公司及基金管理公司子公司资产证券化业务管理规定》及配套信息披露指引与尽职调查工作指引、中国银监会颁布了《关于信贷资产证券化备案登记工作流程的通知》等，这意味着我国资产证券化业务由之前的审批制改为备案制，加快了该项业务的推进速度。

2015年9月11日，保监会发布《资产支持计划业务管理暂行办法》（保监发〔2015〕85号）（以下简称"暂行办法"），暂行办法明确保险资管资产支持计划业务按照资产证券化原理，以基础资产本身现金流作为偿付支持，构建资产支持计划业务运作框架。由此可以看出，上述法律、法规构成了我国目前资产证券化的法律基础，从政策与法律层面保障了资产证券化工作的顺利开展，并将有效促进我国资产证券化业务的快速发展。

我国资产证券化的参与主体包括：发起人（或原始权益人）、特殊目的载体、受托人（或计划管理人）、承销商、资产服务商、信用增级机构、信用评级机构、会计师事务所、律师事务所、评估机构、投资人等。其中，律师事务所在整个资产证券化业务中的作用主要分为两部分，一是对整个项目开展法律尽职调查；二是负责协助起草主要法律文本，以协助资产证券化项目的顺利完成。

本章主要就资产证券化的法律操作实务展开论述，对我国资产证券化业务的法律关系、法律现状、问题及对策等问题，尤其是律师在实务操作中的工作进行详细的探讨，并辅以案例分析说明。

第一节 资产证券化业务的法律分析

一、资产证券化的法律定义

如前所述，资产证券化作为一项融资工具也好，作为盘活存量的最好的手段也罢，其在不同的领域、对于不同的机构，都体现出不同的意义。但是从法律的角度来看，资产证券化本身也有其法律上的定义。

"证券化之父"美国耶鲁大学弗兰克·法博齐（Frank J. Fabozzi）教授认为，资产证券化可以被广泛地定义为一个过程，通过这个过程将具有共同特征的贷款、消费者分期付款合同、租约、应收账款和其他不流动的资产包装成可以市场化的、具有投资特征的带息证券。

美国证券交易委员会对资产证券化的定义是：资产证券是指主要由现金流支持的，这个现金流是由一组应收账款或其他金融资产构成的资产池提供的，并通过条款确保资产在一个限定时间内转换成现金以及拥有必要的权力，这种证券也可以是由那些能够通过服务条款或者具有合适的分配程序给证券持有人提供收入的资产支持的证券。

目前英国资产证券化发展得较为成熟，在欧洲处于领先位置，已成为英国公司融资与管理资产负债表的重要工具。英国会计准则委员会（Accounting Standard Board）对证券化所作的定义为："投资者的投资所指向的是特定的资产而不是公司的全部商业风险"。

韩国《资产流动化法》第一条规定："资产流动化"是指，资产证券化专门公司（Special purpose company，即我们常说的"特殊目的公司"、

“SPC”）等机构，受让资产持有人的资产或对其设立信托，发行证券，以管理、运用、处分相应资产而产生的收益来支付对象资产的本金、红利或收益的一系列行为。

我国台湾地区2002年制定的《金融资产证券化条例》第4条第3款规定，“证券化”是指创始机构依本条例之规定，将资产信托与受托机构或让与特殊目的公司，由受托机构或特殊目的公司以该资产作为基础，发行受益证券或资产基础证券，以获取资金之行为。”

我国资产证券化规定：2005年4月《信贷资产证券化试点管理办法》第2条：“本办法规范在中国境内，银行业金融机构作为发起机构，将信贷资产信托给受托机构，由受托机构以资产支持证券的形式向投资机构发行受益证券，以该财产所产生的现金支付资产支持证券收益的结构性融资活动。”2014年11月19日颁布的《证券公司及基金子公司资产证券化业务管理规定》中规定：“本规定所称资产证券化业务，是指以基础资产所产生的现金流为偿付支持，通过结构化等方式进行信用增级，在此基础上发行资产支持证券的业务活动。”

通过上述欧美及亚洲主要国家和地区对资产证券化的定义可以看出，资产证券化在本质上是一种以特定基础资产为支持的融资方式，该融资模式的根本目的是确保投资者所承担的风险仅来源于该特定资产自身所带来的风险，比如应收账款、比如住房抵押贷款、汽车贷款等；除此之外，投资者不应受到其他一般商业或经济风险的影响，特别是不受发起公司运营过程中产生的各种风险（特别是破产清算）的影响。

二、资产证券化的法律本质

根据上述资产证券化的法律定义，可以看出，资产证券化的法律本质就是将债权以结构化方式转让给资本市场投资者。资产证券化的基础或者起点在于，可证券化的资产（即“基础资产”）的选择。基础资产在法学本质上应该是一项债权，而债权是相对的，债权的相对权、对人权的性质决定了债权人只能向特定的债务人请求履行债务并独自承担债务人不履行债务的风险，即所谓的债之“法锁”，也只有债权的真实转让，才能从本质上实现对发起人其他风险的隔离。

传统的债权关系是比较私人的隐蔽的社会关系，而资产证券化则是将原本为特定的资产债权人所享受的对债务人的权利，包括应承担的风险在内，通过证券化的方式转移给了资本市场的投资者，形成在公开市场上具有流动性的证券。

债权可以按照不同的标准分为不同的种类，这里仅根据债权在证券化开始时是否已经存在，将作为证券化基础资产的债权分为现时债权和未来债权两大类。

现时债权是指基础资产在证券化交易开始时就已经存在的债权。以融资租赁资产证券化为例，租赁公司在向承租人提供了租赁协议项下的租赁资产以后，即已履行完毕该协议下的义务，在协议的剩余期间内，就只剩下向承租人收回本金和利息的权利了，即只享有债权，该租赁公司作为原始权益人转让给特殊目的机构的资产就是该项现时存在的债权。现时债权的转让操作简单，在证券化市场发展的初期阶段比较普遍，我国信贷资产证券化、融资租赁资产证券化、BT 应收账款资产证券化等用于证券化的资产都是这种情况。

未来债权是指证券化的基础资产在证券化交易开始时还是一项尚未发生的债权。未来债权主要包括 3 种情形①：（1）附条件或附期限的合同所构成的将来债权，此时合同已经成立，但尚未生效，必须待条件成就或期限到来之后合同才能生效，合同债权才能成为现实的债权；（2）已有基础法律关系存在，但必须在将来有特定事实的添加才能发生的债权，如受托人将来为委托人处理事务支出费用请求偿还的债权、将来的租金债权等；（3）尚无基础法律关系存在的将来债权，被称为纯粹的未来债权。

另外，在资产证券化的实践中，基础资产池可能会通过循环购买的方式进行，通过循环购买新增的债权在实施转让时（即签订买卖合同时）并未存

① 资料来源：黄立．民法债编总论［M］．北京：中国政法大学出版社，2002。

在，也是基于对符合之前设定好的基础资产筛选条件的未来债权的转让。比如阿里巴巴专项资产管理计划（第一期），即采用循环购买的方式。

我国目前已发行的资产证券化产品中，收益权是经常被用来证券化的一种基础资产。“收益权”在我国现行法律制度中缺乏明确的法律地位，作为一种单独的法律权利转让与我国现行法律存在一定冲突，不利于投资者保护。以收益权作为基础资产的主要情况包括：

（1）以既有合同作为基础的收益权。我国最早发行的联通和网通资产证券化产品，将基础资产定义为“收益或收益权”，认为其基础资产的法律性质均为合同债权，二者都有既有合同支撑。

（2）有部分合同基础或无合同基础的收益权。电力、高速公路等基础设施中的“收益权”究其法律实质，应该属于未来债权的范畴。公路收费收益权是无合同基础的未来债权，电力收费收益权是有部分合同基础（至少1年期合同和购电框架协议）的未来债权。电力、公路的合同基础较不完备但允许其证券化，是由于电力和公路等基础设施属于公共产品，具有自然垄断性，因此特许权持有人具备了“强制性缔约”的能力，未来缔约的稳定性较强。

对于某些基础资产法律权属关系不清晰，但均笼统地冠以“××收益权”的资产证券化项目，应充分论证其是否符合未来债权的相关法律属性，以防止收益权概念的滥用。

三、资产证券化的主要法律关系

资产证券化的法律关系即资产证券化业务过程中，各参与主体彼此之间的权利义务。虽然资产证券化的参与主体较多，但SPV在整个资产证券化过程中始终处于最核心的地位，根据我国资产证券化的实务，针对我们认为几个比较重要的法律关系，详细说明如下：

（一）发起人（原始权益人）与SPV的法律关系

根据上述资产证券化的法律本质，SPV通过资产转让合同获得对发起人

（原始权益人）所转让资产的所有权；同时，根据 SPV 的不同类型，发起人（原始权益人）与 SPV 之间，应该是一种买卖法律关系或信托法律关系。这一过程要完成的就是证券化资产的“真实出售”。

1. 发起人（原始权益人）的主要权利义务

发起人的主要权利为：依照合同从 SPV 处获得所募资金，依照合同要求评级机构准时提交符合合同规定的评级报告。其主要义务为：将资产按约定转移给 SPV，并保证其陈述真实、全面、完整、准确，按约定向评级机构、信用增级机构支付费用。

2. SPV 的主要权利义务

SPV 受让资产所获得的权利包括：第一，请求权。SPV 要求原始债务人履行基础合同的权利，这是 SPV 的请求权。当原始债务人不履行其基础合同义务时，SPV 有权请求司法机关的法律保护，通过诉讼方式请求法院强制原始债务人履行其在基础合同项下的全部义务。第二，受领权。即 SPV 接受原始债务人履行基础合同义务的权利，当原始债务人履行其基础合同义务时，SPV 有权接受原始债务人的履行，并由此接受债务人履行债务而产生的利益。第三，处分权。即 SPV 处分自己依据资产转让合同所获得资产的权利，同意债务人延迟履行基础合同义务的权利等。第四，相应的从权利。根据民法原理及法律规定，债权人转让债权的，受让人应当获得该债权所附带的从权利，如债务人为保证债权人主债权的实现而提供的抵押担保权、债务人违约后追索债务人违约责任的损害赔偿请求权、根据基础合同要求债务人承担违约金的违约金债权等从权利，通常随主权利的转让附随转让给 SPV。同时 SPV 必须保证已采取足够的措施有效地实现了资产的风险隔离，并能避免自身主动的破产。此外，SPV 的业务活动应遵守严格的限制性规定，除为完成证券化业务所必需的活动外不得从事其他活动。SPV 还必须对其公布的文件的真实、合法、有效、全面和完整承担保证义务。

（二）管理人与 SPV 的法律关系

SPV 与证券公司、证券资产管理公司、基金子公司、信托公司等管理人（受托人）签订委托合同或信托合同，委托管理人对证券化资产进行管理，成立信托或委托民事法律关系——管理人依据信托合同或委托合同，对信托资产进行经营管理。

管理人有权获得进行管理和服务所必需的资料以及相应的报酬。其应尽义务为：应按合同规定对资产进行管理，如现金流的重组与分配、违约后的追偿、回收资金的运用、资产合同的管理、对服务人所提交报告的审查并向投资者予以公布等。

（三）投资者与 SPV 的法律关系

在我国资产证券化中，无论 SPV 是信托模式还是资产支持计划的形式，资产支持证券均应该被认为是一种受益权证，投资者与 SPV 应该属于一种信托法律关系。SPV 作为受托人，经营管理基础资产（信托财产），对基础资产享有管理处分权，并将从基础资产所得收益分配给投资者。投资者作为受益人，享有信托的收益，并有权了解基础资产的经营情况。

具体而言，投资者（受益人）享有以下权利：一是信托利益的享有权；二是信托事务的监控权，两大法系的信托法都赋予受益人一定程度的监控权，概括而言主要有以下四项：查阅知情权、解任请求权、新受托人的选任请求权和信托关系终止权；[①] 三是受托人违反信托时的救济权。

SPV（受托人）的义务：一是忠实义务，即受托人负有为受益人利益而处理信托事务的义务，而不得以信托财产为自己或第三人谋利；二是谨慎义务，即受托人在管理和处分信托财产的过程中必须以通常谨慎的人在处理自己财产时应有的谨慎和技巧行事，如果受托人拥有高于通

① 资料来源：张淳．信托法原理论［M］．南京：南京大学出版社，1994。

常谨慎的人的技能或者表明其具有特殊的技能，则应负有相应的更高的注意义务。

（四）信用增级机构与 SPV 的法律关系

信用增级是保证投资者的利益安全而特别设置的资产证券化法律创新制度之一。信用增级有内部信用增级和外部信用增级两种方法，在实践中，两种方法可以并用也可以单独使用。内部增信仍局限于 SPV 内部，与外部其他参与主体并未形成直接的法律关系，在此不一一赘述。

外部信用增级是指 SPV 与外部第三方签订担保合同或开立信用证等，为资产支持证券提供信用担保及保险服务，成立担保合同法律关系，SPV 是被担保人，信用增级机构是担保人。若 SPV 与保险机构签订保险合同，成立保险合同法律关系，SPV 是被保险人，保险机构是保险人，投资者是受益人，保险合同法律关系，在此处也是一种担保法律关系。

1. 银行信用证

当发行人的信用评级低于发行证券的要求时，银行作为第三方可以提供信用证对一定量或者一定比例的信用损失进行担保。发行人在基础资产产生的超额现金流中提取一部分作为对银行提供信用增级的报酬。一旦发行人未能按期履行支付或足额支付义务时，信用证担保义务开始生效，开证银行负有向投资者代发行人偿付的义务。

2. 保险公司保险

在我国资产证券化的实践中，保险公司作为增信机构的案例越来越多。由专业保险公司为资产证券化的 SPV 提供保险，保险公司可担保投资者及时得到利息和最终偿还本金。

3. 担保公司或其他第三方担保

与专业保险相似，担保公司或其他第三方担保使具有完全追索权的证券投资者债权得以实现。

（五）承销商与SPV的法律关系

根据我国法律的规定，在中国境内，股票、公司债券和国务院依法认定的其他证券的发行和交易受《证券法》的调整；《证券法》未规定的适用《公司法》和其他法律、行政法规的规定。虽然目前资产支持证券尚未纳入《证券法》的调整范围，但资产支持证券的发行和交易模式基本上也是按照《证券法》的规定，履行有关备案、注册审批、信息披露等义务，SPV必须和证券公司签订证券承销协议，而承销协议又分为代销协议和包销协议。

关于代销协议，在代销期间内承销商基于代理人地位，将资产支持证券出售给投资者，SPV与承销商的外部是代理权的授予，内部是委托合同关系。SPV是委托人、承销商的被代理人；承销商为受托人、SPV的代理人，代销期间届满后，承销商将剩余的资产支持证券退还给SPV，发行风险仍由发行人承担。

关于包销协议，又分为余额包销和全额包销。余额包销的情况下，承销商把在约定代销期间内没有销售完的资产支持证券转为己有。代销期间内SPV与承销商之间外部为代理权的授予，内部为委托合同关系。代销期间届满后则转为买卖合同关系；全额包销的情况下，承销商与SPV之间法律关系本质上为买卖合同关系。

第二节
我国资产证券化业务的法律现状

目前我国的资产证券化主要分为四大类（本书第一章已经做过详细介绍，这里再总结其中最主要的4种）：（1）信贷资产证券化，由中国人民银行和银监会主管，以银行业金融机构的信贷资产为基础资产，通过信托公司的信托计划为SPV，在银行间债券市场发行的产品；（2）券商及基金子公司资产证券化（即“资产支持专项计划”），由证监会主管，基金业协会备案，以原始权益人拥有的符合标准的资产为基础资产，通过证券公司及基金子公司资产支持专项计划作为SPV载体，主要在沪深证券交易所挂牌交易的产品；（3）资产支持票据，由中国人民银行主管，交易商协会负责注册管理，是指非金融企业在银行间债券市场发行的，由基础资产所产生的现金流作为还款支持的，约定在一定期限内还本付息的债务融资工具。资产支持票据可以看成我国企业资产证券化的一种形式，只不过资产支持票据并没有严格的风险隔离要求，属于“表内融资”；（4）资产支持计划，由保监会主管，该法明确以《信托法》为上位法，确定了保险资管SPV具有信托的性质，从而信托法的风险隔离的相关原理可以运用到保险资管资产证券化业务中，在保证资产证券化各参与方的利益、有效管理证券化资产等方面，具有一定的优势。

另外，REITs属于广义资产证券化的范畴（我国目前已发行的中信启航、苏宁云商、招商创融—天虹商场、恒泰浩睿—浦发大厦、恒泰浩睿—彩云之南酒店等几单私募REITs从产品形态上来看属于资产支持专项计划，不属于标准化的REITs），由于REITs多以股权+债权的形式出现而与上述3类资产证券化形态差别较大，因此不在本章中进行专门论述。

严格意义上来说，不论是信贷资产证券化、资产支持专项计划还是资产支持票据和资产支持计划，都属于资产支持证券，从证券化的流程上来说基本相同，只是我国金融行业分业监管的体制造成了这种基础资产的划分和参与主体的区别。

一、我国资产证券化业务的主要法律规定

截至目前，我国信贷资产证券化、资产支持专项计划及资产支持票据业务均制定了一系列法律规定，相比而言信贷资产证券化和资产支持专项计划的配套规则已经比较全面，保险资产支持专项计划和资产支持票据的配套规则刚刚颁布或者正在完善中。详见表6.1。

表 6.1　三类资产证券化的主要法律规定

序号	发布时间	发布机构	名称
		A. 央行、银监会主导的信贷资产证券化模式	
		整体性立法与金融监管	
1	2005 年 4 月 20 日	人民银行、银监会公告〔2005〕第 7 号	信贷资产证券化试点管理办法
2	2005 年 11 月 7 日	银监会令 2005 年第 3 号	金融机构信贷资产证券化试点监督管理办法
3	2008 年 2 月 4 日	银监会办公厅银监办发〔2008〕23 号	关于进一步加强信贷资产证券化业务管理工作的通知
4	2009 年 12 月 23 日	银监会银监发〔2009〕116 号	商业银行资产证券化风险暴露监管资本计量指引
5	2009 年 12 月 25 日	银监会银监发〔2009〕113 号	关于规范信贷资产转让及信贷资产类理财业务有关事项的通知
6	2010 年 12 月 3 日	中国银监会银监发〔2010〕102 号	关于进一步规范银行业金融机构信贷资产转让业务的通知
7	2012 年 5 月 17 日	人民银行、银监会、财政部银发〔2012〕127 号	关于进一步扩大信贷资产证券化试点有关事项的通知
8	2013 年 12 月 31 日	中国人民银行、中国银监会公告〔2013〕第 21 号	规范信贷资产证券化发起机构风险自留行为
		资产抵押权变更登记	
9	2005 年 5 月 16 日	建住房〔2005〕77 号	建设部关于个人住房抵押贷款证券化涉及的抵押权变更登记有关问题的试行通知
		信用增级	
10	2007 年 10 月 12 日	银监会	关于有效防范企业债担保风险的意见
		信用评级	
11	2006 年 3 月 29 日	人民银行	中国人民银行信用评级管理指导意见

（续表）

序号	发布时间	发布机构	名称
12	2011 年 1 月 26 日	银监会	中国银监会关于规范商业银行使用外部评级的通知
会计处理			
13	2005 年 1 月 5 日	财政部	信托业务会计核算办法
14	2005 年 6 月 1 日	财政部	信贷资产证券化试点会计处理规定
15	2006 年 2 月 15 日	财政部	企业会计准则第 22 号——金融工具确认和计量
16	2006 年 2 月 15 日	财政部	企业会计准则第 23 号——金融资产转移
税收处理			
17	2006 年 2 月 20 日	财政部、国家税务总局 财税〔2006〕5 号	关于信贷资产证券化有关税收政策问题的通知
信息披露			
18	2005 年 6 月 13 日	人民银行公告〔2005〕第 14 号	资产支持证券信息披露规则
19	2007 年 1 月 23 日	银监会令 2007 年第 2 号	关于信贷资产证券化基础资产池信息披露有关事项的公告
20	2007 年 8 月 21 日	人民银行公告〔2007〕第 16 号	关于信贷资产证券化基础资产池信息披露有关事项的公告
发行、交易与登记等			
21	2005 年 6 月 15 日	人民银行公告〔2005〕第 15 号	资产支持证券在银行间债券市场的登记、托管、交易和结算等有关事项
22	2005 年 8 月 1 日	银行间同业拆借中心	资产支持证券交易操作规则
23	2005 年 8 月 15 日	中央国债登记结算有限责任公司中债函字〔2005〕37 号	资产支持证券发行登记与托管结算业务操作规则
24	2007 年 9 月 30 日	中国人民银行公告〔2007〕第 21 号	资产支持证券在全国银行间债券市场进行质押式回购交易的有关事项

（续表）

序号	发布时间	发布机构	名称
25	2012 年 7 月 2 日	上海清算所 清算所公告〔2012〕7 号	关于信贷资产支持证券登记托管、清算结算业务的公告
26	2014 年 11 月 20 日	中国银监会 银监办便函〔2014〕1092 号	关于信贷资产证券化备案登记工作流程的通知
投资管理			
27	2006 年 5 月 14 日	中国证监会 证监基金字〔2006〕93 号	关于证券投资基金投资资产支持证券有关事项的通知
B. 证监会主导的资产支持专项计划模式			
28	2004 年 10 月 21 日	中国证监会 证监机构字〔2006〕号	关于证券公司开展资产证券化业务试点有关问题的通知
29	2009 年 5 月 21 日	证监会机构监管部机构部部函〔2009〕224 号	《证券公司企业资产证券化业务试点指引（试行）》
30	2014 年 11 月 19 日	证监会公告〔2014〕49 号	《证券公司及基金管理公司子公司资产证券化业务管理规定》及配套信息披露指引与尽职调查工作指引
31	2014 年 11 月 25 日	深圳证券交易所	《深圳证券交易所资产证券化业务指引（2014 年修订）》
32	2014 年 11 月 26 日	上海证券交易所上证发〔2014〕80 号	《上海证券交易所资产证券化业务指引》
33	2014 年 12 月 24 日	中国证券投资基金业协会	《资产支持专项计划备案管理办法》及配套负面清单指引、风险控制指引与计划说明书内容指引等
C. 交易商协会主导的资产支持票据模式			
34	2008 年 4 月 15 日	中国人民银行令〔2008〕第 1 号	《银行间债券市场非金融企业债务融资工具管理办法》

（续表）

序号	发布时间	发布机构	名称
35	2012 年 4 月 29 日	中国银行间市场交易商协会公告〔2011〕6 号	《银行间债券市场非金融企业债务融资工具非公开定向发行规则》
36	2012 年 8 月 3 日	中国银行间市场交易商协会公告〔2012〕14 号	《银行间债券市场非金融企业资产支持票据指引》
D. 保监会主导的资产支持计划业务模式			
37	2010 年 7 月 30 日	中国保监会令 2014 年第 3 号	《保险资金运用管理暂行办法》
38	2015 年 9 月 11 日	保监发〔2015〕85 号	《资产支持计划业务管理暂行办法》

二、我国资产证券化业务的主要法律障碍

如前文所述，中国的资产证券化已有良好的法律基础和操作指引，但是从我国资产证券化目前现有的法律规定上看，现有法律规定位阶较低；从现在已经发行的信贷资产证券化和企业资产证券化产品的架构上来看，这些产品为了符合中国法制环境的需要，在资产证券化产品的设计上都做了变通，或者说这些产品还都不是完全标准化的资产证券化产品。从大的方面来看，以下几点是资产证券化在我国发展的重大法律障碍：

（一）我国资产证券化现行法律法规的法律位阶障碍

《证券公司及基金管理公司子公司资产证券化业务管理规定》、《信贷资产证券化试点管理办法》等专门用于指导资产证券化的法律文件，其级别均为部门规章，同其他资产证券化相关部门规章一样，立法层次效力比较低。所以，目前我国资产证券化运作只能在遵循《担保法》、《证券法》、《信托法》、《公司法》等法律的前提下，选择与基本法律冲突最小的资产证券化模式。且一旦发

生法律适用上的冲突，现有的资产证券化专门性法规，如《证券公司及基金管理公司子公司资产证券化业务管理规定》和《信贷资产证券化试点管理办法》则可能因为法律位阶较低而在具体法律适用中可能面临不适用的风险。现行法律层级较低，是我国资产证券化目前最大的法律障碍之一。具体到信贷资产证券化和企业资产证券化的相关问题，下文将会进一步相应分析。

（二）我国信贷资产证券化业务的法律障碍

目前我国信贷资产证券化采用信托模式，而资产证券化中的“真实出售”要求资产的所有权必须彻底转移给特殊目的机构。在我国信贷资产证券化过程中，信贷资产的所有权是否达到了“真实出售”的目标？在我国目前关于信托财产所有权的相关规定下，这一问题变得更为至关重要。

信托是一种起源于英美衡平法的制度设计，它的基本含义是委托人将财产权转移给受托人，受托人则为受益人的利益处分信托财产。信托的法律构造产生了两个最基本的法律观念：一是所有权和受益权的分离，信托财产所有权的性质比较复杂，其中受托人享有信托财产的所有权，即“普通法上的所有权”，但受托人必须将管理和处分信托财产所产生的利益交给受益人，因为受益人享有“衡平法上的所有权”；二是信托财产的独立性，信托一旦有效成立，信托财产即从委托人、受托人及受益人的自有财产中分离出来，成为独立运作的财产。

按照上述设计，在信托型资产证券化的过程中，原始权益人将证券化资产信托于受托人之后，受托人即享有对信托财产的“法定所有权”，原始权益人的债权人就不能再对该资产主张权利。但是，受托人享有的“法定所有权”又受到受益人“衡平法上所有权”的限制，是不完整的所有权，所以其债权人也不能对这一资产主张权利。这正体现出信托财产的独立性的重要作用，可以满足证券化破产隔离的要求。

与英美法系不同，我国《信托法》虽已实施，但是沿袭了大陆法系国家的理念，没有规定双重所有权，对信托财产的所有权问题采取了回避的态度。根据该法对信托的定义“委托人基于对受托人的信任，将其财产权委托给受托人，由受托人按委托人的意愿以自己的名义，为受益人的利益或者特定目的，进行管理或者处分的行为”可以看出，我国信托法定义中所使用的是“委托”一词，而非“转移”，而其他国家立法一般都明确委托人须将财产权有效转移于受托人，如日本信托法规定“本法所称信托，是指将财产权转移或为其他处分，使他人依照一定目的管理或处分财产”；韩国信托法规定“本法所称信托，是指设定信托人与接受信托人间，基于特别信任关系，委托人将特定财产转移或为其他处分给受托人，使受托人为一定人的利益或为特定的目的，管理或处分该财产的法律关系”。

我国对于信托的定义有混淆信托关系和委托代理关系之嫌，实际上，信托与委托和代理法律关系存在一个巨大的差别，即当法律关系发生时，作为该法律关系的客体的标的物是否发生了转移。信托法律关系成立时，信托财产不仅在实体上发生了转移，依附于该信托财产上的所有权也发生了转移；但委托代理关系成立时，仅发生财产的转移和依附于该项财产上的部分所有权权能的转移，该财产的所有权主体并没有发生实质性的变化，因此所有权人有权随时收回财产。由此可见，我国目前《信托法》的设计不利于明确信托型资产证券化中的权利义务关系，也不利于实现资产证券化所追求的“真实出售”。

另外，《信贷资产证券化试点管理办法》中规定“银行业金融机构作为发起机构，将信贷资产信托给受托机构……”，“信托”是指“委托”，还是“出售”，《信贷资产证券化试点管理办法》第十一条、第十二条中又使用了“通过设立特殊目的信托转让信贷资产”的表达，“信托”与“转让”之间的关系不太清晰。

除了上述概念以外，以下一些制度性安排也使得基础资产无法独立于委托人。首先，信托财产在特定情形下仍可能成为委托人的清算财产。《信托法》第十五条虽然规定了信托财产独立于委托人的财产，但同时又规定，设立信托后，委托人依法解散、被依法撤销、被宣告破产时，委托人是唯一受益人的，信托终止，信托财产作为清算财产。尽管《信贷资产证券化试点管理办法》（以下简称《试点管理办法》）在《信托法》的基础上做出了突破性的规定，强调基础资产作为信托财产独立于发起机构、受托机构的固有财产，在其解散或破产时，不得作为清算财产，但问题在于，如果委托人作为唯一受益人时，《试点管理办法》与《信托法》的规定是冲突的，根据前者，资产不得作为清算财产，而根据后者，资产要被列为清算资产。由于两者的效力等级不一样，《信托法》是由全国人大常委会制定的，而《试点管理办法》只是银监会和人民银行制定的部门规章，按照下位法不得违反上位法的一般法理，后者的效力要弱于前者，也就是说，《试点管理办法》的这种突破性规定并不能发挥预期的效果。

其次，《信托法》第十二条规定，委托人设立信托损害其债权人利益的，债权人有权申请人民法院撤销该信托。另外，我国《破产法》规定，在债务人存在欺诈性转移的情况下，转移行为可以被认定为无效或可撤销。这里的“转移”也应该包括以信托方式实现的转移。不论是被撤销，还是被认定为无效，都可被视为对证券化资产独立性的一种冲击。

为了克服上述缺憾给信托财产的地位所带来的不确定性，我国《信托法》第五十二条规定了信托不因委托人被宣告破产而终止，在一定程度上承认了信托财产的相对独立性，为采用信托方式实现资产证券化的风险隔离目的提供了一定的法律保障。但另一方面，从法律位阶上看，我国《信托法》和《破产法》均属于全国人大常委会制定的法律，处于同一个法律位阶，但根据我国《立法法》中“特别法优于一般法”的规定，在针对信托财产的所有权及破产的问题上，应该适用《破产法》，而《试点管理办法》的法律位阶低于《破产法》，因此其关于信托财产不属于破产财产的相关表述更无法对抗《破产法》，从而导致信托财产能否真正实现破产隔离，仍存在很大的不确定性。

（三）我国企业资产证券化业务的法律障碍

目前我国企业资产证券化业务，根据证监会以证券公司、基金子公司为管理人的证券化业务中规定，由“资产支持专项计划”（以下简称“专项计划”）这一特殊目的载体作为SPV，由于此类“专项计划”并不具有法律上的主体地位，因此存在一系列的法律问题，其中最主要的是“专项计划”不具有作为SPV所应有的独立性。

证监会在《证券法》、《证券公司管理办法》的基础上，制定了《证券公司客户资产管理业务试行办法》和《证监会关于资产证券化业务的意见》，并在此基础上进一步制定了《证券公司资产证券化业务管理规定》、《证券公司和基金管理公司子公司资产证券化业务管理规定》等专门性的规章，来指导企业资产证券化业务。尽管根据这些规定，作为证券化流程核心的“专项计划”资产独立于发起人、管理人和投资人，但由于在法律上不具有主体地位，其独立性缺乏法律保障。成立“专项计划”所依据的文件仅为中国证监会的部门规章，不具有法律和法规所具有的效力，不能赋予“专项计划”法律主体资格。因此，“专项计划”本身并不具有法律上的主体地位，不能独立于发起计划的证券公司或基金子公司。由于“专项计划”没有主体资格，自然也没有权利能力和行为能力，因此相关协议的签署和履行只能由作为管理人的证券公司或基金子公司代行。“专项计划”中所有关于“专项计划”独立性的安排都只能视为“专项计划”各参与方的一种基于合同产生的义务或承诺，不具有对抗性，不能对抗当事人以外的第三人。进一步而言，管理人的自有资产和基础资产难以实现有效隔离，管理人的破产风险有可能会危及基础资产的安全。因此，一旦“专项计划”管理人遭遇第三人的诉讼、强制执行或自身发生破产，难免会波及“专项计划”。同时，专项计划不具备法律人格也导致了资产证券化业务中本来包含的一些配套措施无法在我国运用，比如，因无法作为合格的法律主体办理登记手续，专项计划无法成为抵押或者质押等担保方式的权利人。

（四）我国资产证券化关于“真实出售”的法律障碍

根据资产证券化即债权转让的法律本质，基础资产的“真实出售”不仅仅是资产证券化的第一步，也是该结构性融资能够成功的最重要一步。资产“真实出售”制度旨在将投资人承担的风险与发起人的一般信用隔离，以发起人的特定资产为担保，负责对投资人的预期收益进行偿付。资产证券化结构的最高目标在于，将产生现金流的资产与发起人或SPV的任务财务风险相隔离，确保资产产生的现金流得以按证券化的结构设计向投资人偿付证券权益，实现资产信用融资。所以，证券化资产的“真实出售”是对隔离风险极为关键的一部分内容。

在我国当前的法律环境下，《合同法》、《担保法》、《破产法》、《公司法》等法律都为资产证券化的“真实出售”制度发挥着重要的作用，但在我国构建资产证券化的“真实出售”制度存在一定的法律障碍，我国现行法律并没有对“真实出售”的标准进行明确的规定。在信贷资产证券化领域，我国《信托法》对于信托财产的权属并没有明确的规定，在企业资产证券化领域，由于专项计划本身的法律主体地位不清晰，也不能保证基础资产的“真实出售”的法律制度。

但是，我国财政部颁布的会计准则中却对这个问题有所涉及。例如财政部于2003年颁布的《关于企业与银行等金融机构之间从事应收债权融资等有关业务会计处理的暂行规定》第一条、第三条规定，“企业将应收账款出售给银行等金融机构时，应按‘实质重于形式’的原则进行会计核算，对交易的经济实质给予充分关注。对有明确证据表明交易事项满足销售确认条件的，应按出售应收债权处理，并确认相关损益；但如果交易中规定有追索权条款，则应当按质押借款处理。对没有证据表明交易事项满足销售确认条件的，则应按应收债权出质取得借款进行会计处理。”

财政部于2005年颁布的《信贷资产证券化试点会计处理规定》第四条、第五条规定，“发起人已经将信贷资产所有权上几乎所有（95%或者以上）的风险和报酬转移时，就应将信贷资产从发起人的账面上和资产负债表中转出，同时将信贷资产的账面价值与转让获得的对价之间的差额确认为当期损益。但如果发起人保留了信贷资产所有权上几乎所有的风险和报酬时，就不应将信贷资产从发起人的账面上和资产负债表中转出。”财政部于2006年颁布的《金融工具确认和计量》和《金融资产转移》中也规定，“在金融资产转让过程中，如果企业已经将金融资产所有权上几乎所有的风险和报酬转移给了转入方，就应当终止确认该项金融资产，将该金融资产或该金融负债从企业的账户和资产负债表中予以转销，即视为真实出售。”

虽然我国会计处理规则对“真实出售”标准做出了上述规定，但是在法律领域认定是否构成“真实出售”时，却并不能将其直接加以适用。因为法律、会计不同领域对真实出售的考察侧重点是不一样的，就是说法律标准和会计处理方法并不一致。会计处理强调对经济实质的考察，而不在乎其法律形式；法律标准不仅要反映交易的实质，而且要兼顾交易主体的利益保护、交易安全的维护等其他因素。因此就目前我国资产证券化业务而言，“真实出售”仍存在一定的法律障碍。

第三节 我国资产证券化业务法律操作实务

根据我国资产证券化的操作实务及相关法律规定，包括信贷资产证券化、企业资产证券化以及资产支持票据，一个完整的资产证券化项目的基本运作流程为：（1）开展尽职调查，由发起人（或原始权益人）及相关中介机构确定可以进行资产证券化的基础资产；（2）受托人（或管理人）构建 SPV；（3）将可证券化的资产汇集成资产池，并对资产池中资产进行信用增级和信用评级；（4）发起人将证券化资产真实出售给 SPV 或者由 SPV 主动购买发起人的证券化资产；（5）以该证券化资产所产生的稳定现金流为支撑，在金融市场上发行有价证券；（6）用资产池产生的现金流来清偿所发行的有价证券。

一、尽职调查

开展尽职调查是整个资产证券化项目中的首要基础性工作，也是律师在资产证券化操作实务中不可缺少的部分。律师尽职调查的对象主要是原始权益人和基础资产的法律状况，以及其他项目参与人的资质及权限，揭示法律风险，提供关于资产证券化的相关法律意见或建议。

（一）尽职调查的目的

对资产证券化项目进行尽职调查是为了全面了解原始权益人有关情况，审慎选择基础资产，筛选项目的可能风险，合理安排交易结构，保护投资人相关利益。尽职调查可以发现风险，判断风险性质、程度以及对项目进行的影响和后果，并提出解决方案或补救措施，初步了解是否符合将基础资产进行证券化的条件，为判断项目是否可以继续进行提供依据。

（二）尽职调查的原则

资产证券化业务中的尽职调查和股份公司股票上市的尽职调查相类似，都是证券上市前的尽职调查。为了维护证券交易市场的秩序和投资人的利益，我国法律对证券公开发行上市过程中各中介机构应承担的勤勉尽责义务都有严格的规定。因此律师应该自觉尽责地对业务参与人和基础资产进行调查，保证自己出具的尽职调查报告的真实性和可靠性。

律师应当按照充分性、重要性、针对性、穿透性原则进行尽职调查。尽职调查要在对各项内容进行充分全面调查的基础上有侧重点地针对重要性内容进行调查，如对发起人（即原始权益人）和基础资产的调查，对基础资产要进行穿透性核查。另外，应当建立调查工作底稿制度，尽职调查过程中获取和形成的文件资料均应作为工作底稿留存备查。

（三）尽职调查的方法

1. 资料收集与核证

主要通过向业务参与人提供调查资料清单的方法，要求被调查对象提供资料，从而收集调查工作所需要的充分和适当的资料。根据调查需要，有时需要律师独立地收集资料。

一般情况下，律师均假定被调查对象或委托人所提供的资料是准确、真实和完整的；但是，对于某些重大事项，律师应当依照审慎原则通过向第三人发核证函、独立调查等方式进行核证，而不应当仅仅依赖于委托人或被调查对象所提供的资料。

2. 管理层访谈

必要时律师需要与被调查对象的董事、高级管理人员、关键技术人员和法律顾问（如有）会见，核实一些书面资料无法核证的事实。

3. 实地考察

一般考察对象是特定原始权益人和资产服务机构的主要经营场所，考察的具体对象主要是产生现金流的基础资产或基础资产的附着物，比如高速公路收费站、融资租赁资产证券化项目里重要的租赁物等。

4. 分析和总结

在收集了足够的相关资料后，应运用专业手段、方法进行分析，确定已核证的事实、待核证的事实、未核证的事实。根据分析结果形成结论性的法律意见，就交易存在的和可能发生的法律问题和风险发表意见。

（四）尽职调查的范围

首先，尽职调查包括原始权益人以及其他业务参与人的法律存续状态、业务资质及相关业务经营情况内容，具体内容因主体不同而有所不同；其次，关于基础资产的合法合规性问题是尽职调查中的重要调查内容，应当对基础资产的法律权属、转让的合法性、基础资产的运营情况或现金流历史记录进行调查，同时应当对基础资产未来的现金流情况进行合理预测和分析。

（五）尽职调查的内容

依据我国证监会发布的《证券公司及基金管理公司子公司资产证券化业务尽职调查工作指引》，律师在进行尽职调查时主要调查内容如下：

1. 对业务参与人的尽职调查

（1）对特定原始权益人的尽职调查。

①基本情况：特定原始权益人的设立、存续情况，股权结构、组织架构及治理结构。

例如，对特定原始权益人的股权演变的真实有效性，律师应当尽职查验以下文件或事项：发行人历次股权/出资变更的工商资料、股东会决议、董事会决议、总经理办公会议决议等、修改后的公司章程（或章程修正案）原件；发行人股权/出资变动后向股东/出资人签发的出资证明书；发行人股权/出资变更后制备的股东/出资人的名册；发行人就本次股权转让完成工商变更登记的原件；如发行人发行优先股的，需查验优先股的交易是否符合有关法律法规的规定；涉及股权/股份/出资转让的，律师还应当尽职查验以下文件或事项：发行人股东如向股东以外的人转让股权，其他股东同意股权转让的书面文件原件，如其他股东（单个或全部）不以书面形式同意股权转让，需取得股权转让方已按《公司法》之规定通知该股东而该股东未予答复的证据，如其他股东（单个或全部）做出明确的意思表示不同意股权转让，需取得该股东在合理期限内未按同等价格购买转让股权的证据；发行人股东如向股东以外的人转让股权，其他股东均放弃优先购买权的书面声明文件原件（适用于有限责任公司股权转让）；发行人股权转让协议原件；发行人股权转让价款支付凭证原件；发行人为股权转让所进行的审计和评估的报告原件（适用于国有股权/股份转让、外资股份转让及确认股权/股份转让公允价格的确定）；国有资产主管部门对发行人国有股权转让前进行的评估报告、评估结果的确认文件原件（适用于国有股权/股份转让）；发行人股权转让履行国有产权交易程序的相关文件原件（适用于国有股权/股份转让）；政府主管部门就股权转让的批准文件原件（适用于股权转让需要经过政府主管部门批准的情形）。

上述股权演变如涉及增资、减资、合并、分立及其他特殊事项的，还应核查其他相关文件或事项。

②主营业务情况及财务状况：特定原始权益人所在行业的相关情况；行业竞争地位比较分析；最近 3 年各项主营业务情况、财务报表及主要财务指标分析、资本市场公开融资情况及历史信用表现；主要债务情况、授信使用状况及对外担保情况；对于设立未满 3 年的，提供自设立起的相关情况。

③与基础资产相关的业务情况：特定原始权益人与基础资产相关的业务情况；相关业务管理制度及风险控制制度等。

（2）资产服务机构的尽职调查。

①基本情况：资产服务机构设立、存续情况；最近 1 年经营情况及财务状况；资信情况等。

②与基础资产管理相关的业务情况：资产服务机构提供基础资产管理服务的相关业务资质以及法律法规依据；资产服务机构提供基础资产管理服务的相关制度、业务流程、风险控制措施；基础资产管理服务业务的开展情况；基础资产与资产服务机构自有资产或其他受托资产相独立的保障措施。

（3）对托管人的尽职调查。

①托管人资信水平。

②托管人的托管业务资质；托管业务管理制度、业务流程、风险控制措施等。

（4）对提供信用增级的机构的尽职调查，应当充分反映其资信水平及偿付能力，包括但不限于以下内容。

①基本情况：公司设立、存续情况；股权结构、组织架构及治理结构；公司资信水平以及外部信用评级情况。

②主营业务情况及财务状况：公司最近 3 年各项主营业务情况、财务报表及主要财务指标分析及历史信用表现；主要债务情况、授信使用状况及对外担保情况等；对于设立未满 3 年的，提供自设立起的相关情况。

③其他情况：业务审批或管理流程、风险控制措施；包括杠杆倍数（如有）在内的与偿付能力相关的指标；公司历史代偿情况等。

（5）对重要债务人的尽职调查。

尽职调查过程中，对于单一应收款债务人的入池应收款的本金余额占资产池比例超过 15%，或者债务人及其关联方的入池应收款本金余额合计占资产池的比例超过 20% 的，应当视为重要债务人。对于重要债务人，应当全面调查其经营情况及财务状况，反映其偿付能力和资信水平。

（6）对其他重要业务参与人的尽职调查。

对与基础资产的形成、管理或者资产证券化交易相关的其他重要业务参与人的尽职调查，应当包括但不限于以下内容：参与人的基本情况、资信水平；参与人的相关业务资质、过往经验以及其他可能对证券化交易产生影响的因素。

2. 对基础资产的尽职调查

对基础资产合法性的尽职调查应当包括：基础资产的法律权属、转让的合法性、基础资产的运营情况或现金流历史记录，同时应当对基础资产未来的现金流情况进行合理预测和分析。

具体内容至少应包括：基础资产基本情况，基础资产概述，基础资产筛选标准，基础资产池情况详细介绍，基础资产合法性，基础资产形成和存续的真实性和合法性，基础资产权属、涉诉、权利限制和负担等情况，基础资产可特定化情况，基础资产的完整性，基础资产转让合法性，基础资产是否存在法定或约定禁止或者不得转让的情形，基础资产（包括附属权益）转让需履行的批准、登记、通知等程序及相关法律效果，基础资产转让的完整性，基础资产现金流状况，基础资产质量状况，基础资产现金流的稳定性和历史记录，基础资产未来现金流的合理预测和分析。

律师在进行尽职调查时，不应当局限于指引的一般要求，对其认为的凡对投资人做出投资决策有重大影响的事项，均应当勤勉尽责进行尽职调查，以保护投资人利益。

例如，对基础资产涉及或主要涉及土地使用权的，律师的尽职调查范围至少应包括以下相关文件或事项：以出让方式取得国有土地使用权的，应核查申请及审批文件、履行招拍挂程序文件、土地使用权出让协议、土地出让价款缴纳凭证、划拨用地（含土地性质变更）补缴的土地出让金（如有）；以受让方式取得国有土地使用权的，应核查土地使用权转让协议、转让价款支付凭证等；以租赁方式取得国有土地使用权的，应核查土地租赁合同、土地租金支付凭证、土地使用权登记文件；涉及使用农村集体土地的，应核查土地承包经营权证、土地承包经营权流转合同；涉及使用林地、草原、海域的，应核查林权证、草原所有权证、草原使用权证、海域使用权证等权属凭证，相应的权属流转合同、登记备案凭证等。

对基础资产涉及或主要涉及房屋所有权的，律师的尽职调查范围至少应包括以下相关文件或事项：以自建方式取得房屋所有权的（含在建工程、临时建筑等），应核查相应的《建设用地批准证书》、《建设用地规划许可证》、《建设工程规划许可证》、《建筑工程施工许可证》、《房产证》等相关文件，核查建设过程中涉及的规划、环评、安评、施工、竣工等相关手续是否完备有效；以受让方式取得房屋所有权的，应核查转让协议、价款支付凭证、房产证等相关文件，对于已经竣工投入使用且账上已经转为固定资产的房屋，应当核查竣工验收的全部文件（包括但不限于建设部门、环保部门、消防部门、劳动安全部门的验收文件）；使用非自有房屋的，应核查房屋租赁合同、房产证或其他证明租赁房产权属的文件、租金缴纳凭证、租赁登记备案文件。

（六）尽职调查的穿透性

资产证券化具有复杂的结构模式，导致投资人与基础资产之间的层级过多、相隔过远，结构穿透性较差，往往不能真正了解其所投资的对象的风险所在。因此，穿透审查基础资产所依附的原始资产就非常有必要。因为此时资产证券化业务的信用支持更实质性地来源于原始资产，基础资产能够产生稳定的现金流本质上源于原始资产具有可利用性和收益性。

所以律师实务中不单单要对基础资产本身进行核查，对于实际产生现金流的原始资产也要进行核查，核查原始资产的使用情况、法律状态等。往往还需要通过一定措施来保障基础资产的安全，如高速公路收费收益权资产证券化项目，由于高速公路收费权无法实际转让，一般都要求将该收费权质押给专项计划，以确保专项计划资产的安全。

例如，信托受益权作为基础资产的资产证券化项目，信托受益权的底层资产是商业物业租金，但该物业租金根本不能覆盖该信托受益权的全部本息，即使是设计成物业租金还每年的利息，最后一次性还本的交易结构，也不能掩盖这个项目本质上是债券的性质。

（七）尽职调查报告

律师应当在尽职调查的基础上形成尽职调查报告。尽职调查报告应当说明调查的基准日、调查内容、调查程序等事项。在尽职调查报告中，律师应当对资产证券化项目是否符合相关法律法规、部门规章以及规范性文件的相关规定发表明确意见。律师应当对资产证券化交易中的法律风险和法律问题做出说明，并提出解决方案或补救措施，初步判断是否符合将基础资产进行证券化的条件，为判断项目是否可以继续进行以及如何进行提供依据。

（八）出具法律意见书

完成尽职调查报告后，律师在尽职调查报告和审阅有关交易文件的基础上，根据相关法律法规及操作指引的规定出具法律意见书，法律意见书是律师参与资产证券化项目的阶段性也是标志性工作，无论是信贷资产证券化、企业资产证券化还是资产支持票据等业务，均要求律师出具相关法律意见书。

根据资产证券化业务的分类，法律意见书的内容略有不同，但都基本包括如下主要内容：

（1）原始权益人、管理人、销售机构、托管人、增信机构等证券化服务机构的资质及权限。

（2）计划说明书、资产转让协议、托管协议、认购协议等法律文件的合规性。

（3）基础资产的真实性、合法性、权利归属及其负担情况。

（4）基础资产转让行为的合法性。

（5）基础资产未被列入负面清单的相关意见。

（6）风险隔离的效果。

（7）循环购买（如有）安排的有效性。

（8）专项计划信用增级安排的合法性、有效性。

（9）有可能影响资产支持证券投资者利益的其他重大事项的意见。

二、确定基础资产

根据资产证券化的定义，资产证券化是指将缺乏流动性但能够产生稳定的可预期的现金流收入的资产，通过一定的结构安排，对资产中风险和收益等要素进行分离与重组，形成资产组合，并以这些资产为担保发行在金融市场上可以出售和流通的证券，据以融通资金的过程。

根据资产证券化的定义及操作流程，确定基础资产，是进行资产证券化的起点和首要问题。基础资产的确定不仅关系到资产证券化产品能否在一级市场上顺利发行，也关系到这种产品在二级市场上的流动性和投资者的投资风险，甚至直接关系到资产证券化的成败。

合格 SPV 的构建与基础资产的真实转移共同组成资产证券化风险隔离，是资产证券化交易结构中最重要的环节。[①] 而发起人要完成拟证券化资产的合法转移，应具备的前提是：在性质上，该项资产必须在法律允许转移的范围之内，且适合证券化的操作，这就要求对基础资产进行慎重的选择和确定。

如何挑选和确定基础资产，是资产证券化律师操作实务中重要的一环。只有符合一定条件的资产才能成为证券化的客体，作为基础资产参与组建资金池。

（一）积极标准

拟进行资产证券化的基础资产须符合的基本要求一般涉及以下 3 个方面：

1. 核心要求：能在未来产生可预期的稳定现金流

资产证券化的本质和精髓在于，其是以资产所产生的现金流为支付保证的。因此在选择基础资产的过程中，不论被选择的资产是哪种类型，都必须满足一个核心特征——能在未来产生可预期的稳定现金流。只有在资产的未来收益可预期的情况下，才能确定资产支持证券的价值，信用评级机构也只有通过对这种现金流确定性的评估，才能决定证券的信用等级。该未来收益不仅是可预期的，而且还必须是稳定的，只有在未来现金流稳定的情况下，

① 资料来源：庞澜波．资产证券化中风险隔离机制之法律问题研究［M］．北京：对外经济贸易大学出版社，2006。

资产证券化的程序才能够正常运转，证券投资者的权益才能得到偿付。这是基础资产最主要的、最核心的特性。因此一般要求基础资产要有明确约定的支付模式，且这种约定必须是具有法律效力的契约。

2. 法律层次上的要求

我国的《证券公司及基金管理公司子公司资产证券化业务管理规定》第三条规定，基础资产是指符合法律法规，权属明确，可以产生独立、可预测的现金流且可特定化的财产权利或者财产。基础资产可以是单项财产权利或者财产，也可以是多项财产权利或者财产构成的资产组合。这是从法律上对基础资产的明确要求，因此我们应当对基础资产做合法合规性判断，以筛选出合格的基础资产。

3. 权属明确，有法律依据

基础资产应该是原始权利人依照法律确实享有的财产，应有明确的法律依据。这是最基本的要求，以确保资产证券化的基础是合法的。

（1）无权利瑕疵或负担。

相关基础资产以及产生该基础资产的相关资产不应附带权利限制，应当为“干净”的资产，没有设立抵押。但能够通过相关安排，解除基础资产相关担保负担和其他权利限制的仍可以作为基础资产。

（2）依法可以转让。

基础财产能够“真实出售”资产给特殊目的主体，从而实现风险隔离，就要求基础资产必须具有可以转让的特性。根据证券化实务，虽然从表面上看，证券化发起人向SPV转移的是“资产”的所有权，但该转移行为的法律性质实质上是债权的有偿转让，因此，可转移资产的界定在很大程度上是围绕着债权的可转让性来展开的。

我国《合同法》第七十九条规定，以下三类债权不得转让：根据合同性质不得转让，按照当事人约定不能得转让，依照法律规定不得转让。我国《担保法》第六十一条规定，最高额抵押担保的主合同债权不得转让。资产证券化在基础资产的选择上回避这些否定性规定，对证券化运作的顺利进行十分必要。

（3）性质上为特定化的独立财产或财产权利。

这是基础资产的必要法律要求，要求基础资产是特定化的，并独立而不依附于其他财产或财产权利而存在。

对于基础财产的合法合规性判断，是资产证券化律师实务的重要内容。首先，律师在尽职调查报告中就应明确指出对基础资产的合法合规性调查的情况、过程和结果；其次，律师还要出具法律意见书，其中要包含对基础资产池的合法合规性判断以及基础资产可否作为资产证券化目的资产的判断。

4. 适于进行资产证券化的其他要求

（1）法律关系标准化，具有同质性。

资产证券化操作的第一步是筛选基础资产，再通过对这些资产的重新组合，组建资金池，使得证券化的资产在最大程度上达到优异、成本低廉和风险低的目标。由此可见，基础资产还必须具有同质性，以便进行汇集来组建资产池。这种同质性在法律上体现为要求资产具有标准化的合约文件。具体来讲，基础资产应在种类、信用质量、利率、期限、到期日等方面具有同质性，并且对利率的变化不敏感，这样才易于在证券化结构中对资产的风险进行重组与配置，也才能便于对基础资产的评估和信用评级。

（2）信用记录良好，违约率低。

这在一定程度上也是能产生可预期的稳定现金流的测算依据。具体要求是发起人即原始权益人已经持有该资产一段时间，该期间的信用记录良好。投资人可以通过记载有关资产表现情况的历史数据（包括违约率）对证券化资产本身质量进行判断，决定是否购买该资产支持证券。只有信用良好的基础资产才能得到投资人的信赖，证券得以流通，从而完成资产证券化的整个过程，使发起人能融资成功，投资人能获取收益。

（3）资产来源多样化。

资产来源应尽量多样化，资产债务人的地区分布应有广泛的地域和人口统计分布，这是出于分散风险的考虑，以避免当一个地区的经济波动或衰退，或者特定行业出现衰退时，资产债务人履行债务资产的债务人或贷款的借款

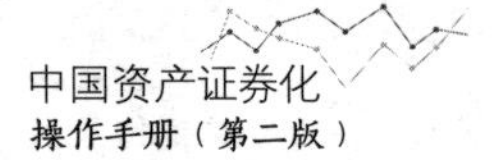

人履行债务出现危险。[①]

（4）数量上达到一定规模。

当资产规模大到一定数量后，可产生规模效应，从而起到稀释证券化成本的作用，抵消证券化交易不菲的费用并获取额外收益；同时，当有一个资产的债务人违约时，由于规模足够大，不至于影响整个证券的偿付能力，从而保障投资人的利益。

（5）本息的偿还完全分摊于整个资产的存续期间。

基础资产与证券期限相匹配，是设计资产证券化产品的重要考虑因素。

（6）法律关系清晰，基础合同规范。

基础资产的合同标准规范，条款清晰明确，书面材料完备，这样能够避免因合同条款缺乏有效性、完备性而造成利益上的损失，既便于投资人对该证券的风险和收益进行判断，也便于管理人对资产进行有效的管理。

（7）预计具有一定收益。

基础资产的选择要兼顾一定的收益，应该保证资产池预期的现金收入流量能大于等于拟发行的证券的预期权益偿还。证券化资产产生的现金流构成了担保证券发行的基础，因此该现金流必须足以偿付所发行证券所代表的权益和支付提供证券化服务的各方费用。

（二）消极标准

现实生活中可进行证券化的资产完全吻合上述理想条件的少之又少，因为进行证券化的资产的预期稳定收入会受到几个不可预测风险的影响，比如债务人可能迟延履行或者根本违约，不履行付款义务；或者由于资产本身的性质债务人不能行使抗辩权等。[②] 往往必须通过内部和外部信用增级来对基础资产增信，以使基础资产符合资产证券化的要求。

因此在确定证券化的资产时，我们必须要进一步明确以下几种资产是否

---

① 资料来源：林国梁．我国资产证券化法律关系及其适用问题研究［D］．上海：复旦大学，2009。

② 资料来源：彭冰．资产证券化法律解释［M］．北京：北京大学出版社，2001。

适宜进行资产证券化：

1. 组合资产中资产的数量较小或金额较大的资产所占比例过高

因为如果集合一定数量的债权，由于大数定律的作用，被证券化的资产产生的现金流会表现出某种规律，单个债权的迟延履行不会造成未来现金流的不可预测性。因此债务人的数量要足够多，要避免某个金额较大的债务在整个资产中所占比例过高，以保证资产池中的资产风险的有效分散，从而达到控制风险的目的。

2. 资产债务人到期一次偿付本金的资产

如果资产债务人到期一次偿付本金，也就意味着这样的资产不能产生可预期的稳定现金流，不能充当资产证券化形成的证券的担保和信用来源，不能用以进行资产证券化。在实践中一般要求基础资产的平均偿付期限不得少于1年。

3. 资产债务人付款时间不确定或付款间隔过长

债务人付款时间的不确定性或者付款间隔时间过长，都会造成证券化资产到期还本付息的不确定性，使得评级机构无法对该资产做出正确的评级，从而无法进行资产证券化。

4. 资产的债务人有修改合同条款的权利

证券化资产的收益来源于合同中相关条款尤其是履行付款条款的约定，如果资产债务人有权修改合同，那么就会对资产的偿付时间、利息，甚至是履行本身产生影响，资产的未来收益就变得很不确定。这样的资产显然是不符合资产证券化对资产能够产生未来稳定现金流的要求的。

5. 关于资产证券化负面清单的规定

我国证监会在2014年发布公告取消了资产证券化业务的行政审批，并明确实行资产证券化负面清单和事后备案制度。随后不久，我国基金业协会在授权下发布的《资产证券化基础资产负面清单》对资产证券化基础资产选择进行了详细规定。负面清单实质上就是我国当前的实际情况，进一步明晰了筛选基础资产的消极标准。负面清单具体包含以下几项：

（1）以地方政府为直接或间接债务人的基础资产。但地方政府按照事先公开的收益约定规则，在政府与社会资本合作模式（PPP）下应当支付或承担的财政补贴除外。

解读：“以地方政府为直接或间接债务人的基础资产”一般是指以下情形：一是政府直接作为还款来源的，如 BT 项目；二是政府融资平台公司或下属子公司项目收入来源直接依靠地方政府财政资金支付的；三是地方政府提供担保的，相当于把政府纳入还款来源。PPP 模式是当前政府力推的新型融资模式，但无论 PPP 项目最终的收入来源是什么，其如果要采用资产证券化的方式进行融资，最终仍需要符合资产证券化的具体要求，比如项目应该已经竣工验收，且已经产生稳定可预测的现金流等。

（2）以地方融资平台公司为债务人的基础资产。这里的地方融资平台公司是指根据国务院相关文件规定，由地方政府及其部门和机构等通过财政拨款或注入土地、股权等资产设立，承担政府投资项目融资功能，并拥有独立法人资格的经济实体。

解读：我们认为，监管部门基于国家对政府融资平台、地方债务的集中清理整顿等原因，把地方融资平台纳入负面清单，但具体平台公司的认定标准尚未出台，有待于进一步明确。

（3）矿产资源开采收益权、土地出让收益权等产生现金流的能力具有较大不确定性的资产。

解读：矿产资源开采收益权，其收益受制于国际国内两个市场的波动影响，现金流不稳定，且其能否产生一定的收益还存在不确定性；土地出让收益同样受房地产市场波动影响太大，现金流不稳定。

（4）有下列情形之一的与不动产相关的基础资产：

①因空置等原因不能产生稳定现金流的不动产租金债权。

②待开发或在建占比超过 10% 的基础设施、商业物业、居民住宅等不动产或相关不动产收益权。当地政府证明已列入国家保障房计划并已开工建设的项目除外。

解读：这里主要指不动产证券化（REIT），未完工的不动产肯定不适合做资产证券化。国家建设的保障房，资金来源有保障。这还是基于基础资产现金流的稳定性、可持续性与可预测性。

（5）不能直接产生现金流、仅依托处置资产才能产生现金流的基础资产。如提单、仓单、产权证书等具有物权属性的权利凭证。

解读：提单、仓单与产权证书等之类的权利凭证，一般被认为属于准物权，本身不能产生现金流，需处置后才能有收益，且只能一次性而不能分割处置，不适合做资产证券化的基础资产。

（6）法律界定及业务形态属于不同类型且缺乏相关性的资产组合，如基础资产中包含企业应收账款、高速公路收费权等两种或两种以上不同类型资产。

解读：基础资产现金流的稳定性、可持续性与可预测性无法保障。不同类型的基础资产组合在一起，会导致资产池现金流的归集风险增大，几类资金会发生混同，对账户监管不力，容易引发财务与法律风险；信用增级措施触发条件与操作流程不同，债权类资产经营现金流更多受到个别债务人自身经营情况的影响，收益权类资产经营现金流更多受到外部市场环境影响，二者并不兼容。

（7）违反相关法律法规或政策规定的资产。

（8）最终投资标的为上述资产的信托计划受益权等基础资产。

解读：基础资产的穿透性核查。

（三）基础资产筛选标准举例

1. 信贷资产证券化基础资产的部分筛选标准

目前我国的资产证券化主要分为信贷资产证券化和企业资产证券化。通常认为信贷资产是目前最适合我国资产证券化的基础资产，而且我国信贷产业发展规模比较大，行业规范比较完备，信贷资产是实践中被用于资产证券化的最主要的基础财产。

在信贷资产证券化中，对基础财产的筛选主要从以下几个方面加以考虑：

（1）资产范围：贷款发放已结束项目一般具有稳定的现金流回报，因此是资产池项目的主要来源。考虑到资产组合的风险分散性，一般而言，单个项目规模不宜过大。

（2）期限结构：ABS期限与基础资产现金流应当匹配。尽量根据所要发行的证券期限来挑选期限匹配的信贷资产。

（3）行业分布：选择资金池需考虑分散信贷集中度风险和宏观政策调整的要求。国家开发银行贷款较为集中的几大行业是电力、公路、铁路、城市基础设施。因此从分散行业风险的角度来看，应首选这些行业的贷款进行证券化。

（4）资产质量：从证券化原理来看，优良资产和不良资产都可以作为证券化的基础资产。但目前我国资产证券化还处在初期发展阶段，所以优选优良资产作为基础资产。

（5）客户关系：积极沟通客户关系，达成共识，并优先考虑对金融创新接受程度较高的客户。

（6）地域分布：扩大借款人的地域性分布，分散风险。

（7）现金流：关注单个贷款项目还本付息的现金流结构，进行合理匹配，组合出符合ABS产品要求的稳定的现金流。

2. 融资租赁证券化中对基础资产的部分筛选标准

融资租赁目前已经是与银行信贷相并列的五大金融形式之一①，关于融资租赁信贷资产证券化的推出值得关注。在现有的条件下，根据金融租赁公司最新法律法规，信贷资产证券化渠道同样适合金融租赁公司。而根据《证券公司及基金管理公司子公司资产证券化业务管理规定》的要求，只要租赁公司符合所规定的相关指标，并筛选出符合规定指标的基础资产，即具备实施企业资产证券化业务的条件。

融资租赁资产证券化中的基础资产应具有持续且稳定的市场需求和承租客户，租赁资产在证券存续期间内被淘汰的可能性应较低，且能够在未来产生较为稳定的现金流。另外，基础资产所涉及业务的盈利能力以及由承租人支付意愿和能力引发的违约风险也应纳入考虑范围。

具体来讲，对资产化租赁合同的合格标准一般有所规定，主要包括：承

① 资料来源：李征宇．资产证券化——原理、风险与评级［M］．北京：中国建筑工业出版社，2013。

租人首付款已付清；截至证券交割日，租赁合同未有逾期××天未付款项；承租人未曾进入破产清算议程；租赁合同条款设置应全面考虑各种突发事件，规定承租人除付租金外，还需缴纳相关税费、保险费及维修保养费等，设定不可撤销权等；租赁合同下债权可进行转让等。

三、构建特殊目的载体

特殊目的载体（SPV）是为了实现某一特殊目的而专门成立的一种工具性实体组织。从法律观点而言，证券化交易是由发起人将其能在未来产生现金流的资产（债权）进行再配置，转让出售给SPV，通过信用增级，并以该资产为基础向投资人发行证券，以募集资金支付发起人转移资产的对价，以资产收益向投资人支付证券本息的过程。① 详见图6.1。

图6.1　SPV在资产证券化中的作用

资料来源：王守建．资产证券化与SPV相关法律问题解析［J］．经济与社会发展，2003（2）：118

资产证券化法律关系主要体现在SPV与其他主体签订的一系列协议中，而SPV自身组织结构的完善，则是能否满足资产证券化的前提。SPV的建设要保证风险隔离，体现以下基本职能：破产隔离，指SPV可避免受其自身破产及发起人破产的负面影响，保障基础资产不会成为破产财产；② 独立性，SPV应独立于发起人、信用评级、增级机构及承销人，保障SPV与其交易皆为独立实体间交易，即基本实现真实销售。

---

① 资料来源：Peter J. Lahny：*Asset Securitization：A Discussion of the Traditional Bankruptcy Attacks and an Analysis of the Next Potential Attack, Substantive Consolidation*［J］. American Bankruptcy Institute Law Review, winter, 2001。

② 资料来源：洪艳蓉．资产证券化法律问题研究［M］．北京：北京大学出版社，2004。

为了给基础资产穿上“法律外衣”，达到破产隔离目的，SPV 在设立和存续期间，应对自身的经营范围、债务和担保、自愿和强制性破产进行规范。①

（一）SPV 法律组织形式

SPV 的组织形式直接影响到风险隔离的实现，还影响到对 ABS 结构设计、可发证券种类及税收处理等后期问题。从当前世界各国 ABS 实践来看，SPV 的法律组织形式通常分为：特殊目的信托（Special Purpose Trust，简称 SPT）、特殊目的公司（Special Purpose Corporation，简称 SPC）、特殊目的合伙（Special Purpose Partnership，简称 SPP），其中较为常见的是前两种形式。

1. 信托形式（SPT）

我国《信托法》第二条规定，信托是指委托人基于对受托人的信任，将其财产权委托给受托人，由受托人按委托人的意愿以自己的名义，为受益人的利益或者特定目的，进行管理或者处分的行为。信托形式中，发起人作为委托人，SPV 作为受托人，通过信托合同将 ABS 资产转移给 SPV，SPV 根据信托计划，发行受益证券，募集资金，持有信托受益证书的人对证券化资产有按份受益的权利。信托中，资产的“真实出售”与“破产隔离”SPV 的组建是一起完成的——信托资产具有独立性。② 因此，SPT 能实现 ABS 资产与发起人破产的风险隔离。在美国，信托形式是除公司形式外，实践中最常见的一种 SPV 组织形式。

2. 公司形式（SPC）

SPV 采取公司形式指发起人将 ABS 资产转让给专门从事证券化运作的 SPC，由其发行 ABS。公司形式是全球证券化操作中 SPV 最为常见的组织形式。SPC 可在公司章程中对其经营范围进行限制，风险容易控制；另外，SPC 发行证券类型广泛，且可参与各种 ABS 资产转让交易。③

---

① 资料来源：林国梁．我国资产证券化法律关系及适用问题研究［D］．上海：复旦大学，2009。

② 资料来源：洪艳蓉．资产证券化法律问题研究［M］．北京：北京大学出版社，2004。

③ 资料来源：同上。

3. 合伙形式（SPP）

相比SPT和SPC来说，SPP形式较为少见。ABS中，合伙形式的SPV通常发行的是一种参与型权益。

美国实践中，SPP通常只是在涉及不动产证券化时才被使用。合伙分为有限合伙和无限合伙，SPP通常采用有限合伙形式，发起人将拟ABS资产让与SPP，由其发行上市流通的预托证券，投资人购买该证券而成为有限合伙人。由于SPP不具有法人资格，不符合破产隔离的要求，导致SPP在实践中已经很少被采用。①

（二）我国企业类资产支持证券SPV

对于企业资产证券化，原始权益人通过证券公司、基金管理公司子公司或其他证监会认可的有资质管理人，由其设立专门的资产支持专项计划（简称“专项计划”，即SPV），对ABS资产进行风险隔离、评级、增信等结构化处理，在此基础上发行资产支持证券。其交易结构详见图6.2。

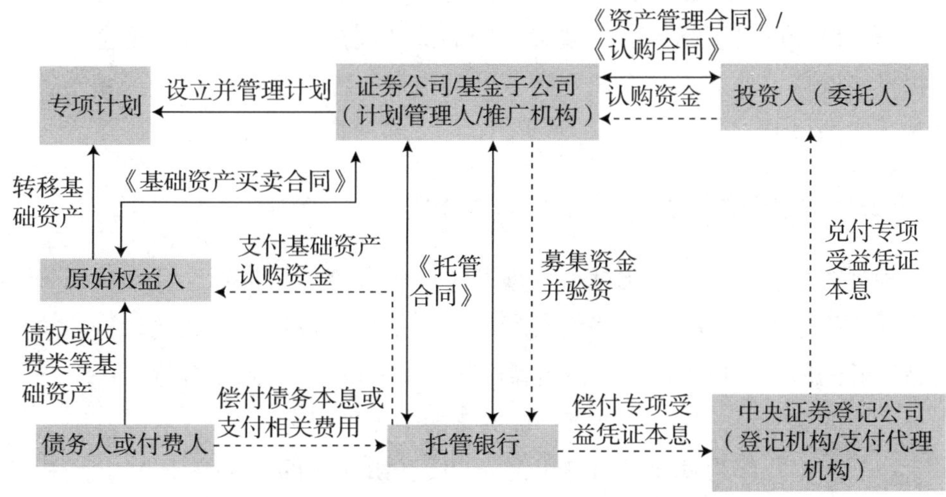

图6.2 企业类资产支持证券交易结构图

---

① 资料来源：张培尧．资产证券化中SPV破产风险隔离法律机制探讨［J］．北京化工大学学报（社会科学版），2009。

根据证监会发布的《证券公司及基金管理子公司资产证券化业务管理规定》及相关指引，“专项计划”需重点关注以下事项：

（1）在计划说明书、法律意见书、评级报告等文件中，对专项计划的交易结构、基础资产、资金归集监督、风险揭示与防范、设立终止、法律合规性及结构风险分析等事项进行说明。

（2）自设立5个工作日内，向中国基金业协会备案，并做好信息披露工作。

（3）专项计划资产保持独立，独立于原始权益人、管理人、托管人及其他业务参与人的固定财产，不受其解散、被撤销、破产等因素影响，专项计划收益及相关费用、支出，由专项计划享有、承担。

（4）专项计划资产产生债权，不得与任一ABS项目参与方的固有财产产生债务相抵消。

（5）管理人须保证其管理的各专项计划资产独立。

（6）专项计划原始权益人、管理方、托管方资质须满足证监会相关要求。

上述对专项计划的要求满足SPV的风险隔离需要，分别对其内部及外部风险隔离设计提出了标准，对基础资产的破产隔离性、安全性、现金流稳定性提供了保障。对企业类资产支持证券的发展，提供了较为明确的指引，有助于ABS在中国的进一步发展。

（三）我国信贷类资产支持证券SPV

根据《信贷资产证券化试点管理办法》的规定，信贷资产证券化由银行业金融机构作为发起机构，将信贷资产信托给受托机构，由受托机构以资产支持证券的形式向投资机构发行受益证券，SPV以SPT的形式存在。

如图6.3所示，我国信贷资产证券化的交易过程大致如下：

（1）某银行作为发起机构将相关资产委托给受托机构（信托公司），由该信托公司设立“某信贷资产证券化信托”。受托机构将发行以信托财产为支持的资产支持证券，所得认购金额扣除发行费用后的净额支付给发起银行。

（2）该信托公司向投资人发行资产支持证券，并以信托财产所产生的现金为限支付相应税收、信托费用及该期资产支持证券的本金和收益。

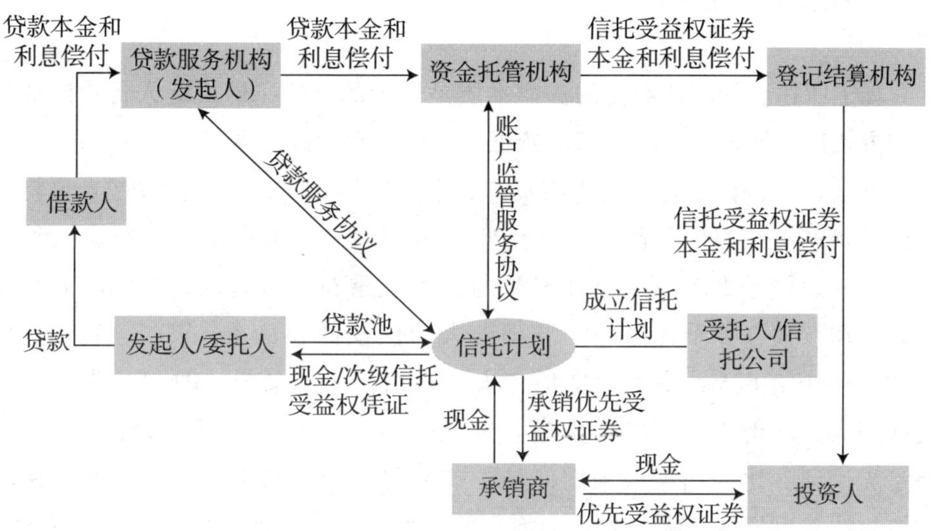

图 6.3　信贷类资产支持证券交易结构图

（3）发行人与发起机构、联席主承销商签署《承销协议》，联席主承销商再与承销商签署《承销团协议》，组建承销团对优先级资产支持证券和高收益档资产支持证券进行销售。资产支持证券除向发起机构定向发行的部分外，剩余部分将在全国银行间债券市场以招标方式向投资人发行。

（4）根据《服务合同》的约定，受托机构委托该银行作为贷款服务机构对信贷资产的日常回收进行管理和服务。

（5）根据《资金保管合同》的约定，受托机构委托该银行信托财产产生的现金资产提供保管服务。

（6）信托公司将以信托财产所产生的现金为限，向投资人支付资产支持证券的本金和收益，缴纳相关税金，并支付其他与管理信托财产相关的费用。

（7）根据《债券发行、登记及代理兑付服务协议》的约定，受托机构委托中央国债登记结算有限责任公司对资产支持证券提供登记托管和代理兑付证券本息服务。

四、基础资产转让

如上所述，资产证券化的法律本质是资产的出售，即发起人将资产通过一定方式让渡给 SPV，以便 SPV 依据此发行资产发行证券。

基础资产转让是指发起人将资产完全出售给 SPV，出售后发起人可将原资产从资产负债表中剔除，转让到资产负债表外。资产出售一般有三种方式：第一，债务更新，即通过 SPV 与债务人重新签订合同，将发起人与债务人的债权债务关系转为 SPV 与债务人的债权债务关系；第二，转让，即将债务转让给 SPV，书面通知债务人；第三，从属参与，即 SPV 先行发行资产证券，取得资金，再转贷给发起人，转贷金额等同于资产组合金额。但是无论证券化的当事人采用何种方式转移资产，当事人一般都要确保转移会被法院判定为真实出售，只有如此，发起人的破产等风险才不会对 SPV 产生影响。

（一）资产转让的真实性判断

资产转让中，要隔离风险必须进行特殊的制度设计。在资产证券化中，专门设立资产受让人——SPV，通过向 SPV 转让资产，将证券化资产与发起人所拥有的其他则产进行分割，发起人的债权人丧失对该证券化资产的追索权，可以实现风险隔离，大大降低证券化带来的资产风险，提高资产证券的信用。①

资产转让能否在法律上获得承认，其标准就在于它能否构成真实出售。真实出售作为一个法律的判断，必须满足一定的要素条件，否则就有可能被法院撤销或被法院认定为担保性融资，从而无法实现资产证券化中风险隔离的目的。

判断一项资产转移是否真实出售，必须考虑下列因素：

---

① 资料来源：胡健．资产证券化中资产转让法律问题研究［D］．成都：西南财经大学，2013。

（1）追索权，需要根据受让人保留的对转让人追索权的程度和性质，确定其是真实交易还是融资交易，销售合同中追索权的存在并不必然排除该交易是真实出售的可能性。

（2）发起人是否享有对证券化资产的回购权和控制权，法庭在为资产转移重新定性时，还要看发起人是否有回购证券化资产的权利或义务。因为在资产证券化协议中常常存在着一些选择权或回购义务的约定，当事人行使这些权利或履行这些义务，反映了他们对资产的收益和风险的分配情况，这对资产是否定性为真实出售有重要影响。

（3）赎回权，即转让人对所转让应收账款的赎回或者回购的权利，没有这种权利的转让会更倾向于被认为是出售。

（4）对证券化资产剩余的索取权，如果 SPV 有权利在获得投资及其收益后还将剩余保留在自己的账户里，这个交易就会被认为是真实出售。

（5）定价机制，即使用哪种方法确定价格，虽然这需要考虑到具体的商业环境和信用状况，如果资产购买价格或折扣率采取浮动方式，实际上由发起人承担利率风险，一般会被认定为融资担保。

（6）SPV 管理和有效控制，在典型的真实出售中，SPV 应当有权控制应收账款的收入。

（7）其他因素。

因而，在资产证券化运作最为成熟的美国，一般认为只有同时具备下列条件，资产转移方可被认定为真实出售：资产转移的形式和当事人内心的真实意思为真实出售；证券化资产的风险完全移转于 SPV；证券化资产的受益权完全移转于 SPV；资产的移转是不可撤销的；资产转让的价格必须合理。但认定过程中，还要综合考虑其他条件，包括发起人的债权人和其他关系人是否收到资产出让的通知，发起人是否保留了与资产有关的法律文件，SPV 是否有权审查这些文件等。①

① 资料来源：蒋学兵．资产证券化中 SPV 的风险隔离法律问题研究［D］．北京：中国政法大学，2005。

（二）资产转移的有效性

在资产证券化过程中，还必须关注另一个问题，即资产转移的有效性。[①]我们必须注意两点：一是资产具有可转让性，这是前提，对于债权的可转让性，我国1999年的《合同法》第七十九条做了以下三种限制：根据合同性质不得转让、按照当事人约定不得转让及依照法律规定不得转让；二是转让的程序必须符合法律的规定，债要达到债权人预定的转让目的，还必须程序合法。[②] 我国《合同法》第八十条规定，债权人转让权利的，应当通知债务人。未经通知的，该转让对债务人不发生效力。

因此，根据以上表述，在资产证券化业务中，如果要实现基础资产的真实出售，在基础资产买卖协议及其他与基础资产买卖相关的协议中，需符合上述相关条件。

（三）基础资产买卖协议的主要内容

在资产出售协议中，发起人的主要权利包括取得出售基础资产的对价，当资产支持证券无力支付时，免于SPV或资产支持证券持有人的追索等；其主要义务包括表明自己是基础资产的合法权益人，并有权出售基础资产，同时承诺在基础资产上不存在其他的债务负担或抵押负担。如果上述陈述或保证不实，发起人就必须承担回购资产的义务；如SPV因发起人的陈述或保证不实造成损失，发起人应承担相应的赔偿责任。

在资产出售协议中，SPV的主要权利包括取得基础资产的所有权，并同时取得与基础资产有关的从权利（如应收账款的保证、抵押或质押权）；管理支配基础资产，但非基于自身利益，而是为资产支持证券持有人的利益；当发起人破产时，免于发起人或发起人的债权人对基础资产提出的主张等。其

① 资料来源：黎四奇．对我国资产证券化法律障碍的分析与建议［J］．云南大学学报法学版，2005，18（5）。

② 资料来源：尹桂芳．资产证券化中“真实出售”的法律问题研究［D］．重庆：西南政法大学，2011。

主要义务包括支付购买基础资产的对价给发起人，不依附于发起人独立自主地管理基础资产等。

五、信用增级

信用增级是指资产支持证券的原始权益人通过运用各种方法和手段，来保证所发行的证券能按时足额地支付投资人本金和利息，在实质上为投资人的利益提供保护。信用增级作为防范信用风险的重要方式，在资产证券化的信用评级过程中经常得到采用，这也是资产支持类证券发行区别于传统证券的一个明显的特征。通过信用增级可以使拟发行的资产的信用等级升高，保证资产支持证券能够达到投资人所要求的等级，降低投资人的信用风险，而且通过信用增级可以降低融资成本，增加原始权益人的收益。

（一）资产证券化信用增级方式

资产证券化的信用增级方式主要有三种：内部信用增级、外部信用增级和混合信用增级。

1. 内部信用增级

内部信用增级是指主要依据原始权益人自身信用来对所发行的证券进行信用增级的方法。主要的内部信用增级法有：优先/次级结构、出售者追索权、超额抵押账户、现金抵押账户、储备基金和利差账户等。

（1）优先/次优结构。优先/次级结构将资产池分成两个种类：一是高级部分，这个部分对证券化资产产生的现金流有第一优先权；二是次级部分，这个部分有二级优先权，只有当前者的本金和利息全部被支付时，才能行使这种优先权。级别越高的部分，所支付的利率越低，债券发行人的成本越低。

（2）出售者追索权。在有追索权的条件下，卖者（证券的发起人/原始权益人）承担了一部分补偿和担保的责任。在产品的现金流出现问题的情况下，投资人可以对卖者要求补偿支付。出售者追索权可以分为全部追索权和部分追索权，目前最常见的是部分追索权。有追索权条款的证券化资产并不能实现“真实出售”。

（3）超额抵押账户。超额抵押是指，如果 SPV 拥有的资产池中的资产的价值大于其所发行的证券的价值，多余的部分就可以用来作为超额抵押为所出售的证券化资产进行信用增级。在有超额抵押的证券中，如果证券未来的流金流出现问题，最先遭受损失的是超额抵押账户，充当超额抵押的资产当作缓冲，来保护投资人原收益。

（4）现金抵押账户。现金抵押账户实际上是一种准备金，这种方法和超额抵押很类似，只是前者采取现金作为抵押品。现金的超额担保可以向投资人提供保护使证券化资产有稳定的现金流以达到定期支付保护。对于这个现金抵押账户管理，一般可以采用高信用等级的机构的银行存款的形式。如果出现了损失，则现金抵押账户中的资产可用于弥补损失，再以将来的现金流超出部分来填补现金抵押账户中的亏空。

（5）储备基金。储备基金可以分为一般储备基金和特殊储备基金。通常的做法是，SPV 将最初筹集到的资金的一定比例保持为一个一般性的储备，用以满足信用增级的需要。特定的储备基金是为了应付具体的偶然事件，当这种偶然事件出现时，会起一个缓冲的作用。

（6）利差账户。此类账户都是由基础资产产生的现金收益所支持，作为以后可能的损失补偿的现金准备。利差账户资金来源于资产利息收入和其他证券化交易收入减去资产支持证券利息支出和其他证券化交易费用之后所形成的超额利差，用于弥补资产证券化业务活动中可能产生的损失。

2. 外部信用增级

外部信用增级是指通过第三方的信用对所发行的证券进行增级的方法。外部信用增级的方法主要有：相关方担保、信用证、信用违约互换和保险。

（1）相关方担保。相关担保通常是指第三方对 SPV 发行的证券进行担保。这种方式的优势是，它的形式比较简单而且费用的计算较为容易。

（2）信用证。信用证是第三方对证券化资产有一个明确额度的信用支持。通常的做法是银行以信用证的方式发出保证，承诺在满足合同规定的条件下，提供无条件的偿付，它可以提供部分或是完全的 SPV 债务的偿还。由于信用证是承诺在发行人无法支持本息的条件下银行无条件偿付，这和保险较为相似，银行也是根据证券化资产的质量和对其未来现金流的预测得出银行要为其承担的风险大小来制定信用证的收费标准，然后根据信用证的信用支持范围和期限来进行收费。

（3）信用违约互换。违约互换的买方将定期向违约互换的卖方支付一定费用（称为信用违约互换点差），一旦出现信用事件，如证券化资产的未来现金流出现问题，违约互换购买方将有权从违约互换的卖方那里得到证券全额的本金和利息，从而有效规避信用风险。

（4）保险。在证券化产品资产投保后，保险公司要为其未来偿付给投资人的本金和利息提供相应的担保。例如，在保险单载明的专项计划分配基准日，若根据相关的专项计划文件的约定核算被保险人持有的专项计划优先级资产支持证券在对应的分配基准日累积获得的分配资金，低于专项计划设立日被保险人投入的本金和/或相关的专项计划文件约定的被保险人持有优先级资产支持证券在该分配基准日的预期收益的（视为保险事故发生），保险人将按照该合同的约定负责向被保险人赔偿上述差额。其中，被保险人一般为投资人，投保人为SPV。

（二）我国资产证券化的信用增级方式

目前看来，我国信贷资产证券化主要是以内部增信为主，而且又以优先/次级结构为主要方法。但是利用内部信用增级时，对于证券化资产本身的要求是很严格的，资产池中的资产如果达不到一定的信用等级，是不能用这种方法来很好地实现信用增级的目的的。

而我国企业资产证券化主要则运用了多种信用增级方式，包括内部优先/次级结构、差额支付、储备金账户等，更多地还加入了外部增信措施，目前外部增信方式比较多的是第三方担保、银行流动性支持、保险三种。内部增信和外部增信并用的方式，信用增级的效果十分明显，对资产证券化的发展起到了非常大的促进作用。

虽然目前我国的内部信用增级相比外部信用增级发展得较为成熟，但是其中也有很多问题，比如我国专业外部信用增级机构屈指可数，除中债信用增进投资股份有限公司（我国第一家专业债券信用增级机构）外，现有的各类担保公司虽然数量很多，但是普遍资金规模偏小，自身的资质和担保的能力比较有限，有些担保机构甚至违规提供担保，仍然缺乏全国性的、高评级的信用增级机构来满足融资机构信用增级的需要；我国的信用衍生品市场也处在初级阶段，外部信用增级的发展缺乏一个有效的信用衍生品市场和许多信用衍生品工具的支持；我国《担保法》对采用超额抵押和政府担保方式进行信用增级有较大制约；我国《破产法》并没有关于担保物权的详细规定，这样一来，超额担保就可能无法实现对资产证券的内部增信等。

由于资产证券化产品的周期一般少则几年，多则几十年，在这期间会发生很多难以预测的风险，如违约事件的发生、债务人提前还款和未来利率的波动等，单一增级方式的运用不但不能分散风险，还有可能加大某一主体的风险，最终失去增级的意义。只有将上述多种增级方法结合使用，才能对证券进行有效的增级。

六、设立与发行

经过前面几个阶段的工作，资产证券化产品已到了最终设立与发行的阶段。当然，我国信贷资产证券化与企业资产证券化，包括资产支持票据在内，潜在的投资机构都有所不同，但基本的设立方式还是具有共性的，律师在该阶段的主要工作也就是协助审核相关交易文件，并根据需要，与相关监管部门沟通、解释相关事宜。

（一）资产证券化产品的设立

以企业资产证券化为例，资产支持证券的成立过程大概如下：

(1) 认购人在阅读并理解了所有相关文件、材料后，基于对计划管理人等中介机构的信任，同意加入专项计划，以其合法拥有的人民币资金认购资产支持证券，并委托计划管理人依据《认购协议》、《计划说明书》等合同文件的内容将认购资金用于购买基础资产、运作资金。

（2）在资产支持证券的推广期（或销售期，下同）内，认购人可以通过推广机构参与专项计划。如果各级别资产支持证券认购人的认购资金总额不低于相应级别资产支持证券的目标发售规模，则推广期提前终止。认购人应按照相关合同的约定在截止时间之前办理划款手续。

（3）计划管理人在托管人处设立单独的计划推广专户，专门用于接收、存放推广期内认购人交付的认购资金，待计划的推广期终止，经会计师事务所进行验资并出具验资报告后，计划管理人宣布专项计划设立，并向托管人提交验资报告，同时将专项计划募集资金全部划转至已开立的专项计划账户并将推广专户注销。此后，计划管理人将委托托管人保管专项计划资金，托管人应依据《托管协议》的约定保管专项计划资金，并监督计划管理人对专项计划资金的使用。

（4）推广期结束时，若出现优先级资产支持证券认购人的认购资金总额低于优先级资产支持证券目标发售规模，则专项计划设立失败。计划管理人将在推广期结束后规定的时间内，向认购人退还其所交付的认购资金及该等资金的利息（按中国人民银行规定的活期存款利率计算）。

目前我国信贷资产支持证券产品的设立过程大致为：

（1）《信托合同》签署后，受托人将向人民银行申请向全国银行间债券市场的投资人发行《信托合同》项下资产支持证券。

（2）在获得人民银行关于发行《信托合同》项下资产支持证券的许可以及银监会创新部的备案函后，受托人将根据人民银行相关规则的规定和《信托合同》相关条款的约定，向委托人定向发行不低于各类别资产支持证券规模的5%。

（3）除前述向委托人定向发行的相应类别和份额的资产支持证券外，受托人将采取招标方式发行其余优先档资产支持证券，和采取招标方式向定向认购人定向发行其余次级档资产支持证券。

一般会由受托机构和主承销商联合发布信贷资产支持证券的发行办法，

并在发行办法中详细说明该项产品的基本情况以及详细的招投标流程。

（4）最后，受托人应按照登记托管机构的规则将相应份额的资产支持证券交付给委托人以及其他资产支持证券的投资人。

（二）信贷资产证券化的备案

2014 年 11 月 20 日，中国银监会发布《关于信贷资产证券化备案登记工作流程的通知》，明确表示我国的信贷资产证券化业务由审批制改为备案制，并对改为备案制的相关具体工作做出了详细的指引。

其中关于产品备案登记方面，明确表示："银行业金融机构发行证券化产品前需进行备案登记，信贷资产证券化产品的备案申请由创新部统一受理、核实、登记；转送各机构监管部实施备案统计；备案后由创新部统一出口。银行业金融机构在完成备案登记后可开展资产支付证券的发行工作。已备案产品需在 3 个月内完成发行，3 个月内未完成发行的须重新备案。"

"在备案过程中，各机构监管部应对发起机构合规性进行考察，不再打开产品'资产包'对基础资产等具体发行方案进行审查；会计师事务所、律师事务所、评级机构等合格中介机构应针对证券化产品发行方案出具专业意见，并向投资者充分披露；各银行业金融机构应选择符合国家相关政策的优质资产，采取简单透明的交易结构开展证券化业务，盘活信贷存量。"

根据上述通知，信贷资产证券化的备案材料清单如下：

（1）信贷资产证券化项目备案登记表。

（2）由发起机构和受托机构联合签署的项目备案报告。

（3）信贷资产证券化项目计划书。

（4）信托合同、贷款服务合同、资金保管合同及其他相关法律文件草案。

（5）执业律师出具的法律意见书草案、注册会计师出具的会计意见书草案、资信评级机构出具的信用评级报告草案及有关持续跟踪评级安排的说明。

（6）受托机构在信托财产收益支付的间隔期内，对信托财产收益进行投资管理的原则及方式说明。

（7）发起机构信贷资产证券化业务资格的批复或相关证明文件。

（8）SPT 受托机构资格的批复。

（9）银监会要求的其他文件和材料。

以上备案登记材料应参照《金融机构信贷资产证券化试点监督管理办法》第十三条相关要求报送。

上述第十三条的规定如下：银行业金融机构作为发起机构，将信贷资产信托给受托机构，由受托机构以资产支持证券的形式向投资机构发行受益证券，应当由符合《金融机构信贷资产证券化试点监督管理办法》第七条规定条件的银行业金融机构与获得 SPT 受托机构资格的金融机构向银监会联合提出申请，并且报送下列文件和资料（一式三份）：

（1）由发起机构和受托机构联合签署的申请报告。

（2）可行性研究报告。

（3）信贷资产证券化业务计划书。

（4）信托合同、贷款服务合同、资金保管合同及其他相关法律文件草案。

（5）执业律师出具的法律意见书草案、注册会计师出具的会计意见书草案、资信评级机构出具的信用评级报告草案及有关持续跟踪评级安排的说明。

（6）发起机构对 SPT 受托机构的选任标准及程序。

（7）发起机构信贷资产证券化的业务流程、会计核算制度、风险管理和内部控制制度。

（8）发起机构信贷资产证券化业务主管人员和主要业务人员的名单和履历。

（9）受托机构对贷款服务机构、资金保管机构、信贷资产证券化交易中其他有关机构的选任标准及程序。

（10）受托机构在信托财产收益支付的间隔期内，对信托财产收益进行投资管理的原则及方式说明。

（11）银监会要求提交的其他文件和资料。

前款第（3）项所称信贷资产证券化业务计划书应当包括以下内容：

（1）发起机构、受托机构、贷款服务机构、资金保管机构及其他参与证券化交易的机构的名称、住所及其关联关系说明。

（2）发起机构、受托机构、贷款服务机构和资金保管机构在以往证券化交易中的经验及违约记录说明。

（3）设立 SPT 的信贷资产选择标准、资产池情况说明及相关统计信息。

（4）资产池信贷资产的发放程序、审核标准、担保形式、管理方法、违约贷款处置程序及方法。

（5）交易结构及各参与方的主要权利与义务。

（6）信托财产现金流需要支付的税费清单，各种税费支付来源、支付环节和支付优先顺序。

（7）资产支持证券发行计划，包括资产支持证券的分档情况、各档次的本金数额、信用等级、票面利率、期限和本息偿付优先顺序。

（8）信贷资产证券化交易的内外部信用增级方式及相关合同草案。

（9）清仓回购条款等选择性或强制性的赎回或终止条款。

（10）该信贷资产证券化交易的风险分析及其控制措施。

（11）拟在发行说明书显著位置对投资机构进行风险提示的内容。

（12）银监会要求的其他内容。

（三）企业资产证券化的备案与挂牌

1. 基金业协会备案要求

2014 年 11 月 19 日，中国证监会发布《证券公司及基金管理公司子公司资产证券化业务管理规定》，明确表示企业资产证券化改为备案制，“管理人应当自专项计划成立日起 5 个工作日内将设立情况报中国基金业协会备案”；同时，中国基金业协会发布的《资产支持专项计划备案管理办法》规定了具体的申报文件清单：

（1）备案登记表。

（2）专项计划说明书、交易结构图、发行情况报告。

（3）主要交易合同文本，包括但不限于基础资产转让协议、担保或其他增信协议（如有）、资产服务协议（如有）、托管协议、代理销售协议（如有）。

（4）法律意见书。

（5）特定原始权益人最近 3 年（未满 3 年的自成立之日起）经审计的财务会计报告及融资情况说明。

（6）合规负责人的合规审查意见。

（7）认购人资料表及所有认购协议与风险揭示书。

（8）基础资产未被列入负面清单的专项说明。

（9）基金业协会要求的其他材料。

2. 证券交易所挂牌

拟在证券交易场所挂牌、转让资产支持证券的专项计划，管理人应当提交证券交易场所拟同意挂牌转让文件；管理人向基金业协会报送的备案材料，应当与经证券交易场所审核后的挂牌转让申报材料保持一致。

根据 2014 年 11 月 24 日深交所发布的《深圳证券交易所资产证券化业务指引》、2014 年 11 月 26 日上交所发布的《上海证券交易所资产证券化业务指引》以及 2015 年 3 月 10 日深交所发布的《深圳证券交易所资产支持证券挂牌条件确认业务指引》和上交所 2015 年 8 月 13 日发布的《上海证券交易所资产证券化业务指南》，以及管理人拟将已设立的专项计划申请在证券交易所挂牌的申报材料清单为：

（1）专项计划完成备案的证明文件。

（2）《证券登记及服务协议》、《××资产支持证券登记及服务协议》、《××资产支持证券委托代理兑付、兑息协议》。

（3）《证券登记表》。

（4）债券发行承销协议复印件（如有）。

（5）担保协议（如有）。

（6）经具有从事证券业务资格的注册会计师签字的债券募集资金的验资报告复印件。

（7）特定原始权益人最新年检的企业法人营业执照副本复印件，法定代表人对指定联络人的授权委托书。

（8）持有人名册清单（持有人名册清单应包括债券代码、持有人证券账户、持有资产支持证券的数量等内容），并在每页上加盖债券发行人公章。

（9）如有司法冻结或质押登记的，还需提供司法协助执行、质押登记相关申请材料。

（10）指定联络人身份证原件及复印件。

（11）中登要求提供的其他材料。

3. 机构间报价系统挂牌

根据《管理规定》第三十八条的规定：资产支持证券可以按照规定在证券交易所、全国中小企业股份转让系统、机构间私募产品报价与服务系统、证券公司柜台市场以及中国证监会认可的其他证券交易场所进行挂牌、转让。其相关规则体系为：2015 年 2 月 16 日，发布《机构间私募产品报价与服务系统资产证券化业务指引》；2015 年 8 月 7 日，发布《报价系统非公开发行公司债券质押式协议回购交易业务指引》；（附则中说明：资产支持证券参照执行）。

机构间报价系统 ABS 业务的具体流程在第十章将有详细介绍。

七、维护与偿还

（一）资产证券化产品的管理

资产支持证券成功发行后，仍然需要聘请专门的服务商对基础资产进行管理和处置，对基础资产所产生的现金流进行回收。理论上，应由 SPV 或计划管理人对基础资产进行管理，但实践中 SPV 均只是一个空壳，而计划管理人也对基础资产的管理没有足够的资源与经验。因此，SPV 通常都聘请专门的服务商，来收取、记录基础资产所产生的现金流，并将其存入指定的账户，同时还要对债务人履行还款义务的情况进行监督，一旦发现债务人违约或者不能履约，要立即采取补救措施或者通过法律手段予以解决。服务商可以是资产的原始权益人即发起人，也可以是另行聘请的有经验的资产管理机构。

一般情况下，由原始权益人即发起人担任服务商的成本较低、可行性较高，因为发起人对基础资产的情况最为熟悉，并与基础资产所对应的债务人建立了长期、固定的联系，而且发起人一般都具有管理基础资产的专门技术和充足人力。当然，服务商也可以是独立于发起人的第三方，在这种情况下，发起人必须将与基础资产有关的详细文件资料移交给新服务商，以便新服务商全面掌握信息。

待资产支持证券到期后，由基础资产所产生的全部收益在还本付息、支付各项服务费之后，若有剩余，则按相关规定进行分配，整个资产证券化过程随机宣告结束。但在此过程中我们还应注意到，如果基础资产所产生的收益直接支付给发起人，就会面临发起人破产的风险，因此一般应该直接支付给 SPV。但是也存在两个问题，一是基础资产如果属于循环资产或者是更大资产组合中的一个部分，基础资产所对应的债务人向 SPV 支付就会有所不便；二是直接向 SPV 支付必须通知所有债务人变更付款方式，在债务人众多的情况下，就会出现债务人不配合的可能性以及原始权益人的通知成本。因此，最好的方法是由发起人与 SPV 共同建立一个封闭账户或者说是监管账户，以接受基础资产所产生的收益。

（二）信贷资产证券化的信息披露

在信贷资产支持证券存续期内，相关机构主要依据《信贷资产证券化试点管理办法》、《金融机构信贷资产证券化试点监督管理办法》以及《资产支持证券信息披露规则》（中国人民银行公告〔2005〕第 14 号）、《信贷资产证券化基础资产池信息披露有关事项公告》（中国人民银行公告〔2007〕第 16 号）等相关规定进行信息披露。

信托机构通过受托机构报告、资产支持证券评级报告、信托事务清算报告和信托机构认为需要披露的其他报告的方式进行信息披露。资产支持证券持有人通过前述方式了解信托的管理、运用、处分及收支情况。具体披露时间，比如在每年的 4 月 30 日前，信托机构应公布经审计机构审计的上年度的受托机构报告。信托机构应与评级机构就优先级资产支持证券跟踪评级的有关安排做出约定，并应于优先级资产支持证券存续期限内每年的7月31日前向资产支持证券持有人披露上年度的跟踪评级报告等。

（三）企业资产证券化的信息披露

资产支持证券在交易所（以上交所为例）挂牌后的日常信息披露和后续管理业务由管理人递交上交所债券业务部受理。管理人应当根据《证券公司及基金管理公司子公司资产证券化业务信息披露指引》和《上海证券交易所资产证券化业务指引》的规定履行信息披露义务。管理人应在上交所网站专区或以上交所认可的方式，进行资产支持证券挂牌环节及存续期间的信息披露。

具体的信息披露内容主要有：资产支持证券存续期内，管理人应在每期资产支持证券收益分配日的两个交易日前，向资产支持证券合格投资者披露专项计划收益分配报告；管理人应于每年的4月30日前，向上交所提交上年度资产管理报告和托管报告（对于设立不足两个月的，管理人可以不编制年度资产管理报告）；资产支持证券聘请资信评级机构针对资产支持证券出具评级报告的，管理人/资信评级机构应当于资产支持证券存续期内每年的6月30日前向上交所递交跟踪评级报告，并应当及时向上交所递交不定期跟踪评级报告；发生《管理规定》所述重大事件时，计划管理人应及时向上交所提交重大事项公告等。

八、产品的清算

在资产证券化产品的终止与清算阶段，律师的主要工作就是配合受托人/管理人以及其他中介机构做好整个产品的清算工作，包括现金财产的清算和非现金财产的清算，并根据需要出具资产支持证券产品的清算法律意见书。

以企业资产证券化为例，资产支持专项计划的终止和清算条件和程序大致如下：

（一）专项计划的终止

专项计划终止的情形或日期一般包括：

（1）专项计划项下各品种资产支持证券本金和预期收益全部分配完毕，即最后一个兑付日。

（2）法定到期日届至。

（3）专项计划被法院或仲裁机构依法撤销、被认定为无效或被裁决终止。

（4）计划说明书约定的不可抗力事件导致专项计划不能存续。在专项计划按照计划说明书的相关约定终止后，专项计划便进入最后的清算环节。

（二）专项计划的清算

清算环节的内容主要包括以下 4 个方面：

1. 清算小组

（1）在专项计划终止之日起规定的时间内，由计划管理人组织成立清算小组。

（2）清算小组成员由计划管理人、托管人、会计师和律师组成，清算小组的会计师和律师由计划管理人聘请。

（3）清算小组负责专项计划资产的保管、清理、估价、变现和分配。

（4）清算小组在进行资产清算过程中发生的所有合理费用，原则上由专项计划资产承担，如专项计划资产不足以支付的，由计划管理人负责支付。

2. 清算程序

（1）专项计划终止后，由清算小组统一接管专项计划，对专项计划资产和债权债务进行清理和确认，对专项计划资产进行清理、估值、变现和分配。

（2）清算小组应当在专项计划终止后规定的时间内完成清算工作并出具专项计划资产清算报告；计划管理人应当聘请具有证券相关业务资格的会计师事务所对清算报告出具审计意见，并自专项计划清算完毕之日起规定的时间内，向托管人、资产支持证券投资人出具清算报告，并将清算报告报住所地中国证监会派出机构备案。

（3）清算小组对清算财产进行分配，分配完毕后注销专项计划账户。

（4）在清算报告公布后规定的时间内，清算小组未收到书面异议的，视为相关各方认可清算报告，计划管理人和托管人就清算报告所列事项解除责任。

3. 清算资产分配

清算资产应按下列顺序进行清偿：

（1）支付清算费用。

（2）缴纳专项计划所欠税款。

（3）清偿未受偿的管理费、托管费及其他专项计划费用。

（4）支付优先级资产支持证券未受偿的预期收益。

（5）支付优先级资产支持证券未受偿的本金。

（6）在优先级资产支持证券项下预期收益和本金全部支付后，若清算资产仍有剩余，剩余专项计划资产将按其当时原状分配给次级资产支持证券投资人。

4. 清算账册及有关文件的保存

清算账册及有关文件由专项计划托管人保存20年以上。

第四节
我国资产证券化业务中的主要法律问题与对策

如前文所述，虽然我国尚未制定针对资产证券化的专门立法，但我国资产证券化业务已经具备一定的法律基础，在我国的很多法律中均有涉及资产证券化的相关规定，比如《公司法》、《证券法》、《银行法》、《破产法》等，尤其是《公司法》的进一步修订，更是为资产证券化在我国的发展扫清了不少障碍，促进了资产证券化的进一步发展。但是，在我国现有法律规定中，仍有一些有待完善之处。

一、我国现有法律与资产证券化业务的冲突

资产证券化的核心是SPV，我国现有法律制度的有关规定对SPV运作具有良好的促进作用，但同时也为我国资产证券化的进一步发展形成了一定制约。下文拟通过梳理我国现有法律法规与SPV的关系，从而为我国SPV法律制度的完善提供一个参考依据。

（一）《公司法》对SPV的制约与改善

1. 注册资本的限制

对SPV影响最大的首属《公司法》，尤其是在2005年，正是资产证券化在我国正式推出的一个关键时点，《公司法》关于法定最低资本额的规定、关于出资额的规定等，都严格限制了公司型SPV的发展。最新的《公司法》对公司注册资本、缴纳方式等有了全新的修订，取消了注册资本的限制，对缴纳方式也有了更加灵活的规定，从而降低了特殊目的公司设立门槛，有利于促进资产证券化采用公司型SPV的运行和发展。

2. 关于SPV设立组织机构的规定

《公司法》规定有限责任公司的股东人数最低为2人以上（包括2人），最高为50人以下（包括50人）。对董事人数的规定为，有限责任公司的董事人数为3～13人。《公司法》关于股份有限公司设立股东人数的规定，股东人数的最低限为5人，其中必须有半数以上的发起人的住所在中国境内，如果是由国有企业改制而成的股份有限公司，其发起人人数可以低于5人，但是在设立方式上便不能再选择，只能采用募集方式，等等。

然而，特殊目的公司不同于一般的商事公司，它是专为资产证券化而设立的，业务具有专一性，是一个空壳公司。如果要求特殊目的公司的设立必须满足一般公司设立的所有要求，必定会增加特殊目的公司的设立成本，为节约成本，为了给资产证券化发展提供一个更方便的空间，特殊目的公司的组织机构应该简化。

3. 关于 SPV 发行证券的规定

在 2005 年之前旧《公司法》中，关于发行证券的规定可以说是相当严格的，比如旧《公司法》关于注册资本的要求、净资产的要求、连续盈利的要求以及利率不能超过国务院的规定、必须符合债券专用等非常严格的条件。由于特殊目的公司的设立性质不同于一般公司，它在购买基础资产后通常就会发行资产支持证券，如果按上面条文要求发行债券必须以至少连续 3 年盈利为前提，特殊目的公司根本无法发行证券，从而影响大规模基础资产的资产证券化融资需求。

在最新的《公司法》中，取消了旧《公司法》关于发行债券和新股的诸多严格规定，只做了一个总体规定，可以说，关于发行债券和新股的放宽政策将会大大推进特殊目的公司的设立，促进资产证券化的快速发展。

（二）《信托法》对 SPV 的制约

2001 年我国颁布实施的《中华人民共和国信托法》为特殊目的信托创设了法律环境，目前我国信贷资产证券化业务全部是依照《信托法》的相关规定设立 SPV 的，但目前看来，仍然存在一些法律障碍。

1. SPV 的破产隔离——关于信托财产所有权的规定

《信托法》中对信托的定义仍是沿用英美法对信托的定义，即基于对受托人的信任，委托人将其作为产权委托给受托人，由受托人以自己的名义并基于为受益人权益的考虑，管理和处分财产。可以看到，虽然很多学者都认为受托人是信托财产名义上的所有权者，但《信托法》并未明确确定受托人对信托财产享有所有权（名义上的所有权的确认也没有），而仅仅规定受让人可以对信托财产享有管理和处分上的权利，在对信托财产归属不清楚的状况下，破产隔离是否能有效实现也值得商榷。

2. 关于 SPV 的受托机构的规定

继《信托法》实施以后，《信贷资产证券化试点管理办法》于 2005 年颁布实施。在《信贷资产证券化试点管理办法》中，对特殊目的信托的受托机构限定为由依法设立的信托投资公司担任，如果是其他机构则必须经中国银监会批准。《信贷资产证券化试点管理办法》由中国人民银行和中国银监会联合颁布，它是一部只具有部门规章效力的法律文件，相对法律来说，其效力较低。在《信贷资产证券化试点管理办法》中对受托机构的规定是由信托投资公司或中国银监会批准的其他机构担任，换言之，除信托投资公司以外的受托机构必须经中国银监会批准，这也与信托法的自治理念不符。

3. 关于SPV的信托财产种类的规定

传统信托理论认为，信托财产的种类包括资金、有价证券、动产、不动产等，但对于债权是否能作为信托财产，我国《信托法》中对此并无明文规定。[①]所以只有在明确债权可以作为信托财产的前提下，信贷资产证券化才能获得明确的法律支撑，确定信贷资产证券化产品的性质。

（三）《民法通则》、《合同法》中关于SPV资产转让的规定

根据我国《民法通则》第九十一条的规定，除国家另有规定或合同另有约定外，合同一方当事人必须经得另一方当事人同意，才能将合同的权利义务全部或者部分转让给第三人，同时规定该转让不得以牟利为前提。如果按照这一规定，则意味着资产证券化业务在我国开展非常困难。

所幸的是，《合同法》对此做了修正，《合同法》第八十条规定，债权人如果要转让权利，应当通知债务人。如果债权人对债务人没有履行通知义务，那么，该转让对债务人不发生效力。由此可知，按照《合同法》的相关规定，债权转让采取的是通知模式。但对于资产证券化来说，采用通知模式仍存在问题，因为在资产证券化交易中，基础资产对应的债务人往往人数颇多，如果采用逐一通知模式，交易成本很大，发起人配合的积极性不高。

（四）《担保法》对SPV的限制

我国《担保法》规定了保证、抵押、质押、留置、定金五种债权担保形

---

① 资料来源：郭玉军，甘勇．论我国资产证券化中特殊目的机构的法律构建［J］．经济法学、劳动法学期（人大报刊复印资料），2003（9）74－78。

式，并规定可以作为担保物的有不动产、动产及《担保法》规定的某些权利，但不包括一般债权。然而，特殊目的机构受让的基础资产，是以有预期现金流收入为特征的，属于一般债权或未来债权。如前所述，信用增级有外部信用增级和内部信用增级方式，其中，外部信用增级通常包括银行开具信用证、流动性支持、保函、第三方保证、资产抵押质押、保险公司等金融机构担保方式。换言之，鉴于特殊目的机构没有独立的法人地位，以所收购的资产为担保发行债券不受《担保法》保障，缺乏法律依据，对企业资产证券化而言，对资产支持专项计划的担保，目前只能设定为管理人为抵押权人或者质权人，同样属于法律规定的缺失。

（五）《破产法》对 SPV 的制约

资产证券化的信用增级方式有外部信用增级和内部信用增级两种，内部信用增级主要是通过特殊目的机构将资产支持证券划分为优先证券、次级证券以及提供超额资产抵押担保来实现。然而，我国《破产法》对破产财产的规定是，虽然担保财产不属于破产财产，但超额担保的部分却属于破产财产，倘若发起人破产，债权人对超额担保的财产仍然享有追索权，内部信用增级的作用便会被削弱，资产证券化所遵循的破产隔离也将无法真正实现。

二、关于基础资产转让的法律问题

（一）关于基础资产转让的通知

资产转让原则是指在资产转移过程中债权人发生变更时，如何保证债务人的知情权问题。一般而言，资产转让原则有三种类型，即协议转让、通知转让及自由转让。根据《合同法》第八十条的规定，我国采取的是通知转让原则。

我国《合同法》第一百三十条规定，买卖合同是出卖人转移标的物的所有权于买受人，买受人支付价款的合同。从表面上看，证券化发起人向SPV交付并移转“资产”的所有权，SPV接受交付并支付价款，符合我国合同法规定的买卖合同的法律特征。但被证券化的资产多为金融债权，而债权不存在“所有权”问题。因此，从我国《合同法》的观点看，发起人将金融债权有偿转让给SPV的行为，其法律性质与其说是出售，倒不如说是合同债权的有偿转让，这如同“货款出售”在我国也属于合同债权的有偿转让一样。

我国《民法通则》第九十一条规定，合同一方将合同的权利、义务全部或部分转让第三人的，应当取得合同对方的同意。据此，发起人转让资产给SPV要取得债务人的同意。但是，我国《合同法》第七十九条规定，债权人可以将合同的权利全部或者部分转让给第三人，但有下列情形之一的除外：（1）根据合同性质不得转让；（2）按照当事人约定不得转让；（3）依照法律规定不得转让。这样，依据我国《合同法》，发起人转让资产给SPV，并不需要取得债务人的同意。根据特别法优于一般法、后法优于先法的原则，在资产证券化的资产转让问题上，《合同法》要优于《民法通则》而优先适用。由此可见，只要没有法律的禁止性规定和当事人之间关于禁止转让债权的约定，债权人就可以转让自己的债权，故转让债权资产在我国并不存在大的法律障碍。

债权可以转让，但并不意味着在资产证券化的实践中就可以实现债权的有效转让。我国《合同法》第八十条规定，债权人转让债权的，应当通知债务人，未经通知，该转让对债务人不发生效力。我国合同权利转让在不通知债务人的情况下只能在债权人和受让人之间生效，除非债权人将债权转让的事实及时通知债务人，并且债务人接到了此通知，否则转让对债务人不发生效力。这种规定有利于保护债务人的利益，而且在债务人人数不多的一般的债权转让中也不难做到。但在资产证券化操作实务中，由于证券化发行人一般须委托发起人为其债权管理人，负责债权的管理和回收工作，是否通知债务人对资产证券化的运作并无太大影响。在债务人人数众多、分布广泛、流动频繁的场合下，若一味地要求每一笔债权转让都通知债务人，资产证券化的成本将大大增加，势必减损资产证券化的效率，这对于追求效率的资产证券化发起人来说是难以实现的。因此，为降低成本，一些国家规定，在发起人担任债权管理人的情况下，债权的转让可不必通知债务人。由于我国合同法尚未采用这一更有效率的规定，如果在现行法下开展资产出售型的证券化业务，必须遵照《合同法》关于债权转让通知的规定，这也就成为资产证券化业务开展的一个障碍。目前我国信贷资产证券化业务普遍采取“公告通知转让”（《信贷资产证券化试点管理办法》第十二条规定：“发起机构应在全国性媒体上发布公告，将通过设立特殊目的信托转让信贷资产的事项，告知相关权利人。”）及设置“权利完善措施”的方式来代替逐一通知债务人的方式，但这些通知方式的有效性还有待商榷。[①] 但鉴于实务操作的困难，包括监管部门等，也认可前述一些变通的通知方式。

（二）关于从权利转移及抵押变更登记问题

我国《合同法》第八十一条规定：“债权人转让权利的，受让人取得与债权有关的从权利，但该从权利专属于债权人自身的除外。”担保权益属于典型的从权利，所以我国的法律基本认可了担保权益的自由移转。

我国在保证和对外担保等方面有一些特殊规定。首先，对担保权转让限制条款的效力问题，我国《担保法》及其司法解释做出了规定。我国《担保法》第二十二条规定：“保证期间，债权人依法将主债权转让给第三人的，保证人在原保证担保的范围内继续承担保证责任。保证合同另有约定的，按照约定。”最高人民法院《关于适用〈中华人民共和国担保法〉若干问题的解释》第二十八条规定：“保证期间，债权人依法将主债权转让给第三人的，保证债权同时转让，保证人在原保证担保的范围内对受让人承担保证责任。但是保证人与债权人事先约定仅对特定的债权人承担保证责任或者禁止债权转让的，保证人不再承担保证责任。”我国《担保法》规定对于保证合同债权移转采取自动生效主义，主债权转让，附属保证权利一并移转，无须办理转让

---

① 资料来源：魏健馨，程秀强．资产证券化中资产转让的法律问题探讨［J］．天津市政法管理干部学院学报．2004（3）：29－31。

手续，保证人仍在原保证担保的范围内对受让人承担保证责任。

关于抵押权的转让，抵押权应当随债权转让。我国《担保法》第五十条规定："抵押权不得与债权分离而单独转让，或者作为其他债权的担保。"第五十二条规定："抵押权与其担保的债权同时存在，债权消灭的，抵押权也消灭。"我国《物权法》第一百九十二条规定："抵押权不得与债权分离而单独转让，或者作为其他债权的担保。债权转让的，担保该债权的抵押权一并转让，但法律另有规定或者当事人另有约定的除外。"可见，我国立法对抵押权的单独转让采否定主义，除非有相反约定。立法者如此规定的目的在于保护受让人，因为如果允许主债权让与时抵押权不随之移转、得到了主债权的受让人却得不到抵押权，对受让人危害巨大。但是，由于《物权法》同时认可了抵押权不得附随转移的约定之合法性，这就意味着受让人在受让抵押权时，需要查看原始合同中关于抵押权转让的规定，如有抵押权不得附随转让的约定，则当事人受让主债权时不能同时受让抵押权。

按我国《民法》理论，主债权转让，从债权随之转让，因此抵押权作为为证券化金融债权资产担保的抵押权在随主债权转移时，抵押权也应随之转让。但由于我国的抵押权采取的是登记生效主义，不履行登记的手续，抵押权的生效与否，一直存有争议。根据《物权法》第九条的规定："不动产物权的设立、变更、转让和消灭，经依法登记，发生效力；未经登记，不发生效力，但法律另有规定的除外。"《物权法》第一百九十二条规定："抵押权不得与债权分离而单独转让，或者作为其他债权的担保。债权转让的，担保该债权的抵押权一并转让，但法律另有规定或者当事人另有约定的除外。"另外，根据《立法法》第八十三条"同一机关制定的法律、行政法规、地方性法规、自治条例和单行条例、规章，特别规定与一般规定不一致的，适用特别规定；新的规定与旧的规定不一致的，适用新的规定"的规定，我们认为，《物权法》第一百九十二条作为特别规定应该优先适用，抵押权应随债权一并转让，转移登记与否不影响受托机构获得抵押权。

但是在实践操作中，当面临众多债务人时，将这些抵押权一一登记变更权属是非常耗费成本的。如何解决此问题，需要从抵押的实质和抵押登记的立法初衷入手。在我国之所以采取的是抵押登记生效主义，从本质上是为了保护交易的安全，尤其是抵押权人和第三人的合法权益，不致因抵押人的诈欺或者过失所损害；另外规定登记不仅仅是对抗要件，还是实质性的生效要件，目的是督促抵押权人积极维护自己的合法权益，同时为抵押权生效的认定制定一个便于操作的标准。抵押权人是抵押的受益者，但实质上抵押是针对债权的，抵押是为主债权提供的担保，债权人发生了变更表明债权的权利人发生了变更，抵押权是一种从属性权利，应随着主债权的移转而移转，变更登记此时不再具有重大的实质意义，而仅仅是对既有法律关系的一种确认。因此为了推动资产证券化，在进行资产证券化立法时，应当简化交易手续，降低交易成本，如果仅仅是抵押权人的变更，应豁免抵押人和抵押权人到原登记机关做抵押变更登记，而由证券化监管机关备案即可。

事实上，我国立法和司法实践中已有类似的做法。建设部发布的《关于个人住房抵押贷款证券化涉及的抵押权变更登记有关问题的试行通知》（以下简称《通知》），规定对个人住房抵押贷款资产证券化过程中所涉及的抵押权变更可以办理登记变更手续，而不是必须办理抵押登记变更手续。如果特殊目的机构逐个地去办理抵押权的变更手续，这无疑增加了资产证券化的成本。在需要变更登记的抵押权数目很大时，显然不太可行。但是，由于住房抵押贷款支持证券的偿付期限较长，如若未办理附属抵押权的变更登记手续，不排除作为原始抵押权人的贷款银行擅自同意借款人变卖抵押的房产，则住房抵押贷款支持证券持有人所持有的证券本息受偿所依赖的抵押担保权益便会落空。从这一角度来讲，抵押权的转让，办理抵押变更登记手续，能较好地保护投资者的利益。我国《通知》中的做法无法解决这一问题，对此问题的解决可借鉴最高人民法院《关于审理涉及金融资产管理公司收购、管理、处置国有银行不良贷款形成的资产的案件适用法律若干问题的规定》第九条的做法，该条明确规定“金融资产管理公司受让有抵押担保的债权后，可以依法取得对债权的抵押权，原抵押权继续有效”。该条明示抵押权随主债权自动移转，无须有登记手续。但此处的“依法”到底是依何法又会产生疑问。而且，如果原债权人不交付抵押合同，或于债权让与后自行向登记机关申请涂销抵押登记时，物权的公示效力是否可以对抗金融资产管理公司的债权？种种疑问无法从该条文中找到答案。况且，此规定的效力等级还不够，对于此问题应在将来立法中明确。①

我国《物权法》承认了最高额抵押权确定前，主债权可转让，但是其上的抵押权不可转让，但当事人另有约定的除外。这是因为最高额抵押权所担保的债权的范围因抵押权设定的基础合同关系可以确定，但是债权是否发生或者发生的额度在抵押权设定时并不能确定，因此，最高额抵押权与其担保的债权在债权确定前，并不属于特定的债权，并不具有让与的从属性。② 但是如果当事人有约定时，最高额抵押权也可以转让，最高额抵押方式还要注意双方有无可转让的规定，以确定最高额抵押权在债权确定前可否转让。

因此，在我国现行法下，最高额抵押主债权虽可转让，但其上的抵押权不得转让。如果抵押权需同时转让，则应取得抵押人的同意。所以，在抵押贷款是证券化资产时，要注意审查其是否采取最高额的抵押方式，以确定其上的抵押权是否可以转让。

三、我国资产证券化的立法建议

如前所述，我国目前现行资产证券化的法律法规层级较低，在目前情况下，如果按照《立法法》规定，逐一地修改法律中不适合资产证券化发展的规定并补充调整法律空白并不具有可行性，而且即便做出了法律调整，也不能随着资产证券化的创新而得以适用。我国现存立法中也存在适合资产证券化发展的规定，但都比较零散，不能系统规范资产证券化全过程，因此我国有必要在时机成熟时，通过全国人大常委会立法制定专门的《资产证券化法》，从而确立统一的发行、上市、交易规则，建立资产证券化专门统一的法

---

① 资料来源：董京波．资产证券化资产转让法律问题研究［D］．北京：中国政法大学，2007。
② 资料来源：江平．物权法精解［M］．北京：中国政法大学出版社，2007。

律体系，既可节约法律资源，又可提高效率。

《资产证券化法》除对资产证券化进行全面、系统的规范以外，还要针对现行法律规定中与资产证券化相冲突的情况规定例外条款，通过这些例外条款来解决发展资产证券化的法律障碍问题。

根据资产证券化技术比较成熟国家的经验，并结合我国具体国情，《资产证券法》应大体包括以下内容：

第一，我国实施资产证券化的总则，主要规定和阐明立法目的、立法宗旨、遵循的基本原则、适用范围、该法与其他部门法的关系、概念界定以及资产证券化项目的审批/备案机关、监管机关、管理人公告方式等可以广泛使用于各种基础资产的基本要求。

鉴于我国目前金融行业“分业经营、分业监管”的模式，在这种经营模式和监管模式下，各金融机构的业务是不允许混合的，银行、保险、证券等金融机构只被允许在各自的领域内经营，不允许开展跨行业的业务，因此未来如不能有效突破金融业分业监管的模式，则有必要在资产证券化立法中做出专门性的规定，明确我国资产证券化业务的基本原则与适用范围。

第二，对特殊目的机构（SPV）的规范。包括其组织形式、设立主体、设立条件、设立程序、经营范围、经营活动等内容，明确 SPV 的独立法律地位，对其设立实行优惠，赋予其发行资产支持证券的资格、SPV 涉及重大事项的申报义务等。

这里的 SPV 应该根据我国资产证券化业务的具体开展形态，至少包括目前常用的特殊目的信托、特殊目的公司以及不动产投资信托等几部分，应充分强调各种类型资产证券化过程中各种参与主体的职责和投资者的权利。

鉴于我国目前资产证券化业务的具体规定和操作指引都属于部门规章或行业自律规范，法律位阶比《破产法》等法律要低，因此有必要对 SPV 的破产隔离的法律效果予以明确，使 SPV 真正能够实现其破产隔离的功能。

第三，对发起机构转让基础资产的规范。主要规定能够作为资产证券化发起机构的范围，明确发起机构的权利与义务、可以证券化的基础资产范围，规定基础资产转让方式，简化资产转让手续，明确资产“真实出售”的认定标准，对“真实出售”的有效抗辩等。

基础资产是资产证券化业务的核心，是该项业务的起点，目前我国对基础资产也只有两个定义性的规定以及一个“负面清单”，因此有必要对与基础资产相关的事项进行相对明确的规范，包括前面提到的基础资产转让的通知、基础资产抵押权变更登记的相关事项、明确什么情况下的基础资产才能实现“真实出售”等。

第四，对信用增级的法律规范。主要规定信用增级方式、信用增级主体、信息披露义务等内容，并鼓励采用金融衍生工具等对资产支持证券提供增级。

我国目前资产证券化的信用增级方式比较简单，主要是内部增信和外部增信，而内部增信的方式基本上集中在优先劣后的分层和超额抵押，外部增信基本上靠外部第三方担保。目前无论是内部增信还是外部增信，都无形中增加了发起机构的成本，因此未来在增信方式上应有所突破，包括引入信用违约互换等方式。

第五，对资产支持证券的评级做出规范。主要规定评级主体、评级依据、评级内容、评级标准、评级程序、信用评级结果说明等。

第六，对资产支持证券的发行和交易做出实体和程序上的规定。规定发行资产支持证券的条件、注册审批/备案程序以及规定、证券形式、发行限额、信息披露、受偿顺位、监督机构、会计账簿等。特别是对资产支持证券如何适用证券法做出说明。

目前我国信贷资产证券化和企业资产证券化的发行、交易等分属于两个不同的市场，发行场所、发行方式和投资者也不尽相同，未来在资产证券化立法中，要充分考虑资产证券化市场的统一性。特别是针对信息披露，鉴于目前资产证券化业务都改为备案制，信息披露就尤为关键，除信息披露的内容需要进一步明确外，还需要强调发起机构、受托机构/管理人、律师事务所、评级机构等相关市场参与主体的责任与义务。

第七，与资产证券化有关的会计处理和税收等其他问题的说明，在证券化专项立法中应规定相应的税收优惠措施，明确税收中性的原则。

目前关于资产证券化尚没有相对明确的会计处理办法，包括大家普遍关注的出表问题等；税收同样如此，只有信贷资产证券化有税收的专门性规定，针对企业资产证券化，包括REIT等，也没有专门的税收规定，特别是随着我国税收法律法规及税收政策的变化，比如“营改增”等，对资产证券化业务的税收也会造成很大影响。因此应本着税收中性、不额外增加相关参与主体税收成本的原则，明确资产证券化的税收相关规定。

第八，对涉外资产证券化做出特别规定，主要是根据我国基本法律制度，对哪些资产允许国外投资者涉足，及其涉足的方式和程度等做出规定。

第九，针对现行法律规定中与资产证券化相冲突的情况，做出特殊的例外条款规定等。

第十，对监督机关的权限、职责做出规定，对违反该法的行为做出民事处罚、行政处罚和刑事处罚规定；对参与主体的资格（如评级机构、审计机构等）进行相应的规定，对相关参与主体的违法违规行为进行处罚。

第十一，对附则做出规定，主要授权主管机关制定施行细则，以及法律的施行日期等。

第五节
资产证券化法律实务案例分析

一、某飞机租赁资产证券化案例分析

某飞机租赁资产证券化项目的基础资产为发起人（即融资方，某飞机租赁公司）在其飞机租赁合同项下对承租人（某航空公司）享有的应收租金。该项目的主要特点在于，运用集合信托计划引入保险资金，结合资产证券化业务的各种操作方式，最终既达到融资的目的，也实现了资产的出表。该项目为我国第一单由保险资金购买飞机租赁资产的成功案例。

需要注意的是，对于飞机来说，其本身的价值主要由租金与残值两部分

组成，且由于飞机本身的特性，残值部分占飞机价值比重较大，租金的部分便于作为资产证券化的基础资产；但残值部分由于经营范围限制等原因，不适宜作为基础资产直接进行买卖，故该项目就残值部分采取了发放一笔长期贷款的操作模式。即该项目中出表的部分其实是应收租金，而残值部分则继续保留在飞机租赁公司表内，对整个飞机资产而言，其实是实现了部分出表。这也体现了资产证券化的法律本质，即债权的转让，只要能实现债权的真实出售，就可以达到会计上出表的目的。

（一）本项目的交易结构

（1）信托公司作为受托人，发起成立集合资金信托计划，募集信托资金。

（2）信托公司发行信托受益权凭证，保险公司以保险资金认购信托受益权凭证。

（3）委托人将应收租金作为基础资产转让给集合资金信托计划。

（4）信托公司将认购资金支付给委托人。

（5）由委托人作为资产服务机构继续管理基础资产等。

某飞机租赁资产证券化项目交易的结构见图6.4。

集合信托计划的具体要素如下：

（1）信托类型：融资类集合资金信托。

（2）参与主体：委托人/受益人：风险识别能力及承担能力均强的机构投资者；受托人：信托公司；保管银行：某银行。

（3）发行规模：募集信托资金不超过一定金额的人民币，其中首次募集信托资金不超过一定金额的人民币，之后信托资金是否募集、募集的次数、募集规模及具体投资项目由该信托计划的受益人及受托人协商一致后确定。

（4）信托期限：信托计划期限为自信托成立之日起12年，受托人可根据信托计划运行情况提前终止信托计划或延长信托计划期限。

（5）委托人/受益人预期收益率：该信托计划首次募集时加入信托计划的受益人享有确定数额的预期年化收益率；该信托计划后续募集时加入信托计划的受益人享有的预期年化收益率由受托人届时以公告的形式予以确定。

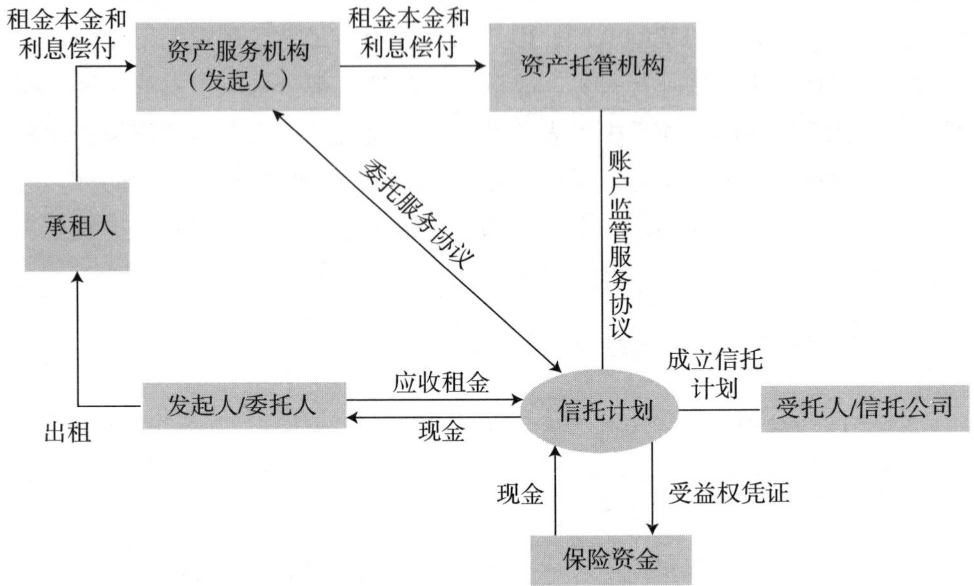

图 6.4　某飞机租赁资产证券化项目交易结构图

（6）信托收入来源：租金收入、贷款本息及其他相关收入。

（7）信托分配：信托专户收到租金收入、贷款本息或其他收入（但信托专户自身孳息除外）后 5 个工作日内，扣除信托税费、信托费用后的余额为限向受益人分配。

（8）信托终止后信托财产处理：信托终止后，受托人按照《资金信托合同》规定的顺序分配货币形态的信托财产。对非货币形态的信托财产，受托人按信托计划终止时各受益人所持信托单位份额占信托计划终止时信托单位总份数的比例，按照信托终止时信托财产现状向各受益人进行分配，各受益人应无条件予以配合。如受托人在信托终止时无法向受益人转让非货币形态信托财产或各受益人不予以配合，由此产生的全部风险由受益人承担，与受托人无关。

（二）主要交易安排

（1）信托资金分数次募集。其中首次募集信托资金不超过 × 元，之后信托资金是否募集、募集的次数、募集规模及具体投资项目，由信托计划的受益人及受托人协商一致后确定。

（2）首次募集信托资金后，将由受托人（信托公司）交付信托资金于融资人（某飞机租赁公司）。其中的一部分资金用于受让融资人就其所有的该项目“目标飞机”对应的飞机租赁合同项下对承租人（某航空公司）享有的应收租金；剩余部分用于向融资人发放一笔长期贷款。

（3）首次信托资金投资的担保措施为融资方以“目标飞机”提供抵押担保。其中，抵押飞机的一部分价值为应收租金提供抵押担保，抵押比例不超过融资人通过该次转让实现应收租金的“会计出表”效果所能承担的担保金额，及其所占抵押飞机价值的比例上限为标准；而剩余价值为长期贷款提供抵押担保。

（4）信托计划发行前，只签署抵押担保合同；信托计划成立且首次募集信托资金运用完毕后再办理抵押登记手续，受托人对能否办理抵押登记及多长时间办理完成抵押登记手续（若能办理时）不承担责任，由此导致的风险和损失均由信托财产承担，但属受托人疏忽、故意或未尽应当之管理义务而造成的，由受托人承担，办理过程中发生的相关费用均由融资人承担。

（三）主要风险控制措施

1. 信用风险的控制

信托计划主要的风险是承租人、融资人的信用风险，因承租人是信用等级较高的大型国有控股公司，违约可能性小。而融资人偿还贷款及代收租金换汇后及时向信托公司支付的信用风险相对较大。承租人、融资人信用风险将用租赁飞机的部分价值抵押担保进行缓释。部分信用风险防范措施，将在信托文件中对委托人进行充分披露和提示，并明确由此导致的所有损失均由信托财产承担。

2. 抵押登记风险的控制

信托计划成立后租赁飞机才办理抵押登记手续，是否办理及多长时间办理完成（当能办理时）具有重大不确定性，也将在信托文件中对委托人进行充分披露和提示，并明确由此导致的所有损失均由信托财产承担。

3. 飞机在租赁到期时的残值

评估机构在评估飞机残值时，需要综合考虑飞机的机型、所处地方的未来市场情形、通货膨胀预期、燃料价格趋势等各种情况。飞机的残值对于整个资产证券化的交易来说非常重要，因为证券的偿付和次级收益都需要它的支持。

4. 管理风险及其他风险

除上述提及的主要风险以外，信托公司不参与融资人代收租金、换汇及向信托公司划付租金等过程的监管，存在管理风险、道德风险；此外，承租人支付的是美元租金，而换汇成人民币还存在汇率风险等风险。我们也将在信托文件中对委托人进行充分披露和提示，并明确由此导致的所有损失均由信托财产承担。

二、奥克斯租赁一期资产支持专项计划

2015 年 9 月 2 日，奥克斯租赁一期资产支持专项计划获得上海证券交易所回复的资产支持证券挂牌转让无异议函，并于 2015 年 9 月 22 日公告成立。该项目的基础资产为奥克斯租赁对承租人享有的租金请求权和其他权利及其附属担保权益，产品期限为 5 年，总规模为 332 283 500 元，其中优先级资产支持证券规模为 3.05 亿元。该项目是市场首单基础资产全部是以医疗设备作为租赁物的租赁资产证券化项目。

（一）交易结构

（1）认购人通过与管理人签订《认购协议》，将认购资金以专项资产管理方式委托管理人管理，管理人设立并管理专项计划，认购人取得资产支持证券，成为资产支持证券持有人。

（2）管理人根据与原始权益人签订的《资产买卖协议》的约定，将专项计划资金用于向原始权益人购买基础资产，即基础资产清单所列的由原始权

益人在专项计划设立日转让给管理人的、原始权益人依据租赁合同自基准日（含该日）起对承租人享有的租金请求权和其他权利及其附属担保权益。

（3）资产服务机构根据《服务协议》的约定，负责基础资产对应的应收租金的回收和催收，以及违约资产处置等基础资产管理工作。资产服务机构在收入归集日将基础资产产生的现金流划入监管账户。

（4）监管银行根据《监管协议》的约定，在回收款转付日依照资产服务机构的指令将基础资产产生的现金流划入专项计划账户，由托管人根据《托管协议》对专项计划资产进行托管。

（5）当发生任一差额支付启动事件时，差额支付承诺人根据《差额支付承诺函》承担差额补足义务，将差额资金划入专项计划账户。

（6）当发生任一担保启动事件时，担保人根据《担保协议》承担不可撤销的无条件的连带责任保证担保义务，将担保应付款划入专项计划账户。

（7）在分配日，管理人根据《计划说明书》及相关文件的约定，向托管人发出分配指令，托管人根据分配指令，进行专项计划费用的提取和资金划付，并将相应资金划拨至登记托管机构的指定账户，用于支付资产支持证券本金和预期收益。

奥克斯租赁一期资产支持专项计划的交易结构如见图6.5。

（二）法律操作要点

1. 基础资产合格标准

基础资产对应的全部租赁合同适用法律为中国法律，且在中国法律项下均合法有效，并构成相关承租人合法、有效和有约束力的义务，原始权益人可根据其条款向承租人主张权利。

原始权益人已经履行并遵守了基础资产所对应的任一份租赁合同。

同一租赁合同项下承租人尚未支付的所有租金（包括未偿本金部分以及利息部分）及其他应付款项须全部入池。

基础资产为根据原始权益人内部标准分类的正常、关注、次级、可疑、损失5级分类体系中的正常类。

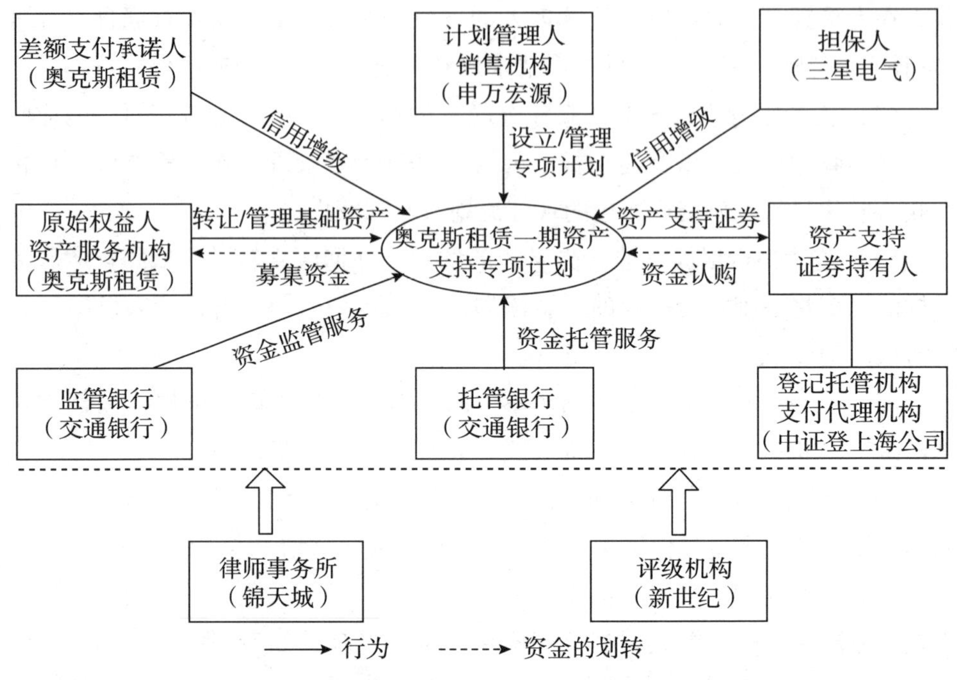

图 6.5　奥克斯租赁一期资产支持专项计划交易结构图

租赁合同中的承租人是指依据中国法律在中国境内设立且合法存续的企业法人、事业单位法人或其他组织，且未发生申请停业整顿、申请解散、申请破产、停产、歇业、注销登记、被吊销营业执照或涉及重大诉讼或仲裁。

租赁合同中的承租人均为二级甲等（含二级甲等）以上公立医院。

原始权益人合法拥有基础资产，且基础资产上未设定抵押权、质权或其他担保物权。

基础资产可以进行合法有效的转让，且无需取得承租人或其他主体的同意。

基础资产所对应的任一份租赁合同项下的到期租金均已按时足额支付，并且不存在其他实质性的重大违约情况。

原始权益人对租赁物件享有合法的所有权，是租赁物件的唯一合法所有权人。

原始权益人已按照租赁合同约定的条件和方式支付了租赁合同项下的租赁物件购买价款（但原始权益人有权保留的保证金、应由承租人承担的购买价款以及购买价款支付义务未到期或付款条件未满足的除外）。

除以原始权益人为权利人设立的担保物权外，租赁物件上未被设定抵押权、质权或其他担保物权。

除以保证金冲抵租赁合同项下应付租金外，承租人在租赁合同项下不享有任何主张扣减或减免应付款项的权利。

基础资产或租赁物件不涉及国防、军工或其他国家机密。

基础资产或租赁物件不涉及诉讼、仲裁、执行或破产程序。

2. 基础资产的分散情况

基础资产的承租人以二甲（含）以上大型医院为主，并包括部分二乙医院，基础资产涉及13 名承租人共15 笔租赁合同，分布在8 个省份，基础资产比较分散，且均是当地大型医院，整体风险可控。

3. 项目特点

该项目是当时市场上首单基础资产全部是以医疗设备作为租赁物的租赁资产证券化项目。鉴于目前医疗设备采购资金的来源主要分为自筹资金、科研资金、政府补贴、银行贷款和融资租赁 5 种，相对银行贷款，资产证券化能使融资所得与项目消耗资金规模相对匹配，最大化资金利用效率。

（三）法律操作要点

1. 租赁基础资产证券化的优势

（1）租金具有固定的支付计划，现金流可预测、稳定、独立、可特定化。

（2）租金一般都有历史记录，从历史记录可以看出历史违约率，控制整体风险。

（3）承租人一般都有广泛的地域、行业、规模、期限分布，有助于降低基础包集中度从而分散风险。

（4）可采用一定措施避免早偿风险，比如在融资租赁合同中进行相应的约定，早偿可能需要承租人支付一定的费用等。

（5）租赁物是实物，租赁公司拥有租赁物所有权，相比于抵押权与担保权占据着更有利的法律地位。

（6）合同对转让等方面没有特别限制，一般的租赁合同，都允许出租人转让相关权益。

2. 租赁基础资产证券化的法律核查要点

在融资租赁资产证券化业务中，一般都需要律师赴租赁公司现场开展尽职调查工作，审阅公司的资质文件、财务资料以及与基础资产相关的全部法律文件；此外，对于重大承租人，比如单笔占比超过15%，或者没超过15%，有其他法律问题的，还需要律师走访作为基础资产的融资租赁合同项下的承租人，对承租人和租赁物进行现场尽调，包括查验合同项下的租赁物是否真实存在、承租人的经营情况等，并与承租人的相关负责人员进行当面访谈，从法律的角度保证租赁项目的真实合法性及项目的整体风险控制。

关于融资租赁合同，融资租赁业务分为直接租赁、售后回租、转租赁、委托租赁等几种，需要根据每个不同的项目，核查该融资租赁合同的要点，确保基础资产形成的合法合规性。

关于租赁物，在融资租赁中，租赁物件是双方债权债务的媒介。租赁期间，在出租人向承租人出具所有权转移证明书之前，出租人必须对租赁物件拥有完整的所有权。

关于保证金，承租人或第三方在起租时一般都会支付一定比例的履约保证金。保证金按返还方式可分为几类：一类是在保证金不发生抵扣，或抵扣后承租人补足的情况下，保证金可按约定在期中或期末冲抵租金；另一类是在承租人履行合同义务后，保证金不能直接冲抵租金，而是返还支付方。

关于附属担保权利，融资租赁业务中的担保方式包括抵押、质押、保证、保证金等，作为附属担保权益，要随着主债权的转让而转移。

关于保险，保险是融资租赁业务中特有的部分，很多时候都需要对租赁物件投保财产险，特别是汽车、飞机、大型机器设备等，保险的受益人同样应该为出租人。

三、津桥学院资产支持专项计划

2015 年 11 月 19 日，津桥学院资产支持专项计划（一期）在上海证券交易所成功发行。该项目规模为 9.9 亿元，期限为 9 年，是全国首单以学费及住宿费收费权作为基础资产的证券化产品。

（一）交易结构

津桥学院资产支持专项计划的交易结构见图 6.6。

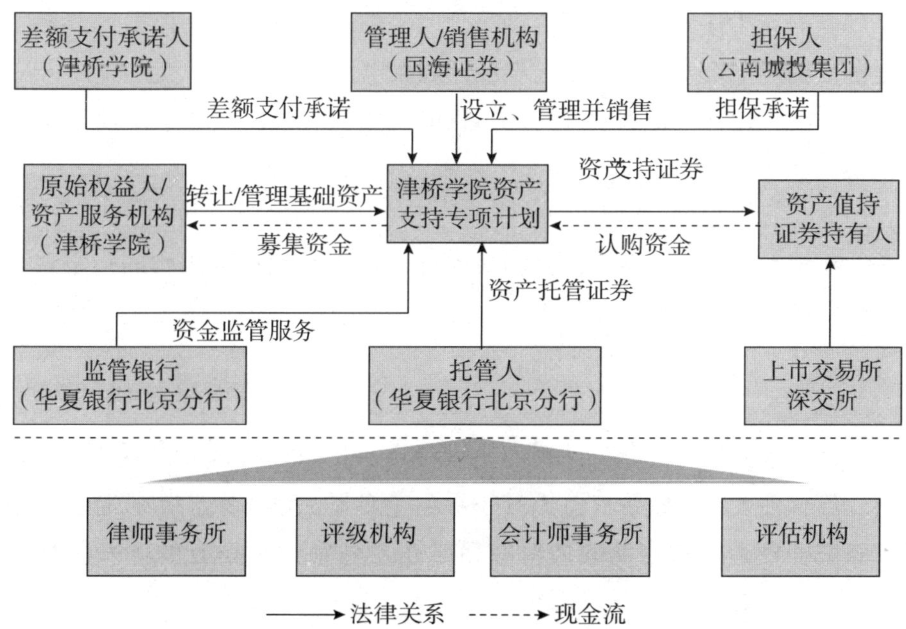

图 6.6　津桥学院资产支持专项计划交易结构图

（1）认购人通过与管理人签订《认购协议》，将认购资金以专项资产管理方式委托管理人管理，管理人设立并管理专项计划，认购人取得资产支持证券，成为资产支持证券持有人。

（2）管理人根据与原始权益人签订的《基础资产买卖协议》的约定，将专项计划资金用于向原始权益人购买基础资产，即原始权益人在专项计划设立日转让给管理人的、原始权益人基于提供全日制大学本科学历教育及住宿服务于自基准日起的特定期间内对在籍学生及住宿学生享有的学费及住宿费债权。

（3）管理人委托原始权益人作为资产服务机构，对基础资产进行管理，包括但不限于学费、住宿费收入，并缴存至资金归集账户等。

（4）资产服务机构根据《服务协议》的约定在每个现金流划转日将基础资产产生的现金划入专项计划账户，由托管人根据《托管协议》对专项计划资产进行托管。

（5）当发生任一差额支付启动事件时，差额支付承诺人根据《差额支付承诺函》的约定将差额资金划入专项计划账户。

（6）当发生任一担保责任启动事件时，担保人根据《担保协议》的约定将差额资金划入专项计划账户。

（7）管理人根据《计划说明书》及相关文件的约定，向托管人发出分配指令，托管人根据分配指令，将相应资金划拨至登记托管机构的指定账户用于支付资产支持证券本金和预期收益。

（二）法律操作要点

津桥学院资产支持专项计划的基础资产是指原始权益人在专项计划设立日转让给管理人的、原始权益人基于提供全日制大学本科学历教育及住宿服务于自基准日起的特定期间内对在籍学生及住宿学生享有的学费及住宿费债权。

学费及住宿费债权是指原始权益人根据云南省教育厅核发的民办学校办学许可证、云南省发展和改革委员会核发的云南省收费许可证以及云南省发展和改革委员会、云南省教育厅颁布的核准收费标准的其他相关文件，按照教育主管部门审核的招生计划招生并提供全日制大学本科学历教育及住宿服务而享有的要求在籍学生支付学费、要求住宿学生支付住宿费的权利。

津桥学院现持有云南省教育厅核发的的《民办学校办学许可证》，根据

《民办教育收费管理暂行办法》第三条的规定，“民办学校对接受教育者可以收取学费（或培训费，下同），对在校住宿的学生可以收取住宿费”，因此，原始权益人对在籍学生提供全日制大学本科学历教育的，依法享有收取学费的权利；对住宿学生提供住宿服务的，依法享有收取住宿费的权利。原始权益人现持有云南省发展和改革委员会核发的《云南省收费许可证》，收费许可证中列明了经行政主管部门核准的、原始权益人可收取学费的学科专业、收取住宿费的公寓类型及相应的收费标准，原始权益人可根据收费许可证中核准的收费项目和收费标准向在籍学生和住宿学生收取学费及住宿费。因此，原始权益人享有因提供全日制大学本科学历教育及住宿服务而要求在籍学生支付学费、住宿学生支付住宿费的权利。

如上所述，该等基础资产从法律原理上来说，就是未来债权，即已有基础法律关系存在，但必须在将来有特定事实的添加才能发生的债权。根据相关法律法规，民办学校有权向继续在学校读书的学生收取相关学费及住宿费，该等债权就是未来债权，根据资产证券化的法律原理，未来债权也可以做资产证券化。比如高速公路收费权，同样是根据相关法律法规的规定，在一定时间内收取道路通行费的权力，也是未来债权。

（三）未来债权资产证券化的法律分析

1. 未来债权的法律界定

未来债权，又被称为将来债权，是指现在尚未产生、仅将来有可能产生的债权，即“或有发生债权之前提基础（一定法律关系已产生或法律行为已成立），但尚未完全确定存在之债权”。如前所述，目前我国对于未来债权，在法律上并没有明确的规定，但在学理上和实践中，已有相关表述和应用。

2. 未来债权的性质

将来债权也被称为“生长中的权利”或“生长中的法律关系”，性质上应当属于期待权之一，期待权是指因具备取得权利之部分要件，受法律保护，具有权利之法律地位。随着现代经济的发展，将来债权在商业实践中逐渐显露出巨大的资本效益，所以，当事人对将来债权的期待也就有必要获得法律的进一步保护，只有这样，才会完善未来债权让与的制度。

3. 未来债权的种类

（1）附条件和附期限的债权。指当事人债权关系中设定一定的条件或者期限，并将期限的到来作为该债权发生的依据。

（2）有基础的未来债权。此种未来债权已有基础法律关系存在，债权在该基础法律关系中产生。

（3）纯粹的未来债权。指无基础法律关系，将来可能发生的未来债权。

4. 未来债权的确认

如前所述，资产证券化的法律本质就是债权的转让，因此未来债权的确权问题，就是未来债权资产证券化的核心。毕竟未来债权不同于现实的债权。现实的债权是当事人双方之间的法律关系，虽然，现实债权仍存在着偿还期尚不确定的因素，但是，现实债权的债权人、债务人以及债权内容之间的关系是明确的，而未来债权是现实生活中还没有发生的，在未来有可能会发生的一种债权形态，是建立在现实债权不确定的基础上，存在着许多不可控因素，只要一定的事实发生或者是时间的经过，债权就会产生，但是，最终债权本身是否能够存在还是不能确定的。

由于未来债权其本身是否发生尚不确定，因此未来债权的确认原则与现实债权不同，其确认应采取可识别性原则。至少要实现所转让的债权在“债权产生时”或“原始合同订立时”可以被认定是与该转让相关的债权，这样才能与未来债权的“不确定性”相适应，确保未来转让时的债权是确定的。

四、方发资管·民生银行安驰 1～10 号汇富资产支持专项计划

2015 年 8 月 6 日，广发资管成功发行首期“广发资管·民生银行安驰 1 号汇富资产支持专项计划”。该系列专项计划共分 1～10 号，总规模不超过 200 亿，首期发行 9.14 亿元。

“广发资管·民生银行安驰 1－10 号汇富资产支持专项计划”的基础资产包括民生银行作为开证行确认付款的企业应收账款、民生银行作为保函开立

行担保的企业应收账款、民生银行作为保理商提供买方信用风险担保保理服务的企业应收账款。

该专项计划的一大亮点在于实现了资产证券化项目的批量化核准、标准化发行，做到短时间内完成从银行各分部捕捉融资需求、银行内部审核、计划管理人基础资产筛选及审核到打包进行证券化，构建了适应贸易金融交易特点的批量交易模式。

（一）交易结构

方发资管·民生银行安驰 1 ~ 10 号汇富资产支持专项计划的交易结构见图 6.7。

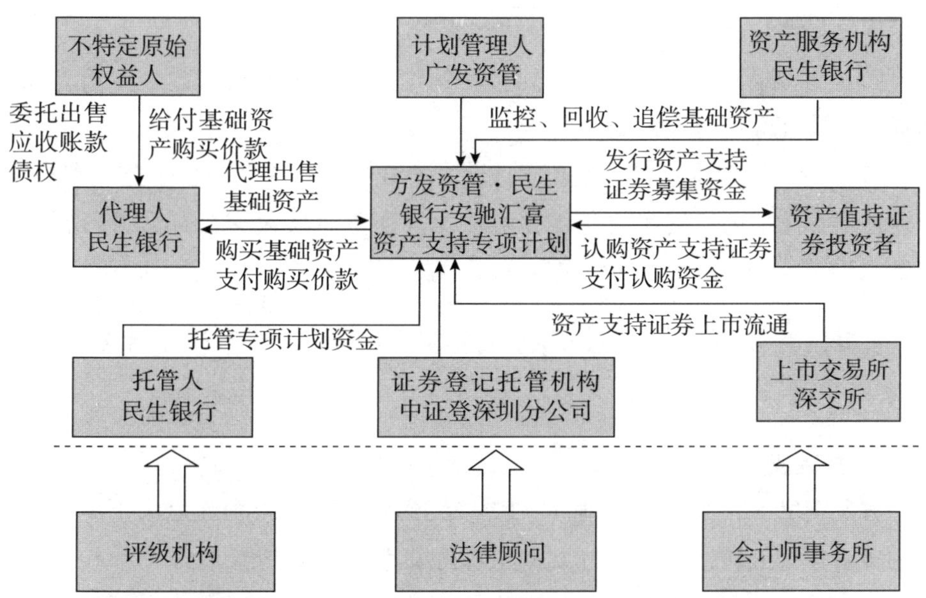

图 6.7　方发资管·民生银行安驰汇富资产支持专项计划交易结构图

（1）除国内信用证开证行付款确认的应收账款债权外，民生银行为不特定原始权益人（作为债权人）与债务人之间的基础交易价款结算提供国内付款保函或买方信用风险担保保理服务作为付款保障措施。

（2）民生银行根据不特定的原始权益人的委托，代理原始权益人向计划管理人转让未到期的应收账款债权。

（3）计划管理人通过设立专项计划向资产支持证券投资人募集资金，并运用专项计划募集资金购买民生银行代理转让的未到期应收账款债权，同时代表专项计划按照专项计划文件的约定对专项计划资产进行管理、运用和处分。

（4）计划管理人委托民生银行作为资产服务机构，为专项计划提供基础资产管理服务，包括但不限于基础资产文件保管、敦促原始权益人自行或代表原始权益人向债务人履行债权转让通知义务、基础资产池监控、基础资产债权清收、基础资产回收资金归集等。

（5）计划管理人聘请民生银行作为专项计划的托管银行，在托管银行开立专项计划账户，对专项计划资金进行保管。

（6）计划管理人按照专项计划文件的约定将专项计划利益分配给专项计划资产支持证券持有人。

（7）专项计划设立后，资产支持证券将在中证登深圳分公司登记和托管。专项计划存续期内，资产支持证券将在深交所综合协议交易平台进行转让和交易。

（二）方发资管·民生银行安驰1～10号汇富资产支持专项计划法律操作要点

1. 基础资产

方发资管·民生银行安驰1～10号汇富资产支持专项计划项下的基础资产是指由代理人转让给专项计划的应收账款债权，该等应收账款债权是指原始权益人对债务人享有的，对债务人履行相应的付款义务及支付滞纳金、违约金、损害赔偿金的请求权，以及基于该等请求权而享有的全部附属担保权益（如有），具体包括国内信用证开证行确认付款的应收账款债权、银行付款保函担保的应收账款债权以及银行提供买方信用风险担保保理服务的应收账款债权。

2. 信用增级

在信用增级方面，基础资产的应收账款债权具体包括国内信用证开证行确认付款的应收账款债权、银行付款保函担保的应收账款债权以及银行提供买方信用风险担保保理服务的应收账款债权，均包含了银行的担保在里面，提高了资产支持证券的信用级别。

3. 原始权益人的委托代理

方发资管·民生银行安驰 1～10 号汇富资产支持专项计划的另一个操作要点是引入原始权益人委托人的模式，即在该专项计划下，民生银行根据不特定原始权益人的委托，代理其向专项计划转让未到期应收账款债权作为入池基础资产。根据原始权益人与民生银行签订的合同，原始权益人授权民生银行作为代理人，将原始权益人未到期的应收账款转让给专项计划。

另外，在该专项计划项下，原始权益人为不特定原始权益人，因为基础资产债权的回收主要依靠基础交易合同债务人和国内信用证开证行履行的付款义务以及民生银行所提供的付款保障，而且该专项计划的另一个创新之处在于，在该系列专项计划获得交易所审核及无异议函时，所有的原始权益人是不存在的，只是在专项计划成立的时候，是确定和特定化的，该专项计划实现了对应收账款的高效率、批量化核准、标准化发行的资产证券化，为业内一大创新。

（三）应收账款资产证券化的法律分析

1. 应收账款的法律定义

我国对于应收账款法律上的界定出现于 2007 年由中国人民银行出台的《应收账款质押登记办法》中："权利人因提供一定的货物、服务或设施而获得的要求义务人付款的权利，包括现有的和未来的金钱债权及其产生的收益，但不包括因票据或其他有价证券而产生的付款请求权。"

2. 应收账款的法律性质

（1）应收账款的金钱债权性。首先，应收账款是指权利人请求相对人做出一定行为的权利；其次，应收账款系属权利人请求应收款债务人给付一定金钱的权利；最后，应收账款不应限于合同债权。

（2）应收账款的无形财产性。应收账款属于没有使用价值，但却具有较高交换价值的财产权利，是一种无形财产。

（3）应收账款具有流动性、速动资产以及营运资产的性质。应收账款在企业生产销售的过程中处于不断循环变动的状态，故而具有流动性。应收账款在实践中属于可以迅速转变成现金的资产，故而具有速动资产性。一般情况下，应收账款的清偿所得要投入到企业的再生产或再销售过程中，故而具有营运资产的性质。

3. 应收账款的法律确认要件

（1）债权人已将出售商品的所有权转移给债务人，并且商品上的主要风险和报酬也一并转移给债务人。

（2）企业既没有保留通常与所有权相联系的继续管理权，也没有对已售出的商品实施控制。

（3）债权人对与交易相关的经济利益的收入有确定的预期。

（4）相关的收入和成本能够可靠地计量。

4. 应收账款在资产证券化过程中应当注意的几个问题

（1）需确保应收账款的回收与发起人完全隔离，确保其完整的金钱债权属性，而不能因为发起人信用等级较低、应收账款有其他瑕疵、债务人有抵消权等，对证券的本息偿付造成负面影响。

（2）根据应收账款的期限设计合理的交易结构，如果期限较短，只有几个月甚至几十天等，可能需要采用循环购买的交易结构。

在循环交易结构下，基础资产产生的现金流在循环期内将用于购买新的标的资产，这些新入池的资产在期限、借款人信用质量等方面都较难预测，因此入池基础资产的合格标准对证券的信用质量具有较大影响。合格标准一般从多个维度对新购买资产的特征做出规定，标准越严格、规定越全面，未来基础资产特征将能更准确地圈定在一定范围内。一般而言，需对新购买资产的借款人信用水平，未来资产池的借款人、行业及地区的集中度，新购买资产的期限、利率、还本方式等有明确的规定。

（3）应收账款只有本金，无额外利息收入，而证券化产品则需要先行支付一定的费用（如评级费用等）以及一定的利息，这部分通常由应收账款本金进行支付，可能导致无法按时足额支付而产生流动性风险，因此需要根据应收账款的规模合理设计交易结构。

（4）应收账款一般无抵质押物等担保措施，因此需要外部担保或超额抵押、现金储备账户等，来提供外部增信。

（5）不同类型的债务人对应的应收账款的性质也不同，从而对应收账款的回收造成较大的影响，因此须严格设定并遵守基础资产的入池标准。

作者简介

黄长清

中国资产证券化研究院首席研究员，中国资产证券化分析网专家顾问，现任嘉兴天风兰馨投资管理有限公司总经理，曾供职于中信证券、一创摩根和恒泰证券，首次在合资券商中牵头建立了资产证券化和私募结构化融资的双重业务流程，负责完成了国内多个首单创新型基础资产的资产证券化和类REITs项目，已完成或正在执行的各类资产证券化项目超过50单。拥有北京大学金融学硕士和南开大学会计学学士学位。

罗桂连

现任陕西金融控股集团有限公司总经理助理（挂职），清华大学管理学博士，伦敦政治经济学院访问学者，中国资产证券化研究院专家。2000年以来一直在基础设施项目融资及资产证券化领域从事实务、研究与政策制定工作。近年在保监会资金部工作，牵头制订资产支持计划监管政策，研究制定保险资金信用风险监管规则。

李耀光

中国人民大学财政金融学院经济学硕士，特许金融分析师（CFA），中国注册会计师（CPA）。现就职于摩根士丹利华鑫证券有限责任公司，担任结构融资总监，负责境内资产证券化、REITs及结构化金融产品的设计与发行，并参与跨境证券化产品的研究或顾问工作，成功完成或执行的资产类型覆盖商业与工业地产、应收账款、银行信贷、消费金融、租赁资产、公共事业收费等。在此之前，曾就职于某行业领先的内资证券公司资产管理部、四大国有银行总行，长期从事理财与资金池投资管理、结构化投融资相关工作，并担任中国资产证券化研究院研究员、中国资产证券化论坛理事及教育委员会委员。

常丽娟

管理学博士，联合信用评级有限公司副总经理兼合规总监，联合信用管理有限公司博士后工作站站长，9年评级从业经验，参与了近20单资产证券化评级项目的报告审核工作，连续4年参与并组织撰写了《中国证券市场发展报告》（资信评级部分）。

周琼

经济学博士。曾任中国邮政储蓄银行信贷业务部副总经理，金融同业部副总经理（主持工作），资产管理部总经理，现任中国邮政储蓄银行战略发展部总经理。发表多篇关于资产管理、资产证券化、普惠金融等方面的文章。

刘洪光

上海大学法学硕士，中国资产证券化研究院研究员，上海市锦天城律师事务所专职律师，主要业务方向为IPO、资产证券化、资产管理等资本市场法律事务。资产证券化领域的主要操作案例有中航租赁资产证券化、唐山路桥收费收益权资产证券化、河北金融租赁资产证券化、中国飞机租赁资产证券化（第1期、第2期、第3期）、金坤小贷资产支持专项计划、蚂蚁微贷资产支持专项计划、某城商行信贷资产证券化、奥克斯融资租赁资产支持专项计划（第1期、第2期、第3期）、北京文科租赁资产支持专项计划、某国家级AAAAA自然旅游景区资产证券化、先锋国际租赁资产支持专项计划、华中租赁资产支持专项计划、某供水资产支持专项计划、某城商行信托受益权资产支持专项计划等几十个资产证券化项目。

洪浩

现任职于中泰证券债券与结构金融部，负责信贷资产证券化和企业资产证券化业务。曾任职于中国对外经济贸易信托有限公司，在信托公司建立了全流程的服务体系。负责或参与十余单公募、私募资产证券化项目。北京大学理学博士，中国资产证券化研究院特聘研究员。

任远

滑铁卢大学硕士和清华大学学士学位，特许金融分析师（CFA）和注册管理会计师（CMA）持证人。曾供职于 Magnetar Capital，领导 MBS 和 ABS 分析部门。参与了很多欧美和中国的公开与非公开市场的结构化交易，包括近年来最大的电影支持证券。

万华伟

经济学硕士，联合信用评级有限公司副总经理兼评级总监，中国证券业协会资信评级专家委员会专家委员，联合信用管理有限公司博士后工作站博士后专家导师，万先生有 10 年以上的评级从业经验。

王冠

资立方信息科技有限公司创始人兼 CEO，北京大学国际关系学院法学硕士，对外经贸大学金融学硕士。曾任海投金融联合创始人、中国区总裁，先后任职于新华社、法国桦榭出版集团，在《21 世纪经济报道》任金融行业高级媒介顾问及金融记者，并在中国财富管理 50 人论坛担任秘书长助理，长期关注创新资产管理及国际金融市场。

张武

普华永道中国金融机构服务部合伙人，专注于金融企业的审计和会计咨询服务，以及企业结构化融资（如资产证券化、优先股等）会计服务，主要客户包括商业银行、融资租赁公司、私募股权基金和投资公司等。负责过诸多资产证券化会计服务项目，在结构设计、会计处理、服务商运营和内部控制设计和评价等方面有着丰富的理论知识和实务经验。

彭琨

西北工业大学研究生学历，中国资产证券化研究院研究员，现任中国邮政储蓄银行资产管理部总经理助理；曾任中国邮政储蓄银行北京分行小企业金融部总经理、邮储银行总行金融同业部总经理助理。参与过多期资产证券化产品发起，并投资资产证券化产品；在《中国金融》、《银行家》、《中国经济周刊》等杂志发表多篇关于资产证券化文章，对资产证券化业务有一定认识。

葛乾达

毕马威上海办公室税务总监，中国注册会计师和中国注册税务师。拥有超过11年的中国税务专业服务经验。目前是毕马威上海金融行业税务服务组的核心成员，在金融行业税收领域有着丰富的实践经验和深刻、创新性的认识。

张连娜

金融工程硕士学历，现任联合评级结构融资部经理、高级分析师，曾负责远东三期、大成西黄河大桥、海南航空BSP票款等数十单资产证券化评级业务。

ıl 中国资产证券化系列

中国资产证券化操作手册（下）

[第二版]

林　华◎主编

中信出版集团 · CHINACITICPRESS · 北京

第七章

保险业资产支持计划 401

第七章
保险业资产支持计划

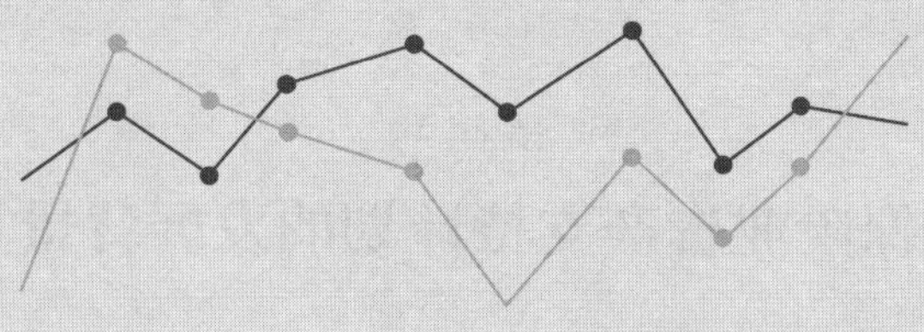

本章分五节，前两节介绍保险业资产支持计划业务的发展背景，后三节介绍资产支持计划业务发展的相关情况。第一节介绍保险业的发展前景、近年保险资金运用市场化改革的情况与效果、保险资金的特征及配置情况；第二节介绍保险资产管理产品体系中各类主要产品的制度建设、产品发行情况及典型案例；第三节介绍资产支持计划的监管政策要点；第四节介绍资产支持计划业务不同发展阶段的 3 个典型案例；第五节分析资产支持计划业务的发展机遇和面临的挑战，提出发展思路及推动立法建设、培育受托人、完善市场机制等政策建议。

第一节 保险业资产支持计划的发展背景

在《国务院关于加快发展现代保险服务业的若干意见》（简称“新国十条”）背景下，保险业进入更高水平的快速发展通道。资产支持计划，作为保险业自主拓展的资产管理产品体系中的重要组成部分，首先应当服务于保险业的发展，服务于保险资金的配置需求，突破国内金融市场同类产品不能满足保险资金配置需求的局限性。

一、保险业发展前景

党的十八大特别是十八届三中全会以来，党中央国务院从国家治理体系和治理能力现代化的角度，对保险业提出了许多新要求，为保险业提供了进一步发展的广阔平台。“新国十条”和《国务院办公厅关于加快发展商业健康保险的若干意见》的正式发布与全面贯彻落实，全方位政策红利的逐步释放，将引领保险业进入更高水平的快速发展通道。

回顾改革开放以来的历程，我国保险业经历了与市场经济同步发展的过程。每一次市场化改革的重大推进，都促成了保险业的一轮大发展，以及保险业服务能力的一轮大提升。

20 世纪 70 年代末，我国开始改革开放和探索发展市场经济，促成了保险业发展的第一次浪潮。1979 年 4 月，国务院同意恢复国内保险业务。复业之初，保险市场只有一家公司，保费收入只有 4.6 亿元，到 1991 年，当年全国保费收入增长到 236 亿元。

1993 年十四届三中全会做出《关于建立社会主义市场经济体制若干问题的决定》，我国保险业步入快速发展通道。1992 年寿险个人营销模式引入我国，刺激了保险市场的迅速扩张，当年全国保费收入较上年增长 56%。1999 年投资理财型保险产品面世，成为推动保险业务增长的又一推动力。到 2001 年，全国保费收入超过 2 000 亿元。

2003 年十六届三中全会对完善社会主义市场经济体制若干问题做出了重大决定，保险业改革发展迎来了第三次浪潮。国内保费收入从 2002 年的3 053 亿元增长到 2013 年的 1.72 万亿元，年均增长 17%，世界排名从第 15 位跃居第 4 位。2014 年全国保费收入突破 2 万亿元，保险业总资产突破 10 万亿元，保险业总资产增速达 17.5%。

2014 年 8 月 13 日，国务院印发“新国十条”，标志着保险业将以全新的角色定位融入国家发展战略之中，为保险业改革发展提供了最大的政策红利。“新国十条”的颁布，有利于加深各级政府对保险功能和作用的理解，提高全社会对发展现代保险服务业重要性的认识；有利于整合社会各方资源，为保险业创造低成本的政策环境；有利于加快保险业改革创新，通过发挥市场配置资源的决定性作用，进一步激发保险业发展活力、释放发展潜力。

“新国十条”明确了未来一个时期保险业的发展目标，到 2020 年，基本建成保障全面、功能完善、安全稳健、诚信规范，具有较强服务能力、创新能力和国际竞争力，与我国经济社会发展需求相适应的现代保险服务业，使保险成为政府、企业、居民风险管理和财富管理的基本手段，成为提高保障水平和质量的重要渠道，成为政府改进公共服务、加强社会管理的有效政策工具。保险深度达到5%、保险密度达到3 500元/人。从保险密度看，根据国家卫生和计划生育委员会预计，2020年总人口将达14.5亿人，按保费收入5.1万亿元测算，保险密度在3 500元左右。从保险深度看，我国经济已经进入中高速增长阶段，未来一个时期国内生产总值名义增长率应该在8%左右，2020年国内生产总值将达到97.5万亿元，按保费收入5.1万亿元测算，保险深度在5%左右。

“新国十条”明确了发展现代保险服务业的主要领域，从资产负债表的两边进行了全方位的突破和创新。从负债边看，对保险行业多年来一直关注的个人税延型养老保险、健康保险、巨灾保险、责任保险、农业保险等多个重点领域都给予了明确支持。“新国十条”提出要促进保险服务业与养老服务业融合发展、支持保险机构参与健康服务业产业链整合，又提出了要积极探索和推进具有资质的商业保险机构开展各类养老、医疗保险经办服务。特别是在个人税延型养老保险方面，明确了启动时间表。这些都为保险业参与社会保障体系建设提供了巨大空间。

从资产边看，保险资金运用的相关政策更加灵活，服务的重点更加突出，“新国十条”为保险资金营造了多维度投资空间，保险资产管理将面临更多新机遇。

一是创新保险资金运用方式。“新国十条”提出要促进保险市场与货币市场、资本市场协调发展。鼓励设立不动产、基础设施、养老等专业保险资产管理机构，允许专业保险资产管理机构设立夹层基金、并购基金、不动产基金等私募基金；稳步推进保险公司设立基金管理公司试点；探索保险机构投资、发起资产证券化产品；探索发展债券信用保险；积极培育另类投资市场。

二是支持民生工程和重大工程建设。“新国十条”提出，要充分发挥保险资金长期投资的独特优势，鼓励保险资金利用债权投资计划、股权投资计划、资产支持计划等方式，在支持重大基础设施、棚户区改造、城镇化建设等民生工程和国家重大工程中发挥更积极作用。

三是支持新兴产业发展。鼓励保险公司通过投资企业股权、债权、基金、资产支持计划等多种形式，在合理管控风险的前提下，为科技型企业、小微企业、战略性新兴产业等发展提供资金支持，并研究制定保险资金投资创业投资基金相关政策。

对照“新国十条”的要求，我国保险业目前仍处于发展的初级阶段，与党中央国务院的要求相比，与人民群众的期望相比，保险业各方面还有较大差距。保险业要借政策红利的东风，因势利导，乘势而上，开拓创新，不断进取，在更大范围、更广领域、更高层次上为国家治理体系和治理能力现代化服务。

二、保险资金运用市场化改革

近年来，保险资金运用监管工作坚持“放开前端、管住后端”的总体思路，大力推进市场化改革，不断强化事中、事后监管，取得了显著成效。

（一）“放开前端、管住后端”的监管思路源于正确认识政府和市场的关系

近年来，我国保险业发展势头良好。在经济增速放缓的背景下，保险业扎实推进市场化改革，释放改革红利，实现了持续快速增长，在国民经济各行业中表现抢眼。保险业快速发展，保险资金运用起到了决定性作用。这突出表现在保险资金投资收益率逐年攀升，从2012年的3.39%提高到了2013年的5.04%，再提高到2014年的6.3%。2015年前7个月，保险资金投资收益为5 416.77亿元，同比增长130.94%，年化投资收益率达到9.33%，创2008年国际金融危机以来最好水平。

保险资金投资收益持续提升以及保险业整体向好，得益于保险业深入贯彻落实党的十八届三中全会《中共中央关于全面深化改革若干重大问题的决

定》（简称《决定》）精神，努力使市场在资源配置中起决定性作用和更好发挥政府作用，提出“放开前端、管住后端”的监管思路，全面推进保险资金运用领域市场化改革，显著激发了市场活力，增强了创新动力，促进了监管方式转变，提升了监管现代化水平。

“放开前端”，是指尽可能减少行政审批、核准等前置性管制手段，让市场主体享有更大的经营和投资自主权，增强发展的内生动力。“管住后端”，是指强化事中、事后监管，加强对保险资金运用风险的持续性监测和监管，守住不发生系统性、区域性风险的底线。这一思路厘清了监管和市场的关系，使金融监管工作从越位的地方退出来，把腾出来的精力放在进一步做好监管工作上，把缺位的地方补上去。通过“一退一补”，把事中、事后监管做好，把该管的管住、管好。

（二）“放开前端”：使市场在资源配置中起决定性作用

近年来，保监会大幅度减少保险资金运用领域的行政审批，着力将更多投资选择权和风险责任交给市场主体，主要从4个方面“放开前端”：

一是扩展和丰富可投资资产种类，逐步放开股权、不动产、创业板股票、蓝筹股、优先股、创业投资基金等投资，极大地拓展了保险资金的投资选择和配置空间。

二是整合、简化监管比例限制，将原来50余项监管比例减少至10余项，建立以大类资产分类为基础的多层次比例监管新体系。

三是推进注册制改革，将基础设施投资计划等资产管理产品发行方式由备案制改为注册制，大幅度提升了产品发行效率，2013年、2014年这两年的注册规模达到之前7年的4倍。

四是加强与地方政府的合作与交流，在湖北、山东、天津、上海、江西、陕西等省市召开对接会，搭建沟通合作平台，既拓展了保险资金的配置领域，又支持了实体经济的发展。

“放开前端”赋予市场主体更多的投资自主权、选择权和风险判断权，大大激发了市场活力和创新动力。保险资金运用创新意识显著增强，产品形式、交易结构等更加灵活多样。从产品形式来看，涉及基础设施债权投资计划、股权投资计划、项目资产支持计划等诸多领域，尤其是2015年年初保险资金发起设立中小微企业基金、医疗健康产业成长基金等。从交易结构看，保险资金以诸多国家重大项目投资者和合伙人身份积极服务于实体经济发展，如投资360亿元参与中石油管道项目、投资121亿元建立振兴粤东西北城市发展产业投资基金等。

需要指出的是，“放开前端”后保险资金运用并没有出现大的投资风险，始终保持以固定收益类资产为主的配置结构，守住了风险底线。当前，保险资产质量优良，安全性较高；高流动性资产占比接近10%，流动性风险较小；实行专业化运作及资金全托管制度，降低了操作风险。从总体来看，保险资金运用风险处在可控范围。

（三）“管住后端”：大力推进监管体系现代化

保险资金运用市场化改革的重点和难点在于“管住后端”。近年来，保监会在“放开前端”的同时，不断强化监管，持续在“管住后端”上花大力气、下苦功夫。“管住后端”，从狭义角度理解，就是指事后的偿付能力监管，运用资本手段实现对资金运用的约束；从广义角度看，不仅包括事后的偿付能力监管，还包括事中的对保险资金运用风险的持续性监测和监管。

在强化事中监管方面，保监会加强保险资金运用风险的监测和预警，推进监管信息化，完善风险监测体系，对于风险问题做到心中有数，在风险事件发生早期、还没扩大化时就着手处理，避免出现大的风险事件特别是系统性风险。比如，2014年保监会持续监测保险资金投资信托产品，及时研究分析基础资产风险，并有针对性地出台规范措施，调整资产认可比例，有效抑制了信托产品投资过快增长。此外，保监会不断丰富监管工具和手段，积极运用信息披露、内部控制、分类监管、资产负债匹配、资产托管等，全面加强保险资金运用事中监管。

在强化事后监管方面，主要是科学有效地运用偿付能力监管。从国际上看，偿付能力监管是各国保险监管机构“管住后端”的核心工具。保监会每季度都召开偿付能力监管委员会例会，定期评估行业偿付能力状况，有针对性地采取监管措施。特别是从2012年开始，启动“中国风险导向的偿付能力体系”（即中国第二代偿付能力监管制度体系，简称“偿二代”）建设，更加科学地识别和计量风险，对风险高或风险管理能力差的公司提高资本要求，进一步强化了偿付能力对保险资金运用的影响和约束作用。

经过近几年的探索和实践，保监会已初步构建起“一个基础、五个工具、三个支撑”的现代化、多层次保险资金运用监管体系。“一个基础”，是指以非现场监测和现场检查为基础；“五个工具”，是指以信息披露、内部控制、分类监管、资产负债匹配和偿付能力等监管工具为手段，强化事中、事后监管；“三个支撑”，是指以登记系统等监管信息化、资产协会自律、资金运用属地监管为监管工作的三大支撑。

全面深化保险资金运用领域市场化改革的成效，不仅体现在投资收益提高上，还体现在监管现代化水平提高上。只有切实提高保险资金运用监管的现代化水平，才能巩固保险业整体向好的成果，持续激发市场活力，防范系统性风险。应当明确，保险资金运用是为保险主业服务的。保险资金主要来源于保费收入，是保险产品的各种准备金，相比金融市场上的其他资金，其结构要复杂得多，匹配难度要大得多。有效管理保险资金运用，就是要根据保险负债特点，实现资产和负债的长期匹配与动态管理。同时，保险资金的长期性、负债性、复杂性等特性，决定了保险资金具有追求长期、安全、稳定回报的内在要求，必须坚持以固定收益、类固定收益为主的投资方向。依据保险资金运用规律，结合近几年取得的改革经验，将在以下几个方面着力提高监管现代化水平。

一是继续坚持保险资金运用市场化改革方向。实践经验表明，管得过多、过死也是一种风险。事无巨细的管制、审批容易导致发展动力不足、投资能力薄弱、投资收益率偏低。这对于有负债成本的保险资金来说也是一种风险，甚至可能是系统性风险。党的十八届三中全会以来，保险资金运用市场化改革显著激发了市场活力、释放了改革红利，促进了保险行业持续、健康、快速发展。

二是不断强化事中、事后监管。保险资金运用监管工作，既要“放得开”，更要“管得住”。相比于“放开前端”，保险资金运用监管改革的难点在于如何“管住后端”，在于如何更好地把强化监管与推进市场化改革创新有机结合起来。在“放开前端”之后，一方面要确保保险资金运用符合保险负债特性，切实搞好资产负债管理，坚持追求长期、安全、稳定的投资回报，使保险资金运用符合自身发展规律；另一方面要持续加强和改进保险资金运用监管工作，坚持依法监管，着力提升信息化监管水平，加强监管基础设施建设，建立现代化监管体系。

三是切实加强对保险资金运用的风险监测力度。保险资金运用专业性强、涉及领域广，既有固定收益市场，也有权益市场；既有公开市场，也有非公开市场；既有国内市场，也有国际市场。必须做到对各类市场风险及时监测、对风险状况了然于胸，这对于防范风险至关重要。未来一个时期，应进一步加强保险资金运用领域的风险监测和预警，加大对重点风险领域和重点风险公司的风险监测力度，对于风险事件做到早发现、早预警、早处置，坚守不发生系统性、区域性风险的底线。

三、保险资金配置情况

（一）保险资金的特征

与银行、信托、证券、基金等其他金融子行业的资金相比，保险资金具有以下特征：

一是长期性。保险资金特别是寿险中的养老保险、医疗保险所积聚的保险资金的久期通常非常长。以养老保险为例，一个25岁硕士毕业的年轻人，如果当年就开始参加养老金计划，按月、季度或年向养老保险计划缴费，按照锁定规则，到65岁退休之前一直存钱而不能取出，这个积累期最长可达40年。假设他的预期寿命是85岁，在65～85岁这20年间往往是平均使用退休前积累的养老金。理论上，养老保险资金的久期最长可以到60年。医疗保险也是如此，一个正常人生命周期内的总医疗费用有70%以上是在生命最后几年集中支出，之前的几十年时间积存的医疗保险资金的久期也长达30～40年。养老保险与医疗保险是寿险公司的主要资金来源，由此寿险公司很高比例的保险资金的久期可以长达30年以上，其他金融子行业的资金不具备这个特点。

二是稳定性。养老保险与医疗保险都是制度化的储蓄计划，一旦加入某家保险公司的某项保险计划，由于转换成本较高，投保人一般不会轻易转换保险公司，而是稳定地按期按约定水平缴纳保险费，这种资金来源的稳定性也超过其他金融子行业。投保人长期稳定缴纳保险费的基础是保险资金要获得超过长期通货膨胀水平的长期投资收益率，确保这种长期储蓄资金实现保值、增值。所以保险资金的投资目标强调获得超过通货膨胀水平的绝对收益，重视配置长期战略性资产，相对忽视短期的交易性机会。

三是安全性。对于特别有钱的高收入人群，家庭财富或持续收入完全可以轻松应对养老、医疗、护理、意外等社会风险冲击的人群，购买商业保险的意义不大。对于日常支出都无法保证的低收入人群，也无力购买商业保险。因此购买商业保险的主体人群是中产阶级，他们将当期工薪收入的一部分节约出来购买保险，为退休后的养老、医疗、护理或意外风险积累资金。由此，商业保险资金又称为“中产阶级的养命钱”，保险资金的安全性要求超过其他金融子行业所管理的资金。

（二）保险资金运用的总体情况

1. 总资产

截至2014年年末，保险业总资产达10.16万亿元，保险资金余额为9.33万亿元。保险业近10年总资产增长情况见图7.1，10年平均增速为25%，显示保险业总资产持续平稳快速增长。

2. 投资收益率

2014年，保险资金实现投资收益5 358.78亿元，同比增加1 700.46亿

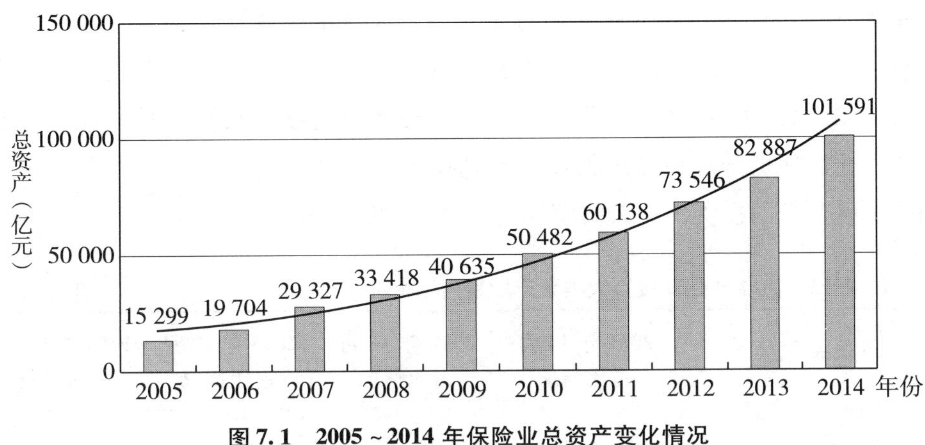

图 7.1　2005～2014 年保险业总资产变化情况

元；财务收益率[①]为 6.30%，同比增长 1.26 个百分点；综合收益率[②]为 9.17%，同比增长 5.1 个百分点。财务收益率和综合收益率均实现近 5 年来最好水平。2005～2014 年保险资金投资收益率变化见图 7.2。

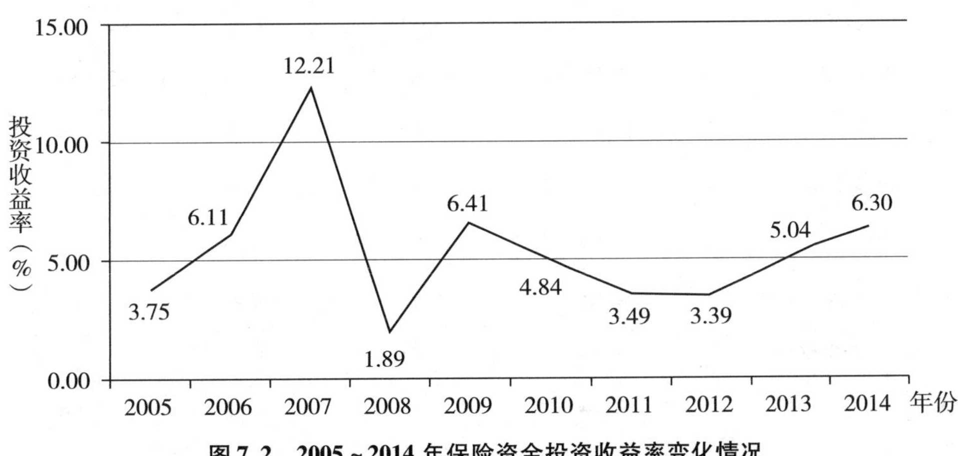

图 7.2　2005～2014 年保险资金投资收益率变化情况

3. 资产配置结构

2012 年保险资金运用新政发布以来，保险资金投资渠道全面放开，保险

---

① 财务收益率 =（已实现收益 + 交易类资产公允价值变动损益）/资金运用平均余额。

② 综合收益率 =（财务收益 + 可供出售类资产公允价值变动损益）/资金运用平均余额。

资金大类资产配置结构发生实质性变化。从表 7.1 的统计数据可以看出几个明显特征：一是包括银行存款与债券在内的固定收益类资产的配置比例持续下降；二是权益类资产稳中有升，特别是长期股权投资明显上升；三是另类投资占比快速提升，基础设施投资计划投资比重持续上升，集合资金信托计划等金融产品的投资占比大幅度提高。具体情况见表 7.1。

表 7.1　2011～2014 年保险投资大类资产配置占比情况　（单位：%）

资产类别	2011 年 12 月占比情况	2012 年 12 月占比情况	2013 年 12 月占比情况	2014 年 12 月占比情况
一、流动性资产	5.75	6.45	5.17	5.32
1. 活期存款	4.93	5.56	3.43	3.55
2. 货币市场基金	0.36	0.66	0.63	0.96
3. 买入返售金融资产	0.45	0.24	1.11	0.81
二、固定收益类资产	74.2	73.24	69.44	61.72
1. 银行存款	27.12	28.65	26.03	23.57
2. 债券	47.07	44.59	43.42	38.15
三、权益类资产	14.92	13.97	13.94	16.41
1. 股票	6.86	6.5	5.58	6.01
2. 证券投资基金	4.91	4.63	4.02	4.09
3. 长期股权投资	3.14	2.84	4.33	6.3
四、不动产类资产	3.14	3.58	7.12	8.68
1. 投资性房地产	0.55	0.53	0.9	0.84
2. 基础设施投资计划	2.59	3.05	6.22	7.84
五、其他投资	1.99	2.76	4.34	7.87
其中：贷款	1.35	1.83	2.94	4.28
合计	100	100	100	100

（三）存在问题

一是长钱短配问题突出。2009～2013 年的 5 年间，国内保险资金平均投资收益率为4.6%，而美国寿险公司近20 年来平均投资收益率在7%～13%之间。主要原因是国内金融市场不发达，广度与深度还不够，利率的期限结构与信用结构未能形成，长期资金的定价优势未能充分发挥出来。由于缺乏较大规模的长期金融产品，保险资金被迫主要配置期限较短的金融产品，造成投资收益率不高，收益的波动性很高。与美国等成熟金融市场相比，我国保险资金作为长期资金的价值没有得到应有的体现。以寿险为例，据统计，2014 年年末，15 年期以上的资产与负债缺口高达 1.96 万亿元。

二是直接投资比例过低。保险资金投资银行存款、次级债、银行股票等资产的比例超过行业总资产的50%，而诸多中小寿险公司的资金来源也主要依赖于银保渠道。一方面资金成本较高，另一方面投资收益率较低，造成寿险业过度依赖于银行业，独立发展能力不足，盈利能力较弱。保险资金直接对接实体经济的能力不足，制约保险资金长期性资金优势的发挥，受银行业总体风险状况的影响较大。保险资产管理机构的机构和人数较少，主动投资管理和风险管理能力尚不够强，对接基础资产的能力较弱，制约保险业的稳定健康发展。

三是房地产与境外投资比例过低。商业地产可以产生稳定的租金收入，在一国经济快速发展时期还有很强的资产增值潜力，是保险资金配置的重要标的。由于监管政策和行业投资能力的限制，2014 年年底保险业向房地产行业投资总额为784.35 亿元，仅占投资资产的0.84%。国内保险业整体上未能抓住 2000 年以来国内房地产业的黄金发展时期。全球化配置可以分散投资风险，国外保险资金境外配置比例普遍在 10% 以上。2014 年年末，保险资金境外投资余额为205.01 亿美元，折合人民币约 1 256.03 亿元，占行业总资产的1.35%。目前我国保险资金境外投资占比不足1.5%，与15%的监管政策上限相比，还有较大发展空间。与其他国家和地区相比，差距也很大。

第二节
保险业资产管理产品体系介绍

近年来，中国保监会从制度层面构建了由债权投资计划、股权投资计划、资产支持计划、私募基金等组成的资产管理产品体系，这些产品之间有明确边界，各有侧重，相互补充，共同为融资主体提供多元化的融资解决方案，有条件更好地发挥保险资金的优势，更好地对接服务实体经济。

一、制度建设

（一）基础设施投资计划

根据2004年7月国务院印发的《关于投资体制改革的决定》（国发〔2004〕20号）精神，保监会在征得国家发改委等五部委同意的基础上，拟定《保险资金间接投资基础设施项目试点管理办法》（简称《试点办法》），于2005年9月上报国务院，当年12月获得批准，2006年3月正式发布实施，决定允许保险资金以间接方式投资基础设施项目。

此项投资经历了试点、扩大试点和进入常态3个阶段。2006~2007年为试点阶段，投资额度和投资项目全部逐单报国务院批准。2008年到2009年上半年为扩大试点阶段，保监会再次征求五部委意见，并报国务院批准，决定放松投资管制，允许保险机构在规定的投资比例内自主选择投资项目发行投资计划产品，明确保险公司可用占总资产8%的资金（其中债权投资计划5%，股权投资计划3%）间接投资基础设施项目。

随后，根据国务院要求和有关部委意见，保监会采纳保险机构建议，顺应市场情况变化，在《试点办法》的基础上，先后制定《保险资金间接投资基础设施债权投资计划管理指引》（保监发〔2007〕53号）、《基础设施债权投资计划产品设立指引》（保监发〔2009〕41 号）和《关于保险资金投资基础设施债权投资计划的通知》（保监发〔2009〕43 号），至此形成保险资金间接投资基础设施的政策框架和主要监管政策依据，业务进入常态化发展阶段。

2012 年 10 月，保监会印发《关于保险资金投资有关金融产品的通知》（保监发〔2012〕91 号）及《基础设施债权投资计划管理暂行规定》（保监发〔2012〕92 号），同时废止《关于保险资金投资基础设施债权投资计划的通知》、《保险资金间接投资基础设施债权投资计划管理指引（试行）》、《基础设施债权投资计划产品设立指引》，构建起现行制度体系。

基础设施投资计划，是以特定项目债权、股权或物权为基础资产，将其信托化、份额化和凭证化的证券化产品，是一种确定投资份额、金额、币种、期限、资金用途、收益支付和受益权可转让的金融工具。投资计划份额是一种信托型受益凭证，可以实现兑付或流通转让。受托人可以是信托投资公司、保险资产管理公司、产业投资基金管理公司或其他专业管理机构。根据现行监管政策，保险资金可以通过债权和股权等多种方式参与基础设施项目建设，投资标的涵盖交通、资源、能源、市政、环保、通信、土地储备和保障房等行业，投资比例可以达到保险公司上季末总资产的 30%。2015 年 9 月 30 日保险业总资产为 11.58 万亿元，目前全行业可投资规模为 3.47 万亿元，投资空间很大。

（二）资产支持计划

2012 年中国保监会发布《关于保险资金投资有关金融产品的通知》（保监发〔2012〕91 号），允许保险资金投资保险资产管理公司发行的资产支持计划，为保险机构开展资产证券化业务预留了空间。2013 年 4 月保险资产管理公司开展资产支持计划试点业务启动，2014 年 8 月保监会资金部向保险机构下发了《项目资产支持计划试点业务监管口径》（以下简称《监管口径》）。

业务试点过程中，国家政策层面给予了充分支持。《关于加快发展现代保险服务业的若干意见》（国发〔2014〕29 号）和《关于创新重点领域投融资机制鼓励社会投资的指导意见》（国发〔2014〕60号）均提出，支持保险机构探索发起资产证券化产品，明确鼓励保险机构通过资产支持计划形式对接存量资产，为实体经济提供资金支持。

2015年8月25日中国保监会印发了《资产支持计划业务管理暂行办法》（保监发〔2015〕85号），推动业务由试点转为常规化发展。

（三）私募基金

2015年9月10日中国保监会印发《关于设立保险私募基金有关事项的通知》（保监发〔2015〕89号），立足支持国家战略和实体经济发展，结合保险资金期限长、规模大、负债稳定等特点，对设立保险私募基金进行了规范。

一是明确基金类别和投向。支持保险资金设立成长基金、并购基金、新兴战略产业基金、夹层基金、不动产基金、创投基金及相关母基金，重点投向国家支持的重大基础设施、战略性新兴产业、养老健康医疗服务、互联网金融等产业和领域。

二是建立规范化的基金治理结构。借鉴市场惯例，基金发起人应当由资产管理机构的下属机构担任，基金管理人可以由发起人、资产管理机构或资产管理机构的其他下属机构担任。

三是明确市场化运作机制。要求基金管理人具备相应的投资能力，建立股权激励、收益分成、跟进投资等关键机制，充分发挥市场作用；规定资产管理机构及其关联方持股基金管理人比例，以及基金发起人及其关联方认缴基金比例不低于30%，落实管理责任。

四是贯彻“放管结合”原则。对保险资金设立私募基金实行注册制度，提高市场效率；列明基金管理人的管理责任，明确报告要求和禁止行为，建立负面清单制度，加强事中、事后监管；建立保险机构与基金发起人之间的隔离机制，避免风险传导；要求基金配备专属管理团队，实现专业化运作；建立托管机制，保障基金资产安全独立；规范关联交易程序和限额，防范投资和操作风险。

二、产品发起设立情况

截至2015年9月底，保险业累计发起设立各类债权、股权和资产支持计划472项，合计备案（注册）规模12 292.38亿元。其中：

（一）债权投资计划

截至2015年9月底，累计发起设立427项基础设施和不动产债权投资计划，备案（注册）金额为10 340.78亿元，占注册资产管理产品的84.12%。平均投资期限为6.95年，平均年收益率为6.76%。债权投资计划具体情况如下：

（1）募集规模：前三位为平安资产、太保资产和太平资产，分别达到2 963.19亿元、1 770.98亿元和986亿元，占比分别为28.66%、17.13%和9.54%。

（2）投资行业：主要集中在交通、不动产和能源行业，投资规模分别为3 509.92亿元、3 498.46亿元和2 210.1亿元，占比分别为33.94%、33.83%和21.37%。

（3）区域分布：覆盖全国30个省市，集中度排名前五位的区域分别是上海1 029.38亿元、北京978.2亿元、江苏824亿元、浙江532.3亿元和天津515.8亿元，占比分别为9.95%、9.46%、7.97%、5.15%和4.99%。

（4）典型案例：债权投资计划的典型案例见表7.2。

（二）股权投资计划

截至2015年9月底，累计发起设立22项股权投资计划，备案（注册）金额1 109.38亿元，占注册资产管理产品的9.02%。主要投资中石油西一、二线西部管道项目360亿元，京沪高铁项目160亿元，北京地铁项目70亿元，合计占比53.18%。本小节介绍两个典型案例：

表 7.2　债权投资计划的典型案例

序号	投资年度	投资计划名称	规模（亿元）	偿债主体	期限（年）	收益率（%）	投资项目	担保机构
1	2013	华泰 - 武汉保障房债权投资计划	30	1. 武汉市土地整理储备中心 2. 武汉市都市产业投资发展有限责任公司	7	6. 55	汉阳区黄金口等 3 个保障房项目	中信银行
2	2013	合众—芜湖公共租赁房债权投资计划	20	芜湖宜居投资（集团）有限公司	7	6. 419	芜湖市香城湾和星河湾公共租赁房项目	招商银行
3	2014	平安—洛阳棚户区改造项目债权投资计划	10	洛阳市新区建设投资有限责任公司	7	6. 5	洛阳新区伊滨区福民工程 4 号安置小区	交通银行
4	2014	光大永明—滁州棚改项目债权投资计划	10	滁州市安投置业开发有限公司	10	6. 8	滁州市城市棚户区改造项目	国家开发银行
5	2010	太平洋—武汉天兴洲公铁两用长江大桥债权投资计划	20	武汉天兴洲道桥投资开发有限公司	10	5. 69	武汉天兴洲公路铁路两用长江大桥项目	武汉市城市建设投资开发集团
6	2011	平安—赣铁债权投资计划	19	江西省铁路投资集团公司	10	5. 32	昌九城际铁路项目和沪昆铁路客运专线杭长段	民生银行
7	2011	人保—淮北矿业项目债权投资计划	20	淮北矿业股份有限公司	5	6. 026	袁店一矿、袁店二矿及青东矿井项目	中国银行
8	2012	泰康—湖南国省干线债权投资计划	30	湖南省公路建设投资有限公司	7	6. 55	湖南省内干线公路项目	交通银行

（续表）

序号	投资年度	投资计划名称	规模（亿元）	偿债主体	期限（年）	收益率（%）	投资项目	担保机构
9	2013	平安—联投集团债权投资计划	50	湖北省联合发展投资集团有限公司	10	7.3	四条城际铁路项目	兴业银行
10	2013	平安—武汉交投债权投资计划	40	武汉交通工程建设投资集团有限公司	10	5年期贷款基准利率	武汉四环线高速公路项目	兴业银行
11	2014	中意—太原煤气化公司债权投资计划基本情况	15	太原煤气化股份有限公司	7	5年期贷款基准利率	太原煤气化股份有限公司的三个煤矿项目	山西晋城无烟煤矿业集团有限责任公司
12	2014	长江养老—南昌水投债权投资计划	10	南昌水利投资发展有限公司	7	7.2	象湖、抚河截污工程和幸福水系综合整治工程	浦发银行

1. 中石油西一、二线西部管道项目股权投资计划

2013年6月，中国石油天然气股份有限公司（简称中石油）与保险资金和有关社会资金，共同设立中石油管道联合有限公司，开展天然气管道工程建设等相关业务，注册资本400亿元。中石油以其评估值为200亿元的部分西气东输管道净资产出资，认缴其中50%股权，保险资金与有关社会资金合计认缴其余50%股权。

其中，泰康资产等保险机构发起设立股权投资计划，募集保险资金360亿元，认缴30%股权，投资期限10～20年；北京国联能源产业投资基金（简称国联基金）出资240亿元，认缴20%股权。中石油、泰康资产及国联基金约定，保险资金预期年投资收益率约为6.5%。泰康资产等保险机构可在投资第10年及投资期届满时，要求中石油或中石油指定机构，收购保险资金持有的管道公司股权。该投资计划的创新性有：

一是创立了固定收益特征较强的股权投资模式。

二是为研究解决我国长期资本供给不足及资本多元化等问题提供了有益的思路。

三是开辟了保险资金服务实体经济的新角度，有利于探索保险资金深化与中央企业合作、充分挖掘社会优质资源、支持国家经济发展的新渠道。

四是建立了股权投资退出及第三方承诺机制，基本保障了投资的本金及收益，创新风险相对可控。

2. 广东（人保）粤东西北振兴发展产业投资基金项目股权投资计划

2014年6月，广东省财政厅与中国人保集团、中国建设银行广东省分行共同设立了规模为121亿元的粤东西北振兴发展股权基金（简称振兴基金），这是全国第一个由省级平台与金融央企合作设立的股权基金，将集中投资于广东省内各经济欠发达地市新区起步区及中心城区建设。振兴基金是在清理地方政府融资平台、规范地方政府债务的政策背景下，对于怎样用政府有限的财政资金撬动社会资本支持地方城镇化建设、解决项目建设的资本金问题、探索保险资金参与新型城镇化建设的有益尝试。

振兴基金在财政资金的使用方式上进行了改革创新，广东省通过省财政出资40亿元发起设立了121亿元的振兴基金，这些资金可用于重大项目资本金，再进一步吸引商业银行信贷支持及滚动投资，预计可撬动1 200多亿元的金融资本和社会资金投入广东省粤东西北地区，杠杆效应超过30倍，真正发挥财政资金“四两拨千斤”的作用。具体体现为3个“转变”和一个“发挥”：

一是从资金分配转变为股权投资，通过省财政注资省属企业，再由省属企业发起设立基金并以股权形式投资有关项目，实现了财政资金的“一资两用”。

二是从一次性投入转变为循环使用，通过阶段性持股、适时退出获得合理回报并再次投入的滚动支持方式，有效发挥财政资金的可持续支撑作用。

三是从无偿拨付转变为有偿使用，通过股权投资、固定回报的交易结构设计，约束和激励地市级政府选好项目、管好项目和防范风险。

四是发挥财政资金的增信作用，把高等级的省级政府信用转化为粤东西北经济欠发达地区的市场信用，不仅解决了欠发达地区融资难问题，而且大大降低了欠发达地区融资成本。

在振兴基金中，广东（人保）粤东西北振兴发展产业投资基金项目股权投资计划出资60亿元，认购振兴基金的全部优先级LP份额，期限为9年，投资收益率为7.5%。振兴基金开创了保险行业内多项“第一”：

一是该基金是第一支由省级政府与保险机构合作设立的城镇化基金，采取了省级和地市级两层结构，上层结构设计满足保险资金的风险偏好，下层采取市场化的投资策略。

二是该产品结构是保险行业第一次尝试通过发起设立股权投资计划，投资基金的优先级LP份额，归集资金后再投资多个项目，拓宽了保险资金的投资方式。

三是实现与商业银行紧密合作，商业银行资金通过信托方式认购基金的次优级，对合作方提供流动性支持，并为项目建设提供结构性融资安排。

（三）私募基金典型案例

1. 苏州产业基金

苏州国发创业投资控股有限公司发起设立并管理100亿元的股权基金，投资于苏州城市发展和城乡一体化建设等类似项目，基金存续期为12年。基金份额划分为A、B、C三个级别，金额分别为60亿元、10亿元和30亿元。其中，A级为优先级，B、C级为次后级，A级和B级份额享有每年不低于7.5%的承诺收益。

国寿投控运用国寿集团、国寿股份和国寿财险3家公司的保险资金，以有限合伙方式，认购全部60亿元的A级份额，投资期为10年。该基金的另外40亿元份额由东吴证券和国发创投出资，东吴证券通过资产管理产品募集10亿元认购B级份额，国发创投代表苏州市政府出资30亿元认购C级份额。

保险资金的主要风险防范措施有：

一是与苏州城市建设投资发展有限公司签订协议，约定投资期满，或投资期间发生实际收益低于预期收益率等特定情形，由苏州城投受让中国人寿持有的全部基金份额，且收购金额至少覆盖投资本金和预期收益。

二是与苏州市财政局、中国银行苏州分行、浦发银行苏州分行签订资金监管协议，约定由苏州市财政局在两家银行的资金监管账户存入75亿元收购备付金，如苏州城投未按约定支付收购款，则由备付金支付，备付金不足的差额部分，由两家银行补足。

三是按约定取得基金投资顾问委员会5个席位中的3个。

2. 中小微企业私募股权投资基金

2015年1月6日，中国保监会批复光大永明资产管理股份有限公司联合5家保险公司设立中小微企业私募股权投资基金。基金采用有限合伙制的组织形式，以光大永明资产管理股份有限公司下属子公司合源资本投资管理有限公司为基金发起人和管理人，设立北京合源融微股权投资中心（有限合伙）。合源资本投资管理有限公司的注册资本为1亿元，其中光大永明资产管理股份有限公司出资30%，员工持股平台出资20%，其他5家保险公司各出资10%。

基金规模20亿元，采取认缴出资制度，主要投资小贷公司、农商行等向中小微企业融资的金融机构，以及“新三板”相关企业股权，兼顾其他中小微企业股权；重点选择消费服务升级、医疗健康服务、文化传媒、金融升级服务、互联网等战略新星产业，为企业提供资本支持和增值服务。投资后通过并购、上市等方式退出。

3. 阳光融汇医疗健康产业成长基金

2015年1月30日，中国保监会批复阳光资产管理股份有限公司发起设立阳光融汇医疗健康产业成长基金。基金采用有限合伙制的组织形式，以阳光资产管理股份有限公司下属子公司阳光融汇资本管理有限公司为基金发起人和管理人，设立阳光融汇医疗健康产业成长投资管理中心（有限合伙）。基金规模为50亿元，首期募资30亿元，主要投向医疗健康产业链中的成长期企业股权。

（三）资产支持计划

截至2015年9月底，累计发起设立23项资产支持计划，注册金额为842.22亿元，占注册资产管理产品的6.85%，平均投资期限为5.61年，其中固定收益类产品的平均年收益率为6.88%。主要投资信达资产管理公司项目120亿元、东方资产管理公司项目100亿元、华融资产管理公司项目200亿元和长城资产管理公司项目100亿元，合计占比61.74%。资产支持计划典型案例见第四节。

三、产品特点

一是重点突出。保险资金投资的项目主要为国家重点项目和民生工程，具有较高的经济价值和社会影响。2008年平安资产管理有限公司发起设立股权投资计划，募集保险资金160亿元，投资京沪高铁项目，成为京沪高速铁路股份有限公司的第二大股东。2010年起，太平资产管理有限公司发起设立三期债权投资计划，共募集保险资金332.1亿元，投资南水北调东线和中线一期工程。2013年以来，多家保险资产管理公司共发起设立近20项债权投资计划，募集资金超过千亿元，投资上海、天津、南京、洛阳、滁州等地的公租房和棚户区改造项目。这些项目符合国家宏观政策和产业政策，对改善民生、促进地区经济发展提供了积极支持。

二是资金匹配性强。保险资金特别是寿险资金，具有负债期限长的特点，金融市场上期限匹配的金融工具较少。基础设施投资计划作为保险业的金融创新，较好地把握住了服务保险主业的核心，安全性较高、期限较长、收益率适中，能够有效满足保险资金的配置需求。其中，债权投资计划平均投资期限为6.95年，平均年收益率为6.76%。在近年资本市场持续走弱的情况下，有效提升了保险资金投资收益率。

三是安全性较高。保险资金投资的风险管控标准较高，监管规定要求投资项目应当现金流稳定，偿债主体自有现金流可以覆盖其全部债务本息，确保了第一还款来源可靠。采用银行和大型企业信用担保等信用增级措施的占比接近90%，信用增级效力较强。交易对手主要是央企、省级和副省级城市的大型国有企业，投资层级较高。总的看，投资风险基本可控。

第三节
保险业资产支持计划政策解读

自2012年以来，部分保险资产管理公司开展资产支持计划试点业务，满足了保险资金配置需求，丰富了保险资金服务实体经济的手段，取得了较好效果。为进一步规范业务操作，推动业务由试点转为常规化发展，中国保监会总结试点经验，2015年8月25日中国印发了《资产支持计划业务管理暂行办法》（以下简称《办法》）。

一、起草背景

近年来，国内资产证券化业务取得较快发展。人民银行与银监会共同监管的信贷资产证券化业务进入扩大试点阶段。扩大试点以来，截至2014年年末银行类金融机构共发行71单信贷资产支持证券，共计2 942亿元。证监会监管的企业资产证券化业务创新力度较大，2014年年末发布的新监管规则取消了产品发行审批，对基础资产采用负面清单管理，较大地促进了业务发展。2014年证券公司和基金管理公司子公司共发行企业资产支持证券26单，共计401亿元。截至11月底，2015年年内累计发行186单资产证券化产品，累计发行规模4 202亿元，其中信贷资产证券化产品82单，共计3 035亿元，企业资产证券化产品104单，共计1 167亿元。

但是，上述资产支持证券仍难以满足保险资金实际需求，究其原因，主要是这两类产品通常以3年期及以下期限为主，投资收益率不高，难以满足保险资金长期配置需求。截至2014年年末，保险资金共投资这两类资产证券化产品 194. 49 亿元，仅占保险行业总资产的 0. 19%。其中投资信贷资产支持证券 50. 30 亿元，投资企业资产证券化产品 144. 19 亿元。截至目前，保险资金投资两类产品的余额不到 300 亿元，投资规模远远未能跟上今年产品发行市场的快速发展。在欧美等资产证券化业务比较成熟的金融市场，保险资金是主要投资者之一。

国务院在 2014 年先后印发《关于加快发展现代保险服务业的若干意见》（国发〔2014〕29 号）和《国务院关于创新重点领域投融资机制鼓励社会投资的指导意见》（国发〔2014〕60 号），明确要求保险业积极探索通过设立资产支持计划的形式，面向保险机构募集资金直接对接存量资产，为实体经济发展提供资金支持。国务院的决策部署，为保险业参与资产证券化业务提供了方向性的指导。

由此，保险业应该主动作为，发挥保险资金独特优势，发起设立适合保险资金投资特性的资产支持计划，对接和盘活存量基础资产，分散转移金融风险、优化社会资源配置，更好地服务实体经济的发展。

二、试点业务情况

近年来，保险业在资产证券化业务方面进行了有益探索。2012 年中国保监会发布政策，允许保险资金投资保险资产管理公司发行的资产支持计划，为保险机构开展资产证券化业务开拓了空间。2013 年 4 月保险资产管理公司开展资产支持计划试点业务启动，2014 年 8 月保监会资金部向保险机构下发了《监管口径》。《监管口径》发布后，试点期间基础资产种类仅限于信贷资产、金融租赁应收款和每年获得固定分配的收益，以及对本金回收和上述收益分配设置信用增级的股权资产等 3 类特定资产。

在试点阶段，共有 9 家保险资产管理公司以试点形式，发起设立了 23 单资产支持计划，共计 842. 224 亿元。投资标的包括信贷资产、小贷资产、金融租赁资产、股权、应收账款、资产收益权，平均期限为 5 年左右，收益率为 5. 8% ~8. 3%，较好地满足了保险资金配置需求，丰富了保险资金服务实体经济的手段。通过试点项目的运作，为《办法》的制订提供了业务实践的基础。

三、主要内容

《办法》共9章54条，主要内容如下：

（1）明确交易结构。一是按照资产证券化原理，明确原始权益人、受托人、托管人和受益凭证持有人等相关当事人；二是明确基础资产要求，强调现金流产生能力，并建立负面清单管理机制，防控系统性风险；三是强调以基础资产本身现金流作为偿付支持，在产品特征上区别于现有的债权投资计划等保险资产管理产品。

（2）突出保险特色。一是立足于服务保险资金配置需要，在基础资产现金流、信用评级等要求方面适度从严，体现稳健、安全和资产负债匹配原则；二是在业务资质管理、发行机制等方面体现市场化原则，《办法》不再设立新的业务资质，资产支持计划发行按照《保险资金运用管理暂行办法》的规定执行，除首单初次申报核准外，同类产品事后报告，尽可能提高市场效率。

（3）规范操作行为。一是明确受托人、托管人等相关当事人职责，建立相互制衡的运作机制；二是规范资产支持计划注册、发行、投后管理等运作流程，明确重点操作环节；三是明确相关中介服务机构管理要求，建立受益凭证持有人大会机制。

（4）强化风险管理。一是构建以受托人为核心的风险管控机制，把风险管理的责任交给市场主体；二是强调现金流归集机制，提高保险机构对基础资产现金流的掌控能力；三是强化信息披露和风险提示，确保受托人和投资者信息基本对称，落实“卖者尽责、买者自负”的市场化理念。

总的来看，《办法》的要求比银行业相关监管政策相对宽松，比证券业相关监管政策更加严格。《办法》坚持“放开前端、管住后端”的监管思路，在业务资质管理、发行机制等方面体现市场化原则，建立基础资产动态负面清单管理机制，提高运作效率。目前暂不限制基础资产范围，旨在拓宽保险机构业务创新空间。今后，视业务发展情况，对可能出现系统性风险的基础资产类型，通过及时发布负面清单，严控风险底线。由于基础资产不再限定为重大项目相关资产，《办法》不再使用试点阶段的“项目资产支持计划”这一名称，启用新的产品名称“资产支持计划”。

第四节 保险业资产支持计划典型案例介绍

2013 年以来，部分保险资产管理公司开展资产支持计划试点业务，保险业在丰富保险资金服务实体经济的手段方面积累了经验，取得了较好效果。本节介绍不同阶段的 3 个典型案例，有助于读者了解保险业资产支持计划业务从尝试、试点到正常化的发展历程。

一、新华—东方一号项目资产支持计划

该案例是保险业首单项目资产支持计划试点。新华资产管理股份有限公司（以下简称新华资产）2013 年 2 月初向中国保监会提交《关于新华资产管理股份有限公司发行新华—东方一号项目资产支持计划的报告》，2013 年 4 月中旬获得保监会产品备案。

（一）产品要素

（1）计划名称：新华—东方一号项目资产支持计划。

（2）计划类型：项目资产支持计划。

（3）计划规模：不超过 100 亿元。

（4）计划管理人：新华资产管理股份有限公司。

（5）期限：7 +3 年（第七年末东方资产拥有赎回权）。

（6）预期收益率：前 7 年年化收益率为 6.8%，后 3 年年化收益率

为8.3%。

（7）付息频率：每半年付息。

（8）基础资产：新华资产将本计划资金以债权方式投入到东方资产，用于替换东方资产以下战略性投资项目的贷款或其他形式融资：（1）东兴证券股份有限公司股权投资项目15亿元；（2）中华联合保险控股股份有限公司股权投资项目78.1亿元；（3）中国外贸金融租赁有限公司股权投资项目5亿元。计划资金仅限于投资于符合以上约定的项目，计划的剩余资金可用于东方资产对以上项目的运营。

（9）还款来源：第一还款来源为东兴证券、中华联合保险、中国外贸金融租赁3家公司的股息全部分红收益；第二还款来源为共管资产的资产收入。若以上两个还款来源尚未满足计划收益和本金的要求，由东方资产对该计划的本息进行全额补足。

（10）主体外部评级：联合资信给予东方资产主体评级AAA，项目资产支持计划受益凭证评级AAA。

（11）内部评级：新华资产给予东方资产主体评级A－，项目资产支持计划受益凭证评级A。

（12）增信措施：东方资产提供经新华资产认可的共管资产，对本计划本息偿付进行增信。若东方资产尚未全额补足计划本息额，新华资产对共管资产进行财产处置，补足本计划全额本息。

（13）共管资产公证：新华资产与东方资产于合同签订后5个工作日至提款日前持“原始共管资产清单”所列的资产文件到民生银行办理共管手续，并经公证机构现场公证。保管箱钥匙由双方各持一把，需双方持钥匙及见证人到场方可开启保管箱。

（二）交易结构

新华—东方一号项目资产支持计划交易结构如图7.3所示。

（1）计划管理人与偿债主体签署《投资合同》，约定计划管理人将计划募集资金以债权形式投资于偿债主体合法拥有的项目资产，即项目方股权投

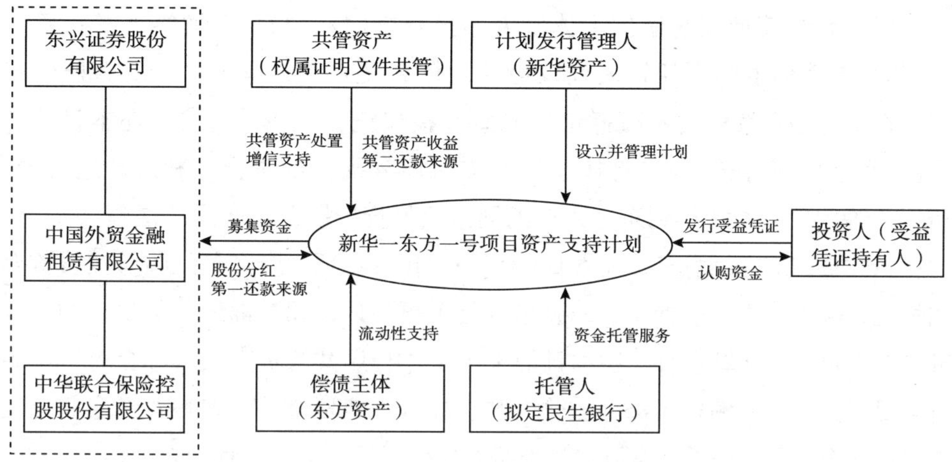

图 7.3　新华—东方一号项目资产支持计划交易结构图

资项目，用于替换项目贷款或其他形式融资，以及补充项目营运资金；投资期限为 10 年，第 7 年末偿债主体可行使提前偿还权。

（2）计划管理人与偿债主体签署《资产共管合同》，约定偿债主体以价值可覆盖计划本金收益的，且经计划管理人认可的资产与计划管理人设立共管，即将资产权属证明文件置于指定银行保管箱，由计划管理人和偿债主体各持一把钥匙进行共管，共管资产设立由公证机关进行公证。

（3）计划管理人与偿债主体签署《投资合同》，约定偿债主体以项目资产的股权分红收益作为计划收益与本金偿还的资金来源；如第一还款来源不足以支付计划本息，则偿债主体以共管资产收入予以补足；如第一、第二还款来源合计仍不足以支付计划本息，则偿债主体以自有资金予以补足。

（4）计划管理人与偿债主体签署《投资合同》，约定偿债主体将其合法持有且经计划管理人认可的资产权属证明文件与计划管理人设立共管，将资产及权利交付计划管理人，为项目资产本息的按期偿还提供增信保证。

（5）计划管理人与托管人签署《托管合同》，约定托管人为计划开立专设资金账户，用于计划财产的保管，托管人根据计划管理人的指令进行项目资产投资划款、计划收益与本金收取、计划费用支付、计划受益凭证收益支付与本金偿还。

（6）计划管理人与偿债主体签署《投资合同》、与托管人签署《托管合同》，约定偿债主体在托管人处以偿债主体名义开立或指定一个资金监管账户，在本计划存续期内不可撤销地同意并授权托管人在结息日、还本日从资金监管账户中向托管账户直接扣划应支付而未支付的本金、利息、违约金、赔偿金等款项，无须得到东方资产的同意或另行授权。

东方资产应在结息日、还本日前5个工作日将项目资产分红收益按投资合同约定金额划入资金监管账户，剩余分红不再划入；如全部划入仍少于约定金额，东方资产应在结息日、还本日前1个工作日用共管资产收入和自有资金履行补足义务，将差额划入资金监管账户。托管人对资金监管账户在结息日、还本日前5个工作日内的资金到账情况进行监督，及时向计划管理人告知。

（7）计划管理人与投资人签署《认购协议》，约定投资人根据管理人通知履行缴款义务，以合法资金划入计划托管账户；计划设立后管理人向投资人开具计划受益凭证，计划运作期间管理人按照《认购协议》和《计划说明书》向投资人履行收益分配、本金偿还、信息披露等义务。

（三）合规性审核意见

依据《关于保险资金投资有关金融产品的通知》进行合规性审核，意见如下：

一是投资能力。根据监管规定，保险资产管理公司发起设立项目资产支持计划，应当符合基础设施债权投资计划受托人的相关要求。目前，新华资产已经上报了基础设施债权投资计划产品创新能力备案报告，经初步评估，投资能力基本符合监管要求。

二是资金投向。该资产计划资金用于置换东方资产合法持有的金融企业股权融资，资金投向符合国家宏观政策、产业政策和监管政策。

三是产品结构。该资产计划类似无担保私募债券，交易结构简单，基础资产比较清晰，具有一定信用增级安排，并且实行资产托管。经新华资产评估，该资产计划具有稳定可预期现金流，比较符合保险资金负债匹配要求。

四是增信安排。该资产计划建立多重增信安排，除设立共管资产池提供增信支持外，还建立了抵质押增信触发机制，一旦东方资产信用等级下降，新华资产有权要求办理共管资产抵质押。新华资产评估后，认为共管资产安全边际较高，能够提供较强增信保障，并聘请外部律师出具了法律意见。

出于审慎监管的目的，监管机构在备案通知中要求新华资产：（1）加强资产计划风险管控，完善抵质押增信触发机制，强化风险责任人管理责任，全程监督资产计划运作，确保本金和收益按时足额偿付；（2）按照有关规定，在完善内部决策程序和法律文件后发行资产计划，向投资者充分披露包括外部信用评级报告在内的相关信息和收费机制，提示相关风险，不得存在虚假记载、误导性陈述或重大遗漏；（3）新华资产及资产计划各方当事人，应当切实维护投资者合法权益，不得利用资产计划财产进行利益输送、利益转移或者获取超出职责范围的额外收益；（4）依规办理资产计划登记，并履行信息披露和报告义务，定期报告资产计划运作和风险管理情况。遇有重大、异常或突发事件，应当启动应急机制并及时报告保监会。

该项目资产支持计划由新华人寿股份有限公司全额认购。

二、平安—江苏金融租赁项目资产支持计划

该案例是依据《监管口径》注册的首单项目资产支持计划。平安资产管理有限责任公司（以下简称平安资产）2015 年 1 月中旬向中国保监会提交《关于发起设立“平安—江苏金融租赁项目资产支持计划”的报告》，2015 年 3 月初获得保监会产品备案。

（一）产品要素

（1）计划名称：平安—江苏金融租赁项目资产支持计划。

（2）计划类型：项目资产支持计划。

（3）计划规模：不超过 30 亿元，不低于 15 亿元。

（4）计划管理人：平安资产管理有限责任公司。

（5）期限：6 年。

（6）预期收益率：浮动利率，5 年期以上贷款基准利率上浮 7%，上下限为6.1%～7.5%。

（7）付息频率：每季度付息。

（8）基础资产：用于受让江苏金融租赁股份有限公司融资租赁应收账款。

（9）还款来源：以基础资产产生的现金流偿付计划受益凭证，收益不足部分由江苏金融租赁以基础资产回购形式无条件全额补足，收益超出部分作为资产服务费用支付给江苏金融租赁。

（10）信用增级：江苏金融租赁的母公司江苏交通控股有限公司对基础资产回购提供无条件不可撤销连带责任保证担保。

（11）主体外部评级：联合信用评级给予原始权益人主体评级 AA，担保人主体评级 AAA，项目资产支持计划受益凭证评级 AAA。

（12）内部评级：平安资产给予原始权益人主体评级 BB，担保人主体评级 A，项目资产支持计划受益凭证评级 A。

（二）交易结构

平安—江苏金融租赁项目资产支持计划的交易结构如图 7.4 所示。

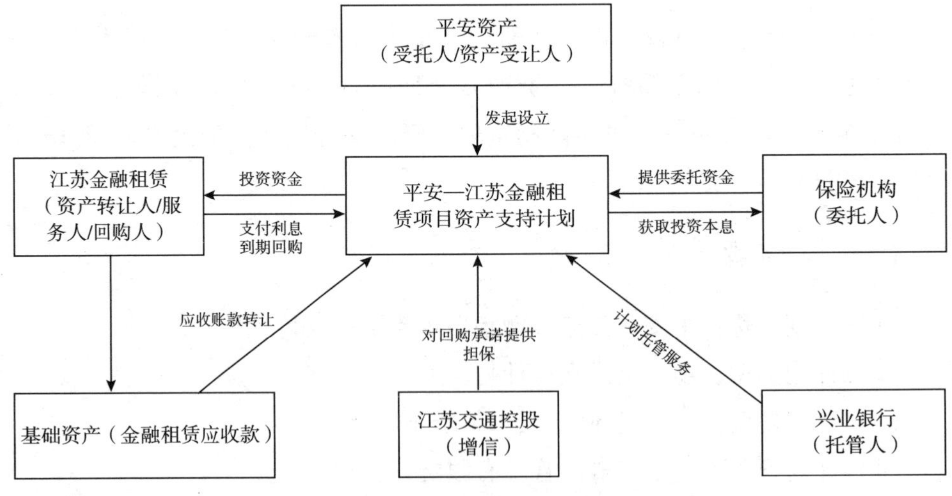

图 7.4　平安—江苏金融租赁项目资产支持计划图

（1）受托人与原始权益人签订《转让及回购合同》，约定基础资产的转让、转让价款的支付与交割、基础资产的追加与替换、受托人与原始权益人的权利、业务和违约责任等内容。以资产支持计划实际募集的资金受让原始权益人持有的基础资产，原始权益人在《转让及回购合同》项下承诺于资产支持计划到期日自受托人处回购基础资产，并于每季度支付回购溢价款。

（2）原始权益人对基础资产的回购义务由保证人提供无条件不可撤销连带责任保证担保，保证人签署《担保函》，约定主债权的种类及数量、保证范围、保证方式、保证期间、保证责任的承担，保证人的权利、义务和违约责任等内容。

（3）委托人与受托人签订《认购协议》，认购资产支持计划受益凭证，按照受托人缴款通知的要求，及时足额将认购资金划付至资金募集账户。受托人聘请具有相关业务资格的会计师事务所进行验资并出具验资报告后，将资金募集账户内的认购资金划入托管账户。《认购协议》是设立资产支持计划的基本法律文件，主要约定投资资金的来源与规模、计划份额持有人范围、投资资金管理方式、认购人及受托人的权利、义务和违约责任等内容。

（4）受托人与托管人签署《托管合同》，对资产支持计划财产进行托管。《托管合同》约定托管账户的开立和投资资金的监管、清算和分配方式、受托人及托管人的权利、义务和违约责任等内容。托管人根据受托人指令向原始权益人支付购买基础资产的资金。原始权益人在约定的分配日将应付的回购溢价款和/或基础资产回购款划付到托管账户。托管人根据受托人指令，及时向受益人分配收益。

（5）受托人与资产服务机构签署《服务合同》，约定基础资产的管理和服务、基础资产回收款的收取和回购款的划付、服务费及支付、受托人与资产服务机构的权利、义务和违约责任等内容。

（6）《受益人大会章程》规范受益人大会的召集、召开、表决及受益人的权利和义务等有关内容。

（三）合规性审核意见

依据《监管口径》，监管机构对注册材料进行了合规性查验，意见如下：

一是基础资产为金融租赁资产，限于投向教育、医疗、公共设施设备等公共服务行业，其中首期基础资产343笔均属于教育和医疗行业，符合国家政策导向。平安资产与江苏金融租赁签署了基础资产转让合同，受让基础资产全部权利，并将在中国人民银行征信中心动产融资统一登记平台进行基础资产转让登记，基础资产权属明确。

二是交易结构简单清晰。该项目资产支持计划建立了资产托管和现金流归集机制，并委托江苏金融租赁履行资产服务等后续管理职责。江苏金融租赁作为银监会监管的金融机构，经营较为规范，其对基础资产的回购，确保了项目资产支持计划收益的稳定，并由江苏交通控股有限公司提供保证担保，风险基本可控。

为充分揭示风险，保监会组织部分保险公司的专家从投资者角度，对资产支持计划进行了风险评审。评审专家认为，该资产支持计划本质上属于卖出回购行为，并由大企业担保，与企业担保的债权投资计划的风险水平相当。专家建议平安资产对基础资产替换、基础资产和现金流隔离不充分、基础资产附属担保权益转移等问题可能带来的风险做进一步披露。平安资产按照专家意见完善了相关风险披露内容。

三、民生通惠—远东租赁1号资产支持计划

该案例是依据《资产支持计划业务管理暂行办法》核准的首单资产支持计划。民生通惠资产管理有限公司（以下简称民生通惠）2015年9月中旬向中国保监会提交《关于申请设立“民生通惠—远东租赁1号资产支持计划”的请示》，2015年11月底获得保监会产品核准。

（一）产品要素

（1）产品名称：民生通惠—远东租赁1号资产支持计划。

（2）类型：资产支持计划。

（3）募集规模：本计划累计募集规模为3 000 000 000元人民币，可分期发行。

（4）预期期限：不同层级产品根据每期发行的基础资产现金流情况测算确定。

（5）法定期限：每期最后一笔资产的期限加2年。

（6）募集对象：保险公司等合格机构投资者。

（7）受托人：民生通惠资产管理有限公司。

（8）托管人：交通银行股份有限公司。

（9）原始权益人/资产服务机构：远东宏信（天津）融资租赁有限公司。

（10）受益凭证类型及比例：优先A级/优先B级/次级，比例约为85%/10%/5%（具体根据每期基础资产的情况确定）。

（11）受益凭证约定预期年化收益率：优先A级约为6.0%，优先B级约为7.2%，次级无预期收益率。

（12）本产品的年化费率：受托人管理费率为0.3%，托管费率为0.015%。

（13）外部评级：上海新世纪资信评估投资服务有限公司综合支持计划的基础资产情况、交易结构安排等因素，评估了有关风险，给予优先A级受益凭证的评级为AAA级，给予优先B级受益凭证的评级为AA-级；次级受益凭证未进行评级。

（14）内部评级：民生通惠给予优先A级受益凭证的评级为AAA级，给予优先B级受益凭证的评级为AA-级；次级受益凭证未进行评级。

（二）交易结构

民生通惠—远东租赁1号资产支持计划交易结构如图7.5所示。

（1）为规范资产支持计划的设立和管理，制订《民生通惠—远东租赁1

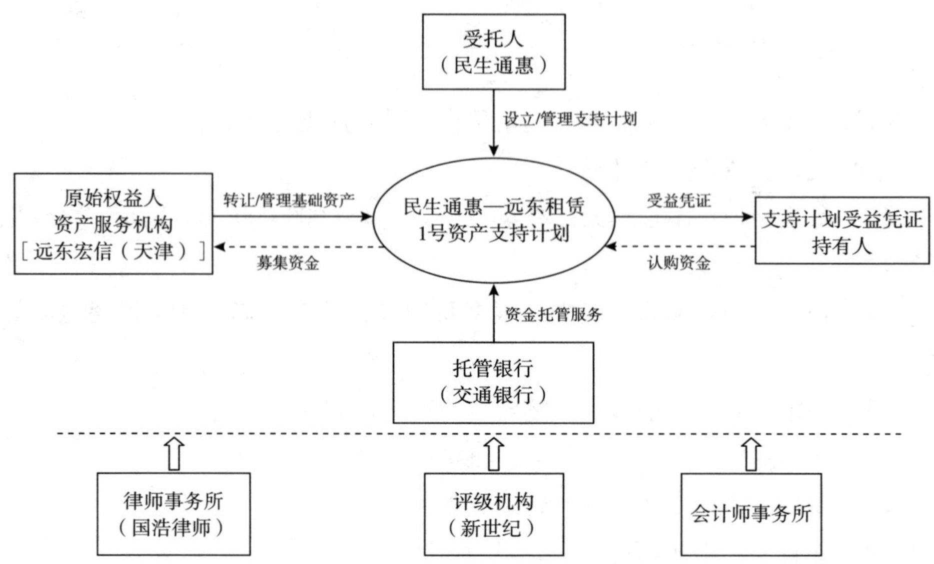

图 7.5　民生通惠—远东租赁 1 号资产支持计划交易结构图

号资产支持计划受托合同标准条款》，《标准条款》、《认购协议》和《募集说明书》共同构成委托人、受托人与受益人之间的《受托合同》。受托人根据《受托合同》管理资产支持计划。

（2）委托人与受托人签订《认购协议》，将认购资金委托受托人管理，受托人设立并管理资产支持计划，委托人取得受益凭证，成为受益凭证持有人，即受益人。

（3）受托人与原始权益人签订《资产买卖协议》，将资产支持计划募集资金用于向原始权益人购买基础资产。基础资产指原始权益人转让给资产支持计划的、原始权益人依据租赁合同对承租人享有的租金请求权和其他权利及其附属担保权益。

（4）资产服务机构根据《服务协议》的约定，负责基础资产对应的应收租金的回收和催收，以及违约资产处置等基础资产管理工作。资产服务机构按照《服务协议》的约定，在回收款转付日将基础资产产生的现金流划入资产支持计划账户。

（5）托管银行根据《托管协议》对支持计划资产进行托管。受托人向托管银行发出分配指令，托管银行根据分配指令，将相应资金划拨至认购人的指定账户，以支付受益凭证本金和预期收益。

（三）合规性审核意见

监管机构依据《资产支持计划业务管理暂行办法》进行合规性审核，认为该支持计划要件齐备，基本符合监管规定。具体意见为：一是民生通惠符合监管规则要求的担任受托人的各项能力标准；二是基础资产为融资租赁资产，权属清晰，预期能产生稳定的现金流；三是交易结构清晰，募集资金投向基础资产的路径清晰，采取了内部分级作为信用增级措施。

为充分揭示风险，保监会组织部分保险公司的专家从投资者角度，对资产支持计划进行了风险评审，重点关注向投资者信息披露的完整性。评审专家建议充分披露原始权益人的破产风险、基础资产行业集中度风险、信用增级有效性风险，对基础资产现金流进行情景分析和压力测试并充分披露。监管机构要求民生通惠按照专家意见及时完善相关文件。

第五节
保险业资产支持计划业务的挑战与展望

通过保险资产管理公司等专业管理机构的受托人能力建设，与债权投资计划、股权投资计划、私募基金等资产管理产品组合协同发展，发挥保险资金规模大、期限长、资金来源稳定的优势，以更好地服务实体经济中各类市场主体的全方位融资需求，并推动国内资产证券化业务稳定、健康发展。

一、发展前景

一是保险资金配置长期资产的需求强烈。按照“新国十条”确定的目标，2020 年全国保费收入将达到 5.1 万亿元。2014 年到 2020 年，7 年间保险资金可运用规模预计将超过20万亿元。尤其是养老、医疗等保险业务的快速发展，负债久期长的保险资金规模及占比将明显提高，对资产支持计划、债权投资计划、股权投资计划等长久期金融资产的需求将更加强烈，保险资产管理机构开发资产支持计划服务保险主业的前景广阔。

二是存在大规模有待盘活的基础资产。住房按揭贷款、汽车贷款、中长期工商业贷款、小额贷款、融资租赁资产等有稳定还本付息安排的金融资产，办公楼、酒店、商业设施、仓储、工业不动产、健康养老不动产等有稳定租金收入的不动产资产，收费道路、供电、供水、供气、污水处理、垃圾处理等有长期稳定收费权的市政公用行业资产，均与保险资金规模大、期限长、较为稳定的风险收益特征高度匹配，是适合保险机构开发资产支持计划的潜在规模化基础资产。比如，截至2014年年末，我国金融机构各项贷款余额将近82万亿元，其中中长期贷款46万亿元。

三是业务发展的外部条件逐步成熟。国务院常务会议多次讨论资产证券化业务发展，将资产证券化业务作为深化金融体制改革、盘活存量资金、促进多层次资本市场建设、更好支持实体经济发展的重要抓手，资产证券化业务面临的法律政策障碍预计将逐步解决。近年银行业、信托业、证券业大力拓展资产证券化业务，为保险行业提供了很多可资借鉴的实操案例和技术经验，通过专业人员的引进将提升保险行业的专业能力。2005年以来，保险行业通过大力发展基础设施债权投资计划，积累众多有合适基础资产的战略客户资源，为发展资产支持计划业务奠定了市场基础。

二、主要挑战

一是保险机构能力不足的挑战。首先，对接基础资产的能力不足。债权投资计划业务过多依赖银行，与战略客户的合作深度不够，难以延伸拓展资产支持计划业务。其次，专业团队不稳定。薪酬激励机制过于短期化，忽视内部人才培养，各公司相互挖角，另类投资团队变动过于频繁，难以积累以提升综合业务能力。最后，重视抢项目，忽视业务创新。激励机制过分向从事项目拓展的前台人员倾斜，负责产品设计、风险管控、持续管理的中后台人员的专业能力普遍不足，产品创新能力缺乏。

二是行业发展条件有待提升。首先，监管政策立法层级过低。目前保险资产管理产品主要依据的是部门规章和规范性文件，还有一些非正式的监管口径，缺乏上位法支持，限制了保险资产管理公司的产品创新空间。其次，行业公共基础设施缺乏。与银行业及证券业相比，保险行业起步较晚，金融产品的公共基础设施欠账严重，保险资产管理产品发行、登记、交易等平台缺位。由于资产支持计划等保险资产管理产品个性化特征较强、信息披露不足，目前流动性较低，缺乏市场化定价估值机制，亟需建立相应的市场基础设施。最后，保险资金负债成本逐年走高。近年，保险与券商、基金、信托、银行理财等金融机构和产品的竞争加剧，推高了保险产品的渠道销售费用和负债成本，对投资收益率的要求明显高于银行理财资金甚至企业年金，制约了资产支持计划的业务发展空间。

三是行业间竞争条件不公平。首先，银监会系统监管的金融机构的信贷资产证券化业务的受托人仅限于信托机构，未向保险机构开放，而信贷资产是欧美成熟市场资产证券化业务规模最大的基础资产，也是国内最有发展潜力的大类基础资产之一。其次，保险机构的受托人法律主体地位尚未得到《信托法》的明确支持，基于信托关系实现资产独立和破产隔离的法律基础不够牢固。最后，商业银行作为信贷资产证券化业务的发起人兼资产管理机构，直接控制基础资产及其现金流、通过自持及互持成为主要投资者，受托人被通道化，保险机构在信贷资产证券化业务中事实上被边缘化。如此，金融风险仍然留在银行体系之内，并依托银行主体信用形成事实上的刚性兑付，通过资产证券化业务分散转移信用风险的政策目的被减弱。随着规模的扩大，会扭曲信贷资产证券化业务的发展方向。

三、未来构想

一是强化保险机构能力建设。保险资金作为保险公司的负债，是保证其履行保险赔偿或给付义务的准备金，是投保人的风险储备金和养命钱，更加强调投资安全性。为有效管理投资风险，保险资产管理机构应当在项目储备、尽职调查、信用评级、项目评估、交易结构设计、决策审批、组织实施、产品销售、后续管理等重点业务环节具有较强的专业水平，建立具有项目开发、法律、会计、审计、资产评估、信用评级、风险管理等方面从业经验的专业团队，建立相互制衡的运作机制，搭建合理的组织架构，设计专业化运作流程，加强业务创新，有效提升投资管理能力和风险管理水平。

二是进一步加强保险基础设施建设。主要包括：建立或选择资产交易场所，提升保险资产证券化产品流动性，缓释市场风险，形成市场化定价估值机制；要有专门机构进行产品登记和确权，建立登记中心和行业管理平台；强化信息披露制度对相关利益主体的约束力，不断提高信息披露的时效性、连续性、全面性。

三是切实加强和改进监管方式与机制。按照“放开前端、管住后端”的总体要求，加强和改进保险资金运用监管，防范和化解风险，促进行业健康发展。首先，完善监管政策。尊重市场主体，鼓励行业创新，根据市场情况及发展需要，及时修订、整合及简化监管政策，提高监管效率和弹性。在政策层面支持保险机构扩大投资空间，丰富投资工具，加强风险管控，确保投资风险可控。其次，完善配套政策。主动加强与央行、银监、国土、住建、财税等部门及地方政府的沟通协调，推动相关部门尽快出台促进资产支持计划业务发展的配套支持政策。最后，加强风险管控。持续监测保险资金投资风险，及时发布与修订负面清单，确保保险资金安全，守住不发生系统性、区域性风险的底线。

四、构建以受托人为核心的 SPV 治理结构

目前国内的资产证券化业务有 3 个方面的共同问题：

一是受托人的能力普遍不足，被通道化。权利和责任难以落实到相关主体，和规范的信托型资产证券化产品的治理结构差异比较大。

二是资产证券化业务的规模经济效应不明显，生产环节即产品制作环节的成本太高，导致投资者收益率降低。大量资产证券化产品的收益率，无法覆盖保险资金成本，这和国际成熟市场差异较大。

三是信贷资产证券化方面，原始权益人兼资产管理人和次级档的主要购买者，商业银行承担风险兜底的刚性兑付责任，实质上还是主体信用融资，而非资产支持产品。

之所以有以上问题，原因很多，其中一个重要原因可能就是缺乏合格的受托人群体。资产证券化产品涉及的主体非常多，我们可以把它简化成一个标准化的信托结构，有委托人、受托人、受益人三方。委托人就是购买产品的投资人，把资金按信托关系交给受托人。在国内，受托机构包括两类主体：受托人及托管人，他们之间是相互制约的关系，受托人负责信托的决策和管理权，托管人实现钱权分离，控制信托资产。为什么要托管人，就是为了限制受托人权力太大，防止把信托资金乱用，以受托人来制约托管人。受托人与托管人组成联合受托机构，与委托人与受益人之间是信托关系，为受益人利益最大化服务。信用评级机构、律师、会计师与受托人之间是委托关系，对受托人负责，受托人对其选聘的相关中介机构履职瑕疵承担连带责任。

规范的信托关系是，受托人是代人理财的受信人，受信人要管好信托，最重要的是落实信义责任（fiduciary duty），要坚持受益人的利益最大化原则，所以在很多责任方面，碰到问题怎么处理，都要想到受益人利益最大化这一基本准则。

谁是合格的受托人呢？在西方的相关文献里特别强调 Professional 和 Credible 这两个词，我翻译为“有本事、靠得住”，两个方面都要到位才是合格的受托人。信托关系可以实现资产独立和破产隔离，这是信托关系成为国际成熟市场资产管理行业最为重要的法律关系的主要原因。受托人承担设立与管理产品的主体责任，按服务收取管理费。

受托人哪里来，商业机构本身都是唯利是图的，这点很正常，要让她们安心做一个合格的受托人。在国外有很多机制建设：

一是监管机构对某一方面的受托人有很具体的准入标准和退出机制。

二是通过市场竞争机制，好的受托人能够脱颖而出。

三是第三方机构评价与排名，市场声誉更好的机构有更多更好的业务机会。

四是政府的严格监管。成熟金融市场的受托人，如果违法违规的话，法律后果会非常严重，甚至会被踢出这个市场，无法再在金融行业立足。

资产支持产品受托人能力建设的重点，首先是全流程全部业务环节的能力建设，包括项目储备、尽职调查、信用评级、项目评估、交易结构设计、决策审批、组织实施、产品销售以及后续管理等业务环节。需要指出，单个机构可能难以具备全流程的专业能力，受托人可以把某一方面的任务委托给其他专业机构，但是任务外包并不能减轻受托人对委托人及受益人的法律责任。其次是组建专业的团队，建立具有项目开发、法律、会计、审计、资产评估、信用评级以及风险管理能力的团队，培育团队的整体能力。再次需要加强公共基础设施建设。受托人要单独把全流程的能力建立起来，需要一些公共基础设施支撑。如果每个受托人都要建立全方位、全流程的能力，难度是很大的，且规模不经济。为此，如果能够为整个行业建立一些公共基础设施，那么对资产证券化的发展是非常重要的。比如，要有交易场所以及专门的机构进行产品登记和确权；要构建信息与技术公共平台等。

最后，要明确SPV的法律地位，目前国内在这方面还存在很大缺陷，在SPV法律主体地位确立以后，资产独立与破产隔离才有基础。目前大家想到的受托人只有信托公司，实际上在国内金融市场，信托公司只是其中一类可选市场主体，还有诸如保险资产管理公司、券商、基金等诸多其他主体完全有能力，甚至某些方面比信托公司能力更强，通过市场竞争，将会出现一批有足够管理能力的管理机构来做资产证券化产品的合格受托人。但是现在信托法不支持这些主体，这也制约了资产证券化业务的发展。为此，亟需推动立法建设、培育受托人、完善市场机制，促进市场的健康发展。

五、政策建议

资产证券化业务作为新一轮金融体制改革的突破口，应从全局高度谋划，加强监管协调。

一是推动立法建设。推动研究制订统一的资产证券化法等基本法规，明确 SPV 的法律主体地位，解决资产独立、破产隔离等关键法律问题，修订完善评级、会计、税法、抵押变更登记等配套法规政策。

二是培育受托人。在统一法律框架内，明确保险资产管理公司、证券公司、基金管理公司等非银行业金融机构依据《信托法》从事资产证券化业务的受托人身份，尽快统一基础资产、受托机构、信用评级、信息披露等监管标准。

三是完善市场机制。明确商业银行投资单笔信贷资产债券的最高比例，促进资产证券化产品投资者的多元化。打破刚性兑付，形成市场化的发行交易机制和风险定价机制，促进我国资产证券化市场的健康发展。

第八章

资产证券化信用评级

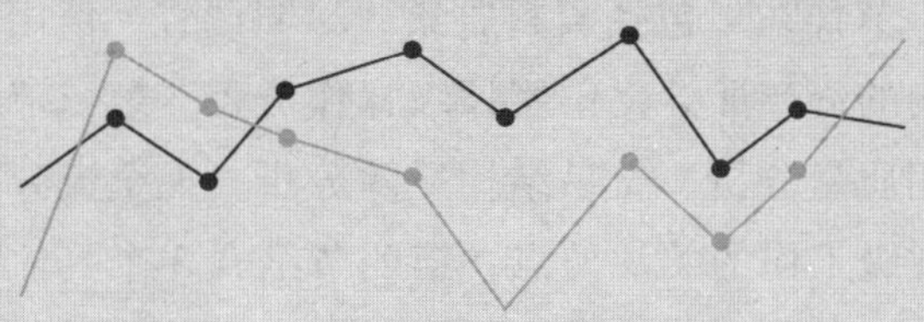

信用评级（Credit Rating）是由评级机构根据规范的指标体系和科学的评级方法对被评对象的违约可能性及损失程度进行评级的一项活动。资产证券化信用评级是一项十分严肃的工作，它是由评级机构对资产证券化产品的信用风险进行评估的活动。对投资者而言，因为缺乏直接了解证券信用风险的资料、信息和专业知识，信用评级机构的作用不言而喻；对发行人而言，信用评级的结果是对资产证券化产品信用状况的鉴定书，将在很大程度上决定资产证券化项目的融资成本。

本章共分为四节，第一节概述了信用评级在资产证券化市场中的影响及其重要作用；第二节详述了包括资料收集、尽职调查、信用分析、信息披露及后续跟踪等在内的资产证券化信用评级操作流程；第三节详述了原始权益人及基础资产信用质量分析、交易结构风险分析、现金流分析与压力测试等资产证券化信用评级工作的关注要点；第四节结合 3 个具体案例分析了评级机构的工作内容、业务流程及其在资产证券化中发挥的作用。

第一节 信用评级在资产证券化中的重要作用

信用评级是资产证券化中一个重要的环节，无论是对资产证券化产品的发行人、投资人，还是对资产证券化产品的监管机构，都发挥着举足轻重的作用。

一、帮助发行人识别资产证券化的信用风险

资产证券化是一种复杂的金融交易，其典型做法是：将基础资产组合所产生的现金流按证券优先顺序的不同分配给不同信用等级的证券，这些不同信用等级的证券就是资产证券化的各档证券（Tranches）。通常，资产证券化产品的发行系列分为优先档（Senior Tranche）和次级档（Equity Tranche），按照优先劣后的顺序受偿，当有损失发生时，次级档首先吸收损失，然后依次按照劣后/优先的顺序承担损失。这种优先劣后的差异可以满足不同投资者对“风险—损失”组合的不同要求。这种证券设计也被称为信用增级设计，其目的是为了吸引更多的投资者，改善发行条件，提高资产证券化产品的信用等级，使投资者的利益得到有效的保护。

对资产支持证券产品的发行人来说，通过合理的证券化交易结构设计，获得一个良好的信用等级就意味着其可以降低融资成本，这是资产证券化能够迅速发展的重要原因。因此，能否将资产证券化产品设计成与基础资产的现金流相匹配的各档证券，就成为资产证券化成功与否的关键。而基础资产的现金流又面临着复杂的信用风险，要准确地判断资产证券化产品的风险价值关系，需要精深的专业知识和丰富的实务经验。资产支持证券产品的发行人往往难以确切地判断基础资产的信用风险，这就需要专业机构的帮助。

信用评级机构根据规范的指标体系和科学的评级方法对基础资产的违约可能性及其损失程度进行评估，帮助发行人识别潜在的信用风险。在信用评级机构的帮助下，发行人可以清晰地识别基础资产的信用风险、准确地判断资产证券化产品的风险价值关系，从而设计出与基础资产的现金流相匹配的证券化产品。

二、向投资人揭示资产证券化产品的信用风险

投资人投资资产证券化产品，在获得收益的同时，也需要承担风险，其

中信用风险是资产证券化产品的主要风险。由于资产证券化交易结构的复杂性，要想准确地判断资产证券化交易的信用风险，往往需要各种精深的专业知识，而大多数投资者都难以具备，这时，投资者就需要借助专业机构的分析。

信用评级机构根据规范的指标体系和科学的评级方法对资产证券化交易的信用风险进行评估，充分地揭示资产证券化产品的信用风险状况。投资者无须花费过多的时间和精力去研究资产证券化交易结构及其产品，可以直接参考评级机构对资产证券化交易的评级分析报告及评级结果，并根据自己的风险偏好做出投资决策。因此，信用评级能够向投资人揭示资产证券化产品的信用风险，并节约交易成本。

目前，中国的资产证券化业务尚处于起步阶段，广大投资者对资产证券化产品及其风险特点还不熟悉，信用评级可以向投资者充分揭示资产证券化产品的风险，吸引更多投资者对资产证券化产品的关注，从而促进中国资产证券化市场的健康发展。

三、协助监管机构监督资产证券化产品的信用风险

由于资产证券化交易结构的复杂性，其信用风险十分隐蔽。不仅投资者、发行人难以窥其全貌，政府监管机构也不能在第一时间完全了解。西方发达国家的金融监管机构就因没有及时认清次级房贷证券化产品中的信用风险，最终酿成了席卷全球的金融危机。

殷鉴不远，足以为戒。我国的金融监管部门需要及时掌握资产证券化产品中潜藏的风险，并加强监管。信用评级机构根据规范的指标体系和科学的评级方法对资产证券化交易的信用风险进行评估，能够充分地揭示资产证券化产品的信用风险状况，有利于监管机构及时监控并有效化解系统性信用风险。

第二节
资产证券化信用评级操作流程

资产证券化信用评级是一项十分严肃的工作，信用评级的结果将很大程度上决定资产证券化项目的融资成本，是对资产证券化产品信用状况的鉴定书。因此，资产证券化信用评级必须遵循严格的评级流程。资产证券化信用评级的结果与评级流程密切相关，没有严格的评级流程，就不可能有客观、公正的评级结果。

一般来说，资产证券化信用评级的工作流程可以分为前期准备、尽职调查、信用分析、信息披露、后续跟踪5个步骤（见图8.1）。

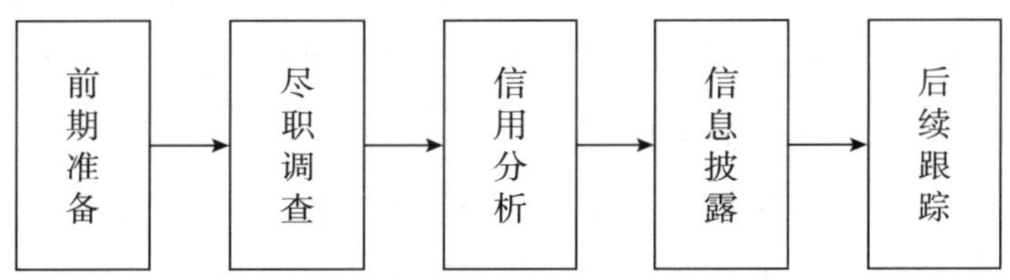

图8.1　资产证券化的信用评级流程

一、前期准备

前期准备环节主要包括签订协议、前期研究和前期资料收集与整理等工作内容。

为了对资产证券化产品进行信用评级，资产证券化产品的发行人应向评级机构提出信用评级申请，与评级机构签订《信用评级委托协议书》，并向评级机构支付首次评级费用。

评级机构在收取首次评级费用后，应制定资产证券化项目评级方案，并成立信用评级项目工作小组（以下简称“项目组”）。项目组一般由2~4位专业人士组成，其中1人为项目负责人。

评级项目组成立后，要参加中介机构协调会，初步了解基础资产特征、原始权益人基本情况，研究和讨论法律文件，分析交易结构方案等，进行前期研究。

评级项目组应在前期研究的基础上及时向被评对象发出《信用评级资料清单》，进行前期资料收集工作。

前期资料收集是资产证券化信用评级的重要环节，是保证评级结果客观的必要步骤。通过向被评对象或相关主体收集各种资料，评级项目组可以初步了解资产证券化项目的基本交易状况。

（一）前期资料收集

资产证券化信用评级的前期资料收集工作一般包括如下两个方面：

（1）评级项目组根据资产证券化评级业务的需要，按照被评对象的类型和特征编制《信用评级资料清单》，并要求评级委托方或相关主体按《信用评级资料清单》如实提供有关资料。

（2）评级项目组收集被评对象或其相关主体的公开资料，以及国际经济、宏观经济、区域经济、相关产业及竞争对手的有关资料。这些资料的收集途径包括报刊、年鉴、网络等。

（二）不同类型的资产证券化项目，前期资料收集各有侧重

（1）根据发行人机构属性的不同，资产证券化项目大体可以分为信贷资产证券化项目与企业资产证券化项目。

信贷资产证券化是在中国人民银行、中国银监会的监管下，以金融机构的信贷资产为基础资产，在银行间债券市场上发行证券的一种融资形式。信贷资产证券化产品类型比较丰富，基础资产种类涵盖了普通企业中长期贷款、个人住房抵押贷款、不良贷款、汽车抵押贷款、中小企业贷款、专项贷款等。信贷资产证券化产品面临的主要风险是债务人的信用风险。

企业资产证券化包含中国证监会主管的非金融企业专项资产证券化、交

易商协会主管的非金融企业资产支持票据（ABN）以及保监会主管的保险资产管理公司项目资产支持计划。上述产品模式均是以非金融企业的收益权或债权资产为基础资产，在相应上市流动场所发行证券的一种融资形式。企业资产证券化产品的基础资产不仅包括企业的应收账款、租赁债权等资产，也包括基础设施收费收益权、商业物业收益权等权利。由于基础资产的多样性，企业资产证券化产品面临着债务人的信用风险、经营实体的经济风险等多种风险。

（2）按照不同的基础资产分类标准，资产证券化项目可以分为债权类资产证券化项目与收益权类资产证券化项目。上述信贷资产证券化项目基本上都属于债权类资产证券化项目，而企业资产证券化项目则包括债权类资产证券化项目和收益权类资产证券化项目。

债权类资产证券化项目涉及的基础资产通常是金融机构或公司的债权，包括住房抵押贷款、信贷资产、汽车贷款、租赁资产、小贷资产、应收账款等，债权类基础资产的债权债务关系比较清晰，名义金额也比较确定，其信用风险主要是相关债务人的违约风险和债务人组合的相关性风险，此外也需关注相关风险缓释措施的有效性（通常主要为保证担保及抵质押担保）。通常债权资产会涉及多个债务人，例如信贷资产证券化项目，其资产池通常包括多笔信贷债权。因此，在收集信贷资产证券化项目的资料时，评级项目组重点收集的资料至少包括：每一个债务人的信用资料、经营及财务资料等常规评级资料；担保人及抵质押物相关资料（如有）；债务人的行业分布、地区分布、贷款剩余期限及利率分布等统计资料；多个债务人之间相关关系的资料；原始权益人有关业务风险控制方面的资料等。

收益权类资产证券化项目涉及的基础资产是单一的经营实体或独立的实物资产的未来现金流，包括高速公路收费收入、水电气公用事业收费收入、公园景区门票收入等。这些经营实体或实物资产未来现金流的多少受到外部诸多因素的影响，因此，未来现金流的名义金额无法事先确定。与债权类资产证券化项目相比，收益权类资产证券化项目须特别关注影响未来收益水平的相关因素，因此，在收集收益权类资产证券化项目的资料时，评级项目组应重点收集经营实体或实物资产的外部环境资料、经营实体或实物资产管理人的运营状况等资料，收集基础资产历史运营数据对于分析判断未来现金流具有较高的参考价值。

（3）对前期收集资料的初步分析。在收集到有关资料之后，评级项目组应辨别资料的真实性、可靠性、合法性，并对这些资料进行由表及里、由浅入深的分析，从中发现一些重大问题和可疑事项，在尽职调查时重点核实。

二、尽职调查

在资料收集工作完成之后，为了进一步了解资产证券化项目的信用状况，评级项目组将进入基础资产和相关主体的现场（通常此环节被称为“项目组进场”），开展尽职调查工作。尽职调查工作是资产证券化信用评级的关键环节，是保证评级结果客观性的重要基础。

（一）尽职调查的主要工作内容

在尽职调查时，评级项目组会对资产证券化项目涉及的基础资产和相关主体进行现场考察，并对相关人员进行访谈。具体而言，资产证券化信用评级的尽职调查工作至少包括两个方面：

（1）评级项目组进入项目涉及的基础资产及相关参与机构的现场进行实地考察，并对其主管领导、职能部门进行访谈，核实项目交易的有关情况。

（2）根据资产证券化评级业务的需要，评级项目组会对被评对象的外部单位（开户银行、行业管理部门、同行业主要竞争对手、主要客户）进行访谈，并向有关专家进行专项咨询。

（二）不同类型的资产证券化项目，尽职调查各有侧重

（1）债权类资产证券化项目的信用风险主要是相关债务人的违约风险和债务人组合的相关性风险。因此，在对债权类资产证券化项目进行尽职调查时，评级项目组应进入原始权益人现场，对原始权益人的风险控制流程进行

实地考察，并对原始权益人的风险总监进行重点访谈，了解原始权益人的风险控制水平。如果有必要，评级项目组还将进入债务人的经营现场，对债务人的生产工艺、经营场所、管理水平等进行实地考察，并对债务人的主管领导进行重点访谈，核实债务人的有关问题。由于信贷资产证券化项目的资产池涉及的债务人往往数量众多，因此，在对信贷资产证券化项目进行尽职调查时，评级项目组一般不对债务人实施现场考察。

（2）收益权类资产证券化项目须特别关注影响未来收益水平的相关因素，所以，在对收益权类资产证券化项目进行尽职调查时，评级项目组应进入原始权益人现场，对原始权益人的盈利水平、经营场所、管理水平进行实地考察，并对原始权益人的运营总监、财务总监，特别是拟资产证券化资产运营负责人进行重点访谈。如果有必要，评级项目组会进入被评对象的外部单位（当地政府、行业管理部门、同行业主要竞争对手、主要用户）进行访谈，进一步了解被评对象未来的盈利能力。

尽职调查之后，评级项目组应对尽职调查的资料、访谈记录进行整理，并对这些资料做进一步的分析。

三、信用分析

在完成尽职调查工作后，评级机构的项目组对收集的资料进行整理和确认，在此基础上进行多维度的信用分析，并将信用分析的结果撰写成《信用评级分析报告》。

（一）信用分析的主要内容

资产证券化信用分析的内容一般包括：

1. 原始权益人信用风险分析

原始权益人是资产证券化项目的发起机构，是基础资产的构造或运营者，通常也会担任资产服务机构，因此其信用状况、管理水平、风险控制能力对于资产证券化项目的顺利交易具有举足轻重的作用。因此，评级项目组首先会对原始权益人的信用状况及履职能力进行分析与评价。

2. 基础资产信用质量分析

基础资产是资产证券化的基础，基础资产的信用质量与资产证券化项目的信用水平密切相关。因此，评级项目组会深入分析基础资产的信用风险，判断基础资产池在各种情景或压力条件下的损失或损失率。根据基础资产类型的不同，基础资产信用分析的方法也不相同，具体分析方法请参阅本章第三节。

3. 交易结构分析

交易结构是指资产证券化各交易方的交易条款，主要包括资产委托或转让方式、资产收益的支付顺序与结构、交易风险的防范设计、各种事件的应对方案设计等。评级项目组会对不同的交易结构进行分析，具体分析方法请参阅本章第三节。

4. 现金流分析

资产证券化是以特定现金流为支持、发行可交易证券的一种融资形式，因此，对特定现金流的分析是必不可少的。评级项目组会按照每个具体的现金流偿付顺序，构建现金流模型，分析基础资产产生的现金流是否能按约定对证券还本付息，并测试各档证券在多种压力情景下的还本付息能力。现金流分析的具体方法请参阅本章第三节。

5. 相关参与机构信用分析

资产证券化涉及资产管理人及其他相关机构，这些机构的履约能力对资产证券化交易也有不容忽视的影响。评级项目组会对资产管理人的信用状况、资产管理经验、风险控制水平等进行分析，并对其他相关机构的履职能力进行考察。

在完成信用分析之后，评级项目组会对被评对象的信用等级进行总体判断，给出初评结果，然后，评级机构的信用评级专业委员会以投票的方式决定被评对象的级别。基于被评对象的级别，评级项目组完成《信用评级分析报告》。

（二）不同类型资产证券化项目信用分析的区别

不同类型的资产证券化项目，信用分析的侧重点也不一样：

（1）在对债权类资产证券化项目进行信用分析时，评级项目组应重点分析基础资产的违约损失，针对违约损失建立风险分析模型。以信贷资产证券化项目为例，资产池通常包括了大量的信贷债权，债务人往往数量众多，涉及不同的行业和地区，因此，在对信贷资产证券化项目进行信用分析时，评级项目组不仅应对每笔债权资产的违约损失进行逐一分析，而且，应结合债务人的行业分布、地区分布、相关性等统计资料对资产池组合的违约损失进行综合建模分析。

（2）在对收益权类资产证券化项目进行信用分析时，评级项目组应重点分析影响基础资产未来收益的相关风险因素，针对未来收益建立风险分析模型。

（三）资产证券化评级结果的复评

在《信用评级报告》完成之后，评级机构向资产证券化的发行人出具《信用评级报告》，如果发行人在收到《信用评级报告》7 日内对评级结果无异议，那么，此轮评级工作结束；如果发行人有充分理由认为评级结果与实际情况存在较大差异，可在规定的期限内提出复评申请，并提供相应的补充材料。复评申请次数仅限一次。评级项目组在收到复评申请及相应的补充材料后，按评级程序给予复评。评级机构的信用评级专业委员会给出的复评结果是最终的评级结果。

四、信息披露

评级机构应根据相关规范要求及时进行信用评级信息披露，向市场和投资人充分揭示风险，增强资产证券化市场的透明度。

（一）信贷资产证券化评级机构信息披露的要求

根据中国人民银行、中国银行业监督管理委员会 2005 年发布的《信贷资产证券化试点管理办法》的有关规定：

（1）信贷资产证券化项目受托机构应当在资产支持证券发行前和存续期间依法、通过中国人民银行指定媒体披露信托财产和资产支持证券信息；受托机构及相关知情人在信息披露前不得泄露其内容。受托机构应保证信息披露真实、准确、完整、及时，不得有虚假记载、误导性陈述和重大遗漏。受托机构应当在发行资产支持证券5个工作日前发布最终的发行说明书。

（2）接受受托机构委托为证券化交易提供信用评级服务的评级机构，应按照相关法律文件约定，向受托机构提供有关信息报告，并保证所提供信息真实、准确、完整、及时。

（二）企业资产证券化评级机构信息披露的要求

根据中国证监会2014年11月21日发布的《证券公司及基金管理公司子公司资产证券化业务信息披露指引》的有关规定：

（1）信用评级报告应由取得中国证监会核准的证券市场资信评级业务资格的资信评级机构（以下简称资信评级机构）出具。

（2）资信评级机构应当按照合同约定，及时向管理人提供有关信息，并保证所提供信息真实、准确、完整；在信息披露前不得泄露拟披露的信息。

（3）资产支持证券在证券交易场所挂牌、转让的，资信评级机构应按照监管规范在证券交易场所指定的网站向合格投资者披露信息；资产支持证券不在证券交易场所挂牌转让的，资信评级机构应当在中国证券投资基金业协会（以下简称中国基金业协会）指定的网站向合格投资者披露信息。

（4）在评级对象有效存续期间，资信评级机构应当于资产支持证券存续期内每年的6月30日前向合格投资者披露上年度的定期跟踪评级报告，并应当及时披露不定期跟踪评级报告。

（三）其他资产证券化产品评级机构信息披露的要求

（1）2012年7月6日，交易商协会第三届常务理事会第二次会议审议通过《银行间债券市场非金融企业资产支持票据指引》，根据该指引的有关规定：

①企业发行资产支持票据应披露以下信息：资产支持票据的交易结构和基

础资产情况；相关机构出具的现金流评估预测报告；现金流评估预测偏差可能导致的投资风险；在资产支持票据存续期内，定期披露基础资产的运营报告。

②企业选择公开发行方式发行资产支持票据，应当聘请两家具有评级资质的资信评级机构进行信用评级。鼓励对资产支持票据采用投资者付费模式等多元化信用评级方式进行信用评级。

（2）根据中国保监会2015年8月25日发布的《资产支持计划业务管理暂行办法》的有关规定：

①受托人、托管人、原始权益人和其他服务机构应当按照有关规定和支持计划约定，以适当的方式及时披露信息，并保证所披露信息真实、准确、完整。受托人作为信息披露责任主体，应当加强存续期内信息披露管理，督促其他当事人及时披露相关信息。

②信用评级机构应当在每年6月30日前向受益凭证持有人披露受益凭证上年度定期跟踪评级报告，并及时披露不定期跟踪评级报告。

五、后续跟踪

跟踪评级是资产证券化信用评级的一个重要过程，对资产证券化的发行人及相关机构起到了持续监督作用。跟踪评级是评级机构在首次评级之后，通过对被评对象的定期或不定期调查了解，对影响被评对象信用状况的相关信用风险因素进行分析，以及时有效地揭示被评对象的信用状况变化情况，并给出相应的跟踪评级结果的评级行动。

评级机构在对资产证券化项目进行跟踪评级时，同时也需要对基础资产的信用状况进行跟踪评级。跟踪评级的方法和步骤与首次评级基本相同，在此不再赘述。评级机构根据《信用评级委托协议书》中的跟踪评级安排，指定评级分析师保持与被评对象间的经常联系，进行跟踪评级，出具定期或者不定期跟踪评级报告。

综上所述，资产证券化信用评级必须遵循严格的评级流程，而不同类别的资产证券化项目在实施评级程序时又有所侧重和不同（见表8.1）。

表 8.1　不同类别资产证券化信用评级流程的比较

评级流程	债权类资产证券化	收益权类资产证券化	开始时间点	所需时间
前期资料收集	债务人的信用资料、财务资料与其他相关资料	经营实体或实物资产的外部环境资料与运营状况资料	项目组成立	1 周
尽职调查	原始权益人的风险控制能力；债务人的信用水平	原始权益人的盈利能力与营运能力；必要时，可对所在地政府、主要用户等外部单位进行尽职调查	项目组进场	1 周
信用分析	针对违约损失建模	针对未来收益建模	项目组完成尽职调查	2 周
信用报告发布	按照《信用评级委托协议书》的规定发布		报告正式确定	2 ~3 天
后续跟踪	根据《信用评级委托协议书》中的跟踪评级安排进行		新的信用事件出现	1 ~3 周

第三节
资产证券化信用评级的关注要点

一、原始权益人及基础资产信用质量分析

（一）债权类资产

资产，是指企业过去的交易或者事项形成的、由企业拥有或者控制的、预期会给企业带来经济利益的资源；是投资者所拥有或由投资者控制的资源，可以合理预计未来可获取的经济利益。从资产的定义中能够发现，对资产的认定多是强调企业的实际控制权和所能带来的未来收益性，并非是资产的所

有权。从这一角度理解，企业所持有的、需要债务人还本付息的债权，便被列在资产负债表的“资产栏”。

作为证券化基础资产的债权，应该是以合同为基础的约定之债，债权债务只存在于特定的当事人——债权人和债务人之间，因而债权人只能向债务人主张权利，请求其履行债务；债权的设立和变更是当事人之间的意思自治，双方当事人可以根据自己的真实意思设定相应的权利和义务，也可以对权利义务的内容做出变更。

资产能够作为证券化基础资产的必要条件是其可以产生稳定的现金流。以该必要条件为核心，可以进行证券化的“合格”债权类资产应具备以下几点特征：

1. 债务人分散化程度高

债务人分散化程度主要包括地区分散度、行业分散度。地区分散度高可以有效避免单一地区经济波动带来的不利影响；行业分散度高可以有效避免单一行业出现衰退的不利影响。

2. 债务人信用水平较高

考虑到债权类资产的特点，债务人的还款能力与还款意愿是债务能否按期偿付的重要因素，因此，债务人信用水平的高低直接决定了作为基础资产的债权资产违约率的高低。

3. 资产组合规模较大

当资产规模达到一定数量后，可产生规模效应，从而起到稀释证券化成本的作用。同时，当有一个资产的债务人违约时，由于规模足够大，不至于影响整个证券的偿付能力，从而保障了投资人的利益。

4. 资产组合产生的现金流稳定性较高

虽然可以通过分层设计、准备金账户、流动性支持、差额支付承诺、外部担保等内外部增信措施对证券化产品进行增信，从而在资产池质量恶化时起到保护投资者的作用，但是资产组合产生的现金流稳定性高低是影响证券化产品定价和投资安全的重要影响因素。

目前，在我国较为常用的债权类资产主要包括：应收账款、融资租赁应收款、信贷资产、小额贷款等。

对债权类基础资产的信用质量分析分两个层次：首先是要分析判断资产池中单笔债权资产或单个债务人的信用风险，分析思路或分析方法是参照传统的企业债券评级，对单笔债权资产或单个债务人进行影子评级，确定其相应的违约概率及违约损失率。在对每笔债权资产进行逐一信用分析的基础上，结合每笔债权资产的影子评级和其他信息，可以统计资产池的各项组合特征，以便对资产池组合的信用质量进行综合分析，为投资者提供进一步的参考。以银行对公贷款资产证券化为例，对资产池组合的分析主要包括以下内容：

（1）资产池债务人的加权平均影子评级。

（2）资产池的加权平均期限，包括债务账龄与剩余期限。

（3）资产池的债务人集中度。

（4）资产池的债务人的影子评级分布。

（5）资产池的行业与地区集中度，包括分布与相关性。

（6）历史上的违约率与回收率等相关数据情况。

通过对每笔债权的风险暴露乘以该笔债权资产或该债务人影子评级对应的违约率可以简单得出资产池的加权平均影子评级，这在一定程度上代表了资产池组合的信用质量，投资者可以形成一个直观的印象，是一个重要的参考指标。但是加权平均影子评级只是资产池组合信用质量的一种直观反映，没有考虑资产池组合的相关性因素，如行业集中度、债务人集中度等。而根据相关性理论与实践，基础资产间的相关性对资产池组合的整体违约风险有重要影响，在加权平均影子评级相同的前提下，分散性好的资产池组合出现大规模违约风险的可能性明显要低。

债权类资产按债务人性质一般可以分为法人与自然人。上述关注与分析的主要是债务人以法人企业为主的债权类资产，通过对债务人进行影子评级可以确定相应的违约概率乃至违约损失率，具体产品类型如企业贷款资产证券化、租赁资产证券化、小贷资产证券化等。而对于债务人以自然人为主的债权类资产，评级机构一般采用信用评分的方式来揭示个体信用风险的大小，通过历史上的违约及回收数据来揭示资产池组合的信用风险，具体产品类型如个人汽车消费贷款证券化、个人住房按揭贷款证券化、个人信用卡消费贷款证券化等信贷类资产证券化项目。

（二）收益权类资产

对于收费路桥、水电气公用事业等类型的收益权类资产证券化，评级机构首先关注的是基础资产是否具有持续运营能力；其次关注影响基础资产未来现金流大小及分布的各种外部干扰因素；另外，由于基础资产未来现金流与原始权益人的经营管理很难实现完全隔离，原始权益人的运营水平往往会影响到未来现金流的大小及分布。

以高速公路收益权类资产为例，由于高速公路是一种实物资产，其所有者一般具有在较长期限内收取通行费的权利，只要高速公路不会因债务纠纷或破产重组等一般不会出现现金流中断的现象，因此，高速公路具有可持续的运营能力。而影响高速公路未来现金流大小的因素很多，归结起来主要有两类，一类是影响汽车通行量的各种因素，一类是影响收费价格的各种因素。

与债权类资产可以忽略原始权益人不同，不管收益权类资产是否具有持续运营能力，原始权益人对收益权类资产的运营管理水平都会影响到未来现金流的大小及分布，因为原始权益人一般都在资产证券化过程中承担着资产服务机构的职责。此外，目前国内的收益权类资产证券化大都采用了原始权益人及其相关利益人提供差额补足承诺或担保的义务。因此，原始权益人在基础资产的运营管理中起着极为重要的作用，原始权益人的尽职履约能力乃至偿债能力直接影响到基础资产的信用质量和现金流回收情况，进而对资产支持证券的信用等级产生重要影响。评级机构一般会参照自身相应的企业评级方法，从尽职能力和偿债能力两方面对原始权益人进行分析考量。

二、交易结构风险分析

交易结构设计是资产证券化过程中的重要环节，评级机构一般从证券化交易结构的有效性、可靠性和完整性等方面进行综合分析与考查。通过破产隔离或风险远离、优先次级分层、信用触发机制、外部增信等交易结构设计，资产支持证券能够以基础资产信用质量为支撑获得明显的信用提升。

（一）破产隔离分析

在对基础资产的证券化过程中，能否真正做到“破产隔离”是一个重要步骤，同时，也是影响评级结果的重要因素之一。如果不能实现有效的“破产隔离”，那么资产池的风险依然是发起人承受，投资回报的预期并不是决定于“资产池”的质量，不利于投资人的利益保护；同时还极有可能造成发起人的财产与拟证券化的资产混同，也不利于投资人的利益保护。

基础资产的差异，导致“破产隔离”法律形式的不同，从而导致操作成本、风险转移程度也有差别，如果程序过于琐碎、成本高昂势必影响资产证券化的进程，总体上说，“破产隔离”的方式主要有更新、让与、从属参与、信托、专项计划这 5 种方式。

1. 更新

更新是指重新协定权利义务关系主体。对基础资产证券化的过程本质是债权转移的过程，是发起人与原始债务人签署合同消灭旧的债权债务关系，同时“新债权人”（SPV）与原始债务人达成合意，建立新的债权债务关系的过程。因此，更新就是拟证券化资产的债务人与 SPV、发起人三者签署合同更改债权债务主体的过程，而在这个过程中，新合同的权利义务内容是没有变化的。目前大部分国家对债权债务关系变更采取的是依“当事人意思自治”原则进行。英美法系一向推崇“当事人意思自治”，大陆法系国家强调在法律允许的范围内“当事人意思自治”。不过宗旨都是只要当事人不违反社会公德、公共利益，对于民事活动主体依自身意思而为的行为一般都予以保护。我国《合同法》第四条规定：“当事人依法享有自愿订立合同的权利，任何单位和个人不得干预。”第九十三条规定：“当事人协商一致，可以解除合同。”因此，从法律层面来讲，在我国进行资产证券化活动中采用“更新”方式转让资产具有可行性。

但是在实务操作中，“更新”却不常用，主要原因有以下 3 个方面。首先，发起人、SPV 要逐个与债务人协商，重新建立合同关系。对于信贷类资产或是租赁类资产，基础资产数量庞大，如果实施这一过程将会消耗大量的人力、物力成本，不仅会直接推高发行人成本，同时还会严重影响证券化项目的推进。其次，发起人与债务人权利义务终止，债务人与 SPV 重新建立合同关系，那么存在于原始债务关系中的担保除非取得担保人的同意，否则该债权债务转让对担保人不具有对抗效力，那么可能面临需要寻求新的担保。第三，从发起人的角度，基于业务往来和拓展的考虑，其往往也不愿意以更新的方式割断与债务人的业务联系。

2. 让与

让与和更新的区别在于，更新是设立新合同代替旧合同，而让与实质是债权的转让。让与包含以下 3 个要点：第 ，审查基础资产合同，以确保没有限制转让的条款。理由在于，限制条款会影响让与人与受让人之间让与合同的有效性及受让人对抗第三人的效力；第二，判断资产性质，是否属于法律允许让与的客体。法律是否允许让与将直接影响让与行为的法律效力。第三，考察让与的形式要件。各国法律对让与均有形式上规定，如应遵循的法律手续、通知要求等，形式要件瑕疵也会影响到让与的法律效力。按宽严程度将各国立法区分为三类：自由主义立法，即让与无须债务人同意，如美国、英国、西班牙等；一般通知主义立法，即必须通知债务人才可有效对抗债务人及第三人，如日本、瑞典等；严格通知主义立法，即须遵循严格的法律程序，主要有法国和意大利。

3. 从属参与

从属参与顾名思义不是主要的参与人，而是附着在主要法律关系基础上的、服务于主要法律关系人的一种参与方式。在资产证券化中提到的从属参与，其主要作用简单来说就是保证发起人的债权得以及时实现，具体实现方式有两种：一种是在债务人没有及时偿还发起人时，由从属参与人代替债务人对发起人还款；另一种是从属参与人先对发起人进行偿付，而不论是否债务已到期或债务人是否拖欠还款，待债务人还款后，发起人再将取得的欠款收入转移给从属参与人。

从属参与中所签协议，是由发起人与从属参与人双方协商的结果，其效力由于没有其他如债务人等第三人的参与而只及于合同双方自身，不能对抗债务人，从属参与人也没有资格以自己的名义起诉债务人要求其还款。因此实践中，为了降低从属参与人的风险，常常授予从属参与人对债权资产的抵押权，或者将债权资产设定信托，以从属参与人为受益人。这在一定程度上避免了发起人破产情况下，从属参与人与一般无担保权的债权人无异的保护缺失状态。

从属参与从本质上来说，只是经济上的降低资产风险的方式，并不是法律层面的“风险隔离”。在实践中，除了让与方式中可能存在繁重的印花税而采用从属参与之外，一般证券化很少运用。

4. 信托

信托是指委托人基于对受托人的信任，将资产转移给受托人，由受托人按照委托人的意愿以自己的名义，为受益人的利益而进行管理和处分。信托制度源于英美法系，起初运用于遗产继承方面，后来逐渐运用于商业方面。如果以信托形式转让拟证券化资产，那么发起人是信托的委托人，SPV 是受托人，证券持有人是受益人。

信托制度最大的特点在于信托财产是独立的，信托财产获得的稳定现金流不受委托人和受托人的财产、风险影响，同时可以充分考虑受益人的利益，这一点非常契合资产证券化的理念，二者的融合为资产的证券化也提供了便利。信托专门将拟证券化资产池作为服务对象，同时资产池借助信托这一载体就更容易实现“破产隔离”。这是资产证券化和信托制度二者与生俱来的本质上的一致追求。

5. SPV 的组织形式

SPV 在资产证券化中的作用是购入发起人的资产，通过相关安排对这些资产进行管理、运作，并以这些资产未来产生的预期收益为担保发行资产支持证券的载体。从资产证券化运作的流程可见，SPV 居于核心位置。总结实践中存在的 SPV 的组织形式，主要有以下 3 种。

（1）公司形式。因为一般的融资人对公司管理要件、破产清算程序等比较了解，所以公司形式有利于融资人对SPV有足够认知，以合理估算风险。SPV虽然在证券化中居于核心地位，但是SPV常常是一个“空壳公司”，其最大的作用在于保障资产独立，因此在股东人数、办公地点这些要求方面不能达到公司法的要求。而且存在于SPV账面的资产其本质是未来的应收债权，换言之其并不是现时的实收资本，达不到公司的最低资本限额。除此之外，公司是纳税主体，但是SPV的资产是发起人转让过来的，并没有资本的运作增值，如果还需要纳税，那么无疑加重了证券化操作的负担。因此公司形式的SPV虽然理论上可行，但是实务中运用的较少。

（2）信托形式。信托形式的SPV是实务中最为常用的资产风险隔离组织结构。如前文所述，信托的特点“先天”地与资产证券化的要求不谋而合。信托财产的独立性特征导致相对其他组织形式而言，信托形式更符合资产证券化中对资产和风险隔离的要求；将证券投资人设定为受益人，信托财产的收益将按照证券化的预设流向投资人。此外，信托形式中的SPV是一个能对外以自己的名义从事活动的独立的主体。在设立要求和经营规则方面，比起公司制其更为简便。

（3）合伙形式。合伙有两种形式：有限合伙和无限合伙。有限合伙组织由有限合伙人和普通合伙人两种合伙人组成，是合伙形式的特例。在这种合伙形式中，不同合伙人对外承担的责任范围不同。普通合伙人对外承担无限责任，有限合伙人以其出资额为限承担有限责任。也正因承担的责任有限，有限合伙人一般不参与合伙组织的经营管理。无限合伙是合伙的常见形式，其全部合伙人均要对外承担无限连带责任。

资产证券化运作中的SPV往往采用的都是有限合伙的组织形式，其中发起人作为有限合伙人，有限合伙型SPV从发起人处购买资产用于证券化，以此为发起人融资。但是这种形式有一个很大的弱点就是发起人是有限合伙的成员，其用于融资的资产转让给它本身参与的组织，这难免有未进行“真实销售”之嫌。因此对合伙形式的SPV的运用越来越少。

综上，债权类资产与收益权类资产的破产风险性质存在本质差异，债权类资产能够通过SPV的方式实现破产隔离。国内债券市场的信贷资产证券化由于引入了特殊目的信托作为SPV，实现了破产风险隔离，因此通过优先/次级分层等结构化设计其内部增级的空间较大，本息偿付次序最靠前的优先级证券通过内部增级一般都能达到AAA的信用评级。而收益权类资产要视基础资产的可持续经营能力以及与原始权益人的内在关联性等因素，只能实现一定程度上的风险远离，也即基础资产不能够完全独立于原始权益人破产风险以外，因此通过优先/次级分层等结构化设计其内部增级的空间不大，国内的实务操作中，往往还需要追加担保或承诺等外部增信措施。

（二）优先/次级分层结构

优先/次级分层结构是指通过调整资产支持证券的内部结构，将其划分为优先级证券和次级证券或更多的级别。在还本付息、损失分配等方面，优先级证券享有优先权。这种偿付结构安排使得次级证券投资者要比优先级证券投资者承担更大的风险，因为投资者收到的现金流是按照优先顺序进行分配的，一般在偿付优先级证券投资者本息之前，次级证券投资者不能获付本息。

优先/次级分层结构作为一种内部增级手段，因其增级成本很低，在资产证券化实践中被广泛使用，评级机构结合前面的风险量化分析确定的必要信用增级量，重点关注交易的分层结构设置，即各劣后受偿的证券在资产总额中的占比、各层级证券本息偿付顺序，以及触发机制设计对优先/次级偿付次序的变化及影响等，以充分考量优级/次级分层结构对资产支持证券所起的增级作用。

（三）信用触发机制

信用触发机制是指当出现不利于资产支持证券偿付的情形（即触发条件）下，通过改变现金流支付顺序、补充现金流、提高现金流流转效率、加强基础资产的独立性，来保证资产支持证券的本息得到偿付，减少投资者可能的损失。

信用触发机制设计一般要根据特定的证券化交易风险性质来定，从大的分类角度主要有3类，一类是根据原始权益人自身经营状况设计的触发机制；

另一类是根据基础资产的运营数据设计的触发机制；还有一类是根据优先级证券是否偿付设计的触发机制。具体如与原始权益人有关的权利完善事件、个别通知事件、账户划款周期等，与基础资产运营数据有关的违约率触发设计等，与优先级证券的及时过手偿付有关的触发机制等。

为了有效实现破产隔离或风险远离，提高资产证券化的效用，在国内现行的法律框架下，证券化实务操作往往是通过设置各种与原始权益人自身信用状况有关的触发机制来规避破产风险并提升证券化的效率。例如，根据国内现行法律规定，基础资产的所有权需要转让给受托管理人，相关债权债务的转让需要通知债务人。而目前国内资产证券化尚处试点期间，上述事宜对于推动资产证券化的发展有一定阻碍。因此已发行的资产证券化产品都将上述风险与原始权益人的主体长期信用等级挂钩，通过权利完善事件、个别通知事件等触发机制来间接实现破产隔离。也即当原始权益人主体长期信用等级很高的情况下（一般为AA），暂时不需要办理所有权转让或通知债务人等实现破产隔离的法律手续，而一旦原始权益人主体长期信用等级下降，就将通过上述触发机制来实现破产隔离。

（四）外部增信

在资产证券化交易采用了外部增信的情况下，评级机构将关注外部增信机构的资信状况，因为一旦其信用评级出现不利变化将影响其对证券化交易提供的增级作用，从而影响资产支持证券的最终评级。资产支持证券的评级对外部增信的依赖越大，则外部增信机构的信用评级变化对证券信用评级的影响也越大；基础资产与外部增信机构之间的关联度越大，则基础资产受外部增信机构信用评级变化的影响也越大。因此，评级机构会详尽分析外部增信机构的资信状况。除此之外，评级机构还会重点关注外部增信措施是否附条件以及该等条件的性质如何；是否可为外部增信机构单方面撤销或更改；若可有条件地撤销或更改则该等条件实现的可能性如何等。

目前，国内的资产证券化实务操作中，外部增信机构往往由主体长期信用等级很高的原始权益人或与原始权益人关联度很强的控股股东及实际控制人来提供不可撤销的连带责任的差额支付承诺。由于差额支付承诺的内容及形式等与担保非常类似，加上承诺人的资信水平很高，承诺的内容也没有超出其承诺能力，因此，资产支持证券的最终评级也体现了基础资产信用支撑与外部增信机构信用支持的双重影响。

三、现金流分析与压力测试

（一）资产池组合风险量化分析

1. 债权类资产池组合风险量化分析

在基础资产信用质量分析的基础上，评级机构要对资产池的组合信用风险进一步进行量化分析。对债权类资产而言，要依据资产池组合的债务人性质及债务人数量来确定量化风险的具体方法。

对于债务人及其债务可以通过影子评级来确定其违约概率及违约损失率的，如企业贷款资产证券化、租赁资产证券化、小贷资产证券化等，评级机构一般采用蒙特卡罗（Monte Carlo）模拟法来建模进行风险量化分析。蒙特卡罗技术通过模拟系统中每一部分的变化来模拟系统的行为，即通过模拟资产池中每笔资产的违约行为来模拟整个资产池的违约行为，从而模拟出资产池的违约及回收概率分布图，评级机构据此来确定资产支持证券所需的信用增级水平。

对于债务人主要是自然人且债务人数量众多（一般为300人以上）的，如个人汽车消费贷款证券化、个人住房按揭贷款证券化、个人信用卡消费贷款证券化等，评级机构一般采用统计精算方法进行风险量化分析。统计精算方法对违约率、回收率等历史数据的要求非常高，包括数据样本的期限、数量、精度等，违约率、回收率等相关数据最好能经历一个完整的经济周期。

资产池组合量化风险分析的目的是确定以基础资产为支撑，拟发行的资产支持证券为达到即定级别（即AAA、AA、A等）所需的必要信用增级量，也就是资产池所能承受的违约损失水平。资产池量化风险分析是资产支持证券能够获得比基础资产自身更高的评级结果的关键环节，因此，资产池量化风险分析是资产证券化评级中最重要的环节。

2. 收益权类资产池组合风险量化分析

与债权类资产的信用违约风险不同，收益权类资产的风险量化分析主要是以未来收益现金流大小及分布的经济风险为主。实务操作中，评级机构一般采用线性回归方法对影响未来收益现金流的各种因素进行回归分析，确定其中能起到重要作用的显性因素，然后采用相关统计模型软件进行经济计量建模分析。债权类与受益权类资产证券量化风险建模差异见表 8.2。

表 8.2　债权类与受益权类资产证券量化风险建模差异

<table>
<tr><th colspan="2"></th><th>债权类资产证券化</th><th>收益权类资产证券化</th></tr>
<tr><td colspan="2">基础资产</td><td>标的资产池</td><td>风险现金流</td></tr>
<tr><td colspan="2">名义规模</td><td>确定</td><td>不确定</td></tr>
<tr><td rowspan="7">基础资产
风险建模</td><td>风险因素</td><td>信用风险</td><td>经济风险</td></tr>
<tr><td>建模对象</td><td>违约损失</td><td>未来收益</td></tr>
<tr><td>应用技术</td><td>信用风险建模</td><td>经济计量建模</td></tr>
<tr><td>分层保障</td><td>信用提升水平</td><td>保障概率水平</td></tr>
<tr><td>重点关注</td><td>概率分布右尾</td><td>概率分布左尾</td></tr>
<tr><td>分析方法</td><td>现金流分析</td><td>现金流分析</td></tr>
<tr><td>测试变量</td><td>持平损失比率（BDR）</td><td>债务保障倍率（DSCR）</td></tr>
<tr><td rowspan="3">返回检验
压力测试</td><td>数值实现</td><td>数值搜索问题</td><td>压力情况预测问题</td></tr>
<tr><td>检验基准</td><td>评级损失比率（SDR）</td><td>评级基准保障倍率集合</td></tr>
<tr><td>级别认定</td><td>BDR≥SDR</td><td>DSCR≥1</td></tr>
<tr><td colspan="2" rowspan="2">关键考量</td><td>违约相关性建模</td><td>未来收益建模</td></tr>
<tr><td>压力情况设定</td><td>压力情况设定</td></tr>
</table>

需要说明的是，收益权类资产证券化产品的优先/次级分层并不涉及显性的信用提升问题，基础资产的主要风险因素也不是信用风险，现金流分层技术涉及的是保障概率水平，即未来现金流水平超过资产支持证券发行规模的置信概率，这个保障概率基准一般由评级机构认定。

（二）现金流压力测试概述

1. 压力测试概述

IOSCO（1995）最早提出压力测试的定义：是当市场中存在着低概率情况假设（如房价急降或利率骤升）时，判断资产组合被这种假设影响的结果；1999 年该机构又提出，压力测试是量化资产投资组合所遭受的小概率风险。巴塞尔银行全球金融系统管理委员会（BCGFS）在 2000 年也做出过具体的定义，认为其是用来测量金融机构遭遇概率极小的但有可能发生损失的模型。银监会在《商业银行压力测试指引》中提到，压力测试利用定量的风险分析方法建立模型，并在此基础上测量银行面对小概率极端事件时可能的影响，同时得出银行盈利能力和资产质量受到不利影响的概率，随后将此方法用来衡量和判断银行或其整个体系的脆弱性。

资产证券化产品现金流的压力测试也是基于上述原理：测试极端情况出现时，资产池所产的现金流是否依旧可以足额支付投资者的本息。虽然不同资产证券化产品的基础资产不同，对“极端情况”的分析也存在一定的区别，但是在进行压力测试时基本思路存在一致性。这种“一致性”一方面体现在压力测试的对象，即待检测的风险类型；一方面表现为压力测试方法的选择与流程的设计。“差异性”则主要体现在对“极端情况”的识别与认定。接下来将重点介绍这种“一致性”与“差异性”。

2. 压力测试风险类型

压力测试是一种风险度量工具，它主要被应用于评估金融系统或各种投资组合在面临小概率极端事件时可能产生的损失。表 8.3 描述了压力测试过程中常见的风险类型及其应用领域。

以住房抵押贷款证券化产品为例，对其进行压力测试时需要考虑的风险类型主要有以下几种：

（1）混同风险。若服务机构发生信用危机，丧失清偿能力甚至破产，标的资产的回收款可能和资产服务机构其他资金混同，从而导致信托计划收益不确定甚至造成损失。

表 8.3 压力测试过程中的风险类型及其应用领域

可能发生的冲击事件	风险类型	应用领域
利率波动以及引致的收益率曲线的移动	利率风险	银行信贷类产品
汇率变动（涨跌幅度超过 20%）	汇率风险	存在外币投资的产品
股票市场波动	股票市场风险	股权质押回购类产品
原油、房价等大宗商品价格波动	价格风险	RMBS、CMBS 类产品
违约率或不良率波动	信用风险	租赁、信贷等各类产品
流动性支持波动	流动性风险	尤其是挂牌交易的产品
资金闲置期进行投资	再投资风险	各类产品

（2）流动性风险。若当期收入回收款不足以支付各级别单位预期收益及相关各项税费时，可能引发流动性风险。

（3）抵消风险。抵消风险是指标的资产的债务人行使可抵消债务权利，从而使应收款本息回收出现风险。

（4）提前偿还和拖欠风险。如债务人提前、延迟支付租金或缩短、延长支付期限，将会直接影响资产池的现金流入。虽然标的资产的提前偿还有助于各级别产品本金的分配，但在一定程度上有可能影响到利息收入的大小，同时标的资产对应债务人的拖欠行为有可能引发流动性风险。

（5）再投资风险。在产品存续期内，专项计划账户所收到的资金在闲置期内可用于再投资，这将使专项计划资产面临一定的再投资风险。

（6）利率风险。由于我国目前多数银行对住房抵押贷款执行浮动利率，贷款人承担的资金成本将会受到国家调息政策影响。如果在产品存续期内国家进行降息，将会直接造成资产池现金流入中“利息收入”的减少，从而影响投资人收益。

因此，在对住房抵押贷款证券化产品的现金流进行压力测试时，需要充分考虑上述风险所引致的“极端情况”。在充分识别与分析各种“极端情况”之后，如何实现有效的压力测试是同样关键的一步。这就涉及对压力测试方法的选择和流程的设计。

3. 压力测试方法的选择

目前，对压力测试的技术分类并没有统一的标准，在梳理了相关文献的前提下，主要分为敏感性分析和情景分析。

（1）敏感性分析。

敏感性分析是对瞬间变化参数进行直观考察，是指在特定的范围内驱使一组风险因子在发生极端不利情况下波动。例如，某个因子的20%的下浮或100个基点的上扬等场景下，对于证券化产品现金流的影响。敏感性测试与情景测试不同，它无须明确冲击来源，只关注参数变化，经常是即时的测试。根据敏感性分析的作用范围，可以将其分为局部敏感性分析和全局敏感性分析。局部敏感性分析只检验单个属性对模型的影响程度；而全局敏感性分析检验多个属性对模型结果产生的总影响，并分析属性之间的相互作用对模型输出的影响。局部敏感性分析因其在计算方面的简单快捷，固具有很强的可操作性，现在大量实际应用中都是采用这种方法。

同样，敏感性分析方法存在缺陷：第一，假设条件难以成立。针对敏感性分析，当风险因子位于极端值时，最大损失不一定就会发生；第二，不适用于复杂形式的因子组合。风险因子之间相互独立在该分析的假定下成立，但其联合分布的某些特征未被考虑；第三，仅适用于线性近似表示。对于一些金融产品的非线性关系，敏感性分析无法得到精确的结果，因为其敏感性是在具有线性关系的金融资产价值和风险因子中计算所得。

（2）情景分析。

第一种，历史情景分析

指利用历史上发生的风险事件来分析会对现在的金融投资产生何种不利的影响。例如，金融机构常常以俄罗斯在1998年发生的信用违约事件作为对象，来针对金融机构的信用风险等问题进行压力测试。同时，一些重大的金融危机也可以作为测试模板。

历史情景分析利用已发生极端事件及其实际风险指标冲击情形，对于结构化风险值的衡量是值得信任的，且历史资料也可以被当做风险因子之间的联系性变化的依据，这样可以大大地提高模型的真实性。这种利用重大事件的深刻印象将历史事件和风险估值联系在一起的分析方法是比较简单直接的，管理者借鉴历史事件可以更具说服力地设定风险额度的极限。

第二种，假设情景分析

通过构造可能的极端风险事件，确定该风险下资产损失的估值。对于从未发生过的小概率极端不利事件则需要创造假设的情景，这种假设需要通过经验判断。假设情景分析法又可以细分为因素分析法、专家法、极值理论分析法、蒙特卡罗分析法。

在进行情景设计时会有很多种设计方法存在，它们各自都有着优点和不足的地方，在执行压力测试前，必须对各种情景设计分析方法进行研究和蹄选。各种情景设计分析方法的优缺点见表 8. 4。

表 8. 4 各种情景设计分析方法的优缺点

类型	缺点	优点
历史情景分析	1. 历史发生的极端事件数量有限 2. 很难选择出一个适用当前产品的情景 3. 历史一定会重现	充分考虑了各风险之间的相关性
因素推动法	1. 忽略相关性 2. 假设出的情景可能完全没有经济含义	操作简便、应用广泛
专家法	1. 产品可能会受到其他潜在风险的影响 2. 主观评价不适用复杂的金融产品	可以充分对政治、宏观经济等难以量化的风险进行考量
基于蒙特卡罗的方法	忽略了各风险之间可能存在的多种组合风险	可以充分分析金融产品的弱点，得出具有针对性的信息
基于极值理论的方法	现实中出现极值的可能性较小	可以充分估计极端事件带来的尾部效应，比较适合具有后尾效应的金融产品

4. 压力测试流程的设计

在对证券化产品的现金流进行压力测试时，首先需要明确进行压力测试的目标是什么，然后再设计流程。证券化产品现金流的压力测试应关注的问题见图 8.2。

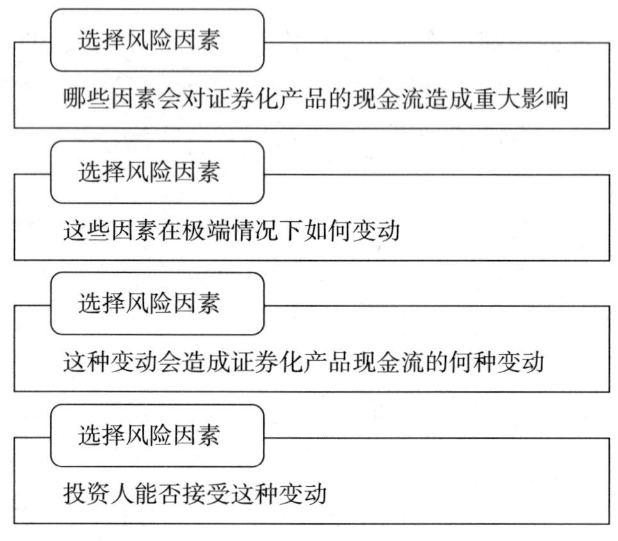

图 8.2　压力测试应关注的问题

在明确压力测试目标之后，流程设计有两种基本思路：一种是先考量资产池中各基础资产的违约概率和风险等级，然后再考虑资产池整体的组合违约概率与风险等级（以下称为“第一种思路”）。另一种是直接将资产池整体的违约概率和风险等级作为考量对象（以下称为“第二种思路”）。从理论的角度上来看，第一种思路能够清晰地表示证券化产品的经济学含义，这种“穿透”基础资产的压力测试虽然可以更好地反应证券化产品的现金流承压能力，但是工作量繁杂，尤其是对于基础资产数量往往达到数百笔的信贷类证券化产品，这种思路就不太适合。因此，在现实操作中，更为广泛运用的是第二种思路。第二种思路对于数据的要求更为简单。例如，对于基础资产较多的租赁类证券化产品，只需要对资产池每月或每季度的现金流进行分析后，整体进行压力测试即可，无须对每一个融资租赁项目进行单独的现金流分析。

综上所示，对证券化产品现金流进行压力测试的流程如图 8.3 所示。

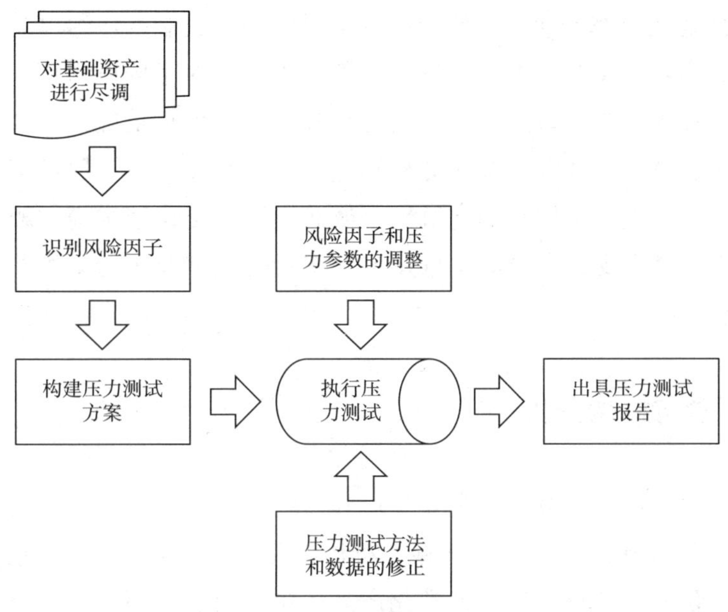

图 8.3　压力测试的流程

（三）评级机构的现金流压力测试

通过资产池组合量化风险分析确定了必要的信用增级水平后，评级机构还要根据基础资产的现金流入状况、相关税费等优先支出项目、资产支持证券（通常根据现金流偿付顺序分为优先/次级）的现金流出状况，构建特定的现金流模型，该现金流模型要能充分体现交易结构中设计的流动性支持、信用触发事件等因素对资产池现金流入、流出所起的各种影响。

由于资产池组合信用风险不同，所需的必要信用增级水平不同，同时投资者对资产支持证券的投资期限、本息支付方式、风险偏好等也都存在较大差异，加之不同的交易结构设计存在较大差异，因此，通过构建特定的现金流模型进行现金流分析与压力测试，可以不断返回检验前述所需的必要增级水平是否得到满足。

评级机构一般会根据资产证券化交易的特征，通过预设一些外部模拟情景进行现金流分析与压力测试。以银行信贷资产证券化为例，具体的压力测试场景包括基准利率变化、早偿或延迟、提前触发机制、违约提前发生或违约率提高、回收处置延后或回收率降低等，以测试在不同压力情景下，基础资产现金流在各个支付时点对资产支持证券本息的偿付情况。如果压力测试结果不理想，就需要根据现金流分析模型反应的具体情况，通过调整资产支持证券的优先级发行规模或预定级别，或通过调整交易结构增加触发机制等方式，以保障资产支持证券的本息在各个支付时点都能按约定的条件进行及时足额偿付。

四、主要参与机构分析

对主要参与机构的分析，主要是对其履约能力做出判断。一般而言，主要参与机构包括原始权益人/资产服务机构、资金保管机构、财务顾问、主承销商等中介机构，信贷类资产证券化产品还包括信托公司等受托机构。通过对上述各参与机构的发展背景、财务状况、内控制度、治理结构和风险管理能力等方面的分析，实现对其履约能力的判定。主要参与机构履约能力的高低，有可能会影响到证券化产品的偿付，因此有必要对主要参与机构的履约能力进行分析判断。

五、法律因素分析

证券化产品是由一系列交易文件构成，交易文件是否完备、合法，直接决定了证券化产品能否正常发行。因此，对交易文件完备性、合法性的检查是证券化产品设立的必要步骤，也是评级业务开展的基础性工作。这一工作一般由律师事务所完成。在律师事务所出具的法律意见书中，将会对证券化产品设立的合法性、证券化产品涉及当事人的主体资格的合法性、基础资产基本情况及是否存在瑕疵、交易结构及所有交易文件的完备性出具明确意见。在此基础上，评级分析师将会透过律师出具的法律意见书开展评级业务。例如，如果基础资产存在瑕疵，会直接影响证券化产品的级别。如果交易文件不完备或是不合法，将会直接导致证券化产品不能正常成立。因此，在评级过程中，对证券化产品进行法律层面的分析是必要一步。

第四节
资产证券化信用评级案例分析

2015 年，我国资产证券化市场发行日渐常态，规模持续高速增长，全年共发行资产证券化产品 6 032.4 亿元，同比增长 84%，2016 年预计资产证券化业务将迈向万亿规模；与此同时，资产证券化产品创新迭出，市场参与者类型更加多样，产品结构更加丰富。在资产证券化产品的发行过程中，信用评级发挥着举足轻重的作用。本节将通过案例分析的形式，详细介绍资产证券化信用评级的实务操作模式。

一、小额贷款证券化评级的经典案例——金通小贷

自全国试点以来，我国小额贷款公司数量和贷款规模持续增长，已成为给中小企业提供融资的重要非银行金融机构之一。目前，我国小额贷款公司多集中于江苏、辽宁、内蒙古、河北、安徽等省份；从贷款余额金额来看，国内小额贷款余额最高的前 5 个省依次为江苏、浙江、重庆、四川和广东。近年，国家出台一系列政策鼓励、促进小额贷款行业发展，收到了良好成效。

按照相关规定，国内小额贷款公司的法定资金来源为股东缴纳的资本金、捐赠资金，以及来自不超过两个银行业金融机构的融入资金。由于贷款需求旺盛，融资渠道较少，同时限于“只贷不存”的规定，许多小额贷款公司出现资金短缺现象。而小贷公司由于资产规模较小，发展时间较短，主体信用水平不高，且受内部风控标准限制，银行支持小贷公司借款的意愿不强，为拓宽融资渠道、降低融资成本，通过资产证券化的方式融资是小贷公司较为理想的选择。通过将小贷资产进行证券化，除了可以减少对银行信贷的依赖，

降低融资成本外，还可以通过出表的形式实现债权出表，优化资产负债表并满足资本充足率的监管要求。

小贷资产证券化的评级主要包括对交易结构的信用分析、原始权益人经营和风控能力的分析、基础资产组合信用分析、循环购买结构分析（如有）、现金流分析及压力测试、法律要素分析等。

接下来，以“第一创业金通小贷资产支持专项计划”项目为例，介绍小额贷款资产证券化产品的评级要点与方法。该项目由联合信用评级有限公司（以下简称“联合评级”）担任评级机构。

联合评级对该交易所涉及的基础资产、交易结构、结构现金流、法律要素以及相关参与机构等多方因素进行了信用分析，并对基础资产进行了现金流分析与压力测试。该专项计划原始权益人南宁市金通小额贷款有限公司（以下简称“金通小贷”）作为广西壮族自治区内以小额贷款金融服务为主的区域性小额贷款公司，对小额信贷资产的管理具有丰富的经验和专业优势，近年其小额贷款不良率保持在较低水平；该交易对入池贷款债权设定了较为严格的标准，其借款人信用记录良好、债权集中度较低、贷款利率较高，同时完善的循环购买措施有效保证了专项计划的持续运作；该专项计划中由广西金融投资集团有限公司（以下简称“广西金投”）提供不可撤销及无条件的差额支付承诺，广西金投资产规模较大、经营状况稳定，其提供的差额支付承诺对该期优先档资产支持证券信用状况具有积极影响，同时优先/次级偿付安排对优先档资产支持证券的信用水平有积极作用。

综合考虑上述因素，联合评级评定第一创业金通小贷资产支持专项计划优先A档资产支持证券的信用等级为AAA；优先B档资产支持证券的信用等级为AA。

联合评级通过充分的前期研究、尽职调查和深入分析后认为：原始权益人所处小贷行业近年来发展较快，受政策支持力度较大，具备较好的外部经营环境；交易结构中设置了优先/次级受偿次序、差额支付承诺机制为投资者提供了较为有效的保护；“加速清偿事件”与“违约事件”等触发机制为优先档证券的偿付提供了进一步的保障；基础资产贷款利率较高，与资产支持证券预期收益率之间存在较大的利差，能为优先档证券提供较好的信用损失保护。

但需要关注的是基础资产行业集中度和地区集中度较高，使得专项计划存在一定的行业风险和地区风险；循环期内优先档证券需按年获取利息，若循环购买未预留足够资金以完成优先档证券兑付，则可能引发流动性风险；若计划管理人长期无法找到合格资产进行购买，闲置资金过多或沉淀时间过长，将降低专项计划资产收益率，或导致优先档证券发生损失；影响贷款违约及违约后回收的因素较多，定量分析时采用的模拟方法和相关数据可能存在一定模型风险。针对以上关注点，该专项计划也安排了一定的缓释措施，详见下文具体分析。

（一）交易概况

第一创业金通小贷资产支持专项计划主要参与人如表 8.5 所示。

表 8.5　第一创业金通小贷资产支持专项计划主要参与机构

原始权益人/资产服务机构	金通小贷
差额支付承诺人	广西金投
计划管理人	第一创业证券股份有限公司
托管人	兴业银行股份有限公司

该资产支持证券由第一创业证券股份有限公司（以下简称“第一创业”或“计划管理人”）发行，募集的资金用于向金通小额购买基础资产，即基础资产清单所列的由原始权益人金通小贷在专项计划设立日、循环购买日转让给计划管理人的、原始权益人依据借款合同对借款人享有的贷款债权及其附属担保权益。同时，计划管理人以基础资产形成的属于专项计划的资产和收益，按约定向资产支持证券持有人还本付息。

该资产支持证券分为优先级资产支持证券和次级资产支持证券，是以基础资产所产生的现金流作为还款来源，以优先/次级顺序偿付、超额利差、广西金投的差额支付承诺等机制提供综合信用提升的固定收益产品。

该优先档资产支持证券总目标发行规模为9.29亿元，分为A、B两档产品，其中，优先A档包括优先A-1档资产支持证券，优先A-2档资产支持证券，初始发行规模均为4亿元。优先B档初始发行规模为1.64亿元，次级资产支持证券目标发行规模约为1.29亿元。优先档资产支持证券概要见表8.6。

表8.6 优先档资产支持证券概要

优先档资产支持证券	预期期限（年）	目标募集规模（亿元）	还本付息
优先A-1档资产支持证券	1.06	4.00	按年付息 到期还本
优先A-2档资产支持证券	2.06	4.00	
优先B档资产支持证券	2.5	1.29	按年付息 按月过手摊 还本金
合计	—	9.29	—

注：该专项计划优先档证券设有计划还本日，需在该日支付交易文件中约定的计划偿还的本金。

第一创业金通小贷资产支持专项计划的交易结构如图8.4所示。

（二）信用支持分析

1. 优先级/次级

该资产支持证券通过设定优先/次级受偿顺序的交易结构来实现内部信用提升，劣后档次的资产支持证券为较高档次的资产支持证券提供信用损失保护。具体来说，次级和优先B档资产支持证券为优先A档资产支持证券提供的信用支持为26.81%，次级资产支持证券为优先B档资产支持证券提供的信用支持为11.81%。

2. 超额利差

在计划管理人依照该专项计划约定的合格标准、充分合理运用专项计划账户资金进行基础资产循环购买的情况下，该交易资产池贷款组合的加权平

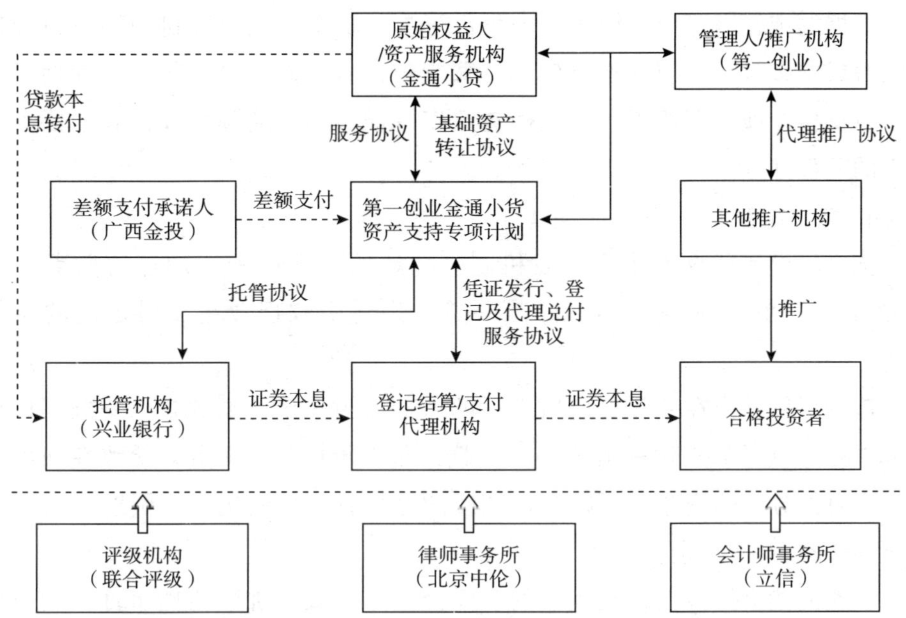

图 8.4　第一创业金通小贷资产支持专项计划交易结构图

均利率与相关参与机构服务费率以及优先档证券预期收益率之间预计存在较大的利差。

具体而言，在加速清偿事件发生前，超额利差通过对违约本金的弥补以及在支付完限额外费用后对证券本金的偿付提供信用支持；在加速清偿事件发生后，超额利差通过直接对证券本金的偿付提供信用支持（收入科目项下资金在完成税费、参与机构服务报酬及限额内费用、优先档证券利息的分配后全部转入本金科目）。该交易在优先档证券全部偿付之前，次级档证券无期间收益，仅享有最终的清算收益，超额利差能够很好地为优先档证券提供信用支持。

3. 差额支付承诺

根据广西金投出具的《差额支付承诺函》，广西金投将对优先档资产支持证券的各期预期收益和全部未偿本金的差额部分承担不可撤销及无条件的补足义务，从而形成了一定的信用支持。

根据约定，当专项计划账户内可供分配的资金不足以支付当期应付的预期收益或本金时，专项计划将启动差额支付，由广西金投补足专项计划资金不足以支付专项计划费用、优先档资产支持证券的各期预期收益和未偿本金余额的差额部分。

4. 触发机制

该交易设置了两类事件触发机制："违约事件"和"加速清偿事件"。"违约事件"和"加速清偿事件"一旦触发将引致现金流支付机制的重新安排。

违约事件是指在差额支付启动后的差额支付承诺人划款日，差额支付承诺人未按照《差额支付承诺函》的条款与条件承担补足义务，导致专项计划账户内可供分配的资金不足以支付相应的兑付日应付的优先档资产支持证券的预期收益和/或本金的情况。

加速清偿事件包括自动生效的和需经宣布生效的加速清偿事件，其中自动生效的加速清偿事件主要是对原始权益人的清偿能力、资产服务机构、累计违约率、闲置资金比例、特定时点优先档的本息偿付情况等进行相关约束；需经宣布生效的加速清偿事件主要是指原始权益人、计划管理人、资产服务机构相关保证、陈述或其他行为对专项计划产生重大不利影响的事件。

触发机制的安排在一定程度上缓解了事件风险的影响，并提供了有效的信用支持。

（三）风险缓释措施

1. 资金混同风险

若金通小贷信用状况恶化，丧失清偿能力甚至破产，基础资产的收益可能和金通小贷其他资金混同，从而给专项计划资产造成损失。

根据该次交易的相关约定，资产服务机构即金通小贷需在每一个回收款转付日16:00前将回收款划转至专项计划账户，其中，回收款转付日为资产服务机构收到每笔回收款后的第2个工作日，可见回收款在服务机构账户留存的时间较短。

考虑到金通小贷具有较好的经营管理和风险控制水平以及稳健的财务状况，其发生信用危机乃至破产并导致发生混同风险的可能性很低；加之在交易安排上，该期资产支持证券设计了较为严格的账户监管措施，计划推广账户、专项计划收款账户和专项计划账户各司其职、相互独立，从而也一定程度上缓释了混同风险。

2. 流动性风险

在该交易中，当期收入回收款可能不足以支付优先档资产支持证券预期收益及在优先档资产支持证券预期收益支付前必须支付的各项税费，从而产生流动性风险。

在该等情形发生时，根据广西金投提供的不可撤销及无条件的差额支付承诺，其将在收到计划管理人发出的差额支付指令后，于差额支付承诺人划款日（计算日后第10日）补足差额。

广西金投资产规模较大、经营状况稳定，其提供的差额支付承诺对缓解该期交易的流动性风险具有积极影响。

3. 早偿和拖欠风险

该交易在循环期内采用基础资产循环购买结构，计划管理人可利用入池贷款的提前还款来进行基础资产购买，在循环购买能够持续进行的情况下，提前偿还对优先档证券偿付的影响不大；该期交易摊还期较短，摊还期内证券采用顺序偿付结构，入池贷款的提前偿还有助于优先档证券本金的兑付，但在一定程度上有可能影响到超额利差的大小。入池贷款借款人的拖欠行为则有可能导致流动性风险。

对此，该期交易安排了差额支付机制以缓解这一风险。同时，联合评级在现金流分析时，针对拖欠和提前还款行为设计了不同的压力情景并进行了测试，测算结果表明该期交易提前偿还和拖欠风险对优先档证券的信用影响较小。

4. 利率风险

根据借款合同，该交易初始入池贷款均采用固定利率，而优先档证券预期收益率同样为固定收益率，由利率错配导致的利率风险较小。但由于该交易采用循环结构，循环购买将产生新资产，基础资产改变导致的资产池利率水平变化有可能引发利率风险。

考虑到基础资产为小额贷款，贷款利率较高，且该专项计划合格资产标准要求购买的基础资产利率不得低于12%，在计划管理人于各循环购买日充分合理购买基础资产的前提下，由基础资产变更引起的利率风险较低。联合评级测算了在不同的利率情景下超额利差提供的信用支持，测算结果表明该期交易利率风险对优先档证券的信用影响较小。

5. 循环购买风险

在该交易中，专项计划资金可能无法持续保持足额购买到原始权益人的贷款债权，产生循环购买风险，从而导致专项计划本金的现金余额过大，难以实现专项计划预期收益。

根据交易安排，原始权益人在循环购买日前需根据基础资产池的入池标准选择合格基础资产，并向管理人提供资产清单及再投资金额建议，经计划管理人审核和确认后，完成再投资交割。同时，本次交易设定的循环购买日为专项计划设立日后（不含该日）的每满1个月之日所在日历月的对应日，即每个月购买一次。

为保证循环购买不会影响到证券本息的偿付，交易文件约定，自计划成立满9个月的对应日起，循环购买将暂停，直至专项计划托管账户内的现金净资产大于或等于第1个兑付日需支付给优先级份额的本金及利息，对于现金净资产超出第1个兑付日需支付给优先级份额的本金及利息的部分，可继续用于购买基础资产。而自计划成立满18个月的对应日起，亦将暂停循环购买基础资产，此时，即便专项计划托管账户内的现金净资产大于或等于第2个兑付日需支付给优先级份额的本金及利息，超出部分仍不得用于购买基础资产。

此外，如果专项计划账户内闲置资金（含进行合格投资的资金，但每个计算日前1~6个月期间计划管理人为兑付资产支持证券本息而未用于循环购买的资金除外）连续30日超过专项计划募集资金金额的10%，则专项计划进入提前清偿阶段。

以上说明该交易对循环购买设定了较为严格的购买流程，同时对闲置资金规模的要求作为“加速清偿事件”之一的安排对缓释循环购买风险有积极作用。

（四）基础资产分析

该交易的基础资产是指基础资产清单所列的由原始权益人在专项计划设立日、循环购买日转让给计划管理人的、原始权益人依据借款合同对借款人享有的贷款债权及其附属担保权益。该计划的入池基准日为2014年6月25日，初始基础资产涉及借款合同共计77笔，未偿本金余额109 314万元，共涉及借款人65户。第一创业金通小贷资产支持专项计划初始基础资产的基本情况见表8.7。

表8.7　第一创业金通小贷资产支持专项计划初始基础资产概况表

资产池合同未偿本金余额（万元）	109 314.00
借款人个数	65
贷款笔数	77
单笔贷款最大未偿本金余额（万元）	6 200.00
单户贷款最大未偿本金余额（万元）	9 000.00
加权平均现行贷款利率（%）	1.96
加权平均贷款账龄（月）	1.95
加权平均贷款剩余期限（月）	10.05
单笔贷款最长剩余期限（月）	11.93
单笔贷款最短剩余期限（月）	7.10
加权平均信用级别	BB +
平均未偿本金余额	1 419.66

资料来源：联合评级整理

1. 初始基础资产质量分布

按照原始权益人贷款质量风险分类方法，初始入池资产全部为原始权益人发放的正常类贷款，即未发生逾期的贷款，初始入池贷款资产质量较好。

2. 初始基础资产担保方式分布

从担保方式来看，初始基础资产涉及贷款可分为保证类和信用类（即无担保），其中保证类担保可分为个人保证担保、第三方企业保证担保和个人加第三方企业保证担保这三种方式。第一创业金通小贷资产支持专项计划初始入池贷款的担保性质分布见表 8. 8。

表 8. 8　第一创业金通小贷资产支持专项计划初始入池贷款的担保性质分布

担保类型	笔数	未偿本金（万元）	未偿占比（%）
个人保证担保	30	43 494. 00	39. 79%
第三方企业保证担保	16	34 880. 00	31. 91%
个人加第三方企业保证担保	17	15 930. 00	14. 57%
无担保	14	15 010. 00	13. 73%
合计	77	109 314. 00	100. 00%

资料来源：联合评级整理

金通小贷无担保类贷款一般只适用于在银行有过授信记录的客户，该类客户主要做过桥贷款。总体而言，金通小贷的纯信用贷款比较少，借款人只能在金通小贷《诚信客户榜》① 中的客户中产生，一般来说，该类借款人的信用质量好于保证类贷款的借款人。初始入池贷款中，该类贷款未偿本金合计占比为 13. 73%。

初始入池贷款中，有第三方企业保证担保的贷款合计 33 笔，未偿本金合计占比 46. 48%，根据尽调结果，为初始入池贷款提供保证担保的企业均为借款人关联方，且多为中小型企业，其对于贷款的增信作用有限。

整体看，就初始基础资产的担保质量而言，联合评级认为现有担保方式实际起到的增信作用较小。

3. 借款人集中度情况

初始基础资产所涉及的借款人中，前十大借款人的未偿本金合计占初始基

① 系金通小贷根据自身标准，根据客户历史贷款的偿还情况列出的诚信名单。

础资产应收本金总额的44.23%，应收本金最大的借款人占比为8.23%，集中度较高。初始基础资产所涉未偿本金最高的前十位借款人的集中度情况见表8.9。

表8.9 第一创业金通小贷资产支持专项计划借款人集中度情况

序号	笔数	未偿本金（万元）	未偿占比（%）	所属行业
1	3	9 000.00	8.23	商贸流通
2	1	6 200.00	5.67	农林牧渔
3	1	5 000.00	4.57	房地产
4	1	5 000.00	4.57	农林牧渔
5	1	5 000.00	4.57	商贸流通
6	1	5 000.00	4.57	有色金属
7	1	3 700.00	3.38	商贸流通
8	2	3 450.00	3.16	商贸流通
9	1	3 000.00	2.74	制造业
10	2	3 000.00	2.74	农林牧渔
合计	14	48 350.00	44.23	

资料来源：联合评级整理

本次初始基础资产涉及贷款的借款人合计77户，数量较多，除个别借款人未偿本金占比较高外，整体分散性较好。联合评级在构建违约模型时对未偿本金余额占比较高的借款人适当提高了其违约概率以反映个别借款人集中度较高的风险。

4. 行业分布

从初始基础资产所涉及借款人的行业分布来看，初始基础资产主要涵盖了商贸流通、农林牧渔、批发零售、建材家具等19个行业。其中，商贸流通行业所涉及未偿本金在初始基础资产中占比37.58%，农林牧渔行业所涉及未偿本金在初始基础资产中占比15.99%，两个行业的应收本金余额在标的资产中合计占比为53.57%，集中度较高，其行业的发展态势将对标的资产的整体信用表现产生重要影响。第一创业金通小贷资产支持专项计划基础资产借款人所属行业整体分布情况见表8.10。

表 8.10　第一创业金通小贷资产支持专项计划基础资产借款人所属行业分布

所属行业	笔数	未偿本金（万元）	未偿占比（%）
商贸流通	25	41 080.00	37.58
农林牧渔	12	17 480.00	15.99
批发零售业	12	11 410.00	10.44
建材家具	3	5 500.00	5.03
有色金属	2	6 300.00	5.76
汽车	1	1 314.00	1.20
制造业	5	6 700.00	6.13
房地产	2	6 000.00	5.49
化工	2	1 350.00	1.23
IT 媒体通信	2	3 000.00	2.74
其他行业	1	2 700.00	2.47
能源	1	1 800.00	1.65
机械设备	2	1 300.00	1.19
建筑业	2	1 000.00	0.91
公用事业	1	600.00	0.55
钢铁	1	800.00	0.73
旅游酒店	1	400.00	0.37
食品饮料	1	400.00	0.37
医药生物	1	180.00	0.16
合计	77	109 314.00	100.00

资料来源：联合评级整理

初始基础资产中，商贸流通行业未偿本金余额占比最高，涉及应收本金余额为41 080.00万元，占比为37.58%，涉及25笔合同，加权平均剩余期限为9.55个月，略低于初始基础资产加权平均剩余期限。商贸流通行业与宏观经济发展状况密切相关，近年来宏观环境不景气对商贸流通行业发展产生一定影响，考虑到标的资产商贸流通行业覆盖了钢铁、汽车、化工等多个子行业，有助于缓解行业经营环境下滑可能带来的风险。

初始基础资产中，农林牧渔行业未偿本金余额占比次之，涉及未偿本金余额 17 480.00 万元，在初始基础资产中占比为 15.99%，涉及 12 笔合同，加权平均剩余期限为 10.95 个月，略高于初始基础资产加权平均剩余期限。近年来，随着科技化、产业化的程度不断提升，农产品优质率、生产集中度和加工转化水平明显提高，农林牧渔业面临良好的发展态势。

在初始基础资产中，批发零售行业未偿本金余额占比排名第三，涉及应收本金余额为 11 410.00 万元，占比为 10.44%，涉及 12 笔合同，加权平均剩余期限为 10.15 个月，略高于初始基础资产加权平均剩余期限。批发和零售行业与经济周期密切相关，近年宏观经济持续低迷加大了批发零售行业的经营压力。据统计，近年上市银行不良贷款率最高的行业即为批发零售行业。考虑到初始基础资产中批发和零售业又可细分为粮油、煤炭、五金、食品、啤酒零售等数十个不同子行业，在一定程度上有利于缓解因行业集中带来的偿付风险。

初始剩余基础资产中，主要涉及的行业有建材家具、有色金属、汽车、制造业、房地产等行业，未偿本金余额占比在 0.16% ~5.03% 之间。行业较为分散且单个行业在初始基础资产中占比较低。

5. 利率分布

初始基础资产加权平均合同利率为 1.96%/月。初始基础资产涉及贷款的合同利率均为固定利率，其中利率为 2%/月的贷款合同未偿本金占比 94.88%，利率分布相对集中（见表 8.11）。从整体来看，初始基础资产的利率水平较高。

表 8.11　第一创业金通小贷资产支持专项计划现行利率分布情况

月利率	年利率①	笔数	未偿本金（万元）	未偿占比（%）
1.004	12.74	1	600.00	0.55
1.33	17.18	1	5 000.00	4.57
2	26.82	75	103 714.00	94.88
合计		77	109 314.00	100.00

①按复利折算。

资料来源：联合评级整理

目前，除极少数长期贷款客户外，金通小贷发放贷款合同利率多为2%/月（年化利率24%），利率水平较高，在一定程度上能够缓解因借款人信用水平较低带来的违约风险。

6. 地区分布

借款人所在地区的经济发展水平和经营环境稳定性是影响借款人还款能力的重要因素，较为分散的区域集中度可以缓解受某个地区经济环境恶化而给初始基础资产整体信用表现带来的不利影响。

受监管限制，金通小贷目前的业务范围仅在广西南宁市及辖区内，初始基础资产所涉借款人全部在广西境内，地区集中度较高。联合评级在资产池违约模型中调整了地区相关参数，以体现区域经济波动对贷款组合信用风险的影响。

7. 剩余期限分布

初始基础资产合同期限平均为12个月，加权平均剩余期限为10.05个月，剩余期限相对较长，最长剩余期限为11.93个月，最短剩余期限为7.1个月，贷款剩余期限主要分布于（8，10］个月和（10，12］个月，应收本金占比为46.59%和52.41%，具体分布见表8.12。

表8.12 第一创业金通小贷资产支持专项计划初始基础资产剩余合同期限分布

剩余期限（月）	笔数	应收本金（万元）	应收占比（%）
（6，8］	1	1 100.00	1.01
（8，10］	27	50 924.00	46.59
（10，12］	49	57 290.00	52.41
合计	77	109 314.00	100.00

资料来源：联合评级整理

8. 贷款账龄分布

初始基础资产涉及贷款的账龄主要分布在（0，3］个月和（3，6］个月，涉及的贷款笔数分别为65和12笔，应收本金分别为80 414.00万元和28 900.00万元，应收本金占比分别为73.56%和26.44%，贷款资产账龄较短，具体情况见表8.13。

表 8.13　第一创业金通小贷资产支持专项计划贷款资产账龄分布

账龄（月）	笔数	未偿本金（万元）	未偿占比（%）
[0，3]	65	80 414.00	73.56
(3，6]	12	28 900.00	26.44
合计	77	109 314.00	100.00

资料来源：联合评级整理

9. 未偿本金分布

目前，金通小贷发放的小额贷款均为到期一次还本，未偿本金余额也即是借款合同金额。从初始基础资产涉及贷款的未偿本金分布情况来看，初始基础资产涉及贷款的未偿本金中，余额在1 000 万以上（不含）的共计32 笔，余额合计占比为78.02%。

其中，未偿本金处于2 500 万 ~3 000 万元区间的占比较大，为21.41%。未偿本金合计23 400 万元，共涉及8 笔贷款。未偿本金处于4 500 万 ~5 000 万元、500 万 ~1 000 万元和1 500 万 ~2 000 万元区间的占比次之，金额占比分别为18.30%、13.52%和10.43%，涉及未偿本金分别为20 000 万元、14 780 万元和11 400 万元。贷款合同金额分布见表8.14。

表 8.14　第一创业金通小贷资产支持专项计划贷款合同金额分布

合同本金/未偿本金	笔数	未偿本金（万元）	未偿占比（%）
[0，500]	27	9 240.00	8.45
(500，1 000]	18	14 780.00	13.52
(1000，1 500]	8	10 494.00	9.60
(1 500，2 000]	6	11 400.00	10.43
(2 000，2 500]	4	9 800.00	8.96
(2 500，3 000]	8	23 400.00	21.41
(3 500，4 000]	1	4 000.00	3.66
(4 500，5 000]	4	20 000.00	18.30
(6 000，6 500]	1	6 200.00	5.67
合计	77	109 314.00	100.00

资料来源：联合评级整理

从整体来看，初始基础资产涉及贷款的未偿本金/合同金额分散性一般，存在一定的集中度风险。

10. 初始基础资产池借款人影子评级情况

联合评级综合分析了由金通小贷提供的初始基础资产的档案资料，包括借款人近几年的财务数据及经营管理资料、金通小贷的尽调报告以及保证人的相关资料，并结合借款人所属区域经济发展状况、行业景气度等外部信息，据此对初始基础资产所对应的借款人的信用风险做出相应评估，其影子级别评定结果分布见表8.15。

表8.15 第一创业金通小贷资产支持专项计划初始基础资产借款人影子评级分布

影子评级	笔数	未偿本金（万元）	未偿本金占比（%）
BBB	2	1 500.00	1.37
BBB -	11	15 900.00	14.55
BB +	20	33 674.00	30.80
BB	29	43 200.00	39.52
BB -	14	14 640.00	13.39
B	1	400.00	0.37
合计	77	109 314.00	100.00

根据上述影子评级结果以及借款人未偿本金余额占资产池未偿本金余额的比重，并结合信用等级量化因子，联合评级评定该期初始入池贷款借款人的加权平均信用级别为BB +。

（五）差额支付承诺人信用风险分析

该期专项计划的差额支付承诺人广西金投于2008年7月经广西壮族自治区人民政府批准成立，由广西壮族自治区人民政府国有资产监督管理委员会履行出资人职责。截至2013年末，广西金投注册资本为15亿元，实收资本为8.5亿元。广西金投拥有担保、小贷、财险、租赁等多项金融业务资质，担保及小额贷款业务为目前公司的核心业务。广西金投在广西内建立了广泛的营销网络，与各地政府及金融机构建立有良好的合作关系，客户资源较丰富，各金融业务之间初步显现出协同效应。广西金投现有业务以金融业务为主，非金融业务为辅，其中金融业务包括担保、小额贷款、租赁、保险、基金、创投等；非金融业务主要城建土地储备项目建设。

近年来，广西金投收入规模迅速增长，收入来源逐步多样化。目前其收入来源包括担保、小贷、租赁、保险等业务，其中担保业务及小贷业务的收入贡献度及利润贡献度最大。2011～2013 年广西金投分别实现营业总收入 8.14 亿元、12.01 亿元和 30.28 亿元，同比增幅分别为 51.58%、47.52% 和 152.12%。

随着担保及贷款业务的扩张，广西金投资产规模及负债规模均迅速增长，负债率有所上升，但以长期债务为主，短期偿债压力不大。由于贷款业务占用资金较大，未来可能面临一定的融资压力。广西金投现金储备较为充足，目前贷款资产质量处于良好水平，广西金投计提了较为充足的风险准备。其作为广西壮族自治区国资委体系下的国有控股金融集团，拥有担保、小额贷款、租赁、保险、基金等金融业务资质，在广西地区建立了广泛的营销网络，机构网点覆盖广西各地市县。通过内部资源共享，广西金投各金融业务之间形成了良好的协同效应，其中担保及小额贷款业务作为广西金投核心业务在广西地区的市场占有率处于行业领先地位（其中担保超过 50%），具有突出的竞争优势，盈利能力较强，同时广西金投计提了较为充足的风险准备，具有较强的抗风险能力。

总体来说，广西金投资产及收入规模较大、盈利能力稳定，具备 AA＋的主体信用等级，其差额支付承诺对该期优先档资产支持证券起到了一定的信用支持作用。

（六）现金流分析及压力测试

联合评级对小额贷款证券化产品的定量分析包括资产池信用分析和结构现金流分析两部分，其中资产池信用分析采用蒙特卡罗模拟方法为资产池组合的信用风险建模，以确定优先档证券达到目标评级所必要的评级违约率，而结构现金流分析主要包括压力测试和返回检验，用以确定相应评级档次资产支持证券压力情景下的兑付状况。

1. 违约概率及回收率

在进行蒙特卡罗模拟时，联合评级从审慎的角度出发，充分考虑到国内现行市场经济运行的特点；在设定回收率等参数时，参考了监管部门的标准和市场接受的统计数据，并结合金通小贷历史回收数据做了适当调整。

联合评级对初始基础资产涉及的77笔资产进行了信用质量的评估，借以评价专项计划存续期间基础资产的信用水平。从排列组合的角度来看，从1个借款人不违约到65个借款人都违约，涉及上千万个排列，其各自出现的概率也各不相同，而模拟时单个借款人违约的概率是由其影子级别决定的。

通过蒙特卡罗模拟可以输出资产池的违约及回收分布概率图，并得出资产池所需的最低信用增级水平。经过数十万次模拟，联合评级确定了初始资产组合用于预定级别的基准违约率和违约回收率（见表8.16），并在此基础上进行该期交易的现金流分析和压力测试。

表8.16　第一创业金通小贷资产支持专项计划目标评级违约率和回收率

目标评级	RDR（%）	RRR（%）
AAA	27.5	23.6
AA	24.5	22.7

2. 现金流分析与压力测试

根据该期资产池初始入池资产贷款本息支付以及循环购买等交易安排，结合初始资产池现金流入特征以及优先档资产支持证券的本息、税费支付等现金流出特征，联合评级构建了特定的现金流分析模型。该分析模型不仅考虑了贷款资产本息支付金额大小及其时点变化，还严格按本次交易的要求设定了相应的现金流支付顺序和触发机制，以充分反应现金流变化对优先档资产支持证券按期支付本息所带来的影响，并通过预设的外部模拟情景进行压力测试。

该期交易基础资产采用循环购买结构，基础资产现金流具有不确定性，随着循环购买的进行，初始静态资产池贷款本息支付金额及时点分布将由静态转变为动态，即每一次循环购买后都将形成新的静态资产池，其信贷资产本息支付金额及时点分布也将随之发生变化。联合评级假设新入池资产的现金流分布服从前次静态资产池剩余期数内的本金占比分布，从而预测该期交易正常情况下信贷资产本息回收计划现金流。新入池资产现金流分布的假设仅对现金流分布时点产生影响，资产池现金流未偿本金净流入量不会发生变化，故上述假设不会影响最终测试结果的合理性。

联合评级以上述蒙特卡罗模拟计算出的初始静态资产池违约率、违约回收率等参数作为基准的压力测试条件，根据优先档资产支持证券所需达到的既定信用等级，设定了各种苛刻的压力测试情景，以判断优先档资产支持证券的本息是否能按时足额受偿必须要通过现金流压力测试。联合评级编制与交易结构完全对应的特定的现金流模型，然后将违约率及违约时间、回收率及回收时间、利率、早偿及延迟等作为基础的压力测试条件，模拟优先档资产支持证券的本息是否能按时足额受偿。

由于该期专项计划采用循环结构，联合评级在压力测试中，将后续入池资产收益率逐步下调，并考虑无法循环购买到足额的合格基础资产可能导致的结果。联合评级采用前置压力测试法，将违约发生的可能性尽量安排在资产支持证券存续前期，这样会直接放大资产组合发生违约的金额；同时，将损失回收的周期适当延长，这样会影响资产组合在各个时点所产生的现金流量大小；根据优先档资产支持证券的目标信用等级要求，联合评级设定了不同的违约率及回收率参数，以此来判断其对优先档资产支持证券的信用质量所造成的影响。同时，考虑到该期资产池基础资产及优先档资产支持证券之间存在利率错配可能，我们模拟基准利率大幅波动后资产池的现金流入、流出情况，以此来判断利差支持缩小对优先档资产支持证券本息支付的影响情况。

从压力测试的结果来看，优先档资产支持证券均通过了联合评级所预设的各种压力测试情景。

（七）法律风险分析

该期资产支持证券根据《中华人民共和国证券法》、《中华人民共和国合同法》、《中华人民共和国担保法》、证监会颁布的《证券公司客户资产管理业务管理办法》等现行法律、法规和证监会的有关规定设立。

中伦律师事务所出具的法律意见书显示，第一创业、金通小贷、兴业银行均具备履行相应职责的法律主体资格，且已履行各自的内部审批程序，获得合法有效的内部授权。基础资产系基础资产清单所列的由原始权益人在专项计划设立日、循环购买日转让给计划管理人的、原始权益人依据借款合同对借款人享有的贷款债权及其附属担保权益，基础资产真实、合法、有效，不存在抵押权、质权或其他担保物权等权利限制。专项计划中设置的循环购买安排合法、有效。

本次专项计划购买的基础资产为原始权益人合法拥有的财产，不存在我国法律法规明文规定禁止计划管理人进行投资的情形。同时，第一创业作为公司法人，具有合法的民事法律主体资格，并作为专项计划的计划管理人，为专项计划享有和承担合同或协议约定的权利和义务，此为资产管理的合法形式，因此计划管理人代专项计划购买基础资产并持有的行为合法。

联合评级认为该专项计划的设立符合各项法律法规，原始权益人依法有权转让基础资产，并且基础资产的转让真实、合法、有效，同时各参与方均具有参与专项计划的相应法律资格。

（八）计划管理人尽职能力分析

该期专项计划管理人第一创业是经中国证监会批准，由华熙昕宇投资有限公司、北京首都创业集团等投资设立的综合类证券公司，注册地为深圳市，注册资本金为人民币 19.7 亿元。截至 2013 年年底，第一创业在广东省、浙江省、北京市、上海市共设有 27 家证券营业部以及第一创业期货有限公司、第一创业投资管理有限公司和第一创业摩根大通证券有限责任公司 3 家控股子公司。2013 年，第一创业实现营业收入 10.33 亿元，实现归属于母公司的净利润 1. 64 亿元，截至 2013 年年底，第一创业总资产达 112. 59 亿元，净资产达 48. 79 亿元。

第一创业具备创新试点类证券公司资格，拥有种类齐全的证券业务牌照，包括主承销资格、保荐人资格、投资咨询资格、受托资产管理资格、B 股经营资格、网上交易资格、证券自营资格、全国银行间同业拆借资格和基金代销资格等。

自成立以来，第一创业资产管理业务秉承“专业、创新、卓越”的经营理念，积极探索“以产品为驱动、以客户为中心、以投研能力为核心”三位一体的综合业务体系，致力于建立以“集合理财、定向理财、专项理财、投资顾问服务多平台”方式全面满足客户个性化理财需求的业务体系，以经验丰富、业绩优异的专家团队为客户提供长期稳定的投资回报，打造富有第一创业特色的一流资产管理业务品牌。2013 年，第一创业资产管理业务在注重业务风险控制的同时，加大对集合资产管理业务和定向资产管理业务的开拓力度，全年新增 8 只集合理财产品，其中权益类 4 只、固定收益类 4 只，发行规模 45. 53 亿元。截至 2013 年年末，第一创业受托资产管理规模达 827. 02 亿元，较年初增长 199. 85%，在业内排第 22 位；集合理财产品净值规模为 87 亿元。2013 年，第一创业资产管理业务收入在业内排第 7 位，市场占有率约为 3. 27%。

联合评级认为，第一创业拥有一定的专项计划产品设计、交易、管理等经验，该专项计划因计划管理人丧失履约能力而使该期资产支持证券发生违约的风险很小。

（九）托管人尽职能力分析

该期专项计划托管银行为兴业银行股份有限公司（以下简称“兴业银行”）。兴业银行成立于 1988 年 8 月，是经国务院、中国人民银行批准成立的首批股份制商业银行之一，总行设在福建省福州市，2007 年 2 月 5 日正式在上海证券交易所挂牌上市（股票代码：601166），注册资本为 190. 52 亿元。

截至 2013 年年末，兴业银行资产总额为 36 774. 35 亿元，股东权益为

1 997.69亿元，不良贷款率为0.76%，拨备覆盖率为352.71%，资本充足率为10.83%，核心资本充足率为8.68%。2013年，兴业银行实现营业收入1 092.87亿元，全年实现归属于母公司股东的净利润为412.11亿元。

兴业银行有着丰富的资产托管经验，托管资产规模一直保持同业领先。2013年，兴业银行各主要托管业务发展良好，截至2013年年末，兴业资产托管业务规模突破3万亿元大关，达到30 862.09亿元，较期初增加14 579.54亿元，增长89.54%，资产托管规模居全行业第6位。分产品来看，截至2013年年底，兴业银行证券投资基金托管规模为370.81亿元，较期初增长15.57%；基金公司客户资产管理托管规模为1 356.99亿元，较期初增加1 243亿元，增长1 090.45%；证券公司客户资产管理托管规模为8 209.25亿元，较期初增加3 774.04亿元，增长85.09%；信托财产保管规模为9 458.62亿元，较期初增加4 703.74亿元，增长98.92%；银行理财产品托管规模为5 919.45亿元，较期初增加1 319.42亿元，增长28.68%；保险资金托管规模为2 240.43亿元，较期初增长2.68%；保险独立监督人规模为982.6亿元，较期初增长143.82%。

联合评级认为，兴业银行资本规模庞大，经营状况良好，并拥有丰富的资金监管、托管经验，该专项计划因托管银行丧失履约能力而使该期资产支持证券发生违约的风险很小。

（十）案例总结

1. 本案例的交易结构设计

小额贷款证券化的交易结构设计与传统债权类资产的证券化结构较为相似，该计划的不同之处在于并没有安排原始权益人的差额支付，而是直接安排了广西金投的差额支付，原因在于当差额支付承诺和担保同时存在时，增信效果还是看重于信用水平较高的主体，为了使交易结构更加精练有效，该交易仅安排了信用水平较高的广西金控作为外部增信方。

同时，交易结构中设置的循环购买安排，其主要目的在于充分利用该专项计划的现金流，弥补早偿资产对现金流的损失影响。循环购买的交易安排在小额信贷资产的证券化过程中较为常见，主要是因为该类资产期限短、早偿率高、单笔规模较小，需要关注循环购买对价、效率和频率等问题。

2. 本案例的增信措施

（1）优先/次级安排。该类项目较收益权类资产的证券化产品而言，破产隔离的程度较高，能够通过优先/次级的结构实现内部增级，而次级的比例即是满足预定评级所需的抵补量，内部增级的效果较好。

（2）差额支付承诺。本案例中广西金通拥有较高的信用水平，能够对优先级证券提供较强的信用支持，特别是对中间级的证券，有直接的增信作用。如果没有该差额支付安排，中间级难以实现 AA 的信用评价结果。

3. 本案例的基础资产分析

小额贷款资产根据借款人性质不同，一般可以分为企业类贷款和个人类贷款。因借款人性质不同，相应的评价方法也不一样。但评价的思路较为相似，均是基于单笔资产信用考察资产池组合信用的过程。

对于企业借款人的小额贷款，对资产包分析的重点在于借款人的影子评级、行业分布和集中度等，同时还需要考虑利差、账龄的影响；而对于个人借款人的小额贷款，重点将集中在借款人的信用记录、内部评分、集中度等，需要通过精算统计的方法测算资产包的整体违约率，特别是对于有抵押的资产，还需要根据资产特征分析回收率。

4. 本案例的现金流分析及压力测试

在假设没有违约和早偿的情况下，小贷资产包的静态现金流是可以准确预测出来的。但如果有循环购买的安排，现金流将变为动态，需要考虑循环购买的效率、频率和对价才能预测动态现金流的表现。

一般而言，在实际项目中，需要会计师出具动态现金流的预测报告，评级机构一般不会直接使用动态现金流作为压力测试的基础。原因在于该预测现金流基于的违约率、早偿率假设不适用于评级需要。评级机构需要根据交易的具体安排，设定与预定评级相适应的评级模型，测算动态现金流对资产支持证券的保障情况。

5. 本案例的相关参与机构

本案例中原始权益人金通小贷是广西省内最大的小贷公司，且得到政府的大力支持，作为资产服务机构其管理能力较强，同时广西金通资信水平较强，提供的差额支付承诺能够对优先级证券提供增信作用；计划管理人第一创业证券拥有较为丰富的固定收益产品承销、管理等相关经验；托管银行兴业银行拥有丰富的资产托管与风险控制经验。

该专项计划因参与机构丧失履约能力而使资产支持证券发生违约的风险很小。

6. 本案例的法律风险分析

本案例的律师为中伦律师事务所。其出具的法律意见书显示，第一创业、金通小贷、兴业银行均具备履行相应职责的法律主体资格，且已履行各自的内部审批程序，获得合法有效的内部授权。基础资产系基础资产清单所列的由原始权益人在专项计划设立日、循环购买日转让给计划管理人的、原始权益人依据借款合同对借款人享有的贷款债权及其附属担保权益，基础资产真实、合法、有效，不存在抵押权、质权或其他担保物权等权利限制。专项计划中设置的循环购买安排合法、有效。

二、互联网应收账款债权资产证券化评级案例——京东白条

2015 年 10 月，“京东白条应收账款债权资产支持专项计划”在深圳证券交易所成功挂牌转让。京东白条专项计划是资产证券化业务备案制后，深交所发行的首批以互联网应收款为基础资产的资产证券化产品，该案例是互联网金融创新与资产证券化创新的叠加。

该项目由联合信用评级有限公司（以下简称“联合评级”）担任评级机构。

联合评级对该交易所涉及的基础资产、交易结构、法律要素以及相关参与机构等多方因素进行了信用分析，并对基础资产进行了现金流分析与压力测试。该专项计划原始权益人北京京东世纪贸易有限公司（以下简称“京东

世纪贸易”）资产规模较大，其旗下京东网上购物商城（以下简称“京东商城”）作为中国第二大电商品牌，中国第一大自营 B2C 电商品牌，具有较强的竞争优势。该专项计划基础资产是指计划管理人自原始权益人处购买的全部京东白条应收账款资产；基础资产涉及债务人众多，分散性良好，同时完善的循环购买措施有效保证了专项计划的持续运作；优先 01/优先 02/次级安排、现金流超额覆盖、触发机制设置等有效提升了优先级资产支持证券的信用级别。

综合考虑上述因素，联合评级评定京东白条应收账款债权资产支持专项计划优先 01 级资产支持证券的评级结果为 AAA，优先 02 级资产支持证券的评级结果为 AA－。

联合评级通过充分的前期研究、尽职调查和深入分析后认为该交易有如下优势：

（1）该交易基础资产涉及的应收账款债务人数量众多，单笔借款额度较小，分散性良好，有利于分散违约及损失风险。

（2）该交易采用了优先 01/优先 02/次级结构作为主要的信用提升机制，具体而言次级及优先 02 为优先 01 级资产支持证券提供了 25% 的信用支持，次级为优先 02 级资产支持证券提供了 12% 的信用支持。

（3）该交易首次购买基础资产采取折价购买的方式保障资产支持证券预期收益的支付；同时后续基础资产回收款的滚动投放将带来一定程度的资金放大，从而进一步提高基础资产现金流对优先级资产支持证券本息偿付的保障。

（4）原始权益人京东世纪贸易基于京东商城长期积累的大数据仓库对债务人进行信用判断，风险识别与控制能力较强，整体资产逾期率较低。

同时联合评级也提请投资人及相关各方对以下风险予以关注：

（1）京东白条业务开展时间较短，随着业务规模的扩大及授信政策的或有调整，逾期及回收情况有待持续关注。

（2）循环期内，若计划管理人长期无法找到合格资产进行购买，闲置资金过多或沉淀时间过长，循环购买带来的资金放大效应有限，将降低基础资产现金流对优先级资产支持证券本息的保障程度。

（3）影响现金流预测、应收账款违约及违约后回收的因素较多，定量分析时采用的模拟方法和相关数据可能存在一定模型风险。

（一）资产支持专项计划概要

京东白条应收账款债权资产支持专项计划的主要参与人见表8.17。

表8.17　京东白条应收账款债权资产支持专项计划主要参与人

原始权益人/资产服务机构	京东世纪贸易
计划管理人	华泰资管
托管人	兴业银行股份有限公司
登记托管机构	中国证券登记结算有限公司深圳分公司

该专项计划资产支持证券分为优先01级资产支持证券、优先02级资产支持证券和次级资产支持证券，是以基础资产产生的现金流作为第一还款来源，以优先01/优先02/次级分层、现金流超额覆盖、触发机制等提供综合增级保障的固定收益产品。该专项计划交易结构见图8.5。

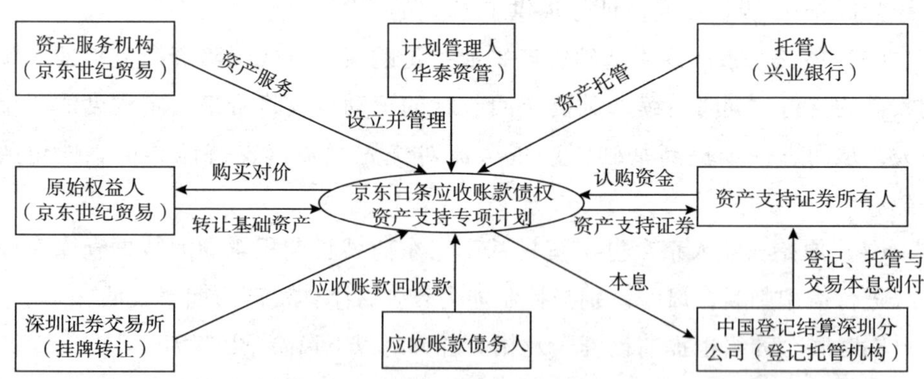

图8.5　京东白条应收账款债权资产支持专项计划该专项计划交易结构图

该交易设有循环期和分配期，正常情况下循环期为专项计划设立日起至第4个基准日的期间（共计12个月）；分配期为循环期届满之日起至法定到期日的期间。循环期内专项计划将按天循环购买新的基础资产，并按季支付优先01级及优先02级资产支持证券预期收益，分配期不再循环购买基础资产，并按月过手偿付优先01级及优先02级资产支持证券本息。在优先01级及优先02级资产支持证券全部本金和收益支付完毕前，次级资产支持证券不参与分配。京东白条应收账款债权资产支持专项计划资产支持证券概要见表8.18。

表8.18　京东白条应收账款债权资产支持专项计划资产支持证券概要

资产支持证券	预期收益率	目标发行规模（亿元）	还本付息
优先01级资产支持证券	以簿记建档最终确定的结果为准	6.00	循环期按季付息，分配期按月过手还本付息
优先02级资产支持证券		1.04	
次级资产支持证券	—	0.96	—
合计	—	8.00	—

该专项计划的基础资产是指自专项计划设立日（含该日）起，计划管理人向原始权益人购买的其在日常经营活动中基于向用户提供京东白条服务所合法享有的要求用户按期足额支付应付货款、服务费及其他应付款项（包括但不限于违约金，如有）的债权（包含已计提但用户尚未支付的应付货款、服务费和/或其他应付款项）。根据该交易约定，入池资产在买卖交割之时均需符合一定入池标准。

（二）信用支持分析

1. 优先01/优先02/次级

该资产支持证券通过设定优先01/优先02/次级权益的交易结构来实现内部信用提升。根据交易安排，循环期内，优先01级资产支持证券享有预期收益优先受偿权，待其当期预期收益清偿完毕后分配优先02级资产支持证券当期预期收益；分配期内，在满足优先01级、优先02级资产支持证券收益整体优先于本金偿付的分配原则下，优先01级资产支持证券除享有收益优先受偿权外，还享有本金优先受偿权，即待其本金全部清偿完毕后分配优先02级资产支持证券本金。优先01级、优先02级资产支持证券全部清偿完毕后，剩余专项计划资产再分配给次级资产支持证券持有人。该资产支持证券通过优先01/优先02/次级的偿付次序安排实现了资产池现金流对优先级资产支持证券本金和预期收益的超额抵押，从而降低了优先级资产支持证券的信用风险。

2. 现金流超额覆盖

该交易约定首次购买基础资产所对应的应付货款余额应等于该专项计划募集资金总额的115%，通过应收账款的折价购买来保障资产支持证券的预期收益支付；同时约定后续循环购买过程中，计划管理人用作支付购买价款的专项计划资金应等于计划管理人该次购买所得的基础资产所对应的应付货款余额总额（即部分应收账款债权资产除应付货款余额外包含的剩余服务费等无需支付对价），随着循环购买的进行，基础资产回收款的滚动投放将带来一定程度的资金规模放大，从而进一步提高现金流对优先级资产支持证券本息偿付的保障。

3. 相关触发机制

该交易设置了两类触发机制："加速清偿事件"和"权利完善事件"，相关事件一旦触发将引起现金流收付机制的重新安排。触发机制的安排在一定程度上缓解了事件风险的影响，并提供了一定程度的信用支持。

如果加速清偿事件被触发，将停止循环购买，加速资金划转流程，同时按月过手摊还优先01级、优先02级资产支持证券本息。

如果权利完善事件被触发，资产服务机构应于权利完善事件发生后7个工作日内通知全部/相关基础资产的用户，原始权益人相关债权已转让给计划管理人的，用户应将其应支付的款项支付至计划管理人指定的账户。

（三）风险及缓释措施

1. 资金混同风险

若资产服务机构信用状况恶化，丧失清偿能力甚至破产，基础资产的回收款可能和服务机构其他资金混同，从而给专项计划资产造成损失。

在该专项计划存续期内，正常情况下，资产服务机构应在收到用户还款后 1 个工作日内将该等资金归集转入计划管理人在网银在线设立的证券化服务账户，资金在资产服务机构相关账户停留时间很短。此外，该专项计划安排了相关权利完善事件，资产服务机构应于权利完善事件发生后 5 个工作日内按照相关约定通知全部/相关基础资产的债务人将其应支付的款项支付至计划管理人指定的账户，从而缓解可能存在的混同风险。

考虑到京东世纪贸易作为京东商城集团有限公司（以下简称“京东集团”）旗下重要运营主体，在资产规模、品牌知名度等方面具有明显优势，其发生信用危机乃至破产并导致发生资金混同风险的可能性很低。

2. 流动性风险

在该交易中，基础资产回收款在用于循环购买前，将首先用于储备支付优先 01 级及优先 02 级资产支持证券收益支付前必须支付的各项税费，具体额度由资产服务机构和计划管理人预估，如实际发生的应付税费超出预估金额，则超出部分计入下一个储备期间内费用储备账户的储备额度；其次用于储备支付优先 01 级及优先 02 级资产支持证券收益，具体额度为按月计提，剩余资金用于循环购买。

上述交易安排有效缓解了该交易的流动性风险。

3. 提前偿还和拖欠风险

根据《京东白条服务协议》的相关约定，用户提前还款时需支付全部应付货款余额及各期手续费，提前还款行为不会带来手续费的减少。同时，该交易设置循环购买结构，循环期内提前归还的资金将用于循环购买新的基础资产，从而提高资金的使用效率；进入分配期后，基础资产的提前偿还有助于优先 01 级及优先 02 级资产支持证券本金的兑付。用户的拖欠行为有可能导致流动性风险。对此，联合评级在现金流分析时，针对拖欠设计了不同的压力情景并进行了测试。

4. 循环购买风险

在该交易中，专项计划资金可能无法持续足额购买到原始权益人的合格应收账款债权，使得闲置资金过多或沉淀时间过长，循环购买带来的资金滚动放大效应有限，从而降低优先级资产支持证券本息的保障程度。

该交易安排了较为完善的循环购买机制，原始权益人应通过其IT系统自动筛选符合合格标准的应收账款资产并向计划管理人发送该次拟购买应收账款资产的清单；计划管理人有权向资产服务机构发出后续购买指令，列明允许购买的应收账款资产清单，并授权资产服务机构在该清单范围内执行后续购买。

此外，在专项计划的循环期内，如记入基础账户内的资金连续10个自然日超过专项计划募集资金的20%，计划管理人有权从证券化服务账户中将基础账户内记录的全部或部分金额所对应的资金划付至专项计划账户，并指示托管银行进行合格投资；但后续如有可供购买的合格基础资产，计划管理人有权指令托管人将上述资金划回至证券化服务账户用于购买新的基础资产，从而提高资金使用效率。循环期内，若资产池的应付货款余额累计60个交易日未达到资产支持证券未偿本金余额的100%，将自动触发加速清偿事件，则专项计划进入加速清偿阶段。

5. 再投资风险

该专项计划存续期内，专项计划账户所收到的资金在闲置期内可用于再投资，这将使专项计划资产面临一定的再投资风险。

针对这一风险，该交易制定了较为严格的合格投资标准，计划管理人的合格投资仅限将专项计划资金以同业存款或活期存款方式存放于托管人这一投资方式。合格投资中相当于当期分配或支付到期应付之专项计划费用所需的部分应于现金流分配或相关费用支付之前到期，且不必就提前提取支付任何罚款。严格的合格投资标准有效降低了再投资风险。

（四）基础资产分析

1. 京东白条历史数据分析

联合评级根据京东世纪贸易提供的京东白条业务历史数据，对京东白条应收账款不同月度时点余额及其增长情况、京东白条业务历史逾期及回收情况、服务费率和授信额度分布情况等进行了分析。

总体看，京东白条整体业务规模较大且增速较快，历史上能够满足入池标准的应收账款资产占比较高；目前应收账款资产逾期率和回收率整体处于较低水平，此外由于单笔应收账款金额较小，客户平均授信额度的上涨趋势对基础资产的集中度产生的影响很小，应收账款整体资产质量较好。另一方面，京东白条应收账款债权加权服务费率波动较大，未来不确定性较高，同时鉴于京东白条业务开展时间较短，整体逾期及回收情况有待持续关注。联合评级在现金流分析及压力测试环节考虑了上述问题。

2. 模拟入池资产分析

联合评级对基础资产信用风险的评估主要着眼于入池资产的整体表现，即其信用损失分布的整体形态，资产池的信用表现将直接影响该交易基础资产现金流的回收情况。该交易中，入池资产债务人的用户等级、年龄、信用评分、历史逾期情况等因素均会对组合信用风险概率分布的形态有重要影响。据此并结合当前宏观经济形势等因素，联合评级在违约模型中对参数进行了适度调整。该交易中资产服务机构根据合格标准随机抽取了92 000.38万元应收账款作为模拟资产池，联合评级对入池资产的分析基于此模拟资产池，鉴于该交易的入池资产分散度高，合格标准严格、明确，随机抽取的模拟资产池能够反映后续在满足合格标准基础上随机抽取的实际入池资产特征。

（1）模拟资产池概况。

截至评估基准日（即2015年8月20日），模拟资产池应收账款余额为人民币92 000.38万元，共涉及合同66.81万笔。根据约定，首次购买基础资产所对应的应付货款余额应等于该交易募集资金总额的1.15倍，且循环期内，计划管理人用作支付购买价款的专项计划资金应等于计划管理人该次购买所得的基础资产所对应的应付货款余额总额。

（2）应收账款合同账龄分布。

以评估基准日为基准（下同），该模拟资产池应收账款加权平均期限为16.09个月，模拟入池应收账款账龄较短，加权平均账龄为3.48个月。从账龄分布来看，账龄分布在0~6个月的剩余应收账款占比近九成。

（3）应收账款合同剩余期限分布。

该模拟资产池应收账款加权平均剩余期限为12.61个月，考虑到京东白条产品的期限分布情况，剩余期限相对较长；模拟入池资产中最短剩余期限为0.03个月，最长剩余期限为22.98个月。应收账款剩余期限主要分布于12个月以上，其次为6～12个月；较长的剩余期限意味着风险暴露加大。

（4）客户来源渠道。

该模拟资产池客户来源渠道分为主动和被动两种模式，其中主动指客户在京东商城主动申请开通使用京东白条支付方式，被动指京东商城主动筛选用户并邀请开通使用京东白条支付方式。相比较而言，被动客户的信用水平整体高于主动客户。模拟资产池中，客户标记为被动的应收账款余额占比较大。未来随着主动用户的增长，预计这一比例将有所下降。

（5）用户等级情况。

用户等级即为京东商城会员等级，与会员在京东商城的历史累计消费金额直接相关，也间接反映了会员忠诚度，具体分为钻石、金牌、银牌和铜牌4个等级，相对而言等级越高的用户信用风险越低。联合评级在压力测试中根据不同等级的用户设定了不同的压力因子，以反映不同等级用户的违约、损失风险。

（6）信用评分分布。

信用评分是基于京东用户的浏览、下单、支付、配送、评价等信息，应用大数据建模技术建立量化模型，进而推断用户的违约概率得出。评分结果分为1、2、3、4、5档，信用评分越高意味着违约风险越大。从整体来看，模拟资产池信用状况良好。

（7）债务人年龄分布。

从债务人的年龄分布来看，该模拟资产池债务人年龄主要分布在23～45岁之间，该年龄区间债务人大多有较稳定的收入来源。

（五）定量分析

该专项计划的定量分析包括资产池信用分析和结构现金流分析两部分。

联合评级根据京东白条的历史数据并参照相关的国内外可比的评级实践，确定该交易适用的评级基准违约率和回收率参数，根据该交易的特征对基准参数做出调整以确定最终适用的评级参数，从而确定优先01级及优先02级资产支持证券达到目标评级所必要的预定评级损失率。一般证券信用级别越高，所需承受的预定评级损失率越高。结构现金流分析主要包括压力测试和返回检验，用以确定相应评级档次资产支持证券压力情景下的兑付状况。

1. 违约概率及回收率

联合评级搭建精算模型对资产池进行信用分析。以相关资产的静态池和动态池的历史数据为依据，判断模拟资产池的信用水平。其中，动态池选取了京东白条过去半年的全部应收账款数据，静态池选取了不同月份的样本数据。

基于以上分析结果和该交易模拟资产池的实际情况，联合评级选择了京东白条内部信用评分作为确定评级基准违约概率的基础参考变量。

对基准违约概率进行调整的参考变量包括客户来源通道、授信额度、债务人年龄、用户等级、历史逾期次数、剩余期限等。

除了上述违约概率的影响因素外，应收账款违约后的损失回收率也是联合评级的重点考察的因素。损失回收的计量主要着眼于应收账款违约后经催收等救济手段可能收回的金额，主要基于静态池分析结论和京东商城所统计的相关历史数据，综合考虑了联合评级的研究数据进行调整。通过上述方法得到目标评级违约率。

2. 现金流分析与压力测试

该交易设有循环购买（每天进行），计划管理人可以专项计划资金向原始权益人循环购买新的基础资产，因此随着循环购买的进行，初始静态资产池应收账款支付金额及时点分布将由静态转变为动态，即每一次循环购买后都将形成新的静态资产池，其应收账款支付金额及时点分布也将随之发生变化。联合评级假设新入池资产的现金流分布服从初始静态资产池现金流分布特征，从而预测该交易正常情况下基础资产回收计划现金流。新入池资产现金流分布的假设将对现金流分布时点产生影响，同时考虑到循环购买所带来的滚动放大效果①，循环期内未来现金流入或将呈一定比例放大。

根据该交易设置，联合评级在构建特定的现金流分析模型时，考虑了基础资产现金流支付、首期入池资产应付货款余额折价购买、后续循环购买等交易结构设计形成的现金流入特征，以及优先01级、优先02级资产支持证券的本息、税费支付等现金流流出特征。该分析模型不仅考虑了基础资产现金流支付金额大小及其时点变化，还严格按该交易的要求设定了相应的现金流支付顺序和触发机制，以充分反应现金流变化对优先01级、优先02级资产支持证券按期支付本息所带来的影响，并通过预设的外部模拟情景进行压力测试。

联合评级将通过精算模型计算出的初始静态资产池违约率、违约回收率等参数作为基准的压力测试条件，在此基础上，根据优先01级、优先02级资产支持证券所需达到的既定信用等级，设定了各种苛刻的压力测试情景，优先01级、优先02级资产支持证券的本息是否能按时足额受偿必须要通过现金流压力测试。联合评级编制与交易结构完全对应的特定的现金流模型，然后将违约率及违约时间、回收率及回收时间、利率、延迟、循环购买的有效性等作为基础的压力测试条件，模拟优先01级、优先02级资产支持证券的本息是否能按时足额受偿。

由于该专项计划采用循环结构，联合评级在压力测试中，考虑后续入池资产的质量的变化，根据优先01级、优先02级资产支持证券的目标信用等级要求，联合评级设定了不同的违约率及回收率参数，以此来判断其对优先01级、优先02级资产支持证券的信用质量所造成的影响；此外，联合评级也考虑到无法循环购买到足额的合格基础资产可能导致的结果。在违约时间分布方面，采用前置压力测试法，将违约发生的可能性尽量安排在资产支持证券存续期和摊还期的前期，这样会直接放大资产组合发生违约的金额；同时，

---

① 后续循环购买过程中，计划管理人用作支付购买价款的专项计划资金应等于计划管理人该次购买所得的基础资产所对应的应付货款余额总额（即部分应收账款债权资产除应付货款余额外包含的剩余服务费等无需支付对价），随着循环购买的进行，基础资产回收款的滚动投放将带来一定程度的资金规模放大。

将损失回收的周期适当延长，这样会影响资产组合在各个时点所产生的现金流量大小；联合评级还模拟优先01级、优先02级资产支持证券发行利率大幅波动后，资产池的现金流入、流出情况，以此来判断利息支出增大对优先01级、优先02级资产支持证券本息支付的影响情况。

最终测试结果表明，优先01级、优先02级资产支持证券通过了联合评级所预设的各种压力测试情景。

（六）法律风险分析

该资产支持证券是根据《中华人民共和国民法通则》、《中华人民共和国证券法》、《中华人民共和国合同法》、证监会颁布的《证券公司及基金管理公司子公司资产证券化业务管理规定》等现行法律法规和证监会的有关规定设立。

奋迅律师事务所出具的法律意见书显示，华泰资管具备担任计划管理人和推广机构的主体资格并取得了合法有效的内部授权；京东世纪贸易具备作为专项计划的原始权益人和资产服务机构的主体资格，并已获得合法有效的内部授权；兴业银行具备担任专项计划托管人的主体资格，并已获得合法有效的内部授权；该专项计划的基础资产不属于基金业协会颁布的《资产证券化基础资产负面清单》的范畴，且基础资产转让的约定合法、有效，在原始权益人破产的情形下，不会被视为原始权益人的破产财产。

联合评级认为该专项计划的设立符合各项法律法规，各参与方均具有参与资产支持专项计划的相应法律资格。除此以外，原始权益人依法有权转让基础资产，并且基础资产的转让真实、合法、有效。

（七）案例总结

1. 本案例的交易结构设计

该交易设定了明确的循环期和摊还期，循环期按天进行循环购买，摊还期按月过手摊还。交易约定每次循环购买时用作支付购买价款的专项计划资金应等于计划管理人该次购买所得的基础资产所对应的应付货款余额总额，随着循环购买的进行，基础资产的剩余期限实质上被延长，另一方面基础资产回收款的滚动投放将带来一定程度的资金规模放大，从而进一步提高现金流对优先级资产支持证券本息偿付的保障，资金放大的效果主要取决于循环购买的有效性（即是否能按计划充分循环）及服务费率的高低。

2. 本案例的增信措施

（1）本案例最主要的增信措施即为优先/次级安排。优先/次级安排是证券化项目中最常见的内部信用增级安排，根据项目安排的各档级证券本息偿付顺序，劣后受偿档级的证券投资者为优先档级投资者提供信用支持。具体而言，本案例中次级及优先 02 为优先 01 级资产支持证券提供了 25% 的信用支持，次级为优先 02 级资产支持证券提供了 12% 的信用支持。

（2）本案例设置了现金流超额覆盖。该交易约定首次购买基础资产所对应的应付货款余额应等于该专项计划募集资金总额的 115%，通过应收账款的折价购买来保障资产支持证券的预期收益支付；同时通过循环购买的滚动放大效应进一步提高现金流对优先级资产支持证券本息偿付的保障，当然我们也关注到鉴于基础资产加权平均服务费率较低这一特征，减弱了循环购买对资金的放大效果。

（3）该交易设置了两类触发机制："加速清偿事件"和"权利完善事件"，相关事件一旦触发将引起现金流收付机制的重新安排。加速清偿事件被触发，将停止循环购买，加速资金划转及清偿，需支付利息总额的大幅减少有助于保障优先级证券的兑付。权利完善事件被触发，用户应将其应支付的款项直接支付至计划管理人指定的账户，减少混同风险。

3. 本案例的基础资产特征

京东白条业务初期采取预筛选白名单模式，即基于大数据分析、风险判断前置，邀请已有京东商城用户开通使用。基本业务模式为：计量分析人员基于京东商城大数据平台，深度挖掘和分析用户购买力、稳定性，形成各类用户画像，建立起模型工具体系，风险政策人员使用这些模型工具建立起授信政策体系，以此筛选优质客户形成白名单，继而通过商城网站各个入口引导用户完成实名和身份验证，用户在激活开通白条业务后，即可在京东商城平台先购物后付款并享受相关服务。因此京东白条主动筛选的客户其违约率整体要低于主动申请开通白条的客户。目前而言，京东白条客户仍以主动筛选为主，使得入池资产整体信用质量得到一定控制。此外，该交易约定入池资产涉及的用户在专项计划项下的应付货款余额合计不超过 2 万元，这决定了该交易基础资产涉及的应收账款债务人数量众多，单笔借款额度较小，分散性良好，有利于分散违约及损失风险。

4. 本案例的现金流分析及压力测试

本案例采取精算统计方法确定评级必要的信用增级水平：精算统计方法基于历史数据分析，要求拟证券化的基础资产池的特征同历史静态样本资产组合的特征较为接近。这一方法关注资产组合的违约和损失率指标，主要通过分析历史静态池的有关信用表现确立资产池的预期损失和损失的波动率。精算损失方法适用的理想条件包括：（1）大的资产池且不存在显著的债务人集中度；（2）充足的历史静态池数据（要求这些静态池的性征接近拟证券化的资产池）。分散的资产池确保个别违约事件的发生不会对整个组合造成实质性影响。如此一来，在进行分析时个别债务人的信用品质就显得相对不甚重要。性征接近资产池的静态池的历史数据的充分性可以确保经由其估计得到的预期损失和波动性数据的稳健性。本案例中第一个条件得到了充分满足，第二个条件受限于京东白条历史数据的有效性，联合评级参照相关的国内外可比的评级实践进行了调整。

5. 本案例的相关参与机构

本案例原始权益人京东世纪贸易资产规模较大，其旗下京东商城作为中国第二大电商品牌，中国第一大自营 B2C 电商品牌，具有较强的竞争优势，此外京东商城积累了大量的用户交易数据，有利于控制业务风险；计划管理人华泰资管具有一定的资产管理经验，具有较好的资产管理、设计和销售能力；托管银行兴业银行作为全国性股份制商业银行之一，公司治理完善、内控严密、风险管理能力强，托管经验丰富。

可见，该专项计划因参与机构丧失履约能力而使该资产支持证券发生违约的风险很小。

三、企业收益权资产证券化评级案例——嘉兴天然气

企业收益权资产证券化是指原始权益人以能够产生稳定且可预期未来应收款项的收益权作为基础支持资产，在资本市场上发行证券的过程，基础资产应合法可转让。企业收益权基础资产主要涉及基础设施、交通运输、通信、能源、公用事业等推动经济和社会发展的领域，该类收益权应当有独立、真实、稳定的现金流量历史记录，未来应收款项收入应具有稳定性或稳定增长趋势，并能够进行合理预测和评估。从现实意义来看，发行企业收益权资产证券化产品可缩短原始权益人未来款项回收周期，增加资金的流动性，有利于其扩大经营规模，提升综合竞争能力，且发行该类证券化产品融资成本相对较低。

企业收益权资产证券化评级方法主要包括对原始权益人信用风险的分析、持续经营评级、基础资产分析及未来应收款项预测、交易结构分析、现金流分析及压力测试、法律要素分析等。

接下来，我们以“嘉兴天然气收费收益权资产支持专项计划”项目为例，介绍企业收益权资产证券化项目的评级要点与方法。

该项目由联合信用评级有限公司（以下简称“联合评级”）担任评级机构。

联合评级对该交易所涉及的基础资产、交易结构、法律要素以及相关参与机构等多方因素进行了信用分析，并对基础资产进行了现金流分析与压力测试。该专项计划原始权益人嘉兴市天然气管网建设管理有限公司（以下简称“嘉兴天然气”或“公司”）股东背景较强，在区域垄断经营及政府支持等方面具有显著优势，近年来收入和利润稳步增长，信用风险较低；基础资产涉及天然气收费权是原始权益人拥有的在嘉兴范围内享有的特许经营收费权，近年来该区域内用天然气需求增长较快，收益前景良好；嘉兴市城市投资发展集团有限公司（以下简称“嘉城集团”）作为嘉兴市燃气供应及旅游经营实体和嘉兴市中心城区基础设施建设主体，资产规模较大，经营状况良

好，作为本次交易的保证人，能有效提升优先级资产支持证券的信用水平。此外，优先/次级的顺序受偿安排和差额支付承诺等机制对优先级资产支持证券均有一定的信用提升作用。

综合考虑上述因素，联合评级评定嘉兴天然气收费收益权资产支持专项计划优先级资产支持证券禾燃气01～05评级结果均为AA+。

联合评级通过充分的前期研究、尽职调查和深入分析后认为，随着我国能源结构的调整，天然气作为清洁能源之一，价格相对较低，未来在能源消费占比中将逐步提升；同时，嘉兴市近年来经济保持持续增长，区域内工业和居民用气需求稳步提升；保证人嘉城集团作为嘉兴市燃气供应及旅游经营实体和嘉兴市中心城区基础设施建设主体，资产规模较大，经营状况良好，其提供的担保能有效提升优先级证券的信用水平；交易结构中设置了优先/次级受偿和差额支付承诺等机制，为投资者提供了较为有效的保护；基础资产未来产生的天然气销售现金流对该期专项计划优先级证券本息支出的覆盖倍数较高。但值得关注的是，未来宏观经济环境或行业景气度若发生剧烈变化，将影响到基础资产的现金流大小，专项计划设定的转付期间有可能无法归集到足额资金支付当期预期收益和/或本金；原始权益人生产经营若出现重大变故，如安全事故等，将有可能会影响到专项计划的还本付息；保证人嘉城集团土地开发及代建项目的资产变现受土地变现及回购拨款效率影响大，受其公用事业经营性质所限，整体盈利能力有待提高。

（一）交易概况

嘉兴天然气收费收益权资产支持专项计划的主要参与人见表8.19。

表8.19　嘉兴天然气收费收益权资产支持专项计划主要参与机构

原始权益人/差额支付承诺人	嘉兴天然气
担保人	嘉兴市城市投资发展集团有限公司
管理人	东吴证券
托管人	中国工商银行股份有限公司浙江省分行

该资产支持证券由东吴证券股份有限公司（以下简称“东吴证券”或“管理人”）发行，含优先级资产支持证券和次级资产支持证券两个类别，其募集的资金用于购买基础资产，即原始权益人嘉兴天然气在特许经营期间及特许经营区域范围内享有的自专项计划成立之日起5年特定期间（2015年至2019年每年的9月1日至12月31日）内的天然气收费收益权。本计划以基础资产形成的属于专项计划的全部资产和收益，按约定向资产支持证券持有人还本付息。

该资产支持证券分为优先级资产支持证券和次级资产支持证券，是以基础资产所产生的现金流作为还款来源，以优先/次级分层机制、嘉兴天然气的差额支付承诺、嘉城集团的无条件连带责任担保等机制提供综合信用提升的固定收益产品。

该资产支持证券总规模为9.80亿元，分为6档产品。其中，优先级金额合计9.00亿元，次级金额0.80亿元。本次优先级资产支持证券项下5档产品全部为按年付息、到期一次性还本，且均为固定利率。次级资产支持证券由嘉兴天然气全额认购，金额合计0.80亿元，次级资产支持证券在当期每一档优先级资产支持证券本息全部清偿完毕后分配剩余收益。嘉兴天然气收费收益权资产支持专项计划优先级资产支持证券概要见表8.20。

表8.20 嘉兴天然气收费收益权资产支持专项计划优先级资产支持证券概要

资产支持证券	期限（年）	发行规模（万元）	利率类型	还本付息方式
禾燃气01	1	1.6	固定	年付息、到期还本
禾燃气02	2	1.7	固定	年付息、到期还本
禾燃气03	3	1.8	固定	年付息、到期还本
禾燃气04	4	1.9	固定	年付息、到期还本
禾燃气05	5	2.0	固定	年付息、到期还本

嘉兴天然气收费收益权资产支持专项计划的基本交易结构见图8.6。

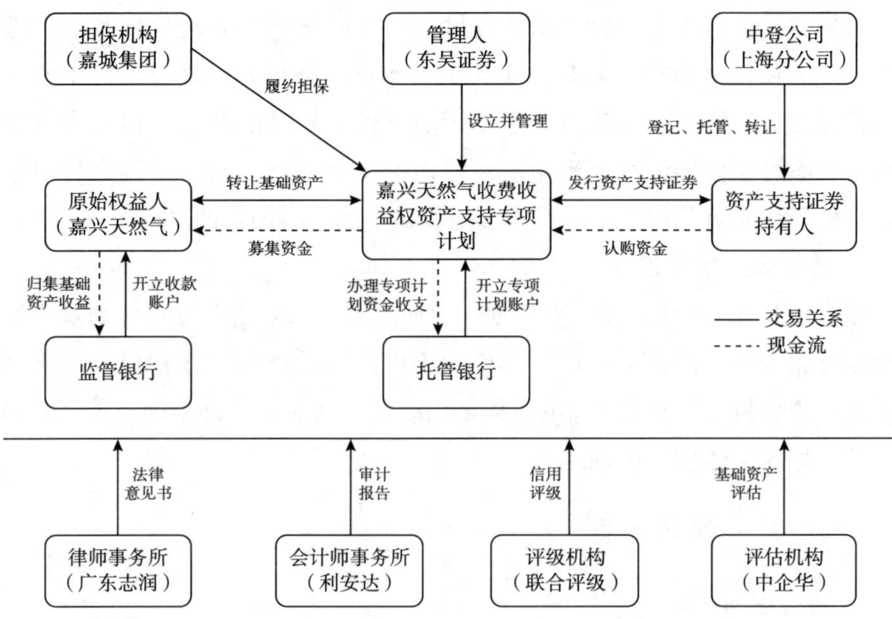

图 8.6 嘉兴天然气收费收益权资产支持专项计划交易结构图

（二）信用支持分析

1. 优先级/次级

该资产支持证券通过设定优先/次级权益的交易结构来实现内部信用提升。根据交易结构安排，次级资产支持证券全部由原始权益人认购；计划存续期内，优先级资产支持证券享有优先受偿权，待其预期收益、本金全部清偿完毕后，剩余专项计划资产再分配给次级资产支持证券持有人即嘉兴天然气，从而降低了优先级资产支持证券的信用风险。

2. 差额支付承诺

根据《基础资产买卖协议》，当专项计划可供分配的资金不足当期优先级资产支持证券本息和特定比例①（150%）时，专项计划将启动差额支付，由差额支付承诺人嘉兴天然气全额补足，从而起到了一定的增信作用。

① 特定比例是指：优先级资产支持证券本金及预期收益之和的一定百分比，每个计划年度的特定比例均为 150%。

差额支付承诺人应于启动差额支付日（初始核算日的次日）收到管理人出具的《差额支付通知书》后，于5个工作日内补足差额部分。由于基础资产运营存在一定的受政府政策（包括天然气价格标准的调整）以及突发事件等因素影响可能会导致某期现金流不足而产生流动性风险，差额支付承诺进一步降低了优先级资产支持证券本金与收益不能按时偿付的风险。

3. 连带责任保证担保

根据《担保合同》，在专项计划存续期内，嘉城集团对专项计划账户按时足额累计收到约定的款项提供无条件的不可撤销的连带责任担保。鉴于嘉城集团资产规模较大，具有AA的主体信用级别，其对专项计划的担保有效提升了专项计划的整体信用级别。

（三）风险缓释措施

1. 资金混同风险

若嘉兴天然气信用状况恶化，丧失清偿能力甚至破产，基础资产的收益可能和嘉兴天然气其他资金混同，从而给专项计划资产造成损失。

该交易资金归集过程中，原始权益人收款账户收到的基础资产产生的全部现金收入，专项计划成立起5年特定期间内，原始权益人下游客户在特定时期内，每周五将当周预付的全部燃气费支付给原始权益人，原始权益人在下周周一将上周计算的不含税的实际销售收入划入监管账户，并于每年的10月31日和12月31日后第一个周一（如为假期，则自动顺延至下一个工作日）16:00前，全额划付至专项计划账户。由于嘉兴天然气与下游客户按周结算天然气费用，基础资产产生的现金收入将最长不超过2个月划入专项计划账户中，在一定程度上降低了资金混同风险。

嘉兴天然气是嘉城集团下属天然气板块的重要运营单位，是嘉兴地区天然气的总买卖方，在区域垄断经营、股东支持等方面具有较大优势，其发生信用危机乃至破产并导致发生资金混同风险的可能性较低；加之在交易安排上，该资产支持证券设计了较为严格的资金归集机制，从而也在一定程度上缓释了混同风险。

2. 流动性风险

在该交易中，基础资产当期天然气销售收入可能不足以支付优先级资产支持证券预期收益、本金及在优先级资产支持证券预期收益支付前必须支付的各项税费，从而产生流动性风险。

根据交易安排，首先，若专项计划账户内可供分配的资金不足当期优先级资产支持证券本息和特定比例（150%）时，根据嘉兴天然气提供的不可撤销及无条件的差额支付承诺，其将在收到管理人发出的差额支付指令后，于差额支付划款日（启动差额支付通知日后5个工作日）内全额补足差额。其次，若嘉兴天然气按照差额支付承诺无法于差额支付划款日补足差额时，根据嘉城集团提供的不可撤销及无条件的连带责任保证担保，嘉城集团将在担保机构划款日前将担保资金划入专项计划账户。

基于嘉兴天然气提供的差额支付承诺和嘉城集团连带责任保证担保的设置，联合评级认为该交易的流动性风险得到了有效缓解。

3. 物权风险

在专项计划设立日，原始权益人嘉兴天然气向管理人出售其所拥有的特许经营区域范围内在特定期间内的天然气收费收益权。该收益权的转让尚存在以下问题：

目前，根据原始权益人与中国工行银行股份有限公司浙江省分行签订的《最高额质押合同》，原始权益人以天然气收费权为质物向嘉兴工行进行出质，该事项已在中国人民银行征信中心应收账款质押登记公示系统中办理了登记。根据原始权益人与嘉兴工行签订的《最高额质押合同之补充合同》，双方约定自专项计划成立之日起，包含专项计划确定的基础资产在内的部分天然气收费权不再作为质押物，嘉兴工行应不迟于专项计划成立日后的第一个工作日在中国人民银行征信中心应收账款质押登记公示系统中办理变更登记，从而确保基础资产不附带权利限制。联合评级将持续关注嘉兴天然气相关质押合同的实际执行情况。

根据现行法律法规，尚没有关于天然气收费收益权转让的登记制度，因此，东吴证券代表专项计划受让基础资产能否对抗第三人尚缺少明确法律制度支持。但根据律师出具的法律意见，在嘉兴天然气发生破产情形的情况下，以基础资产与嘉兴天然气自有资产不发生混同为前提，法院根据《企业破产法》的规定撤销《资产买卖协议》项下的天然气收费收益权转让行为的可能性是极低的。

鉴于原始权益人嘉兴天然气的控股股东嘉城集团目前拥有良好的信用情况，联合评级认为嘉兴天然气破产的可能性很低。同时，联合评级会对此保持关注，一旦嘉兴天然气出现财务状况恶化或类似情形，联合评级将对相关物权风险进行分析以判断对优先级资产支持证券信用状况的影响。

（四）基础资产分析

专项计划的基础资产为原始权益人根据相关法律法规、规范性文件以及《特许经营协议》，在特许经营期间及特许经营区域范围内享有的自专项计划成立之日起 5 年特定期间内的天然气收费收益权，特定期间为 2015 年至 2019 年每年的 9 月 1 日至 12 月 31 日（上述年度各年 9 月 1 日零点起至 12 月 31 日 24 点止）。原始权益人在该计划存续期间所产生的天然气销售收入是该计划现金流入的基本来源，因此原始权益人的天然气需求量与天然气收费标准的变动将直接影响优先级资产支持证券的偿还保障程度。

1. 嘉兴市天然气供需分析

从上游气源供应方面看，嘉兴天然气公司上游天然气供应来自于浙江省燃气公司。浙江省天然气气源供给主体主要为中石油、中海油和中石化三家央企，其中，中石油提供西气东输天然气（西一线）和中亚进口天然气（西二线），中海油提供东海油气田天然气（东气）和进口液化天然气（LNG），中石化提供川气东送天然气（川气）。浙江省内天然气市场采取省与地方分级管理的体制，即由浙江省发改委作为天然气利用的主管部门，统筹管网规划和建设，统一配置资源；浙江省天然气公司负责全省输气干线的规划、建设和管理，同时作为浙江省天然气购销的总买总卖方，直接与各气源签订购气合同，与各类工业用户签订售气合同；城市燃气公司承担城市管网的建设和供用气管理。嘉兴市天然气气源共有三个：川气、西一气和西二气。供气管网自嘉兴市市域天然气输气管道工程（市域线）于2010年底建成后，2011年上半年嘉善、海盐、港区、平湖等四个区域相继通气，基本实现了嘉兴市市管输天然气的区域全覆盖，形成了多气源的保障格局。目前嘉兴市管网年管输天然气能力为12.16亿立方，远大于目前的实际需求量。嘉兴市从2009年通气以来，随着消费量的增加，年天然气供应量占浙江省全省供应量的占比逐步提高。但是整体占比仍然较低，不足10%。每年上游供气量审批模式为：嘉兴天然气根据下游用户申报下一年用气量计划，由省发改委进行审批，审批同意后列入供气计划内的天然气优先供应。从历史年度情况看，基本上每年实际供气量均大于申报的计划量，未出现过气源短缺的情况。

从嘉兴市天然气需求看，由于嘉兴市东接上海，北临苏州，西连杭州，南濒杭州湾，与浙江省第二大城市宁波隔湾相望，具有得天独厚的经济区位优势，近几年经济保持较为快速的增长，人民生活水平较高，工业发展比较迅速，对天然气的需求较强，需求量一直保持高速增长。同时嘉兴市政府为改变以燃煤为主的能源结构、改善生态环境，鼓励使用天然气，将进一步推进天然气的需求。天然气的需求也会受价格因素的影响，嘉兴天然气2013年下游用户中工商业用户为最主要的用户（销售占比为77.71%），受天然气价格的影响也较大。2013年7月物价局调整天然气非民用价格后，公司下半年的天然气销售量有所下滑，但随着天然气管网建设、政府鼓励使用清洁能源，以及终端客户改变对资源的长期消费习惯的可能性较小，未来由于合理的价格上升导致天然气销量持续减少的可能性较小。

从整体来看，嘉兴市天然气气源较有保障，出现供气不足的可能性较低；虽然天然气销售数量可能会受到天然气价格上调等一些因素的影响，在短期内有所减少，但是随着近年来天然气需求量高速增长，出现下游客户购气不足的风险较小。

2. 特许经营权及天然气收费标准

根据嘉兴天然气与嘉兴市规划与建设局（经嘉兴市人民政府授权）签订的《嘉兴市管道燃气特许经营协议》，嘉兴天然气获得了嘉兴市管道燃气业务经营特许权，在特许经营期限内，对经营范围内的天然气供应按标准收费，特许经营权有效期限为25年，自2008年1月1日起至2032年12月31日止，剩余特许经营期限为18年。

收费标准对天然气公司的盈利能力至关重要。在我国现有的政策法规下，天然气公司均不具有天然气价格标准的自主决定权，而是听证会和物价局制定批准的标准。根据《浙江省物价局关于调整非居民用气天然气价格的通知》，嘉兴市天然气管网建设管理有限公司向其下游有关县（市、区）销售的天然气门站价格除居民用气外，调整为每立方米2.97元（不含增值税），居民用气门站价格不做调整，仍按每立方米2.26元（不含增值税）执行，上述价格自2013年7月20日起执行。由于天然气销售价格是由国家发改委等相关部门确定的，因此该预测年度的天然气销售价格采用2013年7月20日起执行的最新价格（德清县天然气有限公司按2014年执行的价格标准为不含税价2.92元/立方米）。在该计划存续期内，非居民用天然气价格和居民用天然气价格下调的可能性较小，而浙江省物价局如调高天然气收费标准，可能在短期内对嘉兴天然气的销售量产生负面影响。本计划存续期内，嘉兴市天然气供应不排除出现上调天然气收费标准的可能。但一方面用户改变对资源的长期消费习惯的可能性较小，另一方面随着嘉兴市管网建设的进一步完成，工业用户的增加，天然气需求量的增加能够在一定程度上冲减收费标准上调带来的负面影响。

从收费模式看，嘉兴天然气与下游客户采用按周结算的方式，结算采用专业天然气计量仪器进行计量，结算时，通过读取仪器读数计费。从以往记录看，天然气计量采用的仪器较为准确，运行良好，有助于保障天然气使用量的准确读取。

从整体来看，未来出现天然气长期需求不足的可能性较小；目前的收费模式出现因仪器问题严重影响天然气销售收入的风险较小。

3. 基础资产历史数据分析

嘉兴天然气提供了公司自2009～2013年的9～12月的天然气收费记录，中企华资产评估有限责任公司（以下简称“中企华”）出具了《嘉兴天然气收费收益权资产支持证券所涉及的2015～2020年嘉兴市天然气管网建设管理有限公司天然气销售现金流预测报告书》，对嘉兴天然气 2015 ~ 2020 年的天然气销售收入进行评估预测。报告中关于天然气销售量和销售收入的数据以嘉兴天然气提供的历史数据和上述报告为基础。

目前嘉兴天然气与 8 家客户签订了天然气购销合同，分别为嘉兴市燃气集团有限公司、巨石集团有限公司、桐乡港华天然气有限公司、嘉善县城乡天然气有限责任公司、平湖市天然气有限公司、嘉兴市港区天然气有限公司、海盐新奥燃气有限公司和德清县天然气有限公司。历史年度 8 家批发商中嘉兴市燃气集团公司、巨石集团有限公司和桐乡港华天然气有限公司 3 家批发商约占年度总销气量的 80%。嘉兴燃气、桐乡港华和巨石集团从 2009 年以来，年度用气量增长较快。其中嘉兴燃气用气量经历了 3 年快速增长。2013 年由于天然气调价的影响，出现下降。桐乡港华和巨石集团 2010 年用气量增长幅度较大，之后呈较为平稳的增长趋势。平湖、海盐新奥、嘉善县和嘉兴港区通气较晚，于 2011 年度实现通气。除嘉兴市燃气集团和嘉兴港区 2013 年度受调价影响用气量有所下滑外，其他 3 家单位用气量均实现较快增长。

总体来看，嘉兴天然气的燃气销售收入水平与天然气的通气范围和天然气价格相关性较大。

（五）担保方信用风险分析

该专项计划的担保方嘉城集团前身是 1994 年成立的嘉兴市市区旧城改造指挥部，负责嘉兴市老城区内的旧城改造工作。截至 2014 年 6 月底，嘉城集团注册资本为 20.30 亿元，出资人为嘉兴市文化名城投资集团有限公司（嘉兴市国资委直属的投资型国有独资企业）。嘉城集团实际控制人是嘉兴市国资委。嘉城集团主要承担嘉兴市中心城区约 27.5 平方公里范围的城市路桥、绿化、天然气管网等基础设施建设和开发任务；并承担南湖风景名胜区等旅游资源的开发建设和经营管理任务；同时还负责经营和管理授权范围内的国有资产。截至 2013 年年底，嘉城集团合并范围子公司 21 家。

联合评级对担保方嘉城集团的基础素质、所属行业及所处地区发展趋势、经营状况、财务状况等进行了深入分析，嘉城集团涉及燃气、旅游、绿化、城市综合整治等诸多领域，其主营业务突出，燃气业务占主营业务收入的70%以上。嘉城集团作为嘉兴市国资委直属的燃气供应及旅游经营实体和中心城区基础设施建设主体，资产规模较大、经营状况良好，但资产流动性一般，资产变现受土地变现及政府回购拨款效率影响大；嘉城集团长期偿债能力较弱，但考虑到嘉城集团部分土地出让金返还、贷款贴息补助及代建回购款等尚未在利润表中反映，嘉城集团实际长期偿债能力将优于指标值。

（六）现金流分析及压力测试

中企华对嘉兴天然气2015～2019年每年度9～12月的天然气销售现金流进行了预测，中企华所出具的天然气销售现金流预测报告书是在嘉兴天然气近年运营状况等历史数据的基础上根据我国现行相关法规政策出具的。

根据中企华预测的2015～2019年每年9～12月嘉兴天然气销售收入现金流，联合评级采用覆盖比率来衡量资产支持证券的信用风险大小。覆盖比率反映了在各偿还时点上，基础资产的预测现金流对预期支出的最低覆盖水平，如果该数值小于1，表示基础资产的现金流不能完全覆盖当期预期支出，资产支持证券存在不能按时偿付的风险。

考虑到各优先级资产支持证券的存续期限不同，其对应的预期收益率可能存在差异，假定资产支持证券的预期一年至五年期收益率分别为预期收益率所设值，各期覆盖比率最低值亦达到了1.57倍，这表示其基础资产的预期现金流完全能够覆盖预期支出，各期优先级资产支持证券的偿付都较有保障；随着预期收益的逐年增长，预期支出的逐年减少，未来预测收入对本息的覆盖倍数呈现上升趋势，其中2015年的覆盖比率最小。

同时，出于合理与谨慎角度考虑，联合评级根据嘉兴天然气2013年9～12月份历史燃气销量、全年居民与非居民供气比例推算的收入进行了覆盖比率测算，在预期支出不变条件下，各期覆盖比率分布在1.31～1.51倍不等，虽然覆盖比例较上表数据有所降低，但仍能完全覆盖预期支出，且由于2013年7月份非居民用户天然气价格上调，导致部分客户在短期内减少天然气使用量，在历年高速增长的环境下属于短期内相对极端的情况。同时，由于市政府对天然气的大力支持，以及客户改变对资源的长期消费习惯的可能性较小，未来天然气的长期需求会恢复增长；并且从2014年1~10月的销量来看，天然气需求正逐渐恢复，因此预期收益对预期支出的覆盖比例会有所提高。

联合评级参考中企华出具的《嘉兴天然气收费收益权资产支持专项计划所涉及的2015年至2020年嘉兴市天然气管网建设管理有限公司天然气销售现金流预测报告书》的相关数据，对现金流进行了多重情景模拟，以综合判断本计划的现金流入状况以及资产支持证券在各兑付期间的偿还支付风险。

由于天然气销售价格和天然气销售量是造成基础资产现金收益出现波动的直接原因，因此联合评级选择了天然气销售价格调整因子、天然气销售量调整因子作为本计划现金流情景模拟分析的风险调控变量。

在设定天然气销售价格调整因子波动范围时，考虑到该计划存续期内，原始权益人有出现下调天然气销售价格的可能。但考虑到国内外的能源结构变化，市场供求情况，以及近几年天然气价格一直处于稳步上升情况，如最近一次调价为2013年7月，非居民用气的价格涨价幅度为25%。中企华在预测时假设了未来天然气销售价格和用气结构维持现状。综合考虑，联合评级在压力测试中，将销售价格下调因子的波动范围设定为（0，0.1），这意味着本计划存续期内销售价格将降至目前销售价格的90%~100%。

在设定天然气销售量调整因子波动范围时，应考虑到当地经济发展、人口流入、天然气销售价大幅上涨和替代能源价格大幅下跌可能会对天然气销售量产生的影响。其中工业用气在天然气销售价格和替代能源的价格出现较大波动时可能会对天然气销售量有一定影响，但居民用气需求相对刚性。从历史数据看，2010~2013年度同比增长率分别为124.01%、56.46%、39.94%和-9.26%。2010~2012年原始权益人天然气销售量快速增长是由于随着2009年嘉兴市天然气接通以及之后几年相关区县陆续接通新用户快速增加所致，2013年增长率为负主要是当年非居民天然气销售价格大幅上涨25%所致。联合评级认为该计划存续期内原始权益人天然气销售量将保持相对平稳增长，同时也可能受到其他因素影响销售量，因此假设天然气销售量服从正态分布，均值为2015～2019年9～12月预测天然气销售量平均值16 086万立方米/季，标准差为2 151万立方米/季。正态分布表现为天然气销售量的上下增减波动，鉴于压力测试的需求，我们仅考虑天然气销售量向下波动情形，即模拟天然气销售量以不同的概率波动下降对天然气销售收入所带来的影响，根据正态分布概率表，天然气销售量在上述均值的基础上波动下降0～3倍标准差时，其对应的概率为99.74%，下降3个标准差，意味着天然气销售量下降幅度高达40.11%，该下降波动幅度设定相对较大，能够满足压力测试的要求。

除了考虑影响基础资产现金流的因素，预期收益率的高低将直接影响资产支持证券的信用风险大小，联合评级将该资产支持证券的预期收益率作为压力测试因子之一，参照现行的相关市场利率，测试预期收益率选取区间为[6.5%，8.5%]。

在上述风险调整变量压力区间内，联合评级进行了十万次压力情景模拟，测试优先级资产支持证券存续期内各偿还时点基础资产现金流入对当期预期支出的覆盖比率。

嘉兴天然气收费收益权资产支持专项计划各档优先级资产支持证券压力测试结果见表8.21。

表8.21　嘉兴天然气收费收益权资产支持专项计划各档优先级资产支持证券压力测试覆盖率情景

	产品期限（年）	平均覆盖比率（%）	标准差	覆盖比率大于100%的概率（%）
禾燃气01	1	163.46	0.181 42	99.88
禾燃气02	2	164.98	0.182 23	99.89
禾燃气03	3	166.09	0.184 66	99.91
禾燃气04	4	168.75	0.186 89	99.94
禾燃气05	5	171.94	0.190 7	99.97

在该压力情景模拟中，优先级资产支持证券的平均覆盖比均超过了160%；覆盖比率大于100%的最低概率也达到99.88%，最大概率为

99.97%，优先级资产支持证券的偿付保障性很高。

（七）法律风险分析

该资产支持证券是根据《中华人民共和国合同法》、《中华人民共和国民法通则》、《中华人民共和国担保法》、《证券公司资产证券化业务管理规定》、《律师事务所从事证券法律业务管理办法》等有关法律法规、规范性文件的规定设立。

广东志润律师事务所出具的法律意见书显示，原始权益人、担保人、管理人、托管人均具备履行相应职责的法律主体资格。

专项计划基础资产是原始权益人在特许经营期间及特许经营区域范围内享有的自专项计划成立之日起5年特定期间（2015－2019年每年的9月1日至年12月31日，即上述年度各年9月1日零点起至12月31日24点止）内的天然气收费收益权。原始权益人因投资、建设、运营、维护市政管道燃气设施、以管道输送形式向用户供应燃气并提供相关管道燃气设施的抢修抢险业务，合法持有基础资产，即享有特定期间内的天然气收费收益权。基础资产真实、合法、有效。

专项计划购买的基础资产为原始权益人合法拥有的财产，根据原始权益人与兴业金融租赁有限责任公司签订的“CIBFL－2011－060－HZ”号《融资租赁合同》，原始权益人将其部分燃气管线进行了售后回租。尽管该基础资产现存在质押权利限制，但根据原始权益人出具的承诺，原始权益人保证其将在收到基础资产购买价款之日起的2个工作日内足额清偿《融资租赁合同》项下的全部应付款项，并与兴业金融租赁有限责任公司终止《融资租赁合同》及相关合同，以确保产生基础资产收益的相关燃气管道及附属设施的所有权归属于原始权益人。兴业金融租赁有限责任公司已出具承诺函，同意原始权益人提前清偿全部剩余款项以提前终止合同。

东吴证券作为公司法人，具有合法的民事法律主体资格，并作为专项计划的管理人，为专项计划享有和承担合同或协议约定的权利和义务，此为资产管理的合法形式，因此管理人代专项计划购买基础资产并持有的行为合法。

该专项计划的设立符合各项法律法规，各参与方均具有参与专项资产管理计划的相应法律资格。除此以外，原始权益人依法有权转让基础资产，并且基础资产的转让真实、合法、有效。

（八）计划管理人尽职能力分析

该专项管理人东吴证券前身苏州证券公司成立于1993年4月，并于2011年12月12日在上海证券交易所上市交易。截至2014年9月30日，东吴证券总资产为421.83亿元，净资产为137.94亿元，2014年1～9月实现营业收入21.06亿元，净利润7.75亿元。

2002年，东吴证券成为中国证监会批准的首批可以从事受托资产管理业务的证券公司之一，资产管理总部是专门负责东吴证券资产管理业务的职能部门。目前东吴证券资产管理总部开展的业务主要为集合资产管理业务和定向资产管理业务。2009年12月，以资产管理总部与客户签订定向资产管理合同为标志正式开展定向资产管理业务；东吴证券的集合资产管理业务始于2010年1月开始推广发行的第一个集合资产管理计划——东吴财富1号。经过近几年的发展，资产管理总部的业务规模特别是定向资产管理业务的受托规模开始迅速扩大。截至2013年12月31日，资产管理总部共管理9只集合资产管理计划产品和57只定向资产管理计划产品，受托规模为589.70亿元。截至2014年9月30日，资产管理总部共管理24只集合资产管理计划产品和100只定向资产管理计划产品，净值规模为1 090.27亿元，其中集合资产管理业务的净值规模为47.80亿元，定向资产管理业务的净值规模为1 042.47亿元。

总体来看，东吴证券在开展资产管理业务方面积累了相关经验，专项计划因管理人丧失履约能力而使该资产支持证券发生违约的风险较小。

（九）托管人尽职能力分析

专项计划的托管人是中国工商银行股份有限公司浙江省分行。中国工商银行成立于1984年，总部位于中国北京，并于2006年同时在上海证券交易所和香港联合交易所挂牌上市。截至目前，中国工商银行注册资本金为3 515.12亿元。2013年，中国工商银行位列英国《银行家》全球1 000家大银行榜首，在美国《福布斯》杂志全球企业2 000强排名中，成为全球最大企业，并首次入选全球系统重要性银行。

截至2013年年底，中国工商银行总资产达到189 177.52亿元，较上年年末增长了7.8%，所有者权益为12 784.63亿元，不良贷款率为0.94%，不良贷款拨备覆盖率为257.19%，核心一级资本充足率和一级资本充足率均为10.57%，资本充足率为13.12%，全年实现净利润2 629.65亿元，增长10.2%。

1998年2月24日，经中国证券监督管理委员会、中国人民银行核准，中国工商银行成为中国大陆首家托管银行。中国工商银行是国内目前资产托管品种最多、托管规模最大、托管服务最优的银行，截至2013年年底，托管资产规模超过46 000亿元，建立了门类齐全的托管产品体系，同时在国内开展绩效评估、风险管理等托管增值服务，可以为各类客户提供个性化的托管服务。中国工商银行已逐步搭建全球托管网络体系，托管服务已由国内延伸到全球，服务范围涵盖国内资产托管服务和全球资产托管服务，可以为客户提供包括基本服务和增值服务在内的全面托管服务。中国工商银行自开展托管服务以来，先后参与开发并托管了国内绝大多数的创新产品，在国内首家通过ISAE3402（即原SAS70）国际审计专项认证并将其年度化，首家实施资产托管业务灾难恢复应急演练并将其制度化，创新能力、服务水平和风险控制能力得到市场的高度认可。

基于中国工商银行稳健的经营风格、良好的财务状况以及丰富的托管经验，联合评级认为该期交易中因托管银行引起的操作和履约风险很低。

（十）案例总结

1. 本案例的交易结构设计

以天然气收费收益权为基础资产的项目在交易结构设计上通常较为模式化（参见图8.6），本案例交易结构设计为证券化产品中常见结构设计，在此不在赘述。

2. 本案例的增信措施

（1）优先/次级安排。此类项目因难以实现完全的破产隔离，因此资产支持证券的评级与原始权益人的信用水平高度相关，基于此，优先/次级安排对债券的信用提升作用相对有限，因此此类项目次级比例通常较小。

（2）差额支付承诺。同样基于上述原因，此类项目通常要求原始权益人出具如差额支付承诺等债务连带责任的保证。同时，现有的经营主体一般都是未来的资产服务商，为证券化的基础资产提供服务，对未来的现金流回收影响很大。因此，需要对其进行比较详尽的分析。总体上说，对天然气销售经营主体的分析与普通的企业主体信用评级分析内容基本相同。

（3）连带责任保证担保。本案例中原始权益人信用水平距离预设等级目标有较大差距，因此增设了第三方——原始权益人的唯一股东嘉城集团提供无条件不可撤销连带责任保证担保作为增信措施。嘉城集团目前具有 AA 级的资信水平。

3. 本案例的基础资产

对于某些收费收益权证券化交易，即使原始权益人出现债务违约事件，基础资产在原有或后备资产服务机构的管理下仍可持续产生现金流，并且交易结构在法律层面上能够保障投资者对未来应收款项的收益权。因此，对此类交易的评级不应仅仅局限于对原始权益人（含担保方）主体信用级别的考虑，还应分析基础资产持续产生现金流的能力及其对交易的信用增级情况。

天然气收费项目主要收入是其天然气销售收入，此外，政府补贴等也是其重要收入来源。影响天然气经营的因素较为多样化，包括宏观经济、相关政策、季节因素、替代能源价格大幅下跌等。评级过程中，对天然气销售的收入分析至少包含以下几个要素：气源供应稳定性分析、天然气的需求分析、天然气收费标准波动分析、收费模式分析、原始权益人特许经营权分析、天然气历史销售数据统计分析等。

本案例中基础资产对应的嘉兴天然气特许经营区域范围内的天然气供应来自于浙江省燃气公司，嘉兴市天然气气源较有保障，出现供气不足的可能性较低；从嘉兴市天然气需求看，嘉兴市东接上海，北临苏州，西连杭州，南濒杭州湾，具有得天独厚的经济区位优势，近几年经济保持较为快速的增长，人民生活水平较高，工业发展比较迅速，对天然气的需求较强，需求量一直保持高速增长，出现下游客户购气不足的风险较小。

4. 本案例的现金流分析及压力测试

天然气收费收益权资产证券化的现金流入主要来源于天然气销售收入和再投资收入。天然气销售收入的直接影响因素包括天然气销售价格和天然气销售量，如上所述，天然气销售量由当地经济发展、人口流入、天然气销售价大幅上涨和替代能源价格大幅下跌等所决定。现金流预测应在履行必要的调查程序基础上，收集上述变量足够的历史数据，通过不断试算以确定具有高预测精度、检验和计量检验效果优良的天然气销售收入预测模型，同时要对成本支出进行科学的预测和测算。

在上述相对保守、客观的预测基础上，评级机构要建立自己的评级标准，进而考虑到更为严格的压力因子与多重不利情景，对相关机构测算的未来现金流的预测数据进行评估，以确定评级必要的信用提升水平。

本案例中，我们首先对嘉兴天然气的天然气销售未来现金流预测数据的合理性进行了相关分析，同时，出于合理与谨慎角度考虑，联合评级将影响嘉兴天然气特定区域在特定期间天然气销售收入的因素作为压力因子调整基础资产未来现金流（见报告正文说明），最后通过 SAS 模型完成了压力测试。

5. 本案例的相关参与机构

本案例中原始权益人嘉兴天然气是嘉城集团的专业天然气运营公司，其主营业务具有较大的经营优势，业务回款能够得到保障，且得到政府的大力支持，但其信用水平距离预设等级目标有较大差距，因此增设了第三方——原始权益人的股东嘉城集团提供无条件不可撤销连带责任保证担保作为增信措施，嘉城集团目前具有 AA 级的资信水平；计划管理人东吴证券拥有较为丰富的固定收益产品承销、管理等相关经验；托管银行中国工商银行作为国有五大行之一，拥有丰富的资产托管与风险控制经验。

该专项计划因参与机构丧失履约能力而使该资产支持证券发生违约的风

险很小。

6. 本案例的法律风险分析

本案例的律师事务所为广东志润律师事务所。根据专项计划的相关交易安排，涉及的法律风险主要为物权风险，本案例物权风险主要源于以下两点因素：

（1）根据现行法律法规，没有关于天然气收费收益权转让的登记制度，因此，东吴证券代表专项计划受让基础资产能否对抗第三人尚缺少明确法律制度支持。

（2）基础资产存在质押权利限制，对此相关方签订了补充协议，双方约定自专项计划成立之日起，包含专项计划确定的基础资产在内的部分天然气收费权不再作为质押物。

根据目前的监管规定，存在抵质押等法律瑕疵的基础资产需在专项计划正式设立前，解除抵质押。

第九章

资产证券化会计与税务

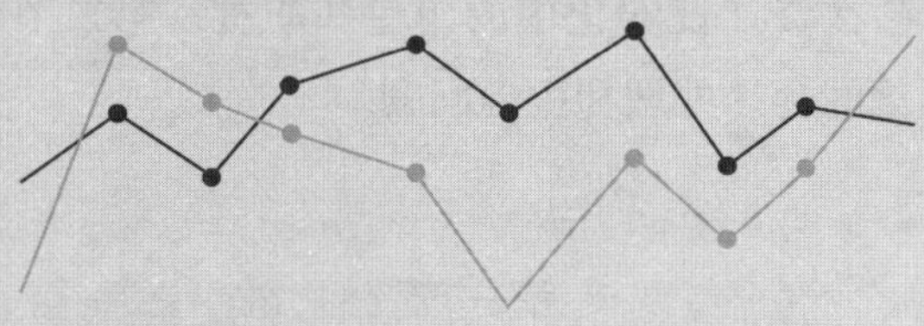

资产证券化涉及交易发起、结构设计、发行以及存续期间管理等多个环节，在整个交易过程中，会计师能提供包括基础资产财务尽职调查、现金流模型分析、会计和税务咨询、服务机构合规和内控鉴证、基础资产业绩验证和特殊目的载体审计等各类服务。由于资产证券化过程环节繁多、参与主体众多，明确在哪个环节、针对哪些主体征税，以避免重复征税，保证“税收中性”，是顺利开展资产证券化的一个重要问题。

基于以上考虑，会计处理和税收问题是资产证券化过程中非常重要的工作。本章主要针对资产证券化过程中的会计处理和税务问题进行实务性分析，第一节介绍了会计师在资产证券化中的角色和职责，第二节和第三节分别详细介绍了资产证券化的会计处理和税务问题。

第一节
会计师在资产证券化中的角色和职责

一、我国资产证券化的信息披露以及会计师的职责

目前，会计师在我国资产证券化业务中的主要职责侧重于财务尽职调查、会计和税务咨询等证券发行前工作。财务尽职调查通过审核合同和借据等原始凭证确保基础资产信息的准确性，是现金流模型分析和评级的基础。而会计意见书和税务意见书则是公开发行资产支持证券必需的申报材料，即使是非公开发行，发行人为确保资产证券化交易能实现财务上的目的和提前评估

税务影响，会计和税务咨询也是需要的。与证券发行前的参与程度形成对比的是，会计师在资产证券化的存续期间管理中不够活跃，其中的一个主要原因是现阶段投资者尚未对信息披露质量和服务机构对基础资产的内部控制提出严格要求。可以预见的是，随着资产证券化备案制的实施和资产支持证券二级市场的发展，市场参与方自然会对资产证券化的信息披露和服务机构的内部控制提出包括第三方独立鉴证意见在内的更多要求，因为缺乏充分、透明和准确的信息披露，投资人无法做出投资决策，监管者也无法监控和了解市场，而服务机构的内部控制是信息披露的基础和保障。从长期来看，会计师必然将在资产证券化的存续期间管理中扮演重要角色。

二、美国资产证券化的信息披露以及会计师的职责

在讨论我国会计师如何在资产证券化的存续期间管理中扮演重要角色前，我们先看下美国资产证券化的信息披露以及会计师的职责。

美国证券交易委员会（Securities and Exchange Commission，简称 SEC）的资产证券化专项法规包括资产证券化备案登记法规及 Regulation AB 法规（以下简称“Reg AB”）两部分。其中，Reg AB 是指在 1933 年《证券法》和 1934 年《证券交易法》下有关资产证券化业务的注册登记、发行过程、信息披露和报告要求的综合法规集合，主要规定了资产证券化产品发行信息披露和存续期间信息披露的要求，该规定自 2006 年 1 月 1 日起生效。金融危机后，美国针对资产证券化业务的发展与监管进行了反思，他们认识到由于市场主体对资产证券化的不当利用以及监管的缺位，证券化过程放大了金融风险。Reg AB 于 2014 年 9 月 4 日完成重要修订，修订版于 2014 年 11 月 24 日生效，新版 Reg AB 旨在全面规范资产证券化产品的注册发行及存续期间的信息披露及报告要求，并对注册标准做出了最新规定，通过提高资产证券化市场的信息透明度和时效性，为投资者及其他市场参与者提供充分有效的决策信息，减少不确定性与风险，增强投资者信心和强化投资者保护，同时激励投资者不过度依赖评级。

Reg AB 项目 1121、1122 和 1123 约定了资产证券化存续期间的主要披露

要求，如表 9.1 所示。

表 9.1　资产证券化存续期间的主要披露要求

报告频率	报告内容
定期	• Form 10 – D 披露资产支持证券本息兑付及资产池信息 • Form 8 – K 披露资产支持证券该期发生的其他事项，如更换服务机构等 • （New）Form ABS – EE 披露资产信息文档
年度	• Form 10 – K 服务机构发表合规声明 • Form 10 – K 外部会计师针对服务机构的合规性声明出具鉴证报告

在年报 10 – K 中，每一服务机构需发表独立声明，声明已履行服务协议中规定的义务。服务机构的服务合规评估对象包含本年度该服务机构负责报告的全部资产证券化交易，最低标准应该包括一般服务事项、现金回收和管理、本息兑付、信息报告和资产池管理，同时会计师需对服务机构的合规性声明出具鉴证报告。

三、中美两国资产证券化的信息披露以及会计师职责的对比

接下来，我们看一下中国和美国关于资产证券化信息披露以及会计师职责的对比，如表 9.2 所示。

表 9.2　中美两国资产证券化的信息披露以及会计师职责的对比

	美国	中国
披露原则	以“原则”为基础的报告框架 • 法规提供的是必须遵守的原则，非针对不同资产类别或交易结构的具体指导 • “重要性”原则	以“规则”为基础的报告框架 • 目前的报告框架以中国人民银行监管体系下的要求为披露基础
披露依据	美国证券交易委员会（SEC） Regulation AB（Reg AB）	中国人民银行 《资产支持证券信息披露规则》 《信贷资产证券化基础资产池信息披露有关事项公告》

（续表）

	美国	中国
报告类型	• 定期披露本息兑付及资产池信息、当期发生的其他事项，如更换服务机构等 • 服务机构发表合规声明 • 外部会计师针对服务机构的合规声明出具鉴证报告	• 定期披露受托机构报告 • 年度受托机构报告 • 外部审计师针对受托报告出具审计报告
基础资产池信息——贷款层面	Reg AB 规定要求披露存续期间资产池贷款层面的详细信息	与监管要求一致。但在实际披露时，信息详细程度不如美国，如目前中国仅有少数机构报告提供多维度资产池贷款分析及风险分析
其他信息更新 ——重要借款人 ——信用增级情况	Reg AB 规定要求提供存续期重要借款人的更新财务信息（明确要求定期披露重要借款人的财务信息。重要借款人指所占集中度比例大于10%的借款人） Reg AB 规定对任一级别资产支持证券提供金额在10%以上的增信机构需要提供的更新财务信息	监管未特别要求在存续期内对重要借款人财务信息的更新情况提供后续披露 监管要求：披露内、外部信用增级情况说明
资产池循环信息	• 受外部因素影响的资产池变动情况（如融资及资金周转过程中，资产池的增加、移除、替换或回购，包括招售、信用增级、证券包销、发行、购买或资产池选取标准及流程的信息） • 当资产池中发生资产增加、替换或移除，对资产池整体组成有重大影响时，需重新提供完整的资产池信息	循环购买的结构尚未普遍，所以对于资产池中发生资产增加、替换或移除的披露要求并不明确

（续表）

	美国	中国
管理层声明	• 签字人要求：资产证券化受托机构负责人，或发行机构指定的服务机构的负责人签字 • 签字人已审阅 Form 10 - K 和 10 - D 的报告内容 ——声明报告中不存在重大的错报、漏报 ——声明服务机构在重大方面履行其责任并合规 ——声明服务机构合规性报告及鉴证报告已符合要求	• 未明确签署报告的签字人 • 要求受托机构核对由贷款服务机构和资金保管机构定期提供的贷款服务报告和资金保管报告，但未要求受托机构对此管理层责任发表具有法律效益的声明
服务机构合规鉴证	美国证券交易委员会不要求对资产证券化产品财务信息的审计，而是需要发行方提供服务机构合规声明，及独立审计师提供服务机构合规声明的鉴证报告	• 对服务机构合规性的后续监管不明确 • 服务机构的内部控制是否规范属于监管空白

中美两国对资产证券化信息披露中应包含的内容并无本质区别，但美国对服务机构的责任和合规性要求更高。从结果来看，现阶段中国资产证券化实际信息披露情况较差，如受托机构披露的内容缺少信托专用账户及跟踪评级情况信息；资产池披露详尽程度不够，未披露资产中借款人所在行业分布、地域分布等信息。

考虑到贷款服务机构对资产池信息有更好的了解和掌控，未来的法规可以要求服务机构在资产证券化存续期间发挥更多职责，由服务机构与信托机构共同对披露信息的准确性和完整性承担责任。对比中国和美国信息披露的不同，主要就在于是否对服务机构和会计师提出了明确要求，因此中国的监管部门可以借鉴美国目前采取的措施，由服务机构出具服务合规性声明，加强对服务机构的监管力度，并由独立审计师对合规声明发表鉴证，增强投资人对披露信息的信心。

第二节
资产证券化的会计处理

一、会计准则对资产证券化会计处理的相关规定

在资产证券化过程中，企业（包括金融机构）将其拥有的能产生可预见现金流的金融资产（包括信贷资产和应收账款等）或者权利（如收费权），通过特殊目的载体对风险和现金流进行结构性重组，然后将其转换为证券产品。由于企业在资产负债表上并不能将收费权记录为资产，因此以收费权为基础现金流的资产证券化会计处理比较简单，类似于以收费权为质押的融资，这里将重点讨论金融资产证券化的会计处理。金融资产证券化的主要会计问题是作为基础现金流的金融资产转移的问题，即金融资产是否能够终止确认，以及在多大程度上终止确认。

根据我国现行的会计制度，金融资产转移的会计准则主要包括财政部颁布的《企业会计准则第 23 号——金融资产转移》和《企业会计准则第 33 号——合并财务报表》（2014 年修订版），与国际财务报告准则的规定一致（以下简称“会计准则”）。根据上述会计准则，在资产证券化过程中，金融资产的转移会有如表 9.3 所示的几种会计处理情形。

表 9.3　金融资产转移的几种会计处理情形

<table>
<tr><th colspan="2">情形</th><th>会计处理</th></tr>
<tr><td colspan="2">已转移金融资产所有权上几乎所有的风险和报酬</td><td>终止确认金融资产</td></tr>
<tr><td rowspan="2">既没有转移，也没有保留金融资产所有权上几乎所有的风险和报酬</td><td>放弃了对金融资产的控制</td><td>终止确认金融资产</td></tr>
<tr><td>未放弃对金融资产的控制</td><td>按照继续涉入所转移金融资产的程度确认金融资产，并相应确认负债</td></tr>
<tr><td colspan="2">保留了金融资产所有权上几乎所有的风险和报酬</td><td>不终止确认金融资产</td></tr>
</table>

金融资产转移满足终止确认条件的，所转让金融资产全部被终止确认，因金融资产转移获得的新金融资产或承担的新金融负债按照转移日的公允价值确认，并将该金融资产扣除金融负债后的净额作为对价的一部分。所转移金融资产的账面价值与因转移而收到的对价和原直接计入其他综合收益的公允价值变动累计额（涉及转移的金融资产为可供出售金融资产的情形）之和的差异计入当期损益。

如果金融资产转移的结果是不终止确认金融资产，则主体继续确认全部所转让资产，并且将收到的对价确认为一项金融负债。该资产及其相关负债不能相互抵消。在后续期间，主体确认任何由所转让资产产生的收益以及任何由金融负债产生的费用。同样，主体不能抵消收益和费用。

如果金融资产转移的结果是继续涉入，主体应根据其继续涉入所转移金融资产的程度确认有关金融资产和金融负债，以反映主体所保留的权利和承担的义务。继续涉入的会计处理比较复杂，不同继续涉入方式下，如提供担保、附期权合同和金融资产部分转移的会计处理都不尽相同。在常见的资产证券化案例中，发行人一般是通过持有次级权益（即内部信用增级）继续涉入所转让金融资产的一部分，下面将通过一个简单的例子说明这种情况下的会计处理。

示例：主体 A 实施了一项资产证券化交易，转让金额为 C1 000 的一组应收款项，主体 A 保留其中金额为 C50 的次级权益，其余 C900 优先级权益和 C50 次级权益以 C950 的对价转让给第三方，金融资产转移的分析结果显示主体 A 继续涉入所转移的金融资产。为简化处理，假定主体 A 不收取超额利差且上述转让中信用增级的对价为零。主体 A 的处理处理如下：

（1）确认保留的 C50 的次级证券。

借：银行存款	C950	
贷款和应收款类投资	C50	
贷：应收款项		C1 000

（2）确认继续涉入金融资产和金融负债。

在该例中，主体 A 因信用增级而不能收到的现金流入最大值为 C50，由于不存在其他资产，信用增级的公允价值为0，因继续涉入而确认的资产和负债的金额都为C50。

借：继续涉入资产 ——次级权益　　C50

　贷：继续涉入负债　　C50

（3）金融资产转移后，主体A需要在资产负债表日确认已发生的资产减值损失，如于201×年12月31日，已转移应收款项发生信用损失C10，则主体A需要做以下的会计处理。

借：资产减值损失　　C10

　贷：坏账准备——次级权益　　C10

借：继续涉入负债　　C10

　贷：继续涉入资产　　C10

二、金融资产终止确认的决策流程及具体分析

从上面的结果可以看出，金融资产转移的关键是判断金融资产所有权上的风险和报酬的转移程度。会计准则下，金融资产终止确认的决策流程如图9.1所示。

接下来，将对该决策流程进行逐步分析并重点分析其中的关键环节，包括特殊目的主体合并、过手测试，以及风险和报酬的转移测试。

（一）第一步，确定是否应当合并结构化主体

《企业会计准则第33号》（2014年修订版）对控制进行了重新定义。控制是指投资方拥有对被投资方（包括信托计划、资产管理计划等结构化主体）的权力，通过参与被投资方的相关活动而享有可变回报，并且有能力运用对被投资方的权力影响其回报金额。需要说明的是，投资方在判断其享有的被投资方的回报是否变动以及如何变动时，应当根据合同安排的实质，而不是法律形式。例如，投资方持有固定利率的交易性债券时，虽然利率是固定的，但该利率取决于债券的违约风险及债券发行方的信用风险，因此，固定利率

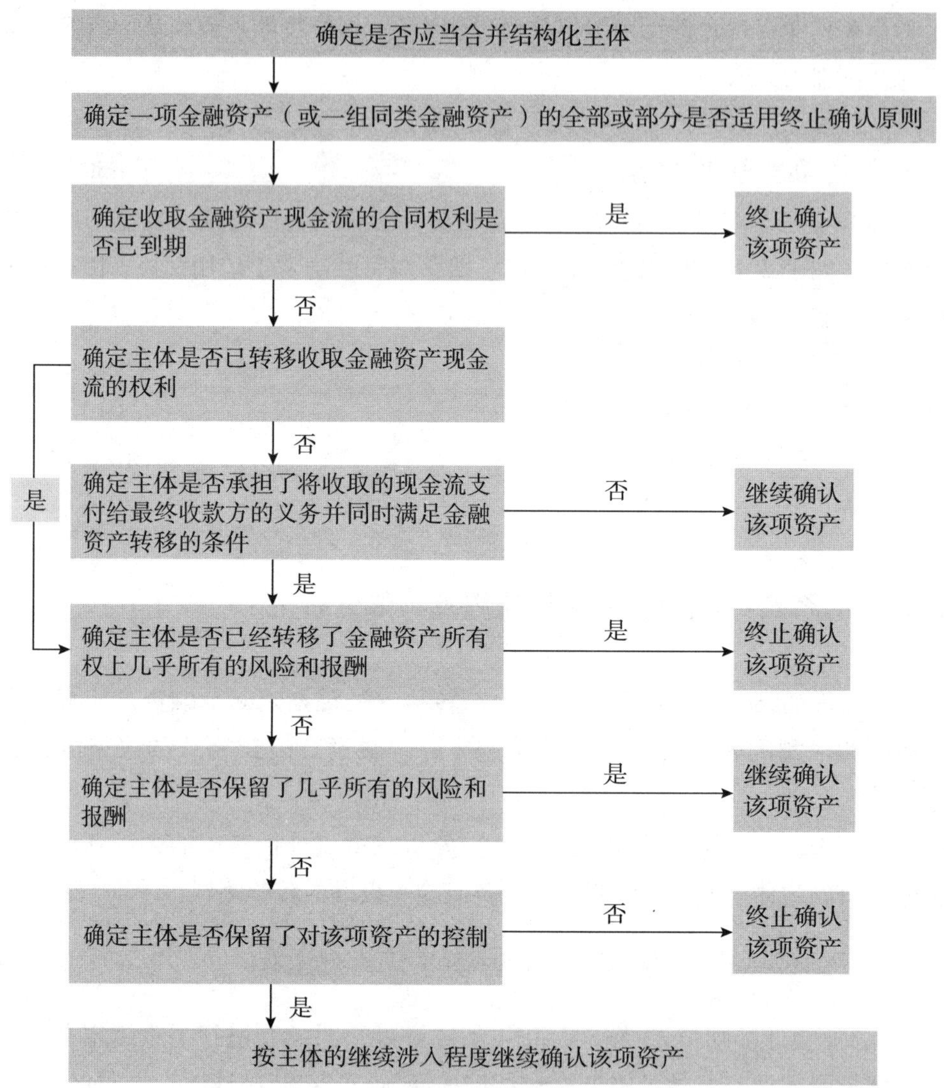

图 9.1　金融资产终止确认的决策流程

也可能属于可变回报。再如，管理被投资方资产获得的固定管理费也属于可变回报，因为管理者是否能获得此回报依赖于被投资方是否能够产生足够的收益用于支付该固定管理费。

发起人为资产证券化交易目的设立信托计划，通过信托合同的约定，委托受托人对信托财产进行管理、运用和处分，并通过和受托人签署服务合同的方式，作为资产服务机构代为管理、运用、处分信托财产，参与信托资产的相关活动，收取服务报酬，同时发起人会持有部分资产支持证券。也就是说，在资产证券化交易中，发起人拥有权力，面临信托资产可变回报的风险，因此判断发起人是否控制信托计划的关键是，判断其是否具备使用权力影响可变回报的能力，即确定发行人行使决策权的身份是“主要责任人”还是“代理人”。如果是主要责任人，则发行人需要合并信托计划。对发行人为主要责任人还是代理人的分析，实质上是对发行人权力及其所受限制与可变回报量级和可变动性的综合权衡和判断。假定发行人作为服务机构，服务报酬和市场水平一致且受托人和投资人不能无理由罢免服务机构，发行人可变回报量级和可变动性越大，越表明发行人是主要责任人。根据国际会计准则第 10 号提供的例子以及目前会计领域达成的共识，在分析量级时，如果发行人的可变回报量级在 20% 以下，通常表明发行人为代理人；如果可变回报量级在 20% ~30% 之间，需进一步考虑其他因素以判断发行人是主要责任人还是代理人；如果可变回报量级在 30% 以上，通常表明发行人为主要责任人，除非存在其他因素显著表明发行人为代理人。这里要说明的是，可变回报的可变动性需要和量级并重考虑。例如，发行人持有全部或较多部分次级档债券，虽然可变回报的量级可能不重大，但其可变动性重大。在这种情况下，发行人应当合并信托计划。

若发起人不合并特殊目的信托，资产转移测试的对象是发起机构转移至特殊目的信托的金融资产；若发起人合并特殊目的信托，资产转移测试的对象是转移至投资者的金融资产，如图 9. 2 所示。

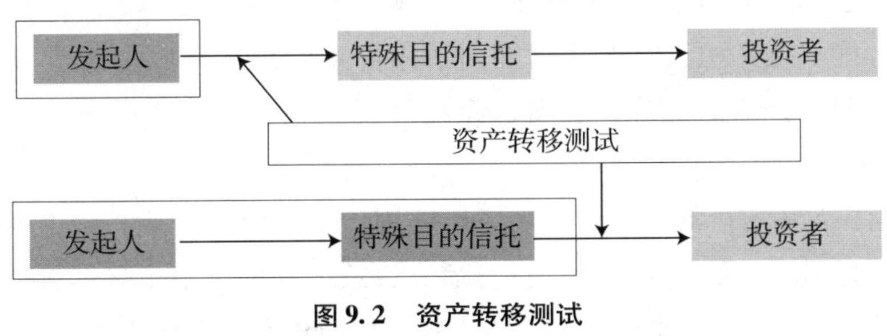

图 9. 2　资产转移测试

（二）第二步，确定一项金融资产（或一组类似金融资产）的全部或部分是否适用终止确认原则

会计准则规定，当且仅当满足以下三项条件之一时，可以按终止确认规则对金融资产的一部分（或一组类似金融资产的一部分）进行分析判断：

（1）该部分仅包含来自金融资产（或一组类似金融资产）可明确辨认的现金流。

（2）该部分仅包含来自金融资产（或一组类似金融资产）所产生的现金流中与之完全成比例的份额。

（3）该部分仅包含金融资产（或一组类似金融资产）所产生的可明确辨认的现金流中与之完全成比例的份额。

例如，如果主体签订协议使交易对方拥有取得金融资产所产生的利息部分现金流（明确辨认的部分）的90%份额的权利，则终止确认规则适用于这90%部分的利息现金流。如果有超过一个交易对方，只要出让主体保留了完全成比例的份额，则不要求每个交易对方所拥有的明确辨认的现金流份额均成比例。

再如，主体签订协议，转让从原始期限为10年的固定利率贷款中最后4年产生的100%现金流（利息和本金）的权利。本金应在第10年一次付清。换言之，主体保留收取最初6年利息现金流的权利。

在这种情况下，很明显主体已经转让了获取最后4年现金流的权利，而这部分现金流是可明确辨认的现金流（最后4年利息现金流＋本金现金流）。因此，根据上述第一个条件，终止确认规则应当适用于这一可辨认的部分。在实务操作中，需要注意如何清晰界定最后4年收取的现金流不是前面6年延期付款的部分，否则也无法真正实现对部分资产进行终止确认的分析。

经第二步确定了终止确认规则应当适用于整个资产（或一组类似资产的整体）或已辨认出的符合条件的部分后，决策流程的剩余步骤都将适用于资产的该整体或已辨认出的部分，在以下段落中简称为“金融资产”。

（三）第三步，确定收取金融资产现金流的合同权利是否已到期

一旦确定了适用终止确认要求的层面（主体本身还是合并层面）以及适用终止确认要求的已辨认资产（单项、一组或部分），主体即可开始评估是否可对金融资产进行终止确认。第三步考虑的是金融资产的合同权利是否已经到期。例如合同条款的变更（币种或贷款剩余期限变动等），需要评估该变更是否重大并足以表明原始金融工具（或其中一部分）已终结。对于终结部分应当进行终止确认。

（四）第四步和第五步，确定主体是否已转移收取金融资产现金流的权利，或是否承担了将收取的现金流支付给最终收款方的义务

金融资产转移包括如下两种情形：

（1）将收取金融资产现金流的权利转移给另一方。

会计准则未对“转移收取金融资产现金流的权利”这一表述进行解释。字面理解是该表述指法律意义上的资产出售或转移获取资产现金流的权利。例如，主体在出售金融资产后（如依法出售债券）即转移了获取资产现金流的权利。此时，转入方立即拥有了获取所有未来现金流的无条件的可行使权利。

（2）将金融资产转移给另一方，但保留收取金融资产现金流的权利，并承担将收取的现金流支付给最终收款方的义务。

该金融资产转移的情形通常被称作“过手协议”，如果过手协议作为金融资产转移处理，必须同时满足下列三个条件：

①从该金融资产收到对等的现金流时，才有义务将其支付给最终收款方。企业发生短期垫付款，但有权全额收回该垫付款并按照市场利率计收利息的，视同满足本条件。

②根据合同约定，不能出售该金融资产或将其作为担保物，但可以将其作为对最终收款方支付现金流的保证。

③有义务将收取的现金流及时支付给最终收款方。企业无权将该现金流

进行再投资，但按照合同约定，在相邻两次支付间隔期内将所收到的现金流进行现金或现金等价物投资的除外。企业按照合同约定进行再投资的，应当将投资收益按照合同约定支付给最终收款方。

在资产证券化中，发起人将“基础资产”委托给“受托人/特殊目的实体”后，通常还将担任基础资产的服务机构，负责定期将回收款项转入特殊目的实体账户，然后，特殊目的实体将根据相关交易合同的约定对现金流回收款按照约定偿付顺序支付给各级资产支持证券持有者。如果发起人需要合并特殊目的实体，在合并报表层面上，报告主体仍然保留了收取现金流的合同权利，所以不满足以上第一种情形的条件，而应该根据第二种情形分析是否满足过手协议的条件（即“过手测试”）。

下面将对过手测试的条件逐一进行分析。

第①项条件确保转出方不必向转入方转让尚未收到的资金，也就是说，转出方无须垫付。这表示转入方必须承担逾期未付风险。然而，在满足以下条件时，转出方提供的短期预付款项不影响该交易作为转让进行处理：

- 短期预付依市场费率进行。
- 这些预付款及任何应计利息可通过扣减应付最终收款方款项的方式收回，且在资产对应的现金流不足时，仍可全额收回。

上述条件是确保终止确认不会仅仅因为向转入方提供短期现金流而无法实现的必要条件。如果转出方必须以低于市场利率的条件提供短期贷款或提供无息贷款，则情况完全不同，因为这时款项不能按时支付的风险承担者是转出方，而不是转入方，不满足过手测试条件。

针对转出方出售或抵押金融资产能力的第②项条件强调转出方不得控制与被转让现金流相关未来经济利益的获取权，并因此不能拥有资产。

第③项条件确保转出方无法使用其代替转入方收取的现金或从中获益，并且须将其汇出，不得发生“重大拖延”。而且，该条件也帮助确保转出方不拥有资产。出于实际操作的考虑，可忽略的拖延允许发生。“无重大拖延”在准则中并未定义，因此在评估时须根据情况判断。例如，对由数量很大的应收款项组成的组合进行证券化的交易中（例如信用卡余额，客户通常在每个月的不同日期完成还款），要求主体在收到单个信用卡账户的相对小额的还款现金时就将其划转出去基本上是不现实的。因而，为了便于操作，合同协议往往会约定每周、每月或每季将上述款项按批汇出。在这种情况下，考虑到大多数证券化交易是按季度支付利息，在 3 个月以内汇出款项一般是可以接受的。

第③项条件不但禁止转出方将收款和汇款之间的短期结算期间获得的现金流用于再投资，还限定为转入方的利益只可将上述现金投资于会计准则规定的现金或现金等价物。这意味着转出方不能为了转入方的利益将资金投资于其他高收益的中期投资或利用资金产生更多资产用于证券化。而且，转出方不得保留短期高流动性投资产生的任何利益，所有此等利益须在产生后立即交付转入方。在实际操作中，这些资金通常存入以转入方为受益人的受托银行账户。

（五）第六步和第七步，风险和报酬的转移

在资产证券化过程中，主体是否已经转移所有权上几乎所有的风险和报酬经常不是一目了然的。会计准则中规定："企业在判断是否已将金融资产所有权上几乎所有的风险和报酬转移给了转入方时，应当比较转移前后该金融资产未来现金流净现值及时间分布的波动使其面临的风险。企业需要通过计算判断是否已将金融资产所有权上几乎所有的风险和报酬转移给了转入方，在计算金融资产未来现金流净现值时，应当考虑所有合理、可能的现金流波动，并采用适当的现行市场利率作为折现率。"

会计准则没有提供风险和报酬转移评估方法的示例。实务中常用的方法是使用标准差统计作为确定发起机构已转让和保留变化程度的基础。应用这一方法，发起机构需要考虑影响被转让资产现金流金额和时间的各种未来情况及其发生概率，并计算在转让前和转让后此类金额的现值。在计算被转让资产现金流金额时，需要考虑的因素包括利率风险、信用风险、外汇风险、逾期未付风险和提前偿付风险等，具体情况需视待终止确认的特定资产而定。

以下为使用标准差统计法计算风险和报酬转移的简化示例。

1. 转移前现金流

转移前现金流即在考虑了资产池面临的各种影响其未来现金流金额的因素后的现金流现值，在该例子中，发行人考虑了 5 种情景，并设定了不同情景的概率，如表 9.4 所示。

表 9.4　风险和报酬转移前现金流测试

情景	未来现金流现值	概率（%）	现金流期望值	差异	加权平均差异值
	a	b	$c = a \times b/100$	$d = a - sum\ (c)$	$e = ABS\ (d \times b/100)$
1	7 082	20	1 416	55	11
2	7 050	30	2 115	23	7
3	7 026	15	1 054	-1	0
4	6 987	25	1 747	-40	10
5	6 947	10	695	-80	8
总计		100	7 027		36

2. 转移后现金流

转移后现金流即在扣除了支付给第三方的费用和支付给其他证券持有人后发行人保留的现金流。对应本节例子的结果如表 9.5 所示。

表 9.5　风险和报酬转移后现金流测试

情景	未来现金流现值	概率（%）	现金流期望值	差异	加权平均差异值
1	342	20	68	47	9
2	314	30	94	19	6
3	293	15	44	-2	0
4	258	25	65	-37	9
5	244	10	24	-51	5
总计		100	295		30

风险和报酬转移比例 = 1 - 转移后加权平均差异值/转移前加权平均差异值 = 1 - 30/36 = 17%。

在实践中，如果发行人通过资产证券化转移了超过 90% 的风险和报酬，则通常认为其已经转让了几乎所有的风险和报酬；如果转移的风险和报酬低于 10%，则认为保留了几乎所有的风险和报酬。

通常来讲，如果发行人持有越多的次级档证券，或者其享有的浮动收益分配顺序越靠后，其保留的风险和报酬比例越高。而且在这种情况下，改变未来现金流现值和概率值将对风险和报酬转移的比例产生较大的影响，甚至会导致是否终止确认结果上的不同。因此发起机构应根据其历史数据和最佳估计在所有性质类似的资产转让中一致地应用风险和报酬评估方法，而不是“随意挑选”能产生符合预期的风险和报酬转移程度的方法和参数值。

（六）第八步，确定主体是否保留了对该项资产的控制

会计准则规定：“企业既没有转移也没有保留金融资产所有权上几乎所有的风险和报酬的，应当分别视下列情况处理：

（1）放弃了对该金融资产控制的，应当终止确认该金融资产。

（2）未放弃对该金融资产控制的，应当按照其继续涉入所转移金融资产的程度确认有关金融资产，并相应确认有关负债。”

企业在判断是否已放弃对所转移金融资产的控制时，应当注重转入方出售该金融资产的实际能力。转入方能够单独将转入的金融资产整体出售给与其不存在关联关系的第三方，且没有额外条件对此项出售加以限制的，表明企业已放弃对该金融资产的控制。转入方是否能够将转入的金融资产整体出售给与其不存在关联关系的第三方，应当关注该金融资产是否存在活跃市场。如果不存在活跃市场，即使合同约定转入方有权处置金融资产，也不表明转入方有“实际能力”。

在这里讨论的对金融资产的控制权的含义与《企业会计准则第 33 号》中

所指的“通过参与被投资方的相关活动而享有可变回报，并且有能力运用对被投资方的权力影响其回报金额”的定义不尽相同。这里是考察转入方处置资产的权利，旨在确定转出方是否继续承担特定资产即转让标的的现金流变动风险，而不是类似通过衍生工具承担一般意义上的风险敞口。因此，如果转入方具有出售被转让资产的实际能力，则转入方拥有资产的控制权，即意味着主体丧失控制权。另外，如果转入方没有出售被转让资产的实际能力，则主体保留了被转让资产的控制权。

控制权概念的关注重点是转入方实际上能够做什么。因此，在这种情况下，活跃市场的存在十分重要。只要转入方有这样做的实际能力，转入方在实际操作中即使出售被转让资产的可能性非常低，也对控制权的判断没有关系。相反，如果没有市场，则转入方就不能保证在没有附带回购权的情况下出售资产后能够履行将资产归还转出方的义务。因此在这种情况下，即使转入方在合同中约定拥有处置被转让资产的权利，但如果被转让资产没有市场，该权利几乎没有实际效果。

此外，转入方应能同时具有在不受其他任何一方行为限制，且无须附加任何额外限制条件或“约束”的基础上实施转让资产的能力。如果转出方向转入方施加有关为贷款资产提供服务的义务，则转入方在向第三方进行转让时需要附加类似限定条件。这种“额外限制”或“约束”阻碍资产的自由转让，使交易无法通过出售资产的“实际能力”测试。

（七）第九步，按主体的继续涉入程度继续确认该项资产

如果主体既未转移也未保留所有权上几乎所有的风险和报酬，并且控制权尚未转让至转入方，则适用继续涉入法。根据继续涉入法，主体继续确认部分资产。这一部分反映的是主体继续承受金融资产风险和从金融资产取得报酬的程度。也就是说，继续涉入即包括承受来自资产现金流的风险的义务，同时包括从现金流获取收益的权利。在这些情况下，主体在对原始资产的一部分进行确认的同时，还须相应确认一项负债。

三、终止确认会计准则在实务中的应用

下面将针对国内资产证券化实务中的一些常见结构和问题，分析以上金融资产终止确认会计准则的应用。

（一）流动性支持

一些资产证券化交易会约定，如果某个支付日特殊目的载体的财产不足以支付届时应付未付的税费和现金流总额时，由发行人或者第三方为特殊目的载体提供流动性支持，流动性支持通常是针对优先级债券的。不同的流动性支持提供方式会导致不同的会计处理结果。

1. 发行人设立了预提的流动性储备

发行人在设立该特殊目的载体时已经通过向其提供现金或其他资产预留了流动性储备。如需动用，该项储备只能通过提留被转让资产产生的未来现金流的方式收回。因为设立了预提的流动性储备，转出方有义务向最终收款方支付并未从原始资产收取的款项，所以该交易不符合过手测试的要求。

2. 发行人提供短期流动性支持

根据准则规定，在发行人根据市场费率提供短期流动性，且这些预付款及任何应计利息可通过扣减应付最终收款方款项的方式收回，且在资产对应的现金流不足时，仍可全额收回的条件下，发行人提供短期流动性支持并不影响过手测试。需要注意的是，为确保在源自资产的现金流不足时仍可全额收回，需要在合同中约定发行人拥有向投资人追回未获清偿的预付流动性的权力，这在实际中基本没有可操作性，因此发行人提供短期流动性支持在实际中通常都不符合过手测试的要求。

3. 第三方提供短期流动性支持

与发行人提供短期流动性支持类似，在第三方根据市场费率提供短期流动性，且这些预付款及任何应计利息可通过扣减应付最终收款方款项的

方式收回，且在源自资产的现金流不足时，仍可全额收回的条件下，第三方提供短期流动性支持并不影响过手测试。另外，特殊目的载体还可采用提前购买第三方短期流动性支持服务的方式，在服务成本由特殊目的载体承担的情况下，由于不存在来自转让资产以外的现金流，该安排不会影响过手测试。

（二）次级留存权益和信用担保

主体可以通过将其在被转让资产中保留的部分或全部权益进行次级处理的方式向转入方提供增信，或者通过无限额或限定额度信用担保的形式向转入方提供增信。如果提供信用担保，则交易将不能通过过手测试，这是因为转出方在担保项下支付的任何款项并非来自原始资产的现金流。保留被转让资产的次级权益本身并不会导致交易无法通过过手测试，因为保留次级权益不要求主体支付从被转让资产收取的现金以外的任何款项。但是，保留次级权益可能会导致转出方保留资产的一些风险和报酬。

（三）循环结构

在循环结构中，在特殊目的主体到期前，从证券化标的资产获取的现金流将被再投资，用于购买新的资产，直到特殊目的主体到期时再将现金支付给权益持有人，比较典型的是信用卡资产证券化。例如，银行甲进行信用卡资产证券化，入池资产为截止到某个时点的信用卡余额，特殊目的主体的期限为 2 年，在特殊目的主体到期前，产生的现金流被用于向银行甲购买新的信用卡余额，假设不存在流动性支持或担保等条款。

在我国的法律体系下，将信用卡转让给特殊目的主体不满足真实出售的条件，即发行银行甲未将收取信用卡现金流的权利转移给特殊目的主体，所以需要进行过手测试，根据之前介绍的过手测试的 3 个条件，在不存在流动性支持或担保的情况下，关键是判断银行甲是否有义务将收取的现金流及时支付给最终收款方。

以下将根据银行甲是否合并特殊目的主体分别进行分析。

1. 情景一：银行甲不合并特殊目的主体

这时候资产转移测试的对象是银行甲至特殊目的主体。通常情况下，银行甲与特殊目的主体之间的自动现金流循环购买不存在实质，不满足银行甲有义务将收取的现金流及时支付给特殊目的信托的条件。但是如果合同约定特殊目的主体存在选择权，其可以选择将现金流继续投资于银行甲的信用卡应收款或者保留现金流，且存在条款确保银行甲有责任无重大延误地将现金流支付给特殊目的信托，则可能满足过手测试的条件。

2. 情景二：银行甲合并特殊目的主体

这时候资产转移测试的对象是特殊目的信托至最终投资人。为了满足过手测试的条件，合同中必须存在一种机制免除特殊目的信托将现金流支付给最终投资人的义务。也就是说，投资人必须同意SPT不支付现金流，而是购买新的信用卡资产。如果所有的投资人在每次特殊目的信托购买新信用卡资产时都表示同意，则特殊目的信托可能仍然符合“有义务将收取的现金流及时支付给最终收款方”的条件。如果所有投资人不是对每次投资都表示同意，考虑到再投资资产的回收期限可能较长，或者会出现信用风险而导致无法收回，则不满足“有义务将收取的现金流及时支付给最终收款方”的条件。

（四）浮动报酬

在一些证券化结构中，发行人以“浮动报酬”的形式在被转让资产中保留权益。例如，在次级证券存在收益上限的情况下，来源于基础资产的现金流在向资产支持证券优先级和次级持有人支付利息和本金以及支付特殊目的载体产生的费用后（次级证券持有人分配收益达到上限），剩余现金作为浮动报酬分配给发行人，或者在发行人和证券持有人之间进行分配。浮动报酬通常不会影响过手测试，但会对持有人是否合并特殊目的载体和风险、报酬转移测试产生重大影响。因为在上述安排下，发行人通过浮动报酬承担了较多现金流变动的风险。

第三节
资产证券化的税收处理及问题

一、资产证券化相关税收环境

资产证券化交易主要涉及发起人转让资产给受托机构、发行资产支持证券、取得项目收益、投资者买卖资产支持证券、中介服务机构收取服务费等交易环节，根据交易性质，涉及的国内税收主要有营业税（增值税）、所得税、印花税等。

（一）营业税（增值税）

根据我国现行的税收体系，企业发生交易行为将产生增值税或营业税纳税义务。一般情况下，货物的销售及修理修配、加工劳务等业务适用增值税，而服务的提供、无形资产或有形动产的转让等业务适用营业税。增值税和营业税之间的主要区别如下：

增值税为价外税，而营业税为价内税。增值税项下，除非交易双方另有约定，收款方一般在收取价款之外会另行向付款方收取应交增值税，即该交易的增值税税负由付款方承担。如交易的价款为 100 元，增值税税率为 6%，则收款方向付款方收取价款 100 元的同时也会收取应交增值税 6 元。营业税项下，除非交易双方另有约定，收款方收取的价款已包含应交营业税，付款方无须另行承担应交营业税税负。上例中，如营业税税率为 5%，则收款方向付款方收取价款 100 元，营业税 5 元将不向付款方收取。

增值税可以抵扣，而营业税无法抵扣。增值税的特色在于“销项征税、进项抵扣”，上游企业向下游企业收取的增值税在下游企业可以进行进项抵扣，每一环节抵扣，理论上增值税最后由最终消费者承担，从而避免重复征税，可减轻企业税负。而营业税无法抵扣，对企业来说，收入缴纳了营业税，同时成本、费用支出承担的税金无法抵扣，从而承担了双重税负，造成重复征税。

鉴于营业税下易造成企业的双重税负，财政部、国家税务总局自2012年1月1日起实施“营业税改征增值税”（以下简称“营改增”）改革，目的在于取消营业税，未来所有的交易统一缴纳增值税。根据营改增改革时间表，2016年1月1日起所有的行业将统一适用增值税，届时营业税将退出历史舞台。截止到2014年12月31日，大部分行业已由营业税改征增值税，如融资租赁业、咨询服务业等，有待营改增的行业只剩金融保险业、建筑房地产业及生活服务业。

结合资产证券化应税行为、纳税主体，可大致进行如下划分：（1）目前金融保险业的服务收入，包括贷款利息、金融商品买卖（包括外汇、有价证券、非货物期货和其他金融商品买卖）等收入适用营业税，税率为5%。同时，不动产租赁收入、转让不动产收入也适用营业税，税率同为5%。根据现行的营业税条例，营业税的纳税义务发生时间为纳税人收讫营业收入款项或者取得索取营业收入款项凭据的当天。其中，收讫营业收入款项指纳税人应税行为发生过程中或者完成后收取的款项。取得索取营业收入款项凭据的当天指书面合同确定的付款日期当天；未签订书面合同或者书面合同未确定付款日期的，为应税行为完成的当天。在实际操作中，营业税纳税人一般按月向主管税务机关缴纳营业税，银行、信托公司按季缴纳营业税。（2）动产租赁收入、中介服务收入，如会计、法律、评估等服务收入适用增值税，其中动产租赁收入适用17%的税率，中介服务收入适用6%的税率。同时，转让无形资产包括商标权、专利权、非专利技术、著作权等也适用增值税，税率为6%。根据现行的增值税条例，增值税的纳税义务发生时间为收讫销售款项或者取得索取销售款项凭据的当天，如先开具发票的，为开具发票的当天。

（二）所得税

在现行的国内税收体系下，企业和个人分别适用不同的所得税法规，即企业适用企业所得税法规，个人适用个人所得税法规。

企业分为税收居民企业和非居民企业。税收居民企业应当就其来源于中国境内、境外的所得缴纳企业所得税，即税收居民企业应当就其全球收入缴纳企业所得税。非居民企业仅就其来源于中国境内的所得缴纳企业所得税。税收居民企业的企业所得税税率为25%（特殊情况下可享受15%的优惠税率），其应纳税所得额确定为企业每一纳税年度的收入总额减除不征税收入、免税收入、各项扣除以及允许弥补的以前年度亏损后的余额。非居民企业目前适用10%的优惠税率，其应纳税所得额确定为：（1）股息、红利等权益性投资收益和利息、租金、特许权使用费所得，以收入全额为应纳税所得额；（2）转让财产所得，以收入全额减除财产净值后的余额为应纳税所得额。

个人也分为税收居民和非税收居民，适用不同的税收处理。税收居民需就其全球收入缴纳个人所得税，非税收居民基于其在中国境内居住时间的长短确定应税收入。基于收入性质不同，个人适用不同的所得税税率，其中，对于在中国境内取得的投资收益，包括利息、股息、红利所得、财产转让收入，适用20%的税率。利息、股息、红利所得以每次收入额为应纳税所得额；财产转让收入以转让财产的收入额减除财产原值和合理费用后的余额为应纳税所得额。

（三）印花税

根据现行印花税条例，在中国境内书立、领受应税凭证的单位或个人都需缴纳印花税。与其他税种不同，印花税一般为合同书立双方或多方需按同一税率纳税。应税凭证包括产权转移书据、营业账簿、权利、许可证照、借款合同等，其中，产权转移书据适用税率为书据所载金额的0.05%，营业账簿适用税率为账簿金额的0.05%，借款合同适用税率为合同金额的0.005%，权利、许可证照按每件5元征收。同时，现行印花税法规特别规定对于买卖证券（股票）仅由出让方在转让时按0.1%的税率计算应缴纳的印花税。

以上是资产证券化交易中涉及的主要税种。除了上述主要税种，如果证券化交易中基础资产涉及不动产，可能还将涉及房产持有、交易相关的税种，包括房产税、土地增值税、契税等。

（四）资产证券化相关税收法规

目前，我国对资产证券化交易的相关税收规定仍不完善，没有形成一套与资产证券化发展相配套的完整、细致的税收法规。现行的税收法规只有财政部、国家税务总局在2006年出台的财税〔2006〕5号文“财政部、国家税务总局关于信贷资产证券化有关税收政策问题的通知”。该文规定了银行业开展信贷资产证券化业务的有关税收政策，包括印花税、营业税和所得税政策。总体来讲，5号文里规定的一系列税收处理主要依据现行的基本税收政策，除了印花税上给予发起机构、受托机构较多的暂免政策外，并没有给予资产证券化交易特殊的税收处理。

从税收法规角度，我国资产证券化的税收法规仍有待完善，这主要体现在如下几个方面：（1）5号文只是规定了资产证券化业务的一些税收处理，对一系列纳税申报具体问题，如纳税地、发票开具等问题没有明确的规定。（2）5号文没有给予证券化交易特定的税收政策，可能导致交易的重复征税、高额税负，易导致交易灵活性和效率的降低。例如，5号文规定了发起机构在资产转移环节负有所得税义务，同时，资产转移中是否免营业税也未明确，从税收上限制了发起机构考虑真实出售、资产出表的方式。为减轻税负，发起人会尽可能规避销售而将证券化交易设计为担保融资，从而无法真正实现风险、破产隔离，导致资产的信用评级也会受到影响。（3）5号文的出台基于银行业开展信贷资产证券化业务试点，单纯从法规的角度并不涵盖企业资产证券化、资产支持票据等新型的资产证券化业务。而这些新业务在基础资产以及多个交易细节和信贷资产证券化存在较大差别，需要相关配套的税收法规明确它们的税收处理。

二、证券化交易具体税收处理

基于5号文的税收政策精神，我们对以下资产证券化各交易环节所涉及的税收处理进行具体分析，以便读者能详细了解证券化交易中所涉及的具体税收、关键的税收问题及可能的解决处理方式。在分析中，我们将证券化交易细分为以下6类交易环节：

（1）发起机构将资产转移给受托机构。

（2）发行资产支持证券。

（3）取得项目收益。

（4）各服务机构收取服务费。

（5）投资者买卖资产支持证券。

（6）清算特殊目的实体。

（一）发起机构将资产转移给受托机构

发起机构将资产转移给受托机构可以选择转让资产的所有权或不转让所有权而采取抵押融资方式。在前一种方式下，该资产将转移出发起机构的资产负债表（即出表方式）；在后一种方式下，资产将继续留在发起人的资产负债表内（即不出表方式）。上述两种方式对发起人存在不同的税收影响。由于在后一种方式下，资产继续留在发起人的资产负债表内，一般不会引起税收影响，以下仅就资产转移出发起机构的资产负债表分析税收影响。转让信贷资产如图9.3所示。

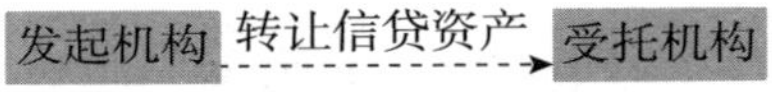

发起机构 --转让信贷资产--> 受托机构

图9.3　转让信贷资产示意图

1. 所得税

在转让资产所有权方式下，所得税处理将按照资产买卖交易处理。由此，如果发起人转让资产的价格大于这些资产的账面价值，收益部分将需要缴纳企业所得税。由于发起人适用的所得税税率一般为25%，收益部分将需要缴纳25%的企业所得税。相反，如果发起人转让资产的价格小于资产的账面价值而造成转让损失，这些损失也可以在发起人当年的所得税前作为抵扣项列支。在手续方面，由于目前的所得税体系要求企业就某些损失在进行备案后抵扣，发起人可能需要就上述损失在主管税务机关先行备案才能在税前列支。

一般资产证券化交易中发起人转让的都是应收款项类资产，如应收租赁款、应收贷款等。但在某些情况下，发起人也可能转让股权而非债权资产，如在房地产投资信托项目中，由于直接转让物业将可能产生高额的土地增值税、营业税等税负，发起人可能不直接转让物业而代之以转让持有物业的项目公司的股权。在转让股权的情况下，发起人就股权转让收益，即股权转让价格减去股权投资成本后的差额缴纳25%的企业所得税，同时，如产生转让损失，该损失在备案后可在发起人所得税前列支。

2. 营业税

在营业税方面，在转让资产的所有权方式下，尽管5号文未明确，营业税处理还是应尽可能争取免税。根据不同情况，如发起人转让股权，由于现行的税收体系明确股权转让不征收营业税，发起人将无须缴纳营业税；如发起人转让应收款项类债权资产，由于现行的税收体系未明确债权转让是否免营业税，发起人是否应交营业税存在一定的不确定性。但在实务操作中，考虑到现行的营业税法规里关于应税行为的列举中并未包括债权资产转让，发起人可与主管税务机关协商，以争取债权资产转让不征收营业税。

3. 印花税

在印花税方面，5号文对发起机构给予了一些暂免征收印花税的政策，主要内容如下：

（1）发起机构将实施资产证券化的信贷资产信托予受托机构时，双方签订的信托合同暂不征收印花税。

（2）发起机构与资金保管机构、证券登记托管机构以及其他为证券化交易提供服务的机构签订的其他应税合同，暂免征收发起机构、受托机构应缴纳的印花税。

（3）发起机构因开展信贷资产证券化业务而专门设立的资金账簿暂免征收印花税。

（二）发行信贷资产支持证券

发行信贷资产支持证券如图9.4所示。

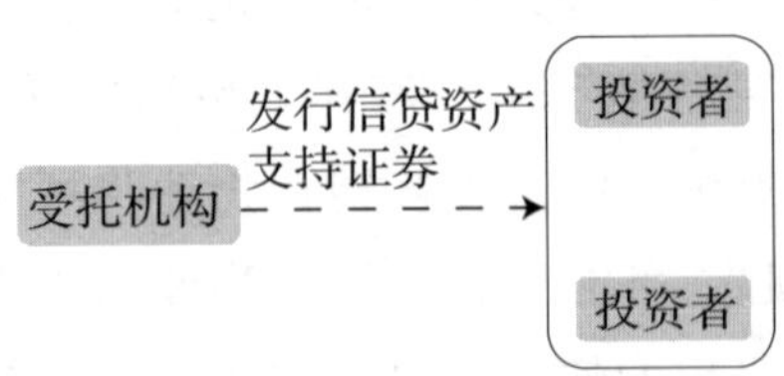

9.4　发行信贷资产支持证券示意图

1. 印花税

受托机构发行信贷资产支持证券，在税收方面首先需要处理印花税。根据现行的印花税法规，产权转移凭据需要征收印花税，受托机构发行资产支持证券予投资者的凭据存在缴纳印花税的问题。在这一点上，5号文特别明确给予了免征印花税的处理，规定受托机构发行资产支持证券以及投资者买卖资产支持证券暂免征收印花税。基于此，在发行资产支持证券的过程中受托机构和投资者都无须缴纳印花税。

2. 营业税

在流转税方面，5号文并没有明确受托机构发行资产支持证券是否无须缴纳营业税。一般而言，营业税的征收针对买卖金融商品，投资行为不属于营业税应税范围，而受托机构发行资产支持证券予投资者一般应认为是投资者的投资行为而非买卖行为，受托机构可争取无须缴纳营业税。

（三）取得项目收益

取得项目收益如图9.5所示。

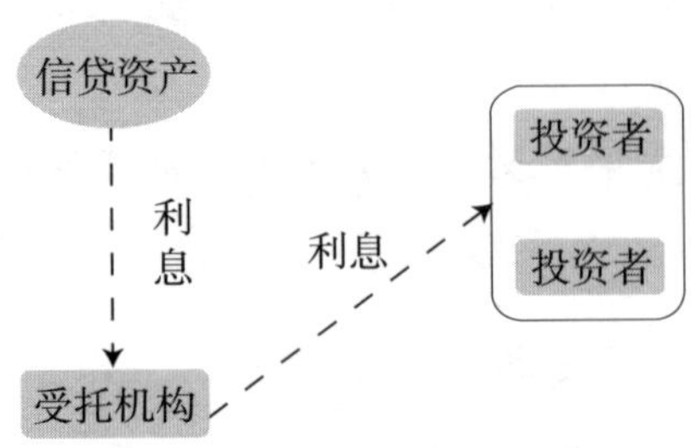

图9.5　取得项目收益示意图

1. 所得税

资产证券化业务中的项目收益来自贷款利息收入或租金等应收权利收入。由于发起人方一般将资产池的收益都转移到特殊目的实体，不产生利润，所以也不会产生所得税税负。由于所得税是净额的概念（即基于收入和成本相抵后的利润），出表或不出表方式一般都不会使发起人产生所得税税负。

而投资人作为收益的享有人将承担所得税税负。5 号文规定：信托项目收益在取得当年向资产支持证券的机构投资者分配的部分，在信托环节暂不征收企业所得税；在取得当年未向机构投资者分配的部分，在信托环节由受托机构按企业所得税的政策规定申报缴纳企业所得税；在信托环节已经完税的信托项目收益，再分配给机构投资者时，对机构投资者按现行有关取得税后收益的企业所得税政策规定处理。基于上述规定，投资人将就收益承担所得税税负。简言之，如信托计划年度中将项目收益分配给机构投资人，机构投资人就收益部分在账上确认的同时也需缴纳企业所得税，而信托环节无须代缴纳企业所得税，以避免重复征税。同时，如信托计划在年度中未分配项目收益，则信托计划被规定就当年未向投资者分配的部分，在信托环节由受托机构申报缴纳企业所得税，以加强征管。当然，当信托计划后续将该已缴纳所得税的收益再分配给投资者时，其可以视同税后收益进行所得税处理，也即投资者无须再缴纳所得税，以避免重复征税。

2. 营业税

在流转税上，取得项目收益的涉税处理远比上述所得税处理复杂。流转税一般按单项交易的收入全额征税，不同交易环节分别进行流转税处理。5 号文规定：受托机构从其受托管理的信贷资产信托项目中取得的贷款利息收入应全额征收营业税，基于上述流转税的特性，这一规定很可能产生营业税双重征税。其原因主要是由于在资产不出表的情况下，发起人一般就收到的贷款利息收入会先缴纳营业税（操作中在出表的情况下，发起人所在地税务机关也可能会要求其缴纳营业税），而根据上述规定受托机构还需就收入全额缴纳营业税，则将造成同一笔利息收入缴纳了两次营业税的情况。更进一步讲，在极端情况下，当受托机构将收益分配给投资者时，如投资者所在地税务局要求其就所获利息收入缴纳营业税，将产生三重征税的情况。

上述双重或三重营业税税负将明显降低投资者的收益率，降低证券化产品的吸引力。在法规不明确的情况下，在证券化产品的设计阶段需要进行一定的税收规划，以尽量避免上述双重税负。实践操作中，发行方一般需要和税务机关进行事前沟通，以明确营业税由哪一方缴纳，同时，应尽量避免选择不在同一省、直辖市的信托受托机构，因为如受托机构和发行方不受同一税务机关管辖，实践操作中双重征税的问题比较难协调。

（四）各服务机构收取服务费

各服务机构收取服务费如图9.6所示。

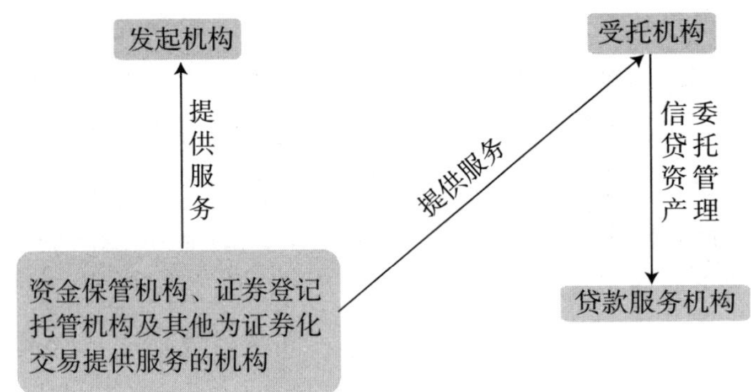

图9.6　各服务机构收取服务费示意图

资产证券化业务中，各服务机构应根据现行的税收法规就收到的服务费收入缴纳相关的所得税、营业税（或增值税）、印花税等。5号文中关于服务机构的税收处理也是基于现行税收法规，并无任何特殊之处。

1. 所得税

5号文规定，在信贷资产证券化过程中，贷款服务机构取得的服务收入、受托机构取得的信托报酬、资金保管机构取得的报酬、证券登记托管机构取得的托管费、其他为证券化交易提供服务的机构取得的服务费收入等，均应按照企业所得税的政策规定计算缴纳企业所得税。而根据现行企业所得税的政策，上述服务机构获得的服务费收入一般都需并入其当年的所得税应税收入，在扣除了税前可列支的成本、费用、损失等支出后缴纳企业所得税。

2. 营业税

在流转税处理上，5 号文规定，在信贷资产证券化过程中，贷款服务机构取得的服务费收入、受托机构取得的信托报酬、资金保管机构取得的报酬、证券登记托管机构取得的托管费、其他为证券化交易提供服务的机构取得的服务费收入等，均应按现行营业税的政策规定缴纳营业税。而根据现行税收政策，这些服务机构取得的服务费收入全额适用5%的营业税或6%的增值税（基于营改增，服务行业如法律、会计等行业目前都已转成增值税纳税人，它们的服务收入适用6%的增值税）。

3. 印花税

在印花税处理上，5 号文只规定了发起机构、受托机构一些暂免征收印花税的处理，而并未给予服务机构在资产证券化过程中印花税暂免征收的优惠政策。由此，在资产证券化交易中，服务机构应当就印花税应税合同缴税。当然，由于服务合同一般为印花税非应税合同，在资产证券化过程中法律、会计等中介服务机构一般也无须就其签订的服务合同缴纳印花税。

（五）投资者买卖资产支持证券

在资产证券化过程中，投资者在市场上买卖资产支持证券的交易也需考虑相关税收影响，包括所得税、营业税、印花税等。

投资者买卖资产支持证券如图 9.7 所示。

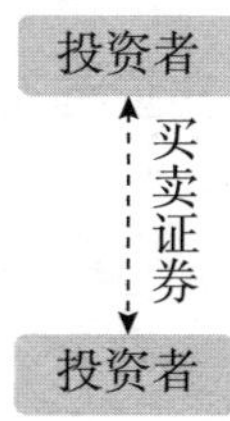

图 9.7　投资者买卖资产支持证券示意图

1. 所得税

5 号文规定，机构投资者买卖信贷资产支持证券获得的差价收入，应当按照企业所得税的政策规定计算缴纳企业所得税，买卖信贷资产支持证券所发生的损失可按企业所得税的政策规定扣除。由此，机构投资者在买卖信贷资产支持证券的当年所得税纳税申报时需要就收入进行纳税申报，损失可进行税前扣除。当然，损失一般需在主管税务机关进行备案后，才可以在机构投资者当年的所得税前进行扣除。

2. 营业税和印花税

营业税方面，5 号文中的相关规定目前已被废除，这主要是由于 2009 年新修订的营业税法规规定企业，不管是金融机构或非金融机构，买卖金融商品取得的差价收入均应缴纳营业税。由此，根据新修订的营业税法规，机构投资者买卖信贷资产支持证券取得的差价收入一般应缴纳营业税。

印花税方面，5 号文规定投资者买卖信贷资产支持证券暂免征收印花税。

（六）清算特殊目的实体

在资产证券化项目到期后清算信托计划等特殊目的实体可能涉及清算分配，5 号文规定，机构投资者从信托项目清算分配中取得的收入，应按企业所得税的政策规定缴纳企业所得税，清算发生的损失可按企业所得税的政策规定扣除。由此，对机构投资者来说，清算分配一旦有收入或损失都需要在它们的所得税纳税申报上进行反映。

营业税方面，5 号文未提及投资者获得清算分配是否应缴营业税。根据现行的营业税法规，购入金融商品行为不属于营业税应税范围。如投资者获得清算分配被认为是购入资产支持证券持有至到期所获得的一项收益，则可以不征营业税。

三、证券化交易中的主要税收问题

如前所述，资产证券化交易税收法规目前略显单一，同时也比较滞后。

这给实务操作带来了诸多问题，以下介绍其中的一些主要问题。

（一）特殊目的实体税收地位

目前我国对于一些特殊目的实体的税收地位缺失相关规定，除了有限合伙企业依据财税〔2008〕159号文规定合伙人为纳税人，从而合伙企业层面无须缴纳所得税以外，针对信托、资管计划等一些特殊目的实体，目前没有相关的法规对其税收地位进行明确。具体来讲，现有的税法对信托、资管计划等一些特殊目的实体是否作为所得税穿透实体处理并未明确。5号文中的一些规定似乎可以解读为信托被视为所得税税收穿透实体，但5号文并未明确这一关键点。如5号文规定对信托项目收益在取得当年向资产支持证券机构投资者分配的部分，在信托环节暂不征收企业所得税；在取得当年未向机构投资者分配的部分，在信托环节由受托机构按企业所得税的政策规定申报缴纳企业所得税；对在信托环节已经完税的信托项目收益，再分配给机构投资者时，对机构投资者按现行有关取得税收收益的企业所得税政策规定处理，上述规定避免了在信托环节和投资者层面双重征收所得税问题。

实践操作中，由于信托、资管计划只是一种契约形式而不具有法人地位，所以在现行的税收法规下其也不具有纳税人地位，市场上普遍将其作为非税主体处理，实务中存在如下问题：（1）由于信托项目等不具有法人地位，在投资时可能以受托人作为名义投资人，法律上也登记受托人作为投资人。当投资收益向受托人进行分配时，受托人作为法律意义上的投资人就其所获得的投资收益存在缴纳企业所得税的风险。而当受托人将收益向背后的投资人进行再分配时，投资人存在需就该收益再行缴纳企业所得税的风险。（2）在某些情况下，当信托项目等背后的投资人为自然人时，在进行收益分配时，信托项目和受托人都不代扣代缴自然人投资人的个人所得税，造成税收征管问题。这主要是因为信托项目不具有纳税人地位，所以无法履行代扣代缴义务，而受托人由于其不是真正的支付人，所以一般也避免代扣代缴个人所得税。

造成上述问题的根源在于未明确信托项目等特殊目的实体的税收地位。由于特殊目的实体的税收地位缺失，其无法进行一系列的税收处理，从而导致税收征管问题。在特殊目的实体税收地位缺失的情况下，即使规定一些折中的处理，也无法消除税收征管问题。例如，尽管5号文规定信贷资产证券化交易中由受托人申报纳税，但还是存在受托人以谁的名义申报纳税等问题。一般情况下，受托人作为有限责任实体，申报纳税只能申报其自身应税收入，而无法代机构投资者申报纳税，而这又与证券化交易事实不符。

要解决上述问题，建议明确特殊目的实体的税收地位。参考国外的经验，可考虑在税收法规层面授予信托项目等特殊目的实体纳税人地位，同时明确特殊目的实体的所得税穿透性属性，从而避免双重征税，同时也解决一系列税收征管问题，如个人所得税代扣代缴问题。一些国家也会给予特殊目的实体特殊税收政策，如美国税法规定，如果特殊目的实体是以FASIT、合伙制、REMIC或授予人信托等形式设立，直接免除其所得税。

（二）发票开具

证券化交易中的发票开具问题对发起人资产出表是一个障碍。基础资产的债务人一般会要求获得发票，以作为支付相关费用的入账以及税前列支凭据。特别是当基础资产的收益涉及开具增值税专用发票时，债务人必然会要求获得增值税专用发票，以便其进行增值税进项抵扣。例如，在租赁资产证券化业务中，由于承租人支付的租赁款在营改增后适用增值税，承租人都会要求就支付的每期租赁款获得增值税专用发票，以便其进行进项抵扣。否则，在没有进项抵扣的情况下，承租人的每期销项增值税负担将大幅上升。

而发票开具限制了发起人将基础资产进行出表的安排。在目前的证券化业务中，由于信托等特殊目的实体没有获得纳税人地位无法开具发票，而受托人一般也不开具发票，特别是当受托人为营业税纳税人时，其也无法开具增值税发票，最后，开具发票的负担还是落在发起人身上。由于发票问题，发起人被迫选择将基础资产不出表以配合发票开具。

一张小小的发票影响整个资产证券化业务的出表，影响发起人将资产风险进行转移，这是很不合理的现象。在资产证券化业务中应保障所有交易主体都能开具发票，不能因发票而影响交易设计，这其中的关键是要解决特殊目的实体开具发票的问题（这又归结到应给予特殊目的实体税收地位），使资产可以根据交易安排在发起人和特殊目的实体间进行转让。赋予特殊目的实体开具发票的权利在营改增的背景下显得更为重要和迫切，2016 年起在所有交易都适用增值税的情况下，基础资产的债务人在支付后都会要求获得增值税发票以进行抵扣，如特殊目的实体无法开具增值税发票，将无法使资产证券化业务中增值税的抵扣链条衔接起来，导致交易安排的畸形。

（三）双重征税

5 号文规定对受托机构从其受托管理的信贷资产信托项目中取得的贷款利息收入，应全额征收营业税。如前述分析，这一规定可能造成营业税重复征税的问题。

目前的实务操作中，为解决上述重复征税的问题，发起人、受托人要花费大量精力和税务机关进行协商，而如果发起人、受托人受不同税务机关管辖则上述协调会更加困难，不同税务机关从税源角度都会要求其管辖地的企业一方缴纳营业税，在互不相让的情况下，交易可能面临双重征税的极大风险。

上述双重征税的问题是极不合理的现象，与国际上一般在税收上给予特殊政策以鼓励资产证券化业务的发展背道而驰。尽管营改增后，每一环节缴纳的增值税在下一环节都可以抵扣，但如特殊目的实体的税收地位问题不解决，特殊目的实体无法开具发票、无法进行增值税处理，上述重复征税的问题还将无法得到解决。

（四）企业资产证券化业务税收处理

5 号文主要针对的是信贷资产证券化业务，适用于企业贷款、信用卡贷款、汽车消费贷款、住房按揭贷款等产品。对于新型的企业资产证券化业务，尽管市场上目前也参考5号文的规定，但严格来说该法规并不适用。而且，考虑到企业资产证券化业务的多样性，5号文的规定也无法涵盖企业资产证券化业务的税收处理。

因此，面对蓬勃发展的企业资产证券化业务，需要出台相关的税收政策以提供支持。由于资产证券化业务的多样性，往往无法通过一两个法规就明确税收处理。在此情况下，不妨先考虑就其中的几类常见业务出台相关税收法规以明确税收处理，如针对融资租赁资产证券化业务、房地产信托产品等出台相关税收法规。

以房地产信托产品为例，2014年市场上已有几单产品，产品的税收处理方式不一样，直接影响了不同产品的收益回报率。房地产信托产品中最主要的税收问题在于土地增值税，当发起人为证券化业务目的，将现有的不动产资产包转到特殊目的实体中，很可能会产生大额的土地增值税税负，如果交易中不能获得土地增值税免税或递延纳税处理待遇，土地增值税的成本将可能导致房地产信托业务投资回报率很低而没有市场。

四、营改增对资产证券化业务的影响

根据营改增时间表，2016年起所有行业和交易将适用增值税，营业税将退出历史舞台。届时，资产证券化业务中各交易也将适用增值税。营业税和增值税的差异集中体现在以下几个方面：

（一）税率不同

现行证券化业务中适用的营业税税率一般为5%，而未来的增值税税率可能为6%或11%。

（二）计算方式不同

增值税可以抵扣，上一环节增值税在下一环节可以作为进项税抵扣，在抵扣链条顺畅的情况下，不易引起重复征税。而营业税无法抵扣，可能产生对同一收入重复征收营业税的问题。

（三）发票管理

由于增值税下抵扣一般需要凭借增值税专用发票，所以增值税下各证券化交易的参与方将重视发票的获取、开具和保管。

下面我们以一个未出表的汽车消费贷款资产证券化的例子说明营业税、增值税处理的差异。

在目前的营业税下，该资产证券化交易中的税收处理如下：

（1）由于交易中消费贷款未出表，所以汽车消费金融公司对收到的贷款利息收入负有营业税纳税义务。和正常的贷款利息收入的营业税处理相同，汽车消费金融公司须就该利息收入缴纳5%的营业税（一般根据账上计提额）。

（2）当汽车消费金融公司将利息收入再转给特殊目的实体时，发起人一般会争取不再就该利息收入在特殊目的实体层面缴纳营业税。特殊目的实体也不开具任何发票给汽车消费金融公司，这对汽车消费金融公司的税务处理一般不会有影响。

（3）当特殊目的实体通过托管行将利息收入再转给投资人时，投资人可能就该收到的收入缴纳营业税。由此，营业税重复征税的问题可能产生。

未来增值税下，除了税率差异外，最主要的差异在于特殊目的实体需要开具增值税专用发票，否则在上述（2）中当汽车消费金融公司将利息收入再转给特殊目的实体时无法就该支出获得增值税专用发票进行进项抵扣。由于增值税处理比营业税复杂，在该案例交易中需要对增值税加强控制，图9.8说明了在整个交易中可能的增值税控制点。

资产证券化（不出表）
设立SPV
聘请中介服务机构
收到证券发行权益金
收到贷款服务报酬
向投资人支付证券收益
向投资人支付本金
SPV进行清算
收到证券发行权益金
控制点一：SPV可能需要进行增值税一般纳税人登记
控制点二：在协议中添加增值税条款
法务部
资金部
财务部
注册SPV
审阅/准备资产证券化相关协议
与各方中介机构签订协议
收到证券投资权益金
支付服务费
控制点三：索要增值税专用发票，并要求对方开票之日起180日内进行进项税额认证
会计确认权益金
在账面确认利息支出
账面确认服务费收入
控制点五：如何获取增值税抵扣凭证（暂不确定）
支付利息
归还本金
注销SPV
控制点六：是否进行一般增值税纳税人注销（暂不明确）
控制点七：是否确认为增值税应税收入（暂不明确）
按月度申报增值税
控制点四：一般每月15日之前进行纳税申报，并进行抄报税
收到清算所得

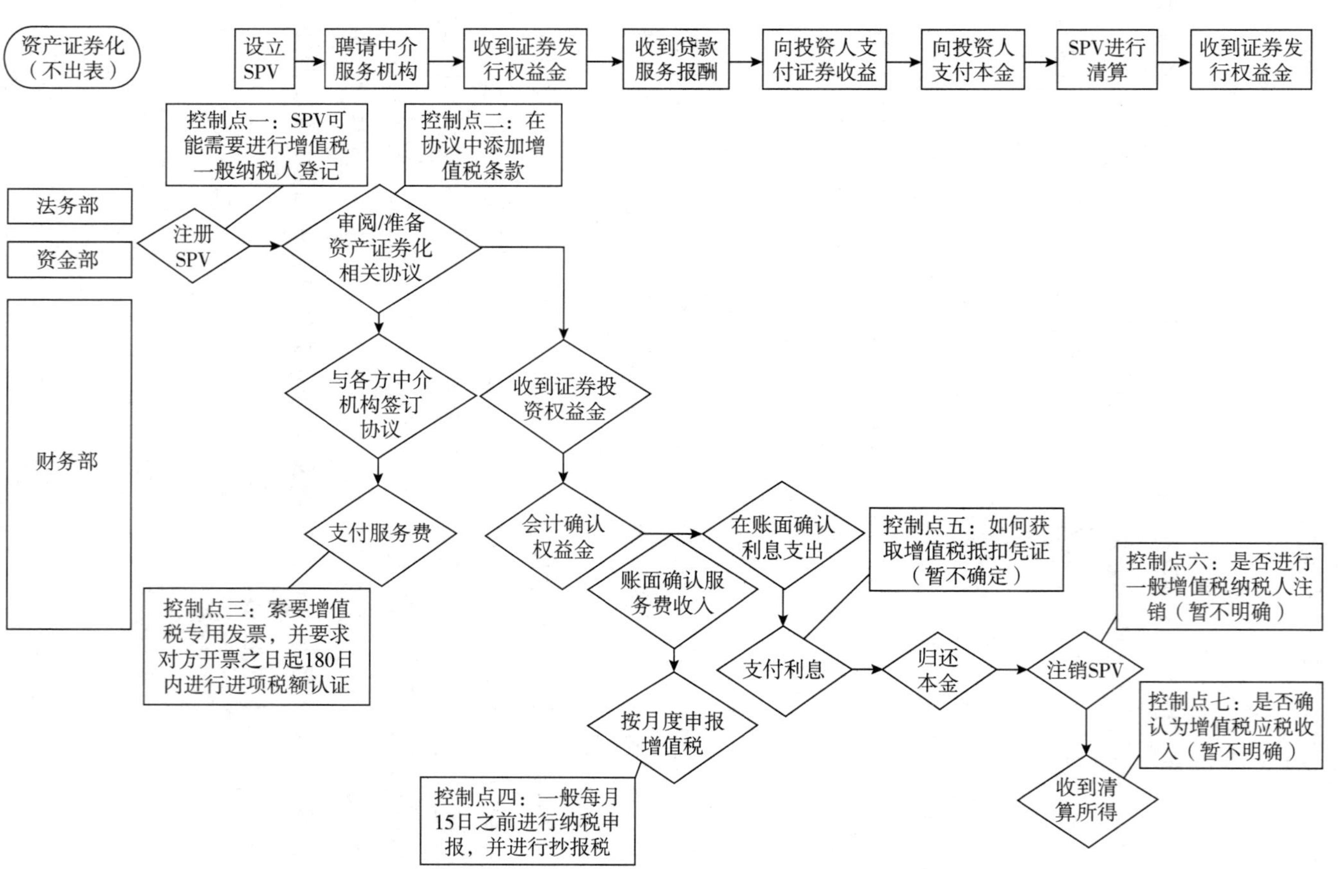

图9.8 增值税控制点

第十章

资产支持证券的发行登记、托管、结算与支付

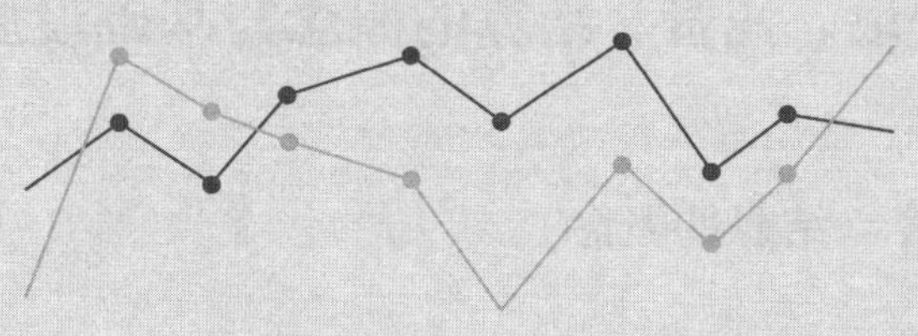

在资产证券化市场上，登记托管机构既是至关重要的基础设施，也是结构化产品创新发展的基本保障。本章从资产支持证券的发行登记、托管、结算与支付的基本概念入手，介绍了国内银行间与交易所资产证券化市场的主要基础设施，并分别对于这两个市场的资产支持证券的登记、结算流程进行比较与分析。

第一节 登记、托管、结算的概念与基础设施

一、登记、托管、结算的概念

（一）登记

登记是指证券登记结算机构依据相关主管部门的授权，根据发行文件编制证券名称与代码，接受证券发行人的委托，通过设立和维护证券持有人名册确认证券所有权及其变动或限制的行为。

银行间市场的资产支持证券发行成功后，由登记结算机构在簿记系统中办理资产支持证券信托受益权的确认手续，或根据《资产支持证券持有人名单》将持有人持有的资产支持证券记入“持有人托管”账户，此时信托受益权关系成立，发行登记托管手续完成。

交易所市场的资产支持证券采用以直接登记为主的证券登记制度，证券

发行人与证券登记机构之间是委托代理关系，证券登记在实际持有人本人名下，证券登记簿记录系统内的证券登记信息，包括但不限于以下内容：证券持有人姓名或名称、证券账户号码、有效身份证明文件号码、证券持有人通信地址、持有证券名称、持有证券数量、证券托管机构以及限售情况、司法冻结、质押登记等。

（二）托管

托管是指证券登记结算机构接受证券投资人的委托，对其持有的证券品种和数量在其证券账户中进行账务记载，并对其相关权益进行管理和维护的行为。目前国内银行间债券市场的证券登记结算机构由中债登和银行间市场清算所股份有限公司（简称“上清所”）担任；交易所市场的证券登记结算机构由中证登担任。

国内银行间市场由债券登记托管结算机构承担债券中央登记、一级托管及结算职能；经中国人民银行批准的柜台交易承办银行承担二级托管职能。

国内证券交易所采取的是“中证登存管、证券公司托管”的两级托管制度，即证券登记结算机构接受证券公司委托，集中保管证券公司的客户证券和自有证券，并提供代收红利等权益维护服务；证券公司接受客户委托，代其保管证券，并提供代收红利等权益维护服务。

（三）结算

结算是指交易双方进行证券交易而发生的证券所有权转移或权利质押，以及相对应的资金（结算款项）所有权或使用权的转移，它主要包括清算和交收等环节。其中，清算是指按照确定的规则计算证券和资金的应收、应付数额，是对交易指令进行配对、记录和处理，为交收做准备的过程。交收是指根据确定的清算结果，通过转移证券和资金履行相关债权、债务的行为。

银行间债券市场采用实时全额交收模式，结算方式主要包括券款对付、见款付券、见券付款和纯券过户四种。具体采用哪一种方式，由交易双方协商确定。交易双方应按合同约定及时发送债券和资金的交割指令，在约定交割日有用于交割的足额债券和资金，不得买空或卖空。登记结算机构按照交易双方发送的诸要素相匹配的指令按时办理债券交割。资金清算银行应及时为参与者办理债券交易的资金划拨和转账。

证券交易所的结算方式主要包括两种：（1）共同对手方结算（也称“担保交收”），即在集中竞价模式下，结算公司作为买卖双方的共同对手方，提供担保交收；（2）非共同对手方结算（也称“非担保交收”），即在场外协议交易方式，买卖双方自行按照逐笔全额或双边净额进行交收。目前上海证券交易所（简称“上交所”）挂牌的资产支持证券的交收模式为根据转让成交结果办理实时逐笔全额结算（RTGS），属于非担保交收；深圳证券交易所（简称“深交所”）挂牌的资产支持证券的交收方式为日间（9:15～16:00）采用实时逐笔全额结算；如果交易日间未完成交收，则自动转为日终逐笔全额非担保交收。对于2014年2月14日达成的交易，仍采用原T+1日日终逐笔全额非担保交收。

二、银行间市场资产支持证券登记与托管、结算的基础设施

根据《信贷资产证券化试点管理办法》，资产支持证券在全国银行间债券市场登记、托管、交易、结算应按照《全国银行间债券市场债券交易管理办法》等有关规定执行。目前银行间市场的资产支持证券由中债登和上清所担任登记结算机构，由全国银行间同业拆借中心为参与者的报价、交易提供中介及信息服务。上述相关主体的基本情况如下：

（一）全国银行间债券市场

全国银行间债券市场是指依托于中国外汇交易中心暨全国银行间同业拆借中心和中债登的，包括商业银行、农村信用联社、保险公司、证券公司等金融机构进行债券买卖和回购的市场。经过近几年的迅速发展，银行间债券市场目前已成为我国债券市场的主体部分。记账式国债的大部分、政策性金

融债券都在该市场发行并上市交易。

银行间债券市场的债券交易包括债券的现货交易和债券回购，其中债券回购分为质押式回购交易和买断式回购交易两种。银行间债券市场参与者以询价方式与自己选定的交易对手逐笔达成交易。

（二）中央国债登记结算有限责任公司

中债登于1996年在原中国证券交易系统有限公司的基础上改组设立，中国人民银行、财政部及9家金融机构为出资人，是为全国债券市场提供国债、金融债券、企业债券和其他固定收益证券的登记、托管、交易结算等服务的国有独资金融机构，是财政部唯一授权主持建立、运营全国国债托管系统的机构，是中国人民银行指定的全国银行间债券市场债券登记、托管、结算机构和商业银行柜台记账式国债交易一级托管人。

中债登的经营范围包括国债、金融债券、企业债券和其他固定收益证券的登记、托管、结算、代理还本付息；为中国人民银行公开市场业务系统和债券发行系统提供技术支持；担任债券基金与货币市场基金资产的托管人并办理基金单位的登记、托管、结算；提供债券市场与货币市场的中介服务与信息服务；提供互联网网信息服务；进行债券市场及货币市场的研究、咨询、培训与宣传；办理外币固定收益证券的托管、跨境结算，并组织办理相关的资金结算和国际业务；根据管理部门授权对债券次级托管进行监督；经中国人民银行、财政部批准的其他业务。

（三）银行间市场清算所股份有限公司

上清所成立于2009年11月28日，是经财政部、中国人民银行批准成立的专业清算机构，由中国外汇交易中心、中债登、中国印钞造币总公司、中国金币总公司4家单位共同发起，按照《公司法》的要求依法设立的股份有限公司。公司注册资本金3亿元人民币。上清所的主要职能是为银行间市场提供中期票据、信用风险缓释凭证、短期融资券等产品的创设（发行）登记、清算、结算等服务。

（四）全国银行间同业拆借中心

中国外汇交易中心暨全国银行间同业拆借中心于1994年4月18日成立，是中国人民银行总行直属事业单位，交易中心为银行间外汇市场、货币市场、债券市场和衍生品市场提供交易系统并组织交易，同时履行市场一线监测职能，对市场合规、异常交易和风险指标等进行实时监测，确保市场平稳、健康、高效运行。全国银行间同业拆借中心的主要职能是：为银行间同业拆借市场、债券市场、外汇市场等提供交易、信息、基准、培训等服务；承担市场交易的日常监测工作；为中央银行货币政策操作和传导提供服务；根据中国人民银行的授权，发布人民币汇率中间价、货币市场基准利率（Shibor）等；提供业务相关的信息、查询、咨询、培训服务；经中国人民银行批准的其他业务。

三、交易所市场资产支持证券登记与托管、结算的基础设施

根据《证券公司及基金公司子公司资产证券化业务管理规定》，资产支持证券可以按照规定在证券交易所、全国中小企业股份转让系统、机构间私募产品报价与服务系统、证券公司柜台市场，以及中国证监会认可的其他证券交易场所挂牌、转让。资产支持证券的登记结算业务应当由中证登或中国证监会认可的其他机构办理。

目前上交所固定收益证券综合电子平台或深交所综合协议平台是中国证监会管辖下资产支持证券的主要挂牌和转让场所，资产支持证券是交易所债券市场的一种新型固定收益产品。交易所债券市场所依托的上交所和深交所，是以非银行金融机构（如证券公司，保险公司和部分养老金）和个人为主体的场内市场，债券的托管与结算都在中证登。中证登上海分公司和深圳分公司分别为两大证券交易所提供日常证券登记、存管与结算服务。上述相关主体的基本情况如下：

（一）上海证券交易所

上交所成立于1990年11月26日，同年12月19日开业，归属中国证监会直接管理。其主要职能包括：提供证券交易的场所和设施；制定证券交易所的业务规则；接受上市申请，安排证券上市；组织、监督证券交易；对会员、上市公司进行监管；管理和公布市场信息。上交所市场交易采用电子竞价方式，所有上市交易证券的买卖均须通过电脑主机进行公开申报竞价，由主机按照价格优先、时间优先的原则自动撮合成交。

固定收益证券综合电子平台是上交所设置的、与集中竞价交易系统平行、独立的固定收益市场体系。综合电子平台的交易包括交易商之间的交易和交易商与客户之间的交易，其中交易商是指经上交所核准，取得综合电子平台交易参与资格的证券公司、基金管理公司、财务公司、保险资产管理公司及其他交易参与人。综合电子平台采用报价交易和询价交易两种方式，交易时间为9：30～11：30、13：00～14：00，交易商当日买入的固定收益证券，当日可以卖出。现券交易实行净价申报和价格涨跌幅限制，涨跌幅比例为10%。

（二）深圳证券交易所

深交所成立于1990年12月1日，是为证券集中交易提供场所和设施，组织和监督证券交易，履行国家有关法律、法规、规章、政策规定的职责，实行自律管理的法人，由中国证监会监督管理。深交所的主要职能包括：提供证券交易的场所和设施；制定业务规则；接受上市申请、安排证券上市；组织、监督证券交易；对会员进行监管；对上市公司进行监管；管理和公布市场信息；中国证监会许可的其他职能。

综合协议平台是深交所为会员和合格投资者进行各类证券大宗交易或协议交易提供的交易系统，主要适用于符合法律、法规和《交易规则》规定的证券大宗交易，以及专项资产管理计划收益权份额等证券的协议交易。协议平台接受交易用户申报的时间为每个交易日的9：15～11：30、13：00～15：30，可以使用意向申报、定价申报、双边报价、成交申报、其他申报等申报模式，对专项资产管理计划协议交易的成交确认时间为每个交易日的9：15～11：30、13：00～15：30。专项资产管理计划协议交易的价格，由买卖双方自行协议确定，可实行当日回转交易。

（三）中国证券登记结算有限公司

中证登（亦称“中国结算”）成立于2001年3月30日，依据《中华人民共和国证券法》和《中华人民共和国公司法》组建。公司总资本为12亿元，上交所、深交所是公司的两个股东，各持50%的股份。公司总部设在北京，下设上海、深圳和北京3家分公司。中国证监会是公司的主管部门。中证登履行下列职能：证券账户、结算账户的设立和管理；证券的存管和过户；证券持有人名册登记及权益登记；证券和资金的清算交收及相关管理；受发行人的委托派发证券权益；依法提供与证券登记结算业务有关的查询、信息、咨询和培训服务；中国证监会批准的其他业务。

（四）全国中小企业股份转让系统

全国中小企业股份转让系统（俗称“新三板”）是经国务院批准设立的全国性证券交易场所，全国中小企业股份转让系统有限责任公司为其运营管理机构。2012年9月20日，公司在国家工商总局注册成立，注册资本为30亿元。上交所、深交所、中证登、上海期货交易所、中国金融期货交易所、郑州商品交易所、大连商品交易所为公司股东单位。公司经营范围包括：组织安排非上市股份公司股份的公开转让；为非上市股份公司融资、并购等相关业务提供服务；为市场参与人提供信息、技术和培训服务。

（五）机构间私募产品报价与服务系统（中证资本市场发展监测中心有限责任公司）

中证资本市场发展监测中心是经中国证监会批准并授权中国证券业协会

按照市场化原则管理的金融机构，由上交所、深交所、上海期货交易所、中证登、中国金融期货交易所股份有限公司共同出资设立，注册资本为20亿元。公司经营范围包括：提供以非公开募集方式设立产品的报价、发行与转让服务；提供证券公司柜台市场、区域性股权交易市场等私募市场的信息和交易联网服务，并开展相关业务合作；提供以非公开募集方式设立产品的登记结算和担保品第三方管理等服务；管理和公布机构间私募产品报价与服务系统的相关信息，提供私募市场的监测、统计和分析服务；制定机构间私募产品报价与服务系统的业务规则，对其参与人和信息披露义务人进行监督管理，进行私募市场和私募业务的开发、推广、研究、调查与咨询；建设和维护机构间私募产品报价与服务系统、技术系统及其网站，提供互联网信息服务；经中国证券业协会授权和证监会依法批准的其他业务。

（六）证券公司柜台市场

根据《证券公司柜台市场管理办法（试行）》，证券公司柜台市场是指证券公司为与特定交易对手方在集中交易场所之外进行交易或为投资者在集中交易场所之外进行交易提供服务的场所或平台。证券公司柜台市场由机构间私募产品报价与服务系统提供互联、互通服务。除金融监管部门明确规定必须事前审批、备案的私募产品外，证券公司在柜台市场发行、销售与转让的私募产品，直接实行事后备案。证券公司可以采取协议、报价、做市、拍卖竞价、标购竞价等方式发行、销售与转让私募产品，不得采用集中竞价方式，法律、法规有明确规定的除外。

第二节
银行间市场资产支持证券的登记结算流程

银行间市场是我国信贷资产证券化产品的主要流通场所，目前中债登与上清所是我国银行间市场两大登记托管结算机构。根据《信贷资产证券化试点管理办法》（中国人民银行公告〔2005〕第7号）、《全国银行间债券市场金融债券发行管理办法》（中国人民银行令〔2005〕第1号）、《全国银行间债券市场债券交易管理办法》（中国人民银行令〔2000〕第2号）和《全国银行间债券市场债券交易流通审核规则》（中国人民银行公告〔2004〕第19号）等有关规定，中债登于2005年制定了《资产支持证券发行登记与托管结算业务操作规则》，上清所于2012年制定了《信贷资产支持证券登记托管、清算、结算业务细则》，作为银行间市场资产支持证券登记结算工作的主要制度。

中债登与上清所对资产支持证券发行登记与托管结算提供服务的模式在主要安排上是高度相似的，只是鉴于上清所制定的《信贷资产支持证券登记托管、清算结算业务细则》（2012年）晚于中债登制定的《资产支持证券发行登记与托管结算业务操作规则》（2005年），因此规则更为系统。

下面我们分别介绍两大登记托管结算机构为资产支持证券提供服务的模式。

一、上海清算所登记结算流程

上清所为资产支持证券提供发行登记与托管结算等服务主要依据《信贷资产支持证券登记托管、清算结算业务细则》、《全国银行间债券市场债券交易流通审核规则》（中国人民银行公告〔2004〕第19号）、《资产支持证券在银行间债券市场的登记托管、交易和结算等有关事项》（中国人民银行公告〔2005〕15号）、《银行间债券市场现券交易净额清算业务规则（试行）》和《银行间市场清算所股份有限公司超短期融资券登记结算业务规则（试行）》、《资产支持证券信息披露规则》等制度、办法执行。

（一）发行登记

上清所为资产支持证券的发行提供了簿记建档发行和系统招标发行两种方式，具体发行登记流程如图10.1所示。

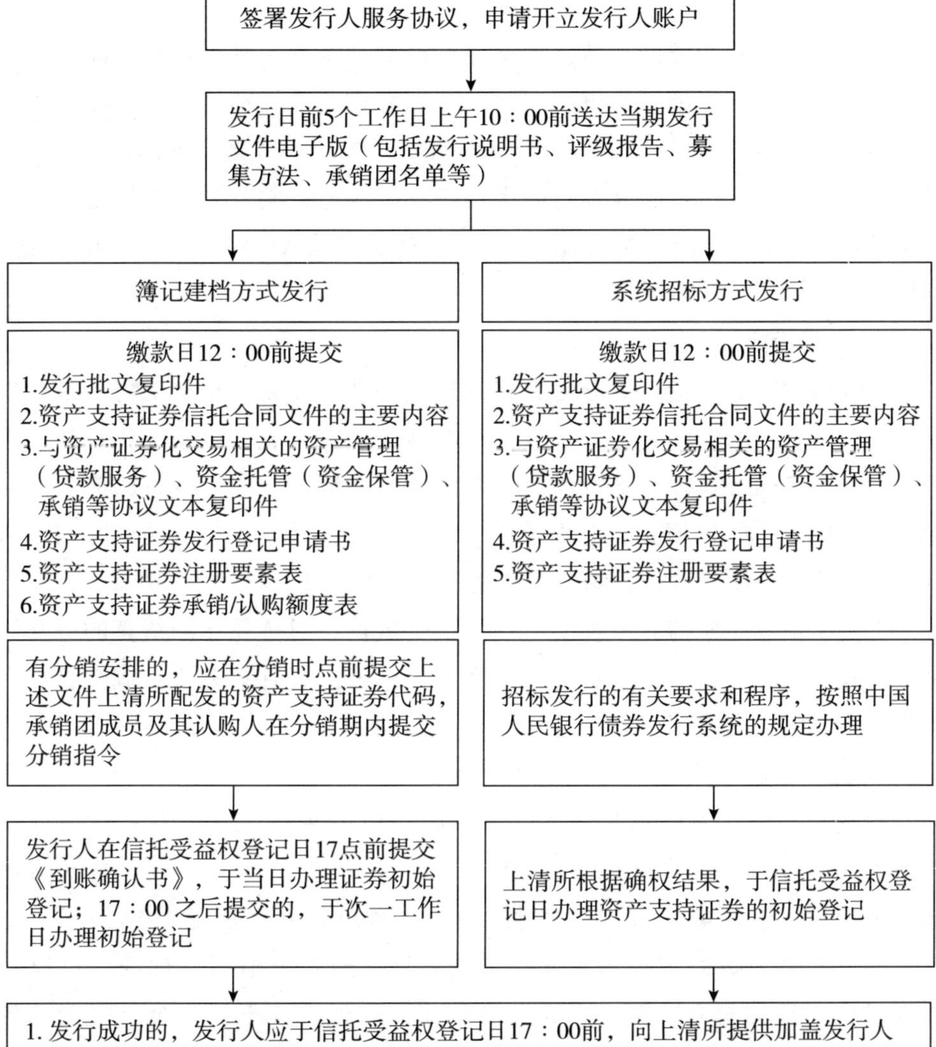

图 10.1　上海清算所资产支持证券的发行登记流程

（二）结算清算

在上清所登记的资产支持证券交易的清算和结算，既可以按照净额模式进行，也可以按照逐笔全额模式进行。净额模式的清算和结算，按照《银行间债券市场现券交易净额清算业务规则（试行）》及相关规定办理；逐笔全额模式的清算和结算，按照《银行间市场清算所股份有限公司超短期融资券登记结算业务规则（试行）》第五章“超短期融资券交易的结算”相关规定办理。

1. 净额模式

债券净额业务是指市场参与者将其达成的债券交易，提交上清所进行集中清算，由上清所作为中央对手方，在承继交易双方成交合同的权利和义务后，按多边净额方式轧差计算各债券净额清算会员在相同结算日的应收或应付资金、应收或应付债券、应质押或应释放债券，并建立相应的风险控制机制，以保证资金结算和债券结算顺利完成的过程。

上清所债券净额清算系统实时接收成交数据，对选择净额清算的成交数据进行轧差处理。成交日结算的成交数据于当日进行轧差处理，成交日次一工作日结算的成交数据于T+1日进行轧差处理。

2. 逐笔全额模式

逐笔全额模式下的结算业务，可以采用以下4种方式：券款对付（结算双方同步办理证券过户和资金支付并互为条件）；见券付款（证券买方确认卖方应付证券足额，向卖方划付款项，并通知上清所办理证券过户）；见款付券（证券卖方确定收到买方应付款项后，通知上清所办理证券过户）；纯券过户（证券卖方通知上清所直接办理证券过户，不以资金支付为前提条件）。

结算成员选择非券款对付结算方式的，资金结算由双方自行办理；结算成员选择券款对付结算方式的，应向上清所指定准确有效的资金结算账户，并授权上清所对该账户进行直接借记或贷记处理。

（三）本息兑付

发行人应于付息兑付日 5 个工作日前，向上清所提交《资产支持证券付息兑付通知单》和《受托机构报告》电子文本。

付息兑付日前一个工作日为权益登记日，权益登记日日终的资产支持证券持有人，享有当期付息兑付收益。上清所在权益登记日日终计算权益登记日持有人应收本息，并通过客户端通知持有人。

发行人应于付息兑付日前一个工作日 16：00 前，将付息兑付资金划付至上清所指定的资金账户。发行人未及时足额划付付息兑付资金，导致持有人未能收到相关款项的，所有责任由发行人承担。

上清所资产支持证券本息兑付日程如图 10.2 所示。

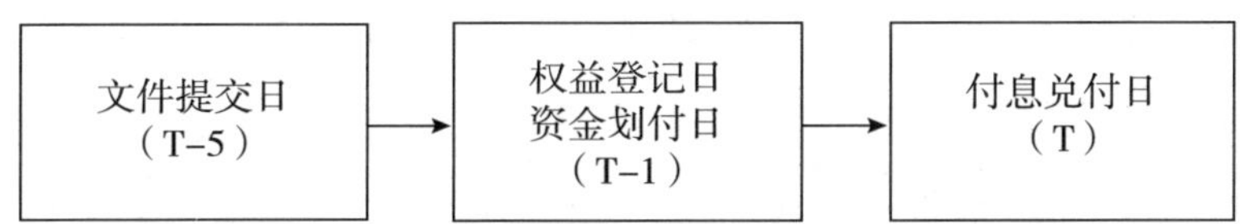

图 10.2　上海清算所资产支持证券本息兑付日程

付息兑付完成后，上清所向发行人出具《资产支持证券兑付、付息手续完成确认书》。

（四）信息披露

资产支持证券的信息披露按照《资产支持证券信息披露规则》（中国人民银行公告〔2005〕第 14 号）及上清所发布的实施细则及其他有关规定执行。信息披露的主要规定如下：

受托机构应在资产支持证券发行前的第 5 个工作日，向投资者披露发行说明书、评级报告、募集办法和承销团成员名单。

受托机构应在每期资产支持证券发行结束的当日或次一工作日公布资产支持证券的发行情况。

资产支持证券存续期内，受托机构应在每期资产支持证券本息兑付日的 3

个工作日前公布受托机构报告，反映当期资产支持证券对应的资产池状况和各档次资产支持证券对应的本息兑付信息；每年的4月30日前公布经注册会计师审计的上年度受托机构报告。

二、中央结算公司登记结算流程

（一）发行登记

中债登为资产支持证券提供发行登记与托管结算等服务主要依据《资产支持证券发行登记与托管结算业务操作规则》、《全国银行间债券市场债券交易流通审核规则》、《全国银行间债券市场债券交易管理办法》、《中国人民银行关于资产支持证券交易结算有关事项的公告》（中国人民银行公告〔2005〕第15号）、《资产支持证券信息披露规则》（中国人民银行公告〔2005〕第14号）等规章制度执行。

在实际操作中，中债登登记的资产支持证券可以采取系统招标发行模式，也可以采取簿记建档发行模式。

根据中债登2005年7月27日发布的《资产支持证券发行登记与托管结算业务操作规则》，其发行登记流程如图10.3所示。

（二）结算清算

资产支持证券的流通按照《全国银行间债券市场债券交易流通审核规则》的规定进行；结算按照《全国银行间债券市场债券交易管理办法》的规定执行。资产支持证券结算环节的要点如下：（1）债券交易的结算通过中债登的中央债券簿记系统进行。（2）商业银行应通过其准备金存款账户和人民银行资金划拨清算系统进行债券交易的资金结算，商业银行与其他参与者、其他参与者之间债券交易的资金结算途径由双方自行商定。（3）债券交易的结算方式包括券款对付、见款付券、见券付款和纯券过户四种，具体选择哪一种方式，由交易双方协商确定。

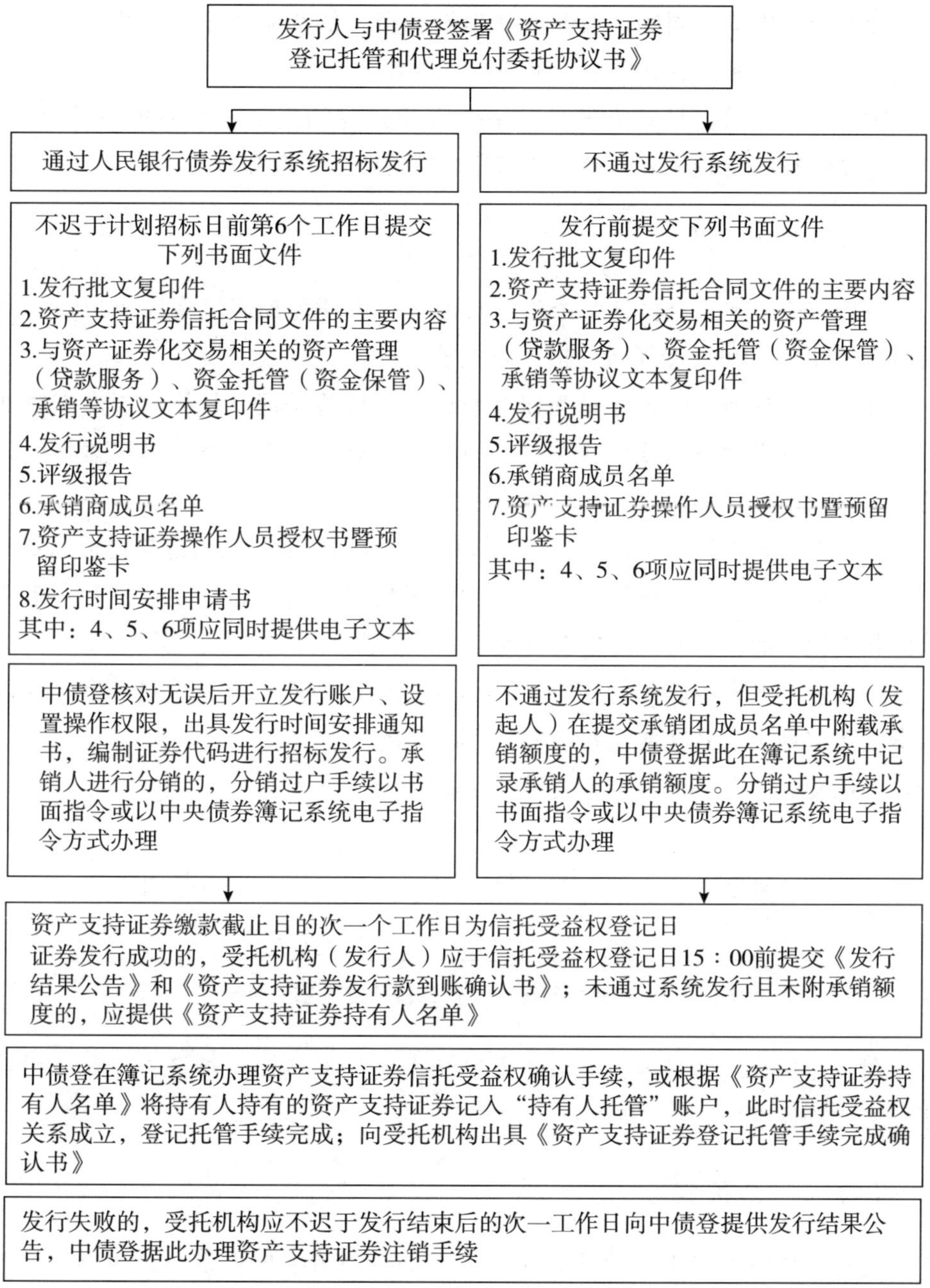

发行人与中债登签署《资产支持证券登记托管和代理兑付委托协议书》

通过人民银行债券发行系统招标发行	不通过发行系统发行
不迟于计划招标日前第6个工作日提交下列书面文件 1.发行批文复印件 2.资产支持证券信托合同文件的主要内容 3.与资产证券化交易相关的资产管理（贷款服务）、资金托管（资金保管）、承销等协议文本复印件 4.发行说明书 5.评级报告 6.承销商成员名单 7.资产支持证券操作人员授权书暨预留印鉴卡 8.发行时间安排申请书 其中：4、5、6项应同时提供电子文本	发行前提交下列书面文件 1.发行批文复印件 2.资产支持证券信托合同文件的主要内容 3.与资产证券化交易相关的资产管理（贷款服务）、资金托管（资金保管）、承销等协议文本复印件 4.发行说明书 5.评级报告 6.承销商成员名单 7.资产支持证券操作人员授权书暨预留印鉴卡 其中：4、5、6项应同时提供电子文本
中债登核对无误后开立发行账户、设置操作权限，出具发行时间安排通知书，编制证券代码进行招标发行。承销人进行分销的，分销过户手续以书面指令或以中央债券簿记系统电子指令方式办理	不通过发行系统发行，但受托机构（发起人）在提交承销团成员名单中附载承销额度的，中债登据此在簿记系统中记录承销人的承销额度。分销过户手续以书面指令或以中央债券簿记系统电子指令方式办理

资产支持证券缴款截止日的次一个工作日为信托受益权登记日
证券发行成功的，受托机构（发行人）应于信托受益权登记日15：00前提交《发行结果公告》和《资产支持证券发行款到账确认书》；未通过系统发行且未附承销额度的，应提供《资产支持证券持有人名单》

中债登在簿记系统办理资产支持证券信托受益权确认手续，或根据《资产支持证券持有人名单》将持有人持有的资产支持证券记入“持有人托管”账户，此时信托受益权关系成立，登记托管手续完成；向受托机构出具《资产支持证券登记托管手续完成确认书》

发行失败的，受托机构应不迟于发行结束后的次一工作日向中债登提供发行结果公告，中债登据此办理资产支持证券注销手续

图 10.3　中央结算公司资产支持证券的发行登记流程

交易双方应按合同约定及时发送债券和资金的交割指令，在约定交割日有用于交割的足额债券和资金，不得买空或卖空。

中债登应按照交易双方发送的诸要素相匹配的指令按时办理债券交割。资金清算银行应及时为参与者办理债券交易的资金划拨和转账。

（三）本息兑付

发行人应于本息兑付日 5 个工作日前，向中债登提交《资产支持证券兑付付息通知单》和《受托机构报告》电子文本。

本息兑付日前一个工作日为权益登记日，权益登记日日终的资产支持证券持有人享有当期付息兑付收益。中债登在权益登记日日终计算权益登记日持有人应收本息，并通过客户端通知持有人。

发行人应于本息兑付日前一个工作日上午 9：00 前，将付息兑付资金划入中债登的资金账户。发行人未及时足额划付付息兑付资金，导致持有人未能收到相关款项的，所有责任由发行人承担。

中债登不迟于本息兑付日 14：00 将受托机构划入的付息兑付资金向受益人资金账户划出，并在簿记系统中进行除本处理。

中债登资产支持证券本息兑付日程如图 10.4 所示。

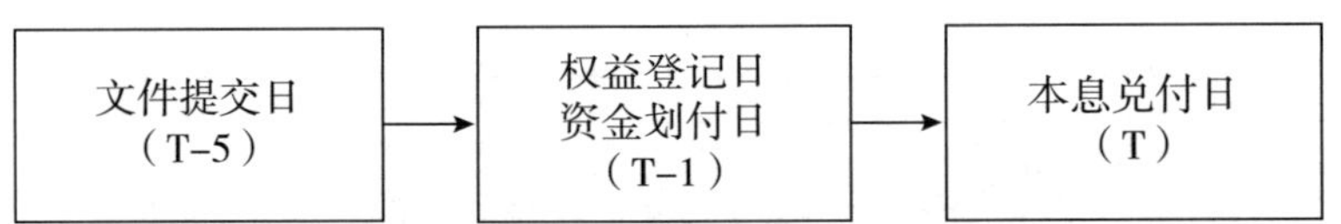

图 10.4　中央结算公司资产支持证券本息兑付日程

付息兑付日后两日内，上清所向发行人出具《资产支持证券兑付、付息手续完成确认书》。

（四）信息披露

受托机构应不迟于发行前第 6 个工作日向中债登提供发行说明书、评级报告、募集办法和承销团成员名单，中债登于发行前第 5 个工作日在中国债券信息网进行公告。

中债登在收到发行结果公告文件的当日在中国债券信息网进行公告。

资产支持证券获准在全国银行间债券市场交易流通后，受托机构应及时将人民银行的批准文件复印件交中债登。中债登收到后据此编制资产支持证券交易流通要素发送至全国银行间同业拆借中心，并于次一个工作日在中国债券信息网发布资产支持证券交易流通要素公告。

受托机构应于本息兑付日前的第5个工作日（T－5日）向中债登提供《受托机构报告》，中债登于本息兑付日前的第4个工作日（T－4）日在中国债券信息网进行公告。

第三节 交易所市场资产支持证券的登记结算流程

目前上交所与深交所对资产证券化产品的登记结算主要是参考私募债券来管理。上交所挂牌的资产证券化产品发行后的登记结算工作参照《中国结算上海分公司私募债券登记结算业务指南》执行；深交所挂牌的资产证券化产品发行后的登记结算工作参照《关于调整资产证券化产品结算安排的通知》（中国结算深业字〔2014〕7号）和《中国结算深圳分公司债券登记结算业务指南》执行。

上交所和深交所的资产支持证券登记结算工作流程和方式具有很高的相似性，主要区别体现在结算环节，深交所在日间逐笔交易全额结算之后，设立了日终逐笔交易全额结算机制，另外，对赎回和回售等登记结算做出了规定。

下面结合登记结算的相关规定，具体介绍其业务流程（为便于阅读，对流程文字进行了简化，实际操作时请参考上述制度、办法）。

一、上海证券交易所登记结算流程

（一）发行登记

上交所资产支持证券发行登记的流程如图10.5所示。

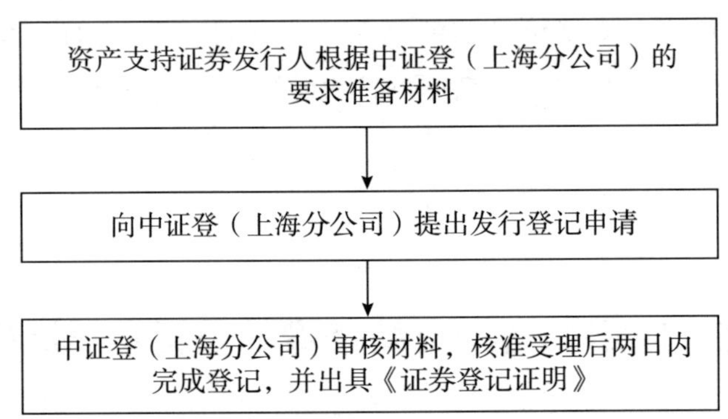

图10.5 上海证券交易所资产支持证券发行登记的流程

上交所资产支持证券发行登记申请需要准备的材料包括如下：

（1）《证券登记表》。

（2）上交所出具的私募债券发行《接受备案通知书》。

（3）承销协议。

（4）具有从事证券业务资格的会计师事务所出具的关于私募债券发行人全部募集资金到位的验资报告。

（5）私募债券担保协议（如有）。

（6）已完成发行的私募债券持有人名册。

（7）发行人的法人营业执照副本原件及复印件、法定代表人对指定联络人的授权委托书。

（8）指定联络人的有效身份证明文件原件及复印件。

（9）发行人委托承销商办理初始登记的，还应提交授权委托书。

（10）中证登上海分公司要求提供的其他材料。

（二）结算环节

上交所对资产支持证券的结算均采取分级结算原则：中证登负责办理中证登与结算参与人之间、结算参与人与结算参与人之间的清算交收，结算参与人负责办理其与客户之间的清算交收，但结算参与人与其客户之间债券的划付应当依法委托中证登代为办理。

通过上交所固定收益证券综合电子平台达成的资产支持证券交易，中证登上海分公司根据证券交易所发送的转让成交结果办理实时逐笔全额结算（RTGS）。实时逐笔全额结算是指投资者达成交易后，中证登根据交易所成交数据进行实时清算，并对结算参与人申报的交收指令进行实时逐笔全额交收。

上交所资产支持证券结算（清算、交收）的流程如图 10.6 所示。

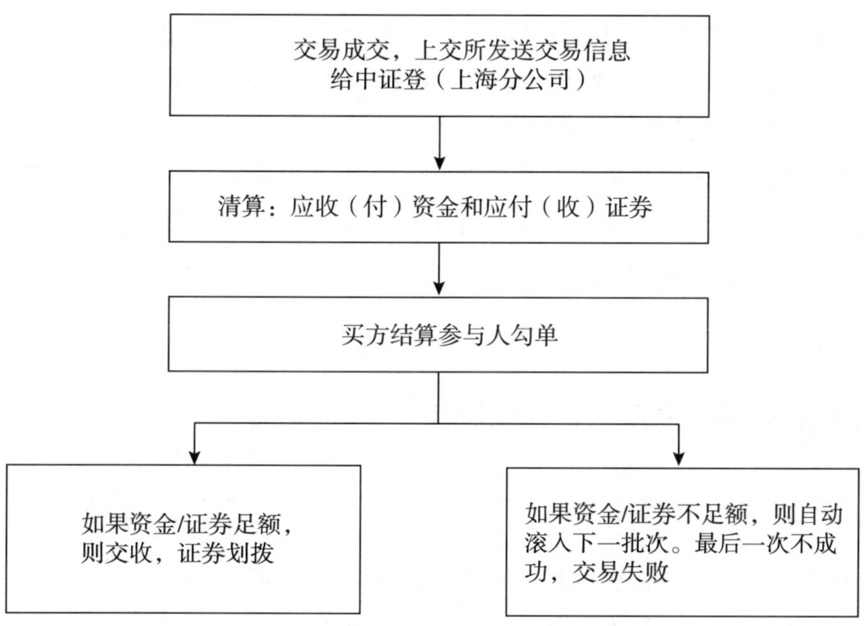

图 10.6　上海证券交易所资产支持证券结算的流程

上交所资产支持证券结算（清算、交收）的要素如表 10.1 所示。

表 10.1 上海证券交易所资产支持证券结算的要素

结算方式	实时逐笔全额结算
辖区平台	上交所固定收益综合平台
清算时间	交易日 9:30～15:00
交收时间	交易日 9:30～15:30，每 10 分钟一个批次
勾单截止时间	交易日 15:20

（三）本息兑付

发行人委托中证登代理证券兑付兑息业务，兑息权益登记日为兑息发放日的前一个交易日，兑付权益登记日为到期日前第 3 个交易日。在权益登记日日终，证券持有人名册中列示的投资者享有兑息兑付权益。

发行人应确保将兑付兑息资金最迟于发放日（即兑付兑息日）前的第 2 个交易日 16:00 前划入中证登指定的银行账户。为确保资金及时到账，建议发行人在汇款时尽量选择在同行之间划款，并在汇款凭证资金用途栏注明“债券代码及××债兑付兑息款”。

发行人不能按时将兑付兑息款足额汇至中证登指定的银行账户，造成兑付兑息违约的，应及时通知中证登并最迟于发放日在中国证监会指定报刊上发布公告。中证登将终止相关兑付兑息协议，不再提供代理兑付兑息服务，后续偿付工作由发行人自行办理。

二、深圳证券交易所登记结算流程

（一）发行登记

深交所资产支持证券发行登记的流程如图 10.7 所示。

深交所资产支持证券发行登记申请需要准备的材料包括如下：

（1）《债券登记申请表》。

（2）深交所出具的《备案通知书》或有关部门核准发行的文件。

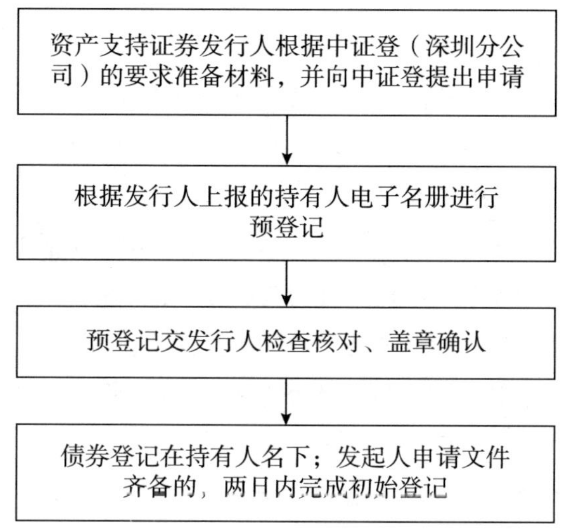

图 10.7　深圳证券交易所资产支持证券发行登记的流程

（3）承销协议。

（4）具有从事证券业务资格的会计师事务所出具的关于发行人全部募集资金到位的验资报告。

（5）债券担保协议（如有）。

（6）《网下发行债券登记申报电子文件》。

（7）发行人最新年检的法人营业执照副本复印件、法定代表人证明书及有效身份证明文件复印件。

（8）对指定联络人的授权委托书、指定联络人的有效身份证明文件复印件。

（9）《证券登记及服务协议》。

（10）中证登深圳分公司要求提交的其他材料。

（二）结算环节

深交所对资产支持证券的结算均采取分级结算原则：中证登负责办理中证登与结算参与人之间、结算参与人与结算参与人之间的清算交收，结算参与人负责办理其与客户之间的清算交收，但结算参与人与其客户之间债券的划付应当依法委托中证登代为办理。

通过深交所综合协议平台达成的资产支持证券交易，2014 年2 月17 日起日间（9：15～16：00）采用实时逐笔全额结算；如果交易日间未完成交收，则自动转为日终逐笔全额非担保交收。

实时逐笔全额结算是指投资者达成交易后，中证登根据交易所成交数据进行实时清算，并对结算参与人申报的交收指令进行实时逐笔全额交收。

日终逐笔非担保交收是指中证登按特定品种、特定顺序逐笔完成交收，中证登不做交易双方中央对手方，不提供担保。结算参与人多笔应付、应收不做轧差处理，同一笔交易不拆分交收。

深交所资产支持证券结算（清算、交收）的流程如图 10.8 所示。

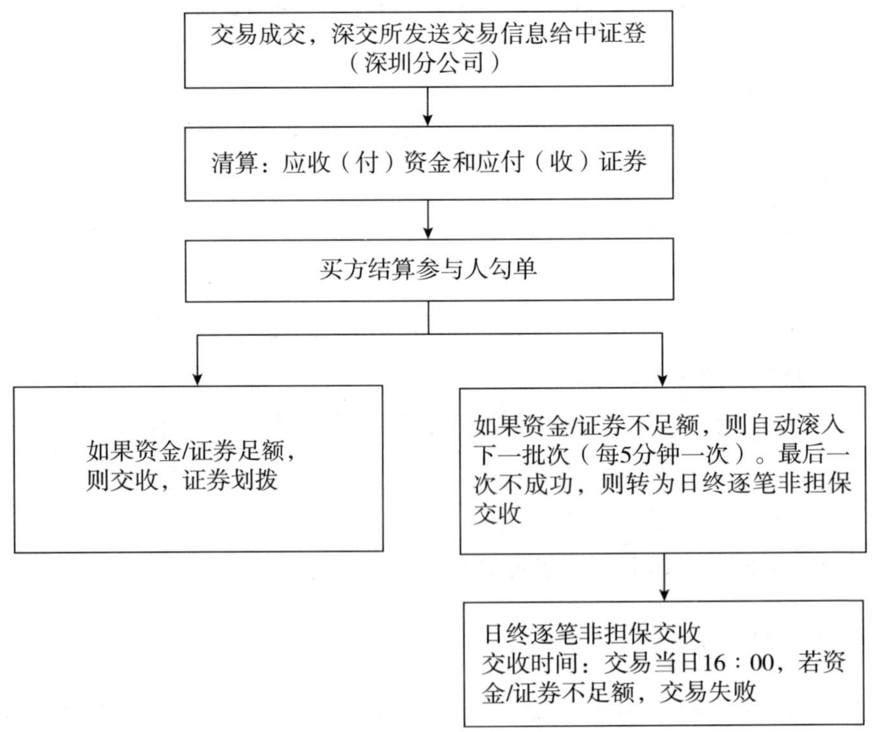

图 10.8　深圳证券交易所资产支持证券的结算流程

深交所资产支持证券结算（清算、交收）的要素如表10.2所示。

表10.2　深圳证券交易所资产支持证券结算的要素

结算方式	实时逐笔全额结算+日终逐笔全额非担保交收
辖区平台	深交所综合协议平台
清算时间	—
交收时间	交收时间：交易日9：15~16：00
勾单截止时间	—

（三）本息兑付

投资者在R日买入债券的，享有该证券派发的利息；投资者在R日卖出债券的，不享有该证券派发的利息。

发行人办理债券派息或兑付，最迟在R-5日（R日为派息、兑付的权益登记日）通过邮寄或者传真将业务申请表格送达中证登。

派息或兑付申请得到中证登确认后，发行人须及时联系深交所办理公告事宜，公告日应在R-3日之前。

债券发行人须在R-1日16：00前将派息或兑付款及手续费汇至中证登指定银行账户。

通过中证登派发的债券本金或利息，由中证登于R+1日划至结算参与人资金账户，再由结算参与人划入份额持有人的资金账户。

债券发行人委托中证登代为办理派息、兑付业务，不能在规定时间内足额向中证登划入相关款项的，应当立即通知中证登并在中国证监会指定媒体上予以公告，中证登将终止为其提供代理派息、兑付服务，后续未了结的派息、兑付事宜由债券发行人自行处理。

第四节
私募产品报价与服务系统登记结算流程

报价系统（机构间私募产品报价与服务系统）具有中国证监会批复的登记结算职能。目前，报价系统的发行、登记结算工作主要参照《机构间私募产品报价与服务系统资产证券化业务指引》和《报价系统非公开发行公司债券质押式协议回购交易业务指引》执行，截至2016年1月，通过报价系统发行的资产证券化业务规模超过了100亿元，此外，项目储备将近200亿元，由于该平台上投资者范围广阔，鼓励各类机构的跨界融合，未来或存在很大的发展空间。

与交易所相比，报价系统的资产支持证券登记结算工作流程和方式、方法具有很高的相似性，在“申报材料审核—出具无异议函—发行—备案—挂牌转让”上与交易所总体相同。当然也有很大的不同点，主要表现在：（1）在报价系统发行的产品登记在中证机构间报价系统股份有限公司，不用登记在中证登；（2）目前在报价系统上发行的ABS产品，都全部在线上完成发行，实现发行和挂牌转让，注重发行功能，而交易所不负责发行。

下面结合机构间报价系统相关规定，介绍相关业务流程（为便于阅读，对流程文字进行了简化，实际操作时请参考上述制度、办法）。

一、审核流程

报价系统资产支持证券业务流程如图10.9所示。

二、发行登记

（1）报价系统ABS发行登记流程如下：

报价系统资产支持证券登记需要以下要求：成为报价系统参与人并开立

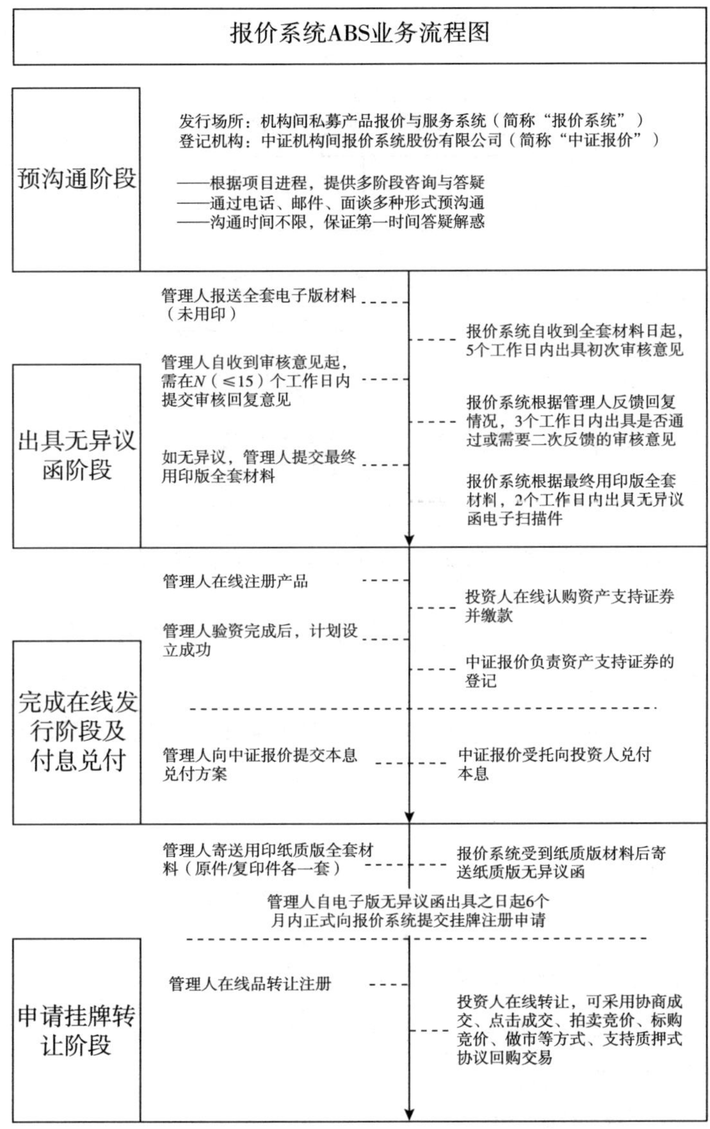

图 10.9　报价系统资产支持证券业务流程

资金结算账户和产品账户。

如采用报价系统线上发行，报价系统登记结算机构根据认购结果自动完成份额登记；如采用线下发行，管理人需提交已完成发行的资产支持证券持有人名册。具体流程见图 10. 10。

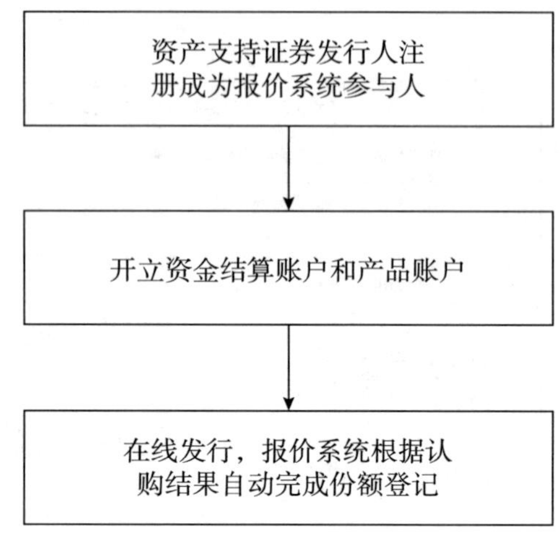

图 10. 10　报价系统资产支持证券在线发行登记的流程

（2）在报价系统转让资产支持证券的，管理人应当在报价系统填写转让注册表，并提交下列文件：

①主要交易合同文本，包括但不限于认购协议、基础资产转让合同、托管合同。

②计划说明书。

③法律意见书。

④风险揭示书。

⑤初始信用评级报告（如有）。

⑥特定原始权益人最近 3 年（未满 3 年的自成立之日起）经审计的财务会计报告以及融资情况说明。

⑦投资者适当性说明文件。

⑧备案确认函。

⑨证监会认可的机构出具的登记证明文件。

⑩市场监测中心要求的其他文件。

在报价系统发行的，可以免于提交前款第（1）项至第（7）项所列材料；委托报价系统登记结算机构办理登记结算的，可以免于提交前款第（9）项所列材料。管理人应当将专项计划募集完成的验资报告留档备查。

三、结算环节

委托报价系统办理资产支持证券结算的，报价系统不作为共同对手方介入双方交易的交收。报价系统依据成交结果办理参与人之间资产支持证券和资金的清算与交收；参与人与合格投资者之间的清算与交收，由双方事先约定并按约定办理。

参与人可以采用全额清算、净额清算等清算方式；可以采用货银对付、见券付款、见款付券以及纯券过户等交收方式；可以采用逐笔结算以及日间、日终批次交收等交收期安排。

在交收时点前，参与人可以通过中国证券登记结算有限责任公司、商业银行、第三方支付机构或证监会认可的其他机构向报价系统资金结算账户划转资金，确保交收时点资金充足。在报价系统办理资金交收的，报价系统在交收时点通过参与人资金结算账户完成资金交收；参与人自行完成资金交收的，交易双方应当在交收时点将交收结果反馈至报价系统。

四、本息兑付

管理人可最晚于付息、兑付日（R 日）的前一日在线提交付息、兑付方案，报价系统登记结算机构根据管理人确定的付息、兑付方案代为办理资产支持证券付息、兑付资金的划付。

根据管理人的付息、兑付方案，参与人最晚可于 R 日当天中午 12：00 前将资金划入报价系统指定的银行账户。报价系统登记结算机构办理清算交收，将资金划至投资人在报价系统开立的资金账户，投资人将资金转出后，在 R 日当天即可收到资金。

第十一章

中国资产支持证券投资管理

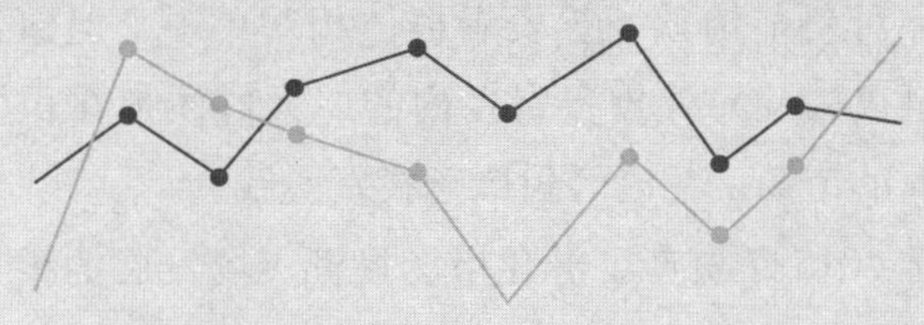

在利率市场化大趋势和投资配置“资产荒”背景下，2015 年中国资产支持证券投资管理随着资产证券化发行市场的爆发而蓬勃发展，资产支持证券的二级市场绝对成交量也较往年有了显著提高，日益成为国内固定收益市场上的重要品种，从资产配置和分散风险等角度为机构投资者贡献价值。机构投资者在国内资产证券化市场上发挥着越发显著的作用，“资管投行概念”和“买方前置模式”逐渐成为资产证券化市场的主流趋势，ABS 不再是证券公司和基金子公司等管理人主导的市场，成为商业银行实现从传统信贷业务向全能型投资银行业务转型的重要抓手。尽管有诸多因素导致资产支持证券二级市场较其他证券品种仍显清淡、投资者群体相对单一，但包括商业银行、理财机构、非银金融机构及海外投资者在内的广大群体都在积极研究和探索这个新兴而前景远大的市场，并已经付诸于投资实践。

本章首先总结 2015 年资产证券化市场投资市场发展的重大趋势，然后在系统分析资产证券化投资市场现状与境内外各类投资机构特点的基础上，从投资模式、分析方法、决策程序、交易规则、风险分析、定价方法、会计处理等角度系统地介绍国内资产证券化产品的投资分析流程和方法，以帮助国内投资者更快、更有效地了解并参与资产证券化市场，丰富投资组合，获取资产支持证券的投资价值。下一章我们将会介绍美国资产证券化投资管理，具体讲解资产证券化投资分析的方法。2015 年资产证券化市场重大趋势总结如下：

1. 2015 年资产证券化投资市场蓬勃发展

宽松货币环境及利率市场化推动 2015 年中国资产证券化投资市场快速成熟。短短一年时间里，在以兴业银行、光大银行、邮储银行等商业银行及大型证券公司为代表的市场先行机构带动下，越来越多的机构投资者逐渐形成了资产证券化产品的投资思路和逻辑框架，初步形成了 ABS 信用风险分析流程并具备了现金流分析能力。先进机构逐渐从配置型资产证券化业务向交易型资产证券化业务探索，寻求资产证券化产品在资本中介和证券交易业务领域的盈利空间。

从整个市场角度看，包括自营投资和理财资金在内的银行类投资者仍是各类资产证券化产品的主要投资者，以股份制银行为代表的多家商业银行更是将 ABS 作为全年战略配置的重点，充分获取资产证券化投资市场初期的高利差，享受了资产支持证券价格提升（利率下行）的成果。固定收益类公募基金、私募基金和券商资管等资产管理机构所占市场比重有所增加，特别是在高收益资产支持证券份额及中长期限产品领域成为持有主力之一。保险公司及保险系资管积极探索中长久期资产支持证券及 REITs 产品的投资价值，在当前监管框架下不断尝试投资配置标准化资产支持证券，以及非标属性的类资产证券化信托产品。以 QFII 和 RQFII 为代表，境外机构投资者正式开始了对境内银行间和交易所资产支持证券的投资配置，说明我国在成为亚洲最大资产证券化市场的同时，产品也在得到全球投资者的逐步认可。

2. 投资视角的资产证券化分类谱系逐步清晰

从投资与风险分析的角度看，机构投资者眼中的资产证券化属性谱系逐步清晰，分为两类：

（1）信贷资产证券化产品和类信贷性质的企业资产证券化产品，如小额贷款、分散应收款、融资租赁、保理资产等，这一大类特征在基础资产的分散化属性，加之基础债权的法律独立性与现金流的可预测性，产品的风险收益特征全部或者在大部分上可以实现与发起机构/原始权益人的隔离，真正实现“资产”的证券化，对于这类产品的投资分析核心要看基础资产质量、产品架构设计以及内部增信结构。

（2）基于企业资信的资产证券化，法律属性上类似于 covered bond，主要包括收益权类基础资产产品、单一债务人的应收账款产品、基础资产现金流有波动但具有强主体差额支付或担保的产品等，这类产品无法脱离于原始权益人/融资人的信用而独立运作，因此风险收益特征相当于有特定还款来源或现金流质押的债券，投资逻辑类似于债券。

从2015年资产证券化发行市场来看，交易结构简单、属性清晰的资产证券化产品最受机构投资者青睐，发行收益率较低（说明机构投资者高度认可）的产品一边集中在权属清晰、高度分散化的资产类型（汽车贷款、消费信贷等分散化债权资产），一边集中在具有强增信、交易简单的资产类型（央企或高资质企业项目），而资产风险属性模糊的资产支持证券发行收益率则相对较高。

3. 商业银行积极参与推动买方前置的机构投资者市场趋势

在“资管投行概念”兴起和“资产荒”的大背景下，以商业银行为代表的大型机构投资者将资产证券化作为从传统信贷业务向全功能投资银行业务转型的重要抓手。商业银行的投资银行、金融市场或资产管理部门通过与证券公司合作或组建资产证券化专业团队，逐步发力成为资产证券化发起端的重要推动力，凭借强大的网络资源和承揽能力将ABS作为其开展投融资业务的发力点，“某某银行全程参与的首只交易所资产证券化产品”成为商业银行业的一种时尚和专业能力体现。

买方前置成为各家奉行“资管投行概念”的大型机构投资者参与资产证券化投资的重要方式，利用分支行开发具有资产证券化潜力的企业客户或同业客户，独立或与证券公司合作全程参与产品设计、尽调、申报、承销和投资，在提高客户黏性和资产风控能力的同时降低信息不对称，既可以提高中间业务收入，也有助于更好地完成内部信审和投控流程，将优质资产从源头处把握，减少对于资产支持证券发行利率的竞价压力。

4. 资产支持证券信用分析具有广阔市场前景

在当前资本市场上固定收益标准化证券的收益率显著下行趋势下，机构投资经理对于ABS的青睐度大幅提高，配置需求旺盛。不过，目前很多机构的信用分析及风险控制环节对于ABS的认识度相对滞后，对于产品设计逻辑及结构要素了解不够深入，导致或决策盲目，或照搬传统信用债券或非标产品的风控逻辑审视ABS产品，以原始权益人资质作为核心标准，不擅长分析基础资产资质、无法有效辨识内部增信结构对证券的保护机制。这种局限性使得部分机构投资者只能基于原始权益人/发起机构资信进行 ABS 投资，无法有效参与基于分散化资产的 ABS，或投资定价较为盲目，或丧失了优质资产的获取能力。从整体趋势上看，这种情况在 2015 年已经较之前年份有所改善，但机构投资者的 ABS 信用分析平均水平仍有很大的进步空间。

与海外成熟市场相比，我国资本市场对于资产支持证券投资支持的证券研究、第三方专业分析与资讯机构仍处于萌芽或初期阶段，尚无法为机构投资者提供系统、及时、全面的信用分析支持和投资决策支持，资产支持证券信用分析领域存在广阔市场前景。

5. 交易型资产证券化业务是 ABS 市场发展的重要方向

资产证券化发行市场的蓬勃发展带动了 ABS 交易市场的逐渐起步，但估值体系的缺失和研究支持的匮乏等因素导致 ABS 二级市场仍处于初期阶段。国内机构参与资产证券化业务的盈利点仍集中在投行承销费、受托机构管理费以及投资者持有到期的收益所得等领域，与海外资产证券化市场以资本中介和交易作为核心利润来源的局面存在巨大差距，也储备了巨大的利润空间。国内机构基于对 ABS 投资研究能力、项目运作能力和资产流转能力的综合提高，从牌照型和发起型资产证券化向交易型资产证券化转型，有助于推动 ABS 市场定价体系的完善，获取资本占用调整后的高收益，有望成为机构投资者新的盈利增长点。

第一节
我国资产证券化投资市场现状

资产证券化产品作为固定收益领域的有机组成部分，在成熟的资本市场里属于投资者的重要资产配置品种（约占美国固定收益市场的 1/4），有效地促进了信贷市场、货币市场、债券市场与权益市场的协调发展，为提高金融资源配置的效率做出了很大贡献，同时为投资者提供了有效资产配置的投资机会。

我国资产证券化市场尚处于起步阶段，在国内信用债券产品相对单一且流动性有限的大背景下，资产支持证券投资市场过去几年的投资交易还不活跃，且投资者仍以商业银行为主，这在一定程度上降低了资产证券化在盘活存量资产、加速银行体系资金周转、促进债券市场发展方面的作用。随着国务院以及中国人民银行、中国银行业监督管理委员会、中国证券监督管理委员会、中国保险监督管理委员会（简称“一行三会”）过去两年逐步推出大力鼓励资产证券化市场发展的政策，在利率市场大趋势下，我国资产证券化市场呈现显著扩容的趋势。

一、2015 年资产支持证券发行市场爆发式扩容

资产支持证券在国内属于新型投资产品，一级市场的迅速扩容和壮大，有利于孵化二级交易市场。2014 年开启了资产证券化的“备案制”时代，各项政策及配套措施稳步推出，信贷资产证券化由审批制转为了事前备案制，企业资产证券化则明确为“事后备案制 + 负面清单管理”机制，推动资产证券化市场如雨后春笋般蓬勃发展。在此基础上，2015 年机构投资者旺盛的投资需求和固定收益市场“资产荒”的局面推动了资产证券化市场继续爆发式增长，创造了“2014 年发行量超越历史总和，2015 年再超 2014 年及以往历史总和”的盛况。无论是从发行数量还是从发行规模来看，信贷资产证券化和企业资产证券化市场均较之以前年度有几何级数提升，银行间的信贷资产证券化产品发行规模超过 4 000 亿元，交易所的企业资产证券化产品规模达到 2 000 亿元。

根据中国资产证券化分析网（网址为 www. CN-abs. com）统计的数据，2015 年信贷资产证券化发行了 106 单，为上一年的 1. 6 倍，发行总规模达到了 4 056 亿元，为上一年的 1. 44 倍（具体情况见图 11. 1）。企业资产证券化发行了 201 单，为上一年的 7. 18 倍，发行规模达到了 1 983 亿元，为上一年的 4. 95 倍（具

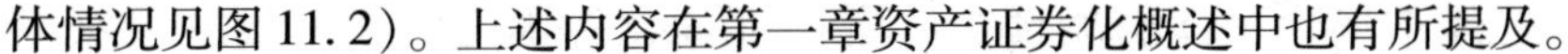
体情况见图 11.2）。上述内容在第一章资产证券化概述中也有所提及。

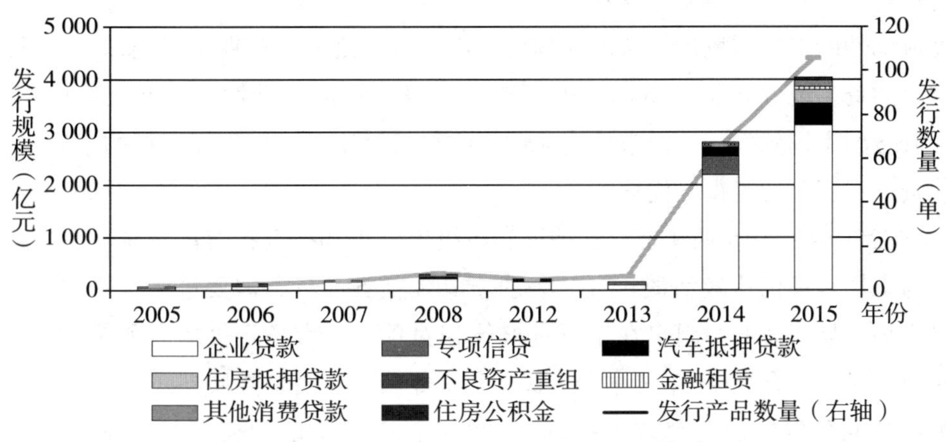

图 11.1　2005～2015 年信贷资产证券化发行情况一览

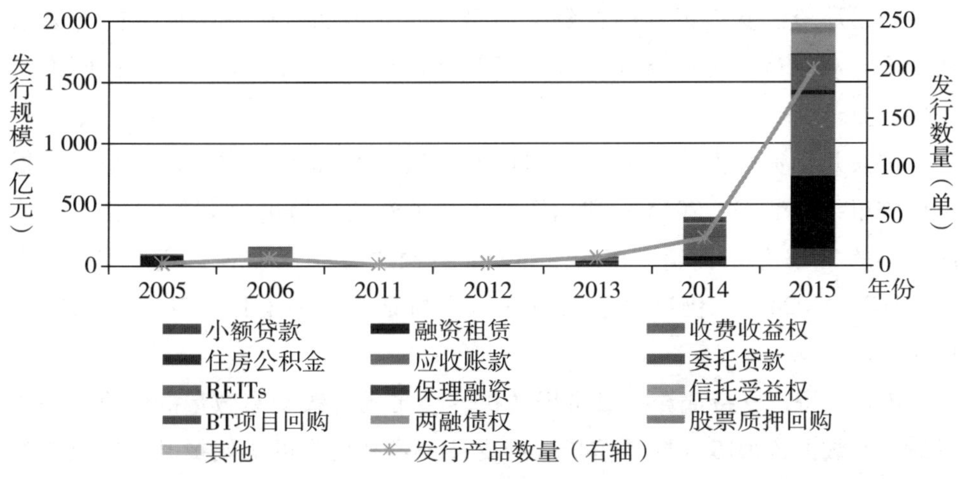

图 11.2　2005～2015 年企业资产证券化发行情况一览

二、资产支持证券二级交易市场仍非常清淡

和债券市场一样，资产支持证券二级市场的流动性反过来会影响一级市

场的发展。二级市场除了能影响债券、资产证券化等固定收益市场的一级发行定价外，对于需要通过这些产品来管理资产负债风险敞口的银行而言，高度流动性的二级市场还能帮助其解决资产和负债之间的久期错配问题。合理、健全的资产证券化交易市场有助于改善一级市场的流动性、降低交易成本、提升金融市场效率，一级市场流动性的改善反过来又可以提高市场的成交量，使资产和资源配置得以优化。

在 2014、2015 两年资产支持证券一级投资市场持续扩容的背景下，二级交易市场表现仍比较清淡，且显著弱于其他债券品种，需要进一步孵化。二级市场交易清淡的原因仍在于投资群体相对单一、市场定价能力和交易策略相对不足。结合 2007 年《中国人民银行关于资产支持证券质押式回购交易有关事项的公告》及配套政策推动 2008 年资产支持证券交易相对活跃的经验，证券交易所将资产支持证券纳入质押式协议回购标的范畴预计将有效丰富交易所资产支持证券的投资交易策略，并增加资产支持证券的交易活跃程度。利率市场化的推进也可对资产支持证券的二级交易发挥正面推动作用。

过去几年资产支持证券在我国债券投资交易总量中的占比极小。根据万得资讯统计数据，2015 年我国资产支持债券的交易量为 192.02 亿元，为前一年的 2.18 倍。而整个市场债券成交总额约为 80 万亿元，资产支持债券的占比为 0.024%，仍反映了国内资产支持证券存量有限且流动性较差的现实。

不过，资产支持证券一级市场的扩容会带动二级交易数量的飙升。根据中债登的数据，2015 年随着信贷资产支持证券托管量的大幅提升，二级市场的现券交易和质押式回购的规模和笔数远超历史高点水平，甚至超过过去年份的总和。其中 2015 年现券交易交割量达到 394.29 亿元，为上一年的 18.84 倍，质押式回购交割量达到 769.31 亿元，为上一年的 4.92 倍，具体情况见表 11.1。

另外，2015 年资产支持证券存量规模的质变有望在利率市场化大背景下，在未来几年带动二级交易市场的质变。

表 11.1　2008～2015 年中央结算公司资产支持证券现券交易及质押回购数据统计

年份	托管量（亿元）	现券交易交割量（亿元）	现券交易笔数	质押式回购交割量（亿元）	质押式回购结算笔数
2008	551.06	152.37	102	184.21	134
2009	398.58	96.25	85	41.80	49
2010	182.32	20.17	27	166.69	57
2011	95.27	1.85	7	0.50	1
2012	76.28	1.00	2	1.00	2
2013	171.39	0.00	0	1.50	3
2014	2 688.93	20.93	35	156.27	81
2015	5 298.17	394.29	286	769.31	481

三、资产支持证券收益率显著下行，相较于同评级债券品种仍存在可观利率升水

受债券市场整体利率下行趋势影响和机构投资者对资产支持证券投资配置热情提高的双重作用，2015 年资产支持证券的利率（预期收益率）水平显著下行，不同证券利率下行幅度达到 100bp～200bp 甚至更多。

根据中国资产证券化分析网数据，2015 年信贷证券化产品 AAA 级证券利率与同级别企业债比较见图 11.3。

2015 年企业资产证券化产品 AAA 级证券利率与同级别企业债比较如图 11.4。

鉴于目前国内信贷资产支持证券的定价多采用同评级金融债利率加点的方式计算，即“信贷资产支持证券产品收益率 = 同期限金融债收益率 + 信用利差 + 本金偿还不确定及再投资风险补偿 + 流动性溢价 + 新产品溢价”，因此信贷资产支持证券的收益率相对于同期金融债多存在较为可观的溢价水平。

与此同时，我们将信贷资产支持证券与同期限、同评级的中期票据和短期融资券等非金融企业债券进行比较，发现尽管信贷资产支持证券的利率在

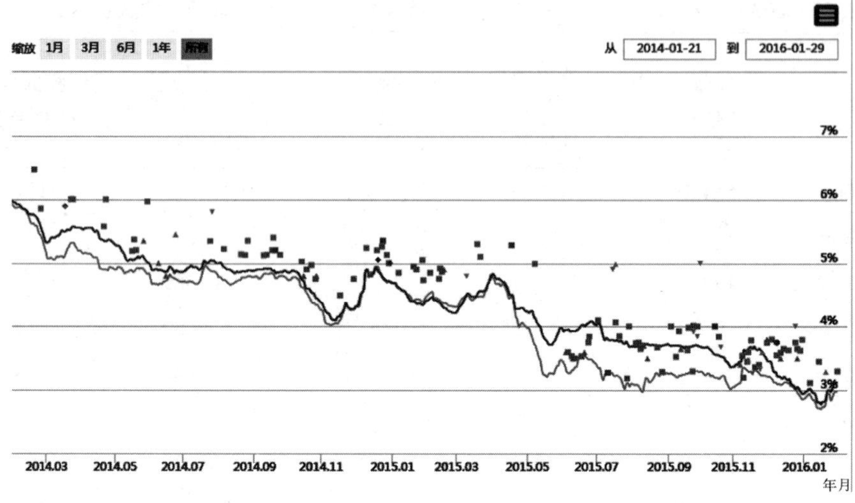

图 11.3 信贷证券化产品 AAA 级证券利率与同级别企业债比较

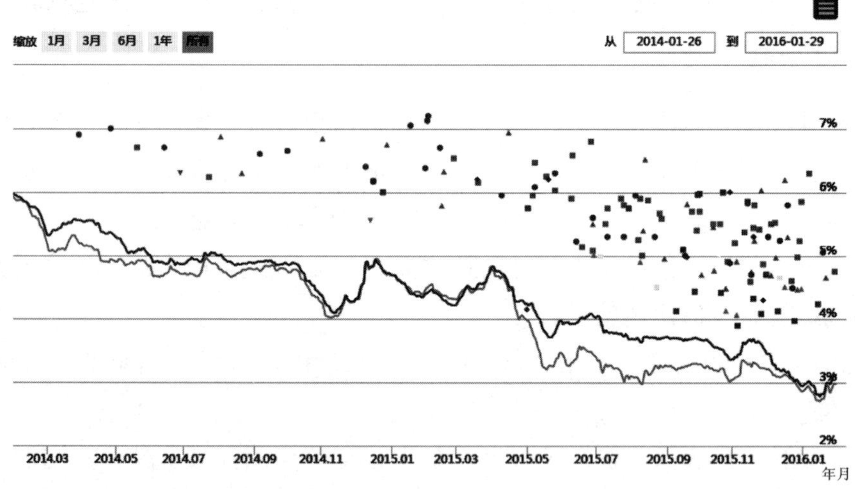

图 11.4　企业资产证券化产品 AAA 级证券利率与同级别企业债比较

2015 年呈现显著下行趋势，不过由于可比债券也明显下行，高评级信贷资产支持证券仍多存在溢价现象，2015 年的溢价水平多在 20～100bp，而中低评级资产支持证券相对于可比债券的利差显著缩小，AA 级以下资产支持证券利率水平明显低于可比证券。

根据万得资讯数据，2015 年银行信贷资产支持证券占全年新发资产证券化产品的绝大部分，并且优先档大多为 AAA 级。AAA 级份额相对于同期限、同评级的短期融资券、中期票据产品的收益率升水主要表现为在 0 ~ 100bp 的利差，且由于 AAA 级可比债券在 2015 年利率下行更为显著，导致 AAA 级资产支持证券的利差全年呈现扩大趋势。而 AA + 级和 AA 级资产支持证券利率在 2015 年的下行速度则快于同评级可比债券，因此利差呈现缩小的趋势，整体回归到 50bp 以内。而 AA - 以下评级的份额，则明显出现负利差，尽管其中包含着银行互持等客观原因，但也体现出机构投资者普遍认为中低评级档次的信贷资产支持证券的安全性高于对应评级的企业债券。

2015 年信贷资产证券化 AAA 评级证券与同期限、同评级企业债券利差趋势见图 11.5。

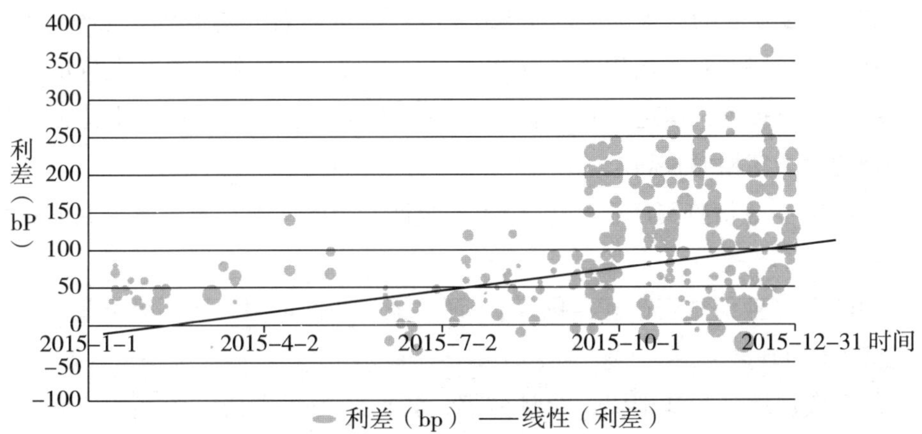

图 11.5　2015 年信贷资产证券化 AAA 评级证券与同期限、同评级企业债券利差趋势

注：球直径为产品久期。

2015 年信贷资产证券化 AA + 及以下评级证券与同期限、同评级企业债券利差趋势见图 11.6。

相对于信贷资产支持证券，交易所挂牌的企业资产证券化产品的票面利率升水则更为明显，利差整体呈现收敛趋势。根据万得资讯数据，2015 年发

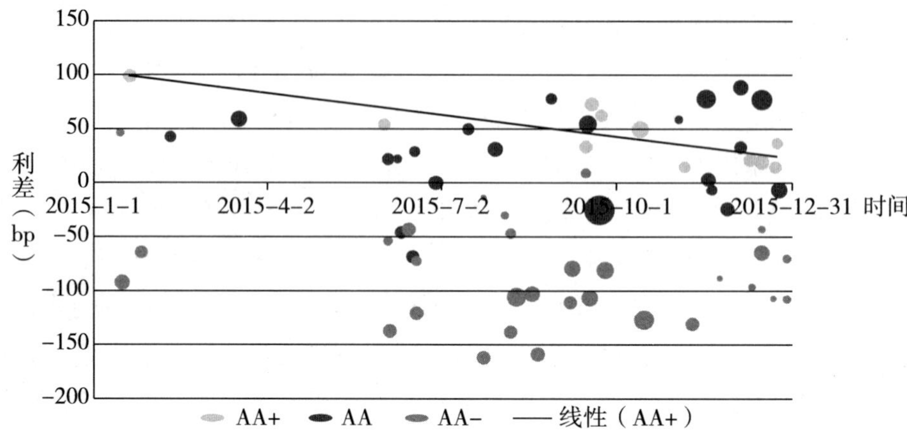

图 11.6 2015 年信贷资产证券化 AA+及以下评级证券与同期限、同评级企业债券利差趋势

注：球直径为产品久期。

行的交易所资产支持证券票面利率和同期限、同评级的短期融资券、中期票据多有 50～250bp 的升水，平均在 100～150 个 bp 左右，其中基础资产高度分散的资产支持证券和高信用主体（如央企、大型国企）发行资产支持证券的预期收益相对较低，房地产相关资产支持证券及收益权益类资产支持证券的平均预期收益率相对较高。

2015 年企业信贷资产证券化 AAA 评级证券与同期限、同评级企业债券利差趋势见图 11.7。

2015 年企业信贷资产证券化 AA+评级证券与同期限、同评级企业债券利差趋势见图 11.8。

结合资信评级和基础资产统计数据，我们认为优先档资产支持证券的信用水平较高。截止到 2015 年年底，已发行的信贷资产支持证券份额尚未出现利息或本金违约情况，而且基础贷款违约占比也很少（属于预期范畴，被超额利差或次级份额吸收），部分基础贷款存在提前还款情况（不同类型资产的累计提前还款率在 2.5%～5%）。优先档和次优档证券无评级下调情况，且次优档证券多发生评级上调。已发行的交易所资产支持证券优先档份额也无利息或本金违约、评级下调的情形。2015 年内曾发生山水水泥债券违约及债务

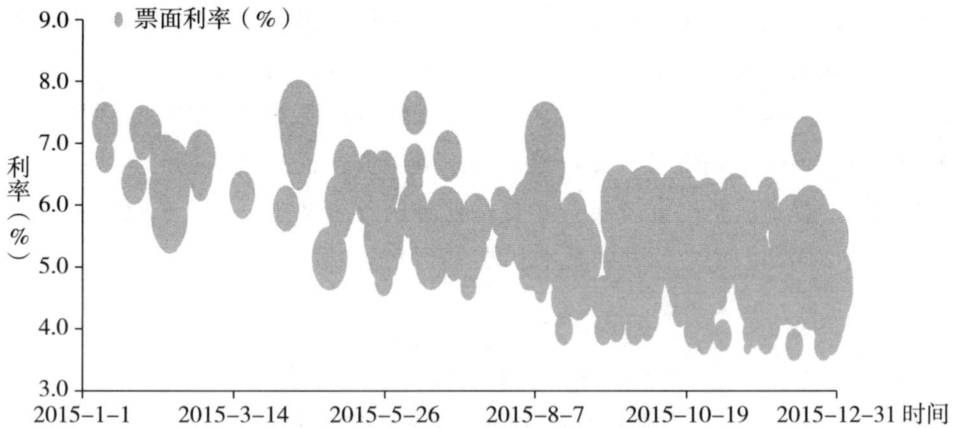

11.7　2015 年企业信贷资产证券化 AAA 评级证券与同期限、同评级企业债券利差趋势

注：●为票面利率（%）。

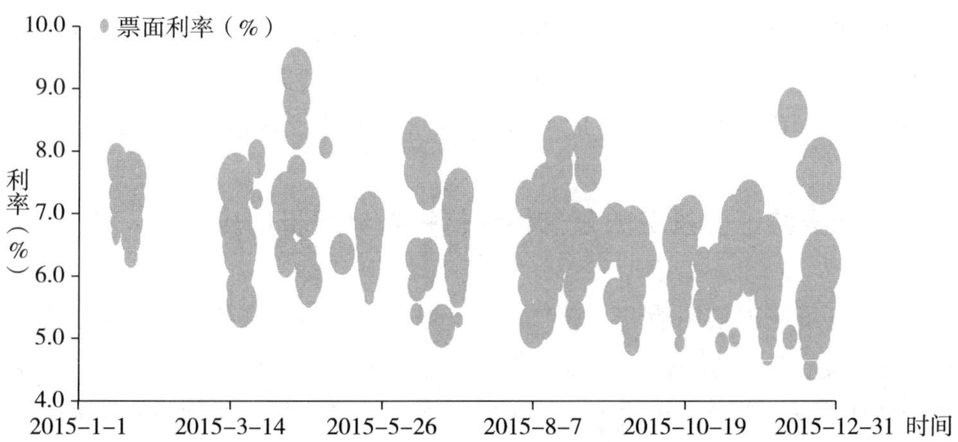

图 11.8　2015 年企业信贷资产证券化 AA + 评级证券与同期限、同评级企业债券利差趋势

注：●为票面利率（%）。

重组事件，山水水泥贷款属于某信贷支持证券的基础资产，因此受到评级机构与市场普遍关注，此后该笔贷款被贷款人提前偿还，未对该笔信贷资产支持证券造成信用影响。

基于以上分析，我们认为资产支持证券相对于同评级、同期限信用债券

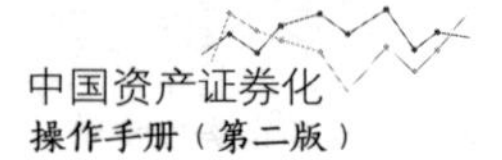

的收益率溢价主要源于流动性溢价、新产品溢价和再投资风险溢价，而非信用溢价。流动性溢价源于目前资产支持证券的二级市场交易清淡；新产品溢价源于投资主体对此产品的定价、风险、操作等均不熟悉；再投资风险溢价源于本金偿还的不确定性，即早偿风险。随着资产证券化市场的扩容、交易活跃程度的提高以及投资者对资产支持证券的逐步熟悉，资产支持证券相对于同评级、同期限企业债券的升水利差有压缩的空间。

第二节
我国资产证券化投资困局

从风险收益特征上看，具有固定付息日和期限的资产支持证券和债券同属于固定收益证券，但其复杂程度远高于一般债券。我国资产证券化市场尚属于发展初期，投资者群体相对单一、信息披露有待完善、国内中介机构的公信力和透明度有限等原因造成了当前资产支持证券交易清淡的投资困局。

一、资产支持证券投资的复杂性尚待投资者逐步适应

相对于普通的信用债券，资产支持证券的风险与投资价值分析更具复杂性。这种复杂性一方面体现为资产支持证券具有比一般债券更为复杂的交易结构和基础资产类型，加大了信用风险分析的难度；另一方面体现为资产支持证券具有基础资产早偿风险、贷款服务机构与受托机构混同风险等特有风险，需要评估资产支持证券违约前后的各层现金流分布、各层级的违约概率与回收率等因素，这使得投资者必须具备更完善的投资分析能力。

另外，我国的信用违约事件出现较少且历史较短，且尚无公开的信用违约数据库，从而导致投资者难以建立市场化的定价估值体系，难以较为准确地预测资产支持证券未来现金流的分布，给资产支持证券的投资分析增加了难度。

二、投资者群体相对单一，缺乏风险收益层次性

我国资产支持证券的投资者群体相对单一，高收益份额投资者相对匮乏。商业银行是我国优先档资产支持证券的最大投资类群，银行自有资金和理财资金在资产支持证券领域的投资占比接近七成，这既包括信贷资产支持证券的银行互持现象，也包括银行自有资金和理财资金在2015年对资产支持证券的大额度主动配置。

由于各家银行对证券投资的风险收益偏好具有较高的同质性，单一投资群体占比过大不利于风险从银行体系分散，这也在一定程度上制约了资产支持证券基础资产和份额的多样化。

另外，我国高收益档证券的机构投资者群体还有待成熟。尽管以证券公司资产管理和信托公司、私募基金为代表的高收益资产支持证券投资群体在2015年逐渐显现，但仍集中在次优级或中低评级优先级份额的投资上，很少开展次级份额的投资，市场影响力及配置实力仍有待提升。造成这种局面的其中一个原因是，除银行以外的国内投资者难以有效获取信贷资产的历史数据，更难以搭建有效的违约率与回收率模型，加之基础资产池信息披露的不完善，使得外部投资者几乎无法对次级资产支持证券的内在价值进行评估。

三、资产支持证券的信息披露体系有待完善

当前，我国监管部门没有明确要求披露基础资产池各笔资产具体借款人的财务报表、行业等基本信息（单一借款人的入池本金额比例超过15%或者与关联方合计的入池本金余额比例超过20%时需要披露），后续受托机构报告中也并未披露有关基础资产的详细信息以及各类风险资产的数据。由于我国信贷市场的数据对除银行以外的投资者不透明，债券市场信用事件缺失，使得外部投资者很难获得充足数据从定量的角度分析每笔基础资产的违约概率，

只能依靠发行说明书和评级报告等材料披露的基础资产大类数据来定性判断基础资产的违约风险。基础资产早偿率数据与中介费用等信息缺失将直接导致外部投资者难以有效进行分析判断。

四、市场中介机构公信力与透明度有待提高

相对于信用债券等其他固定收益产品，资产支持证券具有交易结构复杂、风险收益特征不清晰的特征，参考国际经验，具有高度公信力的评级机构的评级以及中介机构服务是投资者进行投资的有力依据。而在我国资产证券化公开信息披露相对有限的背景下，一级市场投资主体尚可通过承销商路演来了解产品，而二级交易市场则缺少投资评估信息源，在这种情况下，评级机构及会计师、律师的意见就显得尤为关键。公正、公平的信用评级可以为资产证券化提供充分的市场信息，增加交易透明度，增强投资者信心，促进资产证券化市场的发展。然而，目前我国的证券评级业公信度和信用评级透明度还有待提高；而资产证券化的中介机构，如会计师事务所、律师事务所、资产评估事务所等，也缺乏统一的组织形式和运作规范，能力参差不齐。

第三节 机构投资者分析

根据对2015年发行的银行间市场信贷资产支持证券投资人的不完全统计，国有商业银行约占25%，股份制商业银行约占30%，城商行和农商行约占15%，基金约占17%，券商及券商资管约占5%，信托约占2%，保险公司约占2%，财务公司约占1%，资产管理公司约占1%，其他约占2%（由于市场上普遍存在银行资金通过基金与券商资管作为通道进行投资的情况，因此以上比例可能存在偏差，仅作参考）。

交易所的资产证券化产品发行规模相对有限，根据不完全统计，国有商业银行和股份制商业银行的自有及理财资金均占70%的比例，证券公司、基金公司、保险公司和财务公司为其他投资人。

从各类机构投资者的实际投资和沟通过程中可以发现，各类机构投资者基于风险收益偏好、久期偏好、资金成本、风控体系等不同，对资产支持证券的投资动机和偏好有一定的差异。下面我们就各类机构投资者的实际状况做简要分析。

一、商业银行及银行理财产品

（一）国有银行与股份制银行的自有资金

在利率市场化的背景下，商业银行面临较大的流动性压力和收益压力，因此过去两年中商业银行多采取杠铃型的投资策略，即一方面保留较高比例的高流动性资产，如现金储备、高流动性证券，以规避流动性风险；另一方面投资向高收益的同业、非标资产倾斜，以提高投资收益。

2014 年以前信贷资产证券化产品的收益率不高、流动性较差，而买入返售信托受益权等同业资产具有收益较高且稳定等竞争优势，所以商业银行对资产证券化产品主动投资的意愿较弱。证券化发起银行之间的互持交易占据了信贷资产支持证券投资的显著比重。随着过去两年信用债券收益率中枢的显著下降，以及银监会 127 号文对同业非标资产限制的延续作用，商业银行对信贷资产支持证券的需求显著提升。中高评级（AA 以上）的信贷资产支持证券（风险权重为 20%）具有较高的风险资本调整后收益，对于有资本充足率压力的商业银行逐步形成吸引力。国有和股份制银行自有资金 ABS 投资逻辑见图 11.9。

企业资产证券化产品凭借相对较高的预期收益和其作为中高评级（AA 以上）20% 的风险权重优势，在 2015 年受到商业银行的热捧，常常出现个别或少数商业银行包揽某些资产支持证券的盛况。随着交易所质押式回购交易的

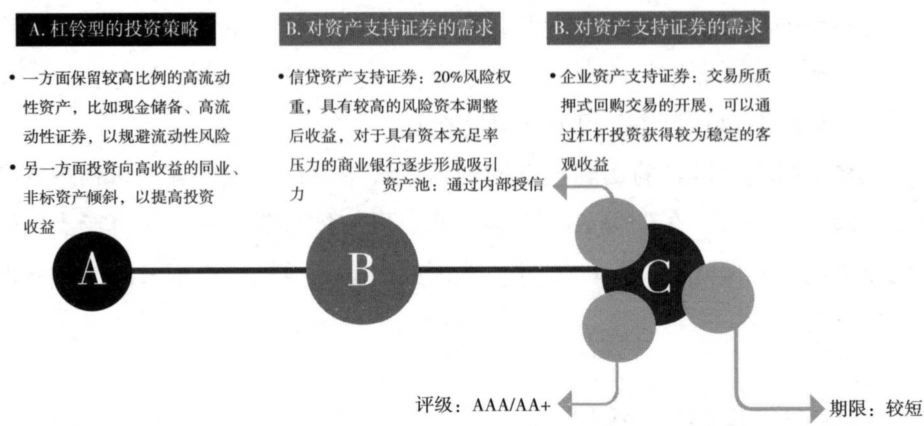

图 11.9　国有和股份制银行自有资金 ABS 投资逻辑示意图

开展乃至未来质押效率的提高，银行通过杠杆投资资产支持证券获得较为稳定的客观收益，自有资金对资产证券化产品的配置热情会进一步提高。

国有及股份制商业银行的自有资金对证券化基础资产质量的要求较高，通常要求资产支持证券的评级为 AAA 或 AA+，且需要资产池详细信息以通过内部授信。从期限上看，大部分银行自有资金偏好期限较短的资产支持证券，特别是一年期以内摊还档的信贷资产支持证券和两年以内的企业资产证券化产品。

（二）国有银行与股份制银行的理财资金

利率市场化推进和全民财富管理需求爆发加快了商业银行理财业务的发展，理财产品的规模急速扩展并突破了 10 万亿元。由于银监会 8 号文的限制，对理财资金收益贡献最为显著的非标资产投资比例被控制为不超过理财总规模的 30%，且不超过银行总资产的 4%。受资产配置需求快速增加和债券收益率中枢快速下降的双重压力，国有及股份制银行理财产品对中高收益的标准化固定收益资产需求迫切。

鉴于银行理财产品的资金成本下行速度不及债券市场利率，导致理财资金对于资产证券化产品的收益率水平整体略高于同业资金。信贷资产支持证券优先档产品的收益吸引力相对有限，而次级产品比较难通过商业银行内部授信和风控，因此银行理财在过去两年对外部的信贷资产支持证券需求相对弱于企业资产证券化产品。市场化需求主要体现为部分银行对收益率相对较高、加权平均期限在2年以内的次优档（AA或AA+）产品的配置。由于信贷资产支持证券发行过程中的“互持”以及“商业银行使用理财资金承接CLO次级产品”行为，理财资金仍为信贷资产支持证券的一类重要投资者。国有和股份制银行理财资金ABS投资逻辑见图11.10。

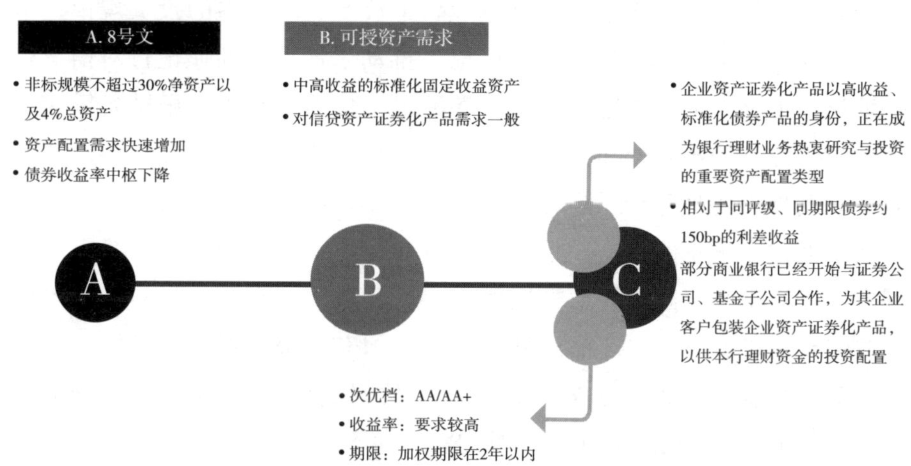

图11.10　国有和股份制银行理财资金ABS投资逻辑示意图

企业资产证券化产品以高收益、标准化债券产品的身份，成为银行理财业务热衷投资配置的重要标的。银行理财通过投资企业资产证券化品种，可以获取其相对于同评级、同期限债券约150bp的利差收益，且不受非标额度的限制，满足对理财资金成本的覆盖，获取超额利差。配置需求的旺盛推动部分商业银行开展“资管投行”和“买方前置”策略，与证券公司、基金子公司合作，为其企业客户包装企业资产证券化产品，以更好地满足本行理财资金的投资配置需要。

（三）地方性商业银行（城商行、农商行）及农信社的自有资金

受经营区域限制和经济下滑导致贷款规模增速放缓影响，地方性商业银行更注重债券等固定收益产品投资的收益。受银监会8号文以及71号文（主

要约束农村金融机构）的影响，地方性商业银行使用自有资金和理财资金对非标债权等高收益资产的投资比例受到限制，需要积极谋求提高固定收益证券投资收益的途径和方法。

2014 年以前，地方性商业银行对资产支持证券这类创新产品保持审慎态度，特别是对信贷资产支持证券的投资需求较弱，少数银行对高收益的次优档产品有一定需求。而从 2014 年开始，特别是城商行和农商行发行资产证券化产品后，同业合作和证券互持逐步推高了资产支持证券的投资规模，市场化投资也逐步体现。2015 年的“资产荒”推动了地方性商业银行对信贷资产支持证券和企业资产证券化产品的大举配置，特别是对于市场排名靠前的同类型金融机构（如城商行和农商行）发行的信贷资产支持证券和属地或国内知名企业发行的企业资产证券化产品的热衷度较高，配置力度显著。

由于地方性商业银行这一投资群体分布较广，数量众多，因此目前真正开展资产证券化产品投资的地方性商业银行还集中在东部沿海省份，更广大的地方银行对资产证券化产品还处于积极学习和研究阶段，具有巨大的投资潜力。对高收益、标准化的资产证券化产品的投资需求会推动更广域的地方性商业银行随着资产证券化市场规模的壮大而不断参与进来。

（四）地方商业银行的银行理财资金

随着利率市场化的推进和信贷业务竞争的加剧，地方商业银行在过去几年大力发展理财业务，以争夺和维护优质投资者客户，同时优化银行收入结构，增加中间业务收入。从整体上说，地方商业银行分支机构数量和客户数量都相对较少，因此地方商业银行的理财产品通常提供高于国有及股份制商业银行的收益率，以吸引投资者。这就决定了地方商业银行的理财业务需要投资于收益率更高的基础资产，非标债权资产一度成为地方商业银行理财产品的核心配置品种。而银监会 8 号文要求非标债权资产不得超过理财业务规模的 35%，且不得超过银行资产规模的 4%，鉴于地方商业银行资产规模相对较小，导致能够投资的非标资产额度有限，加之银监会对农村金融机构投资于城投企业资产严加管理，导致地方商业银行的理财投资加权平均收益率存在压力。地方商业银行理财资金 ABS 投资逻辑见图 11.11。

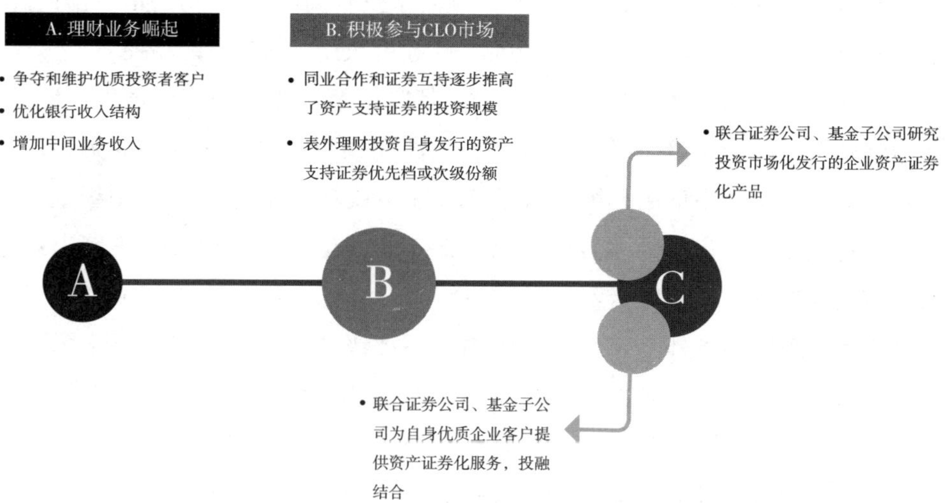

图 11.11　地方商业银行理财资金 ABS 投资逻辑示意图

地方商业银行经过观察国有银行和股份制商业银行对资产支持证券的投资行为，逐步积累了投资经验并进行了初期投资尝试。随着过去两年地方商业银行自身发行资产支持证券的提速，地方商业银行开始熟练地使用表外理财投资自身发行的部分档次资产支持证券，并开展互相投资行为，对信贷资产支持证券的理解程度显著提高，配置力度不断增大。同时，以上市银行为代表的领先城市商业银行及区域领先的农村商业银行当前愈加重视对企业资产证券化产品的研究和投资，通过与证券公司、基金子公司合作，一方面研究投资市场化发行的企业资产证券化产品，另一方面也联合为自身优质企业客户提供资产证券化服务，投融资业务结合。

二、我国非银行金融机构

（一）保险公司及保险资产管理公司

2013 年保监会放开保险资金的投资限制，保险公司在另类投资（如长期股权、债权计划、不动产投资计划等）方面的规模大幅增加，同时保费增速放缓、保单成本提高等因素也迫使保险资金更倾向于投资高收益率的产品。此外，出于资产和负债久期匹配，保险机构更倾向于投资久期相对较长的品种。

根据保监会2013年91号文的要求，保险资金投资的信贷资产支持证券，入池基础资产限于5级分类为正常类和关注类的贷款。按照孰低原则，产品信用等级不低于国内信用评级机构评定的A级或相当于A级的信用级别。其发行银行上年末经审计的净资产应当不低于300亿元人民币或者为境内外主板上市商业银行，信用等级不低于国内信用评级机构评定的A级或者相当于A级的信用级别，境外上市并免于国内信用评级的，信用等级不低于国际信用评级机构评定的BB级或者相当于BB级的信用级别。

对于企业资产证券化产品，保险资金投资的专项资产管理计划应当符合证券公司企业资产证券化业务的有关规定，信用等级不低于国内信用评级机构评定的A级或者相当于A级的信用级别。保险资金投资的专项资产管理计划，担任计划管理人的证券公司上年末经审计的净资产应当不低于60亿元人民币，证券资产管理公司上年末经审计的净资产应当不低于10亿元人民币。保险公司ABS投资逻辑见图11.12。

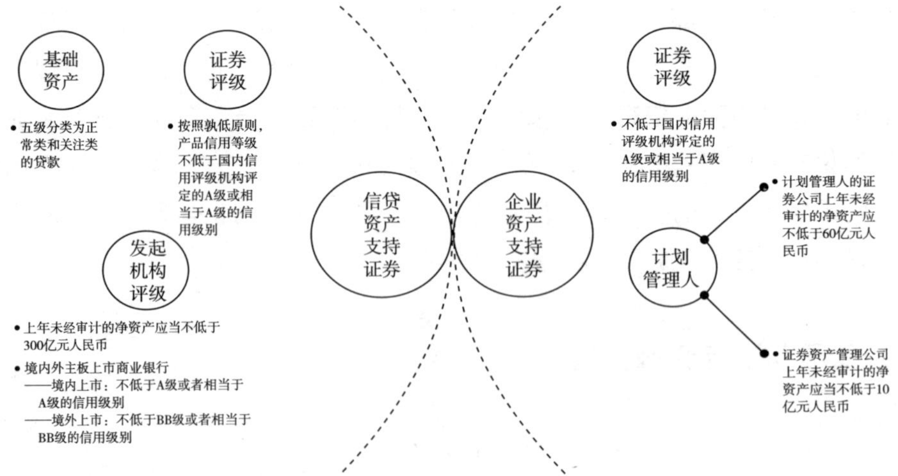

图11.12　保险公司ABS投资逻辑示意图

从过往经验看，信贷资产证券化产品的期限大多较短且收益率偏低，保险公司参与投资的规模相对有限；部分中小保险公司更倾向于参与收益率相对较高的次优档证券，并据此完善内部信用风险评估流程。

受上述保监会91号文的影响，目前保险资金可以投资的符合净资产条件的证券公司或基金子公司作为计划管理人的资产支持专项计划（即原有的“专项资产管理计划”），从既往发行的资产证券化产品来看，保险资金对资产支持证券的关注度逐步提高，也有投资尝试，但在整体投资规模中占比较小。在企业资产证券化发展的初期，担任计划管理人的证券公司多为国内大型证券公司，多数符合保监会对计划管理人净资产的要求。随着资产证券化新规和备案制的出台，更多的证券公司积极参与到资产证券化业务中，而且计划管理人的范围扩展到基金公司子公司。但新晋的计划管理人的净资产整体少于前期老牌券商，而保险监管部门并未明确基金子公司是否属于前述91号文的范围，制约了资金参与资产证券化产品的范围。部分保险资管机构在法规允许的情况下，开展了对于资产支持证券的间接投资，以及对于具有类资产证券化概念的信托产品的投资。

此外，2015年保监会推出的保险资产支持计划从法律结构上也是一种资产证券化产品，凭借其在保险领域的投资适用性及对风险资本计价的优势，有望成为保险资金未来投资配置的重要资产证券化产品形式。

（二）证券公司及证券资产管理公司

证券公司自有资金以及资管资金对资产支持证券的收益率要求高于银行理财，且具有一定的风险承受能力，是中档评级的优先级证券、次优档及次级产品的潜在重要投资者群体之一。

证券公司及资产管理产品对资产支持证券的投资体现为对中高收益、市场化发行的资产支持证券的投资配置，对自身担任管理人的企业资产证券化产品和担任主承销商的信贷资产支持证券化的次优档乃至次级档的投资。特别是在2015年证券公司管理资金规模大幅提高且优质资产稀缺的背景下，部分证券公司开始使用资管资金包销所发行的企业资产证券化产品优先级份额

（次级份额通常由原始权益人自行持有或由关联机构持有），而不以对外销售的方式来控制优质资产。证券公司、基金公司与财务公司 ABS 投资逻辑见图 11.13。

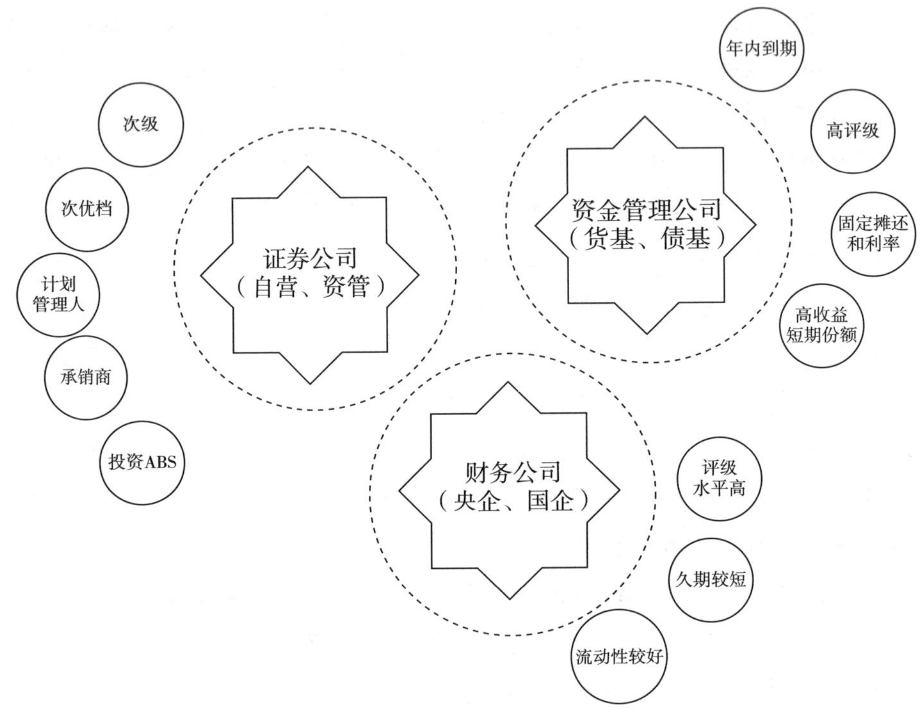

图 11.13　证券公司、基金公司与财务公司 ABS 投资逻辑示意图

（三）基金公司

基金公司的货币型基金和债券型基金也逐渐成为资产支持证券的重要投资类群，根据中债资信统计，基金公司已经成为仅次于商业银行的第二大信贷资产支持证券投资类群。债券型基金和货币基金青睐久期在 1 年或 1 年以内的摊还型信贷资产支持证券优先级份额，以及短久期的企业资产证券化产品优先级份额，以获得资产支持证券高于短期债券的利率优势。

基金专户在过去两年大力开展机构资金管理业务，为银行、保险等大型机构投资者开展机构理财服务，这使得基金专户急需收益率具有吸引力的中高评级证券用以配置，资产证券化产品可以有效满足这一需求，这也是基金公司在 ABS 投资配置上大幅提高的重要原因。

（四）财务公司

以央企、国企为代表的大型企业财务公司逐步成为国内固定收益市场的重要机构投资者，这一方面是源于部分财务公司所属的集团公司经营主业景气度下滑、新建项目投资规模下降，财务公司成为集团存量与增量资金管理核心及新增利润来源；另一方面是源于各大财务公司逐步培养了高水平的投资管理团队，为证券投资规模的不断扩大提供了条件。

由于财务公司的投资管理是作为集团资金协调使用的有机组成部分，需要同时满足安全性、收益性和流动性的要求，所以财务公司的投资通常要求证券评级水平高、久期较短或具有较好的流动性。随着债券等传统投资品种的收益率逐步下降，财务公司也开始寻求新的投资配置品种，这从部分财务公司提高投资配置中信托等非标资产的占比可以看出。

资产证券化产品相对于非标资产具有流动性和安全性方面的优势，且收益率水平高于同评级、同期限的金融债券或企业债券。目前已经有多家财务公司开始投资资产证券化产品。

（五）信托公司及信托产品

随着社会融资成本持续下行和公司债等直接融资工具对于信托融资市场的挤占，信托公司尝试从传统非标融资业务向现代资产管理业务转型，积极开拓以固定收益证券投资为导向的资管业务和机构理财业务，对资产支持证券的配置需求显著提高。

业内固定收益投资资金管理规模较大的信托公司，其投资风格逐渐向证券公司和基金公司靠拢。而中小信托的理财业务还处于建设初期，投资范围在从传统非标产品向标准化产品逐步扩展，前端资金成本较高导致其对投资标的收益率要求很高，对信贷资产支持证券的优先档产品基本没有主动投资需求，关注重点集中在信贷资产支持证券的次优档乃至次级证券以及中高收益的企业资产证券化产品。

（六）金融资产管理公司

目前金融资产管理公司对资产支持证券的投资较少，主要体现为对自身发行的资产支持证券份额的被动投资（银监会要求发行人自持5%），部分金融资产管理公司在准备资产支持证券发行项目，互持产生一定投资需求。

三、境外投资机构——QFII与RQFII等海外投资者

资产证券化产品是深受境外机构投资者关注的产品类型，属于国际成熟资本市场上的一种常规配置品。当前，境外机构投资者比国内投资者更了解资产支持证券的交易结构和投资分析方法。随着人民银行2012年批准人民币合格境外投资者（RQFII）进入银行间市场、2013年发布《关于合格境外投资者投资银行间债券市场有关事项的通知》，2014年年初上海证券交易所和深圳证券交易所相继明确将资产支持证券化纳入合格境外机构投资者（QFII）和人民币合格境外机构投资者的投资范围，境外机构投资者可以通过QFII和RQFII通道进行国内资产支持证券投资。

由于大型境外机构投资者通常要求固定收益证券具有国际评级机构（标普、穆迪、惠誉等）的投资级（BBB）以上评级，而国内信用证券多数不具备国际评级或无法达到国际评级的投资级标准，现阶段境外机构投资者在境内债券市场主要投资于国债、政策性金融债等高评级债券，但此类证券的收益率水平通常较低。资产证券化产品具有使用分级等金融技术创造高评级债券的功能，如我国汽车金融贷款资产支持证券可以获得AA以上的国际评级，甚至高于我国主权评级，为境外机构投资者提供了很好的投资品种。许多国际债券投资基金、保险资金、对冲基金对抵押债券性质、收益率较高的交易所资产支持专项计划很感兴趣，但破产隔离等法律的不确定性造成了一定的消极影响。

针对境外机构投资者对特定类型境内资产支持证券的兴趣，证券公司

（特别是具有外资背景的券商）在设计资产证券化产品时，应与境外主流投资机构保持沟通，并在向监管部门申报资产证券化产品的过程中，就与国际评级机构沟通对资产支持证券进行参考评级，并通过自身或合作机构 QFII 或 RQFII 跨境投资额度，为境外机构投资者提供参与境内资产支持证券投资的机会。据了解，2015 年在银行间和交易所资产证券化市场均已经出现了海外投资者成功投资的案例。

四、其他投资机构

（一）私募投资基金

随着 2014 年 8 月证监会颁布《私募投资基金管理暂行办法》，以及推出备案制度，投资灵活、创新能力强的私募投资基金成为我国机构投资群体的新成员并快速发展。

从经验上判断，固定收益型和混合投资型私募投资基金占据了私募投资基金规模的很大比重。私募投资基金通常具有投资策略灵活、收益率相对较高的特点，这就决定了私募投资机构对创新资产证券化产品的兴趣较大。不同私募投资基金的风险收益偏好各有差异，有些私募投资基金的投资风格与公募基金类似，主要关注优先档、次优档企业资产证券化产品及信贷资产支持证券；而有些私募投资基金风险收益偏好较高，重点关注次优档及次级资产支持证券的投资。据了解，目前市场上逐渐出现以资产证券化和结构化金融产品作为核心投资标的的私募投资基金，专门设定结构化金融产品的投资策略，并与证券公司或信托公司合作定制其所需要的资产支持证券份额。私募基金 ABS 投资逻辑见图 11. 14。

（二）其他投资机构

国内部分领先的产业投资基金、夹层基金，对信贷资产支持证券的次优档及次级证券、企业资产证券化产品的次优档证券的关注度也在逐渐增加，

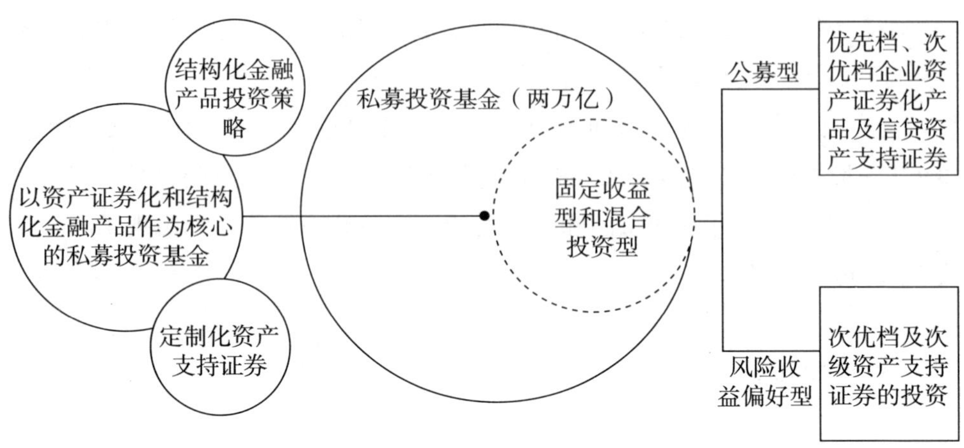

图 11.14　私募基金 ABS 投资逻辑示意图

并已经出现实际投资案例，以及与证券公司、基金子公司合作定制产品份额的动向。

对于资产支持证券的次优档以及次级份额的本金与投资收益，需要综合考量基础资产的信用风险及违约率水平，还要考量基础资产池违约资产回收率的情况。考虑到不同基础资产的风险收益特征不同、基础资产的信用分析方式也不同，同时国内多数资产支持证券的基础资产分散度相对有限，基础资产池个别资产的违约回收率直接影响次级乃至次优档份额的投资收益和本金。因此，夹层基金需要多方位收集基础资产的数据，搭建基础资产池分析模型和估值模型，综合考量基础资产信用风险、贷款服务机构的能力、法律等多方面因素的影响，以综合评估投资安全性和潜在收益的可获得性。

第四节
资产支持证券投资模式

根据“合理的资产配置决定投资收益”的资产配置原理，机构投资者可以通过将资金配置与多元化投资组合来提高风险调整后的收益，从国际经验和国内现实两个角度看，商业银行偏好短期固定收益产品；保险公司偏好久期相对较长、收益稳定的产品；而证券公司则偏重于资产组合和差异化收益的产品，资产支持证券可以通过结构设计满足不同投资者的需求，还能通过丰富各类机构投资者的投资品种，拓宽机构投资者的投资渠道，发挥资产配置的边际优化作用。简言之，国内的资产支持证券投资尚处于初级阶段，机构投资者对资产支持证券的投资主要采取买入并持有的策略，以获得资产支持证券较金融债及高评级信用债的相对高收益，同时部分机构也开始尝试资产支持证券的套利策略、回购交易策略，以及将资产支持证券与资产管理业务、资本中介业务相结合，以获取资产支持证券的综合投资收益。随着“资管投行概念”和“买方前置模式”的兴起，交易基础设施的完善，国内领先的机构投资者的资产证券化交易策略有望加速向国际领先水平考虑，交易型资产证券化有望成为重要发展方向之一。

一、以买入并持有模式为主导的资产支持证券投资

目前，我国资产支持证券的流动性相对较差、交易市场尚不活跃，因此资产支持证券相对于其他高评级信用债产品具有较为显著的票面利率升水。将2015年发行的资产支持证券与同期限、同评级的短期融资券、中期票据产品的利率进行比较，信贷资产支持证券产品具有20～100bp的票面利率升水，企业资产支持证券更是具有50～250bp的票面利率升水。鉴于这部分票面利率升水主要体现为流动性溢价和新产品溢价，因此就部分对资产流动性要求相对较低的机构投资者而言，通过买入并持有资产支持证券可以获取其相对于其他债券品种的收益率优势。ABS投资买入并持有策略见图11.15。

另外，随着银行间市场和交易所市场资产支持证券质押式回购的引入及质押融资效率的提高，通过质押式回购等方式利用财务杠杆可以进一步扩大此策略的投资收益。买入并持有模式的资产支持证券投资是最基础的投资模

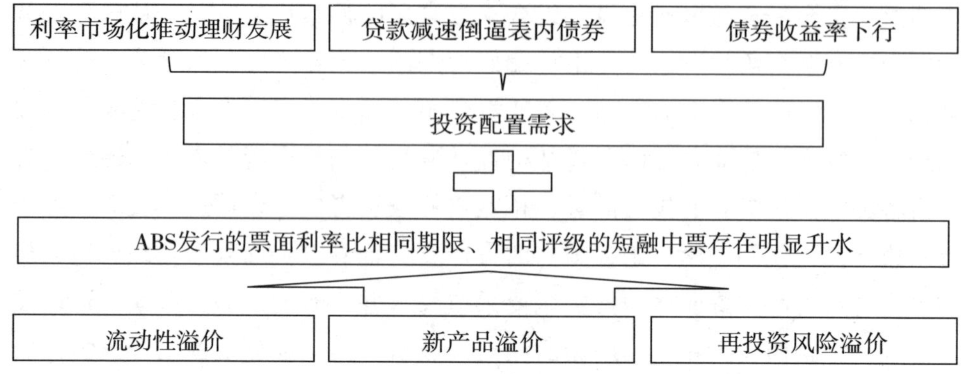

图 11.15　ABS 投资买入并持有策略示意

式之一，是在我国资产支持证券发展初期适用性最广的交易策略，也是机构投资者逐步熟识资产证券化产品并开发多元化、复杂化投资策略的基础。目前商业银行、保险、基金、证券公司等机构投资者投资资产支持证券主要采取买入并持有策略，而这也导致了机构投资者目前对短久期产品更为青睐。

二、资产支持证券的套利交易策略

套利交易是指在两个不同的市场中，以有利的价格同时买进或卖出同种或本质相同的证券的行为。在组合投资中，套利交易的金融工具可以是同种类的，也可以是不同种类的。套利包括空间套利、时间套利、税收套利、风险套利、期限套利、流动性套利等，资产证券化即可用于流动性套利，又可用于期限套利的交易，进而获得无风险或低风险收益。

资产证券化发起机构一方面可以尽可能地降低基础资产池收益与资产支持证券发行成本之间的差距，由于基础资产池收益和中介费率通常是既定的或难以大幅调整，因此降低发行利率成为实现套利的关键所在；另一方面可以通过对资产支持证券提供流动性支持，或适用理财产品等合适方式参与资产证券化，实现期限错配，进一步获取流动性套利和期限套利的利差。ABS 投资套利交易策略见图 11.16。

除了传统资产证券化发起机构，商业银行、投资银行和其他资产管理机

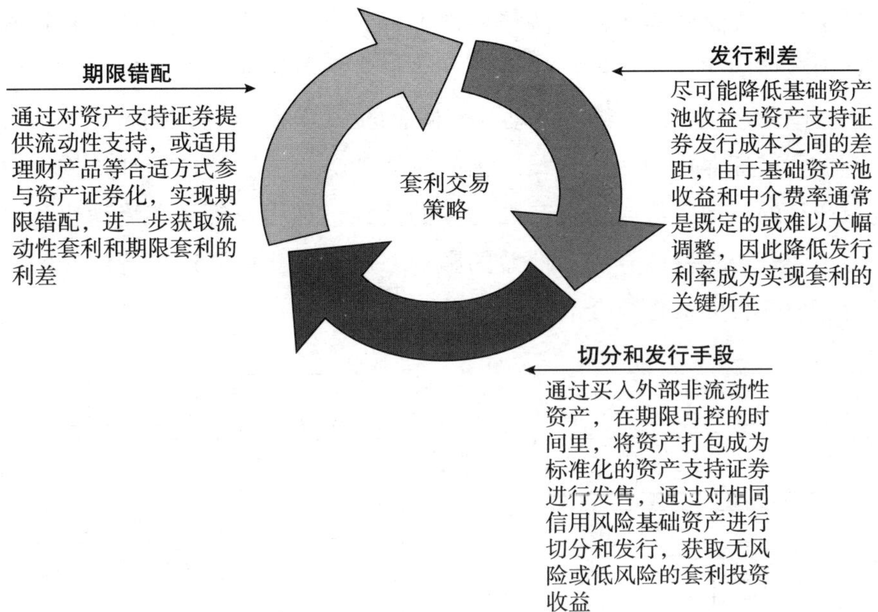

图 11.16　ABS 投资套利交易策略示意图

构也可以通过买入外部非流动性资产，在期限可控的时间里，将资产打包成标准化的资产支持证券进行发售，通过对相同信用风险的基础资产进行切分和发行，获取无风险或低风险的套利投资收益。这也是交易型资产证券化业务的雏形。

三、资产证券化产品投资与资产管理、银行理财等业务相互促进

随着利率市场化的不断深入和居民财富的不断上升，包括商业银行理财产品、保险资产管理、信托、证券公司资管与基金公司在内的资产管理业务（统称“理财”）迅速发展，我国的理财规模快速扩张。在中国资本市场上，资产证券化业务与资管理财业务存在多层次的联系、合作与互补——从资产配置上看，相对高收益的资产支持证券是理财产品的优质配置品种；从产品设计上看，风险分层的资产支持证券与同样可以结构化设计的理财产品可以

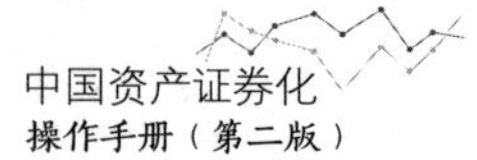

搭配满足各类投融资需求；从法律属性上看，以资产支持专项计划和特殊目的信托为载体的交易所和银行间资产支持证券本身也属于广义资产管理的范畴，根据国际经验，未来纳入主动管理概念的CLO和CDO产品将更能体现资产管理在资产证券化中的价值；从国内具体业务上看，资产管理机构可以通过理财产品的滚动发行或理财产品份额的转让，利用长拆短和流动化等方式来缓释当前资产支持证券流动性差的影响，进一步获取资产支持证券的流动性溢价。ABS投资资管结合策略见图11.17。

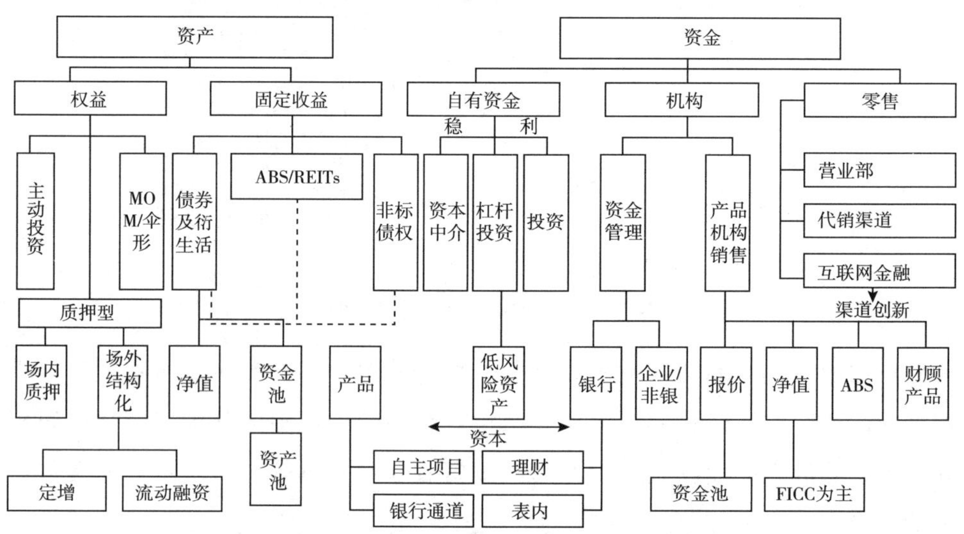

图11.17　ABS投资资管结合策略示意图

其中，商业银行理财产品与资产证券化的相互搭配有望影响商业银行的运营模式，将商业银行理财的中间业务推进到轻资产银行第三阶段（如果将银行理财购买本行信贷资产视为第一阶段、银行理财购买非标信托视为第二阶段）。利率市场化趋势将导致银行传统存贷业务利差逐渐缩小，对商业银行的经营业绩会产生巨大压力。而银监会8号文对银行理财投资非标债权资产的限制（不得超过理财总规模的35%和银行总资产4%）以及信用债券收益率中枢的下降，导致商业银行理财产品的资产投资收益率面临压力。资产支持证券作为一种相对高收益的标准化固定收益产品，且不受银监会8号文的投资比例限制，有望成为提升银行理财整体投资收益率的有效配置品种。同时，商业银行拥有大量的优质企业客户与机构客户，可以作为资产证券化基础资产的提供者（原始权益人），因此商业银行的投资银行部门可以主导或与证券公司、基金子公司合作设计、发行资产支持证券，并将其作为银行理财产品的投资标的，这样也有利于提高直接融资占比。

四、资产证券化有望为投资银行资本中介业务助力

资本中介业务是国内领先证券公司公认的重要战略业务，也适合商业银行、信托公司等各类机构参与。资本中介业务是指占用资本金、主要以服务客户为日的、风险暴露较低的业务，主要包括融资融券、约定购回等资本中介借贷及做市服务业务。资本中介业务的核心是通过创设结构化产品、在控制风险敞口的前提下参与交易，为客户提供流动性和风险管理服务，满足客户不同的融资和投资需求，赚取不同产品的流动性溢价和风险溢价。资产证券化产品作为当前国内的创新产品，具有较大的流动性溢价和风险溢价空间，同时资产证券化基于分散化、结构化金融技术实现稳定收益的特性，使得资产支持证券很适合作为基础交易资产嵌入资本中介业务。ABS 投资资本中介策略见图 11. 18。

金融机构可以作为资产支持证券的做市商，为自身发起或承销的资产证券化产品提供流动性支持。由于资产证券化产品目前流动性较弱、缺乏有效的二级市场交易价格，若由熟悉产品特点和资金市场行情、有一定资金实力的金融机构担任做市商，可通过交易资产支持证券获取利差收入及流动性支持收益。金融机构可以通过买入返售、过桥融资、流动性支持、认购次优档或次级资产支持证券等业务模式开展资本中介业务，培育和开发投资范围广、监管限制较少的外部资金（主要包括股份制银行、地方性银行、固定收益基金等）作为潜在优先档资产支持证券的交易对手方，同时开发风险收益倾向较高的另类投资者参与次级资产支持证券的交易。

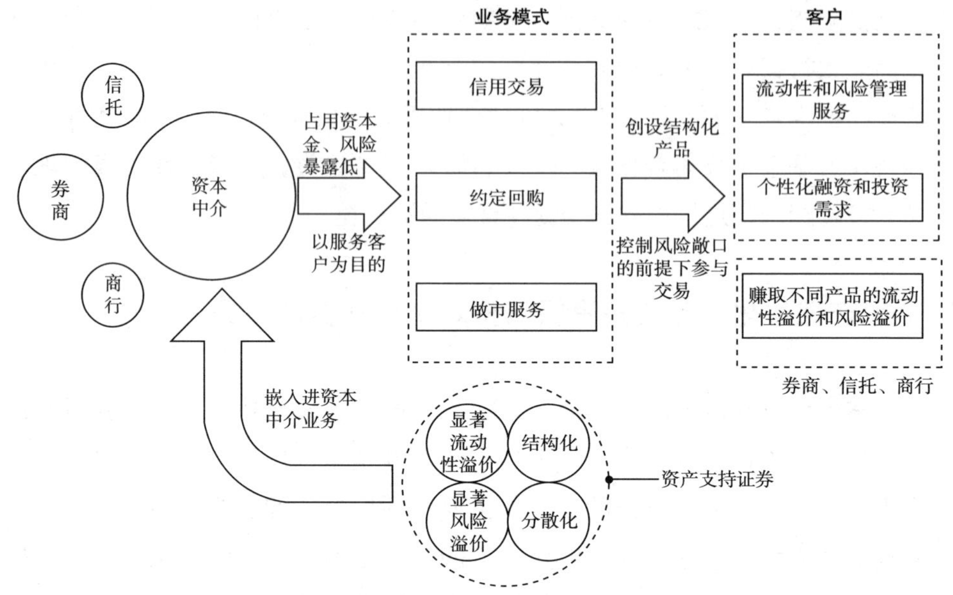

图 11.18　ABS 投资资本中介策略示意图

五、交易型资产证券化会成为未来市场发展的重要方向之一

所谓“交易型资产证券化”，主要是区别于国内现有的发起型资产证券化（比如商业银行自身表内信贷资产证券化）和牌照型资产证券化（比如券商或基金子公司自身不持有资产，利用交易所资产证券化业务牌照为企业融资），交易型资产证券化业务，通常是指发起机构通过自有资金和融入资金（以同业拆借为主要手段）买入其他银行（在海外通常是中小型地方银行或房地产贷款发放公司）的贷款资产包，然后利用证券技术，通过资产分散度组合、精细化分级等方式提高评级，发行资产证券化产品，以赚取资产包贷款利息（相当于非标资产）与资产证券化发行利率（相当于标准化资产）之间的利差。交易型资产证券化业务是金融机构进行主动盈利的业务模式，通过分散风险和切分证券的专业技术获取资产的流动性溢价和评级溢价。

证券化逻辑、资产识别和定价能力是参与交易型资产证券化业务的基础条件。机构投资者需要学习和了解资产证券化的资金与资产逻辑，建立持续的业务发展策略，培养识别各类资产风险收益特征的能力，以及判断资产能否用于发行标准化资产证券化产品的能力，并逐步培养对资产证券化乃至结构化金融产品的定价能力。定价能力是任何交易策略的基础，也是资产证券化业务的进阶之钥和盈利之源，交易型资产证券化业务的定价能力包括对于非标资产市场、标准化债券市场、资金市场（回购、同业拆借）和证券化产品的定价水平和趋势的多重理解，未来精细完整的资产证券化交易需要参与上述乃至更多市场的定价和决策活动。

第五节 资产支持证券投资分析与决策

一、资产支持证券投资的决策原则

机构投资者投资于资产支持证券必须严格遵循分析框架，要对资产支持证券及其对应的基础资产、交易结构进行系统考察和研究判断，建立有效的分析框架和投资决策流程。在一些情况下，机构投资者并非对每个资产支持证券设立独有的投资分析模型，而是对所有证券采取大致相同的投资分析模型；而在另一些情况下，机构投资者会针对不同类型的资产支持证券设计独有的风险分析模型和内部评级、定价模型来进行精细化投资，这主要取决于资产支持证券在机构投资者整体资产配置中的占比以及战略价值，通常由机构投资者综合权衡投资体系模型前期投入与投资收获的性价比得出。

投资资产支持证券与投资其他固定收益类产品一样，要坚持投资决策的纪律性，以争取获得预期投资收益，尽量控制投资风险，避免不必要的投资成本。另外，机构投资者要通过分析明确参与资产支持证券投资的目的，比如是为了持有以获得票息收入，或是为了通过交易获取证券定价偏差而产生利得。资产支持证券与传统债券产品相比，需要实施更为周密的分析，包括对各参与主体的分析、对基础资产现金流的量化分析，以及针对资产支持证券特有风险的分析。

二、资产支持证券分析的关键环节

相对于传统债券产品，资产支持证券的交易结构更为复杂，信息不对称程度更高，特别是我国处于资产证券化发展初期，机构投资者对资产支持证券的了解程度和投资分析能力还处于不断提高的过程中，更需要在投资风险分析过程中把握关键环节，特别是几个核心技术环节需要重点关注：

（一）信息的收集与分析

资产支持证券涉及原始权益人、受托机构（或计划管理人）、资产服务机构等多个相关主体，涉及基础资产（债权、收益权等）的一次或多次转让，每经历一次转让环节、每经过一个交易主体，基础资产的法律属性就可能发生变化，信息完备性就可能发生流失，这都会对机构投资者的投资分析与判断造成影响。因此信息的收集与分析在资产支持证券投资分析中尤为重要。

信息披露的真实、准确和完整性对资产支持证券的发行和交易至关重要，因此必须要采用相应的手段促使资产证券化各参与主体披露真实、准确的信息，目前国内资产证券化市场的信息披露机制还存在改进的空间，这需要政策制定者和市场参与者共同努力。而在目前的环境下，需要机构投资者提高信息收集、组织和处理的能力，以便更有效地识别参与主体的资信，判断金融资产的价值，以及选择资产证券化的方案。

另外，机构投资者不应仅在初始投资前对资产支持证券的信息进行收集和分析，更应当重视产品存续期的信息分析，需要利用受托机构定期发布的《受托机构报告》等信息分析基础资产是否存在提前还款、贷款违约等情况，对基础资产进行持续性的重新评估。

目前，机构投资者可以收集的信息主要包括资产证券化发起人或原始权益人自身的信息（包括公司信息、财务信息、经营信息，以及所处行业信息）、基础资产或资产包的信息，以及未来现金流测算数据、交易结构和资产转让信息等。信息主要来自参与资产证券化业务的承销商、计划管理人、发起机构（原始权益人）和评级机构，以及发起机构（原始权益人）所在行业的第三方信息来源等。

（二）基础资产的风险分析

通常意义上，机构投资者对资产支持证券原始权益人的风险分析，特别是在基础资产不出表而属于抵押融资类型的情况下，与债券投资过程中的融资主体分析类似，属于机构投资者相对比较熟悉的领域。而资产支持证券基础资产风险分析对国内多数机构投资者来说，还是一个新的课题。

例如，以 CLO 为代表的信贷资产支持证券属于最典型的资产证券化产品，即证券的还款来源主要来自贷款资产包而非发起银行主体，分析评估的核心风险在于基础资产而非发起银行主体。信贷资产证券化产品的基础资产风险分析主要集中于资产分散度、增信方式和借款期限等方面。通常而言，贷款人行业、区域、个体的分散度越高，证券化产品的风险越小，同时需要关注核心借款人所处的行业和区域信用状况；而就银行贷款用户而言，能够拿到信用贷款的借款人主体信用资质较好，因此信用贷款占比较高，通常基础资产池质量较好；而贷款合同期限确定的情况下，账龄越长，剩余期限越短，入池资产未来的违约风险也就相对越低。

对于企业资产证券化产品而言，由于基础资产类型分布很广，法律性质和现金流属性存在较大的差异，机构投资者需要充分了解所关注的产品基础资产的现金流形成逻辑和可特定化特征，并分析产生现金流的经营活动的稳定性和可持续性，加强与计划管理人、承销商（推广机构）、评级机构等机构的沟通，逐步提高基础资产风险分析能力。

（三）基础资产的估值和定价

从理论上讲，资产支持证券必须在市场上有相当的交易量才能形成合理的价格，而交易双方需要有充分的历史数据和分析能力才能做出合理的交易决策。在我国现阶段，资产支持证券的交易市场尚不活跃，过去两年的资产支持证券交易量在债券交易量中的占比可以忽略不计，因此国内的资产支持证券尚无法通过二级市场的交易来体现合理价格。这就需要机构投资者更加重视资产证券化产品的估值和定价。机构投资者需要基于对我国各类基础资产的分析与理解，采取定性判断和数据分析相结合的方式，力图获得更为精细与合理的估值结果来真正实现资产支持证券投资的价值。

（四）交易结构与资产出售方式

结构化设计是资产证券化产品与传统债券相比最大的特点，结构设计合理性和资产出售无瑕疵是资产支持证券进行量化分析和收益风险判断的前提。机构投资者在开展资产支持证券投资时需要了解和判断资产支持证券交易结构设计的合理性，以及原始权益人（或发行机构）基础资产出售给特殊目的信托或资产支持专项计划等 SPV 时的法律效力和完善程度。

资产支持证券交易结构设计的一个核心是最大限度地保护优先档投资者的本金安全和实现预期收益。目前国内已经发行的资产支持证券交易结构主要包括分层安排、超额利差、超额抵押、信用触发机制等，而其中最为关键的就是分层安排和超额利差。

从分层安排上看，国内资产支持证券主要分为优先档和次级，少数产品会分为优先档、次优级和次级，其中优先档根据期限或者原始现金流分布方式再分为不同份额。次级厚度是对优先档份额的最直接保护，在产品设计合理的情况下，产品存续期内现金流损失没有击穿次级厚度，优先档份额的本金和收益就能得到保护。资产证券化产品的次级厚度主要是证券公司和评级机构根据历史数据和数量化模型来测算确定的，是机构投资者进行交易结构分析时必须考虑的因素。

超额抵押是指发行人为资产支持证券提供超额的资产池本金和/或利息来实现信用增进。截止到 2014 年年底，国内使用超额本金质押的资产支持证券还比较有限，主要体现在小额贷款资产证券化产品上，其他产品主要通过超额利差的形式来实现超额抵押，这部分超额利差可以作为优先档证券本金和收益受损之前的安全垫。机构投资者关注超额利差，主要是测算和对比基础资产加权平均利率和资产支持证券不同份额的加权平均收益率之间的利差水平。

三、资产支持证券的投资分析流程

目前，机构投资者投资国内资产支持证券（特别是优先档证券）往往由固定收益投资部门负责，采取与债券投资相同或类似的投资分析与决策流程，并根据资产支持证券与传统债券的区别，对投资分析的角度和流程进行一定的调整或改进，从而逐步调整适合本机构人员配置和风险收益特征的投资流程。

从发展角度看，资产支持证券的投资分析是相对定制化的，各类基础资产及其交易架构都具有其独特性，因此资产支持证券的投资分析既需要由上而下的宏观行业判断，又需要从下而上的基础信用分析。其中宏观行业分析主要是识别影响债券市场整体趋势的宏观环境和商业周期，与债券投资分析类似。基础信用分析则包括发起机构（或原始权益人）信用分析（特别是在不出表的情况下）以及基础资产（或基础资产组合）信用分析，首先需要研究基础资产能否足够支持所发行的资产支持证券本息价值，其次要通过对基础资产现金流进行压力测试来测量恶劣环境下的还款能力，以及支付结构在不同环境下的工作情况，最后要观察资产支持证券中是否包含各类期权或其他影响资产支持证券价值的安排。

通常情况下，资产支持证券的投资分析流程包括了解资产支持证券的交易结构、宏观行业趋势前景、发起机构的资信情况与基础资产情况、市场技术面及交易价格。

（一）交易结构

交易结构分析是资产支持证券分析的基础工作，包括对其发行流程、法律架构、交易属性（资产出售或抵押债权）、发起机构的资本结构等进行通盘考量，以分析和识别该证券未来还本付息的核心来源和保障。交易结构中的资产出售方式及其效力保障机制分析和研究是对基础资产和发起人进行资信判断的基础，也是资产支持证券与传统债券品种的最重要区别。

（二）宏观行业趋势前景

宏观行业趋势前景分析主要指了解宏观环境对发起人及证券化基础资产的影响，包括但不限于经济增速、宏观利率变动趋势等；而行业特征和前景分析则直接影响发起人基础资产的价值及变化趋势，主要因素包括行业增长率、发起人及其业务的核心竞争力、盈利能力、市场占比、监管政策及潜在风险事件等。机构投资者在分析判断过程中应重点关注行业具有良好可持续发展能力的基础资产，适度避免正在进行结构性调整或监管限制的行业。

（三）发起机构的资信情况与基础资产情况

不同资产支持证券信用分析的侧重点根据交易结构不同而存在较大差异。对于基础资产真实出售的证券产品（主要体现为信贷资产和债权），信用分析的核心在于基础资产的信用情况，或者说信贷和债权对应的债务人（或债务人组合）的资信水平，而发起机构的关注重点在于其服务水平和持续性；对于基础资产抵押融资性质的证券产品（主要体现为收益权等），信用分析的核心在于发起机构自身的资质水平及其业务的持续运营能力，其特定化的证券化资产现金流归集机制（防范现金流混同）变得非常重要。而对于发起机构和基础资产（及对应债权人）的分析，主要关注其管理层能力、长期及短期偿债能力、经营及营运能力以及现金流量分析，现金流特别是资产证券化基础资产所产生的现金流分析尤为重要。

（四）市场技术面

资产支持证券作为证券的一种，机构投资者在进行投资时需要关注其市场技术指标所带来的影响，选择一个好的投资与交易时机。而由于目前国内资产支持证券的市场流动性和成交量较为低迷，尚未建立完善的做市商制度，因此机构投资者在现阶段通过技术判断来进行资产支持证券投资的难度较大。

（五）交易价格

在投资决策流程中很关键的一个步骤是价格评估环节，该环节是建立在前面 4 个步骤之上的，上述各种分析和考量是评估证券合理价格的必要条件。机构投资者在综合判断资产支持证券各方面要素的基础上，需要使用净现金流折现、可比证券分析等各种方式评估资产支持证券的投资价值以及其对资产组合管理的价值，并在合适的交易价格之上做出是否投资的决策。

四、现阶段常见资产证券化产品投资规则示意

我国机构投资者对于资产支持证券的投资配置尚处于初期阶段，但投资需求和实践正在迅速增长，资产支持证券有望在未来几年逐步成为国内机构重点关注和配置的固定收益产品。鉴于目前资产证券化产品投资通常是由各机构中的债券投资团队执行，因此除少数机构已经搭建了专门的资产证券化分析团队参考海外结构化产品投资分析方法进行投资外，以商业银行、证券公司资管、基金公司、保险公司为代表的机构投资者通常会内部设定资产证券化产品准入标准或指引，然后由信用分析员对资产支持证券进行准入管理，并对准入证券参照债券投资分析体系由投资经理进行研究分析，并进行投资。

（一）信贷资产支持证券

国内信贷资产支持证券的基础资产类型与海外传统资产证券化产品（MBS、CLO、ABS）具有更多相似性，因此其投资分析流程与海外投资分析流程更具可比性，此处主要介绍我国机构投资者通常设定的一些信贷资产证券化产品准入标准，包括产品基础评级准入、发起机构准入、基础资产准入、产品交易结构选择、期限与规模准入、资产证券化其他参与主体准入等。下述的准入标准仅作一般性介绍，具体准入标准要根据机构投资者自身的特征和风险收益要求进行设定。

1. 产品基础评级准入

机构投资者通常会根据自身的风险承受能力和对资产组合管理的要求，规定资产支持证券的外部评级下限。青睐信贷资产支持证券优先档证券份额的低风险投资者通常要求优先档证券评级在AAA级（卖方评级），而青睐次优档份额的投资者则通常要求次优档证券评级在AA级（含）或AA－级（含）的份额。由于信贷资产支持证券同时具有卖方评级和买方评级，因此各家机构投资者通常需要分开设立标准或选择其中一类评级作为准入标准。部分机构投资者还会规定准入的卖方评级机构名单。

另外，风险规避型的机构投资者会规定只参与信贷资产支持证券产品中最高档次的资产支持证券。

2. 发起机构准入

信贷资产支持证券的发起机构均为金融机构，包括国内商业银行、汽车金融公司、金融租赁公司等，相对而言都属于资信较高的主体。信贷资产证券化主要采取真实出售的模式，因此对发起机构的准入和评价更大程度是对其贷款服务机构身份的考量（国内资产证券化业务中，贷款服务机构通常由发起机构承担）。

商业银行及理财产品进行信贷资产支持证券投资时，通常要求产品发起机构具有本行的同业授信，具体授信条件由该银行自行设定。

非银行类机构投资者在对信贷资产支持证券规定主体准入资格时，通常不设定具体标准，或者根据外部评级或总资产规模、净资产规模等财务指标设定标准。

3. 基础资产准入

信贷资产支持证券的基础资产主要包括工商企业贷款、经营性物业贷款、个人经营贷款、个人住房抵押贷款、汽车贷款、金融租赁债权、信用卡资产等。

机构投资者可能根据自身对不同类别贷款资产的理解，从贷款性质上选择或者否定特定的信贷资产类型。商业银行对信贷资产更为了解，因此其作为机构投资者时，对基础资产的要求可能会更为明确。

机构投资者对基础资产的要求主要包括入池资产的影子评级、入池资产的数量和分散度、贷款性质（信用、保证担保、抵押等）、历史不良率、账龄和剩余期限等。由于上述不同贷款类型的特征差异较大，因此每种贷款基础资产准入要求的相关指标设定也有很大差异。

4. 产品结构选择

除了信用卡贷款的证券化结构相对复杂外，目前我国其余信贷资产证券化产品的设计和现金流支付安排相似度都比较高，因此产品结构通常未被国内机构投资者设定为产品准入的限制条件。对于大多数机构投资者而言，简单清晰的产品结构更容易受到青睐。

5. 规模与期限准入

机构投资者通常会根据监管法规或合同规定、自有或管理基金期限的特点以及资产投资分散度等要求，设定资产支持证券投资的规模与期限准入要求。

例如，投资于单一或某类资产支持证券的规模不得超过该证券发行规模的一定比例；投资于单一或某类资产支持证券的规模不得超过自有或管理资产规模的一定比例；投资于资产支持证券的预期到期期限或资产加权平均久期不得超过一定期限等。

6. 其他参与主体准入

机构投资者通常对资产支持证券的其他参与主体设定准入要求，其他参与主体包括但不限于资产服务机构、受托人、评级机构等。

（二）企业资产证券化产品

企业资产证券化产品整体分为两类：（1）基于分散资产的资产证券化产品；（2）依赖企业主体信用的资产证券化产品。前者与信贷资产支持证券具有相似的特征，基础资产通常包括小额贷款、分散应收款、融资租赁、保理资产等，基础资产具有小额分散属性，基础债权的法律独立性与现金流的可预测性较强，此类产品风险收益特征全部或者大部分可以实现与发起机构/原始权益人的隔离，真正实现“资产”的证券化，对于这类产品的投资分析核心要看基础资产质量、产品架构设计以及内部增信结构，其分析方式和判断流程与海外分散化程度很高的资产证券化类似。后者的资信属性则离不开原始权益人或相关企业，产品法律属性上类似于 coveredbond，主要包括收益权类基础资产产品、单一债务人的应收账款产品、基础资产现金流有波动但具有强主体差额支付或担保的产品等，这类产品无法脱离于原始权益人/融资人的信用而独立运作，因此风险收益特征相当于有特定还款来源或现金流质押的债券，投资逻辑类似于债券，投资分析需要同时判断原始权益人（或发起机构）的主体资信水平和基础资产质量，所以国内机构投资者对企业资产证券化的投资准入标准有其特别要求。

机构投资者对企业资产证券化产品的准入标准包括产品基础评级准入、原始权益人（发起机构）准入、基础资产准入、产品结构选择、规模与期限准入、其他参与主体准入等。下述的准入标准仅作一般性介绍，具体准入标准要根据机构投资者自身的特征和风险收益要求进行设定。

1. 产品基础评级准入

机构投资者通常会根据自身的风险承受能力和对资产组合管理的要求，规定企业资产证券化产品的外部评级下限，如 AA 级（含），同时规定当产品具有两个以上外部评级时采取孰低原则。部分机构投资者还会规定准入的评级机构名单。

另外，有些机构投资者会规定只参与企业资产支持证券产品中最高档次的资产支持证券，或不参与最低档次的资产支持证券。

2. 原始权益人准入

由于目前国内的企业资产证券化业务中，多存在收益权为基础资产、未出表的抵押融资产品，且普遍存在原始权益人或其关联方（如大股东）进行差额补足或流动性支持等增信安排，因此机构投资者在进行资产支持证券投资时通常很重视原始权益人的信用分析与准入。机构投资者对原始权益人的准入要求通常包括正面准入要求和负面准入限制（或称禁止准入）两个部分。

（1）正面准入要求。

正面准入要求通常包括基础名单管理、主体评级要求以及增信要求等。基础名单管理常出现在商业银行或银行理财作为投资人的情况中，银行通常将本行授信客户或风险分类为正常级别的客户认定为可以准入的原始权益人；

其他投资者通常会将外部主体信用评级作为准入的一项基础条件，如大多数投资者规定原始权益人外部评级不得低于AA级，而风险规避型投资者则可能要求原始权益人的外部评级不低于AA+级。

但是，考虑到企业资产证券化的基础资产有别于传统债券，机构投资者通常为原始权益人的准入要求约定豁免条款，如股东评级、外部增信方评级、企业资产证券化产品评级等达到一定条件时，可以豁免或放宽对原始权益人的主体准入要求。

（2）负面准入限制。

负面准入限制通常是对特定行业或具有特性风险的主体进行禁入。机构投资者实施禁入主要是根据对宏观经济和行业特征的分析判断为高风险行业或者监管限制而进行部分或整体行业禁入，主要体现为受监管限制行业（如两高一剩等）以及近期出现信用风险事件的行业。

另外，机构投资者还可能对近期出现违规或违法事件、被行政处罚、存在可预期重组、影响正常经营、发生主体信用评级下调的原始权益人采取一定的禁入措施。

3. 基础资产准入

对于基础资产，机构投资者首先要求其满足法律、法规和部门规章对资产证券化的基本要求，即权属明确、可特定化、可产生独立可预测现金流等，资产性质属于企业应收款、信贷资产、信托受益权、基础设施收益权等财产权利，商业物业等不动产财产，以及中国证监会认可的其他财产或财产权利。部分机构投资者可以通过列举制的方式具体列出符合规定的资产类型准入名单。

对于无法实现真实出售、破产隔离的基础资产，原则上应由原始权益人或其关联方提供差额支付承诺，或在产品设计中附有其他可以保障优先档投资者利益的增信措施。

基础资产为债权的，支付方为债务人，需关注债务人的资信状况、偿还能力、持续经营能力、还款记录、违约记录、违约率与分散度等。

4. 产品结构选择

企业资产证券化产品的结构具有多样性，且不同基础资产类型可能适用不同的产品交易结构，因此不能用硬性准入标准来限制产品结构要求。

机构投资者也会对产品结构加以考虑，将某些结构设计认定为加分项，如优先选择次级比例占比高于一定比例的资产支持证券，银行可以优先考虑有本行授信的优质客户或金融机构提供增信的产品等；也可以将某些结构设计作为减分项目，如审慎投资现金覆盖倍数低于一定比例的资产支持证券等。

5. 规模与期限准入

机构投资者通常会根据监管法规或合同规定、自有或管理基金期限的特点以及资产投资分散度等要求，设定资产支持证券投资的规模与期限准入要求。

例如，投资于单一或某类资产支持证券的规模不得超过该证券发行规模的一定比例；投资于单一或某类资产支持证券的规模不得超过自有或管理资产规模的一定比例；投资于资产支持证券的预期到期期限或资产加权平均久期不得超过一定期限等。

6. 其他参与主体准入

机构投资者通常对资产支持证券的其他参与主体设定准入要求，其他参与主体包括但不限于计划管理人、评级机构等。比如保险类投资机构投资资产支持证券的受托机构和计划管理人等参与主体受保监会 2012 年 91 号文等监管制度的限制。

第六节
资产支持证券投资交易规则

一、银行间市场资产支持证券投资交易规则

目前，在全国银行间债券市场发行并流通的资产支持证券主要是中国银监会与中国人民银行管辖、依据《信贷资产证券化试点管理办法》及相关法规设计和发行的信贷资产证券化产品。

（一）银行间市场对资产支持证券合格投资者的要求

《关于进一步扩大信贷资产证券化试点有关事项的通知》（银发〔2012〕127号文）要求稳步扩大资产支持证券机构投资者的范围，信贷资产证券化产品的合格投资者范围从银行业金融机构扩大至保险公司、证券投资基金、企业年金、全国社保基金等非银行机构投资者，且将单个银行业金融机构购买持有单只资产支持证券的比例放宽至不得超过该单证券发行规模的40%。

鉴于信贷资产证券化产品在银行间债券市场交易，因此机构投资者投资信贷资产证券化产品需要自行或委托其他机构开立银行间市场账户。目前全国银行间债券市场的参与主体包括以商业银行为主的机构投资者，主要包括商业银行、信用社、证券公司、保险公司等金融机构、非金融机构法人以及证券投资基金、信托计划、保险产品、证券公司和基金管理公司特定资产管理产品等在内的非法人机构。

（二）银行间市场对资产支持证券转让与交易的规定

资产支持证券在银行间市场的交易按照《全国银行间债券市场债券交易管理办法》、《全国银行间债券市场债券交易流通审核规则》的相关规定执行。

资产支持证券在银行间市场的交易以询价方式进行，自主谈判、逐笔成交。金融机构可直接进行债券交易和结算，也可委托结算代理人进行债券交易和结算；非金融机构应委托结算代理人进行债券交易和结算。交易双方应订立书面形式的合同（包括交易日期、交易方向、债券品种、债券数量、交易价格或利率、账户与结算方式、交割金额和交割时间等要素），具体形式包括同业中心交易系统生成的成交单、电报、电传、传真、合同书和信件等，并办理交易相关的结算工作。

二、证券交易所资产支持证券投资交易规则

目前，在国内证券交易所挂牌交易的资产支持证券主要是由中国证监会

管辖、依据《证券公司及基金管理公司子公司资产证券化业务管理规定》及前期法规①设计和发行的资产证券化产品（截止到2014年年底，唯一的例外是平安银行1号小额消费贷款证券化信托资产支持证券），具体交易平台分别为上交所固定收益证券综合电子平台和深交所综合协议交易平台。

资产证券化产品的现行交易规则主要包括《上海证券交易所资产证券化业务指引》和《深圳证券交易所资产证券化业务指引》（2014年修订）及配套文件。

上交所和深交所对资产支持专项计划合格投资者的认定要求与交易规则整体上是相同的。需要关注的是：（1）根据上述交易指引，上交所要求优先档资产支持证券按净价方式转让，次级档资产支持证券按全价方式转让；深交所要求资产支持证券采用全价方式转让。（2）上交所与深交所要求的挂牌申请材料名单略有不同，主要体现为深交所对申请材料提出了评级报告要求。（3）上交所固定收益证券综合电子平台交易时间为9：30～11：30、13：00～14：00；深交所综合协议交易平台接受资产支持证券转让申报的时间为每个交易日的9：15～11：30、13：00～15：30。

（一）证券交易所对资产支持证券合格投资者的要求

上交所要求资产支持证券的投资者合计不超过200人，单笔认购金额不低于人民币100万元，且满足如下条件：（1）经有关金融监管部门批准设立的金融机构，包括银行、证券公司、基金管理公司、信托公司和保险公司等；（2）上述金融机构面向投资者发行的理财产品，包括但不限于银行理财产品、信托产品、保险产品、基金产品、证券公司资产管理产品等；（3）经有关金融监管部门认可的境外金融机构及其发行的金融产品，包括但不限于合格境外机构投资者（QFII）、人民币合格境外机构投资者（RQFII）；（4）社会保障基金、企业年金等养老基金，慈善基金等社会公益基金；（5）在行业自律组织备案或登记的私募基金及符合本条第（六）款规定的私募基金管理人；

① 主要指2013年发布的《证券公司资产证券化业务管理规定》和2006年发布的《证券公司企业资产证券化业务试点指引（试行）》等。

（6）其他净资产不低于人民币 1 000 万元的单位；（7）符合中国证监会相关规定及经本所认可的其他合格投资者。

深交所对参与资产支持证券认购、转让的合格投资者的要求包括：（1）经有关金融监管部门批准或者备案设立的金融机构，包括但不限于银行、证券公司、基金管理公司、信托公司和保险公司等；（2）前项规定的金融机构面向投资者发行的金融产品，包括但不限于银行理财产品、信托产品、保险产品、基金产品、证券公司资产管理产品等；（3）经有关金融监管部门认可的境外金融机构及其发行的金融产品，包括但不限于合格境外机构投资者、人民币合格境外机构投资者；（4）社会保障基金、企业年金等养老基金，慈善基金等社会公益基金；（5）在行业自律组织备案或者登记的私募基金及私募基金管理人；（6）净资产不低于 1 000 万元的非金融机构；（7）符合中国证监会《私募投资基金监督管理暂行办法》及相关规定的其他合格投资者。

（二）证券交易所对资产支持证券转让与交易的规定

1. 上海证券交易所

上交所申请挂牌需要提交的材料包括：专项计划完成备案的证明文件；计划说明书、主要交易合同文本、相关决议和承诺，以及证券服务机构出具的意见或报告等资产支持证券发行文件；特定原始权益人最近 3 年（未满 3 年的自成立之日起）经审计的财务会计报告及融资情况说明；资产支持证券实际募集数额的文件；资产支持证券的登记托管文件；专项计划是否发生重大变化的说明；上交所要求的其他材料。

上交所对挂牌资产支持证券的转让，按照申报时间的先后顺序进行确认，对导致资产支持证券持有人数超过 200 人的转让不予确认。

资产支持证券以现货或上交所认可的其他方式转让，并可以根据相关规则通过债券质押式回购融资。资产支持证券的现货转让适用交易所债券交易的相关规定，单笔申报数量应当不低于 100 万元发行面值。优先档资产支持证券按净价方式转让，次级档资产支持证券按全价方式转让。交易所停止转让服务的情形主要包括：在资产支持证券到期前 2 个交易日，或资产支持证券未到期，但专项计划根据计划说明书约定终止；计划管理人或上交所认定需要终止转让的其他情形。

2. 深圳证券交易所

深交所申请挂牌需要提交的材料包括：挂牌申请书；专项计划备案证明文件；计划说明书、交易合同文本，以及法律意见书等专项计划法律文件；资信评级机构出具的报告（如有）；特定原始权益人最近3年（未满3年的自成立之日起）经具有从事证券期货相关业务资格的会计事务所审计的财务会计报告及融资情况说明；募集完成后经具有从事证券期货相关业务资格的会计师事务所出具的验资报告；指定登记结算机构出具的登记托管证明文件；专项计划是否发生重大变化的说明；深交所要求的其他文件。

深交所对挂牌资产支持证券的转让，按照申报时间的先后顺序进行实时成交确认。转让后，单只资产支持证券的投资者合计不得超过200人。资产支持证券采用全价转让方式的，转让价格由买卖双方自行协议确定。资产支持证券转让可以当日回转。深交所接受资产支持证券转让申报的时间为每个交易日的9:15～11:30、13:00～15:30，转让申报当日有效，接受意向申报、定价申报、成交申报和其他申报方式。资产支持证券以当日该证券所有转让的成交量加权平均价为收盘价；当日无成交的，以前收盘价为当日收盘价。

第七节 资产支持证券投资风险分析

一、原始权益人及基础资产信用风险分析

信用风险主要是指资产证券化的原始权益人（发起机构）与基础资产的信用风险，信用风险是一种违约风险，主要指因资产证券化参与主体和基础资产本身原因导致无法按照各种合同要求履行相关约定，导致资产支持证券投资人无法按照交易文件获取约定本息的风险，或者说证券化资产所产生的

现金流不能支持本金和利息及时、足额支付的风险。

（一）原始权益人信用风险分析

原始权益人的信用风险在资产支持证券风险分析中的重要性程度，与基础资产类型息息相关。如果基础资产是债权类资产（信贷资产支持证券、以应收债权为基础资产的交易所资产支持证券），该资产可以真实出售，基础资产的风险中债权本身（或者说债权对应的债务人）的信用更为重要，机构投资者对原始权益人本身的信用风险关注可以少一些。而如果基础资产是收益权类资产，特别是原始权益人承担差额补足的产品中，原始权益人的信用资质就非常重要了，在这种情况下不仅要关注基础资产未来现金流的大小和稳定性，也需要关注原始权益人自身的财务风险。原始权益人自身一旦出现财务危机，或丧失持续经营能力，就会对资产支持证券的按期足额兑付造成不利影响，因此应该重视原始权益人的信用风险分析。

资产证券化中的原始权益人信用风险分析与传统企业信用风险分析类似，主要从所处宏观经济、产业与行业、企业基本素质、经营管理和财务等方面进行分析：（1）宏观经济方面，主要是看经济背景的走势对企业的影响；（2）产业与行业方面，主要是看企业所处的行业处于经济周期的哪个阶段，以及行业景气度、竞争格局、产业政策对企业的影响；（3）企业基本素质方面，主要是从区域环境、所有制性质及股东背景、企业规模及地位、技术水平及研发能力等角度分析企业的持续经营能力；（4）经营管理方面，主要是从法人治理结构、管理水平、业务链条、产品等角度分析企业的竞争力；（5）财务方面，主要是从财务信息质量、资产质量、资本结构、盈利能力、现金流、偿债能力等数据分析企业的偿债能力和财务稳定性。

鉴于原始权益人信用分析与信用债券的常规分析较为类似，在此不做进一步展开分析。

（二）基础资产信用风险

资产证券化的本质就是将基础资产现金流进行整体出售的行为，因此基础资产信用风险是资产证券化信用风险分析的核心。基础资产信用风险是指基础资产所产生的现金流不足以支付资产支持证券化约定本息的风险，从整体上讲是采用量化分析的方法，结合特定的交易结构，在各种压力测试情形下计算资产池现金流入与流出的情况。

根据基础资产类型的不同，其信用分析的重点也不相同。通常来说，对于债权类基础资产，主要是通过对基础资产对应债务人的信用风险分析来评估违约风险，如果基础资产属于债权资产包，则在逐个分析债务人信用风险的基础上，还应分析相关性风险和期限风险，从而综合评估资产包的违约风险概率。对于收益权类基础资产，应当关注影响未来现金流的各种经济因素，通过历史收入数据的建模分析，模拟未来现金流的概率，分析影响现金流大小和稳定性的各种因素来评估违约风险。

对于具有抵押物的基础资产类型，考虑到抵押物的估值和流动性水平会直接影响基础资产出现不良时的回收率水平，因此应充分评估抵押物的价值以及在各种压力环境下的价值变动。当债权抵押物（如住房和汽车等实物资产）的市场价格大幅下跌时，即便债务人具有偿债能力，也可能因债务现值高于抵押物的市场价格而发生违约风险。在这种情况下，尽管可通过法定程序拍卖抵押品来补充现金流，但因价格下跌后的抵押品变现价值无法补偿全部现金流损失，证券投资人也可能遭受损失。

对信贷资产证券产品的基础资产进行风险分析主要需要综合考虑贷款影子评级及资产包影子评级、贷款期限及账龄，同时通过现金流压力及敏感性测试进行模拟分析。对于不同类型的信贷资产支持证券，关注的重点也有所不同：（1）对于以工商企业贷款为基础的 CLO 产品，需要检查资产池中每笔贷款的资质，从整体上来说，贷款影子评级越高、账龄越长、加权平均生育期限越短、行业分散度越强，则资质越好。（2）对于汽车金融资产证券化产品，需要综合评估汽车金融公司的系统管理能力、地域和车型分散度、静态资产池历史水平、超额抵押和超额利差水平。（3）金融租赁资产证券化产品与工商企业贷款具有一定共性，差异在于本息支付方式。对于金融租赁资产证券化产品，需要综合评估承租人和保证担保人的资质，对于资产集中度高的产品，应该重视压力测试。（4）对于住房抵押贷款证券化产品，应充分考虑贷款的地域分散度、超额抵押和超额利差水平、加速清偿触发机制和权利完善制度等。

企业资产证券化产品的基础资产种类很多，法律性质和现金流属性存在较大的差异，机构投资者需要充分了解所关注的产品基础资产的现金流形成逻辑和可特定性，并分析产生现金流的经营活动的稳定性和可持续性。对于具有外部增信方式的资产证券化产品，应该关注保证担保方的信用资质。对于不同类型的基础资产，需要关注的重点有所不同：（1）小额贷款债权资产与中小企业银行贷款具有一定的相似性，应重点关注资产的基础信用资质及分散程度、小贷公司的风险控制能力、贷款管理标准及执行能力，另外对于循环购买模式要防范资金混同风险。（2）融资租赁资产证券化产品，与工商企业贷款具有一定共性。对于金融租赁资产证券化产品，需要综合评估承租人和保证担保人的资质，对于资产集中度高的产品，应该重视压力测试。（3）对于收益权类资产，应当充分了解各类基础收益权所依据的经营模式，结合历史数据分析该经营模式下现金流的稳定性和可预测性，并重点关注资金归集流程和账户设置，以避免资金混同风险。

二、受托人或计划管理人风险分析

信贷资产证券化中的受托人和交易所资产证券化中的计划管理人的经营状况原则上不会直接影响资产支持证券的本息支付情况，但是它们在很大程度上会影响资产服务机构向特殊目的载体支付本息兑付资金后，向资产支持证券投资人支付本息的安全性和及时性。尽管在资产证券化业务中会约定基础资产独立于受托人及计划管理人，且在交易文件中约定了受托人或计划管理人破产情形下的更换方式，但此行为必然会对产品及时兑付本息造成不利影响，同时受托人或计划管理人的运营差错或管理不当也会造成产品信用风险。因此在资产证券化业务中，通常会选择具有较高本体资信和丰富业务经验的机构作为受托人或计划管理人。

另外，考虑到我国证券交易所资产证券化产品的载体为基于证券公司和基金子公司资产管理业务的资产支持专项计划，所以从法律属性上属于委托代理关系，而非信托关系。尽管《证券公司及基金管理公司子公司资产证券化业务管理规定》明确指出“专项计划资产独立于原始权益人、管理人、托管人及其他业务参与人的固有财产。原始权益人、管理人、托管人及其他业务参与人因依法解散、被依法撤销或者宣告破产等原因进行清算的，专项计划资产不属于其清算财产”，但由于资产支持专项计划框架基于委托代理的理念，证券公司和基金管理公司子公司与投资者之间的契约关系是代理人与委托人，因此一旦计划管理人破产，基础资产是否能够免收计划管理人之债权人的追偿，尚无法庭裁决案例，这在一定程度上增加了产品的不确定性。不过证监会提出的管理规定可能将为未来的法庭裁决提供一些指引，此风险在一定程度上是可控的。

计划管理人破产隔离问题的另一影响是在国际评级机构（如穆迪等）对相关产品进行参考评级时，可能会制约可获得的最高评级或影响交易的受评能力，进而对评级结果和境外机构投资者的投资意愿产生影响。

三、交易结构风险分析

资产支持证券作为一种结构化金融产品，产品的投融资效率及其设计的可执行性与其交易结构存在密切关系。考虑到每个国家对资产出售都有不同的法律和会计规定，这就导致了机构投资人在购买资产支持证券份额时，可能面临交易结构风险。从理论上讲，如果产品设计中原始权益人的资产出售实现了“真实出售”，即证券化基础资产从原始权益人的资产负债表剥离出去，同时原始权益人的其他债权人对出售资产没有追索权，那么资产证券化就实现了原始权益人的破产隔离，即使原始权益人破产，证券化基础资产也不会被认定为清算对象，基础资产所产生的现金流仍将通过服务机构或受托机构转给证券投资人。而交易结构风险是指在资产证券化过程中，未能实现被证券化资产的真实出售。在这种情形下，一方面，证券化基础资产在法律上可能继续被视为原始权益人的表内资产，无法与原始权益人的破产风险隔离，即使基础资产保持良好运营，资产支持证券的投资人仍有可能遭受原始权益人破产和基础资产被破产清算而引起的损失；另一方面，在基础资产无法出表的情况下，资产证券化产品的安全性与原始权益人的持续经营能力息息相关，可能因为原始权益人信用资质恶化、原始权益人主体评级下调而导致资产支持证券评级下调，甚至因原始权益人丧失持续经营能力而导致资产支持证券违约。

识别和防范资产支持证券的交易结构风险的核心在于基础资产的类型、通知义务的完善以及破产隔离瑕疵情形下的权利完善措施。目前国内资产支持证券的基础资产类型主要分为债权类和收益权类，其中银行间市场发行的信贷资产支持证券和以应收债权、小额贷款为代表的交易所资产支持证券属于债权类资产证券化产品，而以特许经营收费权、未来收益权为代表的交易所资产支持证券属于收益权资产证券化产品。

从整体上说，债权类资产与原始权益人的风险隔离程度高，通常能够满足资产真实出售和破产隔离的基本条件。债权类资产的交易风险识别主要应当关注：（1）通知义务是否完成；（2）抵押等附属权益转移手续是否完备；（3）继续涉入而导致的无法出表。相关内容包括：（1）我国《合同法》规定“债权人转让权利的，应当通知债务人。未经通知该转让对债务人不发生效力”，因此债权转移需要采取逐个通知或采取监管部门认可的通知方式来通知债务人，以达到完善债权转移的目的。（2）抵押等附属权益转移随债权转移而转移，未经抵押转移登记不影响债权转移效力，但不能抵抗善意第三人，因此办理资产出售时应当及时办理抵质押转移登记工作，对于不便进行转移抵质押的资产（如 RMBS 中的众多个人住房按揭贷款等）应该采取必要的权利完善措施。（3）对于因为循环购买等措施导致债权继续涉入的，需要综合权衡原始权益人主体的信用以及交易安排设计的完备性。

收益权类资产通常无法与原始权益人实现风险隔离，本质属于质押融资行为，无法满足资产支持真实出售和破产隔离的基本条件，所以在此情况下应该从原始权益人的信用和账户设置、资金划转等方面来评估资产支持证券的风险防范完善程度。首先需要评估原始权益人的主体信用以及对基础资产的持续经营能力，原始权益人的主体信用在前文已经分析过，此处不再赘述。基础资产的持续经营能力着重关注基础资产能否脱离原始权益人实现独立持续运营，通常需要考虑原始权益人的经济与社会地位、基础资产现金流是否特定并持续（对其他债权人而言）、持续经营收益是否高于破产清算收益。其次，需要评估账户设置和资金划转效率等要素，以判断基础资产收益是否可以及时、足额地支付给资产支持证券的投资人，以最大限度地避免原始权益人破产对资产支持证券本息安全性造成的负面影响。

此外，对于循环购买结构的资产支持证券，应当密切关注基础资产池类型、循环购买频率及期间建议安排，特别是在二级市场交易环节，由于当前国内资产证券化信息披露市场还有待健全，除非是极度分散且同质化的基础资产，知悉其基础资产资质需要投资者给予更多的关注。

四、早偿风险分析

早偿风险是资产证券化产品相对于传统债券所特有的一种风险类型，主要指过手型资产支持证券的借款人可能会因为多种原因提前偿还全部或部分贷款本金，直接导致资产支持证券本金的提前偿付，从而影响资产支持证券的期限和收益。不同资产类型（如工商企业贷款、汽车贷款、住房抵押按揭贷款等）的早偿率具有一定差异，因此不同资产支持证券的早偿风险也有一定差异。

机构投资者在进行资产支持证券，特别是过手型资产支持证券的投资分析过程中，应采取计量方式对历史数据进行分析，并预测未来现金流，尽量有效评估资产支持证券的未来现金流。但是考虑到根据历史数据预测的现金流与实际现金流不可能完全相同，机构投资者将不可避免地承担一定的提前偿付风险。如果机构投资者是采取资金池模式进行资产支持证券投资，即过手型资产支持证券仅是该投资人众多资产配置的一种，则早偿风险对于整体投资配置的影响就相对有限；如果将过手型资产支持证券作为单一投资标的，或通过单一负债融资（如发行特定某期理财产品）来投资过手型资产支持证券，则早偿风险的影响相对较大。

五、利率风险分析

证券化产品作为一种固定收益证券，与传统债券类似，均要承受利率风险，即由市场利率的变动所导致的证券化产品价格变动。市场利率将随宏观经济环境的变化而波动，利率波动可能会影响资产证券化优先档和次优档份额的收益。一方面因为资产支持证券的优先档和次优档份额可能采取固定利率结构，当市场利率上升时，资产支持证券的相对收益率就会降低，进而导致资产支持证券的净值下降；另一方面，利率水平如果上行，可能引发或增大原始债务人的违约风险。市场利率走高，债务人付息负担加重，债务人有可能发生不履约或不及时履约的行为。一旦违约风险集中爆发，资产池现金流不足，无法按约定的收益率全额支付证券化产品的收益，证券化产品的市场价格必然下跌，使投资人遭受损失。

机构投资者在进行资产支持证券投资决策时，应当充分考虑利率风险对自身证券投资模式及配置需求的影响，并在投资交易过程中充分考虑未来市场利率波动的影响。机构投资者可以尝试通过二级市场交易来缓释利率超预期上升带来的风险。

六、流动性风险分析

鉴于当前国内资产支持证券的二级交易市场的流动性较差，交易所资产支持证券在固定收益平台或综合协议平台进行流通的交易对手有限，因此机构投资者面临无法在合理时间内以公允价格出售资产支持证券并遭受投资损失的风险。由于资产支持证券的本息偿付特征与传统债券不同，价值评估方法也比较特殊，我国机构投资者对于资产证券化产品的认知尚不充分，资产支持证券的流动性风险在短期内仍会存在。如果机构投资者将资产支持证券作为一种长期投资配置，采取持有到期方式则流动性风险的影响不大；如果机构投资者希望将资产支持证券作为短期交易品种，则流动性风险会比较突出。

机构投资者进行资产证券化产品的投资配置和定价时应当充分考虑资产支持证券的流动性风险，并合理预判资产证券化产品存量、规模因素对证券流动性的影响，合理匹配自有或可支配资金投资资产支持证券的流动性需求。

第八节
资产支持证券定价分析

一、资产支持证券定价的基础思路

资产支持证券作为固定收益证券的一种，优先档以及次优档资产支持证券份额具有相对确定的预期收益率以及到期日，因此资产支持证券的定价模式与传统债券具有相似性。但由于资产支持证券（特别是信贷资产支持证券）具有高于传统债券的早偿风险，且信用风险源于较为复杂的基础资产和交易结构，资产支持证券的定价往往比传统债券的定价更为复杂。

资产支持证券的定价在思路上分为绝对估值定价和相对估值定价两种，其中绝对估值定价是将资产支持证券的未来可预期现金流，通过适当的利率进行折现得到资产支持证券的绝对价格；相对估值定价是指在选定基准收益率的基础上，根据信用风险、流动性、期权价值等因素导致的收益率补偿，计算得到资产证券产品的预期收益率的定价思路。

相对估值定价是固定收益产品采取的主要定价方式，而固定收益证券投资者也普遍采用到期收益率或利差作为报价方式。因此，资产支持证券也多采取相对定价的思路进行估值，即通过计算资产支持证券在基准收益率（在海外通常为国债收益率，而在国内主要是金融债或企业债收益率）的基础上需要额外提供的信用、流动性或期权利差，得到资产支持证券发行或交易时的预期收益率。

基于实践经验，资产支持证券预期收益率相对于基准收益率的利差，主要来源于信用利差、再投资风险补偿、流动性溢价和新产品溢价等。

二、我国资产支持证券定价现状

（一）我国资产支持证券的定价在很大程度上基于发行询价

目前我国的资产支持证券缺乏流动性，二级交易市场无法提供有效的定价依据，中债登对银行间债券市场流通的信贷资产支持证券的参考估值存在偏离市场现象，而中证登尚未对交易所市场流通的资产支持证券提供参考估值，所以我国资产支持证券的定价主要体现为一级发行市场的预期收益率定价。

由于我国资产证券化产品的研究分析与投资刚刚起步，信息披露制度有待完善且信用数据来源有限，我国机构投资者尚未将国际市场常用的、基于量化分析的资产证券化定价模型广泛应用于投资分析中，加上资产支持证券在现阶段更多的是作为对传统债券投资的补充，因此我国资产支持证券的发行定价更多地来源于承销机构（包括证券公司、商业银行）的路演询价，即资产支持证券发行的预期收益率或利差水平诞生于“能够卖得出去的价格”，而偏数量化的基础定价模型在此过程中只是提供支持和参考作用。

（二）我国资产支持证券定价将越发市场化、模型化

随着国有银行、股份制商业银行、城商行、农信社，以及各类非银金融机构逐步参与到资产支持证券的发行和投资领域，过去主要依靠发起机构间互持的局面逐渐改善，资产支持证券优先档和次优档份额的发行定价已经比较市场化，越来越多的买方机构与投行、发行人一起研究和开发资产支持证券的投资分析模式与定价模型。

从整体上看，我国的资产支持证券从交易结构、基础资产类型与风险收

益属性角度可以分为表内质押融资模式和资产出售模式，其中表内质押融资模式主要包括收益权类交易所资产支持证券、银行间协会的资产支持票据等非出表模式的资产证券化业务类型；资产出售模式主要是指银行贷款资产支持证券，以及债权出表类资产证券化产品。

表内质押融资模式的资产证券化产品，其业务本质等同于抵押担保债券，适用的定价模式与原始权益人或可比机构发行的传统债券类似；资产出售模式的资产支持证券，其定价基础已经不仅仅依托于原始权益人主体信用，而是依托于资产质量，其定价模式与原始权益人的可比债券具有明显差异性——对于以单一应收债权作为基础资产的资产支持证券，其定价需要参考的是应收债权之债务人发行的可比债券，而非原始权益人（应收账款债权人）的可比债券；对于以多笔信贷资产或应收债权作为基础资产的资产支持证券，则需在评定基础资产包资质的基础上，参考成熟市场的利差定价方式进行定价，常见的利差定价方式包括名义利差、零波动利差（Zero-volatility Spread，简称 Z-spread）和期权调整利差（Option Adjusted Spread，简称 OAS）等。

（三）机构投资者应提高定价能力并寻求获利空间

目前国内资产证券化产品还未形成完整的定价体系，收益率曲线尚不连贯且存在较大波动，众多产品的定价并不能体现其真实价值，具有套利交易的空间。机构投资者使用估值与交易系统存在定价方法、参数设置等方面的差异，机构投资者可以通过提高研究水平和资产识别能力，提高 ABS 的定价水平，积极参与建立 ABS 的定价体系，推动资产支持证券收益率曲线的完善，并从中获得收益。

三、我国资产支持证券的常见定价步骤

（一）信贷资产支持证券的常见定价步骤

在对信贷资产支持证券进行定价时，首先要详细分析基础资产池状况、

交易结构安排、证券结构等，找出其中的优势和可能存在的风险，并结合市场情况，对产品进行定价。信贷资产证券化产品定价考虑的主要因素是证券的信用风险补偿、流动性补偿和其他风险补偿，同时考虑证券结构设计、期限以及市场环境变化的影响。在定价思路上主要是与具有相同或相似风险收益特征的市场化债券产品进行类比，以获取机构投资者可以接受的价格。随着 2015 年国内资产证券化市场的蓬勃发展，各种发起机构、期限及产品设计特征的信贷资产支持证券更为丰富，为后续产品的定价提供了更好的可比依据。

1. 优先档资产支持证券定价

信贷资产支持证券的优先档证券评级通常能够达到 AAA 评级，且目前产品的期限都相对较短（不超过 2 年，且 1 年内期限占比较大），因此可以考虑与 AAA 评级短期融资券、其他资产支持证券进行类比，根据差异调整利率的方式进行定价。在这种可比分析中，因为选取的可比证券属于与待定价证券信用风险特征相似的证券，因此主要信用利差已经包含在可比证券的收益率中，在参照收益率基础上调整的幅度主要体现为流动性、早偿等风险所要求的补偿及部分细节差异导致的信用利差。

另外，使用数理模型也是优先档证券定价方法的研究依据和有效补充，数理模型的方法主要是通过计量模型直接计算待定价资产支持证券相对于无风险利率的信用利差，然后再考虑流动性和早偿等因素要求的收益率补偿，进而加总估算出优先档资产支持证券合理的收益率水平。

（1）以高评级短期融资券或债券作为定价参考。

鉴于多数机构投资者对于短期融资券投资已经轻车熟路，且 AAA 级优先档资产支持证券的信用水平与同评级短期融资券较为相近，因此短期限的优先档资产支持证券可以用 AAA 级的短期融资券作为定价参照物。具体做法如下：

①确定市场上与待定价资产支持证券期限相同的高评级短期融资券的利率区间（如果当时市场上没有同期限的短期融资券，则应结合期限因素对参照利率进行适当调整）。

②在短期融资券利率区间基础上，在资产支持证券定价区间上给予投资者一定的流动性补偿（流动性补偿可以通过测算市场存续的资产支持证券与同期限、同评级短期融资券利差进行估算）。

③结合提前偿还风险、利率属性（浮动或固定）等因素对资产支持证券的定价区间进行适当调整。在减息周期中，提前偿还风险越大，则需要给予投资者的收益率补偿越大；在加息周期中，固定利率资产支持证券定价时需要考虑利差补偿，而浮动利率资产支持证券则需要关注证券的票面利率调整频率，以及票面利率调整时间相对于基准利率调整时间的时滞，如果时滞较大也应考虑利差补偿。

对于未来逐步出现的长期限AAA级优先档资产支持证券，则可以使用同期限、同信用等级的金融债或者高信用等级的中期票据作为定价参照物。

（2）以已发行的同评级资产支持证券作为定价参考。

目前资产支持证券的发行量呈现爆发趋势，存续期证券的期限、类型丰富度大大提高，为资产支持证券的定价寻找可比证券奠定了基础。使用可比资产支持证券作为定价参考时，可比证券与待定价证券的基础资产类型、交易结构安排、分级方式、发行规模等需要尽量相似。通过比较待定价证券与可比证券主要正面因素和负面因素的差异，在可比证券收益率的基础上进行适当调整。如果特定类型的资产支持证券在近似期限内没有可比证券发行或没有合理的可比证券二级市场价格，需要参照可比证券的历史数据，并考虑两个时点上市场环境的差异。

在拟定价证券与可比证券的比对过程中，主要应关注如下因素的相似程度：

①基础资产池情况：资产类型、资产质量优劣（如贷款影子评级）、行业与地域分散度、历史违约率与早偿情况（如汽车贷款或房贷等），资产质量越高、分散度越高，通常优先档证券收益率越低。

②证券产品设计：分级结构及各档证券厚度，次优档和次级厚度越大，对优先档证券的保护通常就越好，优先档证券的收益率就越低；加权平均期限，加权平均期限越短，预期收益率越低；利率类型，加息预期下，固定利

率产品收益率要求相对较高，浮动利率产品收益率要求相对较低，降息预期反之；付息频率，通常证券付息频率越高，收益率要求相对越低。

③增信措施：超额利差、储备资金账户以及加速清偿保护等，增信措施越完善有效，优先档证券的收益率要求越低。

（3）使用数理模型计算优先档资产支持证券定价的信用利差。

资产支持证券定价常使用单因素高斯 Copula 模型，该模型根据风险中性原理对待定价证券的信用风险进行计算，即使得“待定价证券名义现金流在考虑信用利差情况下高折现率折现的现值”与“扣除信用风险损失后的净现金流使用无风险利率折现的现值”相同的信用利差即为合理的信用利差水平。用数学公式表示为：

$$\frac{\text{待定价证券名义现金流}}{(\text{无风险利率}+\text{信用利差})}=\frac{(\text{待定价证券名义现金流}-\text{信用风险损失})}{\text{无风险利率}}$$

基于这一等式，如果用 r_t、p_t 分别代表第 t 期的即期无风险折现率、待定价证券本金余额，用 EL_t 代表第 t 期累计期望损失，则可以得到信用利差的计算公式为：

$$\text{信用利差}=\frac{\sum_{t=2}^{n} r_t\,(EL_{t-1}-EL_{t-2})}{\sum_{t-2}^{n} r_t\,(p_{t-2}-EL_{t-2})\ +p_0 r_1}$$

通过计算待定价证券预期的信用风险损失以及各期本金余额，配合无风险利率数据，即可使用上述公式计算信用利差。

关于信用利差的其他计算方法，我们在后面的章节中会进一步介绍。

2. 次优档资产支持证券定价

（1）与同一资产支持证券的优先档证券进行比较定价。

同一个资产支持证券的次优档和优先档本质上是对于同一个资产池所产生的现金流不同支付顺序的分配，因此次优档证券的收益率定价可以在优先档证券收益率的基础上，结合两档证券在信用等级（预期损失程度）、加权平均期限等方面的差异，给予一定的利差补偿，从而得到次优档证券需要的收益率水平。

其中，信用等级差异需要的补偿利差可以通过计算已发行资产支持证券的优先档、次优档的利差或相应评级的短期融资券利差进行判断；加权平均期限差异需要的补偿利差可以参考金融债利率曲线或高评级企业债利率曲线来判断。

（2）与同等评级的其他资产支持证券次优档进行比较定价。

使用同等评级的其他资产支持证券次优档作为定价参考时，可比证券与待定价证券的基础资产类型、交易结构安排、分级方式、发行规模等需要尽量相似。通过比较待定价证券与可比证券主要正面因素和负面因素的差异，在可比证券收益率的基础上进行适当的调整。如果特定类型的资产支持证券在近似期限内没有可比证券发行或没有合理的可比证券二级市场价格，需要参照可比证券的历史数据，并考虑两个时点上市场环境的差异。如果近似期限内没有与待定价证券同等评级的其他次优档证券，而使用近似评级的其他次优档证券作为可比证券时，则需要考虑信用评价差异对收益率的影响。

（3）使用数理模型计算次优档资产支持证券定价的信用利差。

次优档证券也可以使用数理模型来计算其与无风险利率之间的信用利差，然后再考虑期限、流动性、证券利息结构、市场现况等因素综合判断次级档证券需要的收益率水平，具体计算步骤与优先档数理模型计算步骤相同。

（二）交易所资产支持证券的常见定价步骤

交易所挂牌的资产支持专项计划（或既往发行的专项资产管理计划）的定价逻辑与信贷资产支持证券具有很强的相似性，在实务操作中主要也是采取可比分析法进行定价分析。从整体上看，资产支持专项计划作为一种信用债产品，其风险收益特征与相同评级的银行间短期融资券、中期票据具有相似性，其定价利差主要来自交易场所、产品结构、流动性等方面的差异。另外，由于资产支持专项计划在我国仍属于较为创新的证券产品，广大投资者尚处于逐步研究的状态，因此资产支持专项计划与相同评级的短期融资券、中期票据之间存在着新产品溢价，即因为投资者对新产品了解不够透彻而要求的投资风险补偿。

另外，随着资产支持专项计划的备案制改革及2015年国内资产证券化市场的蓬勃发展，以各类债权或收益权（如租赁、小额贷款债权、特许经营权收益等）作为基础资产的资产支持专项计划数量大大丰富，各种类型原始权益人、期限、产品设计与评级的资产支持证券谱系进一步完善，待定价的资产支持证券可以选择相同评级、类似基础资产类型的可比资产支持证券作为定价参照物。

1. 以短期融资券或中期票据作为定价参考

资产支持专项计划与银行间中短期票据在交易场所、产品结构、流动性，以及投资者接受度等方面存在差异，在将同评级、同期限的中短期票据作为定价参考时，需要针对这些差异进行调整，具体表现为流动性利差和新产品溢价。

流动性利差源于现阶段资产支持专项计划在交易所市场的交易效率显著弱于银行间的短期融资券或中期票据，投资者需要就此获得利差补偿。这部分利差可以参考其他资产支持专项计划与同期限、同评级的中短期票据的利差均价进行估算，也可以参考在银行间和交易所同时上市的相同主体或类似主体发行的中短期票据与公司债券的利差进行估算。

新产品溢价的存在是因为资产支持专项计划是一种创新产品，产品结构相对复杂，投资者群体相对有限，且资产支持专项计划在破产隔离方面还存在一定的法律不确定性，因此资产支持专项计划需要支付一定的新产品溢价以吸引更多的投资者参与。

2. 以同期限、同评级的资产支持专项计划作为定价参考

以可比资产支持专项计划作为参考给拟定价证券进行估值时，需要尽量选择与待定价证券评级相同、期限相同或相近、基础资产类型相同或具有相似性、分级与交易结构相近的可比证券。鉴于现阶段为待定价证券找到各方面要素完全相同的可比证券存在很大难度，因此在进行比较定价时，需要根据各主要要素差异的正面影响或负面影响，相应地调整拟定价资产支持专项计划的预期收益率水平。从整体上来说，如果待定价证券相对于可比证券，期限越短、基础资产资质越高、次级证券对待定价证券的保护程度越厚、其他交易结构和增信措施对待定价证券的保护程度越高，待定价资产支持专项计划需要的收益率就越低。

四、利差定价模型在资产支持证券领域的应用

利差定价模型是固定收益证券相对价值定价思路的主要体现。利差是指投资者投资拟定价证券，较可比基准额外承担了风险而需要获得的收益率补偿。鉴于资产证券化产品与国债（或政策性金融债）相比具有信用风险、流动性风险、期权风险（包含早偿风险）等额外风险，所以资产支持证券的预期收益率需要包含相对于可比证券的利差。

名义利差、零波动利差和期权调整利差常被用来计算资产支持证券的利差。

在资产支持证券进行利差定价时，需要根据该产品是否含权来确定合适的利差分析模型。如果资产支持证券不含嵌入式期权，或者该期权为虚值期权，且有足够依据认为该期权不会被行使（即期权对证券定价影响不大），则可以使用名义利差或零波动利差对资产支持证券的定价进行相对简单、快速的计算。如果资产支持证券包含提前还款权力，且可以预期该期权对证券定价具有显著影响，就需要通过计算该证券的期限调整利差来对资产支持证券进行定价。

（一）名义利差

名义利差是最简单的利差计算形式，是指拟定价证券预期收益率大于相对期限可比基准证券（可以是国债、特定评级证券或同一发行人发行的证券）利率的部分，未考虑利率的期限结构，也未考虑内嵌期权的因素。

$$\text{资产支持证券的价值} = \sum_{i=1}^{N} \frac{\text{第 i 期预期现金流}}{1 + \text{证券静态收益率}}$$

$$\text{名义利益} = \text{证券静态收益率} - \text{可比证券利率}$$

当可比证券是同期限国债时，名义利差主要是对拟定价证券所承担的额

外信用风险、流动性风险和期权风险的补偿；当可比证券是特定评级证券（如金融债）时，名义利差主要是对拟定价证券所承担的额外信用风险、流动性风险和期权风险的补偿；当可比证券是同一发行人发行的证券时，名义利差主要是对拟定价证券所承担的额外流动性风险和期权风险的补偿。

名义利差法的优点在于计算过程简单，能够快速判断资产证券化产品的价值，缺点主要体现为假设缺陷和定价精确度不足。一方面，其假设证券的本息收入可以按照持续稳定的收益率进行再投资，这在现实中是无法实现的；另一方面，名义利差法并未充分考虑早偿风险和期限结构对资产支持证券价值的影响，而这恰恰是资产证券化产品定价过程中的两大核心要素。

尽管名义利差法具有上述不足，但其在实践过程中仍有较大的使用价值，特别是在我国资产证券化发展的初级阶段，资产支持证券产品的存续期限相对较短，且很多资产证券化产品并不包含期权结构，因此名义利差法是发行人和机构投资者广泛使用的一种基础定价方法。

（二）零波动利差

零波动利差又称静态利差，是在名义利差的基础上考虑可比证券期限结构情形下计算的利差，充分考虑了每笔现金流入时的可比证券利率的差异。

$$\text{资产支持证券价值} = \sum_{i=1}^{N} \frac{\text{第 i 期预期现金流}}{(1+R_{t1}+\text{零波动利差})^{T_i}\ (1+T_1F_{t2}+\text{零波动利差})\cdots(1+T_{i-1}F_{ti}+\text{零波动利差})}$$

通过此方法即可得出所有付款日预期现金流现值，并通过各期现值求和的方式获得资产支持证券的理论价值，通过使理论价值等于待定价资产证券化产品市场价值的方法，获得零波动利差。

零波动利差法考虑了债券期限结构，比名义利差法对资产支持证券价值的评估更为精确，能够更好地评估不含权的资产证券化产品的价值。但零波动利差法仍未体现早偿及期权价值对资产支持证券价值的影响，因此对期权特征显著的资产证券化产品的定价，仍然存在缺陷。

（三）期权调整利差

由于以住房按揭抵押贷款、汽车金融贷款为代表的资产证券化基础资产可能赋予了借款人通过提前还款方式终止贷款关系的权利，相对于赋予借款人嵌入式期权，使得资产支持证券的未来现金流存在发起人和投资者无法控制的不确定性，即可能出现早偿风险。因此，资产支持证券的投资者需要了解和计算该期权的价值，以便确定含权资产证券化产品的实际投资价值，而考虑了含权结构之后的资产证券化产品所需要的利差补偿就是期权调整利差。

国际经验中，计算期权调整利差的方法主要是利用二叉树模型和蒙特卡罗模拟。

二叉树模型本质上是通过模拟证券价格连续时间模型的离散形式，通过大量离散的小幅二值运动来模拟连续的资产价格变动来进行动态定价。应用在资产支持证券的定价领域时，二叉树模型主要是分析和模拟基础资产（如MBS产品中的住房抵押贷款）的贷款者提前还款选择权的行使问题。二叉树模型的构造是以无套利机会作为假设基础来确定未来利率树的各期利率，即无论下一个时点利率如何变化，从下一个时点贴现现金流贴现系数总和与直接使用当前时点到下一时点间的远期利率进行贴现的贴现系数相同。二叉树模型认为当树图上某节点的证券本息和贴现价值大于抵押贷款对应期限的余额时，借款人将执行提前偿还期权，一次性清偿全部贷款余额，此时就应该用抵押贷款余额代替该节点的原有价值；否则该节点的价值继续为对应未来现金流贴现的价值。

蒙特卡罗模拟则通过计算机技术充分挖掘资产支持证券现金流路径依赖的特性，通过模拟方式产生更为丰富的路径，通过更多信息来获得估值的精确性。在充分模拟潜在路径的基础上，蒙特卡罗模拟会预测每条路径上的现金流分布，包括贷款人按照还款计划偿还的本息，以及未按照还款计划偿还的部分（即提前偿还的本金部分），考虑到每条路径上的提前还款特征都可能因为模拟利率的不同而不同，因此需要根据模拟的再融资利率确定各路径各期的现金流水平。在模拟计算现金流分布的基础上，还需要考虑不同的资产支持证券交易结构下的各档证券现金流入情况，进而获得合理证券估值下的期权调整利差。

考虑到我国目前尚未积累足够、不同经济周期的各类贷款提前还款历史数据，如何确定我国各类证券化基础资产的提前还款模型还需要进一步研究和解决。另外，由于我国缺乏足够的市场化贷款利率数据，且我国居民的消费特征与海外也存在显著差异，直接使用海外经验模型可能造成显著误差。

第九节
资产支持证券投后会计处理

一、资产支持证券会计处理方法

（一）初始投资确认

资产支持证券从会计准则角度属于金融工具（或称“金融资产”），具有固定期限和预期收益率。根据现行《企业会计准则第22号——金融工具的确认和计量》，投资者在进行资产支持证券投资后，根据持有意图的不同，可以将其划分为交易性金融资产、持有至到期投资、可供出售金融资产。

1. 交易性金融资产

如果投资者投资资产支持证券的目的是为了近期出售获利或作为回购（包括将资产支持证券作为可辨认金融工具组合一部分，且该部分用于短期获利），则应将其划分为交易性金融资产。交易性金融资产的账目价值按照市价计算，公允价值变动影响当期损益。

2. 持有至到期投资

资产支持证券的不同份额到期日固定、回购金额固定或可确定，如果投资者有明确意图和能力将资产支持证券持有至到期，则应将其划分为持有至到期投资。持有至到期投资的资产以摊余成本法进行后续计量，不按照公允价值变动进行调整。

3. 可供出售金融资产

投资者买入资产支持证券时不准备持有至到期且不准备短期内出售，应将其划分为可供出售金融资产。可供出售金融资产在每个资产负债表日根据公允价值调整账面价值，并用公允价值变动损益调整资本公积科目，不影响当期利润表。

（二）存续期重分类确认

对于存续期内的资产支持证券，初始确认为交易性金融资产的资产支持证券在存续期内不能重分类为其他类金融资产，其他类金融资产也不能重分类为交易性金融资产。

如果投资者初始确认时将资产支持证券划分为持有至到期投资，可以在存续期内将其出售或重分类为可供出售金融资产。若投资者对持有的一类资产支持证券未全部出售或重分类，且出售或重分类金额相对于该证券在出售或重分类前的总额较大时，则应当将剩余部分重分类为可供出售金融资产，且在该会计年度以及后两个完整会计年度内不得再将该资产支持证券划分为持有至到期投资。但是，下列情况除外：

（1）出售日或重分类日距离该项投资到期日或赎回日较近（如到期前3个月内），市场利率变化对该项投资的公允价值没有显著影响。

（2）根据合同约定的定期偿付或提前还款方式收回该投资几乎所有初始本金后，将剩余部分予以出售或重分类。

（3）出售或重分类是由投资者无法控制、预期不会重复发生且难以合理预计的独立事项所引起。此种情况主要包括：因被投资单位信用状况严重恶化，将持有至到期投资予以出售；因相关税收法规取消了持有至到期投资的利息税前可抵扣政策，或显著减少了税前可抵扣金额，将持有至到期投资予以出售；因发生重大投资者合并或重大处置，为保持现行利率风险头寸或维持现行信用风险政策，将持有至到期投资予以出售；因法律、行政法规对允许投资的范围或特定投资品种的投资限额做出重大调整，将持有至到期投资予以出售；因监管部门要求大幅度提高资产流动性，或大幅度提高持有至到期投资在计算资本充足率时的风险权重，将持有至到期投资予以出售。

二、资产支持证券会计处理案例分析

资产支持证券具有以下几个特点：一是分期还本付息，还本付息频率一般有1个月、3个月、6个月甚至1年等，国内产品以1个月和3个月最常见；二是各期还本付息金额可能不相等；三是其期限取决于基础资产的期限；四是利率一般为固定利率和浮动利率。资产支持证券的上述特点，使得其投资按《企业会计准则第22号——金融工具确认和计量》进行会计核算具有一定的复杂性。现举例说明如下。

例： A公司于2014年10月1日以10 100万元价款购入票面总金额为10 000万元的资产支持证券，该产品期限为2年，票面固定利率为4.52%，每季末还本付息一次。此笔资产支持证券每期还本付息金额及交易价格等相关数据见表11.2。

表11.2　该资产支持证券相关数据

购入证券日	还本付息日	市场交易价格（元/百元面值）	偿付本金（万元）	支付利息（万元）	剩余本金（万元）
2014-10-01		101			10 000
	2014-12-31	99	1 500	113	8 500
	2015-03-31	97	800	96.05	7 700
	2015-06-30	98	1 300	87.01	6 400
	2015-09-30	99	1 100	72.32	5 300
	2015-12-31	101	400	59.89	4 900
	2016-03-31	103	2 100	55.37	2 800
	2016-06-30	102	1 600	31.64	1 200
	2016-09-30	104	1 200	13.56	0
			10 000		

按持有目的不同，A 公司可将该笔资产支持证券投资划分为交易性金融资产、持有至到期投资、可供出售金融资产，相应的会计核算处理如下。

（一）将资产支持证券划分为交易性金融资产的会计处理

交易性金融资产是按公允价值计量，但资产支持证券是按面值分期偿还本金。因此 A 公司在按公允价值确认持有剩余资产支持证券的公允价值变动损益后，当按面值收回下期偿还的资产支持证券本金时，需要确认所收到的面值金额与该部分在持有期间以公允价值计量金额间的差异，并将该差异予以转回，同时还应结转按面值收回的所对应的溢价金额。具体会计核算分录如下（单位：万元）：

（1）在 2014 年 10 月 1 日购入资产支持证券。

借：交易性金融资产——成本　　10 100

　贷：银行存款　　10 100

（2）2014 年 12 月 31 日收到该期偿付的资产支持证券本金和利息、结转收回面值所对应的溢价和确认公允价值变动损益。

①收到该期偿还的本金和利息。

借：应收利息　　113

　贷：投资收益　　113

借：银行存款　　1 613

　贷：交易性金融资产——成本　　1 500

　　　应收利息　　113

②结转该期按面值收回资产支持证券所对应的溢价金额。

该期按面值收回 1 500 万元资产支持证券本金，其对应的溢价金额为 1 500 ×（100/10 000）=15。

借：投资收益　　15

　贷：交易性金融资产——成本　　15

③确认持有资产支持证券的公允价值变动损益。

此时，A 公司持有资产支持证券面值余额为 8 500 万元，上表中列示的资产支持证券市价 99 元/百元面值，因此持有资产支持证券公允价值变动为 8 500 ÷ 100 × （100 − 99） = 85。

借：公允价值变动损益　　85

　贷：交易性金融资产——公允价值变动　　85

（3）2015 年 3 月 31 日收到该期偿付的资产支持证券本金和利息、结转收回面值所对应的溢价和转回其公允价值变动损益，确认持有剩余资产支持证券公允价值变动损益。

①收到该期偿还的本金和利息。

借：应收利息　　96.05

　贷：投资收益　　96.05

借：银行存款　　896.05

　贷：交易性金融资产——成本　　800

　　　应收利息　　96.05

②结转该期按面值收回资产支持证券所对应的溢价金额和转回其公允价值变动损益。

该期按面值收回 800 万元资产支持证券本金，其对应的溢价金额为 800 × （100/10 000） = 8；其对应的公允价值变动金额为 800 ÷ 100 × （100 − 99） = 8。

借：投资收益　　8

　贷：交易性金融资产——成本　　8

借：交易性金融资产——公允价值变动　　8

　贷：公允价值变动损益　　8

③确认持有剩余资产支持证券的公允价值变动损益。

此时，A 公司持有资产支持证券的面值余额为 7 700 万元，上表列示的资产支持证券市价为 97 元/百元面值，因此持有资产支持证券公允价值变动为 7 700 ÷ 100 × （99 − 97） = 154。

借：公允价值变动损益　　154

　贷：交易性金融资产——公允价值变动　　154

（4）假定A公司在收到该期偿还的本金利息后，于2015年6月30日按市价将该资产支持证券全部售出。

①收到该期利息及资产支持证券售出款。

借：应收利息　87.01

　贷：投资收益　87.01

借：银行存款　1 387.01

　贷：应收利息　87.01

　　交易性金融资产——成本　1 300

②全部售出资产支持证券。

借：银行存款　6 272

　交易性金融资产——公允价值　231

　投资收益　205

　贷：交易性金融资产——成本　6 477

　　公允价值变动损益　231

（二）将资产支持证券划分为持有到期投资的会计处理

持有至到期投资时按照摊余成本计量，假设溢价购入资产支持证券，即实际的到期收益率为3.64%，每季度结息时的适用利率为0.91%，有关数据及计算如表11.3所示。

表11.3　将资产支持证券持有至到期的有关数据及计算

时间	票面利率 1	投资收益 2 = 期初摊余成本 ×0.91%	利息调整 3 =2 −1	偿还面值 4	摊余成本 5 = 期初摊余成本 +3 −4
2014 − 10 − 1	0				10 100
2014 − 12 − 31	113	91.91	−21.09	1 500	8 578.91
2015 − 03 − 31	96.05	78.07	−17.98	800	7 760.93
2015 − 06 − 30	87.01	70.62	−16.39	1 300	6 444.54

（续表）

时间	票面利率 1	投资收益 2 = 期初摊余成本 ×0.91%	利息调整 3 = 2 − 1	偿还面值 4	摊余成本 5 = 期初摊余成本 + 3 − 4
2015 − 09 − 30	72.32	58.65	− 13.67	1 100	5 330.87
2015 − 12 − 31	59.89	48.51	− 11.38	400	4 919.49
2016 − 03 − 31	55.37	44.77	− 10.60	2 100	2 808.89
2016 − 06 − 30	31.64	25.56	− 6.08	1 600	1 202.81
2016 − 09 − 30	13.56	10.95	− 2.81	1 200	0
合计			− 100.00	10 000	

具体会计分录如下：

（1）2014 年 10 月 1 日，购入资产支持证券。

借：持有至到期投资——成本　　10 000

　　利息调整　　100

　贷：银行存款　　10 100

（2）2014 年 12 月 31 日，收到该期偿付的资产支持证券本金和利息。

借：应收利息　　113

　贷：投资收益　　91.91

　　持有至到期投资——利息调整　　21.09

借：银行存款　　1 613

　贷：持有至到期投资——成本　　1 500

　　应收利息　　113

以后各期会计处理据此进行，2016 年 9 月 30 日收回最后一笔本金和利息。

三、将资产支持证券划入可供出售金融资产的会计处理

根据企业会计准则要求，将资产支持证券划入可供出售金融资产后应以公允价值计量。公允价值变动额为其摊余成本与公允价值之差。因此，在对计入可供出售资产的资产支持证券进行后续计算时，需同时计算其摊余成本及公允价值。

根据上面两表有关数据，对于被划入可供出售金融资产的资产支持证券投资，其会计处理如下：

（1）2014 年 10 月 1 日，购入资产支持证券。

借：持有至到期投资——成本　　10 000

　　利息调整　　100

　贷：银行存款　　10 100

（2）2014 年 12 月 31 日，收到该期偿付的资产支持证券本金和利息，确定公允价值的变动。

①收到该期偿付的资产支持证券本金和利息。

借：应收利息　　113

　贷：投资收益　　91.91

　　持有至到期投资——利息调整　　21.09

借：银行存款　　1 613

　贷：持有至到期投资——成本　　1 500

　　应收利息　　113

②确认公允价值变动 = 摊余成本 - 公允价值 = 8 578.91 - 8 415 = 163.91。

借：资本公积——其他资本公积　　163.91

　贷：可供出售金融资产——公允价值变动　　163.91

（3）2015 年 3 月 31 日，收到该期偿付的资产支持证券本金和利息、公允价值的变动。

①收到该期偿付的资产支持证券本金和利息。

借：应收利息　　96.05

　贷：投资收益　　78.07

　　可供出售金融资产——利息调整　　17.98

借：银行存款　　896.05

　贷：可供出售金融资产——成本　　800

　　应收利息　　96.05

②结转上期公允价值变动。

借：可供出售金融资产——公允价值变动　　163.91

　贷：资本公积——其他资本公积　　163.91

③确认该期公允价值变动 = 摊余成本—公允价值 = 7 760.93 − 7 469 = 291.93。

借：资本公积——其他资本公积　　291.93

　贷：可供出售金融资产——公允价值变动　　291.93

（4）2015 年 6 月 30 日，按当时市价将资产支持证券全部售出。

①收到资产支持证券售出款，获得本金及利息。

借：银行存款　　7 633.01

　可供出售金融资产——公允价值变动　　291.93

　贷：可供出售金融资产——成本　　7 700

　　利息调整　　60.93

　　投资收益　　164.01

②资产支持证券售出后将前期计入“资本公积”科目中的累计余额结转至当期损益。

借：投资收益　　291.93

　贷：资本公积——其他资本公积　　291.93

第十二章

美国资产支持证券投资管理

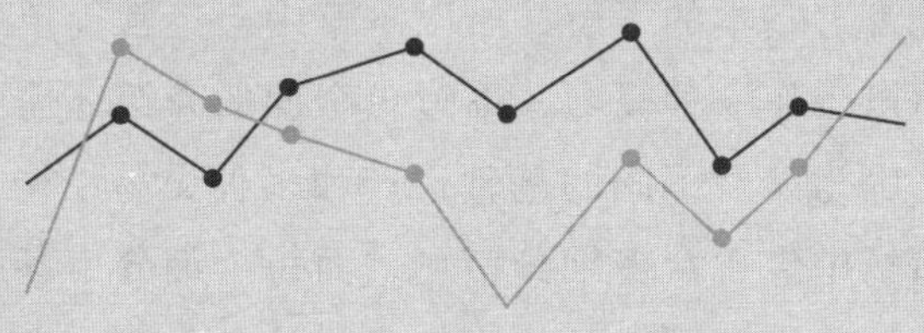

本书前面的章节介绍了资产支持证券设计、发行、评级、法律、会计税务、托管结算等方面的情况，只有上述几方面的工作全部完成以后，投资者才能进入一级或者二级市场来交易这些证券，而投资者的交易需求和实践又能反过来扩大一级市场的发行规模。

在本章和上一章中，我们站在投资者的角度，简单地介绍投资分析的方法。本章一共分为两节，第一节介绍资产支持证券交易分析流程，第二节结合两个案例来演示其具体应用。在此，首先提醒读者如下两点：第一，作为投资者，你需要对资产支持证券的基础资产、交易结构及相关的法律、会计、评级、清算等问题都有基本的了解，所以本章中会经常简单地提到前文已经出现的内容，你可以当作一种复习，不过更全面的介绍还需要参考前文中对应的章节；第二，因为涉及不同的基础资产和多种交易结构，资产证券化市场在欧美的成熟市场中包含众多细分市场，而每个细分市场都需要一本专门的著作来介绍。这里我们仅用一章的篇幅来讨论各类资产，无法囊括所有的细节。本章内容旨在为有志于参与资产证券化的投资者介绍一个总体的分析框架，而很多具体的内容还需要大家在实务中总结或者参阅针对各特定资产类型的专著。

第一节
资产支持证券交易分析流程

一、风险导向的投资分析

（一）简介

资产支持证券的分析需要考虑资产、服务、结构等多方面的特点。若只是独立地分析某一方面的特点，难免失掉对全局的把握。为了厘清其中的脉络，一种常见的选择是以风险为线索——分析存在哪些风险，它们的来源和特点；应对这些风险有哪些措施，这些措施是否有效；投资者面临哪些剩余风险，是否与收益相匹配等。

（二）资产支持证券的主要风险类型

下面我们列出一些常见的风险类型。但要注意的是：不同的资产、结构、证券，甚至同一个证券在不同的时间，其风险都是不一样的，因此在投资分析的过程中，其侧重点也就有所不同。

（1）法律风险（包含税务风险）：如基础资产是否会出现法律纠纷；证券化中的真实出售和破产隔离是否有效；SPV 的免税待遇是否存在瑕疵；特定的会计处理（如出表）是否得到认可；特定投资者的可投资性是否受影响。

（2）信用风险（包括评级风险）：如基础信贷资产是否会违约；违约对回收率的影响；担保方能否履行赔偿义务；债券的评级是否会被下调。

（3）利率风险：如利率下降时信贷资产债务人是否会提前偿付；发起人是否有对基础资产的回购权；利率上升时基础资产利息是否封顶；利率对浮动利息债券现金流的影响；利率对折现率的影响。

（4）运营风险：经营性基础资产的运营是否出现问题；服务商的服务能力是否稳定；SPV 能否严格按照协议分配现金流（特别是在复杂结构中）。

（5）其他：如抵押物残值风险；债务人的再融资风险等。

二、交易结构

在过手证券的基础上设立各种交易结构的目的是为了重新切割现金流，也可以认为是重新分配风险。下面我们不会详细介绍每一种结构特性的定义，而只会介绍其用途和可能产生的副作用。

（一）应对利率风险

市场利率会从现金流和折现率两个方面影响信贷资产支持证券。折现率对信贷资产支持证券的影响是显而易见的。利率对现金流产生影响主要是由于借款人具有提前偿还的权利：利率升高时借款人较少早偿，资产池平均期限延长，叫作延期风险（Extension Risk）；反之叫作早偿风险（Prepayment Risk）。

1. 顺序结构

顺序结构除了能应对信用风险，还能应对利率风险。支付顺序靠前的债券有较大的早偿风险，较小的延期风险；而支付顺序靠后的债券正好相反。对于按期支付本金的资产，即使完全没有早偿，靠前的债券也能稳定地得到清偿，延期风险有限；反过来，如果早偿率持续保持高位，即使是靠后的债券，最后也会被提前偿付。

2. 本金偿付进度

相比顺序结构，计划摊还证券更多地将延期风险和早偿风险转移给了伴随债券（Companion）：计划摊还证券有固定的还款计划，不管是过高还是过低的早偿都鲜由伴随债券承担。目标摊还证券则只是把早偿风险转移给了伴随债券，延期风险依然由自己承担。目标摊还证券与顺序结构中靠后债券的区别是它并不承担更多的延期风险。

3. 无息债券

通过将利息加到本金中，无息债券（Z-bond）的现金流变得像是还本付息的债券。虽然无法避免延期风险和早偿风险，但是无息债券可以在很大程度上降低再投资风险。

4. 利息转换

一些情况下，债券的利息可以与基础资产不一样，如固定利率的车贷资产经常发行浮动利率的货币市场债券。在这样的情况下，发行人的利率风险必然需要转嫁到别的地方：如权益证券或者利率互换的对手方。在另外一些情况下，发行人可能选择发行一个正向或者反向浮动债券（Inverse Floater）。需要特别注意的是，即使债券都是浮动利率（或者固定利率），基础资产的利率方式不同还是会有不同的表现——如固定利率资产的早偿率更容易受利率影响。

5. 本息分拆

把现金流分成纯利息（IO）和纯本金（PO）也许是灵活性最高的做法，通过与其他资产的组合可以完成各种目的。受折现率的影响，大部分固定资产工具都具有正的久期。由于利率升高会降低早偿率，从而加长 IO 的现金流，所以 IO 具有负的久期。本息调整（Rate Stripping）是一种更为复杂的结构，若基础资产的利率分布在 5% ~6%，而发行人希望将资产分成利息严格等于5%和6%的两个包，就需要把每个基础资产“拆”成两个部分，并分配到两个包中。注意，这种切割而来的5%的资产包与真实的5%资产是不同的：如市场利率为5%时，真实的5%利息的借款是没有早偿动力的；但切割来的5%的资产包可能来自利率 5.5% 的贷款，这部分贷款可以通过转按揭得到更低的利息。

（二）应对信用风险

1. 优先劣后

体现优先劣后（Subordination）一般有以下两种方式：（1）通过本金分配的顺序；（2）通过损失分配的顺序。这两种方法有时同时使用，但并不总是这样。例如，A、B两个债券本金平均分配，但是损失先分配给B，这种情况也认为A是优先，而B是劣后。由于信用评级考查的主要是债券遭遇损失的可能性（而不是本金清偿的速度），所以损失的分配顺序对于信用评级影响更大。

前面我们提到的顺序结构也是调整不同债券之间的本金清偿顺序，那么它和优先劣后结构有什么区别呢，是否必须同时使用？优先劣后结构是为了应对信用风险，所以主要是在资产质量不好的情况下生效。例如，一个交易中可能平时本金是平均分配的（非顺序结构），但当资产表现低于某个预期值或者累计损失达到一定标准以后，本金的分配顺序变成优先劣后的方式。一般来讲，AAA级债券和其他级别债券之间存在优先劣后的关系；同样是AAA级各债券之间的支付顺序更多是出于债券期限方面的考虑，靠后的债券并不需要支撑靠前的债券（毕竟其他的增信措施已经足以让两者都达到AAA级了）。若考虑投资靠后的债券，需要关注在资产质量变坏的情况下，各AAA债券之间的分配顺序：变成等比例分配还是保持顺序分配。对于后者，相当于靠后的债券给靠前的债券提供了额外的信用支持，变成了相对劣后级，那么还需要考虑这种信用支持是否在利息和价格上得到了合理的补偿。

2. 超额抵押和超额利差

超额抵押（Over-Collaterialization）和超额利差（Excess Spread）往往同时出现，因为前者多出本金部分产生的利息其实就是超额利差；而后者如果被用来偿还债券的本金就会产生超额抵押。但这两者也有重要的区别：超额抵押能提供一个静态的信用保护，如5%的超额抵押能抵消5%的本金损失；超额利差则是一个动态的信用保护，如1%的超额利差每年可以抵消1%的本金损失，资产的平均期限越长，这个保护就越大。还有一个需要注意的问题是：在何种情况下，超额抵押和超额利差产生的现金流会被释放给权益证券，尤其是超额利差。另外，风险准备金在一定程度上也可以看成是一类特别的超额抵押（只是不产生利息，或者赚取存款利息），分析方法是类似的。

3. 触发事件

触发事件（Triggers）在结构中能起到“对症下药”的作用。如我们前面提到的，可以让优先劣后结构只在资产质量变差的时候生效。还有一些触发事件是用来应对某些不容易量化的风险：如当发起人或者服务商破产时，资产表现可能受到冲击。但是我们很难提前估量这种冲击的大小，就可以设计一个触发事件使得这些情况发生的时候现金流结构变得特别保守，如停止循环购买，现金流切换到优先劣后模式。由于担心反应过度，产品结构设计师经常会同时规定若经过优先级债券投票通过，可以暂时取消某触发事件。这样优先级投资人可以到事件发生时根据当时的情况做出合理的判断。总之，触发事件经常是交易结构中用来应对黑天鹅事件的最后一道屏障，投资者应该确认是否所有可能发生和不太可能发生的情况都已经被考虑到了。

（三）应对其他风险

1. 流动性风险

资产支持证券没有明确的本金偿付计划，但投资者至少希望按时拿到当期利息，为了应对 SPV 暂时性现金流不足，经常单独设立流动性准备金账户；另外一种方法是由可靠的第三方提供流动性工具（Liquidity Facility）。这两种结构一般都只负责支付债券利息，并且会在下期现金流中很靠前的位置被重新充满或者偿付。除了解决 SPV 自身流动性的问题，某些结构中还试图帮助投资者获得更好的流动性，比如通过定期开放申购赎回等方式。

2. 法律风险

基础资产本身和证券化的过程中都可能出现法律问题，可以通过让发起人提供回购承诺、第三方担保，或设置触发事件等方法来规避。

3. 经营风险

对于资产表现受发起人和服务商影响比较大的情况，除了可以使用触发事件进行监控，另一个常用手段是替换服务商。对于经营性资产，如果初始服务商（往往是发起人的关联公司）管理水平不理想，替换服务商（甚至只是宣称要这样做）可以缓解问题。

三、产品分析与定价

（一）产品现金流预测

由于资产支持证券的复杂性，只是定性地分析基础资产和交易结构是不够的，还需要预测各个债券的现金流。本节将分别讨论使用工具软件和自主建模的方法预测现金流。

1. 使用工具软件

在成熟市场，有很多可以用来计算资产支持证券现金流的工具，图12.1展示了资产预测和现金流瀑布（Cashflow Waterfall）两个核心部分。根据给定的情景参数（如违约率、损失率、早偿率等），资产预测模块计算出资产现金流（虽然叫作现金流，其实也包含资产余额，逾期比例等其他结果），而现金流瀑布模块则根据交易结构的规定确定各债券的现金流。有时，工具软件也会在前端提供一个简单的资产模型，用户可以选择让这个模型自动根据资产的情况生成情景。不过大部分买方并不满足于这种共有模型，所以它的作用更多的是提供一个参考和作为市场参与者之间沟通的

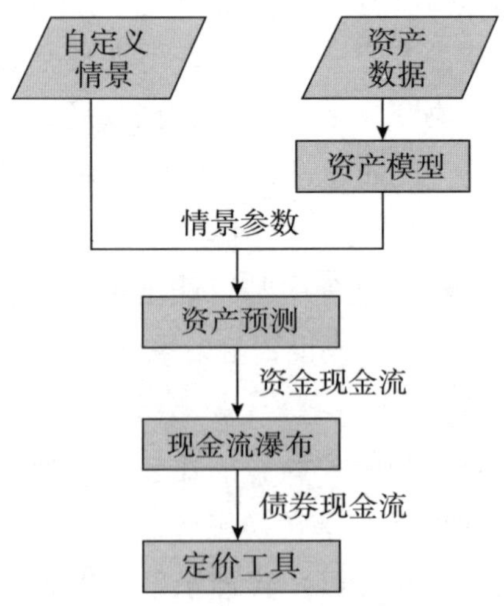

图12.1　资产支持证券现金流工具

基准。工具软件的后方一般也都提供常用的定价功能，如计算收益率、久期等参数。

此类软件目前使用最广的是 Intex，其覆盖了欧美市场大部分已经发行的资产支持证券。由于 Intex 已经成为业界标准工具，所以即使还没有发行的证券，投行在询价时也常常提供一个自制的债券定义文件（CDU），投资者可以直接在 Intex 中使用这个文件对债券做分析。遗憾的是，目前 Intex 尚未覆盖任何国内发行的资产证券化产品。Intex 的应用界面如图 12.2 所示。

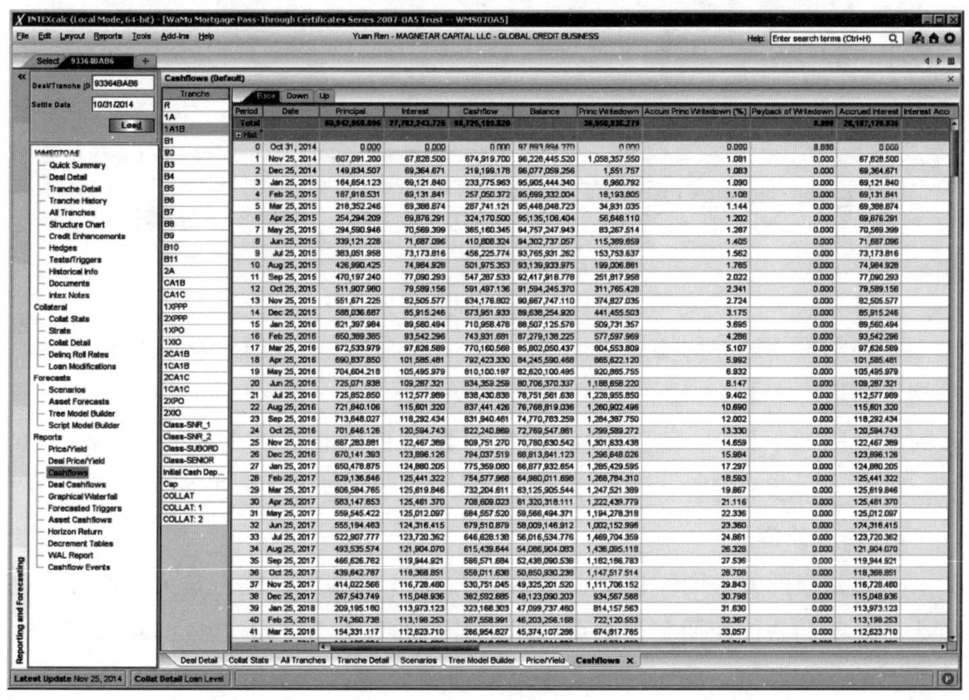

图 12.2　Intex 的应用界面

彭博近年来也在逐步增加这方面的功能，不过其覆盖率、准确性都与 Intex还有一定差距。当然，由于彭博的其他功能是海外投资交易不可或缺的，作为一站式解决方案，它的资产支持证券分析工具还是有一定的使用率，而在中国市场使用彭博的机会也许较少。彭博的应用界面如图 12.3 所示。

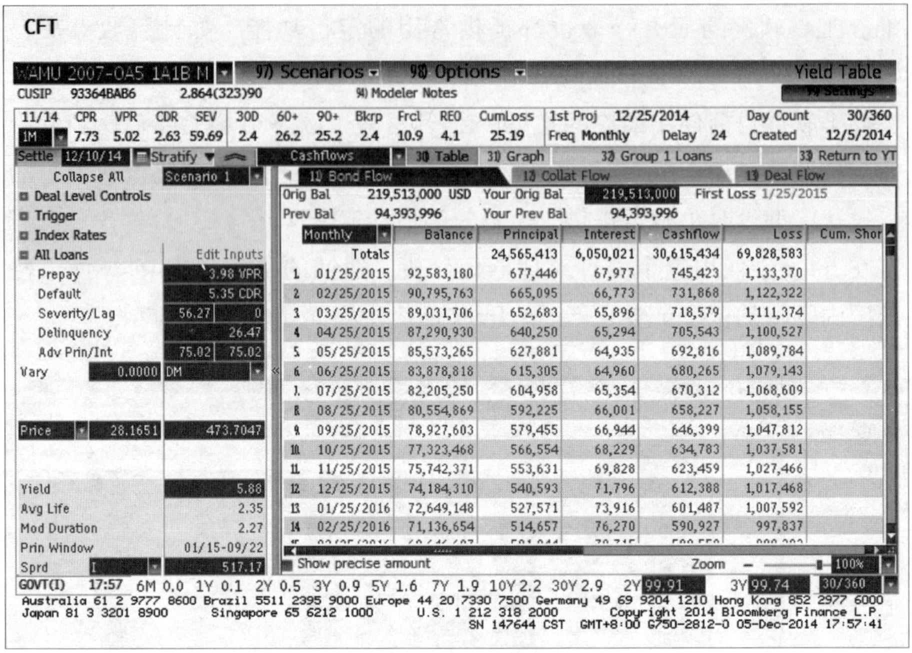

CFT

WAMU 2007-OA5 1A1B M | 97) Scenarios | 98) Options | Yield Table
CUSIP 93364BAB6 2.864(323)90 | 94) Modeler Notes | 99) Settings

11/14	CPR	VPR	CDR	SEV	30D	60+	90+	Bkrp	Frcl	REO	CumLoss
1M	7.73	5.02	2.63	59.69	2.4	26.2	25.2	2.4	10.9	4.1	25.19

1st Proj 12/25/2014 | Day Count 30/360
Freq Monthly | Delay 24 | Created 12/5/2014

Settle 12/10/14 | Stratify | Cashflows | 30) Table | 31) Graph | 32) Group 1 Loans | 33) Return to YT

Collapse All | Scenario 1
Deal Level Controls
Trigger
Index Rates
All Loans | Edit Inputs
Prepay 3.98 VPR
Default 5.35 CDR
Severity/Lag 56.27 0
Delinquency 26.47
Adv Prin/Int 75.02 75.02
Vary 0.0000 DM
Price 28.1651 473.7047
Yield 5.88
Avg Life 2.35
Mod Duration 2.27
Prin Window 01/15-09/22
Sprd I 517.17

11) Bond Flow | 12) Collat Flow | 13) Deal Flow

Orig Bal 219,513,000 USD | Your Orig Bal 219,513,000 | First Loss 1/25/2015
Prev Bal 94,393,996 | Your Prev Bal 94,393,996

	Monthly	Balance	Principal	Interest	Cashflow	Loss	Cum. Shor
	Totals		24,565,413	6,050,021	30,615,434	69,828,583	
1	01/25/2015	92,583,180	677,446	67,977	745,423	1,133,370	
2	02/25/2015	90,795,763	665,095	66,773	731,868	1,122,322	
3	03/25/2015	89,031,706	652,683	65,896	718,579	1,111,374	
4	04/25/2015	87,290,930	640,250	65,294	705,543	1,100,527	
5	05/25/2015	85,573,265	627,881	64,935	692,816	1,089,784	
6	06/25/2015	83,878,818	615,305	64,960	680,265	1,079,143	
7	07/25/2015	82,205,250	604,958	65,354	670,312	1,068,609	
8	08/25/2015	80,554,869	592,225	66,001	658,227	1,058,155	
9	09/25/2015	78,927,603	579,455	66,944	646,399	1,047,812	
10	10/25/2015	77,323,468	566,554	68,229	634,783	1,037,581	
11	11/25/2015	75,742,371	553,631	69,828	623,459	1,027,466	
12	12/25/2015	74,184,310	540,593	71,796	612,388	1,017,468	
13	01/25/2016	72,649,148	527,571	73,916	601,487	1,007,592	
14	02/25/2016	71,136,654	514,657	76,270	590,927	997,837	

Show precise amount | Zoom 100%

GOVT(I) 17:57 6M 0.0 1Y 0.1 2Y 0.5 3Y 0.9 5Y 1.6 7Y 1.9 10Y 2.2 30Y 2.9 2Y 99.91 3Y 99.74 30/360
Australia 61 2 9777 8600 Brazil 5511 2395 9000 Europe 44 20 7330 7500 Germany 49 69 9204 1210 Hong Kong 852 2977 6000
Japan 81 3 3201 8900 Singapore 65 6212 1000 U.S. 1 212 318 2000 Copyright 2014 Bloomberg Finance L.P.
SN 147644 CST GMT+8:00 G750-2812-0 05-Dec-2014 17:57:41

图 12.3 彭博的应用界面

我国的资产证券化还处在发展早期，相关分析工具的开发也在跌跌撞撞中缓慢前进。本书第一版中提到的通联数据提供的 ABS 分析工具在试运行一段时间后黯然下线了。但同时我们看到数据和功能都更全面的 CN-abs. com（见图 12.4）已于近期上线，并且在初期用户的反馈下快速进行迭代开发。

2. 自主建模

自主建模的方法同样是要实现类似图 12.4 的功能，优点是灵活性好，也省去了高额的软件使用费，缺点则是制作和维护模型的工作量都比较大。资产预测的基本方法，我们在前文中已经简单介绍过。交易结构方面最好严格按照文档实现：将文档中定义的术语直接当作变量名，按照文档中的定义逐一计算每个变量的值，最终得出债券的现金流。虽然分析时需要理解各种条款的用意和效果，但某些条款可能会产生意想不到的副作用，而在更极端的情况下可能出现文字中的表述和结构设计的意图相违背，对于这类情况，可以严格按照文档再计算一次，以便发现问题产生的原因。

模型的实现既可以使用 C 等传统的编程工具，也可以用 Matlab 这类科

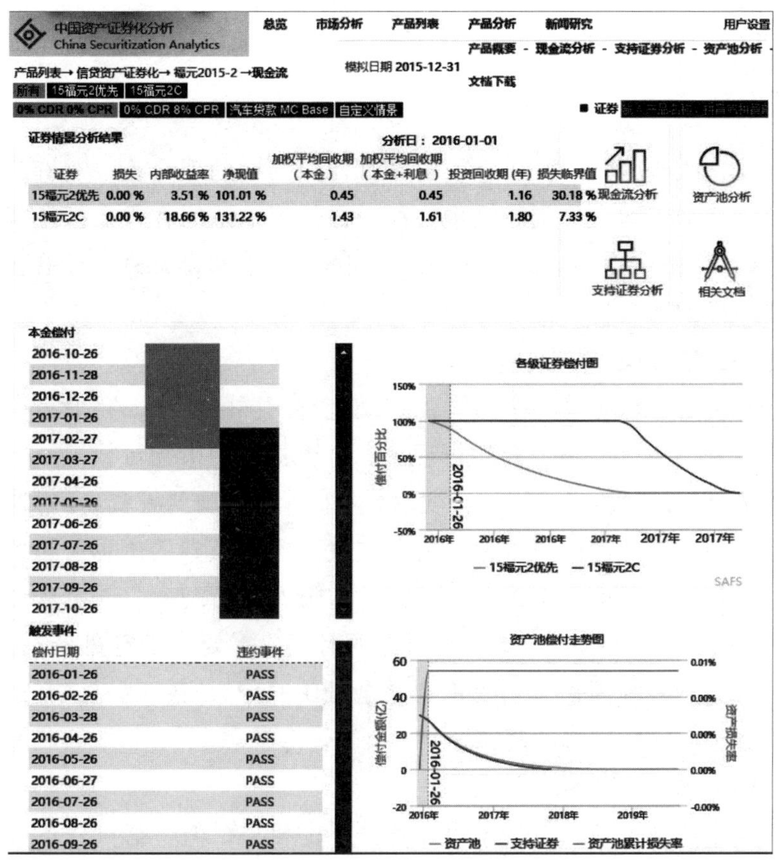

图 12.4 CN-abs 分析工具

学计算语言，或者 Excel 表格。传统编程工具运行效率高而开发效率低，适合模型做好以后略加改动就可以用于大量交易的情况。国内目前资产证券化尚处在初创期，也许不是特别适合。Excel 表格的优点是可以把所有的中间结果和计算公式都列出来，便于理解基础资产和交易结构的机理。这种方法的主要局限是无法实现某些复杂的逻辑，另外计算速度比较慢。而依据笔者个人经验，在不涉及逐笔资产建模的情况下，计算速度不是太大的问题。所以只要交易中没有太难实现的逻辑，都可以用 Excel 表格实现。Excel 内建的 VBA 编程语言和 Matlab 则是介于传统编程语言与 Excel 表格之间的选择。

（二）产品定价

其他固定收益工具中，所有投资者都使用同样的现金流，定价的不同只是由于折现率的不同（信用风险也往往通过信用息差的方式在折现率中隐含地体现）。对于资产支持证券的价格，不同的投资者可能在现金流和折现率两方面持有不同的观点。

1. 折现率的确定

由于投资者可能对同一个债券的现金流有不同的看法，一般来讲资产支持证券市场并不存在市场公允的折现率。对于相同的市场价格，一个对现金流预测更为乐观的投资者算出的折现率总是比一个悲观的投资者高①。投资者为了确定目标债券合适的折现率，需要先找出可比债券的市场价格，根据自己在这些债券上的预测现金流，计算出这些债券的折现率，并据此设定目标债券的折现率。投资者在选取可比债券的时候，需要考虑基础资产的类别、债券优先级、期限等因素。当找不到完全可比的债券时，就只好基于能找到的最近似的债券的折现率做调整。

2. 热力图与情景分析

有了现金流和折现率，就可以计算产品的价格。但考虑到资产支持证券的复杂性，正式确认价格以前往往还需要用热力图、情景分析等方法做测试。通过在基础情景的周围测试一组更好和更坏的可能情景，可以知道证券未来表现的大致变化范围：若实际情况好于乐观，有多少向上的空间；在可能出现的比较坏的情景中，证券的表现是否在可以承受的范围。热力图的另外一个作用是确定证券表现的敏感性。折现率在一定程度上反映的是对风险的补偿。如果我们发现一个证券对情景参数的敏感性明显高于（或者低于）上一步中选定的可比债券，那么也许就应该考虑给它使用一个更高（或者更低）的折

① 对于风险很低的AAA级证券，显然投资者对未来现金流更容易达成共识。但即使在这样的情况下，投资者对产品的平均期限也可能有不同的看法。除非债券交易在面值附近，否则不同投资者还是会算出不同的折现率。

现率。当然，还需要进一步研究为什么该证券表现出这种异常的敏感性。

3. 定性因素的调整

并不是所有的风险和特性都能通过定量的方法分析。在定量分析的基础上，还要考察各种定性因素，并对价格做出调整。例如，对某一类资产、某种交易结构、某个发起人的第一个交易，价格需要调低（或者说收益率需要调高）。而对后续的交易可以采用更低的收益率。这一方面是因为第一次发起的交易需要做很多分析工作，风险性更高，另一方面是因为多次发起的同类交易一般具有更好的流动性。另一个经常被考虑的定性因素是目前是否已经持有同一个交易的其他债券。比起一般的债券，资产支持证券需要更多的日常监控工作，而资产支持证券模型一般是以交易为单位设计的，所以如果已经持有该交易的其他债券，购买新的债券就不会增加太多额外的工作。法律、监管等方面的影响一般也都通过定性的方法加以分析。

四、资产支持证券的日常管理

和其他投资工具一样，资产支持证券的投资组合也需要进行日常管理。下面我们将对其主要步骤，特别是与其他资产类别不同的地方，做一个简单的介绍。

（一）基础资产

基础资产是资产支持证券日常管理工作的重要部分。对于大部分交易来说，首先要关注的是资产的实际表现；除此以外，还需要注意资产池组成的变化，这一点对于循环购买的交易尤其重要。

1. 资产的实际表现

不管事前分析多么到位，资产的实际表现都不可能与预测完全相同。随时关注资产池的表现，对投资者有多方面的意义。

资产的实际表现是否符合预期，是否需要调整模型假设，应该往哪个方向调整。前两点比较直观，而第三点则相对微妙。传统操作方法是：如果实际水平持续高于预期，我们习惯调高预期值使其与实际水平吻合。但我们前面提到，资产支持证券中有一个重要的现象叫作“枯竭”（Burn-out）：持续高水平的违约（或早偿）会使资产池中信用较坏（或较好）的资产被快速地移除，从而降低未来的违约（或早偿）水平。哪些情况要更多地考虑趋势，哪些时候要更加关注枯竭现象，则需要更多的实际经验。

资产表现是否稳定，除了平均水平，其变化范围也是非常重要的影响因素。从风险定价的角度说，变化范围更大意味着风险更大，所需回报率应该提高，反之亦然。从实际操作的角度说，资产表现不确定性增大，情景分析的时候需要关注更大的范围，特别是考察更极端的情景。

我们也要关注是否有新的趋势与规律。大部分时候，经济、政策方面的变化我们是先从新闻中注意到的，随后才在资产表现中得到确认；而也有一些时候，我们是先从数据中发现变化，再追本溯源发现原因的。不管哪一种情况，在资产表现中发现或者验证新的趋势和规律，对投资者都是非常重要的。

2. 资产池组成的变化

随着时间的推移，剩余的资产池组成会由于多种原因发生变化。对这些变化需要仔细地分析，因为他们会影响资产未来的表现。

违约、早偿、偿清引起的资产池组成变化是由于具有某些特点的资产更可能违约、早偿、偿清从而被移出，导致资产池中这类资产的比例逐渐下降①。例如，初始信用状态特别差或者特别好的借款人，在资产池中的比例往往都会逐渐下降。初期期限较短的资产，随着更快地被偿付，比例一般也会下降（即使不是完全偿清，由于其剩余期限短，摊销更快，剩余本金所占的比例也会下降）。此类资产池的变化是一定会发生的，所以只要其变化方式和范围合理，不需要特别紧张。因为这类变化的存在，需要特别提到的是：若两个资产包的年龄不同，即使当前资产组成很像，也不能直接

① 这一点和前面的枯竭现象有很大关系，但并不完全一样。一般资产池组成是指某个具体的指标，如平均信用分数的变化。但即使在平均信用分数不变的情况下，依然会有枯竭现象。

相比。例如，假设某类资产只有违约，没有早偿，资产包 A 年龄 3 年，资产包 B 年龄 0 年，两个资产包当前的平均信用分数都是 700。若 A 前 3 年的实际违约率是 10%，我们应该认为 B 未来 3 年的违约率会低于 10%。这是因为 B 其实比 3 年前的 A 要好：3 年前的 A 平均信用分数很可能不到 700，只是因为这 3 年中低信用分数的人违约（从而被移除），现在才增加到 700。而 B 一开始就是 700，若再过 3 年很可能高于 700（注意，这里假设没有早偿，只有违约）。

由于不可能对新购买的资产做面面俱到的限制，循环购买可能会造成新资产与原始资产池不太一样，这就需要投资者时刻注意观察资产池的变化。前文中提到过，在分析循环购买结构的债券时，出于谨慎，甚至可以假设资产池的情况总是等同于循环购买的最低要求。但即使在这样的情况下，还是应该观察资产池的变化，特别是分析其中新购买资产的情况。新购买资产明显变坏，如信用分数降低、贷款价值比例升高，当然是最应该引起警惕的变化。资产集中度则是另外一个需要关注的因素，包括同一借款人占整个资产的比例，也包括资产在地域、行业或资产类型间的分布。其他一些并不与资产质量直接挂钩的维度也可能提供信息，如平均借款金额并不能直接反应借款信用状况，但如果发现资产池的平均借款金额明显增大或减小，也许就说明发行方在调整经营策略，需要更仔细地监控其表现。

资产的内在变化也会引起资产池成分的变化，即还是原来那些基础资产，但是每个资产本身发生了变化。这一类变化中最重要的是资产逾期。交易发行时，一般要求逾期资产的比例很低。随着时间的推移，则难免出现一些逾期，逾期资产比例会逐渐上升。在预测中，对于已经逾期的资产是需要专门考虑的，一般会使用高得多的违约概率。除了逾期，资产还会有其他方面的内在变化，如借款人的信用评分可能比发行的时候更高或者更低，而随着债务的偿还，贷款价值比例一般会逐步下降。

资产的实际表现和资产池的组成部分也是互相关联的，要结合在一起分析才能得出完整的结论。例如，在后面的案例（Advanta 的孤儿）中我们会看到，损失率的降低不一定是好消息，而逾期比例上升也不见得是坏消息。

（二）交易结构和事件的影响

1. 交易结构的影响

可以把资产支持证券的交易结构想象成一面哈哈镜：在某些情景下，风险被缩小——资产端变化很大，证券基本不受影响；而在另一些情景下，风险被放大——资产端的微小变化导致证券的大幅波动。在分析的时候，我们经常主要关注基本情景附近的结构特征，而对于当时看起来不太可能发生的情景则关注较少。但随着交易的进行和我们对未来资产预期的变化，这个关注点可能改变，于是需要重新考察新的基本情景附近的结构特征。当新的基本情景正好处于放大风险的区域，如触发条件刚好生效的临界状态，则更是如此。如果投资者是自己开发模型，有时会忽略某些（当时认为不会发生的）结构特征，如果后来发现这些结构特征可能会发生，还需要重新完善模型。

2. 事件的影响

多种市场和政策方面的事件都可能对资产支持证券的价值造成影响。我国处在资产证券化发展的初期，在这方面具有更多的不确定性。在会计与税收方面，合并报表的规则可能影响市场对特定债券，如劣后级和服务权的供求关系。而税收政策则包含 SPV 级别的税收和发行方，投资者的税务处理。在法律方面，影响事件主要包括基础资产权益的确认和破产隔离的有效性。目前国内交易设计中破产隔离问题还有一些灰色区域，待法律逐渐完善后，界限应该会更明确。在市场准入和可投资性方面，发行制度的改革会影响资产支持证券的供应，而哪些资金可以投资于何种产品则会影响需求，对回购等操作的支持也有类似的影响。虽然国外评级机构已经有了比较成熟的资产支持证券评级方法，但国内的产品不管是在资产、结构还是法律等方面都有很多不同的地方，无法直接照搬国外方法。因此可以认为评级机构采用的评级方法还在探索阶段，可能会频繁地更新。评级中使用的各种资产假设也是如此：对于不了解的资产评级机构倾向于使用较保守的一般性假设，再随着数据的积累逐步替换为更有针对性的假设。随时关注评级方法和评级假设的变化，可以帮助投资者抢先发现潜在的评级变化。与资产相关的事件包含对资产经营现金流产生影响的事件，如景区客流增多或公共收费价格调整，和对资产残值产生影响的事件，如厂家召回某型号汽车。若资产表现受发起人/服务商影响较大，还要关注相关方面的新闻，后文中有相关案例。

（三）模型的回测与更新

对资产和结构两方面的监控都会集中反映在模型的回测（Back-test）与更新上。

1. 模型的回测

模型的回测包含两部分：（1）资产模型的回测，如把违约的100个车贷的实际损失率与模型预测数做比较；（2）债券层面的回测，如把某债券的实际现金流与预测现金流对比。

2. 模型的更新

模型的更新也包括两部分。第一部分是要用资产池的实际表现和当前的最新资产池状况，替代以前预测的情况。这一步主要是从投资者报告中摘取实际数字替换过去的预测公式。经常遇到的一类情况是，投资者报告中给出的相关资产池状况的信息会比最初在招募说明书中提供的少很多，如不提供剩余期限。此时若完全依赖投资者报告，则缺少资产某些方面的信息，而只使用招股说明书，又不能反映最新的信息。此时简单的做法是：先基于招股说明书预测当前的资产池状况，如本金按期摊销，剩余期限逐月减一等；对于投资者报告中提供的信息，用报告中的数代替，而其他的则使用原来的预测。更复杂的方法是：先做一个资产模型，用少量输入，如违约率、早偿率，控制资产各种信息的变化；然后利用这个模型反解其各个输入，以使得模型的输出与投资者报告中的一致；相对于第一种方法，这种方法的优点是保证得到的未知信息（如剩余期限）是与投资者报告中的已知信息相匹配的。对于这一种方法，我们将在后面的例子中具体演示。

第二部分是对模型假设的更新，主要是对资产表现进行更新，如调低对违约率和损失率的预期。对模型假设的更新也可能包含其他方面的假设，如使用新的利率曲线，或者改变持有时间和出售收益率（若不计划持有至到期）。

（四）投资组合的现金流预测和流动性管理

与其他固定资产产品相比，资产支持债券在现金流方面有两个显著的特点。第一，到期日以前，每期都可能有本金偿付。这就意味着一个资产支持债券资产组合会有更多的再投资需求——若资产组合中包含 50 个平均期限为 2 年左右的债券，每月仅用收到的本金偿付就够再买入 2 个债券。第二，部分资产支持债券的流动性比较差，需要做好长期持有（甚至持有至到期）的准备。若资产组合中这类债券较多，就需要特别考虑应对赎回，而最可靠的流动性，自然是债券上每月的现金流。总之，不管是为了管理再投资需求，还是应对赎回需求，资产支持债券资产组合都需要很好的现金流预测和管理：单只债券的现金流预测除了用来计算债券的价值，还应该汇总起来，生成组合层面的现金流预测，据此投资者可以提前对现金流过剩和不足的情况做好准备，例如，若预料到连续几个月现金流较多的情况，可以临时增加杠杆率，并在收到现金后逐步偿还借款；若连续数月现金较少，则可以提前调仓增加一些高流动性的债券，以备不时之需。

第二节
美国资产支持证券投资管理案例分析

一、汽车贷款 MTBAT 2013

该例中我们假设在发行阶段参与到 M&T BANK AUTO RECEIVABLES TRUST（MTBAT）2013－1A 的竞价中。这是一个比较典型的车贷资产支持证券，透过它我们既可以对标准的车贷资产支持证券有一个了解，也可以观察第一节中的各种原则和方法如何在实践中应用。一般资产证券化产品刚发行的时候，即使是次级债券预计都不会有损失，为了让事情更有趣，我们这里假设是在考虑权益证券的价值。

（一）情景假设

1. 汽车贷款的资产分析

和典型的信贷资产一样，汽车贷款的资产表现主要体现在违约/损失和早偿两方面。

（1）违约/损失。

汽车贷款一般用累计损失率（Cumulative Loss %）来衡量，即：

$$累计损失率 = 累计损失金额/初始本金 \times 100\%$$

需要注意的几点是：

第一，这里的累计损失是自贷款发放之日起，而不一定是自资产支持证券发行之日起——贷款可能在发行一段时间后才被证券化。这个指标主要是为了衡量资产的特性，因此不希望受到证券化时间的影响。

第二，这里的损失，有时候用净损失（Net Loss），也就是减去回收金额的；也有时候用总损失（Gross Loss）。市场上这两种用法都比较常见，需要注意区分。对于使用总损失的情况，还需要考虑损失率（Severity Rate）或者回收率（Recovery Rate）。

在汽车贷款交易中，发起人提供的数据一般是静态资产池数据：资产先被按照质量分成若干个资产子类（该例中，根据 FICO 分 6 档，而根据期限分 2 档，总共 12 类）；每个子类中，再根据发行年代（Vintage）分成若干个静态资产池；最后对每个资产池计算年龄—累计损失曲线。图 12.5 向我们展示了其中两个子类、10 个发行年代的曲线。比较左右两个子图，首先可以注意到信用分数不同，损失率表现出明显的区别。在每个子图内部，曲线有长有短，这是由数据的多寡决定的。陈年的 Vintage 已经有很多年的表现数据，所以曲线较长，而新 Vintage 数据则较短；同一个子类中不同 Vintage 的表现也有明显的区别，和红酒一样，有些年份的贷款明显好于其他年份。若我们比较左右两个子图，也可以发现好的年份往往在两个子类的表现都较好。

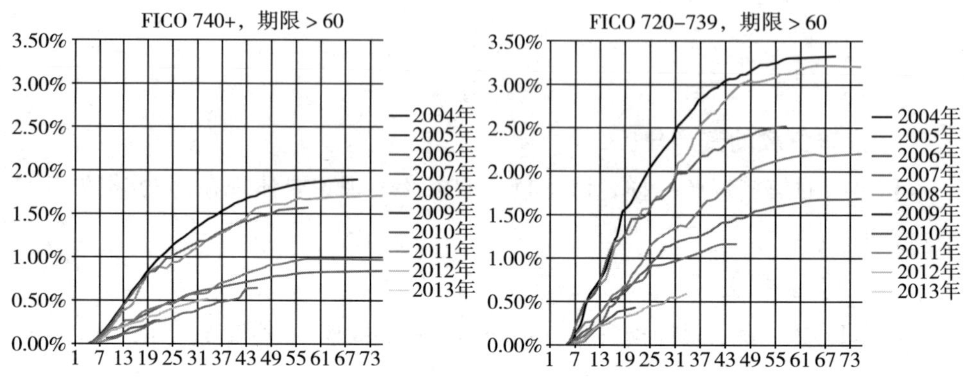

图 12.5　MTBAT 静态资产池数据（部分）

为了解决数据长度不同的问题，常常先对不同年份的曲线做“归一化”。第一步是把累计损失曲线转化成当期损失。图 12.6 的左上角我们列出了上图第一个分组的累计损失数据，为了简化，这里只列出了 1、7、13 等月份的数据；在图 12.6 的中间，我们计算了当期的新增损失，例如 Vintage 2004，2 ~ 7 月间的新增损失是 0.08%（0% ~ 0.08%），而 8 ~ 13 月间的新增损失是 0.12%（0.08% ~ 0.20%）。第二步是生成损失时间曲线（Loss Timing Curve）。先跨 Vintage 计算“平均新增损失”。例如，第 2 ~ 7 个月的平均新增损失是图中加框部分的均值，也就是 0.06%。再把这些平均新增损失累加，则得到了“平均累计损失”。用每一期的平均累计损失除以最终的总损失（Life Time Loss，这里是 1.21%），就构成了损失时间曲线。这个曲线表示截止到某期未知，预计总损失的百分之多少已经发生。最后一步是利用损失时间曲线，计算每个 Vintage 的预计总损失。例如对 Vintage 2010，前 31 个月实际发生 0.51% 的损失。而根据损失时间曲线，我们预计到第 31 个月的时候，发生的损失只是总损失的 64%，于是我们预测 Vintage 2010 的总损失将会是 0.51%/64%，即 0.79%。我们并不知道资产池中的 Vintage 会表现得像历史上的哪一个，所以我们既需要考察过去各个 Vintage 的平均损失，也需要注意其变化范围。为此，我们分别计算各 Vintage 总损失的均值和方差。

0.累计损失

	2004	2005	2006	2007	2008	2009	2010	2011	2012	2013
1	0.00%	0.00%	0.00%	0.00%	0.00%	0.00%	0.00%	0.00%	0.00%	0.00%
7	0.08%	0.08%	0.07%	0.10%	0.12%	0.03%	0.04%	0.03%	0.03%	
13	0.20%	0.26%	0.39%	0.48%	0.47%	0.11%	0.21%	0.13%		
19	0.36%	0.39%	0.82%	0.85%	0.82%	0.21%	0.31%	0.24%		
25	0.50%	0.47%	0.92%	1.16%	1.03%	0.30%	0.42%			
31	0.60%	0.58%	1.11%	1.36%	1.17%	0.41%	0.51%			
37	0.66%	0.70%	1.28%	1.53%	1.31%	0.49%				
43	0.72%	0.81%	1.49%	1.67%	1.41%	0.64%				
49	0.77%	0.90%	1.60%	1.77%	1.51%					
55	0.81%	0.97%	1.67%	1.83%	1.56%					
61	0.83%	0.98%	1.68%	1.87%						
67	0.84%	0.97%	1.69%	1.89%						
73	0.83%	0.97%	1.70%							

1.新增损失

	2004	2005	2006	2007	2008	2009	2010	2011	2012	2013
1	0.00%	0.00%	0.00%	0.00%	0.00%	0.00%	0.00%	0.00%	0.00%	0.00%
7	0.08%	0.08%	0.07%	0.10%	0.12%	0.03%	0.04%	0.03%	0.03%	
13	0.12%	0.18%	0.32%	0.38%	0.35%	0.09%	0.17%	0.11%		
19	0.16%	0.14%	0.43%	0.37%	0.35%	0.10%	0.11%	0.10%		
25	0.14%	0.07%	0.10%	0.31%	0.21%	0.09%	0.11%			
31	0.10%	0.11%	0.19%	0.21%	0.14%	0.10%	0.09%			
37	0.06%	0.12%	0.17%	0.17%	0.13%	0.08%				
43	0.06%	0.11%	0.21%	0.15%	0.10%	0.15%				
49	0.05%	0.09%	0.11%	0.10%	0.10%					
55	0.04%	0.06%	0.07%	0.06%	0.06%					
61	0.02%	0.01%	0.01%	0.04%						
67	0.01%	0.00%	0.02%	0.02%						
73	0.00%	0.00%	0.00%							

2.时间曲线

平均新增损失	平均累计损失	损失时间曲线
0.00%	0.00%	0.0%
0.06%	0.06%	5.3%
0.21%	0.28%	22.9%
0.22%	0.50%	41.1%
0.15%	0.64%	53.3%
0.14%	0.78%	64.4%
0.12%	0.90%	74.5%
0.13%	1.03%	85.4%
0.09%	1.12%	92.7%
0.06%	1.18%	97.4%
0.02%	1.20%	99.0%
0.01%	1.21%	99.9%
0.00%	1.21%	100.0%

3.预计损失

实际损失	0.83%	0.99%	1.70%	1.89%	1.56%	0.64%	0.51%	0.24%	0.03%	0.00%		
数据长度	73	73	73	67	55	43	31	19	7	1		
已损失比例	100%	100%	100%	100%	97%	85%	64%	41%	5%	0%	均值	方差
预计总损失	0.83%	0.99%	1.70%	1.89%	1.60%	0.75%	0.79%	0.58%	0.63%	N/A	1.08%	0.51%

图 12.6　MTBAT 贷款年份数据归一化

在基本情景中，我们可以使用预计损失率的均值和损失时间曲线①。而在热力图中，则可以上下调节损失率（如均值 ± 一倍方差）或者改变损失曲线的形状来测试更多的情景。

以上我们就完成了对资产池中一个特定子类（这里是 FICO >740，期限 >60）损失率的估算。对另外 11 个分类可以重复同样的分析。根据 12 个分类各自在资产池中所占的比例，我们可以得到整体的损失假设：均值 1.15%，方差 0.5% ②。

（2）早偿。

车贷资产支持证券的早偿率一般使用绝对早偿速度（Absolute Prepayment Speed，简称也叫 ABS）。这个单位与平时常用的单月死亡率（Single Month Mortality，简称 SMM）有下面的转换关系：

$$\text{SMM} = (100 \times \text{ABS}) / [100 - \text{ABS} \times (\text{贷款年限} - 1)]$$

---

① 需要特别提醒的是，因为损失时间曲线是从贷款发放开始计算的，使用时需要根据贷款年龄进行两个调整：(1) 若贷款年龄是 n，去掉 n 以前的损失额；(2) 因为损失表示成发放时资产池的总金额，需要根据当前资产池金额反推出发放时的金额（不只是当前剩余贷款的初始金额，还应包含已经因违约等原因被去除的贷款）。

② 当然也可以对每个分类都用各自不同的曲线分别计算，最后再把现金流累加到一起。但交易中不一定提供每个分类其他维度的数据，如利息、期限等。

上面的公式看起来比较复杂，但可以近似地认为每月都固定的有等于初始本金的 ABS% 的贷款早偿，于是剩下的本金就是 100 - ABS × （Loan Age - 1 ）。

前面介绍资产类型时提到过，购车人很少有转按揭的机会，所以早偿率相对稳定。图 12.7 列出了几个类似的车贷交易在该交易发行以前的早偿率曲线。由于发行时间不同，每条曲线的起点不在同一时间。从此图中我们可以确认三点：第一，与损失率不同，早偿率与贷款年龄（这里也可以用交易年龄）没有明显的关系，基本保持平稳；第二，早偿率似乎受市场影响不大，至少在观测的范围内没有发现明显的趋势；第三，同一个交易内部和不同交易之间的早偿率都比较稳定。基于这些观察，在基本情景中我们可以把早偿率假设定在 1.3 ~1.4 之间。

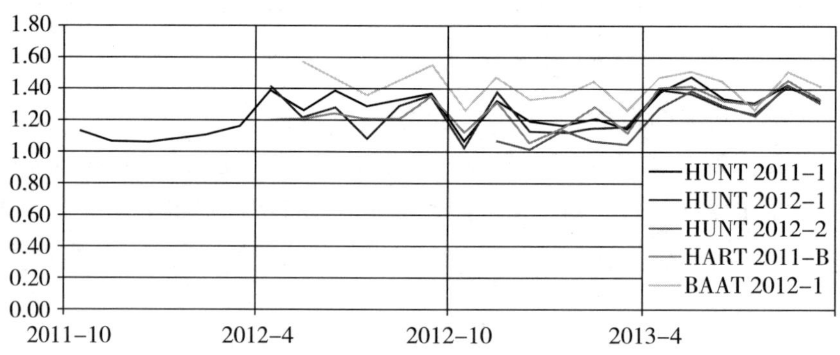

图 12.7　车贷资产证券化的早偿率

结合资产池的基本特征和以上假设，可以得出资产信息与预测，如表 12.1、表 12.2 所示。

表12.1　MTBAT 2013-1A资产信息

资产信息	
总金额	1 400 000 000美元
利率	5.89%
剩余期限	49.62年

表12.2　MTBAT 2013-1A预测

预测		
按期偿付	803 936 216美元	57.42%
提前偿付	580 794 664美元	41.49%
总损失额	15 269 120美元	1.09%
总计	1 400 000 000美元	100.00%
加权平均期限	1.47年	

（二）交易结构

如表 12.3，这个交易除了权益证券，还有 7 个债券，其中 4 个是 A 级。债券面额和资产池总额都是 14 亿美元，所以是传统的超额抵押（但交易发行时有一个 350 万美元的储备账户）。比较资产和负债的利息，我们发现交易的超额息差很大（5.89% −0.84% −1% =4.05%）。显然，这些超额息差将用来覆盖资产池的损失，如果有剩余则是权益证券的现金来源。

表 12.3 MTBAT 2013 −1A 资本结构

	本金（美元）	利率（%）	最终预期到期日	计息方式
A1级	400 000 000	0.2500	2014–9–15	实际天数/360
A2级	347 400 000	0.6600	2016–2–16	30/360
A3级	437 300 000	1.0600	2017–11–15	30/360
A4级	151 600 000	1.5700	2018–8–15	30/360
B级	15 400 000	1.9600	2018–11–15	30/360
C级	29 400 000	2.1600	2019–3–15	30/360
D级	18 900 000	2.8000	2010–10–15	30/360
总计	1 400 000 000	0.84		

该交易采取了本金账户和利息账户合并分配的方法。这种结构中资产池上所有的现金都合并到同一个账号，按照同样的顺序分配。相对于分别分配的方法，这种方法当然更为简单。

该交易的现金流瀑布如下：

（0）将储备账户的余额合并到分配账户中。

（1）支付服务费。

（2）支付 A 级债券的利息，不足的情况下各 A 级债券之间按比例分配。

（3）支付“第 1 级本金配额”：第 1 级本金配额应保证分配以后①A 级债券的总余额不大于资产池余额；②到期的 A 级债券被全额清偿。

（4）支付 B 级债券的利息。

（5）支付“第 2 级本金配额”：第 2 级本金配额应保证在第 1 级、第 2 级配额分配以后①A、B 级债券的总余额不大于资产池余额；②到期的 A、B 级债券被全额清偿。

（6）支付C级债券的利息。

（7）支付“第3级本金配额”：第3级本金配额应保证在第1级、第2级、第3级配额分配以后①A、B、C级债券的总余额不大于资产池余额；②到期的A、B、C级债券被全额清偿。

（8）支付D级债券的利息。

（9）支付“第4级本金配额”：第4级本金配额应保证在第1级、第2级、第3级、第4级配额分配以后①所有债券的总余额不大于资产池余额；②到期的各级债券被全额清偿。

（10）若还有债券剩余，重新充满储备账户。

（11）支付“正常本金配额”：正常本金配额应保证在所有本金配额分配以后①所有债券的总余额不大于资产池余额减去目标超额抵押额（Over-collateralization Target）；②到期的各级债券被全额清偿。

（12）支付其他费用。

（13）分配给权益证券。

所有本金配额的总和将按照优先级依次分配。首先要注意权益证券的分配级在最后，这意味着对其他债券的分析有任何误差都会影响对权益证券的估值。正是由于这种复杂性，市场上有能力交易权益证券的投资者较少，而这种额外的风险也可以获得更高的收益。其次，在分配过程中一共定义了5种不同的本金配额，而除此以外的各部分都比较简单，所以理解这个结构的重点也就是理解这些本金配额的作用。先看最后一种，即“正常本金配额”，它的作用比较直观：在把超额利息释放给权益证券以前，先保证交易中能形成足够的超额抵押。前面我们提到，该交易一开始并没有超额抵押，违约风险主要以超额息差来覆盖。然而超额息差和损失并不总是同时发生的，可能某一期有很大的超额息差，却没有损失；到损失发生的时候却发现没有足够的超额息差了。为此，该结构中定义了“目标超额担保额”的概念，用来在超额息差较多的情况下预先保存一些。再来看前面的1、2、3、4级本金配额。这些本金分配的条款被插在利息分配的条款之间，起到了类似触发事件的作用。例如，第1级本金配额相当于是说“当A级债券余额超过资产池余额时，停止支付 B 级债券的利息，优先支付 A 级债券本金”——把平时 IIPP（Interest-Interest-Principal-Principal，即先支付各债券利息，再支付各债券本金）的顺序改成了 IPIP（即先支付优先级本金和利息，再支付劣后级）。总之这个交易的所有结构都是为了更好地保护优先的 A 级债券，在任何情况下都不会提前支付其他债券的本金。这一点对权益债券来说是不利的：因为优先级具有最低的利息，随着优先级比例的降低，债券的平均利息越来越高。在资产池利息不变的情况下，超额利差将逐渐减小，可供分配给权益证券的金额也会随之降低。

（三）证券现金流

把前面的资产预测和交易结构放在一起，就可以得到证券的现金流预测。图 12.8 显示了权益证券的累计现金流和用面积图表示的交易的资本结构。刚发行时，债券总面额是 14 亿美元（图表上部没有画出），没有超额抵押（图中 OC 部分）。现金流瀑布中的第 11 步在交易的前 4 期通过加速偿付 A 级债

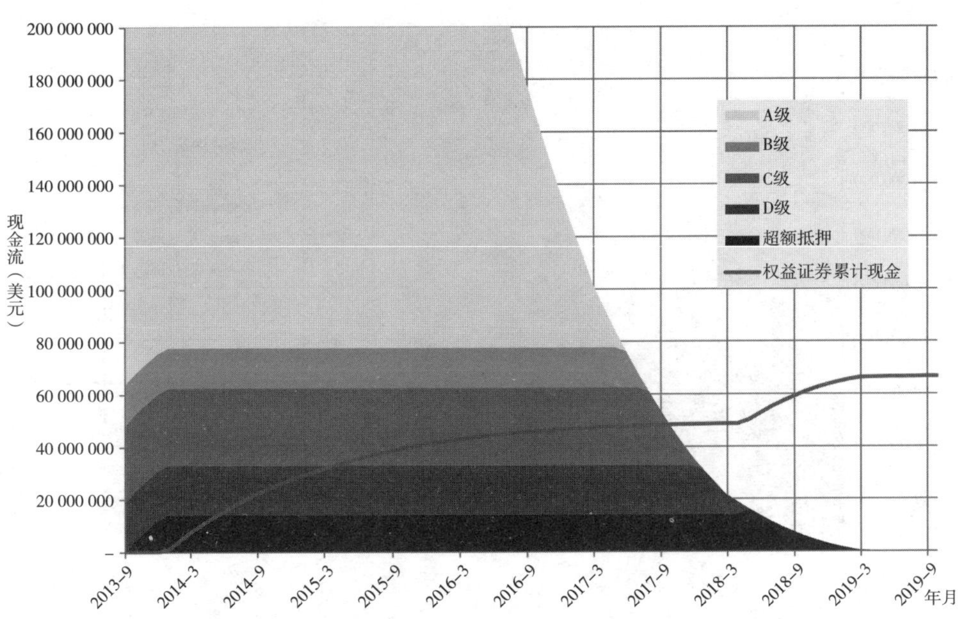

图 12.8　MTBAT 2013 –1A 现金流预测（不行使赎回权）

券，迅速地构建超额抵押。当2014年1月超额抵押达到140万美元的目标值后，权益证券开始获得现金流。此后一个阶段结构比较稳定，本金依次偿付A到D级债券。我们还可以看到，权益债券的累计现金流增长变慢（累计曲线越来越平缓）。正如前面提到的，这是债券的平均利息逐渐升高，超额利差降低的结果。到2018年所有的债券都被偿清以后，权益证券的累计现金增速再次加快，这是因为此时不需要再填充储备账户和超额抵押，所有的现金流都可以支付给权益证券。

对于很多资产支持证券，特别是纯利息债券和权益债券，还要特别注意发行人的赎回权（Call Option）：出于规模经济性的考虑，当交易的资产余额下降到初始值的5%或10%以下时，发起人常常有权按照面值赎回基础资产。这对于具有明显折/溢价的债券，尤其是没有面值的债券，影响会非常大。该交易中赎回权的行使门槛是10%。在发行人行使赎回权的情景中，图12.9左侧部分和图11.8是完全一样的。但2016年12月资产池余额下降到1.4亿美

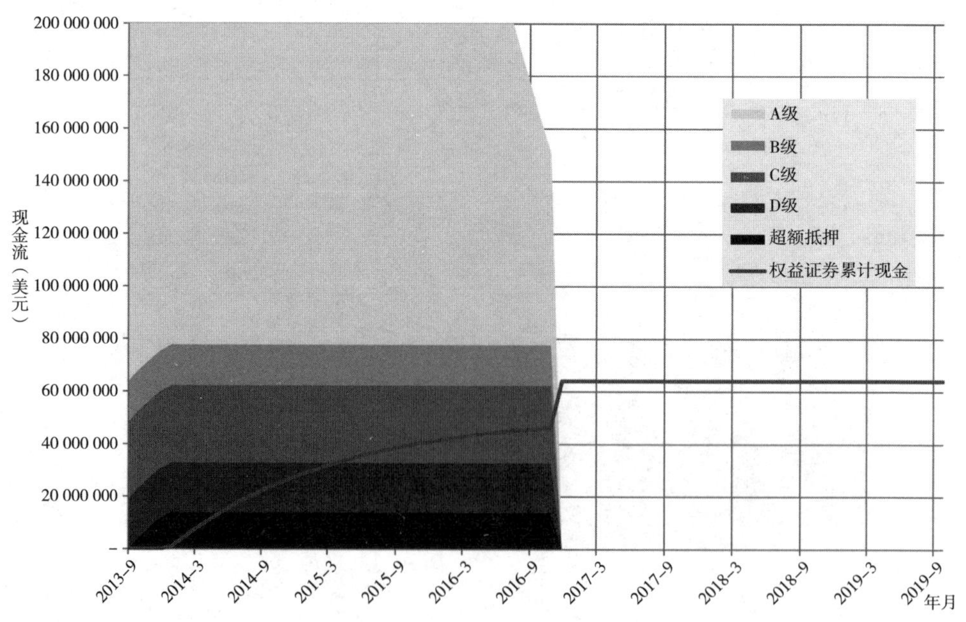

图12.9　MTBAT 2013－1A 现金流预测（行使赎回权）

元以下，发起人行使赎回权，债券余额直接归零。同时，我们看见权益证券的累计现金突然跳升了一下：这是因为资产池的面值此时比债券余额大（140万美元超额抵押），发起人支付的赎回对价除了清偿债券，还会多出这部分。对比两张图，我们不难发现行使赎回权的情景，权益债券的现金流收回更快，但是总额较少。由于选择的主动权在对方，发起人对权益债券估值的时候两种情形都要考虑，且一般按照更不利的情形定价[①]。

一般来讲，此时需要对模型的结果做验算，以确保：（1）投资者对交易结构的直观理解是正确的；（2）模型实现上没有明显的问题。这个结构相对比较简单，也是车贷资产支持证券的标准结构，有经验的投资者可以跳过这一步。这里我们只做简单的演示：先把前面的几处假设再次列出，超额息差为4%，资产池平均期限为1.47年，总损失为1.15%，则累计的超额息差将会是1.47×4%=5.88%，填补损失以后，剩下的4.73%就是支付给权益证券的金额，即4.73%×14=660万美元。这是没有考虑赎回权的情况，行使赎回权资产寿命会变短，权益证券的总现金流也会变少。模型结果在不行使赎回权时总现金流是666万美元，行使时是640万美元，基本与估算吻合。

（四）证券定价

参考当时市场其他汽车资产支持证券权益证券的交易价格，用我们的分析方法得到的折现率在12%附近。因此，我们用12%作为估价的起点。在有赎回的情况下，我们发现权益证券大致525万美元的价格对应12%左右的收益率。

表12.4我们同时计算了两种收益率，简单的实际天数/365收益率和债券等效收益率（BEY），使用后者的原因是增加与半年付息债券的可比性。证券的平均期限为1.78年，略长于基础资产，这主要是因为权益证券在现金流的最后会得到一大笔由释放OC而来的现金流。

---

① 在某些情况下，发起人的利益可能是与权益债券一致的：比如资产池利息和劣后级债券利息都很高的情况下，权益证券超额利息并不多。此时如果发起人为了赎回溢价的基础资产而清偿了劣后级债券，也许对权益证券是有利的。

表 12.4 MTBAT 2013－1A 初步定价

收入	52 500 000 美元
交割日	2013－9－30
面值	1 400 000 000 美元
价格	3.75 美元
内部收益率（实际天数/365）	12.27%
债券等价收益率	11.9%
总现金流	64 010 909 美元
加权平均期限	1.78 年
修正久期	1.65 年

前面提到过，权益债券风险较高，仅靠分析一个情景是远远不够的。我们还需要考察很多其他的可能情景。例如，早偿率在 1.2～1.4ABS 之间浮动（这是前面历史数据中看到早偿率的变化范围）。类似的，对于损失率，我们除了要考察均值情景 1.15%，还要将其上下浮动若干倍标准差。这里损失率的标准差是 0.5%，均值向下浮动的空间并不太大，而变坏的空间很大。为此我们分别考察平均减 1 倍标准差和加 1 倍、2 倍、3 倍标准差。下面分别给出了这 15（3×5）种情景下的总现金流、平均期限和收益率。随着损失率升高，权益证券的表现也在发生变化。较高的早偿率同样会产生不利影响，这是因为早偿会降低资产池的平均期限，从而减少权益债券可以享受的超额息差金额。图 12.10 中的早偿率：1.3 ABS、损失率：1.15% 是基本情景。我们从中可以发现，由于基本损失率假设已经较低，证券向上的空间并不大，而向下的风险较为明显：若损失率偏离均值 2 倍标准差，证券将接近或发生亏损。但这本身并不能直接说明现在 525 万美元的估值不合理，毕竟权益债券 12% 的基本收益率本来就是用来补偿高风险的。要判断 12% 的收益率是否足够补偿这些风险，我们需要将下面的分析与其他类似债券的热力图比较。如果发现本债券明显具有更大或更小的风险，则需要重新修改折现率和定价。这里假设我们经过验证，认为 525 万美元的价格基本合理，并最终按照这个价格购入了证券。

总现金流早偿率	损失率:0.65%	损失率:1.15%	损失率:1.65%	损失率:2.15%	损失率:2.65%
早偿率:1.2ABS	73 869 370	67 065 195	60 260 992	53 214 017	46 434 336
早偿率:1.3ABS	70 752 333	64 010 909	57 269 502	50 527 880	43 786 217
早偿率:1.4ABS	67 910 420	61 226 161	54 541 847	47 857 332	41 172 755

加权平均期限	损失率:0.65%	损失率:1.15%	损失率:1.65%	损失率:2.15%	损失率:2.65%
早偿率:1.2ABS	1.78	1.84	1.91	1.96	2.08
早偿率:1.3ABS	1.72	1.78	1.85	1.94	2.05
早偿率:1.4ABS	1.70	1.75	1.83	1.92	2.04

内部收益率	损失率:0.65%	损失率:1.15%	损失率:1.65%	损失率:2.15%	损失率:2.65%
早偿率:1.2ABS	22.97%	15.04%	7.69%	0.69%	-5.65%
早偿率:1.3ABS	20.23%	12.27%	4.89%	-1.94%	-8.27%
早偿率:1.4ABS	17.34%	9.44%	2.13%	-4.65%	-10.92%

图 12.10 MTBAT 2013－1A 热力图

（五）投后维护

1. 证券表现监控

从每月的投资者报告中提取数据，我们可以制作类似图 11.11 的监控模板，观察证券的表现——当需要维护上百个资产支持证券组成的投资组合时，这样直观可视化的模板是不可或缺的。首先，我们看到的是权益证券的实际现金流高于预期（灰色线高于黑色线）。具体来说，实际现金流在开始几个月的增长明显快于预期。同时也要意识到，经过初期的几个月后，两条曲线之间的距离基本保持稳定，灰色线斜率略高，但并不明显。这就意味着除了一开始的几个月，预期和实际的偏差并不大。在累计损失率曲线上，我们找到了对现金流的不同解释：实际损失率比预期要来得慢，一开始几个月都没有损失[①]，而此后的增长速度也略微慢一些（斜率较低）。与损失率密切相关的

① 这是一种比较常见的现象，原因是贷款从发生预期到确认损失一般需要经过一定的时间和流程。在证券化时往往会把大部分违约的贷款都剔除掉，所以新发行的交易在前几个月损失率都会很低。如果是对损失时点特别敏感的交易，可以在模型中专门考虑此现象，我们这里分析的权益债券主要关注累计现金流，所以没有考虑（为了简化例子也是一个很重要的原因）。

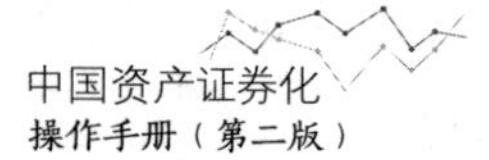

一个指标是逾期比例，逾期的贷款中很大一部分在一段时间后会发生损失。因为，逾期既对预期损失的绝对水平有影响，也能预示确认损失的大致时点。从图 12.11 中我们看到，虽然目前累计损失率不高，但是逾期比例逐渐升高，达到了 2% 左右。这些逾期金额中有一部分最终会被确认为损失，因此在考虑是否要调整损失率假设的时候，也要考虑这个因素。

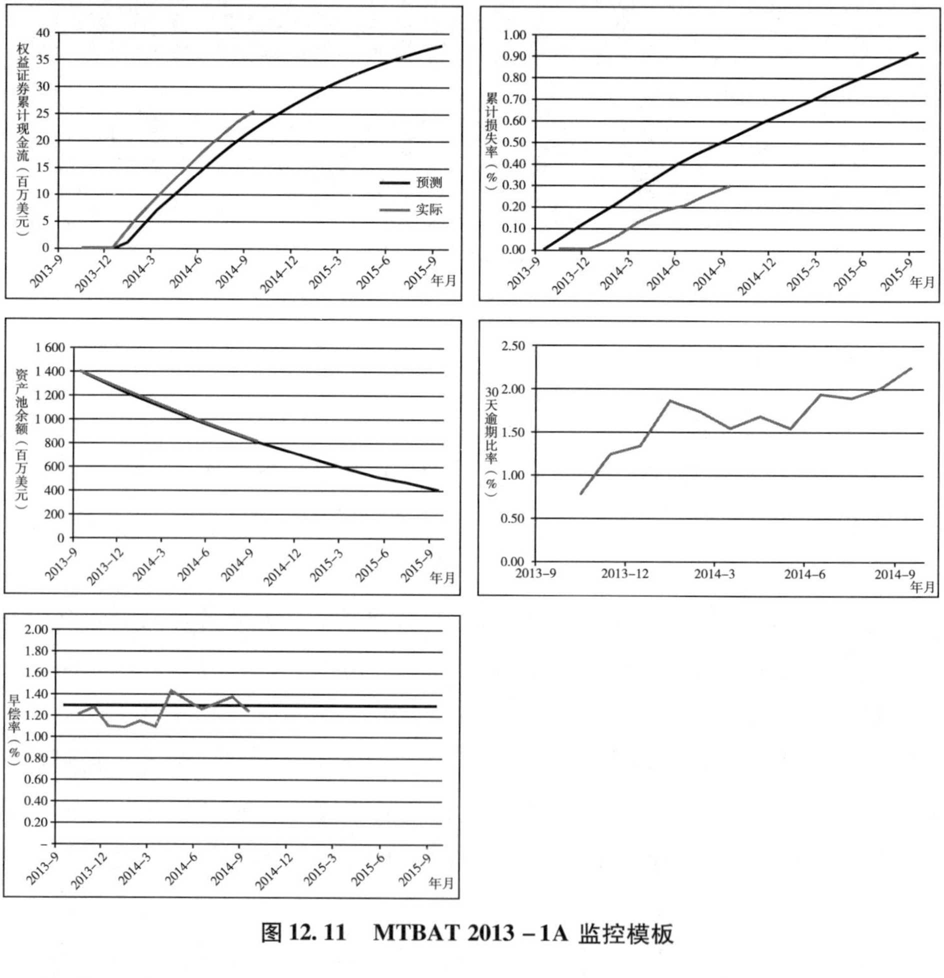

图 12.11　MTBAT 2013－1A 监控模板

资产池余额是预期与实际最接近的。资产池余额的变化主要受 3 个因素的影响：正常还款、早偿和违约。由于违约所占比例很低，所以虽然预期与结果有一些偏差，但对资产池余额影响不大。正常还款是按照贷款的利率和剩余期限计算的，一般也都比较准确。所以资产池余额变化主要的决定因素是早偿率。在早偿率曲线中我们看到，早偿率变化范围不大，而且其均值与预期差距不大。由于资产池余额主要由累计早偿率（或者说平均早偿率）决定，因此这里的实际值非常接近预期。

2. 模型更新

前文中我们提到过，交易在发行的时候会给出详细的资产池情况，但在每期的报告中往往只提供关键数据的更新。如果我们在模型中使用的某些数据无法每月得到更新，而这些数字又是明显会变化的（如剩余期限），就需要以原始数据为基础，每月根据资产变化情况做调整。具体操作如下：先从投资者报告给出的几个核心指标反推出资产当月的违约率、早偿率等。图 12.12 上部的表格是原始的预测参数和模型结果。这当然与下面列出的实际数据是不完全一样的。为此我们使用优化算法调整违约率、早偿率等模型参数，使得更新后模型的结果与实际结果一致。

更新前

	参数			模型结果				实际数据			
时间	隐含损失率（%）	隐含早偿率（%）	违约后损失率（%）	面值（美元）	早偿+本金偿付（美元）	冲销额（美元）	回收（美元）	面值（美元）	早偿+本金偿付（美元）	冲销额（美元）	回收（美元）
2013-8-31				1 400 000 000							
2013-9-30	0.0530	1.30	100.00	1 344 326 717	54 930 996	742 287	-				
2013-10-31											
2013-11-30											

更新后

	参数			模型结果				实际数据			
时间	隐含损失率（%）	隐含早偿率（%）	违约后损失率（%）	面值（美元）	早偿+本金偿付（美元）	冲销额（美元）	回收（美元）	面值（美元）	早偿+本金偿付（美元）	冲销额（美元）	回收（美元）
2013-8-31				1 400 000 000				1 400 000 000			
2013-9-30	0.0024	1.22	98.76	1 347 102 165	52 863 721	34 114	423	1 347 102 165	52 863 721	34 114	423
2013-10-31											
2013-11-30											

图 12.12　MTBAT 2013 - 1A 参数更新

把这些更新以后的情景参数输入模型，就可以估算出报告中没有给出的平均利率、剩余期限等参数。表 12.5 中我们列出了交易发行时（2013 年 8 月）的平均利率和剩余期限，预测了其未来几个月的变化。请注意，剩余期限并不是严格的每月减 1。这是因为资产池中有剩余期限较长的贷款和较短的贷款：期限较短的贷款每月摊销更快，因此其在整个资产池中所占比例会降低，于是资产池的平均剩余期限有变长的趋势。这种现象在一定程度上抵消了资产池的自然老化（剩余期限每月减 1），最终我们看到剩余期限每月降低约 0.7。类似的原因造成了平均利率的缓慢飘移——原始资产池中剩余期限较长的贷款利率更低一些，随着这部分所占的比例越来越大，资产池的平均利率下降。

表 12.5　MTBAT 2013 – 1A 利率与剩余期限的变化

时间	加权平均利率（%）	剩余期限（年）
2013 – 8 – 31	5.8944	49.619
2013 – 9 – 30	5.8861	48.869
2013 – 10 – 31	5.8770	48.142
2013 – 11 – 30	5.8677	47.423

3. 现金流与流动性管理

我们的这个虚拟持仓作为一个权益证券，市场流动性预期会很差。如果基金有赎回要求，就只能指望它的每月分配。基金经理需要综合考虑基金的赎回条款以及投资组合其他资产的流动性，以确定是否有足够的现金行使赎回。假设赎回有 3 个月的通知期，则能稳定筹集到的资金大概是 75 万美元（3 个月 × 每月现金流 25 万美元），约为市值的 1/7。

从另外一个方面看，若没有赎回，则每月有约 25 万美元现金需要再投资。前面我们分析过，在发起人行使赎回权的情况下，投资者会在最后 1 个月集中收到 140 万美元现金。为了提前计划，需要随时考虑以下几件事：（1）资产的表现情况，若资产表现不好，发起人肯定没有必要赎回；（2）市场利率情况，若利率走高，资产池的市值低于面值，发起人同样不会赎回；（3）资产池剩余金额的变化，这将决定赎回的时点，从而决定投资者会在哪个月有大额现金流。

二、Advanta 的孤儿

下面我们以一个真实债券（ABCMT 2007 - B2）的虚拟交易为例，演示信用卡资产支持证券投资业务中的几个主要部分。在简单的背景介绍以后，我们先结合实际数据介绍一种通用的（较为简单的）资产分析方法；然后简单回顾信用卡资产支持证券常用的统合信托（Master Trust）与滚动资产池（Revolving Pool）结构，并分析该交易中的现金流瀑布（Cashflow Waterfall）；接下来分别演示如何用估算和现金流模型的方法对债券定价；最后介绍投后管理的一些工作。

（一）背景介绍与虚拟假设

1. 背景介绍

Advanta 原名为 Philadelphia Teachers Service Organization（费城教师服务组织），成立于 1951 年，最早的业务是给教师提供固定利率贷款。20 世纪 80 年代以后，Advanta 开始迅速在全美范围内扩展其消费者信贷类业务，到 20 世纪 90 年代初，Advanta 的消费者信用卡业务在全美排名第 6。20 世纪 90 年代后期，Advanta 出售其他业务部门，开始专注中小企业的信用卡市场，到 2003 年在该领域排名全美第 3。

信用卡应收账证券化是 Advanta 最主要的融资渠道，截止到 2007 年，其管理的 63 亿美元资产中，53 亿美元已通过证券化方式发售。证券化的风险隔离机制使得这家评级为 BA3 的公司能够发行 AAA 级的债券，从而大大降低了融资成本，这也成为 Advanta 高速发展背后的动力。

2008 年以后，受次贷危机的影响，Advanta的信用卡坏账率大幅上升，公司出现亏损。更糟糕的是，美国资产证券化市场也陷于停滞，Advanta 在 2008 年 5 月和 6 月连续两次发行优先级资产支持证券失败，失去了资金来源。

2009 年 5 月，Advanta 宣布由于其没有资金用来垫付新的透支，将关闭所有信用卡的继续使用权——卡片持有人只能偿还现有余额，却无法再次透支消费。这显然给了持卡人很大的刺激，年化违约率飙升至56.95%。Advanta随后很快破产被政府接管。

为Advanta发行资产支持证券的SPV，Advanta Business Card Master Trust（ABCMT）进入提前偿还模式，各级债券遭评级机构降级，价格直线下降，投资者一片恐慌。就像Advanta留下的孤儿，ABCMT的前途一片黯淡……

2. 虚拟假设

严格来说，由于没有先例，2009年Advanta停止信用卡业务时，谁也无法确切地预知ABCMT的命运。当时的各种预测，不管事后证明是对是错，都具有很大的主观性。所以该例中我们假设是站在事情发生以后的半年多，即2010年5月，来分析受影响的各债券的内在价值。此时动荡已经慢慢平息，事情似乎进入了一个新常态，而我们的分析也可以更有依据。

（二）信用卡资产池分析与预测

信用卡资产支持证券的基础资产来自信用卡持卡人透支消费的应收款余额(Receivable)。信用卡的收入（Finance Charge）除了利息外，还包括持卡人需要支付的年费（Annual Fee）、滞纳金（Late Fee）、余额转账费（Balance Transfer Fee）等各种费用和由商家支付的交换费（Interchange）。信用卡资产池每月的收入和本金的偿还都是来自持卡人的还款。这里需要注意，在信用卡资产支持证券中，总是假设资产池上的所有还款先满足收入部分，剩下的才是本金——如果我们单独看每一个持卡人，可能有些持卡人并没有支付收入部分。这种处理方法相当于在资产池的级别用一些持卡人偿付的本金填补了未支付的应记收入。当持卡人未能支付最低还款额时，将被记录为逾期，而长时间逾期的账号会被确认为冲销（Charge Off）。

相比其他一些基础资产（如房贷，汽车贷款等），信用卡资产支持证券公布的基础资产信息一般会相对较少。这些数据方面的特点造成目前信用卡应收账没有精细的模型，而主要是用几个简单指标的历史平均值来做预测。

1. 收益率（Yield）

信用卡资产池的收益率是每月收入除以月初应收账总额的年化比例，即：

收益率 = 收入/应收账总额（年化）

收益率反映了资产收入水平，是资产支持证券负债端利息收入的最终来源。而其扣除资金成本后的余额，即超额息差（Excess Spread），是信用卡资产支持证券信用增级的重要手段。

历史上，ABCMT 资产池的收益率在 22% 左右（见图 12.13），信用卡业务停止当月（这里指 2009 年 7 月，由于信用卡账期和报告日期的影响，比宣布停止信用卡业务的时间有一定延迟）下降到 16%，随后有所恢复，最近 6 个月（假设我们是在 2010 年 5 月做分析）稳定在 20% 左右。总的来说，信用卡业务停止以后收益率很快稳定下来，并且降幅总体不大——由于我们是在一次前所未有的事件以后重新对资产做估值，资产表现是否大幅度变动，是否达到新的稳定值，对我们分析的可信度有很大影响。只有确信动荡期已经结束，我们才能根据数据对未来的情况做出可靠的预测。在这里，我们基本可以预测未来收益率会保持在 20% 左右的水平。

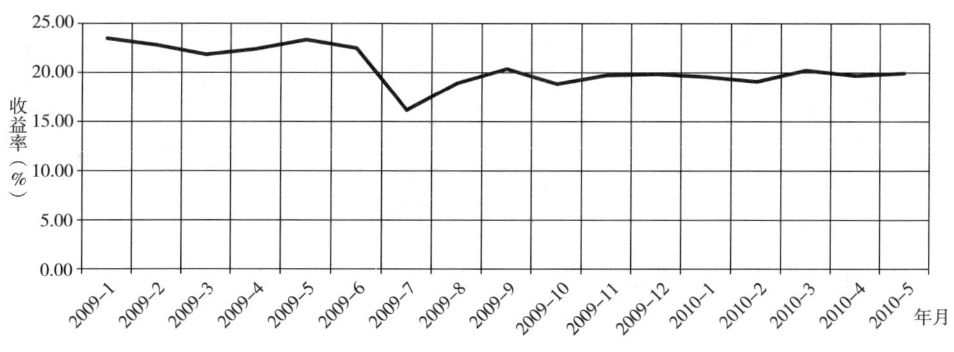

图 12.13 ABCMT 的收益率变化

2. 冲销率（Charge Off Rate）

冲销率是当月确认的损失金额（冲销额）除以月初的应收账款总额的年化比例，即：

冲销率 = 冲销额/应收账款总额（年化）

冲销率是衡量信用卡资产池风险的主要指标。一般信用卡资产支持证券中的超额息差在被支付给发起人以前，会先用来填补损失。也就是说，当冲销率高于超额息差的时候，债券将被减记（Write Down）。

从图 12.14 中可以看到，随着 Advanta 进入困境，冲销率一路上升（也可以说，冲销率的上升是 Advanta 进入困境的一个原因），停止业务当月达到年化 56%。随着这些最坏的账户被冲销，剩下的是越来越好的持卡人，冲销率开始回落——这类现象在各种资产中都比较常见，一般叫作“枯竭”（Burn－out）。最近半年冲销率平均在 28% 左右，且有一定的下降趋势。出于保守的原则，不妨先假设未来冲销率为 28%。这里选定的假设只是我们使用的基本情景（Base Case），在此基础上后期我们还会做各种压力测试（Stress Test），所以对基本情景的假设不需要过分精确。

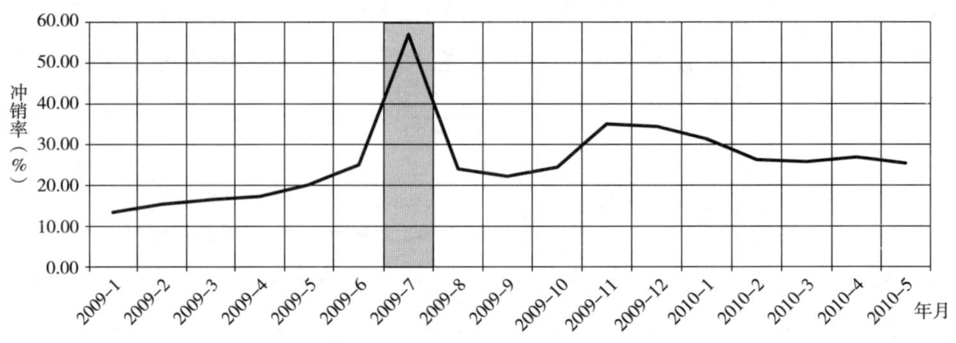

图 12.14　ABCMT 的冲销率

3. 净收益率（Net Yield）

前面已经提到，多出的利息在信用卡资产支持证券中会被用来填补损失。因此，两者之差被命名为净费率，即：

净收益率 = 费率 − 冲销率

因为费率和冲销率都是年化的，所以净收益率也是一个年化率。它衡量的是扣除损失以后的整体盈利水平，经常用来与债券端的平均利率比较。

信用卡业务停止以来，ABCMT 的净收益率一直为负数，如图 12.15 所示。也就是说，即使不考虑资金成本，ABCMT 的所有资产也是在亏损的。但是近期情况慢慢有所好转，净收益率保持在 -10% 以上。

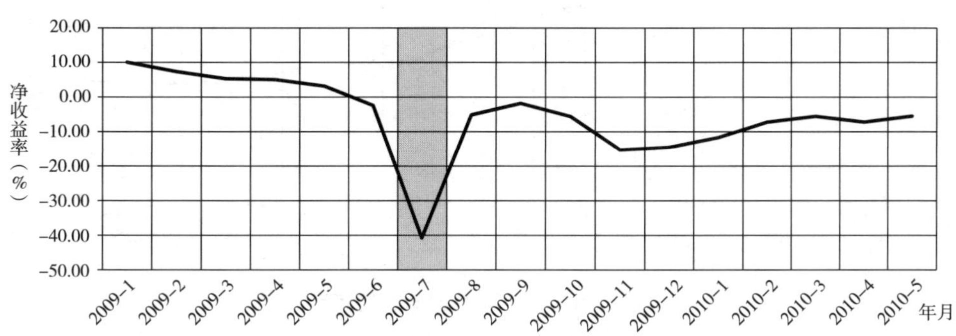

图 12.15　ABCMT 的净收益率

4. 本金偿还率

本金偿还率（Principal Payment Rate）是每月收到的还款本金占月初信用卡应收款余额的比例，即：

本金偿还率 = （总还款额 - 收入）/应收账款

这个定义中需要特别注意两点：（1）前面曾经提到，持卡人还款的时候并不会指定某一笔还款是利息或是本金，这里的“还款本金”是人工拆分而来的，且总是假设在资产池的级别上（而不是在每个账户级别上）所有的还款总是先满足收入部分，剩下的才是本金。这种计算方法意味着只要本金偿还率为正，就一定已经全额收到了收入部分；（2）不同于其他几个比例，本金偿还率是按月计算的，当与其他数字比较时需要注意转换。本金偿还率衡量资产池还款的速度。

注意图 12.16 纵坐标的取值范围，本金偿还率的变化范围是比较小的。信用卡业务停止对其没有造成特别大的冲击。虽然 2009 年以来有一个下降的趋势，但进入 2010 年以后下降速度明显放缓，本金偿还率基本稳定在 3.5% 附近。从预测的角度，选择 3.5% 应该是比较稳妥的。

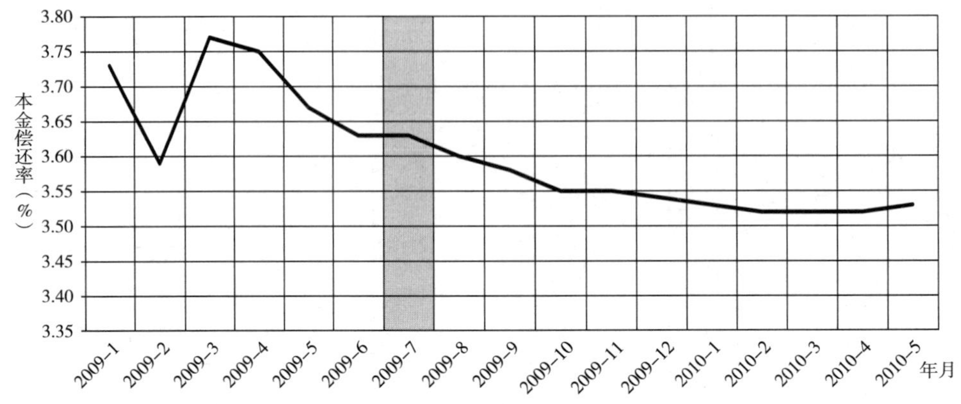

图 12.16　ABCMT 的本金偿还率

5. 资产表现预测

运用上面几个比例，我们就可以对资产池未来的表现做预测了。

本金偿还 = 月初应收账总额 × 本金偿还率

收入 = 月初应收账总额 × 收益率/12

冲销额 = 月初应收账总额 × 冲销率/12

月末应收账款 = 月初应收账款 - 本金收入 - 冲销额

2010 年 5 月，ABCMT 的信托资产余额大约是 19 亿美元。按照前面的讨论，如果假设几个指标都维持在近期均值水平，即收益率为 20%、冲销率为 28%、本金偿还率为 3.5%，资产池未来的变化情况会如图 12.17 所示。

在图中我们用面积图展示了累计偿付额（Gum Paid）、累计冲销（Cum C/O）和剩余本金（Remaining Bal）。对前两者使用累计量，是因为我们一般更关心总共的本金偿付和冲销，而不是某一期的值。图 12.7 使用面积图很好地表现出了数量之间的恒等关系：虽然这 3 个量各自每期都在变化，但他们的总和却始终等于最初的本金。在 3 个量的排列顺序上也有特别的考虑：累计偿付额和累计冲销分别从两端往中间“蚕食”剩余本金，直到所有的余额要么被偿付，要么被注销。把偿付放在上方而冲销放在下方也符合我们平时展示资本结构的习惯（这一点后面还会再次看到）。

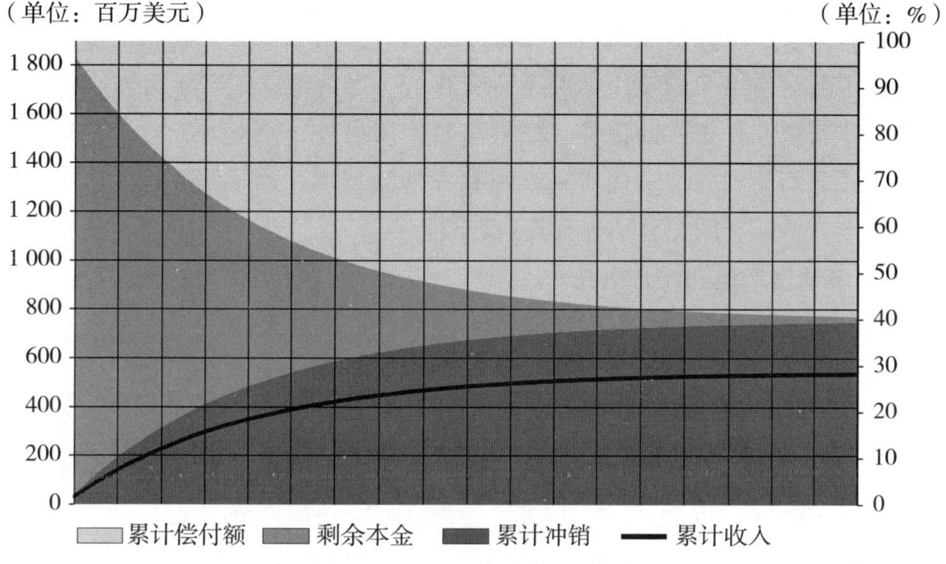

图 12.17 ABCMT 资产表现预测

累计收入（Cum Charge）在图中没有用面积图而是单独用曲线表示。这是因为收入与以上 3 个量并没有恒等关系。同时，累计收入还可以方便地与同样画在下方的累计冲销对比：收入可以被用来填补损失。若收入大于冲销，则所有的损失都可以被填补；反之，比如这里的情况，就会有一部分无法被填补的损失需要用债券承担。

总之，图表同时具有量化分析的客观和定性分析的直观，是非常重要的分析手段。恰当地设计图表可以让分析工作简单、易懂。

我们可以看到，在该例中，预计 3 年以内（截止到 2013 年 5 月），一半以上的本金都可以得到偿付。而同时，会有占当前本金 35% 左右的冲销和 25% 左右的利费收入。

（三）信用卡交易结构及其影响

信用卡应收款每月都有一个最低还款金额，要求一笔借款在较短时间内还清。同时，持卡人还可以选择随时提前全额还款。这造成了信用卡应收账的平均期限一般很短，无法直接支撑中期或长期证券。而如果不断地发行短期证券，又会产生大量成本，且无法为信用卡公司提供长期稳定的资金。另外，持卡人对信用卡的使用情况是有变化的，当应收款余额上升时，信用卡公司可能希望发行更多的证券。如果需要使用另外一个 SPV，会涉及资产在多个信托之间的划转，从而带来麻烦和额外的费用。为了解决这些问题，信用卡资产支持证券的交易结构有其独有的特点。

1. 滚动资产池和统合信托

滚动资产池允许 SPV 在一定条件下使用收回的本金不断买入符合一定要求的新资产，通过对短期资产的滚动，达到延长资产池周期、发行中长期证券的目的。所以对于信用卡资产支持证券的资产池，除了要考察其现有资产池状况，还需要特别注意对未来购买资产的限制：其中既包含对单个账户的限制，如不能有 FICO 分数低于 600，或者逾期时间超过 30 日的账户，也包含对整体的限制，如平均 FICO 不低于 650 或者地域分布不能过于集中。同时，为了应对资产提前偿付等情况，要保证任意时间都有足够的抵押物，滚动资产池的总余额常常远大于发行证券所需的抵押物金额。

图 12.18 中，资产池余额一直在 4 亿美元附近上下波动，而发行证券需要的抵押物、投资者权益（Investor's Interest）是 3 亿美元，其中的差额叫作卖方权益（Transferor's Interest ）。顾名思义，这个差额是信用卡公司的财产，

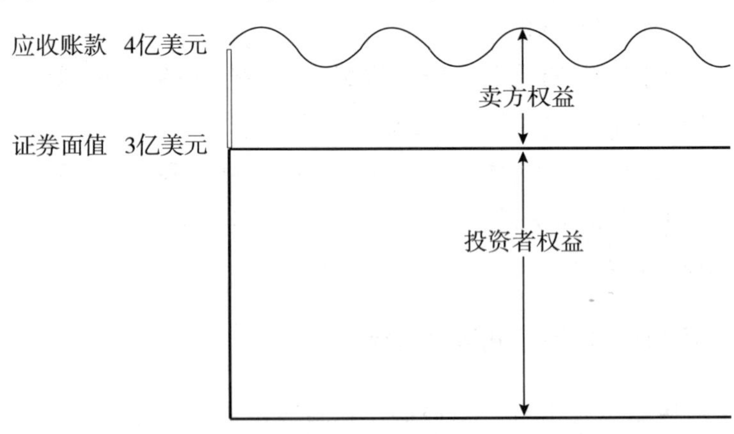

图 12.18 滚动资产池

放在这里是出于方便的考虑，但并不对资产支持证券提供信用保护，这一点需要与超额抵押（Over Collateralization）区别。当资产池中的卖方权益过多时，信用卡公司的融资效率就太低了，此时可以利用结构中的统合信托。统合信托不是封闭的，可以多次发行证券。只要资产池还能够支撑（即有足够的卖方权益），统合信托就可以根据需要继续发行债券。统合信托的另外一个特点是，优先级和劣后级的债券既不需要同时发行，也不需要同时到期。图12.19的例子中，SPV在2007年1月同时发行了2007－A、2007－B和2007－C3个不同优先级、不同到期日的债券，此后又分别在2008年3月、2009年1月发行了两个A类和B类债券。

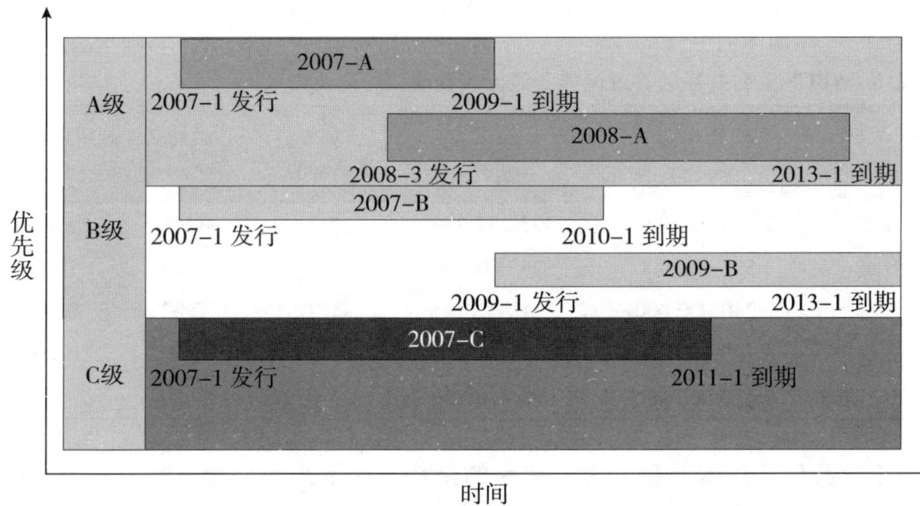

图12.19　统合信托结构（示意图）

2. 提前偿付（Early Amortization）

为了保护投资者的利益，一般信用卡资产支持证券交易中会定义提前偿付事件。这些事件发生时，现金流结构会发生变化，一般包含以下3种情况：

（1）资产池停止滚动，变成静态资产池，所有偿还的本金都用于分配。

（2）同级别的债券之间变成平行结构，不受到期日的影响（或者说所有债券立刻到期）。

（3）不同级别之间按照优先级依次偿付。

提前偿付事件的触发条件一般包含对资产表现的限制，对发卡银行的限制，以及对法律、法规的限制。该例中，不管是Advanta破产还是资产池的表现显然都触发了提前偿付。受此影响，在分析ABCMT时，资本结构可以极大简化，剩余的19个债券可以按照优先级合并成4个“等效债券”①，如表12.6所示。可以看到，D级债券已经全部被减记，C级债券也被减记了一大部分，剩下的金额是总债券金额的7%。这意味着B级债券还剩下7%的信用保护，而其本身占到剩余债券面值的51%，所以A级债券的信用保护率是58%（7% + 51%）。为了更直观地比较不同债券的相对尺寸和其在资本结构中的位置，也经常用堆积柱状图（Stacked Bar Chart）来表示，如图12.20所示。

表12.6　ABCMT合并后的等效债券（经作者整理后的摘要信息）

	初始本金（美元）	剩余本金（美元）	利率（%）	占比（%）	信用保护率（%）
A级	2 800 000 000	427 267 946	1.71	41.72	58.28
B级	525 000 000	525 000 000	1.60	51.26	7.02
C级	240 000 000	71 842 434	3.77	7.02	0.00
D级	105 000 000	0	0.00	0.00	0.00
总计	3 670 000 000	1 024 110 380	2.08	100.00	

上面我们从总体上看了这个交易的结构，接下来我们会具体看一看各部分现金流的分配方式。

（四）收入现金流

招股说明书（Prospectus）中，对收入现金流的定义为：

$$收入现金流 = 资产池收到的利费 \times 投资者比例$$

① 严格来说，A类和B类需要按照固定利率和浮动利率分成4个债券，加上C类、D类（只有浮动利率）一共是6个等效债券。

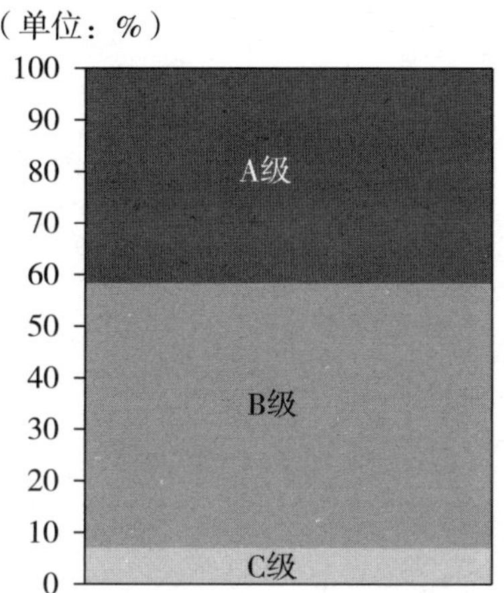

图 12.20　ABCMT 资本结构堆积柱状图

前面我们提到，统合信托中只有一部分资产（投资者权益）用来支持其发行的证券，这里乘以投资者比例就是为了得到投资者权益对应的收入。收入现金流的分配过程如下：

（1）A 级债券利息。

（2）B 级债券利息。

（3）服务费。

（4）C 级债券利息。

（5）D 级债券利息。

（6）作为额外的本金发放给债券，用于填补当期损失。

（7）作为额外的本金发放给债券，用于填补过往的损失。

……

由于 ABCMT 前期已经有大量的损失（整个 D 级债券都被减记了），且我们预计后期还会有大量新的损失，第 6 步和第 7 步几乎确定可以用掉所有的现金。在这样的情况下，为了简化分析，我们可以在分析中先忽略后面的步骤。如果最后真的发现还有剩余现金，再来考虑这一块。由于资产支持证券结构中细节很多，这是买方一种常用的处理方法——评级公司和卖方往往需要考虑得更全面一些。

（五）本金现金流

与前面类似，本金现金流的定义是：

本金现金流 = 资产池收到的总本金 × 投资者比例

其分配过程如下：

（1）A 级债券未付利息。

（2）B 级债券未付利息。

（3）未付服务费。

（4）C 级债券未付利息。

（5）本金分配子账户。

……

显然这里的第 5 步“本金分配子账户”是核心内容，而且一定会用掉所有的现金。而且即使没有用掉，我们也并不关心债券本金还清以后的事情——假设我们分析的目的是债券而不是 Advanta 破产后的残值。

本金分配子账户的分配顺序非常简单，只是按照优先级依次偿还 A 到 D 级债券。

（六）损失的分配与冲抵

损失的分配（Allocate）与冲抵（Reimburse）一般并不涉及直接的现金流，但会间接地对交易结构产生影响：第一，损失分配会降低债券的本金余额，从而影响未来利息的计算；第二，损失分配本身经常被与各种触发事件（Trigger Event）相联系，从而改变现金流分配顺序。

该例中，现金流的分配和冲抵顺序都比较简单：新的损失依次分配给 D 级债券，最后到 A 级债券；而冲抵的部分则优先分配给 A 级债券，最后到 D 级债券。

需要特别说明的是，冲抵损失的过程只是改变债券的余额，并不直接分配现金流，其对应的现金是合并到本金现金流中按顺序分配的。

（七）产品现金流预测与定价

把基础资产的预测结果和交易结构结合起来，我们就可以预测各级债券的现金流，并且对其进行定价了。这里我们由简单到复杂依次介绍 3 种分析方法，以便读者根据情况选用。

1. 图表估算法

我们已经分别做了资产预测和资本结构的图表，这里直接用它们来做简单的分析，我们把图 12.17 和 图 12.20 并列放置（这里为了方便，重新放置在图 12.21 中）。

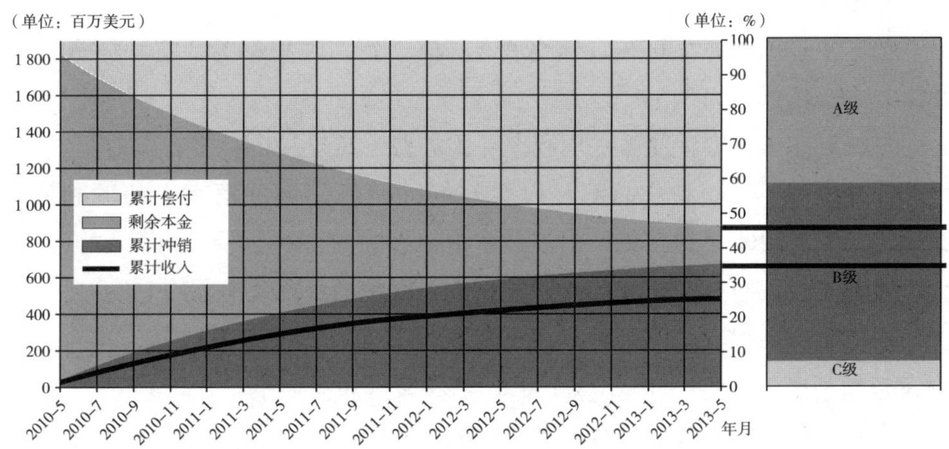

图 12.21　图表分析法

前面已经提到，预计 3 年内 50% 左右的资产会以本金方式被偿还；同时 35% 左右被冲销掉。从这两个位置分别连两根线到右侧的资本结构图，我们可以看到这两根线都穿过 B 级债券。也就是说，截止到第 3 年年末，从现金流瀑布（Cashflow Waterfall）上方“流”下来的本金足以偿付所有的 A 级债券和部分 B 级债券；而自下而上的损失会侵蚀掉 C 级债券和部分 B 级债券。中间一段 B 级债券预计是第 3 年年末的剩余债券。由此，我们可以预计 A 级债券不会有任何本金损失，C 级债券的本金会全额损失，而中间的 B 级债券会有部分损失。这样可以比较准确地确认 A 级债券和 C 级债券的价格范围

（分别是90+和10-），而B级债券的价格则需要进一步分析。

这种方法当然是不太精确的，只考虑了本金部分而忽略了交易中的收入和各种利息和费用支出。所以实际的偿付金额和减记金额都会在这两条黑线的上下移动。不过在该例中，由于A级债券与B级债券的交界和B级债券与C级债券的交界都离黑线较远，即使考虑误差的影响，前面的结论可信度还是比较高的。

2. 收入费用估算法

一些情况下，我们希望得到比图表法更精确的结果，以便确定是否有必要再做精确的模型。这时候我们可以从招股说明书和投资者报告中收集以下数据来做估算。

债券平均利率为2.08%、服务费为2%、资产池费率为20%、冲销率为28%、本金偿还率为3.5%。

超额利率=费率-债券平均利率-服务费=20%-2%-2%=16%

净冲销率（超额利息尚不足以弥补的冲销额）=冲销率-超额利率=28%-16%=12%（每年）

也就是说，每月实际减记的债券金额大概是当月剩余本金的1%。

总本金偿还率（注意弥补利息的超额利息也作为本金发放）=本金偿还率+超额利率=3.5%+16/12×100%=4.8%（每月）

即每月偿还的本金是当月剩余本金的4.8%。

每月余额下降率=净冲销率+总本金偿还率=1%+4.8%=5.8%

也就是说，最终将有1/5.8×100%=17%的债券被减记（注意，因为考虑了超额利息，这个比例比第一种方法的估算低很多）。与交易的资本结构对比，再次确认A类债券可以全额收回，定价的时候只需要考虑收回时间与折现率；而C类债券的本金将全部损失，只需要将其作为一个纯利息债券（Interest Only）来考虑。B级债券承担的损失将会是债券总额的10%（17%-7%），即1 000万美元左右，也就是B级债券当前面值的19%左右。

这种方法考虑了资产池的收入和现金流结构中的主要费用，应该说比起前一种来可信度更高。这里也再次确认了我们对A级债券和C级债券的判断。

不过这同样意味着估算的所有误差都会集中到 B 级债券上，所以如果要对 B 级债券的价格做精确的评估，还需要进一步的工作。

3. 现金流建模

假设这里我们需要对 B 级债券做精确的定价，前两步的结果都不能满足我们的需求，因此我们只能建立准确的现金流模型。关于现金分配的各种条款，最可靠的依据是招股说明书①。对于已经发行一段时间的交易，另外一个重要的信息来源是每月的投资者报告。我们需要从报告里获得最新的资产与证券情况；同时，也可以参考实际的分配情况来帮助理解招股说明书中的条款。

另外，就像前面已经提到的，在制作模型的时候需要做一些判断：对于不太可能发生，或者不太需要测试的某些条款，可以暂时不用具体实现，而将时间和精力集中在最重要的条款上。

然而即使这样，准确地实现一个现金流模型还是一项费时、费力的工作。在图 12.22 的上部我们给出了用 Excel 实现的现金流模型的缩略图，而在下部我们给出了其中一个局部的放大版本——而这还是一个相对简单的交易。正是由于构造现金流模型需要大量的工作，我们一上来才做简单的估算——很多时候，这样可以节约大量时间。

令人惊讶的是，使用与前面相同的资产池假设，现金流模型计算出各债券的总本金损失额仅为 1 180 万美元，是初始本金的 10%，这与我们刚刚的估算值 17% 相去甚远。这就涉及了现金流建模过程中的一个非常重要的步骤：设法检验模型的正确性——对于一个涉及很多细节条款的模型，非常可能在某处藏有错误。若不检查就使用模型，很可能造成严重的后果。而用于校验模型，也是前面做的估算工作的另外一个用途。

一般来说，模型结果与估算不一致的原因无非两种：要么模型在某处存在错误，导致给出不符合逻辑的结果；要么在估算的时候忽略的某个“细

① 严格来说，应该是销售与服务协议（Pooling and Servicing Agreement 或 PSA）。对于绝大多数交易，PSA 应该是与招股说明书一致的，但在少部分两者出现矛盾的交易中，法庭似乎更多地支持 PSA 的表述。

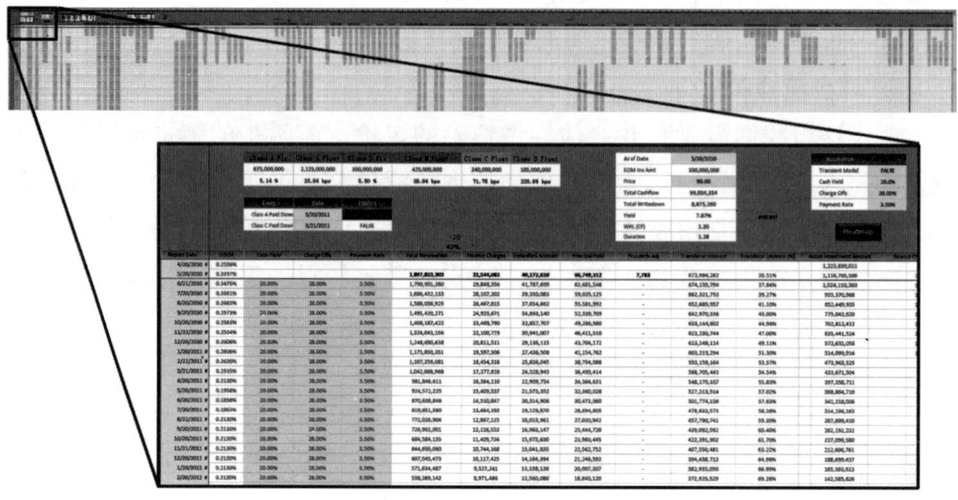

图 12.22　ABCMT 现金流模型

节”，实际上对结果会产生重要的影响。经过对模型结果的分析和再次核对招股说明书，我们发现该例是后一种情况。回忆我们前面在收入现金流和本金现金流的定义中都看到了一个叫作“投资者比例”的数字。直观的理解，这个比例是指投资者权益在整个资产池中所占的比例，我们在估算中是这样处理的：相当于认为债券的基础资产余额等于债券面值，而实际资产池中其他资产的收入，本金和损失都与债券无关。但仔细看投资者比例的定义，我们发现这样一段定义“投资者比例，对于损失，收入和管理费，指浮动投资者比例；而对于本金，指固定投资者比例”。也就是说，虽然收入和本金的计算中都用到了投资者比例，但实际上所指不同。这里，我们给出它们各自的简要定义：

浮动投资者比例 = Min（100%，剩余债券的剩余本金 / 资产池总额）

固定投资者比例 = Min（100%，剩余债券的初始本金 / 资产池总额）

其中的浮动投资者比例比较直观，始终是当前债券对应总资产的比例。但用于确定本金的固定投资者比例则不太一样，只要债券尚未完全清偿（或者减记），这个比例就是固定的。在图 12.23 中分别计算了这两个比例。注意：由于固定投资者比例的分子是剩余债券的初始本金，它在任何时候都比债券的剩余本金要高，在很大一部分时间里甚至比整个资产池的大。这造成的结果是固定投资者比例总是远高于浮动投资者比例，很多时候直接是100%。而按照本金现金流的定义，这就意味着虽然债券金额（10亿元）远小于资产池金额（18亿元），却在很多时间拿走了资产池上所有的本金收入。而冲销却是完全按照剩余本金分配的，与我们前面的估算一样。在冲销速度不变的情况下，本金偿付速率大幅提升，自然造成了债券上低于预期的冲销比例。

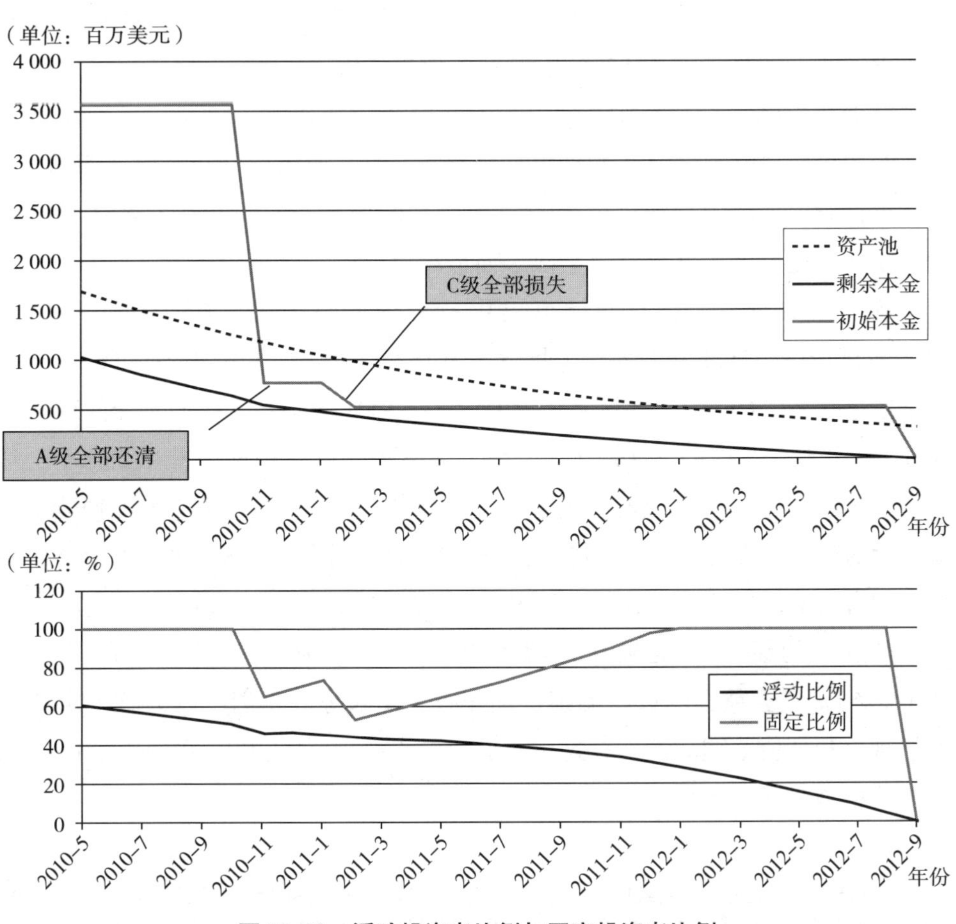

图12.23　浮动投资者比例与固定投资者比例

以上我们虽然对模型输出与估算结果的差别找到了定性的解释，但我们还不能确定这是唯一的原因。为此我们希望能够去除以上因素的影响，再次比较一下估算与模型输出的结果。在估算中使用固定投资者比例代替浮动投资者比例是比较难实现的。我们可以倒过来，临时把模型中使用固定投资者比例的地方改成浮动投资者比例。按理说，这样模型的结果就应该与估算值比较接近了，结果证明了这一点：此时模型计算出的总冲销金额是1.97亿美元（17.6%），与估算值比较接近①。

4. 定价

如前面所述，A类和C类债券的定价相对简单。作为例子，我们假设需要对B类债券中的一个5.5%的固定利率债券定价。

前面我们确定了一个基本情景假设，但我们知道实际情况一定会略有不同。为了确定风险范围，我们首先需要判断几个主要风险（也就是模型输入）的敏感性和取值范围。结合前面对近期数据的分析，我们知道冲销率具有最大的潜在变化范围，其次是收益率，而最稳定的则是本金偿付率。

确定了取值范围，我们就可以用模型生成热力图（Heatmap）。例如，图12.24和图12.25中我们列出了收益率为16%～20%，冲销率为25%～33%，本金偿还率为3.4%～3.5%债券的总现金流。对比两幅图，我们首先发现本金偿还率的影响是最弱的（实际上，即使本金偿还率变为3.0%，影响也比不上其他两个参数）；收益率变化的影响略小于冲销率的影响，而且历史上冲销率多出现更大的波动，所以冲销率应作为首要风险因素，而收益率其次。本金偿还率影响相对太小，所以可以不用着重分析。目前的热力图设计基本合理。

热力图的设计一旦确认，就可以计算各个情景下的平均期限（见图12.26）。结合债券的资产类别、优先级、期限等，我们可以大致确定适当的折现率和估值范围。例如，这里我们决定B级债券应使用12%左右的折现率，价格为8 000万美元。

---

① 估算中假设债券平均利息是基本固定的，但是受到利率曲线和优先级偿付的影响，债券平均利息会逐渐升高。这样会造成一定的估算偏差，高估超额利息而低估冲销金额，与看到的情况一致。

总现金流	冲销率25%	冲销率27%	冲销率29%	冲销率31%	冲销率33%
组合收益率16.0%	96 781 122	93 263 440	90 185 364	87 286 667	85 199 609
组合收益率17.0%	98 640 669	95 192 327	91 895 248	88 971 394	86 084 448
组合收益率18.0%	100 527 589	97 095 078	93 614 604	90 644 980	87 723 686
组合收益率19.0%	102 454 429	98 938 533	95 535 583	92 319 359	89 370 714
组合收益率20.0%	104 362 769	100 729 800	97 384 543	93 996 198	91 020 059

图 12.24　本金偿还率 3.5%的现金流热力图

总现金流	冲销率25%	冲销率27%	冲销率29%	冲销率31%	冲销率33%
组合收益率16.0%	96 713 656	93 397 173	90 322 712	87 440 797	84 616 155
组合收益率17.0%	98 299 733	94 780 610	92 013 987	89 104 091	86 237 280
组合收益率18.0%	100 226 417	96 725 622	93 180 834	90 165 544	87 859 850
组合收益率19.0%	102 196 077	98 614 045	95 144 754	91 879 509	88 866 168
组合收益率20.0%	104 147 791	100 441 252	97 034 917	93 590 839	90 546 712

图 12.25　本金偿还率为 3.4%的现金流热力图

加权平均期限	冲销率25%	冲销率27%	冲销率29%	冲销率31%	冲销率33%
组合收益率16.0%	1.40	1.42	1.40	1.39	1.31
组合收益率17.0%	1.36	1.39	1.39	1.38	1.36
组合收益率18.0%	1.33	1.36	1.38	1.36	1.35
组合收益率19.0%	1.29	1.32	1.35	1.35	1.34
组合收益率20.0%	1.24	1.30	1.32	1.34	1.33

图 12.26　本金偿还率为 3.5%的平均期限热力图

有了初步的价格以后，需要再看其他参数，如收益率、久期、累计减记金额等的热力图结果，以确认各方面都在合理范围内。这里只列出收益率为例（见图 12.27）。

投资收益率	冲销率25%	冲销率27%	冲销率29%	冲销率31%	冲销率33%
组合收益率16.0%	14.87%	11.52%	8.99%	6.53%	4.97%
组合收益率17.0%	16.93%	13.55%	10.58%	8.10%	5.58%
组合收益率18.0%	19.08%	15.63%	12.20%	9.69%	7.14%
组合收益率19.0%	21.62%	17.74%	14.29%	11.29%	8.72%
组合收益率20.0%	24.42%	19.88%	16.39%	12.92%	10.33%

图 12.27　本金偿还率为 3.5%的收益率热力图

（八）投后管理

债券的投后管理涉及很多工作，例如需要经常重复以上的定价过程以确定持仓的公允价值。限于篇幅，我们在这里仅演示一部分投后管理特有的步骤。

1. 数据维护与监控面板

每个月投资者都会收到如图 12.28 所示的报告。对于信用卡资产支持证券，这是数据的主要来源。我们需要设计合适的图表来存储和处理这些技术，以产生我们感兴趣的各种曲线——图 12.14 至 图 12.16 中的结果其实也是这样产生的。

EXHIBIT C

MONTHLY NOTEHOLDER'S STATEMENT
CARDWORKS, INC.
ADVANTA BUSINESS CARD MASTER TRUST
ADVANTASERIES
PERIOD ENDING AUGUST 31, 2010

Capitalized terms used in this notice have their respective meanings set forth in the Master Indenture as amended and as supplemented by the AdvantaSeries Indenture Supplement, the Transfer and Servicing Agreement as amended or the Trust Agreement as amended. References to certain sections and subsections are references to the respective sections and subsections of the Master Indenture as amended and as supplemented by the AdvantaSeries Indenture Supplement.

The information which is required to be prepared with respect to the Payment Date of September 20, 2010 and with respect to the performance of the Trust during the Monthly Period of August 1, 2010 through August 31, 2010 is set forth below.

The Interest Period for all Tranches generally includes the previous Payment Date (or in the case of the first Interest Payment Date, the Closing Date) through and including the day preceding the current Payment Date. Interest on floating rate Tranches is calculated on the basis of 360-day year and the actual number of days in the related Interest Period. Interest on fixed rate Tranches is calculated on the basis of a 360-day year and twelve 30-day months.

The Record Date with respect to the current Payment Date is September 17, 2010.

The Determination Date with respect to the current calendar month is September 10, 2010.

The documents mentioned above may be found in the following Securities and Exchange Commission ("SEC") filings.

Master Indenture, dated as of August 1, 2000.	Included in Exhibit 4.1 to the Form 8-K filed with the SEC on August 30, 2000 by Advanta Business Receivables Corp.
Amendment No. 1 to the Master Indenture, dated as of May 9, 2006.	Included in Exhibit 4.1 to the Form 8-K filed with the SEC on May 19, 2006 by Advanta Business Receivables Corp.
Adjustment of the Enhancement Levels	Included in the Form 8-K filed with the SEC on February 12, 2007 by Advanta Business Receivables Corp.
Adjustment of the Enhancement Levels	Included in the Form 8-K filed with the SEC on May 25, 2007 by Advanta Business Receivables Corp.
AdvantaSeries Indenture Supplement, dated as of November 1, 2004.	Included in Exhibit 4.1 to the Form 8-K filed with the SEC on November 12, 2004 by Advanta Business Receivables Corp.
Transfer and Servicing Agreement ("TSA"), dated as of August 1, 2000.	Included in Exhibit 4.3 to the Form 8-K filed with the SEC on August 30, 2000 by Advanta Business Receivables Corp.
Amendment No. 1 to the TSA, dated as of May 9, 2006.	Included in Exhibit 4.3 to the Form 8-K filed with the SEC on May 19, 2006 by Advanta Business Receivables Corp.
Trust Agreement, dated as of August 1, 2000.	Included in Exhibit 4.4 to the Form 8-K filed with the SEC on August 30, 2000 by Advanta Business Receivables Corp.
Amendment No. 1 to the Trust Agreement, dated as of May 9, 2006.	Included in Exhibit 4.2 to the Form 8-K filed with the SEC on May 19, 2006 by Advanta Business Receivables Corp.

I. Information regarding the current monthly principal distribution to the Noteholders

	CUSIP Number	Total amount of principal to be paid		Per $1,000 Initial Principal Balance
2005-A2	00761H BK 6	$	4,601,254.11	20.45002
2006-A3	00761H BS 9	$	5,112,504.57	20.45002
2006-A4	00761H BT 7	$	6,135,005.48	20.45002
2006-A5	00761H BV 2	$	4,090,003.66	20.45002
2006-A6	00761H BW 0	$	5,112,504.57	20.45002
2006-A7	00761H BX 8	$	4,090,003.66	20.45002
2007-A1	00761H BZ 3	$	4,090,003.66	20.45002
2007-A2	00761H CK 5	$	4,601,254.11	20.45002
2007-A3	00761H CL 3	$	4,090,003.66	20.45002
2007-A4	00761H CM 1	$	4,090,003.66	20.45002
2007-A5	00761H CP 4	$	8,180,007.31	20.45002
2008-A3	00761H CV1	$	3,067,502.74	20.45002

图 12.28　ABCMT 投资者报告

为了便于监控数据，常常为债券设计监控面板（Surveillance Dashboard）：它会包含对定价有帮助的各种图表，以及买入以后逐步添加的其他内容。随着数据的更新，面板上的内容也同步更新。例如，图12.29集中展示了这个交易的剩余债券面值、信用支持比例、逾期资产比例、收益率等信息。

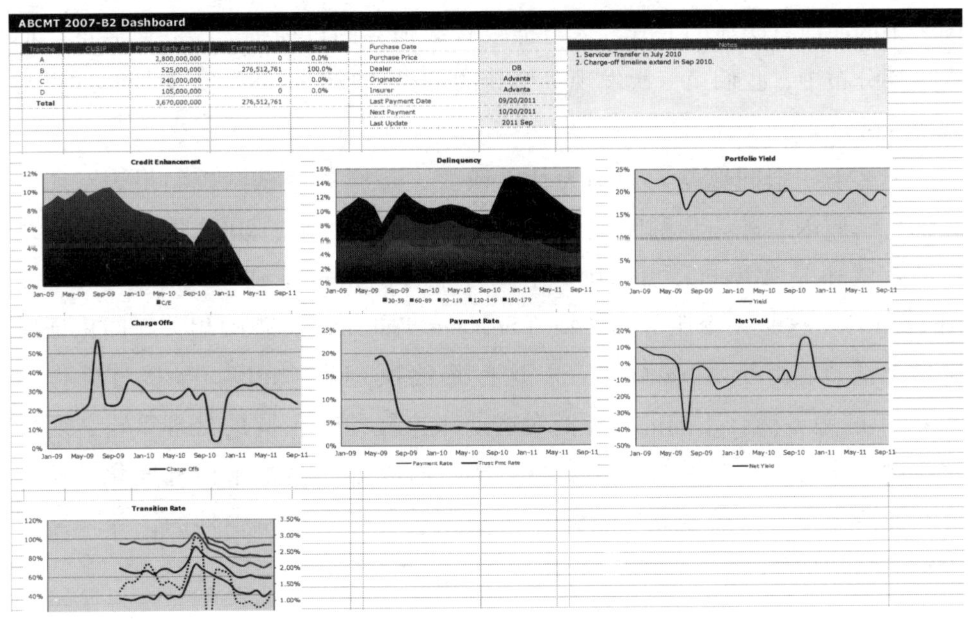

图 12.29　ABCMT 监控面板

2. 异常识别与分析

利用监控面板，我们就可以快速地发现资产池和交易结构中的异动。例如，在图12.29中我们能看到2010年11月左右多条曲线发生了大幅跳动：净收益率从-10%突然升高到15%。根据前面的定义，我们知道净收益率是收益率与冲销率的差。分别观察这两条曲线，我们发现收益率基本稳定，而冲销率在当月有明显的下降（假设我们是在当月的监控中发现了问题，并不知道此后的数据）。至此，我们基本确定问题是关于冲销率的。为进一步了解情况，需要更仔细地阅读当月的报告。在那里发现了下面的说明：

“从 2010 年 9 月 24 日起，应收账余额将在逾期 180 天以后被冲销；在过去，余额是在逾期 120 天的时候被冲销的。受此影响①，2010 年 10 月 31 日抵减了 C 级债券 6 135 480.35 美元的过往损失。”

由于确认损失的时间被推迟，当期没有太多需要冲销的应收账款。这就解释了我们观察到的变化。同时，我们发现信用支持率（Credit Enhancement）图表中的曲线有明显的上升，这与抵减 C 级债券的过往损失是相吻合的。而在逾期分布中，我们第一次发现一个新的分类“120～149”天逾期，这也与说明一致。

那么下一个问题是，规则为什么改变，是服务商试图控制报表？还是其他什么原因？进一步翻阅报告，发现这样一个细节：2009 年 7 月报告最后的落款还是 Advanta，而 2009 年 8 月报告的落款变成了 CardWorks（见图 12.30）。这是一个服务商转换（Servicer Transfer），查阅相关新闻也证实了这个消息：由于 Advanta 破产，法庭最终决定由 CardWorks 接替其作为 ABCMT 的服务商。不同的服务商对逾期账户往往有不同的处理策略，所以这次的变化可以算是情理之中。当然，新的服务商会带来何种变化，还需要在此后几个月持续观察。不过这次变化从本身来说是中性的，并不需要立刻调整估值等。

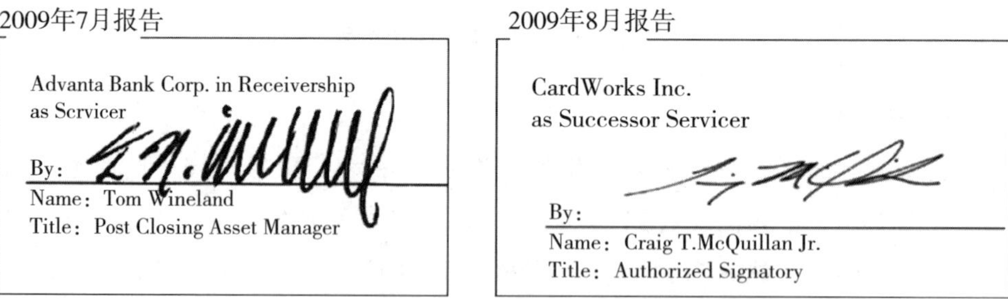

图 12.30　ABCMT 服务商转换

① 一些前面已经被冲销的应收账款又被重新计入资产总额了，在交易结构中被处理成对过往损失的抵减。

3. 模型更新与参数调整

模型的输入参数需要经常复查：预测的现金流与实际情况是否有偏差，是什么原因造成的？资产池的指标是否发生了变化？以前的参数是否合适？而随着资产池和债券余额的变化，模型也需要每月更新。

还有一些时候，我们可能需要对现有的模型做改进。例如该例中，随着冲销规则的改变，资产池被分成了6个不同的状态（未逾期和1、2、3、4、5个月逾期），所以就有必要更细致地考查资产在不同状态之间的转移。为此，我们可以用转移矩阵的方法来重新实现资产端的模型。这种模型有时可以提供更好的精度，而且除了输出资产余额，还可以预测其逾期状态（见图12.31）。

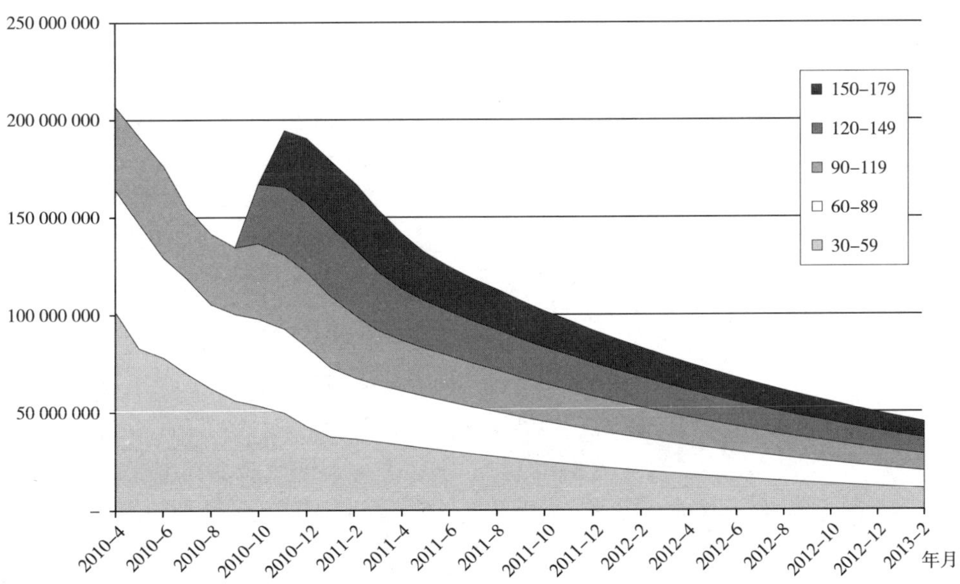

图 12.31　ABCMT 转移矩阵模型部分输出

第十三章

资产证券化未来展望

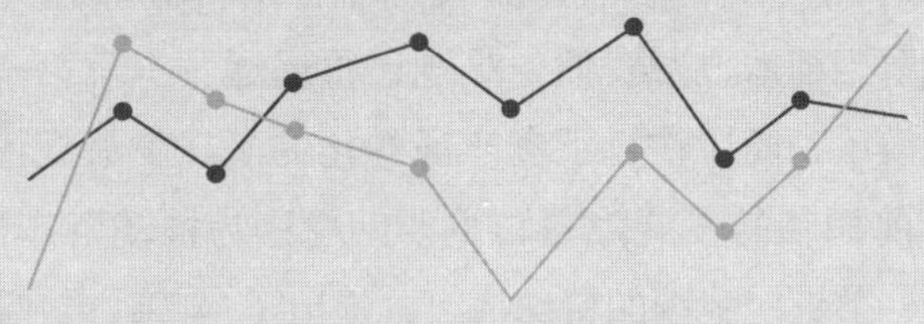

自2005年资产证券化业务开展以来，截止到2015年12月底，信贷资产证券化发行规模总计为7 947.6亿元（203单），企业资产证券化融资总额为2 701.5亿元（240单），发行总量突破了万亿元大关。但无论与境内债券市场还是与境外资产证券化市场规模相比，当前我国资产证券化市场规模很小，未来还有很大的发展空间。由于市场面临着投资者群体单一、流动性差等问题，使得资产证券化降低融资成本的关键优势没有发挥出来，产品利率与资产收益倒挂环境与发展障碍形成一种恶性循环。具体而言，被寄予厚望的“盘活存量”的资产证券化业务，因为发起人缺少内生动力，再加上目前基本上由银行间互持，无法实现直接融资，实际上很难真正起到“盘活存量”、分散风险的作用，离降低企业融资利率、调整存量债务结构、化解当前地方融资债务难题还很遥远。本章第一节在分项目分析亟待盘活的资产规模后，简单估算了资产证券化的潜在发展规模；第二节总结了资产证券化业务当前面临的发展障碍与主要问题；为推动资产证券化市场稳健、可持续发展，最后一节针对我国的特殊情况，提出了一些政策建议。

第一节
我国资产证券化未来展望

一、存在大规模亟待盘活的存量资产

（一）银行贷款等信贷资产

规模巨大的银行信贷资产可以作为证券化的基础资产，其中最适合证券

化的资产包括：住房按揭、汽车贷款、信用卡贷款、工商企业贷款，以及小贷公司信贷等。截止到2014年年末，我国金融机构人民币各项贷款余额已近82万亿元，其中中长期贷款就达到近46万亿元，占全部贷款的56%以上。

MBS是美国资产证券化的主要品种，为此，我们继续看一下我国房地产贷款情况，2014年年底，它的余额大约为17.37万亿元。其中，个人住房贷款余额11.52万亿元。2014年9月30日，央行、银监会下发《关于进一步做好住房金融服务工作的通知》，其中明确“对于贷款购买首套普通自住房的家庭，贷款最低首付款比例为30%，贷款利率下限为贷款基准利率的0.7倍”，“鼓励银行业金融机构通过发行住房抵押贷款支持证券（MBS)、发行期限较长的专项金融债券等多种措施筹集资金，专门用于增加首套普通自住房和改善型普通自住房贷款投放”。目前，我国发行过4单MBS，都是个人住房贷款证券化（RMBS），分别为“建元05－RMBS”（30亿元）、“建元07－RMBS”（41亿元）、“邮元2014”（68亿元）和“15招元”（29.64亿元）。未来MBS空间会很大，当然，其中还存在一些障碍，如除了抵押登记、法律方面存在需要解决的问题外，如果要做到政策中的七折利率，5年以上的贷款基准利率6.55%，七折后为4.5%左右，而现在银行理财产品1年期的利率都在5%以上，直接形成利率倒挂。八五折倒是有可能，但当前都是一家一家的银行单独在做，效率很低，还很烦琐，银行要找多个中介机构，实际经济效益很差。如果能学习美国设立中国版两房，将相应的标准化信贷资产集中购买并打包出售，就可以为资产支持证券增级并提高市场效率。

（二）非金融企业资产

就非金融企业而言，目标资产主要包括企业的应收账款和融资租赁两大部分，但企业应收账款证券化实际操作中障碍较多，应收账款分散，且不确定性较高。此外，我们不能忽视政府融资平台，与政府相关的经营性资产中，保守估计地方融资规模（只针对较为具备资产证券化可行性的资产集中在平台公司的应收账款以及公共交通、垃圾处理、供热等收益权资产及市政收费），可以通过PPP（负面清单中，地方政府按照事先公开的收益约定规则，在政府与社会资本合作模式下应当支付或承担的财政补贴）模式运作。

这里我们主要考虑商务部融资租赁公司的租赁债权和市政收费权，市政收费权是指供水、供热、供气等市政基础设施的收费权。

1. 商务部融资租赁公司的租赁债权

截止到2013年年末，我国登记在册的商务部管辖的融资租赁企业共1 086家，融资租赁企业资产总额为8 725.43亿元，假设租赁债权余额为7 500亿元。

2. 市政收费权

根据我们在开发资产证券化项目时的经验体会，一般地级市或大一些的百强县所拥有的市政收费权大概每年在2亿元左右的情况较多。截止到2013年年末，全国共有286个地级市、368个县级市、1 442个县，共计2 096个。保守估算，假设每个地区每年的市政收费收入为2亿元/年，则全部地区的市政收费收入合计为4 192亿元。

综上，经过估算，存量规模合计不低于1.1万亿元。

（三）影子银行、非标债权

部分与银行领域相关的影子银行资产也符合资产证券化的基本要求，并且相关机构的证券化需求较高，主要包括信托贷款、委托贷款和部分符合银行理财要求的非标债权。在我国的影子银行中，委托贷款和信托贷款占主要部分。其中委托贷款是指公司之间借贷，以银行为支付渠道，信托贷款是指银行通过委托贷款，为贷方与借方做信贷安排而不承担风险。

中国社会科学院的数据显示，我国的影子银行的规模可能达到27万亿元人民币，相当于中国正规银行业的1/5。国际货币基金组织（IMF）的《全球金融稳定报告》显示，截止到2014年3月，中国影子银行的社会融资升至国内生产总值（GDP）的35%，增速为常规银行信贷的两倍。信托贷款、委托贷款和部分符合银行理财要求的非标债权，有数据显示，2014年年底，信托贷款和委托贷款两者余额分别约为5.4万亿元和10.7万亿元，而2014年6月末部分符合银行理财要求的非标债权为2.88万亿元，我们可以粗略估计3者规模预计不低于19万亿元。

二、资产证券化潜在规模总计

如果将上述三部分合计计算的话，我国资产证券化的潜在规模约为66万亿元左右（其中：银行中长期贷款46万亿元，非金融企业资产1.1万亿元，影子银行19万亿元）。据公开信息了解，2014年年初，中信证券、中金公司和银河证券就资产证券化的潜在规模做过类似的研究。按照中信证券的估计，我国资产证券化规模大约为30.9万亿元，中金公司的估计为68.2万亿元，银河证券的估计为38.6万亿元。我们的估计方法和测算口径可能与中金公司比较接近。

当然，上述资产不会全部用于证券化，假设其中有10%用来证券化，即可发行约6.6万亿元的证券化产品。

第二节 当前我国资产证券化市场发展中存在的主要问题

根据上文可以看到，我国的资产证券化市场未来还有很大的发展空间，但经过多年的发展，我国的资产证券化市场还面临着规模小、投资者群体单一、流动性差等亟待解决的问题。自2013年以来，国务院以及"一行三会"监管部门都对资产证券化业务发展寄予厚望，不断出台文件和政策鼓励，希望能够"盘活存量"，实现"非标转标"，但就市场整体发展而言，其速度与理财、非标市场（无论是2008年之后的扩张规模还是2014年以来的缩窄程度）相比较，都显得非常缓慢。在政策"暖风"不断的情形下，我国的资产证券化（标准的信贷资产证券化和企业资产证券化）自2005年以来，10年总的发行规模仅为6千多亿元。保险资管年度报告则显示，截至2014年年末，开展两年的保险资管产品的发行规模已经超过了1.1万亿元，而主要参与非标市场的保险另类投资，一年半内规模增长了1.42万亿元；中国银行业理财市场年度报告显示，2014年银行理财的存量资金规模为15.02万亿元；信托业协会网站数据显示，2014年信托累计募集资金5.87万亿元，信托的存量资金规模为13.98万亿元。可以看出，保险资管、理财和信托产品这些“类资产证券化”业务规模都远远大于标准意义上的资产证券化。虽然监管部门希望通过各种简化审批的政策大力推动标准的资产证券化业务，但依旧“叫好不叫座”，这是非常值得深思的。我们将在下文中对我国资产证券化市场面临的主要问题做一个全面的分析。

一、投资人与发行人动力不足

现行制度设计下，通过资产证券化产品进行投融资对资金供需双方来说并没有太大吸引力。

（一）融资方角度

从融资方角度来看，资产证券化应当与其他融资方式形成竞争，降低其综合融资成本。然而，由于几乎没有任何流动性，当前环境下资产证券化难以发挥其低利率优势和规模优势。再加上实务操作中由于业务流程过于复杂，涉及的市场机构和监管主体很多，资产证券化业务的审批周期相对过长，严重制约了资产证券化的普及与发展。备案制的推出缓解了监管层面的效率问题，近两年来资产证券化的规模激增，从反面印证了上述观点。若要常态化发展该业务，解决监管之外的其他问题才是根本。

（二）投资方角度

从投资方角度来看，资产证券化应当提供稳定的风险收益比、明确可预期的制度环境以及相对透明的信息披露。然而，实务中资产证券化产品的结构相对复杂，投资人尤其是不在银行体系内的保险、证券、投资基金等机构，由于没有风险信息的抓手，而且还要考虑法律、会计、税收等不确定性，会降低对资产证券化产品的需求。

（三）投资人要求的利率与资产收益率存在一定的倒挂

市场利率虽然呈下行态势，但之前形成的资产的利率（信贷利率或者资产收益）不高，导致基础资产对应的未来现金流难以覆盖投资人所需的回报率，直接导致双方的动力不足。住房贷款是浮动利率，每年会随基准利率调整（不同于美国可以锁定利差的固定利率），利率的下行对发行主体而言，对应的是基础资产收益率下降，直接使得当前 MBS 发展动力不足。目前市场上资产证券化资产池加权评级剩余期限平均值不到 18 个月，产品普遍期限较短，收益率也无明显优势，无法满足如社保基金和保险公司等稳定的中长期资金投资者的需求。总之，无论对投资人还是发行人而言，以资产证券化进行的投融资，不确定性很高，而且双方将资产证券化理解为“不出表的债券”，其成本收益相对于其他产品难有优势。

（四）非标与影子银行业务盛行

当前投资于“非标”资产的银行理财、同业等业务，实际采用的是证券化的形式，但是这些业务最大的特点是多元主体经营，也就是所谓的混业经营，银行通过银信、银证等通道业务就可以实现表内资产向表外转移，所以资产证券化的相对竞争力较低。但银行和保险、信托、证券公司还有基金一起投资“非标”，增加了融资成本（2009 年暂停资产证券化业务，而信托规模从 2010 年至今翻了近 6 倍）。以信托为例，当前证券化主要采取将基础资产信托或转让给信托公司设计成信托产品的形式，没有实现证券化产品增强流动性、信用增进、降低成本、分散风险等最重要的功能。资产证券化和影子银行的治理也是紧密相连的，可以说正规资产证券化的发展受挫，“非标”挤压、影子银行问题得不到根治是其中一个重要的原因。另外，和债券市场分割一样，我们同样要担心未来企业资产证券化和信贷资产证券化常规化发展后的监管和市场分割，未来的金融市场和监管需要在消除金融抑制的同时，注重功能监管和功能整合。

除了以上主要问题外，我们还需要依据实际情况，分别从信贷与企业两类基础资产、分业监管的角度来看看资产证券化业务发展究竟还存在哪些主要障碍。

二、信贷资产证券化中的主要问题

（一）法律制度建设尚不完善

经历了10多年的证券化试点与发展，目前我国信贷资产证券化的法律环境还不成熟，现有的资产证券化规章制度，很多已无法完全适应创新发展的需要，主要存在如下问题：缺乏专业层级较高的法律来统一规范资产证券化业务；对SPV的法律地位没有给予清晰的界定与授权，作为国外典型模式的SPC在中国缺乏合法地位；资产出表的会计认定缺乏统一、明确的标准；税收规定需要进一步完善；债权转让时是否可以采取以公告替代逐一通知债务人的方式尚未明确；附属于基础资产的担保权益变更登记制度还需进一步明确。资产证券化常态化的发展需要进一步完善和修订相关规定、规章，尤其需要从立法层面更加全面、权威地统一资产证券化业务。

（二）货币政策的不利影响

从宏观层面来看，资产证券化障碍重重与货币政策有一定的关系。当前央行主要通过公开市场操作和信贷额度管理的方式来实施货币政策，公开市场操作以数量调控为主，与美国市场存在一定差距，不像美联储依靠价格调控。对于商业银行，央行通过管制利率的方式管理其资产负债表，这就直接导致了商业银行主动管理资产负债的内在动力不足，在保持一定利差的情形下，银行资产规模越大越好，所谓“银行越臃肿、越胖越好”。在互联网金融和余额宝存款分流的倒逼和竞争作用下，商业银行才有了一定的业务转型和出表压力，不过大量采用了同业和非标的业务模式。此外，和商业银行不同的是，央行对政策性银行实施的余额管理方法，每年都有固定的信贷规模，所以国开行等政策性银行有激励推动信贷资产出表的举措，腾挪一定的信贷空间，效果还不错，但目前信贷资产证券化产品主要还是在银行体系内互相持有，几乎没有流动性可言，资产证券化降低融资成本的关键优势也没有发挥出来。

（三）有效资产可选范围依然较小

尽管有近百万亿元信贷资产尚未盘活，然而，在目前行业及平台的限制下，政策对贷款账龄、剩余贷款期限、贷款质量等方面亦有严格的限制，有效的证券化资产规模也相对较小，银行的资产可选范围不多；另外，随着2014年11月人民银行降息，以及同业存款纳入一般存款范围的监管规定出台，可证券化的基础资产规模进一步缩减，各家发起机构均面临基础资产不足的现象。目前，信贷资产证券化的基础资产包括工商企业贷款、个人住房抵押贷款、个人小额消费贷款、信用卡汽车分期贷款、小微企业贷款、铁路专项贷款，但企业贷款在基础资产中的占比仍然高居榜首，其他类型资产的规模尚小，详见表13.1。

表13.1　截至2014年年末我国已发行的所有信贷资产支持证券基础资产情况

基础资产	企业贷款	不良贷款	住房抵押贷款	汽车贷款	金融租赁	其他消费贷款	住房公积金	专项信贷
发行单数	145	4	11	25	6	5	2	5
发行金额	6 013.91	134.15	399.71	659.86	78.47	139.55	69.63	452.36

资料来源：中国资产证券化分析网，http：//CN-abs.com/

（四）投资者不足，产品风险主要在银行体系内

广泛的投资者是证券化产品成功发行的关键，但是信贷资产支持证券的投资者数量依然不足，也限制了市场的进一步发展。截止到2015年年末，信贷资产支持证券中80%为银行机构之间互相持有，尽管有保险、基金、信托、

资管计划等机构的投资，但投资规模十分有限。对保险机构来讲，受制于评级、收益和另类投资审批等问题，信贷资产证券化产品对保险机构的吸引力并不强。对社保基金及企业年金来讲，社保基金、企业年金的投资实行的是白名单制，投资范围受到严格限制，信贷资产支持证券尚不在其投资范围之内，故很难有效参与。其中，个人住房抵押贷款支持证券这类收益较低、期限较长的产品，投资者的参与度更低。

（五）缺乏收益率曲线，产品定价难

国内信贷资产证券化产品发行利率的确定主要采取基准利率加利差的方式，基准利率以 1 年期定期存款利率为主。目前，银行发行的资产支持证券的基础资产绝大多数为优质资产，利差一般由流动性溢价决定。虽然定价方式比较明确，但是产品的定价机制依然不完善，存在定价难问题。首先，由于信贷资产支持证券流动性差、交易量少，所以缺少可参考的收益率曲线。目前中债登公布 AAA、AA +、A 级三种信用级别的收益率曲线，其收益率曲线的构建基于产品的发行价格及可比信用债的收益率曲线，一般是可比信用债的收益率曲线加一定的流动性点差，同时根据市场上可比信贷资产支持证券的发行利率进行修正。由于各家市场成员的发行量及交易量较少，市场成员提供的估值数据较少，所以中债收益率曲线并不具有太强的参考性。其次，我国信贷资产证券化业务尚处于初期阶段，经验较少，缺乏历史数据，加上利率尚未完全实现市场化等，很多先进的定价方式无法在国内使用。对于个人住房抵押贷款支持证券来讲，还面临流动性差、风险定价基础不佳、税收政策不完善、缺乏历史数据等各种问题，定价更为困难。

（六）产品交易不活跃，流动性较弱

我国目前的证券化产品几乎没有交易。一是因为银行间市场及交易所发行的信贷资产证券化产品种类和总量较小，且每一个分级的证券都是作为单独券种进行流通，所以相对规模更小，导致交易量少；同时，投资者多采取

持有到期策略。截止到 2015 年年末，银行共发行 203 单信贷资产证券化产品，发行规模为 7 947.64 亿元。二是因为证券化产品缺乏相应的配套措施和规范。银行发行的资产支持证券主要在银行间债券市场交易，面临产品流动性较弱的问题。一方面，银行间债券市场的做市商机制、双边报价机制、流动性支持政策等相关制度缺失或不完善。虽然 2001 年开始我国就在推行做市商、双边报价机制，但效果甚微。2014 年 6 月，央行开始推行尝试做市，效果有待观察。另一方面，信贷资产支持证券交易受到政策及交易方式的限制。产品的流动性受限于产品能否上市流通，一般发行后 2 ~3 个月得到央行批准后才能流通。2007 年央行下发了《资产支持证券在全国银行间债券市场进行质押式回购交易的有关事项公告》（中国人民银行公告〔2007〕第 21 号），但市场中信贷资产支持证券的质押式回购操作很少。市场交易不活跃导致二级市场流动性不足。信贷资产证券化产品的流动性一直是业内讨论的焦点，没有二级市场流动性的产品，一级市场定价、投资者持有成本、产品的规模化与常态化发行都会受到影响。

（七）双重征税问题尚未解决，增加了交易成本

财政部、国家税务总局 2006 年出台了《关于信贷资产证券化有关税收政策问题的通知》，明确暂不征收或暂免征收印花税；但发起人需要对利息收入缴纳总计约 5.6% 的营业税，而来自贷款利息收入的贷款服务机构取得的服务费收入、受托机构取得的信托报酬、资金保管机构取得的报酬等中介机构报酬，均应按现行营业税的政策规定缴纳营业税。

另外，投资者买卖信贷资产支持证券后，收益部分还需要缴纳企业所得税。根据当前我国证券化实例，优先档证券采用的均为固定利差模式，只有次级档证券采用浮动收益，次级档收益为扣除各项费用和税收后的剩余收益，因此，次级档证券持有人实际承担了信托财产收到的贷款利息部分 5.6% 的营业税，若资产池的加权平均收益率为 6%，则次级档证券持有人承担的税收成本约为 30bp。当前，次级档证券持有人基本都是发起人，因此营业税的最终承担人是发起人，这就进一步抬高了发行成本。

（八）信息披露不够充分，投资者的认可度不高

信息披露在信贷资产证券化业务的监管及产品投资方面非常重要，能够为投资者的选择判断提供依据。2008 年美国次贷危机后，欧美等国均加强了信息披露管理，要求披露基础资产而非整个资产池层面的信息，缩短了信息披露的时间频率，扩大了信息披露的内容范围。对比来看，目前我国信贷资产证券化的信息披露要求比较规范，央行于 2005 年 6 月 13 日发布了《资产支持证券信息披露规则》，并于 2007 年 8 月 21 日发布了《信贷资产证券化基础资产池信息披露有关事项公告》，进一步加强了信贷资产证券化业务的信息披露要求，但信息披露在实际执行过程中却不够严格，对披露范围、披露程度等还缺乏规范要求，导致资产池的信息披露不够充分，投资者难以全面了解资产属性和风险点，难以直接根据公开信息进行风险分析和定价，总体上还需依赖发起人的整体贷款管理水平进行判断。

（九）评级体系需加强，评级机构能力有待提升

信用评级在信贷资产证券化中发挥着不可替代的作用，是产品信息披露的重要组成部分，也是信贷资产支持证券定价的重要参考及投资者投资决策的重要依据。虽然我国目前提供信用评级的评级机构均为第三方评级机构，但发展时间较短，大多依据国外数据基础建立测算模型，将其用于国内资产信用评级，存在标准不明确、评级方法及测算标准不透明等问题，国外投资者认可度较低。同时，随着信贷资产证券化的大规模发展，对信用评级机构的数量、专业水平、服务质量也提出了更高的要求。

三、企业资产证券化中遇到的主要问题

非金融机构面临的问题很多与银行机构类似，如流动性差、定价难、投资者不足等问题，这些问题不再赘述。同时，由于非金融机构开展资产证券化的主要动机为融资、破产隔离难度较大、主要依靠外部增信等原因，这些

机构开展资产证券化时还面临如下问题：

（一）可选择的替代性融资工具较多

国内非金融机构开展资产证券化的目的主要是融资。目前，比较优质的非金融机构可运用的债务融资工具较为丰富，包括公司债、中期票据、短期融资券、企业债、定向工具等，企业通常会优先考虑操作简单、融资成本较低的工具。由于企业资产证券化对基础资产和交易结构的要求较高、流动性不足导致融资成本较高等原因，优质企业开展资产证券化的动力不足。

企业资产证券化产品目前的优势主要包括：事后备案制使得操作效率大为提升；可以突破净资产规模40%的限制；募集资金用途非常灵活。资产证券化与其他债务融资工具特点的比较如表13.2所示。但定向工具（PPN）和私募公司债目前也具备了前述多数优势，如何进一步挖掘和提升资产证券化产品的比较优势成为下一步市场发展面临的重要问题。

简单来说，好的企业，大多会选择通过短期融资券、中期票据等非金融企业债务融资工具进行融资，上市公司则发行公司债。只有少部分大企业大胆尝试创新，希望在其余负债方式或者融资环境变差时多出一个可选择的融资备选项。这就意味着普遍情况下，通过资产证券化方式融资的是资质相对较差的企业，它们想利用一部分有稳定现金流的好资产进行融资，而投资人会担心企业相对较差的资质会影响到未来资产的安全性。这就引发了企业资产证券化业务关注的核心问题，到底能不能实现破产隔离。

（二）破产隔离难度较大，投资评价类似于信用债

对大部分商务部融资租赁公司、商业保理公司和小贷公司等金融机构来说，虽然出表模式证券化中基础资产已实现真实出售，但由于发起人自身实力较弱，投资者对其资产服务能力和抗风险能力有所担忧，认为该类产品难以实现真正的破产隔离，因此非常看重发起人的主体评级；对以收益权资产开展证券化的非金融机构来说，由于基础资产未来现金流的产生依赖发起人

自身的持续运营能力，破产隔离难度较大，投资者对发起人资质的要求要高于基础资产质量。对这些类别的非金融机构发行的证券化产品来说，投资者的评价体系类似于信用债，难以发挥出资产证券化产品“资产支持”的特殊优势。

表 13.2　资产证券化与其他债务融资工具特点的比较

	资产证券化	公司债	中期票据（含定向工具）	企业债
审核方式	事后备案制	公开发行公司债为审批制，其他发行方式为事后备案制	事前注册制	审批制
对净资产的要求	不受净资产 40% 的限制	公募发行受净资产 40% 的限制，私募发行不受该限制	中期票据受净资产 40% 的限制，定向工具不受该限制	受净资产 40% 的限制
对盈利状况的要求	无	有一定要求	有一定要求	有较高要求
产品评级	对于债权资产，通常可在发起人主体评级基础上有所提升	等于主体评级（若无担保）	等于主体评级（若无担保）	等于主体评级（若无担保）
发行利率	与定向工具相近	公募发行利率较低，私募与资产证券化相近	中期票据发行利率较低，定向工具与资产证券化相近	公募发行利率较低
募集资金用途	不做监管和限制	对资金用途有一定监管	对资金用途有一定监管	对资金用途监管很严

从企业资产证券化产品的票面利率升水情况来看（见图 13.1），这一现象非常明显。2015 年企业资产证券化产品发行票面利率总体来说和同期限、

同评级的短期融资、中期票据有 150bp 以上的信用升水，相比信贷资产证券化产品的升水要高很多，由于这两类产品的流动性均比较弱，体现出投资者对企业资产证券化产品看法的偏离度。

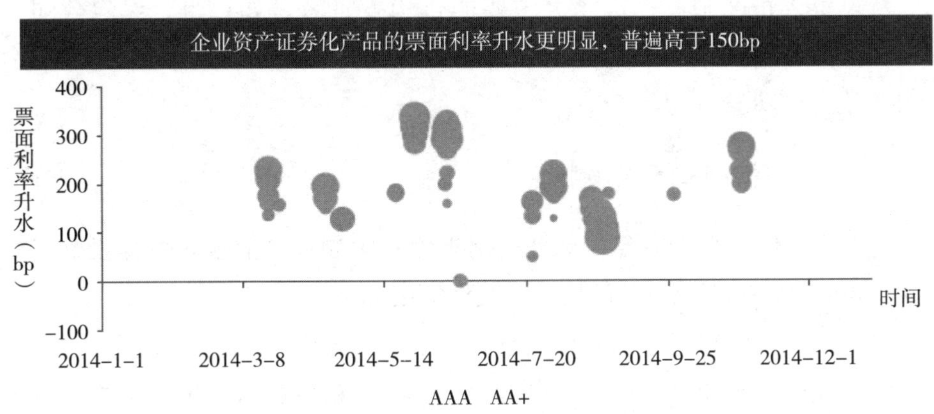

图 13.1 企业资产证券化产品票面利率升水情况

资料来源：摩根士丹利华鑫证券

（三）计划管理人的投行能力需要提升

我国的投资银行在资产证券化运作中发挥的功能有待提升。资本市场建设重要的一环就是充分发挥其对风险的定价能力，使投资者各取所需，有效实现风险与收益的均衡与匹配，及时化解系统性金融风险。投行应积极与银行合作，参与其发行产品的设计，加强如定价、发行、包销、市场开发、投资者培训等投资银行业务能力。

当前企业资产证券化的计划管理人包括券商和基金子公司，由于券商之前专注于股权融资和债券发行等投行业务，其资产证券化方面的人才和技术储备不足，目前国内资产证券化专业实力很强的券商不多；基金子公司的成立时间普遍不长，注册资本大多较低，成立以来主要从事的是类信托的通道业务，投行方面的专业能力亟须提升。这些都是我国投行与美国存在差异的地方。我国的投行应该学习美国的经验，运用资产证券化技术，在不同市场环境下，设计发行不同期限、不同风险等级的产品，通过分层设计保留次级档的方式放大杠杆撬动资金，创新盈利模式，满足不同风险偏好的投资者需求，同时引导民间资本进入，间接地化解民间资本投资难题。从投资人角度来看，市场上主要的机构投资者，如银行、保险公司等均无法投资专项资产管理计划，导致原始权益人的融资成本很高，甚至会影响产品的成功发行。

（四）投资人队伍亟须壮大

受准入条件、交易平台和交易机制等因素限制，目前很多机构投资者难以参与企业资产证券化产品的投资，具体原因如下：

（1）对于商业银行来说，有相当一部分商业银行（尤其是非上市商业银行）尚未在交易所开户，不能参与投资；而上市银行自有资金目前不能进入上交所的固定收益平台或大宗交易系统、深交所的综合协议交易平台，只能进入两个交易所的集中竞价交易系统，而资产证券化产品目前不能在集中竞价交易系统进行交易。

（2）对于公募基金、券商自营和资管理财、信托计划等交易型机构来说，其对产品流动性和杠杆融资最为看重，由于企业资产证券化产品目前的流动性很弱，且不能进行便利性较高的标准券质押式回购，影响了这些机构参与的积极性。

（3）对于保险公司来说，目前保监会对担任计划管理人的证券公司的净资产要求太高，保监会 2012 年 10 月发布的《关于保险资金投资有关金融产品的通知》（保监发〔2012〕91 号）提出“保险资金投资的专项资产管理计划，担任计划管理人的证券公司上年末经审计的净资产应当不低于 60 亿元人民币”，根据证券业协会发布的 2013 年证券公司指标统计，目前全国 115 家证券公司中仅有 24 家符合保监会的准入要求。

（4）对于社保基金来说，目前投资资产证券化产品需要逐单上报国务院进行审批，投资流程太长，社保基金除参与了第一批信贷资产证券化国家开发银行和中国建设银行的 CLO 产品外，目前尚未参与过一单企业资产证券化产品。

（5）对于企业年金来说，人力资源社会保障部2013年3月发布的《关于扩大企业年金基金投资范围的通知》（人社部发〔2013〕23号）提出“企业年金基金投资范围在第11号令第四十七条规定的金融产品之外，增加商业银行理财产品、信托产品、基础设施债权投资计划、特定资产管理计划、股指期货”，企业资产证券化产品目前不在企业年金的投资范围内。

（五）缺乏债券保险或衍生增信工具

由于目前国内固定收益市场的投资者基础尚不成熟，投资者通常要求企业资产证券化产品提供外部增信措施，对于一些资质偏弱的发起人（如商业保理公司、小贷公司或民营产业类企业）来说，寻找担保的难度很大。国内目前缺乏像债券保险、信用违约互换（CDS）、CBO等针对资产证券化产品的保险或衍生增信工具，使得中小企业或民营企业发行资产证券化产品的难度很高，制约了企业资产证券化市场的发展。

四、非银行金融机构面临的困难

非银行金融机构是指银监会监管的除商业银行之外的金融机构。这类信贷资产证券化产品的单笔发行规模虽然偏小，但未来市场发展成熟后，也会有相当大的空间，有别于商业银行信贷，这类金融机构及对应的信贷资产证券化面临的困难，也值得我们单独加以分析。

截止到2015年年末，非银行金融机构在市场上共发行了40单信贷资产证券化产品，基础资产涉及汽车贷款、不良贷款、租赁债权、小额贷款等，具体发行情况如表13.3所示。非银行金融机构面临的很多问题与银行机构类似，也同样面临流动性差、定价难、投资者不足、税收政策不完善等问题，这些问题不再赘述。同时，由于非银行金融机构资产规模较小，汽车金融公司、消费金融公司的证券化基础资产分散等原因，非银行金融机构还面临着证券化资产供给不足、增信措施有限、信息支持系统建设滞后等重要问题。

表 13.3 非银行金融机构信贷资产支持证券发行情况

	汽车贷款	不良贷款	租赁债权	其他消费贷款
发行单数	25	4	6	5
发行规模（亿元）	659.86	134.15	78.47	139.55

资料来源：中国资产证券化分析网，http：//CN-abs. com/

（一）资产证券化的供给不足

资产证券化的供给主要关注两个方面：一是有无大量的适合证券化的资产；二是资产所有者是否有将其进行证券化的动力或积极性。前者涉及资产的可选择问题，后者涉及发起机构的动机问题。

非银行金融机构可入池资产选择相对有限，主要包括汽车贷款、不良贷款、租赁债权、个人消费贷款等，资产类别较少。其中，资产管理公司不良资产证券化的基础资产池规模大，需要较高的抵押及保证比率，且对贷款的借款人、地区有很高的要求。汽车金融公司、消费金融公司的贷款总体规模比银行小，且多为抵押类贷款，在实际操作过程中，面对上万笔业务、不同区域政策执行要求的差异，难度较大。

国内资产证券化对租赁债权的质量要求很高，同时对租赁债权的增信要求也很高，很多时候需要以母公司提供担保为基础。这是因为，一方面金融租赁行业中融资租赁资产证券化成功的案例很少；另一方面金融租赁行业的融资渠道逐渐增多，信托计划、保理融资、租赁合同转让、私募资产证券化等模式已经被普遍采用，在操作便利性、收益率浮动空间以及资产处置等方面都有更多的选择空间。因此，资产出表动机并不强烈，如果把好的资产拿出来证券化，会影响公司的整体融资能力；如果把不好的资产拿出来证券化，又意味着证券化的资产风险较大。

（二）信用增级方法使用有限

信用增级方法分为内部增信和外部增信两种方式。内部增信是指由发行人或资产池自身结构化安排提供信用支持，主要包括优先/次级结构安排、超额抵押、利差账户等，同时在具体项目中，为缓释风险，还会设置加速清偿事件、违约事件、个别通知事件等信用触发机制，清仓回购、流动性支持机制等交易结构安排。外部增信是指由与发起人无直接联系的第三方提供的信用支持，主要包括第三方机构担保、银行信用证、保险和抵押投资账户等，其中抵押投资账户是指担保机构购买次档级证券来消化证券的信用风险。

与传统债券和企业资产证券化主要通过外部增信方式不同，信贷资产证券化产品的主要增信方式为内部增信，依赖其自身信用和基础资产的质量，采用优先/次级结构、超额抵押、风险缓释交易结构安排等方式进行增信。目前市场上非银行金融机构发行的证券化产品与银行发行的信贷资产证券化产品类似，几乎没有外部增信方式，类 CDS 的信用风险缓释工具市场也没有扩大，近乎停止使用。相比之下，企业资产证券化产品中往往引入大型实体企业的担保措施，尤其对不良贷款、租赁债权等资产的证券化，市场上可以引入第三方担保、保险产品、类 CDS 工具等方式进行增信。

（三）信息支持系统建设滞后

汽车金融公司、消费金融公司的基础资产分别为汽车贷款和消费贷款，入池资产同质性强、数量众多（往往上万笔）、分散度高。以汽车贷款证券化为例，其基础资产笔数很多，且有一定的账龄，剩余期限较短，加权平均利率一般较高。相比银行的企业贷款证券化，前述两类贷款的笔数较多、借款人情况复杂，需要考虑违约率、提前偿付率，并要对资产池未来的现金流状况进行预测。因此，该类资产证券化与个人住房抵押贷款证券化具有一定相似性，在资产筛选、尽职调查、资料提取、抵押权处理、信息统计、会计处理等方面工作量巨大，单靠人工难以完成，需要建设信息支持系统。但由于我国信贷资产证券化业务尚处于起步阶段，很多发起人没有建立完善的信息支持系统或者只是对现有系统进行改造，信息支持系统建设滞后。

第三节
发展资产证券化的政策建议

迈克尔·米尔肯（Michael Milken）在总结全球金融危机时曾说过："美国的金融危机不是金融的危机，是不懂金融的危机。"我们应该认识到，全球性金融危机不但没有否定资产证券化作为一种先进的融资技术的独特优势，反而为我国金融机构及金融监管当局的资产证券化实践提供了反面教材。

通过稳步推进利率市场化和发展资产证券化的良性互动，或许能够消除货币政策和影子银行环境方面的障碍，对整个经济金融体系而言，还能逐步消除金融抑制的影响。对于其他主要问题和障碍，我们分别从基础设施、税收等层面提出如下具体的政策建议：

一、基础设施层面

（一）制定更高层级的法律法规，构建完整的资产证券化法律体系

对于我国的资产证券化业务，我们建议构建完整的资产证券化法律体系，完善市场基础配套设施的建设。资产证券化交易中的SPV、真实出售、破产隔离等各个环节都需要有法律的约束和保障。未来信贷资产证券化和企业资产证券化都要纳入新《证券法》。在新《证券法》出台之前，应研究并探讨如何建立规则统一、机制完善的资产证券化监管体系，为未来资产证券化发展、走向公募、实现证券和流动性等主要功能做准备。建议推动全国人大或国务院制定专门、统一的资产证券化方面的专项法律，如《资产证券化法》，对现行立法中阻碍证券化发展的规定进行合理的调整，确立统一的资产证券化发行、上市、交易规则，为业务发展提供一个规范、合理的法律调整框架。

另外，为降低发起人的交易成本、提升投资者的认可度，建议完善资产证券化中的债权让与通知制度，以及资产证券化中的抵质押变更登记制度，法律方面的问题及建议，本书第六章中也有专门论述。

（二）打通交易市场，扩展交易平台

1. 实现银行间市场和交易所市场互联互通，发挥两个市场的比较优势

我国债券市场主要分为银行间债券市场和交易所债券市场。目前，信贷资产证券化产品的主要持有人是商业银行，主要发行场所是银行间债券市场。相比银行间债券市场，沪、深交易所市场对信贷资产支持证券的挂牌流程、风险管控等措施还没有完全细化成型。截止到 2014 年年末，在沪、深交易所上市的信贷资产支持证券仅有“平安银行 1 号小额消费贷款资产支持证券”，该产品在中债登托管（本书第三章中有对此案例的详细分析）。由于无法实现两个交易所的联通，信贷资产证券化主要由银行间互持，导致直接融资无法实现，风险还留在银行体系，无法发挥盘活存量、分散风险的作用。

银行间市场和交易所市场相对独立。首先，两者的监管主体不同，银行间市场的监管主体是央行主管，交易所市场的监管主体是证监会，监管主体的不同必然涉及监管规则的不同；其次，两者的交易主体不同，银行间市场的交易主体包括各类银行、非银行金融机构、企业和事业单位（委托代理行进入市场），虽然近几年保险、券商、基金投资规模有所加大，但商业银行仍是银行间债券市场最大的投资主体，交易所市场的投资者包括非银行金融机构、非金融机构和个人投资者，近期部分上市银行获得了交易所市场的许可证，但由于交易所市场本身的容量有限以及机构监管、人为限制而引起的市场分割，商业银行仍参与较少；最后，两者的交易方式不同，银行间市场采用国际债券市场主流的询价方式进行报价，实行全额结算，更适合大宗交易，而交易所市场多采用与股市相同的集中撮合方式报价，实行净额结算，更适合中小投资者，另外标准券质押回购更为便利。我国银行间市场和交易所市场具有不同优势，其优势比较如表 13.4 所示。目前企业债已实现了跨市场发

行，对提高企业债的流动性和扩大企业债的发行规模起到了很大作用。如果允许证券化产品跨市场发行，可以让两个市场优势互补，为资产证券化的发展提供更大的空间。

表 13.4 银行间市场与交易所市场不同优势比较

银行间市场	交易所市场
资金规模优势：由于银行间市场是银行的主要交易市场，能够提供很大的资金规模，近年来银行间市场交易总量已占债券市场成交总量的 90% 以上	交易平台多样化：交易平台既可以是集中竞价交易系统，也可以是上交所的固定收益平台和大宗交易系统，或深交所的综合协议交易平台
交易工具丰富：不仅有现券和回购交易，还有远期、债券借贷、利率互换等工具	质押回购便捷：标准券质押回购的对手方为中证登，对投资者更有吸引力

2. 扩展资产证券化的交易平台

交易所市场的集中竞价系统相比固定收益平台、大宗交易系统/综合协议平台的投资者范围更广、交易更活跃，建议借鉴公司债的分类管理方式，对资产证券化产品设置一定标准（如要求债项评级达到 AA 级以上），符合这些标准的产品，可以在交易所集中竞价系统、固定收益平台、大宗交易系统/综合协议平台进行交易。不符合前述标准的产品，不能进入集中竞价系统交易。若不希望风险承受能力弱的个人投资者通过集中竞价系统购买资产证券化产品，可以通过只允许机构证券账户参与投资的方式来限制。

3. 探索资产证券化产品的 OTC 发行

OTC 源自当初银行兼营股票买卖业务，因为采取在银行柜台上向客户出售股票的做法，被称为柜台交易市场。因为这种交易不在交易所里进行，所以也叫作场外市场或店头市场。OTC 交易没有规定的成员资格，没有严格可控的规则制度，没有规定的交易产品和限制，主要是交易对手通过私下协商进行的一对一交易。由于 OTC 的可扩展性很强，所以证券化产品的发行更具有灵活性，但是操作风险、信用风险等问题需要重点关注，OTC 对信息披露的管理和要求更高。

（三）建立权威的第三方估值体系及适当的资产支持证券收益率曲线

建立权威的第三方估值体系有助于为投资者的交易和定价提供参考，提升产品流动性，资产证券化二级市场的效率提升将直接有助于一级市场的顺利发行与定价，形成市场的正反馈与良性循环。为合理制定资产证券化二级市场的价格，我们需要建立适当的收益率曲线。

债券收益率曲线是描述在某一时点上一组可交易债券的收益率与其剩余到期期限之间数量关系的一条曲线。一条合理的债券收益率曲线将反映出某一时点上（或某一天）不同期限债券的到期收益率水平。中债登最早自 1999 年开始编制中债收益率曲线，为中国债券市场提供客观、中立的收益率参考标准。中债收益率曲线可为债券发行人提供当前市场上对应的债券品种各期限债券合理的收益率水平，为其制订发行计划提供参考。同时，也为投资者提供债券投资的可参照收益标准。

由于资产支持证券流动性较差、交易量很少，中债资产支持证券收益率曲线的构建基于资产支持证券的发行价格及可比信用债的收益率曲线。一般是可比信用债的收益率曲线加一定的流动性点差（双评级、信用状况较好的情况下没有信用点差），同时根据市场上资产支持证券的发行利率进行修正。由于各家市场成员的发行量及交易量较少，市场成员提供的估值数据较少，中债目前的估值曲线并无参考市场成员的估值数据。

目前，中债登根据市场上的数据，构造并公布了“AAA、AA+、A”三个信用等级的中债收益率曲线，受制于发行量少、数据较少等方面的原因，目前市场上发行的资产支持证券并没有以三个收益率曲线为参考。随着信贷资产证券化的快速发展，产品种类不断增多、期限不断丰富、规模不断加大，信贷资产证券化产品的收益率曲线必然会逐步获得市场的认可，成为产品发行价格的重要参考。

（四）通过做市商制度等多种方式提升资产支持证券的流动性

流动性是资产证券化区别于其他类型资产融资的本质，只有综合考虑信贷和企业资产证券化市场，壮大规模（降低一级市场成本）、提升流动性（降低二级市场利率）后，资产证券化的融资成本才能降低。除了设计合适的回购和做市商制度、第三方流动性支持制度，以及让银行间市场与交易所市场互联互通，以提升市场流动性外，还可以吸取美国两房中的合理成分，借鉴美国资产证券化发行机构中的政府支持以保证公信力，如央行可以联合系统重要性金融机构作为第三方流动性支持，作为最终贷款人，以稳定投资者的信心。

需要特别指出的是，做市商制度是一种市场交易制度，由具备一定实力和信誉的法人充当做市商，不断地向投资者提供买卖价格，并按其提供的价格接受投资者的买卖要求，以其自有资金和证券与投资者进行交易，从而为市场提供即时性和流动性。2000 年年初，人民银行提出了双边报价的概念。2007 年 2 月 1 日，中国人民银行指定并公布了《全国银行间债券市场做市商管理规定》，做市商机制正式建立。2014 年 6 月，银行间同业拆借中心发布了《银行间债券市场尝试做市业务规程》，今后银行间债券市场将通过尝试做市制度进行公开连续竞价。

对于企业资产证券化产品，做市商机制已具备大的法规基础。2014 年 11 月 19 日，中国证券监督管理委员会公布《证券公司及基金管理公司子公司资产证券化业务管理规定》，允许资产支持证券在证券交易所、全国中小企业股份转让系统、机构间私募产品报价与服务系统、证券公司柜台市场，以及中国证监会认可的其他证券交易场所进行转让。此外，还允许券商为资产支持证券转让提供双边报价服务，即券商可以成为资产支持证券的做市商，按照交易场所的规则为产品提供流动性服务。根据证券交易场所相关规则，资产支持证券持有人可以通过回购进行融资。

信贷资产支持证券由于多持有到期，其针对性的做市商机制还没有建立起来，但银行间市场做市商制度的逐步完善和运营，对以后的信贷资产支持证券的发行与交易具有重要作用。

（五）逐步推出信用违约互换产品

我国目前没有真正的信用违约互换产品。2010 年 10 月 29 日交易商协会公布《银行间市场信用风险缓释工具试点业务指引》创设了一种信用衍生品，即信用风险缓释工具（CRM），信用风险缓释工具是指信用风险缓释合约、信用风险缓释凭证及其他用于管理信用风险的简单的基础性信用衍生产品，即可交易、一对多、标准化、低杠杆率的信用风险缓释合约（Credit Risk Mitigation Agreement，简称 CRMA）和信用风险缓释凭证（Credit Risk Mitigation Warrant，简称 CRMW），类似于国际上的 CDS。信用风险缓释凭证是指由标的实体以外的机构创设的，为凭证持有人就标的债务提供信用风险保护的，可交易流通的有价凭证。信用风险缓释合约是指交易双方达成的，约定在未来一定期限内，信用保护买方按照约定的标准和方式向信用保护卖方支付信用保护费用，由信用保护卖方就约定的标的债务向信用保护买方提供信用风险保护的金融合约。

资产证券化市场需要信用衍生工具及其市场提供定价依据及风险管理手段。若在证券化产品发行中引入违约互换，有助于促进我国金融市场的发展和完善。首先，CDS 转移了证券化产品的信用风险，使银行系统风险下降，从而保障了银行资产的安全；其次，CDS 推动了我国证券化品种的多样化，丰富了证券化市场的投资产品，为市场提供了多样化的投资工具，可以满足不同风险偏好投资者的需求；最后，CDS 对信用风险定价会起到积极的作用，其交易将实现固定收益类产品的信用风险在买卖双方之间的转移。从这些角度来看，信用风险缓释工具会随着资产证券化的发展而发挥重要作用。

二、税收层面

（一）信贷资产证券化

一方面，明确税制改革之后证券化税收规定前后衔接的问题：第一，进一步明确试点期间颁布的信贷资产证券化企业所得税规定在新《企业所得税法》框架下的法律效力；第二，由于信贷资产证券化营业税的规定已废止，需要国家税务总局重新对此进行解释。

另一方面，给予证券化交易更多的税收优惠，吸引更多的投资者参与证券化市场：第一，对贷款利息收入在信托层面全额征收营业税后，建议各中介服务机构的服务费收入免征营业税，保持“税收中性”；第二，建议继续维持“对非金融机构投资者买卖信贷资产支持证券取得的差价收入，不征收营业税”的规定，同时对金融机构投资者买卖信贷资产支持证券取得的差价收入也暂免征收营业税；第三，对投资者买卖信贷资产支持证券取得的资本利得暂免征收所得税，以提高产品的交易活跃度。

（二）企业资产证券化

目前，企业资产证券化尚无任何税收方面的法规。建议明确企业资产证券化的税收政策，包括产品投资与交易的税收政策、原始权益人认购次级产品提供增信的税收政策、原始权益人实现基础资产现金流并划转现金流过程中的税收政策、资产出表模式下增值税发票的开具问题等；同时，为促进企业资产证券化市场的发展，建议借鉴信贷资产证券化的经验，对交易各环节涉及的税收问题采取优惠政策，对一些税种（如印花税、营业税）予以适当减免，提高各市场机构参与的积极性。

关于税收方面的问题及具体建议，本书第八章中也有所论及。

三、基础资产选择和产品设计层面

（一）审慎选择证券化的基础资产

通过适当减免交易各环节中的税费方式鼓励创新，鼓励金融机构围绕我国经济结构的调整方向，优先选择与支持城镇化、农林水利、生态建设、节能环保、保障性住房等类型的企业，尤其是具备良好基础资产的中小企业，作为原始权益人开展资产证券化，要筛选优质的基础资产并开发设计结构优、规模大、流动性强的交易结构。对于资产证券化，我们切不可神秘化，让投资人捉摸不透，建议从最安全、简单的交易结构做起，不故弄玄虚，促进市场有序、健康发展。对于成熟的证券化资产类型，要简化审批，为发行备案制创造条件，在加强监管的同时放松管制。

此外，我国的资产证券化市场上，MBS 才发了 4 单 ，规模很小，基本上可以忽略不计，与美国 MBS 主导资产证券化市场形成了巨大差异，而且当前的做法是每家银行零散地做各自的住房抵押贷款，难以形成规模效应，效率很低。我们的市场还处于发展初期，考虑到入池标准一致性很高，买房的首付和门槛也很高，需要各种资格和审核，没必要担心 MBS 发展初期会有违约问题。资产证券化过程中，资产池对产品的增信作用和对次级档证券违约率的覆盖作用很强，需要思考如何发挥资产证券化规模化所需的“一级工厂”、“二级批发”作用与优势，我们建议借鉴美国两房在发展资产证券化中的作用和经验，制定配套的法律支持，统一规范贷款或基础资产的标准。

（二）适当扩大证券化基础资产的范围

考虑到发行人对优质资产的资产证券化动力不强，而资产证券化并不以资产是否优良为前提，而是以能否合理定价和有效约束道德风险为主要基础。从国内外经验来看，资产证券化的基础资产都包含风险因素，高评级和低评级的资产打包在同一资产池，通过合理的交易结构及分层安排，可以实现信用风险的收敛、风险分摊和分散的功能。因此建议在加强信息披露、发展壮大中介机构，使其在审查把关的过程做到勤勉尽责的前提下，适当扩大证券化基础资产的范围，如融资租赁、信用卡动态资产池、中小企业短期应收款、基础设施收费权等，同时研究与推动 REITs、不良资产证券化和合成 CDO 的发展，以金融创新的思维推动业务发展、化解金融风险。

（三）设计灵活多样的产品，以满足不同风险偏好投资者的需求

产品设计方面，建议让发起人和主承销商灵活设计，如信贷资产证券化产品允许设计“循环购买结构”，企业资产证券化在市场发展到一定阶段后允许推出以债券或资产证券化产品作为基础资产的CBO。

信贷资产证券化业务中的汽车贷款、信用卡应收款、个人消费贷款等分散性资产是重要资产类型，但这类资产的期限相对较短，设计循环购买结构有利于提升资金管理效率，增强发起人和主承销商的主动管理能力，对证券化市场的发展具有重要意义。

中国的高收益债券可以考虑设计成CBO产品，为化解中小企业融资难问题提供一条有效途径；在资产证券化市场规模较大时，可以资产证券化产品作为基础资产进行再证券化，降低初次证券化产品的销售难度，在合理控制风险的前提下提升市场的广度和深度。

2008年，中信证券联合中信银行发行了以信银2008－1的次级资产支持证券作为基础资产的信银二次私募证券化产品，这单产品具有重要意义，一方面通过再证券化方式有效解决了次级产品的销售难问题，并开辟了资产证券化的套利模式（通过投资B款产品，理论上可获得比较高的投资收益）；另一方面为以后公募形式的再证券化提供了可参考的案例。

在该项目中，中信证券以5 000万元人民币自有资金购买信银2008年第1期信贷资产支持证券中的次级资产支持证券，然后将5 000万元次级资产支持证券所对应的财产受益权作为信托财产，交付给金港信托并设立财产信托；中信银行发行贵宾专享1号A、B款理财产品，以A、B款全部募集资金作为对价通过金港信托支付给中信证券，获得该财产信托的信托受益权。其中A款产品（4 100万元）由中信银行非定向向个人客户发售，B款产品（900万元）向中信证券定向发行；B款产品劣后于A款产品获得收益及本金，为A款产品提供了支持，该交易结构如图13.2所示。

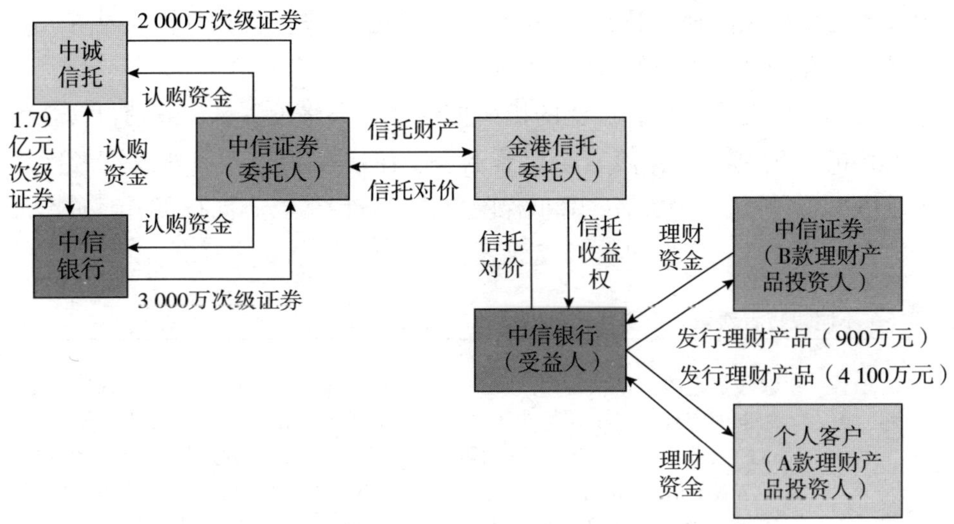

图 13.2　2008 年发行的信银二次私募证券化交易结构图

四、投资者层面

（一）丰富投资者结构

我国的资产证券化市场，无论银行间市场还是交易所市场的实质都类似于美国 144A 规则下的机构间私募，虽然风险没有扩大，但资本形成效率相对较低，再考虑机构间高利率的同业与非标资产盛行，风险实际上并没有降低，要提高市场效率，就要为未来资产证券化走向公募准备条件，让市场真正走向成熟。

资产支持证券市场成功的关键在于，不同风险层级的结构化产品是否能获得不同风险偏好投资者的认可，壮大非银行机构投资者，能够有效降低非系统性风险。对于当前以余额宝为典型的货币基金，随着其规模迅速扩大，应对应出台政策扶持货币基金与债券基金的发展，引导他们投资债券、资产证券化类产品，形成业务发展相互促进的良性循环。公募基金产品结构化，应在支持中小企业筹资的同时满足投资者的不同投资偏好，还要鼓励证券公司从事符合自身风险偏好特征的投行业务，并进行投资者教育，使投资人熟悉资产证券化产品，引导保险资金投资。

建议出台配套措施培育广泛的机构投资者与合格投资者，鼓励包含社保基金在内的各类基金、保险资金、养老金、住房公积金、境外投资者（含QFII、RQFII）等机构投资者，降低保险机构投资门槛。不同投资者对资产证券化产品的投资准入门槛如表13.5所示。

表13.5　不同投资者对资产证券化产品的投资准入门槛

保险机构	保险资金投资的信贷资产支持证券，作为发起机构的银行业金融机构上年末经审计的净资产应当不低于300亿元人民币，或者为境内外主板上市的商业银行，信用等级不低于国内信用评级机构评定的A级或者相当于A级的信用级别，境外上市并免于国内信用评级的，信用等级不低于国际信用评级机构评定的BB级或者相当于BB级的信用级别；保险资金投资的专项资产管理计划，担任计划管理人的证券公司上年末经审计的净资产应当不低于60亿元人民币，证券资产管理公司上年末经审计的净资产应当不低于10亿元人民币
企业年金	目前不能直接投资资产证券化产品，只能通过基金管理公司间接投资，要求发行特定资产管理计划的基金管理公司应当具有完善的公司治理、良好的市场信誉和稳定的投资业绩，且上个会计年度末经审计的净资产不低于2亿元人民币
社保基金	投资资产证券化产品需单个项目上报国务院审批，之前只参与过第一批国开行和建行发行的信贷资产支持证券
境外投资者	目前境外投资者投资国内资产证券化产品无明确政策限制。近年来，越来越多的境外机构参与中国债券市场。据中债登统计，2015年年末在中债登开立托管账户的境外机构达305家，较上年末增加123家，持有债券共计0.6万亿元，较上年末增长12.39%。境外机构投资者有望成为国内资产证券化产品的新型投资者

（二）积极培育和引入次级投资人

建议大力培育有风险识别和风险定价能力的市场投资人（如美国对冲

基金的专门机构）来购买资产证券化产品中高风险、高收益的次级档，应收账款等资产循环出表问题的关键在于能否实现风险的卖断和期限匹配，也就在于能否找到购买次级档的投资人。目前中国资产证券化缺少次级投资人，信贷资产证券化的次级产品目前基本上采取的是非市场化发行方式，企业资产证券化的次级产品（债权资产）销售难度很大。交易型机构投资者（私募基金、券商资管、信托计划、对冲基金等）和PE管理机构能够承受较高的风险，对高收益的产品比较有兴趣，有望成为资产证券化产品的次级投资人。这类机构没有硬性的资本约束，如果能进入证券化领域，作为次级投资人，乃至成为资产证券化产品的资产管理人，对整个市场的发展意义重大。

（三）探索离岸发行模式，有效利用境外低成本资金

即使在资产证券化市场最为发达的美国，离岸发行也是重要模式之一，通过在避税岛设立特殊目的公司（SPC）来发行资产支持证券降低融资成本。我国已成功实施的离岸资产证券化项目有：中远集团航运收入资产证券化、中集集团应收账款资产证券化、珠海高速公路未来收益资产证券化，募集资金分别为5.5亿美元左右、2亿美元左右和8 000万美元左右。

探索资产证券化离岸发行模式，有利于引入资金实力雄厚的国际投资者，另外随着人民币国际化的推进，也可以吸引境外低成本的人民币资金，降低国内企业的融资成本。

五、信用评级和信息披露层面

完善资产证券化相关的信用评级及信息披露机制，加强基础资产的尽职调查和存续期内持续管理，是充分保护投资者利益的必要前提。2014年8月27日，美国证监会发布了《国家认定统计评级机构（NRSRO）》新法规，通过增加15Ga－2、法规17g－10等条款强调了发行人、承销商、NRSROs在对基础资产进行尽职调查时的责任和职责，尤其是加强了对资产证券化评级的

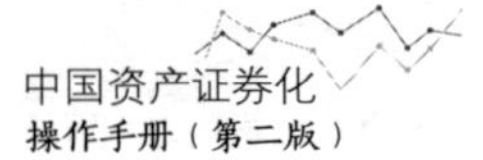

监管要求。《弗兰克－多德法案》939A也明确要求审视和减少对评级结果的过度使用修改后的合格标准。通过加强对评级和基础资产的信息披露，制定信用评级之外的储架标准，可以提高资产证券化产品的质量，实现保护投资者的目的。

（一）完善信用评级和信用增级体系

证券评级业的不规范是制约资产证券化以及债券市场长远发展的一个重要因素，海外经验尤其是金融危机的教训表明，良好的信用评级和增级是资产支持证券发行能否成功的关键，建议通过监管或自律组织等形式规范评级机构，保障证券化业务的发展，尤其是要加强对评级机构信息披露内容与责任的要求。

（二）完善资产证券化相关信息披露机制

资产池中基础资产的信息流和现金流同样重要。金融危机的教训表明，只有通过源源不断的真实、完整的信息流，给披露信息的发行人不断“挑刺”的中介监督（信用调查机构、会计师事务所、律师事务所、评级公司、证券公司、担保公司、机构投资者、媒体、监管部门等），才能够避免证券化中的严重的信息不对称与道德风险问题，才能够真正有效地保护投资者。例如，美国资产证券化新规就要求信息披露落实到基础资产层面，对可能存在风险因素揭示到资产池内部，直接提升了资产证券化市场的信息透明度和时效性。同时，美国资产证券化新规全面规范了资产证券化产品注册发行及存续期间信息报告的披露要求，为投资者及其他市场参与者提供了充分、有效的决策信息。

我国目前对资产证券化产品信息披露的要求仅仅在于监管部门制定的规章“披露规则”，或者“公告”内容中要求定期披露受托机构的报告或年报，与美国资产证券化业务的报告及表格体系比较，还相差很远。当然我国资产证券化市场离成熟市场还很远，信息披露要求暂时还不需要精细到发达市场所需要的复杂程度。结合我国市场发展现状，针对我国资产证券化信息披露制度的具体建议有：（1）对于既有的债权类基础资产（融资租赁、信贷资产、小贷资产等），建议在备案申请材料中以附件表格形式逐笔披露基础资产的核心信息（以贷款资产为例，核心信息包括但不限于借款人、行业、区域、规模、利率、到期日、抵押品价值、抵押品顺位以及融资主体的相关财务要素等），并向拟参与认购的合格投资者定向披露；（2）提高对证券化交易的参与主体和有关事项的信息披露要求，包括发起人、SPV和受托机构的信息披露义务，以及针对资产池状况、发行说明书等事项的披露内容，规定会计事务所、评级机构、法律事务所等中介机构在证券化交易中的信息披露要求，并明确这些中介机构对披露信息的准确性和完整性所承担的责任和义务；（3）在逐步制定和完善更细致、更具体、更有针对性的信息披露内容和电子化格式标准后，要逐步建立信息披露质量的评价制度，让第（2）条中所说的责任和义务落实到位并可追究；（4）提高资产证券化产品信息披露的频率，从目前证券化管理办法要求的每年披露一次提高到每个季度披露一次（如《资产管理报告》和《托管报告》）；（5）对于既有的债权类基础资产（融资租赁、信贷资产、小贷资产等），要求资产服务机构定期向计划管理人提供《季度资产服务报告》和《年度资产服务报告》。

资产证券化的理论如此成熟，实践却难以成行，是值得深思的。西方的理论技术很成熟，但也要考虑到我国的市场经济有自己的特色，需要依据国情，借鉴政府主导的债券市场发展的经验教训，本着解决当前社会和经济中的主要问题的原则推动市场的进一步发展，不能削足适履，也不可揠苗助长。

附 录

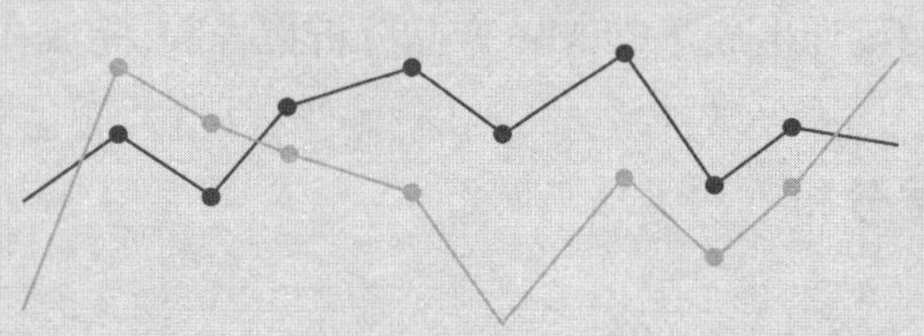

资产证券化产品在线建模平台是中国资产证券化分析网为用户提供的在线产品建模平台。用户通过上传底层资产包信息完成一系列产品模型构建过程，实现资产证券化产品结构设计。用户可以通过新建项目工程开始建模，或选择现有工程进行完善。首先，用户需上传固定模板格式的资产包文件，结合资产池初步分析结果，不断调整现有的资产池配置，以使资产池相关参数达到基本要求。其次，通过证券端产品设计，完成诸如产品日期、费用、基准利率、证券分层、增信事件等细分产品结构设计；系统以此生成证券的偿付模型。通过不断重复上述步骤，用户可以逐步调整证券端产品信息，以使其达到预期要求。最终，“资产证券化产品实验室”会基于用户上传的资产池信息和证券结构设计生成“CNABS 产品分析报告”，完成在线产品建模。

一、资产端数据分析

（一）基础资产类型选择

原始资产池按资产类型和交易结构共分 20 类，如表 A.1 所示。

表 A.1　基础资产类型

交易场所	种类
银行间市场	企业贷款、金融租赁、其他消费贷款、住房抵押贷款、汽车抵押贷款、不良资产重组、专项信贷、住房公积金
交易所市场	融资租赁、小额贷款、信托受益权、应收账款、收费收益权、保理融资、委托贷款、两融债权、住房公积金、REITs、股票质押式回购、BT 项目回购

以下介绍均以银行信贷的企业贷款资产证券化产品为例。

（二）资产池逐笔数据上传

用户根据资产池模板文件的格式和要求填写并上传资产文件，系统将对资产池数据进行采集和初步分析。以某信贷资产证券化产品为例，需要上传的数据包括：每笔贷款的入池日期、资产类型、贷款人、贷款名称、剩余本金、计息方式、浮动或固定利率、票面利率或息差、还款周期、到期日、行业类型、贷款评级、担保方式及担保机构，以及所属地区，如图 A.1 所示。

- 入池日期：该笔贷款现金流开始归入资产池的日期。
- 资产种类：资产的种类，比如企业贷款、房贷、车贷等。
- 贷款人：贷款方，公司或个人均可，对于公司需要列出具体公司名称。
- 贷款名：该笔贷款的编号或名称，用于区分和识别贷款。
- 剩余本金：在封装入资产包时，该笔贷款的剩余本金。
- 计息方式：计算贷款利息的日期计算方式，目前有 30/360、ACT/360、ACT/365、ACT/ACT 4 种。
- 利率类型：如果该资产为浮动利率计息，则需填写基准利率和息差，如果为固定利率计息，则只要填写固定利率即可。

常用基准利率如表 A.2 所示。

表 A.2 常用基准利率

中国人民银行公布的 1 年期定期存款利率
中国人民银行公布的 6 个月内贷款利率
中国人民银行公布的 6 个月至 1 年贷款利率
中国人民银行公布的 1 年至 3 年贷款利率
中国人民银行公布的 3 年至 5 年贷款利率
中国人民银行公布的 5 年以上贷款利率
7 天回购加权利率 20 个交易日的算术平均值

工程类别选择

企业贷款

资产池样本

资产编号	截至日期	资产种类	借款人	借款名	剩余本金	计息方式	是否浮动利率	基准利率	票面利率或息差	还款周期	到期日	行业	借款评级	担保方式	担保方	地区
1	12/12/2015	企业贷款	公司1	s1	10,000,000.00	30/360	否		0.05	季付	6/27/2018	建筑业	AA+	信用	担保1	北京
2	12/12/2015	企业贷款	公司1	s2	11,000,000.00	30/360	否		0.055	季付	6/3/2019	建筑业	BB-	保证	担保2	北京
3	12/12/2015	企业贷款	公司2	s3	8,000,000.00	ACT/365	是	一年期贷款利率	0.01	季付	7/14/2018	交通运输、仓储和邮政业	A+	抵押	担保3	山西
4	12/12/2015	企业贷款	公司3	s4	3,000,000.00	30/360	否		0.08	月付	4/22/2018	住宿和餐饮业	BBB	质押	担保3	山西
5	12/12/2015	企业贷款	公司4	s5	2,000,000.00	ACT/365	否		0.085	季付	4/23/2018	信息传输、软件和信息技术服务业	BB	抵押	担保5	浙江
6	12/12/2015	企业贷款	公司5	s6	5,000,000.00	ACT/365	否		0.045	季付	4/24/2018	金融业	A+	信用	担保6	上海
7	12/12/2015	企业贷款	公司6	s7	6,000,000.00	ACT/365	否		0.085	季付	4/25/2018	房地产业	BB-	信用	担保7	河南
8	12/12/2015	企业贷款	公司7	s8	3,100,000.00	ACT/365	否		0.07	季付	5/27/2018	租赁和商务服务业	A+	信用	担保6	浙江
9	12/12/2015	企业贷款	公司8	s9	2,000,000.00	ACT/365	否		0.05	季付	6/27/2017	汽车制造业	BBB-	信用	担保9	浙江
10	12/12/2015	企业贷款	公司6	s10	3,000,000.00	ACT/365	否		0.065	季付	4/28/2018	房地产业	BB-	抵押	担保10	河南
11	12/12/2015	企业贷款	公司10	s11	5,140,000.00	ACT/365	否		0.05	季付	9/27/2017	房地产业	BB-	保证	担保4	上海
12	12/12/2015	企业贷款	公司11	s12	8,200,000.00	ACT/365	是	一年期贷款利率	0.022	季付	5/27/2018	房地产业	BBB-	保证	担保12	上海
13	12/12/2015	企业贷款	公司12	s13	5,080,000.00	ACT/365	否		0.095	季付	6/3/2019	房地产业	A+	保证	担保13	湖南
14	12/12/2015	企业贷款	公司13	s14	3,300,000.00	ACT/365	否		0.05	月付	6/27/2018	房地产业	BB-	抵押	担保14	四川
15	12/12/2015	企业贷款	公司14	s15	3,000,000.00	ACT/365	否		0.05	半年付	6/3/2019	居民服务、修理和其他服务业	BB	抵押	担保15	河南
16	12/12/2015	企业贷款	公司15	s16	5,140,000.00	ACT/365	否		0.068	月付	9/2/2019	教育	B-	信用	担保4	浙江
17	12/12/2015	企业贷款	公司16	s17	5,040,000.00	ACT/365	否		0.042	季付	5/5/2018	房地产业	A-	信用	担保17	浙江
18	12/12/2015	企业贷款	公司17	s18	5,000,000.00	ACT/365	否		0.062	季付	6/27/2018	租赁和商务服务业	A+	信用	担保18	河南
19	12/12/2015	企业贷款	公司18	s19	6,000,000.00	ACT/365	否		0.032	季付	5/7/2018	科学研究和技术服务业	BBB-	信用	担保19	广东
20	12/12/2015	企业贷款	公司19	s20	1,000,000.00	ACT/365	否		0.05	季付	9/4/2019	水利、环境和公共设施管理业	A+	信用	担保20	四川

图 A.1 资产池数据上传示例

- 还款周期：资产池贷款还本付息的频率，一般有半月付、月付、两月付、季付、半年付、年付6种。
- 到期日：贷款到期偿清的日期。
- 行业：贷款所属行业。
- 贷款评级：第三方评级机构或者银行内部的贷款评级：AAA、AAA-、AA+、AA、AA-、A+、A、A-、BBB+、BBB、BBB-、BB+、BB、BB-、B+、B、B-、CCC+、CCC、CCC-、CC、C、D。
- 担保方式：归属于该笔贷款的担保方式，常见有保证、信用、抵押、质押，或者其中几种方式的综合。
- 担保方：具体的担保机构名称。
- 地区：贷款借款人或企业所属地区。

（三）资产池贷款还本方式

1. 到期一次还本法

指贷款在到期时一次性偿还本金。默认所有的贷款均为到期一次偿还本金。

2. 固定摊还本金法

指贷款在固定时间内摊还固定金额。应用此方法时，用户需要填写“本金还款时间表”，列明该笔资产的还款日期和对应还款金额。如表A.3所示，项目编号为1的资产，于2016年4月17日偿还本金500 000元，2016年7月17日偿还本金700 000元。由此可知，该笔资产在入池存续期间内分两期偿还，并在截止日前的2016年7月17日提前偿还完毕。

表A.3 本金还款时间表

资产编号	还款日期	还款金额（元）
1	4/17/2016	500 000
1	7/17/2016	700 000
2	10/19/2016	100 000
2	1/19/2017	100 000

（四）资产池初步假定

资产池初步假设如表 A.4 所示。

表 A.4　资产池初步假设

		违约回收	
CDR	2%		
CDR	3%	信用	0%
证券金额	100 000 000 元	保证	20%，0.5 年
证券利率	5%	抵押	40%，1.0 年
回款期起始	1/25/2016	质押	40%，0.5 年
回款期频率	季度		

- 预期年化条件违约率：资产池的年化违约率。
- 预期年化提前偿还率：资产池的年化提前偿还率。
- 证券金额：预计发行的证券总金额（用于粗略计算本金覆盖率）。
- 证券利率：预计发行的证券加权平均利率（用于粗略计算利息覆盖率）。
- 回收期起始：资产封包入资产池的日期。
- 回收期频率：资产池回收贷款的频率，一般有半月付、月付、两月付、季付、半年付、年付等。
- 违约回收：不同担保方式对应的贷款回收的可能性及回收时间的估计。通过表 4 可以发现，此产品对于保证类贷款的违约回收估计为在未来 0.5 年内回收 20% 的违约贷款，对于抵押类贷款的违约回收估计为在未来 1 年内回收 40% 的违约贷款，对于质押类贷款的违约回收估计为在未来 0.5 年内回收 40% 的违约贷款，信用类贷款则违约贷款回收的可能性为 0。

（五）资产池初步分析

当用户将资产数据和资产池基本假设上传和填写后，CNABS 将对资产池进行基本分析，如表 A.5 所示。

表 A.5 资产池基本分析

总金额	100 000 000 元
贷款个数	20 个
离散度评分	13.06 分
浮动利率贷款	83.80%
固定利率贷款	16.20%
加权平均贷款利率	5.88%
加权平均贷款剩余期限	2.68 年
加权平均贷款回收率	14.80%
加权平均浮动利差	1.60%

- 总金额：资产池初始入池贷款总金额。
- 贷款个数：资产池实际贷款笔数。
- 离散度评分：对资产池风险离散度的评分，将原始资产池转化为相应的具有相同性质（各资产两两不相关，且名义价值和违约率相同）的 N 笔贷款。影响离散度评分的主要因素有：初始贷款笔数、逐笔贷款本金余额分布的集中度、贷款行业分布集中度、贷款地区分布集中度，以及贷款人的集中度。初始贷款笔数越多，各项分布越分散，则离散度评分越高，资产池越好。
- 浮动/固定利率占比：浮动和固定利率贷款在整个资产池中的占比情况。
- 加权平均贷款利率 ：通常需要考虑资产端和证券端在利率上的匹配，并留一部分超额利息用于支付费用和作为内部增信。
- 加权平均贷款剩余期限：每笔贷款在假定情景下的加权剩余期限，需要注意资产端和证券端在期限上的匹配。
- 加权平均贷款回收率：资产池贷款发生损失时剩余本金回收的百分比。
- 加权平均浮动利差：资产池浮动利率贷款的加权平均息差。

（六）资产池基本现金流

根据资产自身偿付规则加上资产池现金流的归集日期规则生成资产池的现金流表，如表 A.6 所示，内容包括：偿付利息、计划本金偿还、提前偿还、违约回收、总本金回收款、期末剩余资产池未偿本金余额、当期违约、当期损失、利息覆盖率等。

表 A.6　资产池基本现金流

支付日	利息（元）	计划本金偿还（元）	提前偿还（元）	违约回收（元）	总本金回收（元）	期末剩余本金（元）	违约（元）	损失（元）	利息覆盖率（%）
1125/2016	1 862 638.00	—	552 731.72	—	552 731.72	99 731 166.80	366 611.45	311 101.48	129
4/25/2016	1411 038.19	—	727 282.52	663.74	727 946.26	97 993 425.30	482 386.54	414 795.24	114
7/25/2016	1463 567.59	482 344.68	762.606.51	23 750.26	1 268 701.45	96 29 621.35	505 816.22	427 102.50	120
10/25/2016	1 377 140.79	666 714.30	710 868.22	36 080 15	1 413 662.68	94 478 863.44	471 499.40	405 095.23	114
1/25/2017	1 419 955.19	94 363.27	737 540.75	65 102.23	897 006.25	93 169 618.31	489 190.78	412 238.88	119
4/25/2017	1 318 193.57	93 191.82	676 579.26	66 996.76	836 767.84	91 947 690.87	448 756.44	385 159.60	115
7/25/2017	1 371 090.49	1 834 067.41	712 797.64	77 850.22	2 624 715.27	88 924 623.39	472 779.33	398 352.21	120
10/25/2017	1 275 740.24	4 653 745.81	655 459.26	64 879.62	5 374 084.69	83 178 728.13	434 748.15	371 810.57	114
1/25/2018	1 267 455.20	—	650 952.66	75 820.68	726 773.34	82 088 505.57	431 759.26	363 449.22	121
4/25/2018	1 173 835.92	14 072 412.21	594 842.50	63 223.71	14 730 478.43	67 019 300.95	394 542.68	338 726.20	116
7/25/2018	975 512.82	44 087 680.43	523 300.83	69 039.11	44 680 020.38	22 049 540.96	347 091.30	289 739.61	117
10/25/2018	321 295.96	—	146 784.51	57 035.90	203 820.41	21 762 417.92	97 358.11	83 302.64	116
1/25/2019	380.617.63	—	183 286.99	62 198.58	24s 485.57	21 419 587.47	121 569.43	97 344.87	139
4/25/2019	309 203.45	—	140 007.02	43 026.60	183 033.62	21 157 097.99	92 862.78	79 455.86	117
7/25/2019	371 212 26	15 697 468.72	179 332.36	49 725.97	15 926 527.04	5 135 336.19	118 946.42	95 234.77	141
10/125/2019	59 295.41	s 040 700.53	28 269.45	13 406.93	s 082 376.91	34 208.96	18 750.32	18 750.32	92
1/25/2020	—	—	—	24 030.15	24 030.15	10 178.81	—	—	—
6/2/2020	—	—	—	10 178.81	10 178.81	—	—	—	—

在生成的现金流分布表中，需要重点关注以下几项内容：

- 总本金回收金额：本金回收在企业贷款资产证产品的现金流中占比较大，预计还款和由于早偿产生的本金现金流是影响支持证券期限的主要因素。
- 利息覆盖率：利息是本金之外影响现金流分布最重要的因素。利息覆盖率小于 1，则表示当期资产池收入回收款无法覆盖各档证券应付利息之和。当期有无法足额偿付证券本息的可能性。
- 资产池浮动/固定利率贷款占比：证券端浮动/固定利率贷款占比应与

资产端浮动/固定利率贷款占比尽量匹配，相差不宜过大，同时与市场利率相匹配，以避免在市场利率波动较大的情况下，利息覆盖率变动情况不稳定，证券端发生损失的可能性增加。

- 资产池离散度评分：资产池离散度是对资产池分散程度的度量，是可以量化的指标。在已知资产池初始贷款笔数时，资产池离散度评分越高，代表资产池质量越好。

用户可以通过观察这几个重要参数指标，不断修改自己在建模期间的资产包数据设定，直到资产池参数达到基本要求。

二、证券端模型构建

（一）基本信息

填写发行 ABS 产品的全称和简称，以国开行发行的 2015 年第 6 期开元信贷资产证券化信托为例，如图 A.2 所示。

图 A.2 基本信息示例

（二）日期规则

记录证券端偿付本息和资产端回收资金的日期信息，如图 A.3 所示。具体而言：

图 A.3 日期规则示例

1. 证券端的日期规则

- 起息日：开始计算证券利息的日期。如开元 2015－6 产品的起息日为 2015 年 11 月 17 日。
- 第一次支付日：证券开始还本付息的首次偿付日。如开元 2015－6 产品的第一次支付日为 2016 年 1 月 12 日。
- 支付频率：证券的偿付频率，主要有年付、半年付、季付、两月付、月付、半月付等。如开元 2015－6 产品为季付。
- 法定到期日：证券的法定终止日期。如开元 2015－6 产品的法定到期日为 2022 年 7 月 12 日。
- 日期调整规则：当遇到非工作日（法定公休日和节假日）时偿付日期的调整规则，主要有向后调整、向前调整、不调整、向后调整（非跨月）和向前调整（非跨月）5 种规则。目前市场上多数产品为“向后调整”，即顺延到下一个工作日支付。
- 月末支付：当证券支付日为月末时勾选。如开元 2015－6 产品的支付日为每季度 12 日，非月末，不勾选。
- 覆盖偿付日期：当证券偿付日期不规则时勾选。即根据第一次支付日和支付频率推算的偿付日期与产品真实偿付日期不匹配时，需要用户手动输入该产品的每个支付日信息。

2. 资产端的日期规则

收款期间模式：资产端回收本金和利息的模式，分为简单和复杂两种。

- 复杂模式：目前信贷资产证券化产品较为常见的模式，指通过收款期截止日和收款频率（与偿付频率相同）推算收款期间。如果首个收款期截止日在月末，需勾选“固定月末”。如开元 2015－6 产品的首个收款期初始日为 2015 年 9 月 22 日（初始起算日），首个收款期截止日为 2015 年 12 月 31 日，勾选“固定月末”；同时依据季付的收款频率推算，下个收款期间为 2016 年 1 月 1 日至 2016 年 3 月 31 日，如此继续递推。

- 简单模式：目前企业资产证券化产品较为常见的模式，指收款期间为相对支付日固定天数的期间。以京东白条二期应收账款债权资产支持专项计划为例，收款期间截止日为兑付日前5个工作日。

（三）基准利率

记录证券端基准利率信息，如图A.4所示。

图A.4　基准利率示例

如开元2015－6产品，需要记录：

- CNL012M：中国人民银行公布的6个月至1年贷款利率。用于计算证券端A1、A2、A3和B档证券的基准利率。
- CNS003M：证券端现金流折现的基准利率，依据偿付频率确定。
- 取值调整：在支付日基准利率的选取。如果取值为－50，则表示选取在支付日前50天的基准利率。默认不调整。

（四）费用设置

记录证券端的相关费用信息，主要包括税收和费用两大类，如图A.5所示。偿付顺序中，税收优于费用，同时可以给税收和费用设置“优先支出上限”，将上限内的部分和上限外的部分分开支付。税费的计算方式有简单计算、组合计算和费率计算3种。

（1）简单计算：无固定计算公式，固定金额。每期偿付金额由用户给定。

（2）费率计算：有固定计算公式，无固定金额。这是系统推荐采用的一

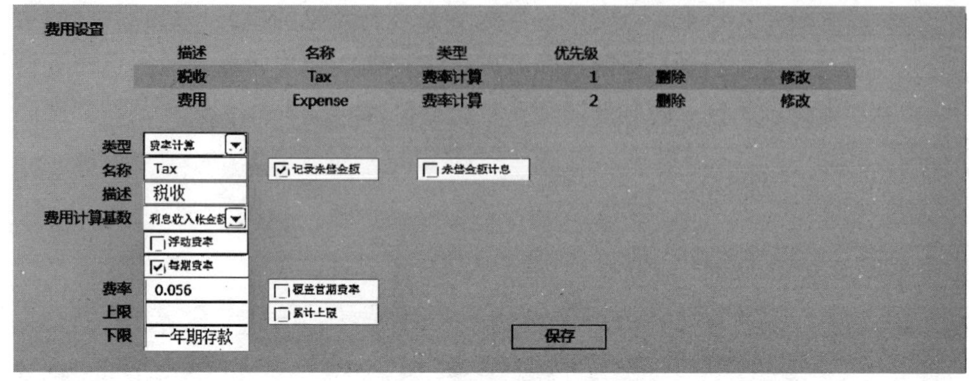

图 A.5　费用设置示例

种费率计算方式。如图 A.5 所示，计算公式为：税收 = 利息收入账金额 × 固定每期费率；费用 = 资产池未偿本金余额 × 固定每期费率。

- 名称：税收和费用两种。
- 记录未偿金额：是否记录该期尚未偿还的税收或费用。如果记录，则在下一次支付中首先弥补该期未偿还的部分，再开始下一期的税费偿付。
- 费用计算基数：费率计算方式下，计算基数的设定，有原始资产池金额、当前资产池金额和利息收入账金额 3 种。
- 费率：固定费率方式下，记录具体费率，同时勾选“每期费率”选项；浮动费率方式下，费率的计算公式为“基准费率 + 费率差”，同时也可设置上/下限费率，以确定费用波动区间。
- 覆盖首期费率：当首期费率与后续期间费率差别较大时，可以勾选此项，修改首期费率公式。

（3）组合计算：简单计算和费率计算的整合。

（五）证券设置

记录证券分层结构信息，主要包括每层比例设定、金额设定、证券利率设定、本金摊还表设定等，如图 A.6 所示。

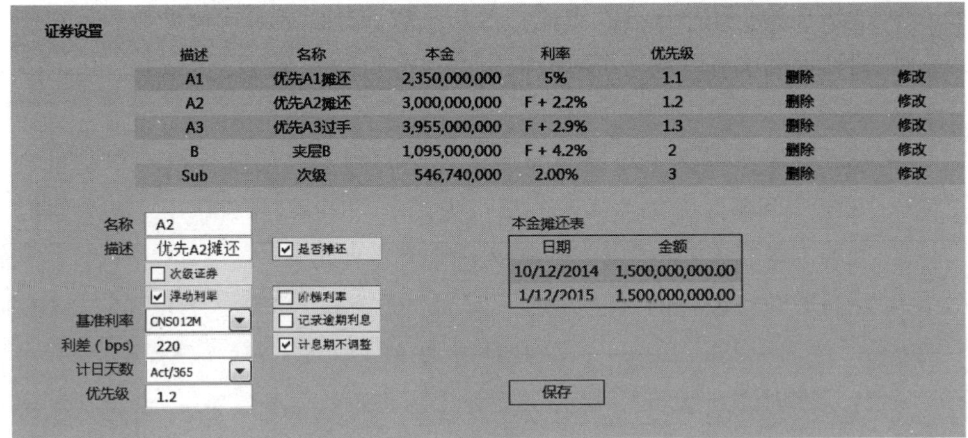

图 A.6　证券设置示例

以开元 2014 年第 3 期信贷资产证券化信托产品为例，其证券分层共设立优先 A 档，夹层 B 档和次级 3 档证券，在 A 档证券内部又划分出 A1、A2、A3 3 档。当确定好每档证券的本金时，便会生成如表 A.7 所示的证券分层设计。

表 A.7　证券分层设计

A1　21.47%	**A2　27.41%**	**A3　36.13%**
	B　10%	
	次级　4.99%	

以优先 A2 档为例：

- 名称：A2。
- 描述：优先 A2 摊还。
- 是否摊还/本金摊还表：当证券是摊还型时勾选“是否摊还”，同时在本金摊还表中列明特定时间对应的摊还本金金额。对于此档证券，2014 年 10 月 12 日摊还本金 1 500 000 000 元，2015 年 1 月 12 日摊还本金 1 500 000 000 元。

- 次级证券：用来区分次级证券与非次级证券，通常次级证券除了可以有票面利率外，它还可以收取资产池产生的残余现金流（Residual Interest）。
- 浮动利率：当优先级证券为浮动利率时勾选，相应会出现“基准利率”、“利差”等细项（利差单位为基点，1bps = 0.000 1）。不勾选时则为固定利率，在利率框中输入固定利率即可。
- 计日天数：证券的计息方式，有 30/360、ACT/360、ACT/365、ACT/ACT4 种。开元 2014 – 3 A2 档证券为 ACT/365，表示该档证券每一个计息期内的利息 = 该档证券在计息期期初未偿本金余额 × 票面利率 × 计息期实际天数/ 365 天（闰年亦相同）。
- 优先级：证券的优先级。优先 A 档为 1 级，优先 B 档为 2 级，次级档为 3 级。同时在各级内部也可进行划分，如优先 A1 级证券为 1.2 级，优先 A2 级证券为 1.3 级等。
- 阶梯利率：固定利率在相应期限中呈阶梯式变动。
- 记录逾期利息：证券当期利息未能按期全部偿付时，对未支付的利息记录逾期信息。勾选则表示在下期偿付时优先偿还上期未偿付利息，再进行该期的偿付。不勾选则表示当期逾期未偿付利息在下期不予考虑。目前市场通用的做法是记录逾期利息。
- 计息期不调整：当支付日由于非工作日的原因向后调整时，相应计息期间是否发生同样调整。原则上不做调整。此处默认勾选。

（六）增信事件设置

（1）记录证券外部信用触发机制，主要包括同参与机构履约能力相关的“加速清偿事件”，以及同资产支持证券兑付相关的“违约事件”，如图 A.7 所示。信用事件一旦触发将引致基础资产现金流支付机制的重新安排。

①违约事件。

- 是否有违约事件：违约事件的触发将导致信托项下的资金不再区分收入回收款和本金回收款，而是将两者混同并支付有关的税、费、报

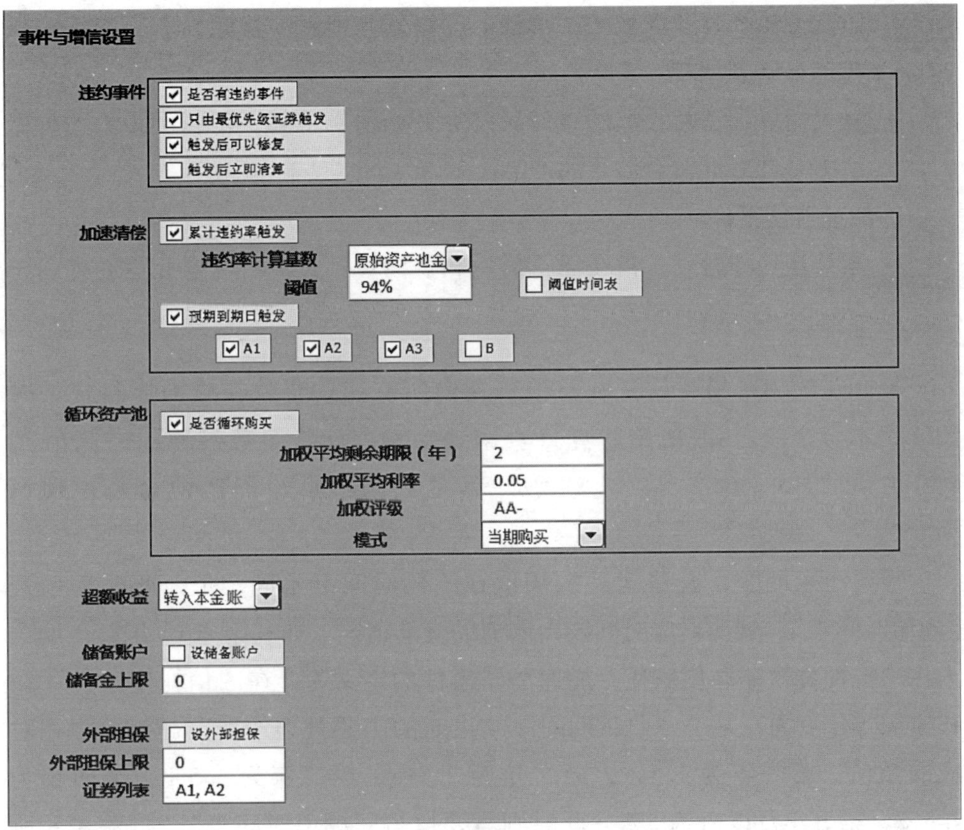

事件与增信设置

违约事件
☑ 是否有违约事件
☑ 只由最优先级证券触发
☑ 触发后可以修复
☐ 触发后立即清算

加速清偿
☑ 累计违约率触发
违约率计算基数 原始资产池金
阈值 94%
☐ 阈值时间表
☑ 预期到期日触发
☑ A1 ☑ A2 ☑ A3 ☐ B

循环资产池
☑ 是否循环购买
加权平均剩余期限（年） 2
加权平均利率 0.05
加权评级 AA-
模式 当期购买

超额收益 转入本金账

储备账户 ☐ 设储备账户
储备金上限 0

外部担保 ☐ 设外部担保
外部担保上限 0
证券列表 A1, A2

图 A.7　事件与增信设置示例

酬、证券利息和本金等，并且按照证券的优先顺序保护优先级高的证券和本金回收。如果设置违约事件，则此处勾选。

- 只有最优先级证券触发：违约事件的触发是否是未能在本息兑付日后几个工作日内（或在资产支持持有人大会允许的宽限期内）足额支付优先级或最优先级证券的应付未付利息。最优先级证券指在所有剩余本金大于零的证券中偿付顺序最优先的证券，即当优先级证券偿付完成后，夹层证券将成为新的最优先级证券。勾选则表示由最优先级证券触发，不勾选则由优先级证券触发。
- 触发后可以修复：违约事件触发后是否在下一期可修复，即在下一期重新测算事件。如果一个事件不可修复，则它一旦触发后，状态将保持到最终到期日。

- 触发后立即清算：违约事件触发后开始清算信托，信托中止。这种做法多是针对证监会监管的产品。

②加速清偿事件。

- 累计违约率触发：指在任一信托利益核算日，资产池累计违约率高于某一特定数值时触发。

累计违约率是指在信托利益核算期内所有违约贷款在成为违约贷款时的未偿本金余额之和/初始起算日资产池余额。此特定数值称作“阈值”。对于开元 2015 - 6 产品，违约率计算基数为：原始资产池金额；阈值为 6%。

需要注意的是，有些产品的阈值在不同时间有不同的值。此时需勾选“阈值时间表”，列明对应时间段内阈值的变动情况。如和家 2015 年第一期个人住房抵押贷款证券化信托，加速清偿事件的定义为：在“信托生效日”后相应周年年度内，某一“收款期间”结束时的“累计违约率”超过与之相对应的数值：第一年为 1.5%，第二年为 2.5%，第三年为 3.5%，第四年为 4.5%，第五年及以后为 5%。此时则需要填写“阈值时间表”，如表 A.8 所示。表示自 2015 年 9 月 23 日至 2016 年 9 月 22 日间阈值为 1.5%，2016 年 9 月 23 日至 2017 年 9 月 22 日间阈值为 2.5%，以此类推。

表 A.8 阈值时间表示例

日期	阈值（%）
9/23/2015	1.50
9/23/2016	2.50
9/23/2017	3.50
9/23/2018	4.50
9/23/2019	5.00

- 预期到期日触发：指在资产支持证券预期到期日前的第一个分配日，按照《信托合同》约定的分配顺序无法足额分配该档资产支持证券的未偿本金余额时触发。用户在选择此类触发方式时，可以自行选择为哪档证券设置此类信用触发事件。对于开元 2015－6 产品，设有对 A1、A2、A3 的预期到期日加速清偿事件。

③内部增信措施以及资产池离散度数值和资产池预期损失的影响。

图 A.8 展示出资产池离散度数值和证券预期损失在不同增信措施条件下两者的相互关系。

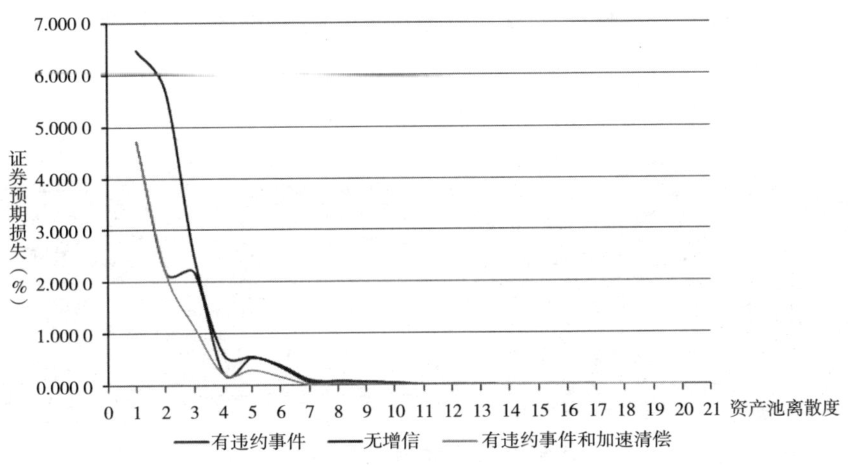

图 A.8 资产池离散度与预期损失的关系

- 没有增信措施时，随着资产池离散度数值的增加，资产池预期损失程度逐渐降低。前期降低速度很快，后期下降区域平缓。表明资产池越分散，其发生损失的可能性越低。
- 有违约事件增信时，对于相同的资产池离散度数值，损失的概率相较于没有增信措施时有所减少，同时符合之前的降低趋势，即先急速下降，后趋于平缓。
- 加速清偿事件和违约事件均存在时，对于相同的资产池离散度数值，损失的概率又相较于只有违约事件时再次减少，但减少的趋势并无规律。

从整体来说，内部增信措施的存在，使得资产池离散度数值和证券预期损失关系更为紧密。相同的资产池离散度数值上，内部增信措施的存在使得资产池发生损失的可能性大大降低。增信种类越多，则资产池损失的可能性越小。

（2）资产池循环购买。

资产池循环购买指在设立的“循环期”内，资产池为动态资产池，可循环购买其他资产。

以永盈 2015 年第一期消费信贷资产证券化信托为例，发起机构宁波银行在信托运营期，向受托机构持续提供“标的”资产，由受托机构以信托本金账内当日可持续购买金额作为对价，根据受托机构的筛选结果，在标的资产交割日买入符合“合格标准”及“资产保证”的“资产”的行为。

确定资产池为动态后，用户需要确定循环购买资产的剩余期限（年）、加权平均利率、加权资产评级，如图 A. 9 所示。

图 A. 9　资产池循环购买示例

（3）超额收益。

①超额收益是指资产池当期收入回收款在支付应付的税收、费用、报酬和各级证券利息后的余额。

②超额收益归集路径有两种：转入本金账和支付次级证券。目前市场上通用的做法是将超额收益转入本金账，支付资产支持证券本金和次级收益。

（4）储备账户。

储备账户主要用于储备一定的资金，以上元 2012 一期个人汽车抵押贷款证券化信托为例，储备账户主要分为 3 类：

- 服务转移和通知储备账户：该账户的余额用于支付因更换“贷款服务机构”而发生的特定费用。
- 混同和抵消储备账户：该账户的余额用于弥补因“贷款服务机构”或“发起机构”发生“丧失清偿能力事件”而形成的混同或抵消风险。
- 流动性储备账户：该账户的余额用于填补支付《信托合同》第10.2（a）项下特定款项的不足金额。即转入“收入分账户”一定金额，以确保“收入分账户”现金流支付顺序中的（i）至（vi）项的所有到期款项（主要包括税收、费用、相关机构报酬、优先级应付利息等）。

需要注意的是，储备账户一般都设置有上限，一旦超出上限，将不再转入储备账户资金。该上限称为“必备储备金额”。以上元2012一期个人汽车抵押贷款证券化信托为例，细分定义如下：

①必备（服务转移和通知）储备金额。

- 当“上汽财务”具备全部“必备评级等级”时，为零。
- 当“上汽财务”不具备任何“必备评级等级”之一时，为“预计转移费用”与“预计通知费用”之和。
- 在支付转移费用后，“预计转移费用”应为零，在支付通知费用后，“预计通知费用”应为零。

②必备（混同和抵消）储备金额。

- 当“上汽财务”具备全部“必备评级等级”时，为零。
- 当“上汽财务”不具备任何“必备评级等级”之一时，为“混同储备金额”与“抵消储备金额”之和。

③ 必备（流动性）储备金额。

- 当“上汽财务”具备全部“必备评级等级”时，为零。
- 当“上汽财务”不具备任何“必备评级等级”之一时，为当期按照

《信托合同》第10.2（a）款中第（i）至（v）项所有应付金额（其中涉及各方的费用支出已“优先支出上限”数额为限）之总和的3倍。

（5）外部担保。

外部担保增信方式常见于企业资产证券化产品。

以濮阳供水收费收益权资产支持专项计划为例：

①差额支付。

差额补足义务人为濮阳自来水公司。差额补足义务人与计划管理人按照《资产买卖协议》的约定支付基础资产购买价款前，签署《差额补足承诺函》，不可撤销地承诺与保证：在专项计划存续期间，如果托管人在初始核算日发出的报告，专项计划账户内资金余额未能足额达到《现金流预测报告》预测的当期水费收入现金流金额时，则计划管理人于差额补足通知日通知差额补足义务人承担差额补足义务。

②外部担保。

担保人为濮阳市建设投资公司。担保人为差额补足义务人履行差额补足义务提供不可撤销的连带责任保证担保。

用户可以选择外部担保的上限，同时也可以选择需要进行担保的具体证券。

三、CNABS产品分析报告

通过整合资产端和证券端的信息，CNABS在线建模平台最终会生成一份完整的“CNABS产品分析报告”，现针对其中重要的几项测算结果进行分析。

通过证券端基本信息的设置，系统会自动生成偿付模型，如图10所示（开元2015-6）。通过偿付顺序的设定，用户可以清楚地知道资产证券化信托产品的偿付方式。

表A.9表示证券端预期现金流的生成。用户可以通过此表，明确知道每个支付日各档证券的偿付金额和比率，对于骤降或骤减的支出，通过调整现金流来避免。

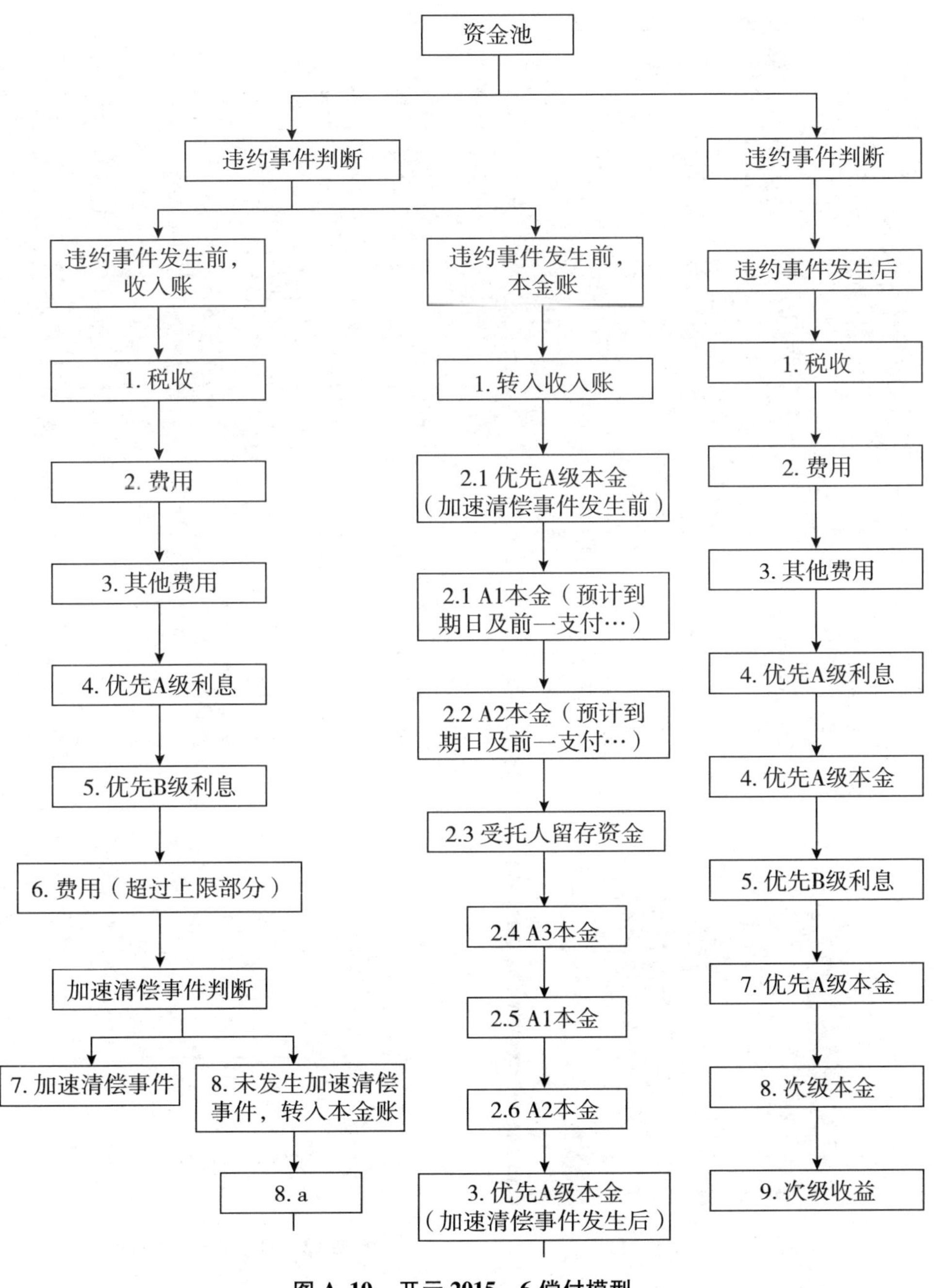

图 A. 10　开元 2015 –6 偿付模型

表 A.9　证券端预期现金流的生成

	1/12/2016	4/12/2016	7/12/2016	10/12/2016	1/12/2017	4/12/2017	7/12/2017	10/12/2017	1/12/2018	4/12/2018	7/12/2018	1
资产池余额	11,402,610,000.00	9,730,901,027.95	6,000,553,996.36	4,759,471,159.45	4,301,062,661.95	4,172,817,436.31	3,670,082,249.57	3,442,056,824.21	2,987,210,850.16	2,033,648,999.32	1,550,635,329.94	1,169,4
利息收入帐	161,531,447.50	143,565,956.47	122,405,783.84	75,481,449.59	59,879,814.63	54,121,569.62	52,490,204.93	46,166,258.73	43,305,173.55	37,588,975.72	25,581,433.73	19,5
计划本金收入帐	2,562,250,000.00	1,534,215,860.86	3,605,666,153.28	1,164,198,451.76	398,082,918.23	74,323,705.38	449,269,372.89	181,001,097.71	411,218,422.82	916,111,815.11	456,956,766.46	361,3
非计划本金收入帐	0.00	54,154,486.32	49,108,191.74	30,282,535.54	23,760,494.79	21,238,116.48	21,058,637.65	18,521,522.55	17,183,626.19	14,750,478.42	10,263,060.40	7,6
损失金额	0.00	137,493,111.20	124,680,878.30	76,884,385.16	60,325,579.27	53,921,520.26	53,465,813.85	47,024,327.66	43,627,551.22	37,450,035.74	26,056,902.92	19,8
税.应收金额	9,045,761.06	8,017,667.00	6,835,943.83	4,261,703.32	3,380,830.74	2,989,289.98	2,931,398.18	2,606,559.62	2,445,021.96	2,076,147.26	1,428,635.47	1,1
税.实收金额	9,045,761.06	8,017,667.00	6,835,943.83	4,261,703.32	3,380,830.74	2,989,289.98	2,931,398.18	2,606,559.62	2,445,021.96	2,076,147.26	1,428,635.47	1,1
费用.应收金额	5,266,825.91	2,808,563.39	2,394,975.43	1,493,089.33	1,184,442.17	1,047,240.28	1,027,016.43	913,209.12	856,590.39	727,338.28	500,522.96	3
费用.实收金额	5,266,825.91	2,808,563.39	2,394,975.43	1,493,089.33	1,184,442.17	1,047,240.28	1,027,016.43	913,209.12	856,590.39	727,338.28	500,522.96	3
A1.初始本金余额	3,950,000,000.00	1,399,880,000.00	0.00	0.00	0.00	0.00	0.00	0.00	0.00	0.00	0.00	
A1.本金实收金额	2,550,120,000.00	1,399,880,000.00	0.00	0.00	0.00	0.00	0.00	0.00	0.00	0.00	0.00	
A1.初始利息应收	21,513,972.60	12,389,896.82	0.00	0.00	0.00	0.00	0.00	0.00	0.00	0.00	0.00	
A1.利息实收金额	21,513,972.60	12,389,896.82	0.00	0.00	0.00	0.00	0.00	0.00	0.00	0.00	0.00	
A1.利息逾期	0.00	0.00	0.00	0.00	0.00	0.00	0.00	0.00	0.00	0.00	0.00	
A2.初始本金余额	4,550,000,000.00	4,550,000,000.00	4,550,000,000.00	1,000,000,000.00	0.00	0.00	0.00	0.00	0.00	0.00	0.00	
A2.本金实收金额	0.00	0.00	3,550,000,000.00	1,000,000,000.00	0.00	0.00	0.00	0.00	0.00	0.00	0.00	
A2.初始利息应收	26,527,123.29	43,106,575.34	43,106,575.34	9,578,082.19	0.00	0.00	0.00	0.00	0.00	0.00	0.00	
A2.利息实收金额	26,527,123.29	43,106,575.34	43,106,575.34	9,578,082.19	0.00	0.00	0.00	0.00	0.00	0.00	0.00	
A2.利息逾期	0.00	0.00	0.00	0.00	0.00	0.00	0.00	0.00	0.00	0.00	0.00	
A3.初始本金余额	3,500,000,000.00	3,420,833,504.40	3,260,694,455.81	3,184,803,076.36	3,010,081,687.45	2,604,548,290.55	2,522,963,304.30	2,067,648,104.46	1,882,362,783.68	1,467,634,984.45	548,348,046.13	85,6
A3.本金实收金额	79,166,495.60	160,139,048.59	75,891,379.44	174,721,388.91	405,533,396.90	81,584,986.25	455,315,199.84	185,285,320.78	414,727,799.23	919,286,938.32	462,676,077.69	85,6
A3.初始利息应收	21,479,452.05	34,114,613.58	32,517,610.46	32,109,795.40	30,348,220.85	25,688,695.47	25,160,510.76	20,846,424.72	18,978,342.59	14,475,303.96	5,468,457.23	8
A3.利息实收金额	21,479,452.05	34,114,613.58	32,517,610.46	32,109,795.40	30,348,220.85	25,688,695.47	25,160,510.76	20,846,424.72	18,978,342.59	14,475,303.96	5,468,457.23	8
A3.利息逾期	0.00	0.00	0.00	0.00	0.00	0.00	0.00	0.00	0.00	0.00	0.00	
B.初始本金余额	990,000,000.00	990,000,000.00	990,000,000.00	990,000,000.00	990,000,000.00	990,000,000.00	990,000,000.00	990,000,000.00	990,000,000.00	990,000,000.00	990,000,000.00	990,0
B.本金实收金额	0.00	0.00	0.00	0.00	0.00	0.00	0.00	0.00	0.00	0.00	0.00	280,2
B.初始利息应收	7,670,465.75	12,464,506.85	12,464,506.85	12,601,479.45	12,601,479.45	12,327,534.25	12,464,506.85	12,601,479.45	12,601,479.45	12,327,534.25	12,464,506.85	12,6
B.利息实收金额	7,670,465.75	12,464,506.85	12,464,506.85	12,601,479.45	12,601,479.45	12,327,534.25	12,464,506.85	12,601,479.45	12,601,479.45	12,327,534.25	12,464,506.85	12,6
B.利息逾期	0.00	0.00	0.00	0.00	0.00	0.00	0.00	0.00	0.00	0.00	0.00	
次级.初始本金余额	974,860,000.00	974,860,000.00	974,860,000.00	974,860,000.00	974,860,000.00	974,860,000.00	974,860,000.00	974,860,000.00	974,860,000.00	974,860,000.00	974,860,000.00	974,8
次级.本金实收金额	0.00	0.00	0.00	0.00	0.00	0.00	0.00	0.00	0.00	0.00	0.00	
次级.初始利息应收	2,991,351.23	4,860,945.75	4,860,945.75	4,914,362.74	4,914,362.74	4,807,528.77	4,860,945.75	4,914,362.74	4,914,362.74	4,807,528.77	4,860,945.75	4,5
次级.利息实收金额	2,991,351.23	4,860,945.75	4,860,945.75	4,914,362.74	4,914,362.74	4,807,528.77	4,860,945.75	4,914,362.74	4,914,362.74	4,807,528.77	0.00	
违约事件	PASS	PASS	PASS	PASS	PASS	PASS	PASS	PASS	PASS	PASS	PASS	
加速清偿_事件	PASS	PASS	PASS	PASS	PASS	PASS	PASS	PASS	PASS	PASS	FAIL	
加速清偿_累计违约率	PASS	PASS	PASS	PASS	PASS	PASS	PASS	PASS	PASS	PASS	PASS	
加速清偿_A1预计到期	PASS	PASS	PASS	PASS	PASS	PASS	PASS	PASS	PASS	PASS	PASS	
加速清偿_A2预计到期	PASS	PASS	PASS	PASS	PASS	PASS	PASS	PASS	PASS	PASS	PASS	
加速清偿_A3预计到期	PASS	PASS	PASS	PASS	PASS	PASS	PASS	PASS	PASS	PASS	FAIL	

系统同时还会实时生成本金偿付图（见图 A.11）、证券偿付折线图（见图 A.12）、触发事件图（见图 A.13），以及 IC/OC 走势图（见图 A.14）。用户可以结合图 A.11 至图 A.14，对无法达成预计效果的证券数据进行修改，以完善证券端的设计。

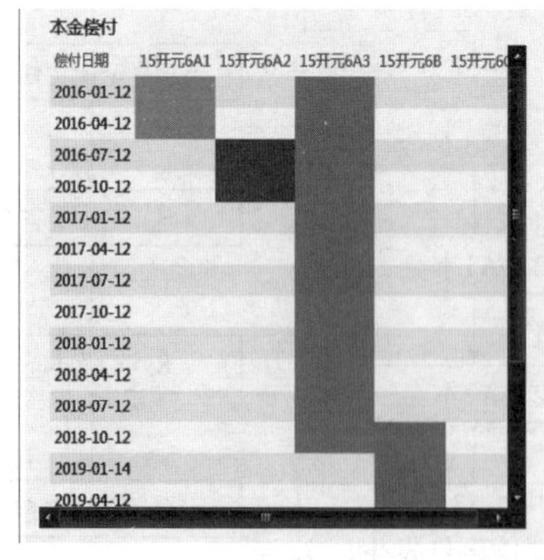

图 A.11　本金偿付图

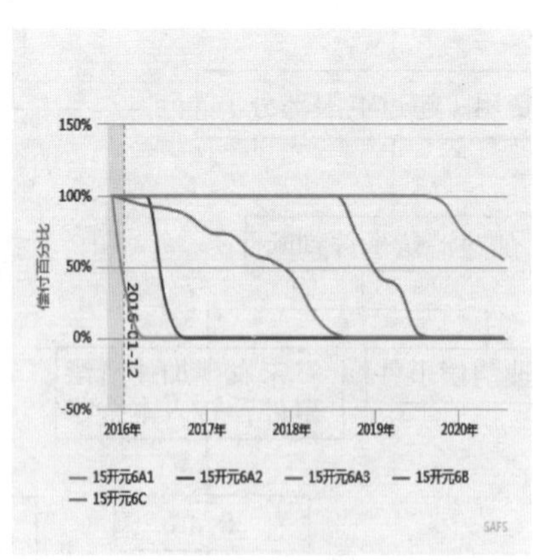

图 A.12　证券偿付折线图

触发事件

偿付日期	违约事件	加速清偿事件
2016-01-12	PASS	PASS
2016-04-12	PASS	PASS
2016-07-12	PASS	PASS
2016-10-12	PASS	PASS
2017-01-12	PASS	PASS
2017-04-12	PASS	PASS
2017-07-12	PASS	PASS
2017-10-12	PASS	PASS
2018 01 12	PASS	PASS
2018-04-12	PASS	PASS
2018-07-12	PASS	FAIL
2018-10-12	PASS	FAIL
2019-01-14	PASS	FAIL
2019-04-12	PASS	FAIL

图 A. 13 触发事件图

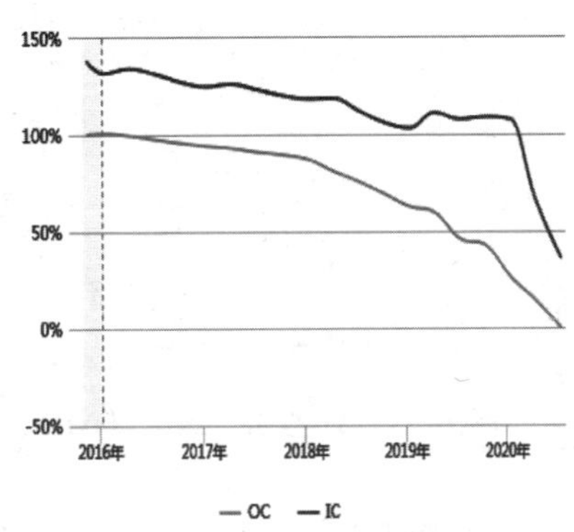

图 A. 14 IC/OC 走势图

当资产端和证券端所有的必备信息全部完成后，系统会通过 CNABS 债券评级模型，预测该资产证券化信托产品的预期损失和预期评级等信息。同时在基础情景条件下（如 3% 年化条件违约率和 3% 年化提前偿还率）施加压力测试，即等比例增加累计违约率和提前偿还率的比值，探究在不同压力测试下证券损失、净现值、内含报酬率等指标变动的情况。图 A. 15 至图 A. 18 为某项目工程最终的分析结果。

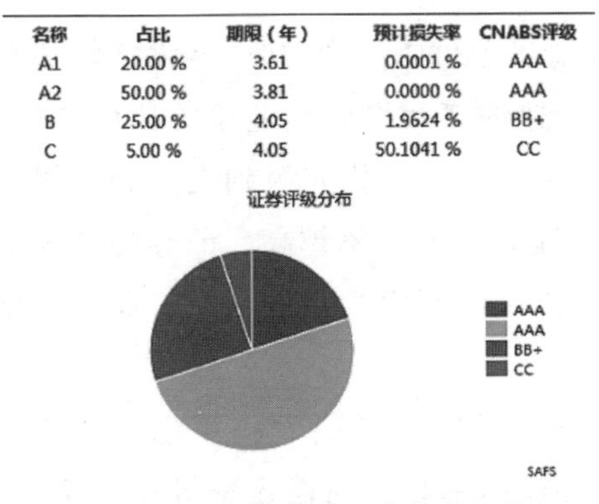

名称	占比	期限（年）	预计损失率	CNABS评级
A1	20.00 %	3.61	0.0001 %	AAA
A2	50.00 %	3.81	0.0000 %	AAA
B	25.00 %	4.05	1.9624 %	BB+
C	5.00 %	4.05	50.1041 %	CC

图 A. 15 证券预计损失率与评级

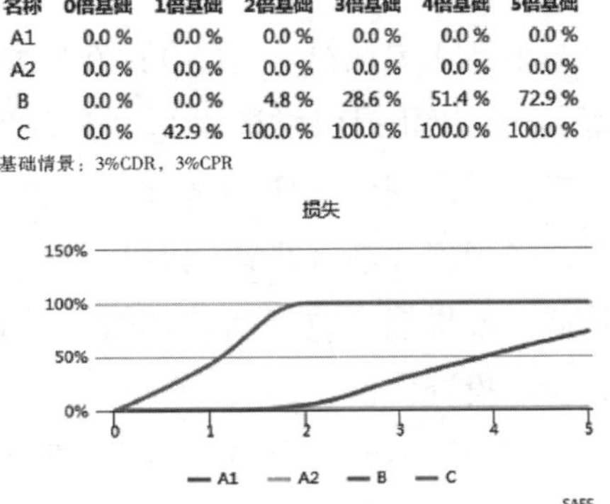

名称	0倍基础	1倍基础	2倍基础	3倍基础	4倍基础	5倍基础
A1	0.0 %	0.0 %	0.0 %	0.0 %	0.0 %	0.0 %
A2	0.0 %	0.0 %	0.0 %	0.0 %	0.0 %	0.0 %
B	0.0 %	0.0 %	4.8 %	28.6 %	51.4 %	72.9 %
C	0.0 %	42.9 %	100.0 %	100.0 %	100.0 %	100.0 %

基础情景：3%CDR，3%CPR

图 A. 16 证券压力测试（损失）

名称	0倍基础	1倍基础	2倍基础	3倍基础	4倍基础	5倍基础
A1	102.1 %	102.2 %	102.5 %	102.8 %	103.0 %	103.2 %
A2	104.6 %	104.6 %	104.5 %	104.5 %	104.6 %	104.6 %
B	109.1 %	109.6 %	95.2 %	71.4 %	48.6 %	27.1 %
C	187.3 %	52.9 %	0.0 %	0.0 %	0.0 %	0.0 %

基础情景：3%CDR，3%CPR

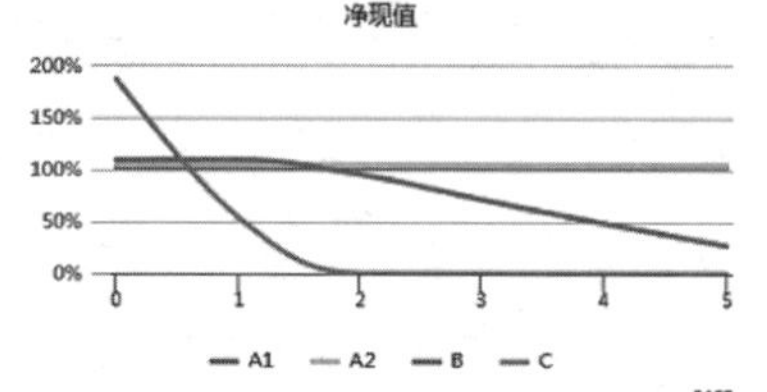

图 A. 17　证券压力测试（NPV）

名称	0倍基础	1倍基础	2倍基础	3倍基础	4倍基础	5倍基础
A1	3.5 %	3.5 %	3.5 %	3.5 %	3.5 %	3.5 %
A2	3.9 %	3.9 %	3.9 %	3.9 %	3.9 %	3.9 %
B	5.0 %	5.0 %	0.5 %	-8.4 %	-20.6 %	-41.2 %
C	19.7 %	-14.7 %	-100.0 %	-100.0 %	-100.0 %	-100.0 %

基础情景：3%CDR，3%CPR

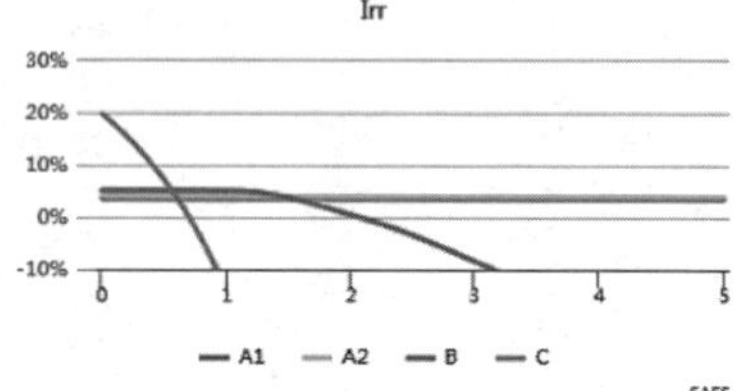

图 A. 18　证券压力测试（IRR）

证券预计损失率与评级：CNABS 债券评级模型最终预测结果。通过对各档证券的平均期限、预计损失率和预计 CNABS 评级的判定，归纳各档证券的风险和收益关系。用户可以根据测算结果进一步调整证券的其他参数，以达到自己想要的投资目标，完成工程建设。

证券压力测试（损失）：在默认基础情景条件下（如 3% 年化条件违约率，3% 年化提前偿还率），将资产池累计违约率和提前偿还率等比例增加，对应证券损失的变动情况。压力测试结果表明，从优先级到次级，证券发生损失的可能性逐渐升高，次级为优先级和夹层的损失缓冲，夹层为优先级的损失缓冲；同时累计违约率和提前偿还比率越高，证券遭受损失的可能性越大。

证券压力测试（NPV）：在默认基础情景条件下（如 3% 年化条件违约率，3% 年化提前偿还率），将资产池累计违约率和提前偿还率等比例增加，对应证券净现值的变动情况。压力测试结果表明，从优先级到夹层到次级证券，净现值逐渐升高；同时累计违约率和提前偿还比率越高，证券的净现值越低。如果损失或提前偿还过多，证券会出现净现值为负的情况，此时完全失去了投资价值。

证券压力测试（IRR）：在默认基础情景条件下（如 3% 年化条件违约率，3% 年化提前偿还率），将资产池累计违约率和提前偿还率等比例增加，对应证券内含报酬率的变动情况。压力测试结果表明，从优先级到夹层到次级证券，内含报酬率逐渐升高；同时累计违约率和提前偿还比率越高，证券的内含报酬率越低。如果损失或提前偿还过多，证券会出现内含报酬率为 0 的情况，此时完全失去了投资价值。

参考文献

1. 【美】弗兰克·J·法博兹，【美】莫德·休亨瑞. 欧洲结构金融产品手册［M］. 王松奇，高广春，史文胜，译. 北京：中国金融出版社，2006.

2. 【美】扈企平. 资产证券化：理论与实务［M］. 李健，译. 北京：中国人民大学出版社，2007.

3. 【美】苏莱曼·贝格，【美】莫拉德·乔德里. 资产证券化实务精解［M］. 陈丽霞，林东，译. 北京：机械工业出版社，2014.

4. 【美】安德鲁·戴维森，【美】安东尼·圣德斯，【美】兰玲·沃尔夫等. 资产证券化：构建与投资分析［M］. 王晓芳，译. 北京：中国人民大学出版社，2006.

5. 李振宇. 资产证券化：原理、风险与评级［M］. 北京：中国建筑工业出版社，2009.

6. 洪艳蓉. 资产证券化法律问题研究［M］. 北京：北京大学出版社，2004.

7. 沈炳熙. 资产证券化：中国的实践［M］. 第二版. 北京：北京大学出版社，2013.

8. 万华伟. 国内资产证券化信用评级方法综述［J］. 中国债券，2014（7）.

9. 高兴国. 资产证券化的障碍与对策［J］. 中国金融，2014（10）.

10. 周大胜，戴晓渊. 国内信贷资产证券化市场的投资困局与应对之策［J］. 金融市场研究，2014（5）.

11. 刘丽娜. 信贷资产证券化在中国的发展实践及政策思考［J］. 金融监管研究，2014（3）.

12. 赵亮，余粤，孟琪. 信贷资产证券化产品定价研究［J］. 金融理论与实践，2013（3）.

13. 秦亚东，杨健．论我国资产证券化的法律风险：从美国次贷危机谈起［J］．当代法学，2009（23）.

14. 蒋昊，王红心．重启资产证券化：证券公司新的业务机会［J］．经济研究，2012（41）.

15. 邓海清等．按图索骥：资产证券化之定价详解［R］．宏源证券研究报告，2013.

16. 钟嘉妮．双车道通畅，资产证券化整装待发：资产证券化产品库详解［R］．申银万国证券研究报告，2015.

17. 鲁公路，唐婧．估计我国资产证券化的潜在规模［EB/OL］．http：//www.bisf.cn/zbscyjw/yjbg/201401/424f46dee05a4df0bce52d13c1ace587.shtml.

18. 鲁公路，唐婧．探索"中国式资产证券化"的监管之路［EB/OL］．http：//www.bisf.cn/zbscyjw/yjbg/201401/424f46dee05a4df0bce52d13c1ace587.shtml.

19. Fabozzi F，Kothari V. Introduction to Securitization［M］. Hoboken：John Wiley & Sons，2008.

20. Fitzpatrick. A Comparison of Ratios of Successful Industrial Enterprises With Those of Failed Firms［M］. New York：Certified Public Accountant，1932.

21. Lando D. On Cox Processes and Credit Risky Securities［J］. Review of Derivatives Research，1998（2）.

22. Altman E I，Haldeman R G，Narayanan P. ZETA Analysis：a New Model to Identify Bankruptcy Risk of Corporations［J］. Journal of Banking and Finance，1977（1）.

23. Garcia. Intertemporal Asset Allocation：A Comparison of Methods［J］. Journal of Banking & Finance，2005（12）.

24. Black F，Scholes M. The Pricing of Options and Corporate Liabilities［J］. Journal of Political Economy，1973（81）.

25. Merton Robert C. On the Pricing of Corporate Debt: The Risk Structure of Interest Rates [J]. Journal of Finance, 1974 (28).

26. Collin – Dufresne P, R S Goldstein. Do Credit Spreads Reflect Stationary Leverage Ratios [J]. Journal of finance, 2001 (56).

27. Lando D. On Cox Processes and Credit Risky Securities [J]. Review of Derivatives Research, 1998 (2).

28. Jarrow Robert A, Stuart M Turnbull. Pricing Derivatives on Financial Securities Subject to Credit Risk [J]. Journal of Finance, 1995 (50).

29. Jarrow R A, D Lando, S M Turnbull. A Markov Model for the Term Structure of Credit Risk Spread [J]. Review of Financial Studies, 1997 (10).

作者简介

黄长清

中国资产证券化研究院首席研究员，中国资产证券化分析网专家顾问，现任嘉兴天风兰馨投资管理有限公司总经理，曾供职于中信证券、一创摩根和恒泰证券，首次在合资券商中牵头建立了资产证券化和私募结构化融资的双重业务流程，负责完成了国内多个首单创新型基础资产的资产证券化和类REITs项目，已完成或正在执行的各类资产证券化项目超过50单。拥有北京大学金融学硕士和南开大学会计学学士学位。

罗桂连

现任陕西金融控股集团有限公司总经理助理（挂职），清华大学管理学博士，伦敦政治经济学院访问学者，中国资产证券化研究院专家。2000年以来一直在基础设施项目融资及资产证券化领域从事实务、研究与政策制定工作。近年在保监会资金部工作，牵头制订资产支持计划监管政策，研究制定保险资金信用风险监管规则。

李耀光

中国人民大学财政金融学院经济学硕士，特许金融分析师（CFA），中国注册会计师（CPA）。现就职于摩根士丹利华鑫证券有限责任公司，担任结构融资总监，负责境内资产证券化、REITs及结构化金融产品的设计与发行，并参与跨境证券化产品的研究或顾问工作，成功完成或执行的资产类型覆盖商业与工业地产、应收账款、银行信贷、消费金融、租赁资产、公共事业收费等。在此之前，曾就职于某行业领先的内资证券公司资产管理部、四大国有银行总行，长期从事理财与资金池投资管理、结构化投融资相关工作，并担任中国资产证券化研究院研究员、中国资产证券化论坛理事及教育委员会委员。

常丽娟

管理学博士，联合信用评级有限公司副总经理兼合规总监，联合信用管理有限公司博士后工作站站长，9 年评级从业经验，参与了近 20 单资产证券化评级项目的报告审核工作，连续 4 年参与并组织撰写了《中国证券市场发展报告》（资信评级部分）。

周琼

经济学博士。曾任中国邮政储蓄银行信贷业务部副总经理，金融同业部副总经理（主持工作），资产管理部总经理，现任中国邮政储蓄银行战略发展部总经理。发表多篇关于资产管理、资产证券化、普惠金融等方面的文章。

刘洪光

上海大学法学硕士，中国资产证券化研究院研究员，上海市锦天城律师事务所专职律师，主要业务方向为 IPO、资产证券化、资产管理等资本市场法律事务。资产证券化领域的主要操作案例有中航租赁资产证券化、唐山路桥收费收益权资产证券化、河北金融租赁资产证券化、中国飞机租赁资产证券化（第 1 期、第 2 期、第 3 期）、金坤小贷资产支持专项计划、蚂蚁微贷资产支持专项计划、某城商行信贷资产证券化、奥克斯融资租赁资产支持专项计划（第 1 期、第 2 期、第 3 期）、北京文科租赁资产支持专项计划、某国家级 AAAAA 自然旅游景区资产证券化、先锋国际租赁资产支持专项计划、华中租赁资产支持专项计划、某供水资产支持专项计划、某城商行信托受益权资产支持专项计划等几十个资产证券化项目。

洪浩

现任职于中泰证券债券与结构金融部，负责信贷资产证券化和企业资产证券化业务。曾任职于中国对外经济贸易信托有限公司，在信托公司建立了全流程的服务体系。负责或参与十余单公募、私募资产证券化项目。北京大学理学博士，中国资产证券化研究院特聘研究员。

任远

滑铁卢大学硕士和清华大学学士学位，特许金融分析师（CFA）和注册管理会计师（CMA）持证人。曾供职于 Magnetar Capital，领导 MBS 和 ABS 分析部门。参与了很多欧美和中国的公开与非公开市场的结构化交易，包括近年来最大的电影支持证券。

万华伟

经济学硕士，联合信用评级有限公司副总经理兼评级总监，中国证券业协会资信评级专家委员会专家委员，联合信用管理有限公司博士后工作站博士后专家导师，万先生有 10 年以上的评级从业经验。

王冠

资立方信息科技有限公司创始人兼 CEO，北京大学国际关系学院法学硕士，对外经贸大学金融学硕士。曾任海投金融联合创始人、中国区总裁，先后任职于新华社、法国桦榭出版集团，在《21 世纪经济报道》任金融行业高级媒介顾问及金融记者，并在中国财富管理 50 人论坛担任秘书长助理，长期关注创新资产管理及国际金融市场。

张武

普华永道中国金融机构服务部合伙人，专注于金融企业的审计和会计咨询服务，以及企业结构化融资（如资产证券化、优先股等）会计服务，主要客户包括商业银行、融资租赁公司、私募股权基金和投资公司等。负责过诸多资产证券化会计服务项目，在结构设计、会计处理、服务商运营和内部控制设计和评价等方面有着丰富的理论知识和实务经验。

彭琨

西北工业大学研究生学历，中国资产证券化研究院研究员，现任中国邮政储蓄银行资产管理部总经理助理；曾任中国邮政储蓄银行北京分行小企业金融部总经理、邮储银行总行金融同业部总经理助理。参与过多期资产证券化产品发起，并投资资产证券化产品；在《中国金融》、《银行家》、《中国经济周刊》等杂志发表多篇关于资产证券化文章，对资产证券化业务有一定认识。

葛乾达

毕马威上海办公室税务总监，中国注册会计师和中国注册税务师。拥有超过 11 年的中国税务专业服务经验。目前是毕马威上海金融行业税务服务组的核心成员，在金融行业税收领域有着丰富的实践经验和深刻、创新性的认识。

张连娜

金融工程硕士学历，现任联合评级结构融资部经理、高级分析师，曾负责远东三期、大成西黄河大桥、海南航空 BSP 票款等数十单资产证券化评级业务。